K-IFRS 재무회계

윤순석·송인만·김효진

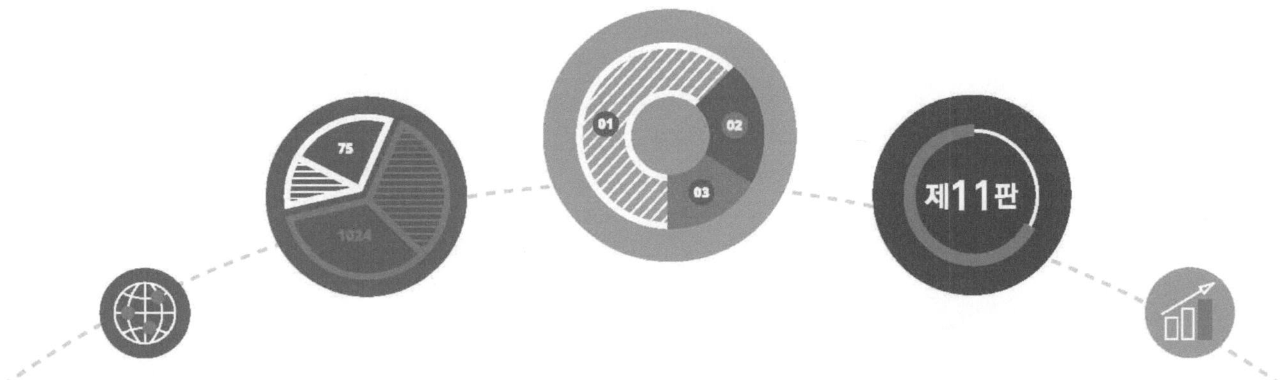

신영사

머리말

K-IFRS 재무회계가 벌써 제11판을 맞이하게 되었다. 꾸준한 사랑과 격려를 해주신 교수님들과 독자들이 없었더라면 이렇게 장수할 수 없었다고 생각한다. 감사하는 마음을 충분히 표현할 수 없을 정도지만 이 지면을 통해서 대신하고자 한다.

국제회계기준 가운데 가장 핵심적인 기준을 쉽고 명확하게 전달하고자 노력을 하였지만 아직도 내용이 다소 어렵다는 의견을 들어 왔다. 따라서 제11판에서는 이러한 의견을 반영하고자 특별히 노력을 경주하였다. 제11판에서는 제3장에 회계시스템을 새롭게 추가하고, 제10판까지 포함시켰던 희석증권과 주당이익, 회계변경과 오류수정을 제거하여 총 15장이던 종전의 체계를 14장으로 축소하였다. 특히 내용상 어려운 부분은 과감히 삭제하고 전체적으로 이해하기 쉽게 집필하고자 노력하였다. 그 결과 총페이지 수도 670페이지에서 560페이지 정도로 줄어들었으며 한 학기에 재무회계를 배우기에 적절한 분량과 내용을 갖도록 하였다.

본서에 부족한 점이 있거나 개선할 점을 알려주시면 언제든지 반영하여 보다 좋은 교재가 될 수 있도록 노력할 것임을 약속드린다.

본서의 개정판을 위해 항상 아껴 주신 도서출판 신영사의 임직원 여러분께 감사드린다. 아울러 항상 격려해 주시고 좋은 제안을 해주시는 동료 교수님들과 독자들께 다시 한 번 감사드린다.

2020년 2월

저자 일동

한국채택국제회계기준(K-IFRS) 목록

(2026년 1월 현재)

번 호	제 목	K-IFRS 번호
IFRS 1	한국채택국제회계기준의 최초채택 (First-time Adoption of IFRS)	1101
2	주식기준보상 (Share-based Payment)	1102
3	사업결합 (Business Combinations)	1103
5	매각예정비유동자산과 중단영업 (Non-current Assets Held for Sale and Discontinued Operations)	1105
6	광물자원의 탐사와 평가 (Exploration for and Evaluation of Mineral Resources)	1106
7	금융상품 : 공시 (Financial Instruments : Disclosures)	1107
8	영업부문 (Operating Segments)	1108
9	금융상품 (Financial Instruments)	1109
10	연결재무제표 (Consolidated Financial Statements)	1110
11	공동약정 (Joint Arrangements)	1111
12	타기업에 대한 지분공시 (Disclosure of Interests in Other Entities)	1112
13	공정가치측정 (Fair Value Measurement)	1113
14	규제이연계정 (Regulatory Deferral Accounts)	1114
15	고객과의 계약에서 생기는 수익 (Revenue from Contracts with Customers)	1115
16	리스 (Leases)	1116
17	보험계약 (Insurance Contracts)	1117
IAS 1	재무제표의 표시 (Presentation of Financial Statements)	1001
2	재고자산 (Inventories)	1002
7	현금흐름표 (Cash Flow Statements)	1007
8	회계정책, 회계추정의 변경 및 오류 (Accounting Policies, Changes in Accounting Estimates and Errors)	1008
10	보고기간후사건 (Events After the Balance Sheet Date)	1010
12	법인세 (Income Taxes)	1012
16	유형자산 (Property, Plant and Equipment)	1016
19	종업원급여 (Employee Benefits)	1019
20	정부보조금의 회계처리와 정부지원의 공시 (Accounting for Government Grants and Disclosure of Government Assistance)	1020
21	환율변동효과 (The Effects of Changes in Foreign Exchange Rates)	1021
23	차입원가 (Borrowing Costs)	1023
24	특수관계자 공시 (Related Party Disclosures)	1024
26	퇴직급여제도에 대한 회계처리와 보고 (Accounting and Reporting by Retirement Benefit Plans)	1026
27	별도재무제표 (Separate Financial Statements)	1027
28	관계기업과 공동기업에 대한 투자 (Investments Associates and Joint Ventures)	1028
29	초인플레이션 경제에서의 재무보고 (Financial Reporting in Hyperinflationary Economies)	1029
32	금융상품 : 표시 (Financial Instruments : Disclosure and Presentation)	1032
33	주당이익 (Earnings Per Share)	1033
34	중간재무보고 (Interim Financial Reporting)	1034
36	자산손상 (Impairment of Assets)	1036
37	충당부채, 우발부채 및 우발자산 (Provisions, Contingent Liabilities and Contingent Assets)	1037
38	무형자산 (Intangible Assets)	1038
39	금융상품 : 인식과 측정 (Financial Instrument : Recognition and Measurement)	1039
40	투자부동산 (Investment Property)	1040
41	농림어업 (Agriculture)	1041

제 1 장 재무회계의 기초개념

제 2 장 재무보고 개념체계

제 3 장 회계시스템

제 4 장 재무제표

제 5 장 재고자산

제 6 장 유형자산

제 7 장 무형자산

제 8 장 금융상품(1)

제 9 장 금융상품(2)

제10장 부 채

제11장 자 본

제12장 수익의 인식

제13장 현금흐름표

제 14 장 재무제표분석

CHAPTER

1 재무회계의 기초개념

회계(accounting)란 용역제공활동으로서, 기술적이고 분석적인 학문이며, 또한 정보시스템이기도 하다. 용역제공활동으로서의 회계는 회계정보이용자들이 자원의 배분 및 활용에 대한 의사결정을 하는 데 유용한 재무정보를 제공하는 역할을 한다. 기술적이고 분석적인 학문으로서의 회계는 경제주체의 경제활동을 구성하는 방대한 거래 및 사상들을 인식하여 이들을 일정한 원칙에 따라 측정 · 분류 · 요약함으로써 간결하고, 의미 있고, 상호관련성을 갖는 상태로 전환시켜 이들을 적절히 조합하고 보고하여 특정한 경제실체의 재무상태 및 경영활동의 성과를 기술할 수 있도록 하는 역할을 한다. 정보시스템으로서의 회계는 한 경제실체의 경제정보를 수집하여 이들을 그 실체의 이해관계자에게 전달하는 역할을 한다.

제 1 절 재무회계의 본질 및 환경

회계(accounting)는 일반적으로 재무회계, 원가 · 관리회계, 세무회계, 회계감사 등의 세부분야로 구분된다. 이 중에서 재무회계(financial accounting)란 경제실체의 재무상태 및 영업활동의 성과를 보여주는 재무보고에 초점을 맞추고 있는 회계의 한 영역이다.

재무회계의 목적은 기업의 이해관계자(stakeholders), 특히 기업 외부정보이용자들이 회사와 관련된 경제적 의사결정에 유용한 회계정보를 제공하는 데 있다. 정보이용자들은 다양하기 때문에 이들의 정보요구 또한 다양할 수 있다. 재무회계에서는 투자자와 채권자를 대표적인 외부정보이용자로 간주하고 있다. 이들은 자본시장(주식 및 채권 시장)을 통하여 회사에 자원을 제공하는 것이 일반적이기 때문에 재무회계의 목적을 '자본시장(capital market)을 돕는 데 있다'고 보기도 한다.

재무회계 또는 재무보고라는 용어에서 재무(financial)의 의미는 화폐단위(monetary unit)라는 공통 측정단위로 정보를 보고한다는 것을 의미한다. 따라서 재무정보와 회계정보는 동일한 의미로 사용되며, 회계기준에 따라 화폐단위로 측정하여 보고하는 정보를 말한다. 한편, 화폐단위로 표현할 수 없는 비재무정보(non-financial information)는 엄격한 의미에서는 재무회계의 대상이 아니다. 예컨대 인적자원은 화폐단위로 표현하지 못하기 때문에 재무회계에서 자산으로 보지 않는다. 종업원수도 화폐단위로 측정한 것이 아니기 때문에 재무정보가 아니다. 그러나 인건비는 화폐단위로 측정한 정보이기 때문에 재무정보에 해당한다.

1 기업과 이해관계자

기업에 자원을 제공하는 투자자들은 적절한 대가를 수취함은 물론 기업에 대한 정보를 요구하게 된다. 기업과 이해관계자는 좀더 구체적으로 다음과 같

■ **그림 1-1**
기업과
이해관계자

기 업		이해관계자 (정보이용자)	
자원수요자	← 자원	자원제공자 자본제공자 기타자원제공자	소유주, 채권자 등 종업원, 납품업자, 정부 등
가치창출자	대가 →	대가수령자	소유주(이익), 채권자(이자), 종업원(인건비), 납품업자(납품대가), 정부(세금) 등
정보제공자	정보 →	정보수요자	재무정보 등

은 관계로 표현할 수 있다([그림 1-1]을 참조).

기업은 자원수요자, 가치창출자 그리고 정보제공자라고 할 수 있다. 즉, 기업은 다양한 이해관계자로부터 자원을 제공받아 가치를 창출하며, 제공받은 자원의 효율적 활용에 따른 재무성과 및 재무상태 등에 대한 정보를 자원제공자에게 제공한다.

자원제공자(resource providers)는 이해관계자로서 희소한 자원을 기업에 제공하여 기업의 가치창출에 기여함으로써 그에 대한 적절한 대가를 받는다. 대표적인 자본제공자(capital providers)는 소유주(owners)와 채권자(creditors)로 구분할 수 있으며 이들을 투자자(investors)로 통칭하기도 한다. 소유주는 기업에 대한 총체적 위험을 부담하고 다른 이해관계자에 대한 대가를 제공하고 남은 부분인 잔여지분(residual interests)을 차지한다. 이들은 사업성과에 따라 분배받는 배당금과 소유권의 가치증가에 따라 얻게 되는 자본이득을 자본제공의 대가로 받는다. 한편, 채권자는 소유주에 비하여 위험은 적게 부담하고 대가의 회수에 있어서는 소유주에 비하여 선순위를 갖는 대신 정해진 이자수익만을 받는 것이 일반적이다.

기타자원제공자로서는 노동력을 제공하는 종업원, 상품이나 용역을 제공하는 납품업자, 행정 · 국방 · 외교 · 사회간접자본 등의 서비스를 제공하는 정부 등을 꼽을 수 있다.

기업이 창출하는 가치는 각종 이해관계자들에게 분배되는 몫의 합으로 표현할 수 있는데, 여기에는 주주에게 분배되는 배당, 채권자에게 지급하는 이자, 정부에 납부하는 법인세, 종업원에게 지급하는 인건비, 납품업자에게 지급하는 상품 또는 용역의 대가 등이 포함된다.

기업은 자원수요자인 동시에 가치창출자로서 외부이해관계자로부터 자원을 제공받아 가치를 창출하여 이들에게 되돌려준다. 이 과정에서 제공받은 자원을 효율적으로 활용하였음을 보여주기 위하여 재무성과 및 재무상태 등에 대한 회계정보를 제공할 의무를 부담한다. 즉, 자원은 이해관계자에게서 기업으로 이동하며, 대가와 정보는 기업으로부터 이해관계자에게 이동한다.

특히 기업이 제공하는 정보는 이해관계자들의 기업에 관한 경제적 의사결정에 유용하게 사용될 수 있어야 한다. 이와 같은 특성을 충족하기 위해서 정보는 화폐단위로 표시하는데, 이러한 정보를 재무정보 또는 회계정보라고 하며, 구체적으로는 재무제표를 통하여 제공한다.

2 재무보고와 재무제표

재무보고(financial reporting)는 한 경제실체의 경제적 자원(자산) 및 이에 관한 청구권(부채와 자본)과 이들을 변화시키는 경제활동에 관한 정보를 화폐로 측정하여 보고하는 수단이다. 재무제표(financial statements)는 재무보고의 중심적인 수단으로서 이를 통하여 기업에 관한 재무정보를 외부의 이해관계자에게 전달한다. 가장 일반적으로 이용되고 있는 재무제표는 재무상태표, 손익계산서, 현금흐름표와 자본변동표이다. 보다 상세한 재무정보의 내역을 보고하는 수단인 주석도 재무제표의 한 부분이다.

일부 재무정보들은 재무제표 이외의 수단을 통하여 전달할 수밖에 없으며, 이를 통해 보다 효과적으로 전달되기도 한다. 재무제표 이외의 재무정보 전달수단은 일정한 규칙이나 양식이 없으며 또한 내용에 있어서도 다양하다. 따라서 재무보고는 재무제표를 포괄하는 광범위한 개념이며, 여기에는 재무제표의 본체와 주석을 비롯하여 기타 재무보고수단도 포함된다. 예컨대 주주에 대한 경영자 서신, 관계당국 등에 제출하는 사업계획서 및 세무보고서 등을 통하여 정보가 이용자들에게 전달된다. [그림 1-2]는 재무보고와 재무제표의 관계를 보여주고 있다.

그림 1-2
재무보고와 재무제표의 관계

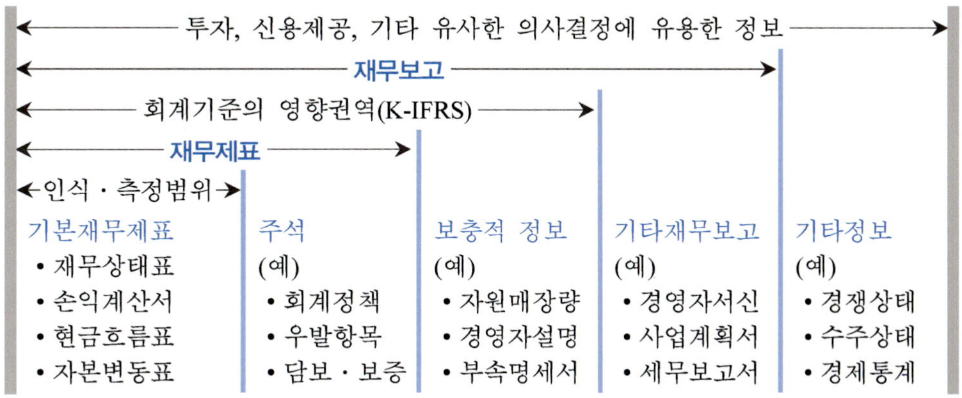

3 재무보고의 환경

회계는 환경의 산물로서, 사회 · 경제 · 정치 · 법률 등에 의하여 영향을 받기도 하며 또한 이들에게 영향을 미치기도 한다. 회계와 환경의 상호작용은 시간이 흐름에 따라 변한다. 그 결과 회계는 시대적 요구에 따라 변화하여 왔다. 오늘날의 회계와 그 환경 간의 상호작용을 나타내는 특징은 대체로 다음과 같이 요약할 수 있다.

첫째, 재무제표가 제공하는 정보를 이용하여 기업간 비교를 함으로써 어느 기업이 상대적으로 자원을 효율적으로 활용하고 있는지 파악할 수 있게 된다. 따라서 회계정보는 희소한 자원의 효율적 사용을 돕는다.

둘째, 자원은 시장(실물시장 및 금융시장)의 자율적인 기능에 의하여 효율적으로 배분된다. 그러나 때로는 정부의 규제가 필요한 경우도 있다. 예를 들어 조세징수, 통화량조절, 보조금지급, 요금규제 등이 정부가 자원의 효율적이고 공평한 배분을 위하여 사용하는 정책수단이다. 회계는 정부가 이와 같은 정책수단을 강구하는 데 필요한 기초자료를 제공한다.

셋째, 회계는 한 경제실체(기업)의 경제활동을 대상으로 한다. 기업은 자산, 부채 및 자본으로 구성된 경제실체이며, 그 구성요소는 기업의 경제활동에 따라 증감하게 된다. 회계는 이러한 경제실체의 구성요소에 영향을 미치는 경제활동을 회계기준에 따라 요약하여 보고하는 역할을 한다.

넷째, 오늘날 가장 보편적인 회사형태인 주식회사(corporation)에서는 소유와 경영이 분리되어 있다. 대리인인 경영자는 위탁받은 자원의 관리 상태 및 결과에 대한 재무정보를 마련하여 이를 소유주에게 보고해야 하는 수탁책임(stewardship)을 진다. 경영에 참여하지 않는 소유주가 회사의 재무상태 및 재무성과에 관한 정보를 직접적으로 수집 또는 분석한다는 것은 사실상 불가능하다. 회계는 소유주의 정보수요에 부응하여 그들의 의사결정에 유용한 재무정보를 제공한다.

회계정보는 경제실체간 자원이동에 영향을 미치기도 한다. 예컨대 회계이익에 기초하여 법인세를 산정하거나, 회계정보에 근거하여 공익사업의 요금을 결정하거나, 회계자료에 기초하여 임금을 협상하는 등 회계정보는 경제실체간의 부의 이전에 영향을 미치는 기초자료를 제공한다. 회계정보는 또한 회사에 대한 예측정보를 제공함으로써 간접적으로 주식투자, 취업결정, 상품구입, 감독기관의 규제 등에서 의사결정을 돕는 역할을 한다.

[그림 1-3]이 보여주는 것처럼 재무제표에 보고되는 회계정보는 경영의사결정의 결과에 의하여 영향을 받기도 하고, 산업전반 및 경제전반에 걸친 요인에 의하여 영향을 받기도 한다.

■ 그림 1-3
회계의사결정과 경영의사결정

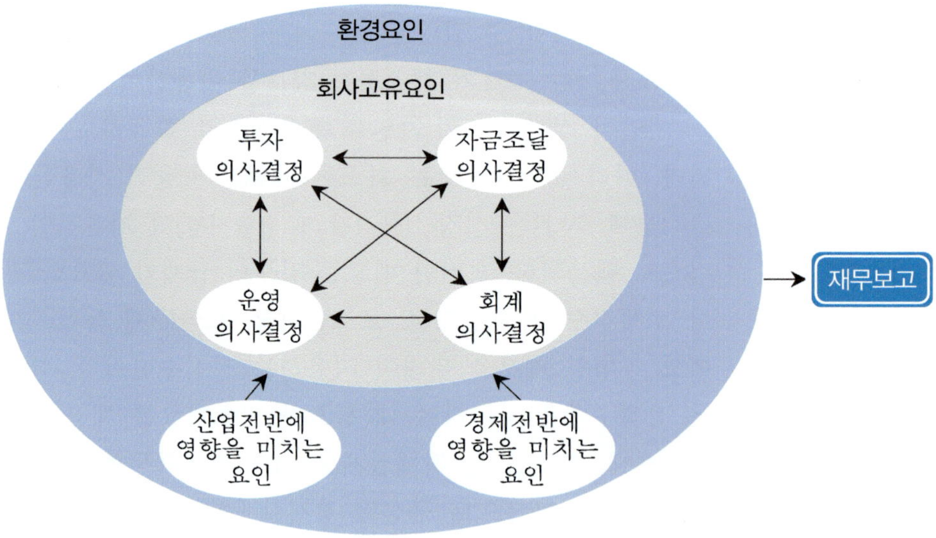

경영의사결정은 여러 가지 기준에 따라 구분할 수 있으나 일반적으로 투자의사결정, 자금조달의사결정, 운영의사결정 및 회계의사결정으로 구분할

수 있다. 투자의사결정은 장기적인 경영의사결정으로서 예를 들어 사업부문의 범위와 종류, 전문화 또는 계열화에 관한 의사결정, 시설투자결정 등을 포함한다. 자금조달의사결정은 유상증자, 사채발행, 은행차입, 리스 등과 같은 대체적인 자금조달방법 중 어느 방법을 통하여 자금을 조달할 것인가에 관한 의사결정을 의미한다. 운영의사결정은 단기 경영의사결정으로서 월 생산량을 어떻게 결정할 것인가, 임금수준은 어떻게 할 것인가, 재고수준은 얼마로 유지할 것인가 등에 관한 의사결정을 의미한다.

회계의사결정은 여러 이용가능한 회계처리방법 중에서 어떤 방법을 이용할 것인가에 관한 의사결정이다. 기업 내의 다른 경영의사결정과 회계의사결정은 상호 밀접한 연관성을 가지며 서로 영향을 주기도 하고 받기도 한다.

회계란 기업이 내린 경영의사결정의 결과를 화폐로 측정하여 보고하는 소극적인 역할만을 하는 것이 아니다. 때로는 회계가 회사의 다른 경영의사결정에 영향을 미치기도 한다. 예를 들면, 부채를 장부에 기록하는 것을 회피하기 위하여 자금을 차입하는 대신에 부외금융을 이용하는 것은 회계의사결정이 자금조달의사결정에 영향을 미치는 예이다. 회계의사결정이 투자의사결정에 영향을 미치는 예로서 연구개발비를 자산 또는 비용으로 처리하느냐에 따라 연구개발에 대한 투자수준에 영향을 미칠 수 있다는 것을 들 수 있다.

4 재무정보의 수요와 공급

재무정보에 대한 수요와 공급은 법률 등에 의한 강제적인 규제, 시장요인에 의한 결정 및 기업에 의한 자발적인 공급의 차원에서 이해할 수 있다. 재무제표에 보고되는 항목들은 재무정보에 대한 다양한 집단의 수요와 공급의 결과로 발생한 산물이다. 우선 재무정보의 수요와 공급을 간략하게 살펴보면 〈표 1-1〉과 같다.

▶ **표 1-1**
재무정보의 수요와 공급

<table>
<tr><th>공 급</th><th>재무정보의 종류</th><th>수 요</th></tr>
<tr><td>공급규제
• 상법, 세법, 외감법, 자본시장법 등의 법령
〈목적〉
경제질서 확립
정보불균등 해소
투자자 보호
세원확보 등</td><td>기업이 제공 : 재무제표
재무상태표
손익계산서
현금흐름표
자본변동표
주석</td><td rowspan="2">• 주주 · 투자자 :
투자 및 위탁관리 목적
• 채권자 · 자원공급자 :
신용제공결정 목적
• 증권분석가 :
경영분석 목적
• 경영자 :
경영계약 목적
• 정부 및 규제기관 :
세금결정 및 규제 목적
요금결정 목적
경제정책수립 목적
• 기타 수요자</td></tr>
<tr><td>시장과 자발적 요인
• 자본시장 : 자금조달
• 경영자시장 : 경영계약
• 기타 요인 : 명성과 신뢰성 제고, 차별화, 홍보 등</td><td>재무분석가 등이 제공 :
재무분석 정보
기타 정보</td></tr>
</table>

(1) 재무정보의 수요

재무정보의 수요자는 다양하다. 이들은 의사결정을 위하여, 경영자를 감시 · 감독하기 위해 또는 재무정보에 근거하여 작성된 각종 계약 및 협약 등에 활용하기 위해 정보를 필요로 한다.

① 투자자(주주 및 채권자) : 투자자들은 재무정보의 주된 이용자이다. 투자자들은 개인투자자로부터 기관투자가에 이르기까지 다양하며, 이들의 재무정보에 대한 수요는 투자목적과 경영자의 수탁책임관리목적으로 구분된다.

투자목적(investment purpose)에 따른 정보요구는 재무정보를 이용하여 미래 현금흐름의 시기, 금액 및 불확실성의 정도 등을 예측하여 투자에 활용하기 위함이다.

수탁책임(stewardship)의 관리를 위한 정보요구는 경영자의 행동을 감시 · 감독하여 경영자가 주주의 이해관계에 적합한 방향으로 행동하도록 유도하기 위함이다. 경영자는 자기에게 위탁된 회사의 자원을 사용 및 처분하는 데 상당한 재량권을 갖고 있다. 경영자가 선택한 행동에 따라 회사의 가치 및 주주의 부가 영향을 받는다. 따라서 경영자와 외부주주들 간에는 항상 갈등의 소지가 있게 마련이고 이 갈등을 완화할 수 있는 역할을 하는 것이 재무정보이다.

② 채권자 및 기타자원공급자 : 회사에 대한 자금 및 기타자원공급자는 그 회사의 재무상태 및 재무성과 등을 검토하여 제공한 자원을 적절히 회수할 수 있는지를 판단한다. 예컨대 은행은 대출을 신청한 회사의 재무상태와 재무성과를 분석하여 대출여부, 이자율, 대출금액 등을 결정하고 대출기간 중에 차입자가 지켜야 할 조건을 명시하기도 한다.

③ 재무분석가 : 재무분석가는 재무정보의 중개기관으로서 정보를 수집하고, 분석하여 정보이용자가 쉽게 이용할 수 있는 재무분석정보를 제공한다.

④ 정부 및 규제기관 : 정부 및 규제기관들도 다양한 이유에서 회사의 재무정보를 요구한다. 이들 기관에서는 법인세와 부가가치세 등의 세수확보, 관급공사업자의 선정, 계약금액의 산정, 전기요금 같은 공익사업의 요금결정, 정책금융과 정부보증 등의 지원·검토를 위하여 재무정보를 요구한다.

⑤ 기타 수요자 : 재무정보를 요구하는 기타의 집단들은 다양하다. 예를 들면 학자, 환경보호단체, 지역주민들도 종종 재무정보를 필요로 한다.

종업원은 회사가 계속적으로 존속할 것인가 또는 수익성 있는 상태를 유지할 것인가에 대하여 관심을 갖는다. 특히 임금을 회사의 재무성과나 재무상태와 연계하여 결정하기로 약정한 경우에는 재무정보의 표현충실성 및 결과에 대한 관심이 높을 수밖에 없다.

소비자는 회사의 계속성을 확인할 수 있는 재무정보를 요구하게 된다. 즉, 소비자는 제품보증, 하자보수 등이 보장된 상품을 구입하고자 할 것이다. 이 경우에 의사결정에 유용한 정보를 재무정보로부터 구할 수 있다.

경영자는 재무정보 작성자인 동시에 정보이용자가 된다. 예를 들면, 재무변수에 근거하여 경영계약이 작성된 경우 경영자는 재무정보에 관심을 갖는다. 예컨대 재무성과와 연계된 목표달성 정도에 따라 경영자의 보수를 결정할 수 있다. 또한 경영자는 기업경영에 관련된 여러 가지 의사결정을 하기 위해서 재무정보를 항상 면밀히 관찰하거나 적극 관리한다.

재무정보를 요구하는 집단들 중 한 집단 또는 일부 집단이 선택한 행동의 결과로 부의 재분배가 일어날 수 있다. 예를 들면, 경영자에 대한 보수를 높일 경우 주주의 부는 감소하며, 회사가 과도한 배당을 하면 주주의 부는 증가하나 채권자의 부는 감소하며, 전기요금을 인상하면 전력회사 주주의 부는 증가하나 소비자의 요금부담이 증가한다.

이와 같이 회사를 둘러싼 이해관계자집단들 사이에 이해관계가 엇갈리기 때문에 재무정보에 대한 수요와 관련하여 재무정보가 갖는 두 가지의 중요한 의미를 살펴볼 필요가 있다. 첫째, 각 집단은 재무제표에 공시하기를 원하는 항목들이나 이들의 공시시점에 대하여 비중을 달리하게 된다는 점이다. 예컨대 금융기관의 경영진은 부실채권에 대한 공시를 꺼리는 반면, 예금주의 입장에서는 이를 즉시 공시할 것을 요구할 것이다. 둘째, 재무정보는 이해관계자집단들간의 부의 분배를 감시하는 데 주요한 역할을 담당한다. 예컨대 회계감사제도는 경영자에 의한 부당한 부의 분배를 방지하기 위하여 채택한 제도라고 할 수 있다.

(2) 재무정보의 공급

재무정보의 공급에 영향을 미치는 요인들로서는 규제기관, 시장, 정보비용 등을 들 수 있으며 또한 회사의 자발적인 정보공시유인이 있다.

1) 규제의 방법 및 목적

어느 나라에서나 재무정보의 공시를 규제하는 기관이 존재하게 마련이다. 우리나라에서는 법률로서는 '주식회사 등의 외부감사에 관한 법률'(일명 외감법)의 직접적인 지배를 받고 있으며, 한국채택국제회계기준(K-IFRS, Korea-International Financial Reporting Standards)이 회계보고서의 작성과 관련된 세부사항을 규정하고 있다.

정보공시를 강제하지 않을 경우 기업들은 회계정보 자체를 아예 공시하지 않거나 아주 제한된 정보만 공시할 가능성이 있다. 따라서 재무정보의 공급에 관한 규제기관의 역할은 회계정보이용자들이 일반적으로 필요로 하는 정보에 관한 일반적인 지침을 마련하고, 재무보고서의 종류 및 형식, 보고서의 제출시기 등에 대하여 지침을 정하는 것이다.

2) 자발적인 재무정보의 공시

회계정보의 공시를 강제하지 않더라도 회사가 자발적으로 회계정보를 공급하거나 추가적인 정보를 제공하기도 한다. 정보를 자발적으로 공시하는 유인은 다양할 수가 있는데, 기업이 자발적으로 정보를 공시하여 회사의 명성과 신뢰성의 제고, 차별화, 홍보수단 등으로 활용할 수 있다.

3) 시장요인과 재무정보의 공급

재무정보 공시의 상당부분이 시장요인에 의해 촉진된다. 재무정보의 공시에 영향을 미치는 시장으로는 자본시장 및 경영자시장이 있다.

① 자본시장 : 자본시장에서 자금을 조달하기를 원하는 회사들은 자금제공자들이 대출, 주식 및 사채 투자에 관한 합리적인 의사결정을 할 수 있도록 충분한 정보를 제공해야 한다. 회사가 발행한 주식 및 사채의 질에 대해서는 불확실성이 존재하게 마련이다. 재무정보를 적절히 공시하지 않으면 회사가 부실하다는 신호로 작용하여 자본시장[1]으로부터 부당한 대우를 받을 수도 있다. 따라서 회사는 자본시장에서 주어진 여건하에서 가장 좋은 조건으로 자본을 조달하기 위하여 의사결정유용성이 높은 정보를 제공할 유인이 있다.

② 경영자시장 : 경영자들은 주주나 채권자의 부를 심각하게 위협하는 의사결정을 할 수도 있다. 예컨대 경영자는 주주에게 과도한 배당을 지급하면, 채권자에게 불이익을 준다. 이때 경영자는 그와 같은 행동을 하지 않는다는 신호를 외부에 전달함으로써 자신의 가치를 높일 수 있다. 예컨대 회계감사를 받지 않아도 되는 회사의 경영자가 감사받은 재무제표를 보고하는 것은 부당하게 주주나 채권자의 부를 감소시키는 행위를 하지 않겠다는 자발적인 신호행위(signaling)이다. 특히 유능한 경영자는 자신의 능력이 돋보이도록 하는 제도를 만들기를 원할 것이다. 이는 경영자시장[2]이 존재하기 때문에 가능하며, 자신들이 경영자시장에서 적당한 가격에 해당하는 보수를 받기를 원한다는 의미이다.

---

1) 자본시장은 증권시장과 금융시장을 포괄하는 시장이다. 증권은 사채와 주식을 통칭하며, 증권시장에 상장된 회사는 사채 또는 주식을 증권시장에서 발행한다.

2) 물론 경영자시장이란 일반 상품이나 서비스 시장과는 달리 물리적인 장소가 있는 것이 아니지만 각각 질이 상이한 경영자에 대한 수요와 공급에 의하여 경영자에 대한 가격인 보수가 결정된다고 이해하면 된다. 예컨대 각종 직급의 경영자, 기술자, 전문가 등이 스카우트되거나 전직하는 것은 시장이 존재하기 때문이다.

제 2 절 일반적으로 인정된 회계원칙

1 회계원칙의 의의

기업의 이해관계자들은 다양하고, 이들이 필요로 하는 회계정보도 다양하다. 이와 같은 다양한 정보요구를 모두 충족시킬 수 없기 때문에 일반적으로 요구되는 정보를 제공할 수밖에 없다. 따라서 외부이용자들에게 전달하는 회계보고서를 일반목적재무제표(general purpose financial statements)라고 한다. 일반목적재무제표는 간략히 재무제표라고 부르며, 이들은 기업의 재무상태 및 재무성과 등에 관한 정보를 제시한다.

재무제표의 기업간 또는 기간별 비교가능성을 제고하기 위하여 일반적으로 보편타당하고 합리적이라고 인정되는 일련의 원칙을 마련할 필요가 있다. 이와 같은 회계원칙을 일반적으로 인정된 회계원칙(GAAP, generally accepted accounting principles)이라고 한다.

회계원칙이 없다면 각 회사마다 독특한 방법에 따라 정보를 보고하거나 심지어 아무것도 보고하지 않는 경우도 있을 것이다. 따라서 회계원칙이 회계에서 차지하는 비중과 역할이란 대단히 클 수밖에 없으며, 회계전문성을 이야기할 때 회계원칙이 회계의 모든 것으로 이해되기도 한다.

'일반적으로 인정된'이라는 용어는 오랜 기간에 걸쳐 실무계의 광범위한 지지를 받아 사용되어 온 결과 이제는 하나의 원칙으로 형성되어 있다는 것을 의미한다. 따라서 '일반적으로 인정된 회계원칙'이란 다수의 (실질적으로) 권위 있는 지지(substantial authoritative support)를 갖는 회계원칙이라고 정의된다.

GAAP은 가장 협의로 해석될 때에는 회계기준서, 회계기준해석서 및 회계기준적용지침으로 구성된다. 이들은 법적인 권한을 갖는 기관인 회계기준제정기관에서 제정된 것이다. 그러나 GAAP을 넓은 의미로 해석하면, 회계기준 등에는 명시되어 있지 않지만 회계실무에서 전통적으로 사용되어 온 회계처리방법, 서적 등에서 이론적인 뒷받침을 하여 주는 방법, 기타 권위 있는 기관에서 발표한 보고서 등을 포함하는 것으로 볼 수 있다.

2 회계원칙제정의 주체

회계원칙제정의 접근법으로는 자유시장접근법과 규제접근법이 있다. 자유시장접근법(free-market approach)은 회계정보를 경제재(economic goods)로 파악하여 수요와 공급의 균형에 의하여 균형가격이 형성되도록 해야 한다는 주장이다. 따라서 이 방법은 특별히 규제할 필요가 없다는 입장이다.

규제접근법(regulatory approach)에서는 회계정보를 공공재(public goods)로 인식하여 가격에 의한 수요와 공급의 균형이 달성될 수 없다고 본다. 회계정보를 공공재로 인식하면 정보이용자들은 비용을 부담하지 않으면서 정보를 요구하기 때문에 적절한 정보가 제공되지 않아 시장실패 현상이 발생한다. 따라서 정보이용자의 이익을 보호하기 위하여 정보제공을 강제화한다.

회계원칙제정의 주체로는 공공부문과 민간부문이 있는데, 나라에 따라 다르다. 공공부문(public sector)에서 회계기준을 제정할 경우 공정성의 유지와 강력한 회계규제가 가능하다는 장점이 있으되, 단점으로는 전문성의 결여, 지나친 정부규제 등을 들 수 있다. 반면, 민간부문(private sector)에서 회계원칙을 제정할 경우 뛰어난 회계전문가들이 회계원칙을 제정하게 된다는 장점이 있으나 정부부문의 강력한 지지가 있어야만 회계원칙의 강제력이 유지된다는 문제점이 있다.

국제회계기준위원회(IASB), 한국회계기준위원회(KASB), 미국회계기준위원회(FASB) 등이 모두 민간부문 회계제정기구이다.

3 회계원칙제정의 접근방법

회계원칙제정의 접근방법에는 크게 연역적 접근법과 귀납적 접근법이 있다. 연역적 접근법(deductive approach)은 기본적인 가정이나 명제를 기초로 하여 여러 대체적인 회계처리방법 중 기본가정이나 명제에 부합하는 회계기준을 제정하는 방법이다.

귀납적 접근법(inductive approach)은 실무에서 사용되고 있는 회계처리방법을 관찰하여 이들을 체계적으로 분석하고 분류하여, 실무계에서 일반적으로 받아들여지고 있으면서 합리적이라고 판단되는 회계처리방법을 정리하여 회계기준을 제정하는 방법이다. 이 방법은 현행회계실무를 종합하는 방법이라고 할 수 있는데, 가장 큰 단점은 회계원칙들간의 논리적 일관성이 결여될 가능성이 높다는 것이다. 그러나 장점은 실무에서 사용되고 있는 원칙을 정리한 것이므로 회계변경에 따른 경제적 영향을 최소화할 수 있다는 점이다.

연역적 접근법과 귀납적 접근법을 요약하면 [그림 1-4]와 같다.

■ 그림 1-4
연역적 접근법과 귀납적 접근법

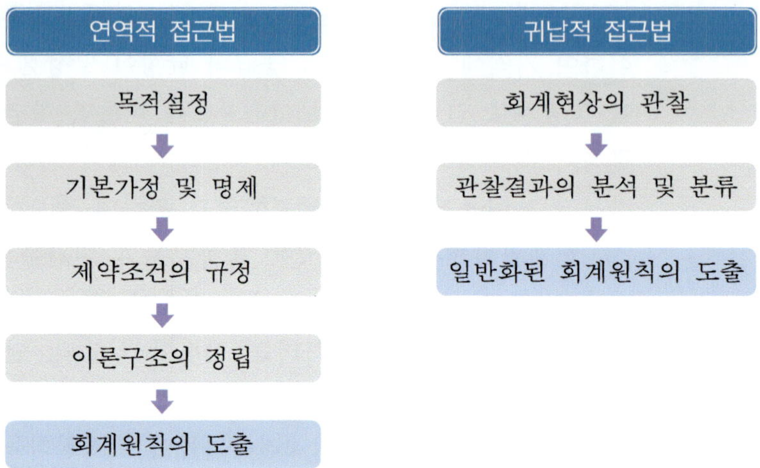

4 우리나라의 회계제도

(1) 회계기준의 역사

우리나라 회계기준의 효시는 1958년에 재무부장관의 자문기구였던 재정금융위원회의 기업회계준칙제정분과위원회가 제정한 「기업회계원칙」과 「재무제표규칙」이다. 기업회계원칙은 보고서 형식으로 작성되었으며 재무제표규칙 제정의 기초를 제공하는 의미를 가졌다. 한편, 실무에 필요한 재무제표의 용어 · 양식 · 회계처리방식을 규정한 재무제표규칙은 재무부 고시로 발표되었다. 기업회계원칙과 재무제표규칙은 그 당시의 경제상황이 외자도입의 촉진, 조세제도의 정비, 금융의 정상화, 증권시장의 육성 등을 필요로 하였기 때문에 그에 발맞추어 기업회계제도 정비의 필요성에 따라 제정되었다.

1960년대 이후의 급속한 경제성장과 함께 1968년에는 「자본시장육성에 관한 법률」이 제정되고, 1973년에는 「기업공개촉진법」이 제정되었다. 이에 따라 「상장법인 등의 회계처리에 관한 규정」과 「상장법인 등의 재무제표에 관한 규칙」이 각각 1974년과 1975년에 제정되었다.

한동안은 「기업회계원칙」, 「재무제표규칙」, 「상장법인 등의 회계처리에 관한 규정」 및 「상장법인 등의 재무제표에 관한 규칙」이 공존하였다. 1981년에 이들을 통합하여 「기업회계기준」을 제정했는데, 이것이 여러 차례의 개정을 거치기는 했으나 1999년까지 우리나라 회계기준으로 사용되었다.

우리나라에서 1999년까지는 정부 주도하에 회계기준이 제정·개정되었다. 그러나 1997년의 외환위기 이후에 회계투명성을 제고하기 위하여 여러 가지 제도개혁을 추진하였는데, 그중 하나가 1999년에 발족한 민간부문 회계기준제정기구인 회계기준위원회의 설립이다. 회계기준위원회는 한국회계기준원에 소속되어 있으며, 금융위원회로부터 위탁받아 회계기준을 제정·개정하고 있다.

(2) 회계기준의 제정절차

우리나라는 2011년부터 국제회계기준을 모든 상장회사에 전면 도입하였다. 이에 따라 회계기준 제정절차는 주로 국제회계기준을 번역하여 한국채택국제회계기준(K-IFRS)을 제정하는 데 초점을 맞추게 되었다. 한편, 한국회계기준원은 국제회계기준의 제정과정에 의견을 제출하여 우리나라 기업들의 상황을 적극 반영할 수 있도록 노력하고 있다.

국제회계기준이 공표되면 곧바로 이를 번역하여 K-IFRS로 전환해야 할 계획을 수립한다. 한국회계기준원은 이를 위하여 필요한 경우에는 사안별로 과제연구팀을 구성하여 공개초안(exposure draft)을 마련하여 기준위원회의 검토를 거친 후 의견조회를 한다. 의견조회는 최소한 30일 동안 인터넷 통신망·간행물 등을 통하여 실시한다. 공개초안에 대하여 의견조회기간 중 제출된 검토의견은 회계기준위원회에서 검토하여 반영 여부를 결정한다.

회계기준위원회의 의결은 재적위원 과반수의 찬성으로 하며 소수의견이 있는 경우에는 기준서의 말미에 그 내용을 밝힌다. 회계기준위원회의 심의를 거쳐 확정된 회계기준의 제정안 또는 개정안은 금융위원회에 보고되고 일반에게 공표된다.

(3) 국제회계기준의 채택에 따른 회계기준 체계

우리나라의 회계기준 체계는 3원화되어 있다. 첫째는 상장기업들이 따라야 하는 한국채택국제회계기준(K-IFRS)이고, 둘째는 비상장기업들이 사용할 수 있는 일반회계기준이며, 셋째는 중소기업들에게 적용되는 중소기업회계기준이다. 모든 상장기업(일부 비상장금융기관 포함)은 K-IFRS를 의무적으로 적용해야 하고, 비상장기업도 자발적으로 K-IFRS를 채택할 수 있다.[3] 한편, 일반회계기준은 K-IFRS의 적용에 따른 회계처리비용 부담의 경감을 주된 이유로 비상장기업이 이용할 수 있는 기준이다(〈표 1-2〉를 참조).

▶ 표 1-2
회계기준의 체계

회계기준	적용대상	구성 및 주요 내용
한국채택 국제회계기준 (K-IFRS)	• 상장법인(비상장자회사 포함)과 일부 금융기관 • 자발적 채택 비상장법인	• 회계기준서 • 회계기준해석서 (결론도출근거 및 실무지침은 기준이 아님)
일반회계기준	비상장법인	• 기존의 K-GAAP을 수정보완한 편람식 기준서 • 본문(핵심규정)과 보론(결론도출근거, 실무지침 및 적용사례, 해석, 적용의견서, 질의회신 등)으로 구성
중소기업 회계기준	자산 100억원 미만의 중소기업	• 연결재무제표 작성의무 면제 • 현금흐름표 작성의무 면제 • 금융자산의 취득원가 표시 • 기타 회계처리기준의 간편화

회계기준의 체계가 K-IFRS와 일반회계기준으로 이원화되면서 종전의 회계기준에서 인정되던 중소기업특례규정이 없어졌다. 이에 따라 중소기업들은 재무제표를 작성할 수 있는 인력부족, 회계처리비용의 증가, 복잡한 회계기준에 따라 작성된 재무정보의 효익 부족 등의 문제점이 노출되었다. 이러한 문제점을 극복하기 위하여 중소기업회계기준을 제정하여 2014년부터 자산규모 100억원 미만의 중소기업에 적용하고 있다.

3) 그러나 연결재무제표가 기업이 공시해야 할 주요 재무제표이기 때문에 상장기업의 연결자회사는 국제회계기준에 근거하여 재무제표를 작성해야 한다.

K-IFRS는 국제회계기준을 번역한 것이기 때문에 국제회계기준의 형식을 그대로 따르고 있다. K-IFRS의 내용은 일반적으로 목적, 적용범위, 인식과 측정, 공시, 시행일 등으로 구성되며, 결론도출근거, 실무지침 등은 기준서의 부록으로 제공된다. 결론도출근거 및 실무지침은 회계기준을 구성하지는 않는다. 결론도출근거는 기준에 도달하게 된 근거를 설명하고 있으며, 실무지침은 실무적용에 대한 구체적인 지침과 적용사례를 포함한다.

K-IFRS는 회계기준서 및 회계기준해석서로 구성된다. K-IFRS는 원칙중심(principles-based)의 회계기준이기 때문에 가능하면 해석서의 발행을 자제하고, 회계전문가의 판단에 의존한다는 기본정신을 유지하고 있다. 따라서 동일한 회계기준에 대하여 다른 회계처리를 할 가능성도 있다.

한편, 국제회계기준의 영어명칭은 두 종류가 있는데, 하나는 2003년 이전에 제정된 기준서로서 IAS(International Accounting Standards)이고, 다른 하나는 2003년 6월부터 제정되기 시작한 IFRS(International Financial Reporting Standards)이다. IAS에 대한 비교적 소규모의 개정은 명칭을 그대로 사용하고 있으며, 대규모 개정 또는 새로운 기준은 IFRS를 사용하고 있다. 명칭은 다르지만 회계기준으로서의 효력의 차이는 없다.

제 3 절 국제회계기준

1 국제회계기준위원회의 설립 및 발달

국제회계기준위원회는 1973년에 영국, 미국, 캐나다, 호주, 프랑스, 독일, 일본, 네덜란드, 멕시코가 참여하여 창립한 민간부문 국제회계기준 제정기구이다. 창립 당시의 명칭은 IASC(International Accounting Standards Committee)이었으며, 2001년에 IASB(International Accounting Standards Board)로 개명하여 재출범하였다.

각국이 서로 다른 회계기준을 이용하는 대신 양질의 단일 회계기준(a single set of high quality accounting standards)을 전 세계가 사용하는 것이 IASB의 출범의 비전이었다. 각국의 회계기준은 나라마다의 특성을 고려하여 제정되어 왔기 때문에 국제적으로 완전한 통일을 이루기까지는 많은 난관에 봉착할 수밖에 없었다.

국제회계기준이 자리매김하는 데 가장 큰 지장은 구속력의 부족에 있었다. 이런 문제점을 해결하기 위하여 IASC는 1995년에 국제증권감독자기구(IOSCO, International Organization of Securities Commissions)[4]와 연합하여 국제회계기준을 정비한 후 이를 이용하여 작성한 재무제표를 가지고 IOSCO 가맹국의 증권시장에 상장할 경우 이를 승인하도록 합의하는 데 성공하였다. 이를 위하여 정비가 필요한 40여개의 핵심회계기준(core accounting standards)을 지정했으며, IASC는 1998년말까지 이들을 정비했다. IOSCO는 2000년 5월에 검토를 완료하고, 회원국들에게 국제회계기준의 사용을 권장하기에 이르렀다. 또한, 거의 비슷한 시기에 은행감독에 관한 Basel위원회와 G7재무장관들은 국제회계기준에 대한 지지를 선언했다. 국제회계기준에 대한 IOSCO의 강력한 지지는 각국의 법령에 의한 지지를 간접적으로 확보한다는 점에서 국제회계기준이 크게 진전하는 계기가 되었다.

처음에는 국제회계기준의 도입이 지극히 저조했으나 자본시장의 국제화와 IASB의 노력 및 국제기관들의 적극적인 협조에 힘입어 2005년부터는 유럽연합(EU), 호주, 뉴질랜드, 남아프리카공화국, 싱가포르, 홍콩 등이 전면 도입하기 시작했다. 또한 자국의 회계기준제정기구를 갖지 못했거나 비경제적이라고 생각한 군소 국가들이 자국의 회계기준을 포기하고 국제회계기준을 도입하기에 이르렀다. 현재는 160여개 국가가 국제회계기준을 전면 도입하거나 유사한 회계기준을 유지하고 있다.

국제회계기준의 수용은 과거 수십년 동안 전 세계 회계기준을 주도해 온 미국재무회계기준위원회(FASB, Financial Accounting Standards Board)의 협조가 없이는 어려웠다. 이를 극복하기 위하여 IASB와 FASB는 2002년에 회계기준 정합화(convergence)를 위해 공동으로 노력한다는 합의를 하고 실제로 여러 개의 회계기준과 개념체계 일부를 공동으로 제 · 개정하였다. 또한 2007년 11월에

4) 국제증권감독자기구(IOSCO)는 전 세계 100여개 증권감독기관의 연합체이다. 한국의 금융위원회도 이 연합체의 회원으로 있다.

미국증권거래위원회(SEC)는 국제회계기준으로 재무제표를 작성하여 SEC에 보고하는 경우 미국회계기준에 따라 조정해야 하는 의무를 면제하였다. 그러나 미국은 증권거래위원장의 2017년 입장 피력을 통하여 국제회계기준과의 통합노력을 중단한다는 입장을 취하고 있다.

2 국제회계기준위원회의 구조 및 기준제정과정

국제회계기준위원회(IASB)의 구조는 [그림 1-5]와 같다. 6개 회원기관(IOSCO의 신흥시장위원회, 미국증권거래위원회, 일본증권감독원, EU집행위원회, 한국금융위원회, 브라질증권위원회)과 1옵서버(은행감독 바젤위원회)로 구성된 감시위원회(Monitoring Board)가 IFRS재단(IFRS Foundation)위원을 선임하고 감시하는 역할을 한다. 22개 회원(trustees)으로 구성된 국제회계기준위원회재단이 14명으로 구성된 IASB위원을 선임, 감독 및 재정지원하고 있다. IASB는 국제회계기준

■ 그림 1-5
국제회계기준 위원회의 구조

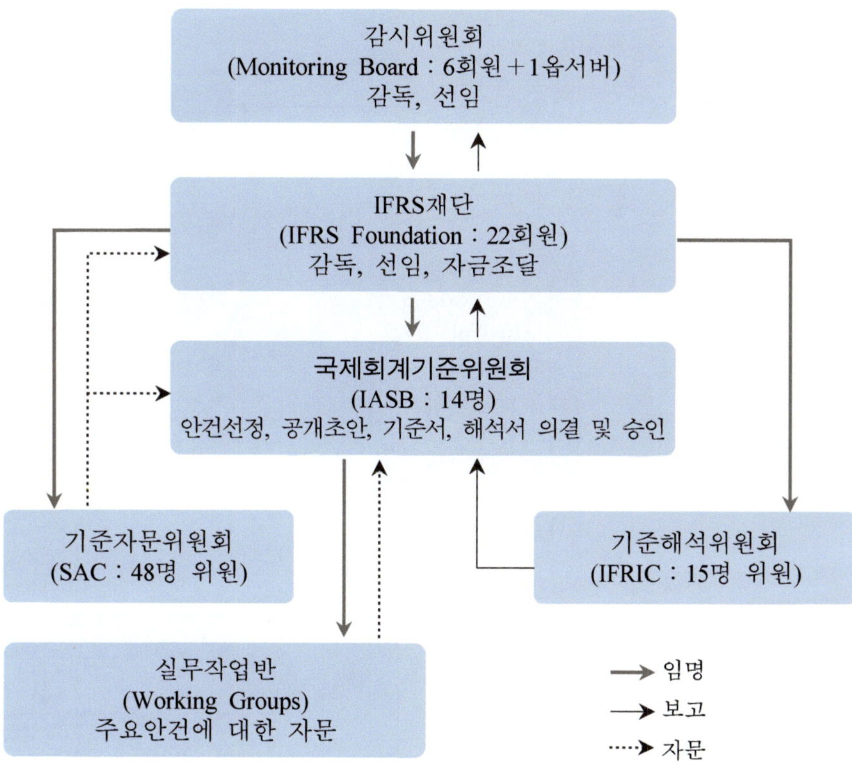

해석위원회(IFRIC, International Financial Reporting Interpretations Committee), 50명 정도로 구성된 기준자문위원회(SAC, Standards Advisory Council), 실무작업반(Working Groups) 및 연구조직(20여명)의 기술적 지원을 받는다. IFRS재단은 또한 SAC와 IFRIC의 위원을 선임하고, SAC는 IFRS재단과 IASB에 자문을 제공하며, IFRIC는 해석서를 마련하되 IASB의 승인을 얻는 구조를 갖는다. 한편, 실무작업반은 상시기구는 아니지만 필요에 따라 IASB에서 선임하여 주요 프로젝트에 대한 자문을 받는다.

IFRS재단은 2000년에 재출범하면서 미국 델라웨어주법에 따라 재단으로 설립되었다. 런던에 본부를 두고 있는 IASB는 8월을 제외하고는 매달 회의를 개최하며, 회의는 4일간 계속된다. 특히 IASB는 각국 회계기준제정기구와의 긴밀한 협조가 필요하기 때문에 8명의 위원은 할당된 지역의 연락책임을 겸직하고 있다.

IASB위원들의 구성에 균형을 갖추는 문제도 아주 중요하다고 보고 있기 때문에 IFRS재단에서 위원을 선임할 때 전문지식을 기본적인 요건으로 하면서, 지역 및 분야의 균형을 강조하고 있다. 분야별로 최소한 5명은 감사경험

■ 그림 1-6
국제회계기준 제정절차

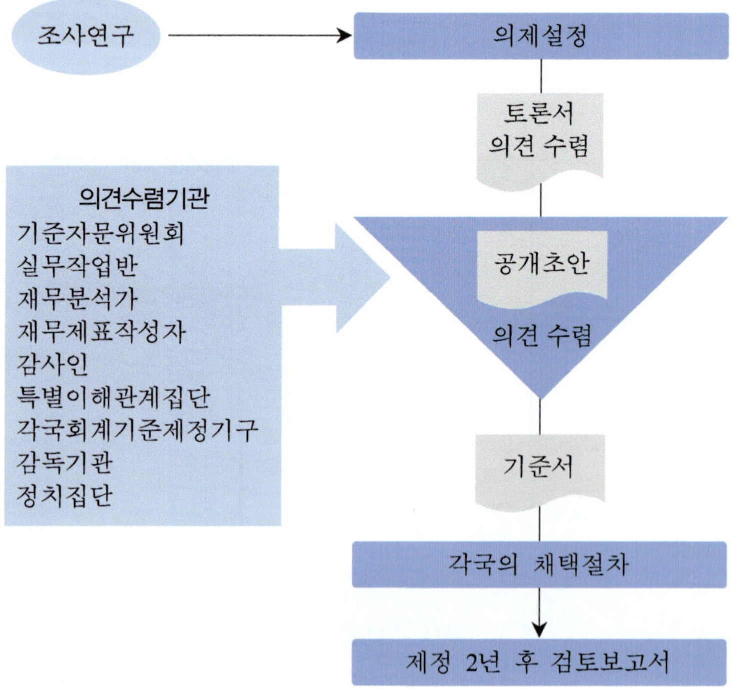

이 있는 사람, 3명은 재무제표 작성 경험을 가진 사람, 3명은 재무정보이용자, 1명은 회계학자일 것을 요구하고 있다.

IASB의 기준서는 정당한 절차(due process)를 거쳐 제정하도록 되어 있다 ([그림 1-6] 참조).

먼저 조사연구팀의 조사연구활동에 의하여 다루어야 할 의제를 설정한다. 의제가 설정되면 연구를 통하여 토론서(DP, discussion paper)를 만들어서 의견을 수렴하기도 하는데, 이는 필요에 따라 이루어지는 선택적인 절차이다. 다음은 공개초안(ED, exposure drafts)을 마련하여 다양한 의견을 수렴한다. 토론서 또는 공개초안으로 의견을 수렴하는 기관으로는 IASB 내의 조직인 기준자문위원회(SAC), 필요에 따라 운영하는 실무작업반과 외부이해관계자집단(재무분석가, 재무제표작성자, 감사인, 각국 회계기준제정기구, 감독기관 등)이 있다. 이와 같은 의견수렴과정을 거쳐 최종적으로 IASB가 기준서를 의결하고 공표한다. IASB의 의결구조는 단순과반수(14명 위원 중 8명 이상 찬성)의 의결로 통과한다. 이견이 있는 경우 이를 기준서에 표시하도록 되어 있다.

IASB에 의해 제정된 회계기준서는 각국의 채택절차를 따라서 각국에서 채택된다. 기준서가 공표되면, IASB는 이해관계자집단과 접촉을 통하여 기준서를 이해시키고, 기준서가 실무에 미치는 영향을 검토하는 등 다각적인 활동을 하며, 회계기준서 제정 후 2년이 되면 검토보고서를 작성한다.

3 국제회계기준의 특징

국제회계기준은 다음과 같은 특징을 지니고 있다. 첫째, 국제회계기준은 원칙중심(principles-based) 회계기준이다. 즉, 회계기준이 개념체계에 근거한 일반원칙을 강조한다. 따라서 국제회계기준은 회계처리에 대한 구체적인 실무적용지침을 제공하기보다는 전문가의 판단을 중시한다.[5] 예컨대 감가상각방법은

5) 미국의 회계기준은 규칙중심(rules-based) 회계기준이라고 할 수 있다. 왜냐하면 상대적으로 많은 계량적인 지침을 제공한다거나, 산업별 회계기준을 제정한다거나, 많은 해석서를 발표하고 있기 때문이다.

국제회계기준 채택 전 우리나라의 회계담당자 및 감사인은 질의회신이라는 제도를 통하여 현장에서 직면하는 까다로운 회계문제를 의타적으로 해결할 수 있었다. 그 결과 회계전문성이 다소 없더라도 회계문제를 해결할 수 있었다. 그러나 국제회계기준 체제하에서는 한국회계기준원 및 규제기관에 대한 질의회신의 기능이 많이 축소되었기 때문에 회계전문가들의 전문성이 절실히 요구된다.

"자산의 소비형태를 가장 잘 나타내는 방법"을 선택하면 된다. 또한 산업별 회계처리기준이나 해석서도 가능한 한 발표하지 않는 것을 원칙으로 한다.[6)]

둘째, 국제회계기준은 연결재무제표(consolidated financial statements) 중심의 회계기준이다. 따라서 모든 기준서는 연결실체가 재무제표를 작성하는 것을 전제로 한다. 예컨대 당기손익과 기타포괄손익 각각에 대해 지배회사 소유주의 몫과 비지배지분의 몫으로 구분하여 공시하도록 요구하고 있다.

셋째, 국제회계기준은 공시를 강화하고 있다. 개별 국가의 법률 및 제도에 따른 차이와 기업의 상황을 반영할 수 있도록 국제회계기준의 적용에 어느 정도 유연성을 주되 공시를 강화하여 정보이용자를 보호하고 있다.[7)]

넷째, 국제회계기준은 공정가치(fair value)를 확대 적용하고 있다. 이에 따라 금융상품의 경우 공정가치 회계가 원칙이고, 유형자산에 대해서는 원가와 공정가치 중에서 선택할 수 있도록 하고 있으며, 모든 자산(특히 영업권 및 비한정내용연수를 갖는 무형자산)에 대하여 자산손상 회계를 강조하고 있다.

---

6) 국제회계기준은 구체적인 지침이 결여되어 있기 때문에 동일한 국제회계기준이 각국에서 적용될 때 나라마다 달리 적용되거나 또 심지어는 회사마다 달리 적용될 가능성이 있다. 특히 나라마다 문화, 법률, 제도 등이 상이하기 때문에 이를 수용하는 과정에서 해석을 달리하여 적용할 가능성이 있다. 실제로 2005년부터 국제회계기준을 수용한 EU의 경우 나라마다 국제회계기준의 적용에 상당한 차이가 있는 것으로 파악되었다.

7) 그러나 유연성이 폭넓게 허용되는 것은 아니다. 오히려 재무제표에 국제회계기준을 그대로 준수하지 않은 경우 국제회계기준을 사용하고 있다고 인정하지 않고 있다. 즉, 원칙의 해석에는 어느 정도 유연성을 가지지만 원칙 자체를 이탈하면 국제회계기준을 사용한 것으로 인정하지 않고 있다.

익힘문제

CHAPTER 1

1. 재무회계란 무엇인가?

2. 재무보고와 재무제표의 차이를 설명하라.

3. 재무보고의 주된 수단은 무엇인가?

4. 회계의사결정은 무엇을 의미하고, 다른 경영의사결정과 어떤 관계를 갖는가?

5. 일반목적재무제표란 무엇을 의미하는가?

6. '일반적으로 인정된 회계원칙'이란 무엇을 의미하는가?

7. 회계기준의 필요성에 대하여 설명하라.

8. 회계기준제정의 접근방법에 대하여 설명하라.

9. 회계기준은 공공부문 또는 민간부문에 의해 제정될 수 있다. 각 제정방법의 장단점을 비교하라.

10. 회계정보를 수요하는 주요 집단들과 이들이 필요로 하는 정보를 간단히 설명하라.

11. 회계정보의 공시를 촉진시키는 시장요인으로서는 어떤 것이 있으며, 왜 이들이 정보의 공시에 영향을 미치는가?

12. 원칙중심 회계기준과 규칙중심 회계기준의 차이를 설명하라.

13. 국제회계기준 제정절차에 대해 설명하라.

14. 공개초안(exposure draft)에 대해 설명하라.

15. 국제회계기준의 주요 특징에 대해 설명하라.

연습문제

CHAPTER 1

1. 회계원칙

한 회사의 재무제표에 대한 감사가 종료된 후 그 회사의 사장이 회계감사인의 감사보고서상에 나타난 "일반적으로 인정된 회계원칙에 따라"라는 부분의 의미를 알고자 한다. 사장은 여기에는 그가 '원칙'으로 생각하는 것 이상의 그 어떤 의미가 있으리라 기대한다.

요구사항

(1) 감사보고서에 나타난 "회계원칙"의 의미를 설명하라.
(2) 회계원칙이 일반적으로 인정된 것인지 아닌지를 어떻게 결정하는지 설명하라.
(3) 회계기준의 적용에 경영자(또는 회계담당자)의 판단이 어느 정도 허용되는가?
(4) 원칙중심의 회계기준과 규칙중심의 회계기준은 어떤 차이가 있는가?

2. 회계기준의 제정절차

회계기준은 이론적으로 질서정연하고 실무에 받아들여지면 그 생명력이 있는 것이다. 그러나 회계기준이 이와 같은 조건을 만족하기 위해서는 기준의 설정과정에서 적법한 절차를 따라야 한다.

요구사항

(1) 회계기준이 적법한 절차를 밟아야 하는 이유가 어디에 있다고 보는가?
(2) 국제회계기준위원회가 밟고 있는 회계기준의 제정절차에 대해 설명해 보라.
(3) 회계기준 설정에 관심을 갖고 있는 단체들은 어떤 것들이 있는가?

CHAPTER

2 재무보고 개념체계

재무보고 개념체계는 회계원칙의 헌법과 같은 역할을 하는 것으로서, 재무회계의 기본 골격과 이론적 뒷받침을 제공한다. 개념체계의 올바른 이해가 재무회계의 이해에 가장 중요한 역할을 하기 때문에 본장에 충분한 시간을 할애할 필요가 있다.

제 1 절 개념체계의 본질 및 구성

(1) 개념체계의 본질

회계원칙(accounting principles)은 자연과학, 수학 등의 원칙 또는 법칙처럼 불변의 진리가 아니고 발견의 대상도 아니다. 회계원칙은 약속이며 변화될 수 있다. 따라서 회계원칙은 실무에서 수용이 되어야만 원칙으로서의 효력이 발생한다. 이러한 이유 때문에 회계원칙은 '일반적으로 인정된 회계원칙(GAAP, generally accepted accounting principles)'이라고 한다.

회계원칙은 객관적으로 그 정당성 또는 합리성을 증명할 수 없으므로 산출되는 정보의 질적특성에 의하여 평가할 수밖에 없다. 이와 같은 회계원칙의 특성 때문에 재무회계의 개념적 체계를 마련할 필요성이 존재한다.

재무보고 개념체계(conceptual framework)는 개별 회계원칙들의 뼈대 또는 근간을 제공하는 역할을 하므로 모든 법률의 근간역할을 하는 헌법과 같다. 개념체계는 재무회계의 기초개념을 제공하는 것을 목적으로 한다.

개념체계가 필요한 이유는 이를 이용하는 집단(회계기준제정기구, 회계정보이용자, 재무제표작성자, 외부감사인)과 관련하여 그 역할을 이해할 수 있다.

① 회계기준제정기구 : 개념체계는 기준제정에 준거할 수 있는 재무회계의 개념과 그 적용에 관한 일관성 있는 체계를 제공한다. '회계원칙의 헌법'과 같은 개념체계에 근거해 기준을 제정하면, 회계기준의 일관성이 향상되고 기준제정과정에서 이해관계자들의 영향이 줄어든다.

② 회계정보이용자 : 개념체계는 회계정보이용자들이 재무제표를 해석하는 데 도움이 되는 기본개념을 제시한다. 개념체계를 이해하면 회계정보에 대한 '숲'을 보는 지식을 갖게 해주어 회계에 대한 이해력과 자신감을 증진시킬 수 있다.

③ 재무제표작성자 : 개념체계는 재무제표작성자들이 회계기준을 해석・적용하여 재무제표를 작성・공시하거나, 특정한 거래나 사건에 대한

회계기준이 미비된 경우에 적용할 수 있는 일관된 체계를 제공한다.

④ 외부감사인 : 개념체계는 감사인들이 감사의견을 표명하기 위해 회계기준 적용의 적정성을 판단하거나, 특정한 거래나 사건에 대한 회계기준이 미비된 경우 회계처리의 적정성을 판단함에 있어서 감사의견 형성의 기초가 되는 일관된 체계를 제공한다.

개념체계에서는 구체적인 회계처리방법이나 공시에 관한 기준을 정하는 것을 목적으로 삼지 않는다. 만약 개념체계가 특정 회계기준과 상충되는 경우에는 회계기준이 개념체계에 우선한다.

(2) 개념체계의 구성

국제회계기준위원회는 2001년에 "재무제표의 작성 및 표시에 관한 체계(Framework for the Preparation and Presentation of Financial Statements)"를 제정하였었다. 2010년에 발표된 "재무보고를 위한 개념체계(The Conceptual Framework for Financial Reporting)"는 종전의 재무제표를 확장시켜 재무보고 개념체계로 바꾸었고, 2018년에는 이를 보완하여 재무보고에 관련된 개념을 보다 포괄적으로 다룬 개념체계를 공표하였다.

2018년에 공표된 개념체계는 다음과 같이 총 8장으로 구성되어 있다.

제1장 일반목적재무보고의 목적
제2장 유용한 재무정보의 질적특성
제3장 재무제표와 보고기업
제4장 재무제표요소
제5장 인식과 제거
제6장 측정
제7장 표시와 공시
제8장 자본 및 자본유지 개념

[그림 2-1]은 재무보고 개념체계의 각 요소간의 연관관계를 그림으로 보여주고 있다.

■ 그림 2-1
재무보고 개념체계의 구성

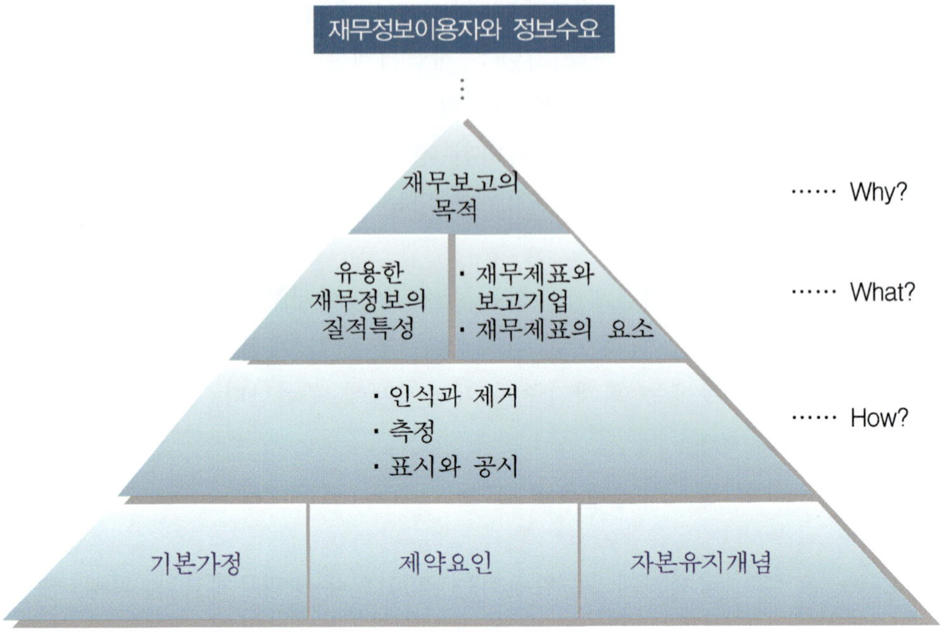

개념체계의 상층(제1단계)은 재무보고의 목적으로서, 왜(why) 재무보고를 해야 하는가에 대한 개념을 다루며 개념체계의 근간을 이룬다. 중층(제2단계)은 재무정보의 질적특성과 재무제표의 요소가 위치하는데, 이는 재무보고목적과 구체적인 측정을 연결시키는 허리 역할을 하며 무엇(what)을 보고할 것인가에 대한 개념체계라고 할 수 있다. 질적특성은 회계정보가 유용하기 위해서 갖추어야 할 특성을 의미하고, 재무제표요소는 구성요소들을 정의하고 있다. 질적특성과 요소는 회계상의 거래를 인식하고 측정하기 위한 회계기준을 설정하는 데 기초를 제공한다. 하층(제3단계)은 재무제표요소의 인식, 측정 및 표시와 공시에 관한 개념체계를 다룬다. 한편, 재무제표는 재무제표의 기본가정과 자본유지개념에 근거하여 인식하고 측정한다.

(3) 정보이용자

왜 회계정보를 제공해야 하는가에 대한 기본적인 질문에 답하기 위해서는 정보이용자를 명확히 규정할 필요가 있다. 정보이용자와 그들이 어떤 목적으로 정보를 활용하는지를 개념적으로 정리해야만 회계정보의 목적을 개념화시킬 수 있으며, 나아가 어떤 종류의 정보를 어떻게 측정할 것인가에 대하여 개념을 정리할 수 있기 때문이다.

개념체계에서는 일반목적재무보고(general purpose financial reporting)[1]의 목적을 '현재 및 잠재적 투자자, 대여자 및 기타 채권자 등의 자원제공자가 기업에 자원을 제공하는 것에 대한 의사결정을 할 때 유용한 재무정보를 제공'하는 것으로 본다. 이에 의하면 다양한 정보이용자 중에서 특히 투자자와 채권자를 주된 정보이용자로 보고 있다. 그들은 재무정보에 근거하여 투자의사결정(지분상품 및 채무상품의 매수, 매도 또는 보유)과 신용제공의사결정(대여 및 기타 형태의 신용제공 또는 결제)을 한다.

제 2 절 재무보고의 목적

1 재무보고의 목적과 유용성

(1) 재무보고의 목적

재무정보이용자들이 합리적인 경제적 의사결정을 하기 위해서는 유용한 정보에 근거해야 한다. 따라서 회계의 근본목적은 이해관계자인 재무정보이용자(현재 및 잠재적 투자자, 대여자 및 기타 이해관계자)가 기업에 자원을 제공하는 의사결정을 함에 있어서 합리적인 의사결정을 하는 데 필요한 유용한 정보(useful information)를 제공하는 것이다.

투자자와 채권자는 자원제공자라는 점에서 다른 재무정보이용자와 구분

1) 일반목적재무보고란 특수목적재무보고와 대비되는 개념으로서 외부정보이용자에게 보고기업에 관한 재무정보를 제공하는 것을 목적으로 하는 보고를 의미한다. 재무보고는 별도의 표현이 없는 한 일반목적재무보고의 의미로 사용된다.

된다. 이들은 자기들의 자원을 자본시장(주식시장, 채권시장 등)을 통하여 투자 및 회수함으로써 자원을 증식시켜 나가기를 원한다. 따라서 달리 표현하면 회계의 역할은 자본시장에 유용한 정보를 제공함으로써 자본시장(capital markets)을 돕는 데 있다고 할 수 있다.

이러한 정보이용자들의 의사결정은 사회 전체적인 자원배분에 영향을 미치므로 이들의 의사결정에 유용한 재무정보는 희소한 자원의 효율적 배분(efficient allocation of scarce economic resources)을 제고하는 데 기여하게 된다.

경영자는 투자자와 대여자로부터 희소한 경제적 자원을 위탁받았거나 차입했기 때문에 조달된 자원을 보전하고 효율적으로 활용하여 수익을 창출할 책임이 있다. 또한 자원제공자들로부터 위탁받거나 차입한 자원의 재무상태 및 재무성과를 정확히 측정하여 보고할 회계책임(accountability)이 있다. 이와 같은 경영자의 책임을 특별히 수탁책임(stewardship function)이라고 한다.

(2) 재무보고의 유용성

투자자와 대여자는 공통적으로 현금흐름에 관심이 있다. 구체적으로 말하면 투자자는 주식거래를 통한 자본이득(capital gains)과 배당금(dividends) 수취라는 현금흐름에 관심을 갖고, 대여자는 원금(principal)과 이자(interest)의 수취라는 현금흐름에 관심을 갖는다. 따라서 재무정보는 미래현금흐름의 금액(amounts), 시기(timing) 및 불확실성(uncertainty)을 평가하는 데 유용해야 한다. 즉, 재무정보에 대한 최종관심은 현금흐름[2]을 얼마나 잘 예측할 수 있는지로 귀착된다.

2 경제적 자원, 청구권 및 그 변동

재무보고는 보고기업의 재무상태(financial position)에 관한 정보와 재무상태의 변동(changes in financial position)에 관한 정보를 제공한다. 먼저 재무상태에 관한 정보를 제공하기 위해서 재무상태표를 작성하여 보고한다. 즉 재무상태

2) 여기에서 말하는 현금흐름은 광의의 개념이다. 광의의 현금흐름에서는 회계이익을 장기적인 관점(예컨대 감가상각을 조정한 후)에서 측정한 일정기간의 현금흐름이라고 할 수 있다. 따라서 광의의 현금흐름은 협의의 현금흐름뿐만 아니라 회계이익까지도 포함한 개념이다.

표는 경제적 자원(자산)과 경제적 자원에 대한 청구권인 채권자청구권(부채) 및 소유주청구권(자본)에 대한 정보를 제공한다.

보고기업의 재무상태(경제적 자원과 청구권)의 성격 및 금액에 관한 정보는 정보이용자가 보고기업의 유동성(liquidity), 지급능력(solvency), 미래현금흐름 전망, 자금조달의 필요성 등을 판단하는 데 도움을 줄 수 있다. 또한, 재무상태에 대한 정보는 청구권의 우선순위 및 지급요구에 대한 정보를 제공하며, 이는 청구권자들간에 미래현금흐름이 어떻게 배분될 것인지를 예상하는 데 도움이 된다.

재무상태표의 변동은 재무성과표(손익계산서), 자본변동표, 현금흐름표에 의해 설명할 수 있다. 재무성과표는 재무성과에 영향을 미치는 손익거래에 의한 재무상태의 변동을 설명하고, 자본변동표는 재무성과에 영향을 미치는 손익거래와 함께 재무성과에 기인하지 않은 자본거래(소유주와의 거래)가 재무상태에 미치는 변동을 설명한다. 현금흐름표는 기업의 모든 활동(영업활동, 투자활동 및 재무활동)이 재무상태의 변동에 미치는 영향을 설명하는 능력이 있다. 현금흐름에 대한 정보는 정보이용자가 보고기업의 영업활동, 재무활동 및 투자활동을 평가하며, 유동성이나 지급능력을 평가하고, 재무성과에 대한 기타 정보를 해석하는 데 도움이 된다.

재무제표 항목들은 동일한 거래나 사건의 각각 다른 측면을 반영하므로 서로 다른 정보를 제공하는 동시에 한편으로는 밀접한 상호연관성을 가지고 있다. 따라서 그중에 어느 하나만으로 특정 정보이용자가 필요로 하는 모든 정보를 제공하지 못할 수 있으므로 다른 항목과 함께 전체적인 측면에서 이해되어야 한다. 예를 들면, 성과를 측정함에 있어서 재무성과표만 보고 재무상태표를 함께 고려하지 않는다면 성과를 완전하게 파악하지 못할 수도 있다. 재무상태에 관한 정보는 재무성과표 정보와 결합하여 자산수익률(return on assets) 또는 자본수익률(return on equity) 등을 파악할 수 있게 해준다.

3 발생기준 회계가 반영된 재무성과

재무성과에 대한 정보는 보고기업의 경제적 자원을 이용해서 기업이 창출한 수익을 이해하는 데 유용한 정보를 제공한다. 또한 기업이 창출한 수익에 대한 정보는 경영진이 보고기업의 자원을 효율적이고 효과적으로 사용해야 하는 책임을 얼마나 잘 이행했는지를 보여준다.

발생기준(accrual basis) 회계는 거래, 사건 및 상황이 보고기업의 경제적 자원과 청구권에 미치는 영향을, 비록 그 결과로 발생하는 현금의 수취와 지급이 다른 기간에 이루어지더라도, 발생한 기간에 보여준다. 발생기준 회계이익과 그 구성요소에 대한 정보는 현금기준 성과측정치에 비해 기업의 과거 및 미래 성과를 평가하는 데 더 유용한 근거를 제공한다.

4 재무보고의 한계

재무제표는 현재 및 잠재적 투자자, 대여자 및 기타 채권자가 필요로 하는 모든 정보를 제공하지 않으며 또 제공할 수도 없다. 즉 재무정보는 기업에 관한 유일한 정보원천은 아니다. 정보이용자들은 일반경제적 상황 및 예측, 정치적 사건과 상황, 산업 및 기업 전망과 같은 다른 정보원천을 통해서 정보를 입수할 수도 있다.

재무제표는 기업의 가치를 직접 평가하기 위해 고안된 것이 아니다. 재무보고는 정보이용자가 기업의 가치를 추정하는 데 도움이 되는 정보를 제공한다.

주요 정보이용자들의 정보수요가 다양하고 상충되기도 한다. 따라서 재무제표에 의해 제공되는 재무정보는 최대 다수의 공통 정보수요를 충족시키는 역할을 담당한다.[3)]

재무보고가 갖는 또 다른 한계점은 재무정보가 상당부분 추정, 판단 및 모형에 근거한 정보를 제공한다는 점이다. 그러나 추정, 판단 또는 사용된 모형에 대한 정보를 충분히 제공함으로써 합리적 의사결정에 유용하게 사용할 수 있으면 재무정보가 충분히 그 역할을 담당할 수 있다고 본다.

---

3) 보고기업의 경영진도 해당 기업에 대한 재무정보에 관심이 있다. 그러나 경영진은 그들이 필요로 하는 재무정보를 내부에서 구할 수 있기 때문에 재무제표에 의존할 필요가 없다. 기타 정보이용자(예컨대, 감독당국, 일반대중 등)에게도 재무제표가 유용할 수 있다. 그러나 재무제표는 이러한 기타 정보이용자를 주요 대상으로 하지 않는다.

제 3 절 회계정보의 질적특성

1 질적특성의 개념과 구분

재무보고의 목적이 달성되기 위해서는 회계정보가 재무정보이용자의 의사결정에 유용해야 한다.[4) 회계정보의 질적특성(qualitative characteristics)이란 회계정보가 유용하기 위해 갖추어야 할 주요 특성을 말하며, 회계정보의 유용성을 판단하는 기준이 된다. 이러한 회계정보의 질적특성은 회계기준제정기구가 회계기준을 설정할 때 대체적 회계처리방법들을 비교 평가할 수 있는 판단기준이 된다. 또한 회계정보의 질적특성은 경영자와 감사인이 회계정책을 선택 또는 평가하거나, 재무정보이용자가 기업에서 사용한 회계처리방법의 적절성을 평가할 때 판단기준을 제공한다.

[그림 2-2]는 회계정보의 질적특성에 대한 개념체계를 요약하여 보여주고 있다.[5)]

■ 그림 2-2 회계정보의 질적특성

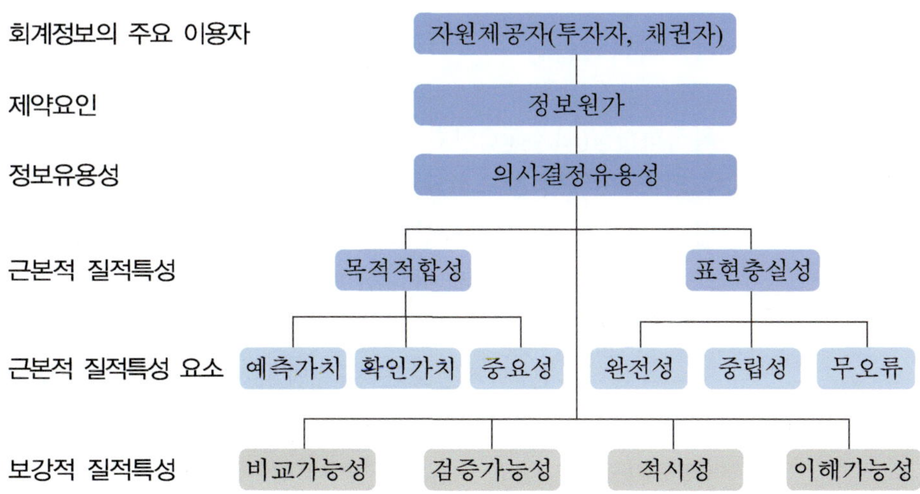

4) 회계정보(accounting information)와 재무정보(financial information)는 동일한 의미로 사용된다(재무정보란 화폐단위로 측정된 정보를 의미하며, 회계정보는 화폐단위로 제공되기 때문에 두 용어는 같은 의미로 사용된다).
5) 국제회계기준에서는 이 그림을 제시하지 않고 있는데, 독자들의 이해를 돕기 위해 저자가 작성하였다.

회계정보가 유용하기 위해서는 무엇보다도 의사결정목적에 적합해야 하고, 경제적 실질을 충실하게 표현해야 한다. 따라서 목적적합성과 표현충실성은 근본적 질적특성(fundamental qualitative characteristics)이라고 본다.

보강적 질적특성(enhancing qualitative characteristics)은 목적적합하고 충실하게 표현된 정보의 유용성을 보강시키는 질적특성이다. 보강적 질적특성은 어떤 두 가지 방법이 현상을 동일하게 목적적합하고 충실하게 표현할 수 있다면 그중 어느 방법을 선택해야 할지를 결정하는 데에 도움을 줄 수 있다. 환언하면, 보강적 질적특성은 그 자체로서 유용성을 가진다고 볼 수는 없으나 근본적 질적특성을 보강시켜주는 역할을 한다. 보강적 질적특성으로는 비교가능성, 검증가능성, 적시성 및 이해가능성이 있다.

2 근본적 질적특성

근본적 질적특성이 결여되면 정보의 유용성이 심각하게 훼손되었다는 것을 의미한다. 따라서 모든 회계정보는 정도의 차이는 있을지라도 근본적 질적특성을 갖도록 작성되고 전달되어야 한다.

(1) 목적적합성

목적적합성(relevance)이란 미래 사건의 예측에 도움을 주거나, 과거의 예측을 확인 또는 수정함으로써 이용자의 경제적 의사결정에 영향을 미치는 질적특성을 말한다. 목적적합성은 의사결정을 함에 있어서 이와 같은 정보가 없는 경우와 비교하여 보다 유리한 차이를 낼 수 있음(capable of making a difference)을 의미한다.

목적적합한 회계정보는 예측가치 또는 확인가치를 가져야 한다. 예측가치(predictive value)는 정보이용자가 기업실체의 미래 재무상태, 성과, 순현금흐름, 자본변동 등을 예측할 수 있는 능력을 의미한다. 확인가치(confirmatory value)는 회계정보가 기업실체의 재무상태, 성과, 순현금흐름 또는 자본변동에 대한 정보이용자의 당초 기대치 또는 예측치를 확인 또는 수정함으로써 정보이용자의 의사결정에 영향을 미칠 수 있는 능력을 의미한다.

예측가치와 확인가치는 상호간에 관련되어 있다. 예를 들어 기업이 현재 보유하고 있는 자산규모와 그 구성에 관한 정보는 이용자가 기업의 기회활용 능력과 위기대응능력을 예측하는 데 유용한 정보이다. 이러한 정보는 기업의 예상 조직구조나 계획한 재무성과에 대한 이용자의 과거 예측이 적절했는지를 확인하는 역할을 하기도 한다.

재무상태와 과거 성과에 대한 정보는 통상적으로 미래 성과, 배당과 급여의 지급능력, 주가변동, 기업의 의무이행능력과 같이 정보이용자와 직접적 이해관계가 있는 사안을 예측하는 기초자료로 이용된다. 여기에서 유의할 점은 정보가 예측능력을 지니기 위하여 반드시 미래에 대한 예측정보 그 자체일 필요는 없으며 과거 사건도 그 표시방법에 따라 정보의 예측능력을 향상시킬 수 있다는 것이다. 예컨대 포괄손익계산서에서 기타포괄손익항목을 손익항목과 구분하여 표시할 경우 포괄손익계산서의 예측가치가 향상된다. 또한 정보의 목적적합성과 의사결정의 구체적인 형태인 행동과는 별개의 문제이다. 예컨대 어느 회사의 주주가 재무정보에 근거하여 그 주식을 계속 보유하기로 했다면 그것은 외관상 행동의 변화는 없으나 계속 보유하는 것이 유리하다고 판단한 의사결정이다. 새로운 정보가 이미 결정한 의사결정의 결과에 대한 불확실성을 감소시키거나 그 결정을 수정하게 하면 목적적합한 것이며, 반드시 선택을 수정해야만 한다는 것은 아니다.

어떤 정보가 누락되거나 왜곡 표시되어 재무제표에 기초한 이용자의 경제적 의사결정에 영향을 미치면 정보로서의 중요성(materiality)을 갖는다. 따라서 중요성은 정보의 유용성을 충족하기 위한 주된 질적특성이라기보다는 재무제표의 표시와 관련된 임계치나 판단기준으로 작용한다. 중요성은 회계항목이 정보로 제공되기 위한 최소인식요건이다. 따라서 중요성은 기업마다 다를 수 있기 때문에 기업고유 제약요인(firm-specific constraint)이라고도 부르며 인식을 위한 최소요건(threshold for recognition)이라고 부르기도 한다.

중요성은 정보가 제공하는 금액의 크기(magnitude)나 정보의 성격(nature)에 의해 결정된다. 만약 어떤 재무제표항목의 금액이 중대하면 정상적인 회계측정 및 공시기준에 따라 회계처리 및 공시를 해야 한다. 그러나 금액이 사소한 경우에는 과목을 통합하거나 또는 별도의 공시를 생략하는 등의 방도를 마련하는 것이 적절하다고 볼 수 있다. 그러나 이 경우에도 금액이 작다고 해서 인식할 필요가 없다는 것은 아니며 단지 과목통합 등이 보다 합리적일 수 있다는 것을 의미한다.

정보의 성격에 따른 중요성의 예로서 신규사업부문에 관한 보고를 들 수 있는데, 신규사업부문 재무성과는 금액의 중요성과 관계없이 기업이 직면하고 있는 위험과 기회를 평가하는 데 영향을 미칠 수 있다. 또 다른 예로서 연간 매출액이 100억원대인 회사의 매출원가가 1,000만원 정도 추가로 발생한 경우와, 동일한 금액을 독과점법 위반으로 인하여 벌금으로 지급해야 한다면 전자는 별도로 공시할 필요가 없는 항목이지만 후자는 별도로 공시해야 하는 항목이다. 따라서 대부분의 경우에는 정보의 성격과 상대적 금액기준이 함께 고려되어야 한다.

(2) 표현충실성

정보가 유용하기 위해서는 목적적합한 정보를 충실하게 표현해야 한다. 표현충실성(representational faithfulness)은 그 정보가 나타내고자 하는 현상을 충실하게 표현해야 한다는 것을 의미한다. 즉 측정대상인 속성과 측정치의 일치도(correspondence between measurement and its attribute)를 의미한다. 예를 들어 어느 사람의 키를 측정한 결과 178cm(측정치)이었고 그의 실제 키(속성)도 178cm라면 측정치와 그 속성이 일치한 충실한 표현이며, 만약 실제 키가 177.6cm라면 0.4cm의 오차를 갖는 표현이 된다. 마찬가지로 측정속성이 회사의 이익이라면 회계측정절차에 따라 측정한 당기순이익이 수익성을 충실하게 나타낼 때 표현충실성이 달성될 것이다.

회계정보는 나타내고자 하는 속성을 충실하게 표현하지 못할 위험이 있다. 그 이유는 측정하고자 하는 거래나 사건을 식별하는 데 어려움이 있거나 거래나 사건에 부합하는 정보를 전달하기 위한 측정 및 표시 방법을 고안하고 적용하는 데 어려움이 있을 수 있기 때문이다. 경우에 따라서는 특정 항목의 재무적 영향을 측정하는 것이 매우 불확실하기 때문에 그 항목을 재무제표에 인식하지 않을 수도 있다. 예를 들면, 내부적으로 창출된 영업권은 일반적으로 신뢰성 있게 식별하거나 측정하기 어렵다.

충실한 표현이라도 목적적합성은 결여될 수 있어서 종합적으로 정보의 유용성이 낮을 수 있다. 예를 들면, 무상으로 유형자산을 취득한 경우 자산을 0원에 측정한다면 충실한 표현이라고 주장할 수 있지만 정보의 유용성은 높지 않을 것이다. 이런 경우에는 무상으로 취득한 유형자산을 공정가치로 측정한다면 표현충실성을 확보하면서 목적적합성이 충족되어 유용성이 높은 정보가 될 수 있다.

충실하게 표현된 정보는 완전하고, 중립적이고, 오류가 없어야 한다. 완전성(completeness)은 정보이용자가 회계정보를 이용하여 의사결정에 필요한 판단을 하는 데 도움이 되는 모든 정보를 제공해야 한다는 것을 의미한다. 예컨대, 자산에 대한 서술이 완전성을 갖기 위해서는 자산의 특성(질 및 성격 포함), 수량(수량결정에 사용된 절차 포함), 내용(원가, 상각후원가, 공정가치 등 포함)에 대한 서술이 포함되어야 한다.

중립성(neutrality)이란 재무정보의 선택이나 표시에 편의(bias)가 없어야 한다는 것을 의미한다. 즉, 중립성은 미리 의도된 결과나 성과를 유도할 목적으로 재무제표상에 특정 정보를 표시함으로써 정보이용자의 의사결정이나 판단에 영향을 미쳐서는 안 된다는 것을 의미한다. 그러나 중립적 정보라고 해서 행동에 영향을 미치지 않는 정보라는 것은 아니다. 오히려 목적적합한 정보가 중립적으로 제시되었을 때 정보이용자의 의사결정에 합리적인 영향을 미칠 수 있다.

중립성은 신중성에 기반을 둔다. 신중성(prudence)이란 불확실한 상황에서 판단에 신중을 기한다는 의미이다. 신중을 기한다는 것은 자산과 수익이 과대평가되지 않고 부채와 비용이 과소평가되지 않는 것을 의미한다. 그렇다고 신중성이 보수주의에 입각한 자산과 수익의 과소평가나 부채와 비용의 과대평가를 허용하는 것은 아니다.

무오류(free from error)란 경제적 현상의 서술에 오류(errors)나 누락(omissions)이 없고, 정보를 생산하는 데 사용된 절차의 선택과 적용에 절차상 오류가 없다는 것을 의미한다. 오류가 없다는 것은 모든 면에서 완벽하게 정확하다는 것을 의미하지는 않는다. 예컨대, 관측불가능한 가치에 대한 추정치는 정확성 여부를 판가름할 수 없다. 그러나 추정치로서 금액을 명확하고 정확하게 서술하고, 추정절차의 성격과 한계를 설명하며, 추정절차의 선택과 적용에 오류가 없다면 충실한 표현이라고 할 수 있다.

(3) 근본적 질적특성의 적용

근본적 질적특성을 적용하기 위한 가장 효율적이고 효과적인 절차는 일반적으로 다음과 같다.

① 보고기업의 재무정보이용자들에게 유용할 수 있는 정보의 대상이 되는 경제적 현상을 식별한다.
② 그 현상에 대한 가장 목적적합한 정보의 유형을 식별한다.
③ 그 정보가 이용가능한지, 그리고 경제적 현상을 충실하게 표현할 수 있는지 결정한다.

만약 그렇다면, 근본적 질적특성의 충족절차는 그 시점에 끝난다. 그렇지 않다면, 차선의 목적적합한 유형의 정보에 대해 동일한 절차를 반복한다.

경우에 따라서는 근본적 질적특성간에 상충관계(trade-off)가 존재할 수도 있다. 예를 들면, 어떤 현상에 대한 가장 목적적합한 정보가 매우 불확실한 추정치일 수 있다. 그러한 경우에는 추정치에 대한 기술과 추정치에 영향을 미치는 불확실성에 대한 설명이 부연된다면, 매우 불확실한 추정치도 가장 유용한 정보가 될 수 있다. 그러나 그러한 정보가 현상을 충분히 충실하게 표현할 수 없는 경우에 가장 유용한 정보는 다소 목적적합성이 떨어지지만 표현충실성이 높은 추정치가 될 수 있다.

3 보강적 질적특성

보강적 질적특성은 그 자체로서 유용성을 갖는 것은 아니지만 근본적 질적특성(목적적합성, 표현충실성)을 가진 정보의 유용성을 더욱 보강시켜준다.

비교가능성(comparability)은 정보이용자가 항목간의 유사점과 차이점을 식별하고 이해할 수 있게 하는 질적특성이다. 유사한 거래나 사건의 재무적 영향을 측정 · 보고함에 있어 기간별 일관성이 있어야 하며, 기업간에도 비교가능성이 높은 것이 바람직하다. 일관성은 비교가능성과 관련은 되어 있지만 동일한 것은 아니다. 일관성(consistency)은 동일한 항목에 대해 동일한 방법을 적용하는 것을 말한다. 한 회사가 여러 기간에 걸쳐 또는 같은 기간 동안에 다른 기업들이 동일한 항목에 대해 동일한 방법을 적용할 때 일관성이 높아진다. 비교가능성이 목표라면 일관성은 비교가능성이라는 목표를 달성하게 해주는 수단이라고 볼 수 있다. 비교가능성은 통일성(uniformity)을 뜻하는 것이 아니다. 정보가 비교가능하기 위해서는 비슷한 것은 비슷하게 보여야 하고 다른 것은 다르게 보여야 한다. 비교가능성이 비슷한 것을 달리 보이게 하여 보강되지 않는 것처럼, 다른 것을 비슷하게 보이게 한다고 해서 보강되지 않는다.

검증가능성(verifiability)은 합리적인 판단력이 있고 독립적인 관찰자들이 어떤 서술이 충실한 표현이라는 데 의견이 일치할 수 있다는 것을 의미한다. 검증가능성은 경제적 현상이 충실히 표현되는지를 정보이용자가 확인하는 데 도움을 준다. 검증은 직접적 또는 간접적으로 이루어질 수 있다. 직접검증은 직접적인 관찰을 통하여 금액이나 표현을 검증하는 것을 말한다. 간접검증은 모형, 공식 또는 기법에 투입요소를 확인하고 같은 방법을 사용하여 그 결과를 재계산하는 것을 의미한다.

적시성(timeliness)은 의사결정에 영향을 미칠 수 있도록 의사결정자가 정보를 적시에 이용가능하게 하는 것을 의미한다. 일반적으로 정보는 오래된 것일수록 유용성이 낮아진다. 그러나 일부 정보는 오랫동안 적시성을 유지할 수도 있는데, 그 이유는 예컨대 일부 정보이용자가 추세를 식별하고 평가하는 데 과거 정보를 사용할 수도 있기 때문이다.

이해가능성(understandability)은 정보가 명확하고 간결하게 제공되어서 정보이용자가 이를 이해할 수 있어야 한다는 것을 의미한다. 일부 현상은 본래 복잡하여 이해하기 어려울 수 있다. 그렇다고 해서 그 현상에 대한 정보를 재무보고서에서 제외하면 얼핏 보기에는 쉬워 보일지 모르지만 그 보고서는 완전성이 결여되어 정보이용자를 오도할 가능성이 있다. 이해가능성은 두 가지 측면을 갖는데, 하나는 이해가능한 형태로 제공되어야 한다는 것이며, 또 하나는 정보이용자가 재무정보를 이해할 수 있는 능력을 갖고 노력을 경주해야 한다는 것이다. 때로는 박식하고 부지런한 정보이용자도 복잡한 경제적 현상에 대한 정보를 이해하기 위해 전문가의 도움을 받는 것이 필요할 수 있다.

보강적 질적특성을 적용하는 데에는 어떤 규정된 순서나 방법이 있는 것은 아니다. 때로는 하나의 보강적 질적특성이 다른 질적특성의 극대화를 위해 덜 강조될 수도 있다. 예를 들면, 새로운 회계기준의 적용으로 인하여 비교가능성이 일시적으로 약화될 수도 있으나 장기적으로는 목적적합성이나 표현충실성을 향상시킬 수 있다.

4 정보원가 – 제약요인

정보제공에 소요되는 원가는 재무정보에 대한 포괄적 제약요인이다. 재무정보의 이용으로부터 효익이 도출되지만 재무정보의 제공과 사용에는 원가가 소요된다. 따라서 정보이용에 따른 혜택이 소요되는 원가를 초과해야만 정보가 경제적 재화로서의 가치가 있는 것이다. 문제는 재무정보의 보고에 소요되는 원가는 일반적으로 정보제공자(회사)가 부담하지만 이용에 따른 효익은 정보이용자가 얻는다는 것이다.

정보제공자는 재무정보의 수집, 처리, 검증 및 전달로 인하여 원가가 발생한다. 정보이용자도 제공된 정보를 분석하고 해석하는 데 원가가 발생하고, 필요한 정보가 제공되지 않으면 그 정보를 다른 곳에서 얻거나 추정하기 위해 추가적인 원가를 부담하게 된다.

목적적합하고 표현충실한 재무정보를 보고하면, 정보이용자가 더 확신을 가지고 의사결정을 할 수 있다. 또한 이러한 정보는 자본시장이 더욱 효율적으로 기능하도록 하고, 경제 전반적으로 자본비용을 감소시킨다.

제 4 절 재무제표와 보고기업

일반목적재무제표(general-purpose financial statements)는 간단히 재무제표(financial statements)라고 부르는데, 일반목적재무보고서의 구체적 형태를 말한다. 재무제표는 ① 보고기업의 경제적 자원, ② 보고기업에 대한 청구권, ③ 경제적 자원과 청구권의 변동에 관한 정보를 제공한다.

1 재무제표

(1) 재무제표의 목적과 범위

재무제표의 목적은 보고기업에 유입될 미래순현금흐름에 대한 전망과 보고기업 경영진의 수탁책임을 평가하는 데 유용한 보고기업의 자산, 부채, 자본, 수익 및 비용에 대한 재무정보를 이용자들에게 제공하는 것이다.[6)]

재무제표에는 한 시점의 재무상태를 나타내는 자산, 부채 및 자본이 인식된 재무상태표, 한 회계기간 동안의 수익과 비용이 인식된 재무성과표(손익계산서), 한 회계기간 동안의 현금흐름에 대한 정보를 제공하는 현금흐름표, 한 회계기간 동안의 자본의 변동에 대한 정보를 제공하는 자본변동표와 주석이 포함된다. 이들 재무제표는 서로 연관되어 하나의 체계를 이루고 있다.

(2) 보고기간

재무제표는 특정 기간(보고기간)에 대하여 작성되며 ① 보고기간말 현재 또는 보고기간중 존재했던 자산과 부채 및 자본, ② 보고기간의 수익과 비용에 관한 정보를 제공한다. 또한 재무제표이용자들이 변화와 추세를 식별하고 평가

---

6) 개념체계는 재무제표가 특정 정보이용자집단의 관점이 아닌 보고기업 전체의 관점에서 정보를 제공한다고 본다.

하는 것을 돕기 위해, 재무제표는 최소한 직전 연도에 대한 비교정보를 제공한다. 재무제표의 목적을 달성하기 위해 보고기간 후 발생한 거래 및 사건에 대한 정보를 제공할 필요가 있다면, 재무제표에 그러한 정보도 포함한다.

(3) 계속기업의 가정

재무제표는 계속기업이라는 기본가정에 근거하여 작성된다. 계속기업의 가정(going concern assumption)이란 일반적으로 보고기업이 계속기업이며 예측가능한 미래에 영업을 계속할 것이라는 가정이다.

발생기준 회계의 주요 회계원칙들은 계속기업의 가정에 근거하고 있다. 예컨대 유형자산의 원가를 내용연수에 걸쳐 감가상각하는 것은 기업이 최소한 유형자산의 내용연수 동안 존속한다는 가정에 근거하고 있다. 또한 취득시점에 원가를 비용으로 계상하지 않고 유형자산으로 기록하는 것은 앞으로 지속되는 기간에 걸쳐 창출될 수익에 대응하기 위하여 비용을 이연시키는 것이라고 할 수 있다. 따라서 계속기업을 가정하지 않으면, 취득원가의 원칙이나 수익·비용의 대응원칙 등과 같은 주요 회계원칙이 근거를 잃게 된다.

2 보고기업

보고기업(reporting entity)은 재무제표를 작성하는 기업이다. 보고기업은 단일의 실체이거나 어떤 실체의 일부일 수 있으며, 둘 이상의 실체로 구성될 수도 있다. 보고기업이 반드시 법적 실체(legal entity)일 필요는 없다.

보고기업이 지배기업과 종속기업으로 구성된다면, 그 보고기업의 재무제표를 연결재무제표라고 부른다. 연결재무제표(consolidated financial statements)는 지배기업과 종속기업이 단일의 보고기업으로서 자산, 부채, 자본, 수익 및 비용에 대한 정보를 제공한다. 이 정보는 지배기업의 현재 및 잠재적 투자자와 채권자가 지배기업에 유입될 미래현금흐름에 대한 전망을 평가하는 데 유용하다. 그 이유는 지배기업에 유입되는 순현금흐름에 지배기업이 종속기업에게서 받는 분배(배당)가 포함되고, 이 분배는 종속기업에 유입되는 순현금흐름에 달려 있기 때문이다.

제 5 절 재무제표의 요소

재무제표는 거래 및 기타 사건의 재무적 영향을 경제적 특성에 따라 대분류하여 나타낸다. 이러한 대분류를 재무제표의 요소로 정의한다.[7] 이러한 요소들은 앞에서 논의된 경제적 자원, 청구권 및 경제적 자원과 청구권의 변동과 연계되어 있으며, 〈표 2-1〉에 정의되어 있다.

▶ 표 2-1
재무제표요소

관련 개념	요 소	정의 또는 설명
경제적 자원	자산	과거 사건의 결과로 기업이 통제하는 현재의 경제적 자원. 경제적 자원은 경제적 효익을 창출할 잠재력을 지닌 권리
청구권	부채	과거 사건의 결과로 기업의 경제적 자원을 이전해야 하는 현재의무
	자본	기업의 자산에서 부채를 차감한 후의 잔여지분
재무성과를 반영하는 경제적 자원 및 청구권의 변동	수익	자본의 증가를 가져오는 자산의 증가나 부채의 감소로서, 소유주[8]에 의한 출자는 제외
	비용	자본의 감소를 가져오는 자산의 감소나 부채의 증가로서, 소유주에 대한 분배는 제외
그 밖의 경제적 자원 및 청구권의 변동	—	소유주에 의한 출자와 소유주에 대한 분배
	—	자본의 증가나 감소를 초래하지 않는 자산이나 부채의 교환

1 자 산

자산(assets)은 과거 사건의 결과로 기업이 통제하는 현재의 경제적 자원이다. 경제적 자원(economic resource)은 경제적 효익을 창출할 잠재력을 지닌 권리이다. 즉, 이러한 자산의 정의에는 ① 권리, ② 경제적 효익을 창출할 잠재력과

7) 현금흐름표는 재무상태표 요소의 변동과 재무성과표의 요소를 반영하므로 개념체계에서는 현금흐름표의 고유한 요소에 대해 별도로 식별하지 않는다.

8) 개념체계는 '자본청구권보유자'라는 용어를 사용하고 있으나 본장에서는 간편성을 위하여 '소유주'라는 용어를 사용하기로 한다.

③ 통제라는 세 가지 특성이 있다.

(1) 권 리

권리(right)는 재화나 용역을 제공받을 권리를 포함하여 다양한 형태의 권리가 있다. 권리는 대체로 계약, 법률 또는 유사한 수단에 의해 확보된다. 예를 들면, 기업은 물리적 자산을 보유하거나 리스함으로써 권리를 획득할 수 있고, 채무상품이나 지분상품을 소유하거나 등록된 특허권을 소유함으로써 권리를 획득할 수 있다. 또한, 창작, 상대방의 의제의무(실무관행, 공개된 경영방침 등에 따라 발생한 의무)에 따라 권리를 확보할 수도 있다.

권리가 기업의 자산이 되기 위해서는 기업이 누구에게나 이용가능한 경제적 효익을 초과하는 경제적 효익을 창출할 잠재력이 있어야 한다.[9] 때로는 권리에 대한 존재불확실성이 있을 수 있다. 예컨대, 기업이 상대방으로부터 경제적 자원을 수취할 권리가 있는지에 대해 분쟁이 있을 수 있다. 그러한 존재불확실성이 해결(예를 들면, 법원의 판결)될 때까지 기업은 권리를 보유하는지 불확실하여 자산의 존재불확실성이 있을 수 있다.

(2) 경제적 효익을 창출할 잠재력

경제적 자원은 기업에게 계약상 현금흐름 또는 다른 경제적 자원의 수취와 같은 권리를 통하여 경제적 효익을 창출할 수 있다. 그러나 자산으로 인식하기 위해서 권리가 경제적 효익을 창출할 가능성이 높아야만 하는 것은 아니다. 다만, 가능성의 정도는 자산의 인식 여부와 측정방법을 포함하여 자산과 관련하여 제공할 정보와 그 정보의 제공방법에 영향을 미칠 수 있다.[10]

---

9) 예를 들면 기업은 공공도로를 사용할 권리를 가지지만 이를 통제한다고 볼 수 없기 때문에 자산으로 볼 수 없다. 기업은 스스로로부터 경제적 효익을 획득하는 권리를 가질 수는 없기 때문에 자기주식은 자산으로 보지 않는다. 또한, 보고기업이 둘 이상의 법적 실체를 포함하는 경우, 그 법적 실체들 중 하나가 발행하고 다른 하나가 보유하고 있는 채무상품이나 지분상품도 자산으로 보지 않는다.

10) 경제적 자원의 가치가 미래 경제적 효익을 창출할 현재의 잠재력에 있지만, 경제적 자원은 그 잠재력을 포함한 현재의 권리이며, 그 권리가 미래 경제적 효익 자체를 나타내는 것은 아니다. 예컨대, 매입한 옵션은 미래에 옵션을 행사하여 경제적 효익을 창출할 잠재력에서 그 가치가 있지만, 옵션 행사시 보유자가 받게 될 미래 금액 자체를 의미하지는 않는다.

지출의 발생과 자산의 취득은 밀접하게 관련되어 있으나 양자가 반드시 일치하는 것은 아니다. 따라서 지출의 발생은 기업이 미래 경제적 효익을 추구했다는 증거가 될 수는 있지만, 자산을 취득했다는 확정적인 증거는 될 수 없다. 마찬가지로 관련된 지출이 없더라도 특정 항목이 자산의 정의를 충족할 수도 있다. 예를 들어, 자산을 무상으로 취득할 수도 있다.

(3) 통 제

기업은 경제적 자원의 사용을 지시하고 그로부터 유입될 수 있는 경제적 효익을 얻을 수 있는 현재의 능력이 있다면, 그 경제적 자원을 통제(control)한다. 통제는 배타적 권리를 의미한다.

경제적 자원의 통제는 일반적으로 법적 권리를 행사할 수 있는 능력에서 비롯된다. 그러나 통제는 경제적 자원의 사용의 지시에 따른 효익을 실질적으로 확보할 수 있는 경우에도 발생할 수 있다. 경제적 자원에 의해 창출되는 경제적 효익의 위험에 노출된다는 것은 기업이 해당 자원을 통제한다는 것을 나타낼 수도 있다. 한편, 기업이 통제하는 경제적 자원을 대리인이 관리하고 있는 경우, 그 경제적 자원은 대리인의 자산이 아니고 기업의 자산이다.

2 부 채

부채(liabilities)는 과거 사건의 결과로 기업이 경제적 자원을 이전해야 하는 현재의무이다. 이러한 부채의 정의는 ① 기업의 의무, ② 경제적 자원을 이전할 의무, ③ 과거 사건의 결과로 생긴 현재의무라는 세 가지 특성을 가진다.

(1) 의 무

의무(obligation)란 기업이 회피할 수 있는 실제 능력이 없는 책임을 말한다. 의무에는 이행 대상마다 다른 당사자가 있게 마련이다. 의무는 대부분 계약 또는 법률에 의해 발생하며, 권리권자가 채무자에게 법적으로 집행할 수 있도록 한다. 그러나 기업이 실무관행이나 공개한 경영방침 등에서 의무가 발생할 수도 있는데, 이러한 의무를 의제의무(constructive obligation)라고 부른다.

경제적 자원의 이전을 회피할 수 있는 실제 능력이 있는지에 대한 평가는 기업의 의무의 성격에 따라 달라질 수 있다. 예를 들면, 이전의 회피 전략이 이전하는 것보다 더 불리한 경제적 결과를 가져온다면, 기업은 이전을 회피할 수 있는 실제 능력이 없을 수 있다.

자산의 경우처럼 부채의 경우에도 의무에 대한 존재불확실성이 있을 수 있다. 이 경우에는 존재불확실성이 해소될 때까지 부채의 존재 여부가 불확실할 수 있다.

(2) 경제적 자원의 이전

의무에는 기업이 다른 당사자에게 경제적 자원의 이전(transfer of economic resource)을 요구받게 될 가능성이 있어야 한다. 이전가능성이 존재하기 위해서는 기업이 경제적 자원의 이전을 요구받을 가능성이 높아야 하는 것은 아니다. 이전가능성의 정도는 부채의 인식 여부와 측정방법의 결정을 포함하여, 부채에 대한 정보와 그 정보를 제공하는 방법에 대한 결정에 영향을 미치게 된다.

(3) 현재의무

의무는 과거 사건으로 생긴 현재의무(present obligation)이어야 한다. 현재의무는 ① 기업이 이미 경제적 효익을 얻었거나 조치를 취했고, ② 그 결과로 이전하지 않아도 될 경제적 자원을 이전해야만 하는 것을 의미한다. 예를 들면, 기업이 종업원의 용역에 대한 대가로 종업원에게 급여를 지급하는 계약을 체결한 경우, 기업은 종업원의 용역을 제공받을 때까지 급여를 지급할 현재의무가 없다. 그 전까지 계약은 미이행계약(executory contract)이며, 기업은 미래 종업원 용역에 대해 권리와 의무를 함께 가지고 있다.

미래의 특정 시점까지 경제적 자원의 이전이 이행될 수 없더라도 현재의무는 존재할 수 있다. 예를 들면, 계약에서 미래의 특정 시점까지는 지급을 요구하지 않더라도 지급해야 하는 계약상 부채가 현재 존재할 수 있다. 이와 유사하게, 거래상대방이 미래의 특정 시점까지는 업무의 수행을 요구할 수 없더라도 기업에게는 미래의 특정 시점에 업무를 수행해야 하는 계약상 의무가 현재 존재할 수 있다.

3 자 본

자본(equity)은 기업의 자산에서 모든 부채를 차감한 후의 잔여지분으로 정의된다. 따라서 자본은 기업의 자산에서 부채를 차감한 후의 잔여지분(residual interest)에 대한 청구권이다.

보통주 및 우선주와 같이 서로 다른 종류의 자본청구권은 보유자에게 ① 배당금, ② 청산금 또는 유사한 금액, ③ 기타 자본청구권을 기업으로부터 받을 권리를 부여할 수 있다.

4 수익과 비용

수익(income)은 자산의 증가 또는 부채의 감소로서 자본의 증가를 가져오는 것이며, 소유주에 의한 출자에 따른 자본의 증가를 제외한다. 비용(expenses)은 자산의 감소 또는 부채의 증가로서 자본의 감소를 가져오는 것이며, 소유주에 대한 분배에 따른 자본의 감소를 제외한다. 즉 소유주에 의한 출자와 소유주에 대한 분배는 자본거래(capital transactions)로서 수익과 비용에 영향을 미치지 아니한다.[11)]

거래나 사건의 종류에 따라 다른 특성을 지닌 수익과 비용이 발생할 수 있다. 수익과 비용의 특성별로 정보를 제공한다면, 재무제표이용자들이 기업의 재무성과를 이해하는 데 도움이 될 수 있다.

---

11) 수익과 비용은 이득(gains)과 손실(losses)을 각각 포함한 개념을 이용하고 있다. 즉, 수익과 비용을 발생원천에 따라 기업의 주된 활동과 부수적인 활동에 따라 구분하지 않고, 비소유주원천에서 발생한 모든 자본의 증가는 수익으로, 비소유주원천에서 발생한 모든 자본의 감소는 비용으로 정의하고 있다.

5 기타 관련 사항

(1) 회계단위

회계단위(unit of account)는 인식기준과 측정개념이 적용되는 권리(또는 권리의 집합), 의무(또는 의무의 집합) 또는 권리와 의무의 집합이다. 예를 들면, 유형자산을 토지, 구축물, 건물, 기계장치 등의 하위집합으로 구분하여 회계단위를 적용하는 것은 각각 하위집합의 소비행태 또는 내용연수가 다른 하위집합의 그것들과 다르기 때문이다.

회계단위의 선택으로 정보의 유용성이 달라지기 때문에 이를 선택할 때 제공된 재무정보가 목적적합하고 표현충실하도록 해야 한다. 때로는 권리와 의무의 집합을 단일 회계단위로 취급하는 것이 각각의 권리나 의무를 별도 회계단위로 취급하는 것보다 더 목적적합한 정보를 제공할 수 있다.[12)]

회계단위를 선택할 때 제공되는 재무정보의 효익이 이의 제공과 사용에서 발생한 원가를 정당화할 수 있는지를 고려해야 한다. 일반적으로 인식 및 측정에 관련된 원가는 회계단위의 크기가 작아짐에 따라 증가한다. 따라서 동일한 원천에서 발생한 권리 또는 의무는 정보가 더 유용하고 효익이 원가를 초과하는 경우에만 분리한다.

(2) 미이행계약

미이행계약(executory contracts)은 계약당사자 모두가 자신의 의무를 전혀 수행하지 않은 계약을 의미한다. 또한 계약당사자 모두가 동일한 정도로 자신의 의무를 부분적으로 수행한 계약도 미이행계약에 속한다. 미이행계약은 경제적 자원을 교환할 권리와 의무가 결합되어 성립되는데, 그러한 권리와 의무

12) 권리와 의무 모두 동일한 원천에서 발생하는 경우가 있다. 예를 들면, 어떤 계약은 각 당사자의 권리와 의무 모두를 갖는다. 미이행계약의 경우와 같이 권리와 의무가 상호의존적이고 분리될 수 없다면, 이는 단일한 불가분의 자산이나 부채를 구성하며, 단일의 회계단위를 형성한다. 그러나 권리가 의무와 분리될 수 있는 경우에는 권리와 의무를 별도로 분리하여 하나 이상의 자산과 부채를 별도로 식별하는 것이 적절할 수 있다. 때로는 분리가능한 권리와 의무를 단일 회계단위로 묶어 단일의 자산이나 부채로 취급하는 것이 더 적절할 수 있다. 단일 회계단위로 권리와 의무의 집합을 처리하는 것은 자산과 부채를 상계(offsetting)하는 것과 다르다.

는 상호의존적이어서 분리될 수 없다. 따라서 이러한 권리와 의무가 단일 자산 또는 단일 부채를 구성한다. 교환조건이 유리하면 자산, 불리하면 부채가 된다. 그러한 자산이나 부채를 재무제표에 포함할지 여부는 그 자산 또는 부채에 대해 선택된 인식요건과 측정기준에 따라 다르다.

한 당사자가 계약상 의무를 이행하면 그 계약은 더 이상 미이행계약이 아니다. 보고기업이 계약을 먼저 수행한다면 경제적 자원을 교환할 권리와 의무를 경제적 자원을 수취할 권리로 변경하는 사건이 되고, 그 권리는 자산이 된다. 반면, 상대 당사자가 먼저 수행하는 경우에는 경제적 자원을 교환할 권리와 의무를 경제적 자원을 이전할 의무로 변경하는 사건이 되고, 그 의무는 부채가 된다.

(3) 계약상 권리와 의무의 실질

계약조건이 권리와 의무를 결정한다. 이러한 권리와 의무를 충실하게 표현하기 위해서는 재무제표에 계약의 실질(substance)을 보고해야 한다. 계약의 법적 형식에 계약의 실질이 분명하게 나타나는 경우도 있고, 계약의 실질을 식별하기 위해서 계약조건을 분석할 필요가 있는 경우도 있다.

계약조건이 계약의 경제적 실질에 영향을 미치지 않는다면, 그 조건은 실질이 없다. 예컨대 계약당사자 그 누구도 구속하지 않는 조건, 권리보유자가 어떠한 상황에서도 행사할 능력을 갖지 못하는 권리 등은 실질이 없는 계약으로 보아야 한다.

제 6 절 인식과 제거

1 인 식

(1) 인식절차

인식(recognition)은 정의를 충족하는 재무제표 각 요소를 재무상태표나 재무성과표에 포함하는 과정이다. 특정 항목을 인식하게 되면, 재무제표에 그 항목의 명칭과 화폐금액이 나타나게 된다. 재무상태표에 보고되는 금액을 장부금액(carrying amount)이라고 한다.

재무상태표와 재무성과표는 재무정보를 비교가능하고 이해하기 쉽도록 요약한 재무보고서로 기업이 인식하는 자산, 부채, 자본, 수익 및 비용을 나타낸다. 인식에 따라 재무제표요소, 재무상태표 및 재무성과표가 [그림 2-3]과 같이 연계된다.

■ 그림 2-3
재무제표요소들의 연계관계

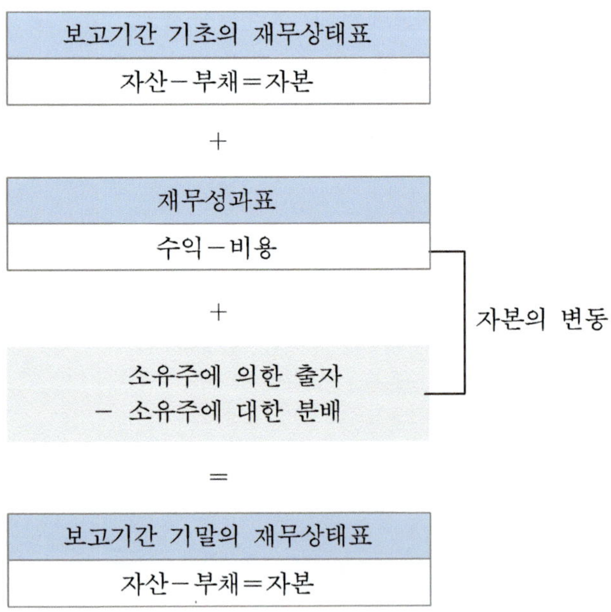

하나의 항목을 인식하게 되면 하나 이상의 다른 항목의 인식 또는 제거가 필요하다. 예를 들면, 수익의 인식은 자산의 증가 또는 부채의 감소를 초래한다.

거래나 사건에서 발생된 자산이나 부채를 인식함에 따라 수익과 관련 비용이 동시에 인식된다. 예를 들면, 재고자산을 현금판매하면 자산(현금)의 증가와 수익의 인식, 비용(매출원가)의 인식과 자산(재고자산)의 제거를 동시에 인식하게 된다.

(2) 인식요건

재무제표요소의 정의를 충족하는 항목만이 재무상태표와 재무성과표에 인식된다. 그러나 정의를 충족하는 항목이라고 할지라도 추가적으로 인식요건을 충족하지 못하면 재무제표에 인식되지 않는다. 따라서 정의를 충족하는 항목이 자산, 부채, 수익, 비용 또는 자본 변동에 대한 목적적합성과 표현충실성을 모두 충족시키는 경우에만 인식한다. 또한 재무제표이용자들에게 제공되는 정보의 효익이 그 정보를 제공하고 사용하는 원가를 정당화할 수 있을 경우에 자산이나 부채를 인식한다.

1) 목적적합성

자산 또는 부채에 대해 존재불확실성(existence uncertainty)이 있거나, 경제적 효익의 유입 및 유출 가능성이 낮은 경우에 목적적합성이 결여될 수 있다. 이 경우에는 자산 또는 부채의 존재불확실성, 경제적 효익의 유입이나 유출의 크기, 발생가능한 시기 및 발생가능성에 영향을 미치는 요인 등에 대한 정보를 주석으로 보고함으로써 목적적합성을 증진시킬 수 있다.

2) 표현충실성

특정 자산이나 부채의 인식으로 표현충실성이 달성될 수 있는지는 자산이나 부채와 관련된 측정불확실성의 수준 또는 다른 요인에 의해 영향을 받을 수 있다.

자산이나 부채를 인식하기 위해서는 측정을 해야 하는데, 추정에 근거해서 측정하는 경우가 가끔 있다. 추정의 경우에 측정불확실성(measurement uncertainty)

의 문제가 발생한다. 이때 추정치를 명확하고 정확하게 기술하고 설명한다면, 합리적인 추정의 사용을 통해 표현충실한 정보를 제공할 수 있다. 만약 측정불확실성이 너무 높으면 표현충실성이 훼손될 수 있다. 예를 들면, 현금흐름기준측정기법으로 자산을 측정했는데, 경우의 수가 많고 각 경우의 가능성을 추정하기가 매우 어렵다면 측정불확실성이 너무 높다고 할 수 있다. 측정불확실성이 너무 높아서 유용한 정보를 제공하지 못한다고 판단되면 자산이나 부채를 인식하지 않아야 한다.

2 제 거

제거(derecognition)란 재무상태표에서 인식된 자산이나 부채의 전부 또는 일부를 삭제하는 것이다. 제거는 일반적으로 인식했던 항목이 더 이상 자산 또는 부채의 정의를 충족하지 못할 때 발생한다. 일반적으로 자산의 전부 또는 일부에 대한 통제를 상실하였을 때, 부채의 전부 또는 일부에 대한 현재의무를 더 이상 부담하지 않을 때 제거한다.

일반적으로 만료, 소비, 회수, 이행 또는 이전된 자산이나 부채(이전부분, transferred component)를 제거하고, 이에 따라 발생하는 수익과 비용을 인식한다. 만일 잔여 자산 또는 부채(잔여부분, retained component)가 있다면, 이를 계속하여 해당 자산 또는 부채로 인식한다. 이때 잔여부분은 이전부분과 별도의 회계단위가 된다. 따라서 제거로 인해 잔여부분에 적용되는 측정 요구사항이 변동되지 않는 한, 이전부분의 제거로 인하여 잔여부분에 대한 수익이나 비용은 인식하지 않는다.

어떤 경우에는 기업이 자산을 이전하는 것처럼 보일 수 있지만, 실제로는 기업이 통제하는 경우가 있다. 예를 들면, 기업이 자산을 이전했지만 여전히 그 자산에서 발생할 수 있는 권리와 의무에 대해 상당한 이해관계를 가진 경우, 기업이 다른 당사자에게 자산을 이전하였으나 그 다른 당사자가 그 기업의 대리인으로서 자산을 보유하고 있는 경우 등은 기업이 계속 통제하는 것으로 본다. 이 경우 해당 자산이나 부채를 제거하는 것은 적절하지 않다.

제 7 절 측 정

1 측정기준

재무제표요소를 인식하여 재무제표에 화폐금액으로 나타내기 위해서는 측정기준을 선택해야 한다. 측정기준(measurement bases)은 측정대상 항목에 대해 식별된 속성(attributes, 화폐로 측정된 가치)을 의미한다. 자산이나 부채에 측정기준을 적용하면, 관련된 수익과 비용의 측정치가 산출된다. 측정기준에는 역사적원가와 현행가치가 있다.

(1) 역사적원가

역사적원가(historical cost)는 취득원가(acquisition cost)라고도 하는데, 자산, 부채 및 관련 수익과 비용을 발생시키는 거래나 사건의 가격을 이용하여 측정한 재무제표요소의 화폐금액이다. 역사적원가는 손상차손이나 손실부담부채와 관련된 손실을 제외하고는 가치의 변동을 반영하지 않는다.

자산을 취득할 때의 역사적원가는 자산의 취득에 발생한 원가의 가치로서, 자산의 취득대가에 거래원가(transaction costs)를 가산한 금액이다. 부채의 역사적원가는 수취한 대가에서 거래원가를 차감한 금액이다. 시장거래가 아닌 방식으로 자산을 취득할 때 또는 부채가 발생할 때가 있다. 이 경우에는 원가를 식별할 수 없거나 그 원가가 자산이나 부채에 관한 목적적합한 정보를 제공하지 못할 수 있다. 따라서 이 경우 자산이나 부채의 현행가치를 최초인식시점의 역사적원가로 본다.

자산과 부채의 역사적원가는 필요하다면 시간의 경과에 따라 업데이트해야 한다. 금융자산과 금융부채에 적용되는 상각후원가(amortized cost)도 역사적원가에 속한다. 금융상품의 상각후원가는 역사적 할인율로 계산한 미래현금흐름의 현재가치를 반영한다. 금융상품의 상각후원가도 이자의 발생, 손상, 수취 또는 지급과 같은 후속변동을 반영하기 위해 시간의 경과에 따라 업데이트해야 한다.

(2) 현행가치

현행가치(current value)는 측정일의 조건을 반영하기 위해 업데이트된 정보를 이용하여 측정한 자산, 부채 및 관련 수익과 비용의 측정치이다. 따라서 자산과 부채의 현행가치는 이전 측정일 이후의 현행가치의 변동을 반영하여 조정된다. 역사적원가와는 달리, 현행가치는 해당 자산이나 부채를 발생시킨 거래나 사건의 가격이 아니라 측정일에 현행가치 측정기준을 이용하여 재측정한 금액을 나타낸다. 현행가치 측정기준에는 ① 공정가치, ② 자산의 사용가치 및 부채의 이행가치, ③ 현행원가가 있다.

공정가치(fair value)는 "측정일에 시장참여자 사이의 정상거래에서 자산을 매도할 때 받거나 부채를 이전할 때 지급하게 될 가격"이다. 공정가치는 시장참여자가 경제적 관점에서 최선의 거래를 할 것이라는 가정하에 그 자산이나 부채를 측정한다. 활성시장이 있는 경우 시장가격으로 공정가치를 결정할 수 있으며, 활성시장이 없으면 측정기법(예를 들면, 현금흐름기준측정기법)을 사용하여 간접적으로 결정해야 한다.

공정가치는 자산의 취득 또는 부채의 인수와 관련하여 발생한 거래원가로 인해 영향을 받지 않는다고 본다. 또한 공정가치에는 자산 또는 부채의 궁극적인 처분, 이전 또는 결제와 관련하여 발생할 거래원가도 반영하지 않는다. 따라서 공정가치에는 거래원가(transaction costs)를 가감하지 않는다.

사용가치(value in use)는 기업이 자산의 사용과 궁극적인 처분으로 얻을 것으로 기대하는 현금유입의 현재가치이다. 이행가치(fulfillment value)는 기업이 부채를 이행할 때 이전해야 하는 현금유출의 현재가치이다. 사용가치와 이행가치는 미래현금흐름에 기초하기 때문에 자산의 취득 또는 부채의 인수와 관련된 거래원가는 포함하지 않는다. 그러나 궁극적으로 자산처분이나 부채이행에서 발생할 것으로 예상되는 거래원가의 현재가치를 포함한다. 사용가치와 이행가치는 현금흐름기준측정기법으로 결정하기 때문에 공정가치와 달리 시장참여자의 관점이 아니라 기업특유(entity-specific)의 관점을 반영한다.

현행원가(current cost)는 측정일에 동등한 자산을 취득한다면 지급할 대가에 거래원가를 가산하여 결정한다. 부채 현행원가는 측정일에 동등한 부채가 발생할 때 수취할 수 있는 대가에서 거래원가를 차감하여 결정한다.

현행원가는 역사적원가와 마찬가지로 유입가치(entry value)이다. 현행원가는 동일한 자산 또는 부채를 측정일에 재취득 또는 재인수한다는 가정하에 측정일의 시장가격을 나타낸다. 예를 들어 특정 상품을 과거에 ₩1,000에 취득했으며, 이를 현재시점에 시장에서 재취득한다면 ₩1,200을 지급해야 한다고 하자. 이 경우 ₩1,000은 이 상품의 취득원가이며 ₩1,200은 현행원가로서, 이 두 기준은 회사가 취득시장에서 상품을 취득할 때 지출해야 하는 유입가치이다. 한편, 공정가치나 사용가치(또는 부채의 이행가치)는 유출가치(exit value)이다.

2 측정기준 선택

측정기준을 선택할 때 측정기준이 재무상태표와 재무성과표에서 제공할 정보의 유용성을 고려해야 한다. 따라서 선택된 측정기준은 근본적 질적특성인 목적적합성과 표현충실성을 충족해야 한다. 또한, 재무정보는 가능한 한 비교가능하고 검증가능하며 이해가능해야 한다.

대부분의 경우 어떤 측정기준을 선택해야 하는지를 결정하는 단일의 요인은 없다. 각 요인의 상대적 중요성은 상황에 따라 다르다.

(1) 목적적합성

자산, 부채, 수익과 비용의 측정기준에 의해 제공된 정보의 목적적합성은 ① 자산 또는 부채의 특성과 ② 자산 또는 부채가 미래현금흐름에 기여하는 방법의 영향을 받는다.

1) 자산 또는 부채의 특성

자산 또는 부채가 파생금융상품이면 그 가치가 시장요인에 민감할 수 있다. 이 경우 가치변동에 관한 정보를 적시에 제공하지 않으면, 수익과 비용이 자산이나 부채의 보유에서 발생하는 위험에 노출된 영향을 충분히 설명하지 못하게 되어 예측가치와 확인가치가 결여될 수 있다.

2) 자산 또는 부채가 미래현금흐름에 기여하는 방법

경제적 자원은 직접 현금흐름을 창출하기도 하며, 간접적으로 다른 경제적 자원과 결합하여 사용되어 현금흐름을 창출하기도 한다. 예를 들면, 재고자산은 다른 경제적 자원을 사용(예를 들면, 생산 및 마케팅 활동)하지 않는다면 고객에게 판매될 수 없다. 이와 같이 다른 경제적 자원을 결합하여 현금흐름을 창출하는 것이라면, 역사적원가나 현행원가는 그 사업활동에 목적적합한 정보를 제공할 것이다.[13] 한편, 직접 현금흐름을 창출하는 금융자산의 경우, 가장 목적적합한 정보를 제공하는 측정기준은 미래현금흐름의 금액, 시기와 불확실성의 현재 추정치를 반영한 현행가치일 것이다.

(2) 표현충실성

충실한 표현에는 오류가 없어야 하지만, 측정이 완벽하게 정확해야 한다는 것을 의미하지는 않는다. 활성시장의 가격을 직접 관측할 수 없어 추정에 의존하는 경우 측정불확실성이 발생한다. 측정불확실성 수준이 높다고 해서 목적적합한 정보를 제공하는 측정기준을 사용하지 못하는 것은 아니다. 그러나 측정불확실성 수준이 너무 높으면 정보의 표현충실성이 낮아지기 때문에 다른 측정기준을 선택하는 것을 고려해야 한다.

측정불확실성은 결과불확실성이나 존재불확실성과는 다르다.[14] 결과불확실성 또는 존재불확실성이 있다면, 측정불확실성으로 이어지는 경우도 있지만 반드시 그런 것은 아니다.

(3) 보강적 질적특성과 원가제약

보강적 질적특성(비교가능성, 검증가능성, 이해가능성)도 측정기준의 선택에 영향을 미친다. 단, 적시성은 측정에 특별한 영향을 미치지 않는다.[15] 또한, 측

13) 계약상 현금흐름을 수취하기 위해 금융자산을 보유한다면, 상각후원가는 그 자산에서 발생한 이자수익에 대한 목적적합한 정보를 제공할 수 있다. 그러나 상각후원가는 공정가치변동에 따른 현금흐름에는 목적적합한 정보를 제공하지 못할 것이다.

14) 결과불확실성(outcome uncertainty)은 자산이나 부채에서 발생할 경제적 효익의 유입이나 유출의 금액 또는 시기에 대한 불확실성이 있을 때 발생한다. 존재불확실성(existence uncertainty)은 자산이나 부채의 존재 여부가 불확실할 때 발생한다.

정기준을 선택할 때 그 측정기준에 의해 재무제표이용자들에게 제공되는 정보의 효익이 그 정보를 제공하고 사용하는 데 발생한 원가를 초과하는지를 고려해야 한다.

한 보고기업이 동일한 측정기준을 일관되게 사용하면 기간간 비교가능성(일관성)이 높고, 비교대상이 되는 다른 기업들이 동일한 측정기준을 사용하면 기업간 비교가능성이 높다. 측정기준이 변경되면, 재무제표의 이해가능성이 감소할 수 있다. 그러나 변경으로 인한 이해가능성 감소보다 다른 질적 특성이 중요하게 개선된다면 변경이 정당화될 수 있다.

검증가능성은 직접 관측 또는 모형의 투입요소를 확인할 수 있는 측정기준을 사용함으로써 향상된다. 측정을 검증할 수 없는 경우 그 측정이 어떻게 결정되었는지에 대한 설명이 필요하다.

재무제표에 많은 측정기준을 사용할수록 정보는 더 복잡해져서 이해하기 어려워진다. 그러나 유용한 정보 제공을 위해 필요하다면, 더 많은 측정기준을 사용하는 것이 적절한 경우도 있다.

역사적원가는 현행가치에 비해 단순하고 비용이 적게 든다. 또한 역사적원가는 일반적으로 잘 이해되며 대부분 검증가능하다. 그러나 역사적원가를 사용하면, 다른 시점에 취득 또는 인수한 동일한 자산이나 부채가 재무제표에 서로 다른 금액으로 보고되어 기간간 또는 기업간 비교가능성을 저하시킬 수 있다.

공정가치로 측정하면, 동일한 자산이나 부채는 원칙적으로 서로 다른 보고기업에 의해 동일한 금액으로 측정된다. 이는 기간간 또는 기업간 비교가능성을 높일 수 있다.

공정가치를 시장가격으로 결정할 수 있다면, 공정가치 측정과정은 비용이 적게 들고, 단순하며, 이해하기 쉽다. 현금흐름기준측정기법은 공정가치를 추정하기 위해 또는 사용가치나 이행가치를 결정할 때 필요하다. 그러나 평가에 필요한 투입요소를 추정하고 평가기법을 적용하는 것은 비용이 많이 들고, 주관적이며, 검증가능성이 낮고, 복잡할 수 있다. 결과적으로, 동일한 자산이나 부채의 측정치가 다를 수 있어서 비교가능성을 저하시킬 것이다.

사용가치와 이행가치는 개별 기업의 관점을 반영하기 때문에 기업에 따

15) 측정기준의 선택은 적시성에 영향을 미치지 않는다. 따라서 적시성을 제외한 다른 보강적 질적특성은 측정기준과 관련성이 있으므로 이들의 증진여부는 측정기준의 선택에 고려대상이 된다.

라 다르게 측정될 수 있다. 이러한 차이는 자산이나 부채가 유사한 방식으로 현금흐름에 기여하는 경우 비교가능성을 저하시킬 수 있다.

현행원가 측정기준을 사용하면, 다른 시점에 취득 또는 인수한 동일한 자산이나 부채를 재무제표에 같은 금액으로 보고한다. 이는 기간간 또는 기업간 비교가능성을 향상시킬 수 있다. 그러나 현행원가를 결정하는 것은 복잡하고 주관적이며 비용이 많이 들 수 있다. 예를 들면, 보유하고 있는 자산의 현재 상태, 기술변화 등을 반영하기 위해 현행원가를 조정해야 할 수도 있다. 이러한 어려움 때문에 현행원가 측정치는 검증가능성과 이해가능성이 결여될 수 있다.

(4) 하나 이상의 측정기준

목적적합하고 표현충실한 재무정보를 제공하기 위해 때로는 하나 이상의 측정기준이 필요할 수도 있다. 그러한 정보를 제공하는 가장 이해하기 쉬운 방법은 자산, 부채, 수익, 비용의 측정에는 단일 측정기준을 사용하되, 다른 측정기준을 적용한 추가 정보를 주석에 제공하는 것이다. 경우에 따라 자산 또는 부채에 대한 현행가치 측정기준을 사용하고 수익 및 비용에 대해서는 다른 측정기준을 사용하는 것이 보다 목적적합하거나 표현충실한 정보를 산출할 수 있다.[16]

(5) 자본의 측정

자본의 총장부금액(총자본)은 직접 측정하지 않는다. 이는 총자산의 장부금액에서 총부채의 장부금액을 차감한 금액과 동일하다. 총자본은 직접 측정하지 않지만, 자본의 일부 항목에 대한 장부금액은 직접 측정하는 것이 적절할 수 있다. 그러나 총자본은 잔여지분으로 측정되기 때문에 최소한 자본의 한 종류(또는 한 항목)는 직접 측정할 수 없다.

일반목적재무제표는 기업의 가치를 보여주도록 설계되지 않았기 때문에 자본의 총장부금액은 일반적으로 ① 자본의 시가총액, ② 기업 전체의 매각

16) 공정가치-기타포괄손익접근법(fair value through other comprehensive income)이 이러한 경우에 해당한다.

대가, ③ 모든 자산을 매각하고 모든 부채를 상환하여 조달할 수 있는 금액 등을 나타내지 않는다.

3 현금흐름기준측정기법

측정치를 직접 관측할 수 없으면 현금흐름기준측정기법을 사용하여 측정기준(공정가치, 사용가치, 이행가치 등)을 추정한다. 그러나 현금흐름기준측정기법은 측정기준은 아니며, 측정기준을 적용하는 데 사용되는 기법이다.

이러한 기법을 사용할 때 어떤 측정기준이 사용되는지 그리고 그 기법이 그 측정기준에 적용가능한 요인을 어느 정도 반영하는지 확인하는 것이 필요하다. 예를 들면, 측정기준이 공정가치인 경우에 적용가능한 요인은 ① 미래현금흐름 추정치, ② 미래현금흐름의 추정 금액, 시기, 불확실성으로 인한 변동가능성, ③ 화폐의 시간가치, ④ 현금흐름에 내재된 불확실성 대가인 위험할증 또는 위험할인 등이 있다.

결과불확실성은 미래현금흐름의 금액이나 시기에 대한 불확실성에서 발생하며, 자산과 부채의 중요한 특성이다. 불확실한 미래현금흐름을 추정할 때 현금흐름의 추정 금액 또는 시기의 변동가능성을 고려해야 한다. 이러한 과정을 거쳐 가능한 현금흐름 범위 내에서 단일 금액을 선택하는 것이 일반적이다. 가장 목적적합한 정보를 제공하는 금액은 일반적으로 중앙추정치(central estimate) 중 하나일 것이다. 중앙추정치로 일반적으로 사용되는 것들로는 기대치(확률가중평균), 중위수, 최빈치 등이 있다. 어떠한 중앙추정치도 미래현금흐름의 범위에 대한 완전한 정보를 제공하지는 못한다. 따라서 미래현금흐름의 범위에 대한 정보를 제공하는 것이 필요할 수 있다.

제 8 절 표시와 공시

재무제표정보의 표시와 공시(presentation and disclosure)는 보고기업의 정보소통 수단이다. 재무제표정보의 효과적 소통은 목적적합성과 표현충실성의 달성에 필수불가결한 요소이며, 이해가능성과 비교가능성을 향상시킨다. 표시와 공시를 결정할 때에는 효익과 원가를 고려해야 한다. 효과적인 소통을 위해서는 다음과 같은 사항이 필요하다.

① "표시와 공시의 목적과 원칙"에 초점
② 유사한 항목의 통합과 상이한 항목의 분리
③ 세부사항의 제시와 과도한 통합 간의 적절한 균형 유지

1 표시와 공시의 목적과 원칙

표시와 공시의 목적은 재무제표정보를 효과적으로 소통하기 위함이다. 재무제표정보를 쉽고 효과적으로 소통하기 위한 목적을 달성하기 위해 "① 기업에 융통성을 부여하여 표현충실하고 목적적합한 정보의 제공"과 "② 비교가능한 정보의 요구" 사이의 균형이 필요하다. 한편, 재무제표정보의 효과적인 소통을 위해서는 ① 기업특유의 정보가 때로는 표준문안(boilerplate)이라고 불리는 표준적 설명보다 유용하고, ② 재무제표의 여러 부분에서 정보를 중복하여 작성하는 것은 일반적으로 불필요하며 재무제표를 이해하기 어렵게 만들 수 있다는 것을 고려해야 한다.

2 분 류

분류(classification)란 표시와 공시를 위해 재무제표요소를 그 특성에 따라 구분

하는 것을 말한다. 특성이 상이한 항목을 함께 분류하면 목적적합한 정보를 불분명하게 하고, 이해가능성과 비교가능성이 낮아지며, 표현하고자 하는 내용을 충실하게 표현하지 못하게 된다.

(1) 자산과 부채의 분류

재무정보의 유용성을 향상시키기 위해 특성이 다른 구성요소를 구분하여 별도로 분류할 수 있다. 예컨대, 자산이나 부채를 유동항목과 비유동항목으로 분류하는 것이 적절할 수 있다. 자산과 부채를 별도의 회계단위로 인식하고 측정해야 한다. 만약 재무상태표에서 자산과 부채를 단일의 순액으로 합산한다면 상계(offsetting)가 발생하며, 이는 일반적으로는 적절하지 않다.

(2) 자본의 분류

자본청구권이 다른 특성을 가지고 있는 경우에는 이를 별도로 분류할 수 있다. 또한 자본의 일부 항목에 특정 법률, 규제 또는 기타 요구사항이 있는 경우에는 해당 자본 항목을 별도로 분류할 수 있다.

(3) 수익과 비용의 분류

수익과 비용은 ① 손익계산서나, ② 손익계산서에 포함되지 않는 기타포괄손익 중 하나에 포함된다. 손익계산서는 요약 재무성과인 당기손익이 나타난다.

손익계산서는 해당 기간의 재무성과에 관한 주요 정보원천이기 때문에 모든 수익과 비용을 여기에 포함하는 것이 원칙이다. 그러나 현행가치의 변동으로 인한 미실현손익은 그 기간의 재무성과에 대해 목적적합하고 표현충실한 정보를 제공하는 경우에 기타포괄손익에 포함할 수 있다.

한 기간의 기타포괄손익에 포함된 미실현손익은 미래 기간에 당기손익으로 재분류하는 것이 원칙이다. 그러나 재분류되어야 할 기간이나 금액을 식별하기 어렵다면, 후속적으로 당기손익으로 재분류되지 않도록 정할 수도 있다.

3 통 합

통합(aggregation)은 특성을 공유하고 동일한 분류에 속하는 재무제표 항목을 합하는 것이다. 통합은 세부사항을 요약함으로써 정보를 더욱 유용하게 만든다. 한편, 통합은 세부사항을 보여주기 어렵기 때문에 목적적합한 정보가 과도한 통합으로 불분명해지지 않도록 균형을 추구해야 한다. 재무제표의 부분에 따라 통합의 정도를 달리하는 것이 필요할 수 있다. 예를 들면, 재무상태표와 재무성과표는 요약된 정보를 제공하고 자세한 정보는 주석에서 제공할 수 있다.

제 9 절 자본유지개념

1 자본개념

기업의 이해관계자 입장에서 보면 기업은 계속기업(going concern)으로 존재해야 할 책임이 있다. 계속기업의 전제는 기업이 자본(capital)을 유지하였을 때 가능하다. 기업이 유지해야 할 자본은 재무자본 또는 실물자본이 있다. 재무자본개념하에서는 자본을 투자된 화폐액 또는 구매력으로 보고, 실물자본개념하에서는 자본을 생산능력으로 간주한다.

2 자본유지개념과 이익측정

재무상태표와 손익계산서는 밀접한 상호연관성을 갖는다. 상호연관성(articulation)이라 함은 특정 항목이 하나의 재무제표에 인식되면 자동적으로 다른 재무제표에도 인식하게 되는 것을 말한다. 특히 손익계산서에 당기의 이익측정에 반영된 항목은 최종적으로 자본의 증감을 초래한다.

자본유지개념(capital maintenance concept)은 기업실체가 유지해야 하는 자본의 개념을 정의하여 기업실체의 이익측정 기준을 제시함으로써 자본과 이익 사이의 연결고리를 제공한다. 다시 말하면 자본유지개념은 적절한 이익의 측정을 가능하게 하는 개념으로서 투자액의 반환(return of investment)과 투자이익(return on investment)을 구분해 주는 개념이다.

이익은 해당 기간 동안 자본거래(소유주에 대한 분배 및 소유주에 의한 출자)를 제외하고 기말순자산(자산에서 부채를 차감한 금액)의 재무적 측정금액(화폐금액)에서 기초순자산의 재무적 측정금액을 차감하여 측정한다.

> 당기손익＝기말순자산－기초순자산±자본거래
> ＝기말순자산－기초순자산＋소유주에 대한 분배
> －소유주에 의한 출자

기업은 재무정보이용자의 요구에 따라 적절한 자본개념을 선택해야 한다. 정보이용자가 주로 명목상의 자본이나 자본의 구매력 유지에 관심이 있다면, 재무자본유지개념을 채택해야 한다. 그러나 정보이용자의 주된 관심이 기업의 생산능력 유지에 관심이 있다면, 실물자본유지개념을 사용해야 한다.

재무자본유지(financial capital maintenance)는 다시 명목재무자본유지와 불변구매력재무자본유지로 구분된다. 명목(nominal)재무자본유지에서 이익은 해당 기간 중 명목재무자본의 증가를 의미한다. 따라서 해당 기간 중 보유한 자산가격의 증가 부분, 즉 보유이익(holding gains)은 개념적으로 이익에 속한다. 그러나 실현주의를 따라 보유이익은 자산이 처분 등으로 실현되었을 때 이익에 포함한다. 불변구매력(constant purchasing power)재무자본유지에서 이익은 해당 기간 중 구매력의 증가를 의미한다. 따라서 일반물가수준에 따른 가격상승을 초과하는 자본의 증가만 이익으로 간주되며, 나머지 증가 부분은 자본의 일부인 자본유지조정(capital maintenance adjustments)으로 처리된다.

실물자본유지(physical capital maintenance)에서 이익은 해당 기간 중 생산능력의 증가를 의미한다. 기업의 자산과 부채에 영향을 미치는 모든 가격변동은 해당 기업의 실물생산능력에 대한 측정치의 변동으로 간주되어, 이익이 아니라 자본의 일부인 자본유지조정으로 처리된다. 실물자본유지개념을 사용하기 위해서는 자산과 부채를 현행원가로 측정해야 한다.

〈표 2-2〉는 상이한 자본유지개념이 재무상태표와 손익계산서에 미치는 영향을 요약하고 있다.

▶ 표 2-2
재무자본유지개념과 실물자본유지개념

	재무자본유지개념	실물자본유지개념
자본의 측정	재무적 측정금액(화폐금액)	실물생산능력
이익의 측정	기말순자산의 재무적 가치가 기초 대비 증가한 경우	기말 실물생산능력이 기초 대비 증가한 경우
측정기준	명목재무자본 또는 불변구매력	현행원가
자산/부채의 가격변동	• 명목재무자본 : 실현되었을 때 당기손익에 반영 • 불변구매력재무자본 : 일반물가수준 변동까지는 자본유지조정으로 취급하고, 그 이상은 당기손익으로 반영	현행원가의 변동은 모두 자본유지조정으로 취급하기 때문에 당기손익(보유손익)이 발생하지 않음

예제 2-1 자본유지개념

선명(주)는 20×1년초 현금 ₩300을 투자하여 사업을 시작하고, 상품 2개를 개당 ₩100에 구입하였다. 20×1년중 일반물가는 10% 상승하였고, 선명(주)가 취급하는 상품가격은 개당 ₩100에서 ₩150으로 상승하였다. 구입했던 상품 2개를 개당 ₩180에 처분하여 기말 현재 현금이 ₩460이 되었다. 이 경우 1) 명목재무자본유지, 2) 일반구매력자본유지, 3) 실물자본유지 각각의 개념하에서 선명(주)의 당기순이익을 산출하라.

해답

1) 명목재무자본유지 : 기말 현재 순자산은 ₩460으로 기초 명목재무자본 ₩300보다 ₩160 증가했으므로 이를 당기순이익으로 인식한다.

기말순자산-명목재무자본	₩460
기초순자산-명목재무자본	(300)
당기순이익	₩160

2) 일반구매력자본유지 : 당기중 물가가 10% 상승하여 화폐의 구매력이 감소했다. 기말 현재 순자산은 ₩460으로 기초순자산의 일반구매력등가액 ₩330(₩300×110%)보다 ₩130만큼 많아서 이를 당

기순이익으로 인식한다. 한편, 일반구매력자본유지조정금액 ₩30은 자본의 항목(기타포괄손익누계액의 성격)으로 본다.

기말순자산-일반구매력 기초순자산-일반구매력	₩460 (330)
당기순이익	₩130

3) 실물자본유지 : 기초에 현금 ₩300은 실물자본인 상품으로 측정할 경우 3개에 해당하므로 기말에도 상품 3개에 해당하는 실물자본(현행원가) ₩450이 있어야 한다. 이 금액과 기말 현재 순자산 ₩460의 차이를 당기순이익으로 인식한다. 한편, 실물자본유지조정금액 ₩150은 자본의 항목(기타포괄손익누계액의 성격)으로 본다.

기말순자산-실물자본 기초순자산-실물자본	₩460 (450)
당기순이익	₩10

보론 2A 원칙중심 회계기준과 개념체계의 적용

(1) 원칙중심 회계기준

원칙중심(principles-based) 회계기준에 대한 논의는 FASB와 IASB가 전 세계적 통일성을 위하여 회계기준의 통합을 추구하면서 촉발되었다. 원칙중심 회계기준은 규칙중심(rules-based) 회계기준에 비하여 여러 가지 장점을 지니고 있다. 첫째, 원칙중심 회계기준은 좀더 유연성을 가진다. 원칙을 따르게 되면 유사한 사건이나 거래라고 하더라도 상황에 맞게 회계처리하도록 유도함으로써 회계정보가 경제적 실질을 보다 적절히 표현하도록 한다.

둘째, 원칙중심 회계기준은 건전한 전문가적 판단을 권장하고 그들이 책임을 지도록 한다. 이에 따라 회계담당자들로 하여금 거래의 본질을 더 깊이 탐구하도록 권장하게 된다.

셋째, 원칙중심 회계기준에서는 회계기준제정기구들이 회계기준을 정하는 작업이 간단해진다. 단지 회계전문가들이 준수해야 할 일반원칙과 방향만을 제시하면 된다. 이는 거래와 회계를 더 투명하도록 할 것이다.

한편, 원칙중심 회계기준은 다음과 같은 한계점을 지니고 있다. 첫째, 상세한 규칙 대신에 원칙만을 사용하도록 하면, 원칙이 상대적으로 분명하지 않기 때문에 회계정보의 비교가능성이 감소하게 된다. 두 회계담당자가 동일한 자료를 보지만 그 자료가 무엇을 의미하는지에 대해 전혀 다른 결론에 도달할 수 있다.

둘째, 원칙중심 회계기준을 준수하는 것이 더 복잡해지고, 비용과 시간도 많이 소요될 것이다. 만일 원칙을 일관성 있게 해석하기 위해서는 상당한 경험을 지닌 회계인력과 회계개념을 이해하는 전문가를 필요로 할 것이다.

셋째, 회계원칙에 대해서는 다양한 관점이 존재하기 때문에 원칙의 준수를 감독하는 것이 더 어렵게 된다.[17)]

17) 참조 : Black, J., 2007, “Principles Based Regulation, Risks, Challenges and Opportunities.”

특히 원칙중심 회계기준은 원칙에 근거한 전문가의 판단을 중시하기 때문에 회계의 공급 및 수요 시장에서 전문가가 충분히 발달되어 있지 않거나 성문법적 체제하에서 주어진 법률에 근거하여 의사결정을 주도해왔던 국가의 경우에는 이에 적응하기가 쉽지 않을 것이다.

(2) 개념체계의 적용

원칙중심 회계기준을 재무보고에 활용하기 위해서는 개념체계에 근거한 전문가적 판단이 요구된다. 개념체계에 근거한 재무보고 의사결정과정은 [그림 2A-1]처럼 총 4그룹 8단계로 구성되어 있다.

■ 그림 2A-1
개념체계기반 재무보고 의사결정과정

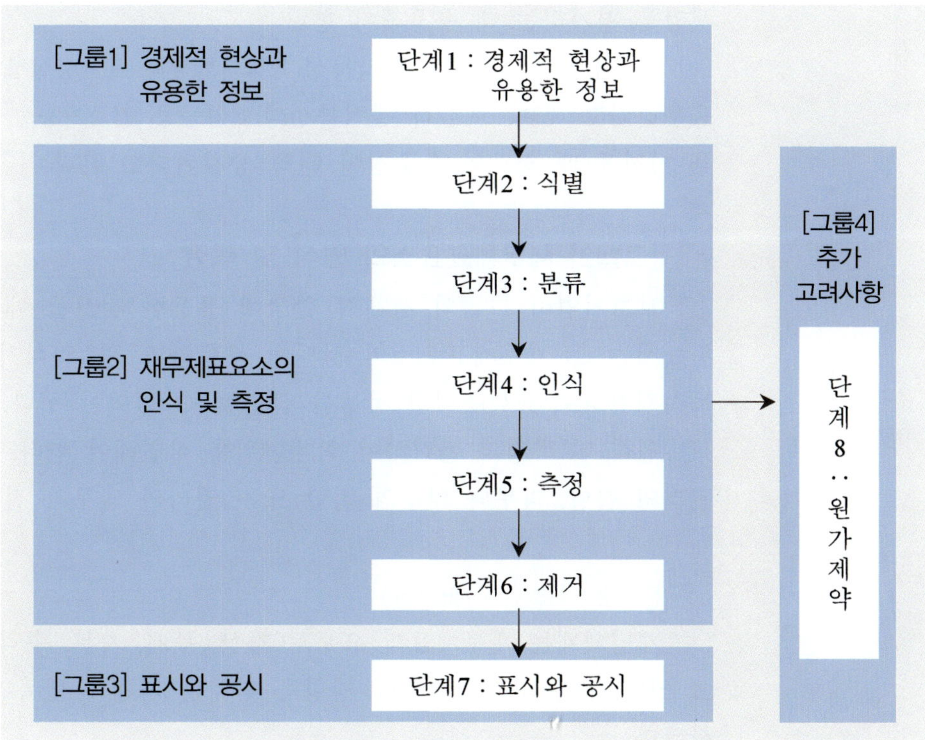

[그룹1] 경제적 현상과 유용한 정보

단계1 : 경제적 현상과 유용한 정보(economic phenomenon and useful information)

재무보고는 '투자자와 채권자가 자원제공에 관련된 의사결정을 할 때 유용한 재무정보를 제공하는 것'을 목적으로 한다. 유용한 정보는 두 가지 회계이슈와 관련되어 있다. 하나는 '특정 경제적 현상에 대한 유용한 정보가 무엇인가'이고, 다른 하나는 '유용한 정보는 어떤 질적특성을 가져야 하는가?'이다.

경제적 현상에 대한 정보란 보고기업의 경제적 자원, 보고기업에 대한 청구권 그리고 그 자원 및 청구권에 변동을 일으키는 거래와 그 밖의 사건 및 상황의 영향에 대한 정보를 말한다. 이러한 정보는 정보이용자가 기업의 재무상태와 재무성과를 평가하는 데 유용해야 한다. 즉, 기업의 미래현금흐름에 대한 전망(금액, 시기 및 불확실성)을 평가하는 데 그리고 경영진의 수탁책임을 평가하는 데 유용해야 한다.

재무정보는 근본적 질적특성(목적적합성과 표현충실성)을 충족시켰을 때 유용하다고 보며, 보강적 질적특성(비교가능성, 검증가능성, 적시성, 이해가능성)을 가졌을 때 정보의 유용성이 더욱 증강된다고 본다.

[그룹2] 재무제표요소의 인식 및 측정

보고기업이 그들의 경제적 현상에 유용한 정보를 재무제표에 포함하기 위해서는 ① 재무제표요소의 정의에 부합하고, ② 인식기준을 충족하며, ③ 목적적합하고 표현충실한 정보를 산출할 수 있어야 한다.

인식 및 측정과 관련하여 회계단위를 식별해야 한다. 회계단위는 권리와 권리의 집합, 의무와 의무의 집합 또는 권리와 의무의 집합이다.

단계2 : 식별(identification)

개념체계는 재무제표의 요소로 자산, 부채, 자본, 수익 및 비용을 제시하고 있다. 재무제표의 요소에 영향을 미치는 거래와 항목만이 재무제표에 표시된다.

식별은 경제적 현상이 재무제표의 요소 중 어느 것에 해당하고, 해당 재무제표요소의 정의에 부합하는 것인지에 대하여 판단하는 과정이다. 예컨대, 어느 경제현상 또는 거래가 자산의 정의(과거 사건의 결과로 기업이 통제하고 있는 현재 경제적 자원이고, 경제적 자원은 경제적 효익을 창출할 수 있는 잠재력을 지닌 권리를 말함)에 부합하는지를 결정해야 한다.

단계3 : 분류(classification)

개념체계에서 제시하고 있는 재무제표의 요소는 재무제표의 대분류에 따른 것이다. 예를 들면, 자산을 표시할 때에는 보유기간에 따라 유동자산과 비유동자산으로 분류하며, 추가로 보유목적에 따라 분류한다. 동일한 토지라도 판매목적으로 보유하면 재고자산으로, 장기간 사용을 목적으로 보유하면 유형자산으로, 시세차익을 목적으로 보유하면 투자부동산으로 분류한다.

단계4 : 인식(recognition)

인식은 재무제표요소(예를 들면, 자산)의 정의에 충족하는 항목을 재무상태표나 재무성과표에 포함하기 위하여 포착하는 과정을 말한다. 이 과정은 해당 항목을 서술하는 계정명칭과 화폐금액으로 기술하고 그 금액을 재무상태표 또는 포괄손익계산서에 산입하는 것을 포함한다.

개념체계는 구체적인 인식기준을 제시하고 있다. 개념체계는 특정 항목이 항목의 정의에 부합(단계1)하고 인식기준(목적적합하고 표현충실한 정보를 산출)을 충족(단계2)한다면 재무제표에 인식해야 한다.

단계5 : 측정(measurement)

측정은 재무제표요소를 화폐단위로 수량화하는 과정이다. 재무제표요소로 측정할 때에는 정보의 유용성을 제고시키는 적절한 측정기준을 사용해야 한다. 대표적인 측정기준으로는 역사적원가, 현행가치(공정가치, 자산의 사용가치 및 부채의 이행원가, 현행원가)가 있다.

각 측정기준이 제공하는 정보가 다르므로 자산이나 부채, 이와 관련된 수익과 비용의 측정기준을 선택할 때 그 측정기준으로 재무상태표와 재무성과표에서 산출할 정보의 성격뿐만 아니라 그 밖의 요인을 고려할 필요가 있다. 대부분의 경우 어떤 측정기준을 선택해야 하는지를 결정하는 단일의 요인은 없다. 각 요인의 상대적 중요성은 사실과 상황에 따라 달라질 것이다. 단지 측정기준에 의해 제공되는 정보는 유용해야 한다는 것이다. 즉, 정보가 목적적합해야 하고 나타내고자 하는 바를 충실하게 표현해야 한다. 또한, 제공되는 정보는 가능한 한 비교가능하고 검증가능하며 적시성이 있고 이해할 수 있어야 한다.

측정은 사실의 정확한 서술보다는 상당 부분 추정, 판단 및 모형에 근거한다. 그러나 측정의 불확실성이 회계정보가 유용하지 않다는 것을 의미하는 것은 아니다.

단계6 : 제거(derecognition)

제거는 기업의 재무상태표에서 인식된 자산이나 부채의 전부 또는 일부를 삭제하는 것이다. 제거는 일반적으로 해당 항목이 더 이상 자산 또는 부채의 정의를 충족하지 못할 때 발생한다. 일반적으로 자산은 기업이 인식한 자산에 대한 통제를 상실하였을 때 제거하고, 부채는 기업이 인식한 부채에 대한 현재의무를 더 이상 부담하지 않을 때 제거한다.

[그룹3] 표시와 공시

보고기업은 재무제표에 정보를 표시하고 공시함으로써 기업의 자산, 부채, 자본, 수익 및 비용에 관한 정보를 전달한다. 재무제표의 정보가 효과적으로 전달되면, 그 정보를 보다 목적적합하게 하고 기업의 자산, 부채, 자본, 수익 및 비용을 충실하게 표현하는 데 기여한다. 또한 이는 재무제표의 정보에 대한 이해가능성과 비교가능성을 향상시킨다.

단계7 : 표시와 공시(presentation and disclosure)

재무제표가 유용한 정보를 제공할 수 있도록 회계항목들이 측정 · 인식되었더라도, 표시 및 공시 방법에 따라 정보의 유용성이 영향을 받는다. 재무제표의 정보가 쉽고 효과적으로 소통되기 위해 회계기준의 표시와 공시 요구사항을 제정할 때 다음 사이의 균형이 필요하다.

① 기업의 자산, 부채, 자본, 수익 및 비용을 충실히 표현하는 목적적합한 정보를 제공할 수 있도록 기업에 융통성을 부여한다.
② 한 보고기업의 기간간 그리고 같은 보고기간의 기업간 비교가능한 정보를 요구한다.

표시와 관련된 기준은 주로 재무제표항목의 분류 및 장부금액의 표시에 관한 것이고, 공시와 관련된 기준은 구체적인 회계정책, 추정에 대한 가정과 불확실성에 대한 정보, 재무제표에 인식되는 금액에 유의적인 영향을 미친 경영진의 판단, 재무제표에 별도로 표시되지 않는 정보 등에 관한 것이다.

[그룹4] 추가 고려사항

단계8 : 원가제약(cost constraint)

재무보고의 효익이 재무보고에 소요되는 원가를 초월해야만 회계정보가 경제재로서 정당화될 수 있다. 따라서 재무보고의 원가제약은 정보에 대한 포괄적 제약요인이다. 재무보고에 대한 원가제약을 고려함에 있어서는 보고기업이 부담하는 원가만을 고려할 것이 아니라 다양한 이해관계자가 재무정보로부터 얻게 되는 효익을 고려하는 거시적 판단이 필요하다.

원가제약은 단계1부터 단계7까지의 전 단계에서 고려해야 한다. 그러나 원가제약이 많이 적용되는 단계는 측정(단계5)이다. K-IFRS에서는 원가제약을 고려하여 특히 최초인식 후의 측정에 대해 각 분류의 자산에 대해 다른 측정방식을 제시한다. 주요 자산의 후속측정에 사용하는 측정기준의 예를 들면 다음과 같다.

- 재고자산 : 취득원가와 순실현가능가치 중 낮은 금액
- 무형자산과 유형자산 : 원가모형 또는 재평가모형
- 투자부동산 : 원가모형 또는 공정가치모형
- 매각예정비유동자산 : 순공정가치와 장부금액 중 낮은 금액
- 금융자산 : 공정가치 또는 상각후원가

익힘문제

CHAPTER 2

1. 재무보고 개념체계의 본질에 대해 설명하라.
2. 재무보고 개념체계는 어떤 요소들로 구성되어 있는가?
3. 재무보고의 기본목적은 무엇인가?
4. 일반목적재무보고에 대해 간단하게 설명하라.
5. 경제적 자원과 청구권은 무엇을 의미하며, 어떤 재무보고서에 의해 이들을 보고할 수 있는가?
6. 경제적 자원과 청구권의 변동은 무엇을 의미하며, 어떤 재무보고서에 의해 이들을 보고할 수 있는가?
7. 발생기준 회계가 반영된 재무성과가 왜 중요한가?
8. 재무보고에는 어떤 한계점이 있는지 간략하게 설명하라.
9. 회계정보가 유용하기 위한 근본적 질적특성과 그 구성요소들에 대해 설명하라.
10. 근본적 질적특성을 보강해 주는 질적특성들로는 어떤 것들이 있는가?
11. 비교가능성과 일관성은 어떤 관계에 있는가?
12. 보고기업, 법적 실체, 경제적 실체의 의미와 이들간의 관련성에 대해 설명하라.
13. 회계에 있어서 계속기업 가정의 의미와 중요성을 설명하라.
14. 회계정보의 제약요인이란 무엇을 말하는가?
15. 자산을 정의하고, 자산의 정의에서 중요한 세 가지 특성에 대해 설명하라.

16. 부채를 정의하고, 부채의 정의에서 중요한 세 가지 특성에 대해 설명하라.

17. 자본은 어떻게 정의되는가?

18. 수익과 비용을 정의하라.

19. 자본거래란 무엇이며, 자본거래가 손익에 미치는 영향이 있는지 여부에 대해 설명하라.

20. 인식의 의미와 인식에 따른 재무제표의 연계관계에 대해 설명하라.

21. 인식요건에 대해 약술하라.

22. 제거란 무엇을 의미하는가?

23. 측정기준의 종류와 내용에 대해 설명하라.

24. 측정기준의 선택에 고려해야 할 주된 요인들에 대해 약술하라.

25. 보강적 질적특성과 원가제약요인이 측정기준의 선택에 어떻게 영향을 미치는가?

26. 회계단위의 의미와 사용에 대해 약술하라.

27. 미이행계약에 대해 약술하라.

28. 현금흐름기준측정기법의 의미와 역할에 대해 약술하라.

29. 자본유지개념이 어떻게 이익의 측정과 관련되어 있는가?

30. 재무자본유지개념과 실물자본유지개념의 차이를 설명하라.

연습문제

CHAPTER 2

1. 정보유용성, 재무보고의 목적 및 질적특성

재무보고의 개념체계에 대한 다음 서술이 참인지 거짓인지 판단하라. 거짓이면 왜 거짓이라고 보는지 당신의 견해를 말하라.

(1) 재무정보를 유용하게 만드는 근본적 질적특성은 목적적합성과 검증가능성이다.
(2) 목적적합한 정보는 예측가치, 확인가치 또는 양자를 모두 가지고 있다.
(3) 충실하게 표현된 정보는 예측가치와 확인가치를 가지고 있다.
(4) 비교가능성은 서로 다른 회사가 유사한 방식으로 정보를 보고하는 것만을 의미한다.
(5) 검증가능성은 표현충실성을 제고하기 위하여 필요한 유일한 보강적 질적특성이다.
(6) 재무정보이용자들은 사업과 경제활동에 대한 합리적인 지식을 가지고 있다는 가정하에 재무제표를 작성한다.

2. 질적특성

회계정보가 의사결정목적에 유용하기 위하여 필요한 질적특성으로서 다음 항목들을 들 수 있다.

목적적합성	적시성	표현충실성
확인가치	비교가능성	예측가치
중립성	정보원가제약	질적특성간의 균형
보강적 질적특성	검증가능성	

요구사항

아래 주어진 정보들에 적절한 질적특성을 연관시켜라.

(1) 동일한 산업에 속하는 기업들간에는 동일한 회계원칙을 사용하는 것이 바람직하다.
(2) 재무정보가 제공하는 효익이 비용보다 커야만 정보로서 가치가 있다.
(3) 정보이용자가 갖고 있는 사전 기대치를 확인하거나 수정하는 데 도움이 되어야 한다.
(4) 한 기업의 기간간 정보는 서로 대조할 수 있도록 작성되어야 한다.
(5) 회계기준 설정시에 회계기준이 미치는 경제적 영향에 크게 좌우되어서는 안 된다.

(6) 어떤 측정대상을 측정할 때 서로 다른 측정자의 측정치들이 동일하게 나오는 것이 바람직하다.
(7) 재무정보는 정보이용자가 당해 정보를 이용하여 의사결정을 할 때 정보가 없을 때에 비하여 유리한 차이를 가져다줄 수 있어야 한다.
(8) 목적적합성과 표현충실성을 보강시키기 위하여 필요한 질적특성은 무엇인가?
(9) 중립성은 어떤 질적특성의 요소인가?
(10) 중간보고서는 어떤 질적특성을 증진시키기 위함인가?

3. 질적특성, 기본가정 및 제약요인

다음에 설명된 것들은 오랜 기간 동안 발전되어 온 회계실무 혹은 회계처리지침들이다. 이러한 실무나 지침을 정당화하는 회계의 질적특성, 기본가정 또는 원칙은 무엇인지 설명하라.

(1) 재무보고는 정보이용자가 정보를 쉽게 이해할 수 있도록 제공해야 한다.
(2) 의사결정을 함에 있어서 정보가 없는 경우와 비교하여 보다 유리한 차이를 가져다줄 수 있다.
(3) 중요한 정보가 누락되어 현명한 투자자가 오도되지 않도록 한다.
(4) 재무제표상에 별도로 인식하기 위해서는 일정한 금액보다 크거나 판단에 영향을 미칠 수 있어야 한다.
(5) 측정대상의 속성과 측정치 간의 일치도가 높아야 한다.
(6) 미리 의도된 결과를 유도할 목적으로 재무보고가 되어서는 안 된다.
(7) 회계기준은 매기 동일하게 적용해야 한다.
(8) 발생주의 회계의 주장근거를 제시한다.
(9) 정보는 필요할 때 이용가능해야 한다.
(10) 정보가 제공하는 특성간의 상대적 중요도가 고려되어야 한다.
(11) 투자액의 반환과 투자이익을 구분해 주는 기초개념이다.

4. 질적특성, 기본가정, 회계원칙 및 제약요인

다음 문항들을 재무회계의 질적특성, 기본가정, 회계원칙 및 제약요인 중의 하나와 연관시켜라.

(1) 불확실한 상황하에서는 추정을 하는 경우 상당한 정도의 주의를 기울여야 한다.
(2) 반증이 없는 한 영업활동이 오래 지속될 것이라고 전제하고 회계처리를 한다.
(3) 회계정보는 이해가능한 형태로 제공되어야 하며, 정보이용자는 적절한 지식을 갖추고 정보를 이해하고자 하는 노력을 경주해야 한다.
(4) 취득원가원칙이나 수익·비용 대응원칙 등의 존립근거가 된다.

(5) 재무제표상에 생략되거나 잘못 기재되어 그 재무제표를 기초로 한 경제적 의사결정에 영향을 미친다면 이를 재무정보로 제공해야 한다.
(6) 회계정보는 의사결정에 필요한 시점에 이용가능해야 한다.
(7) 회계정보는 미리 의도된 결과를 유도할 목적으로 작성되어서는 안 된다.

5. 질적특성 및 제약요인

재무보고 개념체계는 재무정보를 유용하게 만드는 질적특성을 식별하고 있다. 다음은 재무정보의 질적특성과 제약요인에 관한 기술이다.

(1) 재무정보이용자가 과거 예측을 확인하거나 수정하는 능력을 갖는 정보의 질적특성은 무엇인가?
(2) 재무정보의 제공과 관련된 포괄적 제약요인과 인식을 위한 기업특유의 제약요인은 무엇인가?
(3) "경제적 실질의 측정이 아닌 다른 목적을 달성하기 위해 회계기준을 결정하거나 개정하는 것이 받아들여진다면 우리는 재무정보시스템의 표현충실성에 자신감이 저해되는 심각한 처지에 처할 수 있다." 이러한 일이 일어난다면 어느 질적특성이 위배된다고 보는가?
(4) 한 회사가 재고자산평가방법을 선입선출법에서 평균원가법으로 바꾼 지 채 2년도 안 되어 다시 선입선출법으로 변경하였다. 어느 질적특성이 심각하게 훼손되었다고 보는가?
(5) 규제기관이 저축은행이 가지고 있는 대출금에서 발생한 대규모 손상차손을 인식하면 저축은행산업에 불리한 경제적 영향을 미칠 것을 우려하여 손상차손의 인식을 유예하는 것을 허용하였다. 어느 질적특성이 훼손되었는가?
(6) 한 상장회사가 제2분기 성과가 내부적으로 알려지기 전까지 제1분기 재무보고를 하지 않았다면 어느 질적특성이 훼손되었는가?
(7) 예측가치는 재무정보의 어떤 질적특성의 요소에 해당하는가?
(8) 한 회사는 그 회사가 소속된 산업 중에서 유일하게 유형자산의 감가상각법으로 정률법을 사용하는 회사이다. 어느 질적특성이 저해되었는가?
(9) 유형자산의 재평가를 위해서 고용한 세 독립적인 감정인들이 서로 다른 감정가를 제시하였다. 이에 회사는 중간감정가를 유형자산의 재평가액으로 보고하였다. 어느 질적특성이 훼손되었는가?

6. 재무제표요소 (1)

다음 항목들은 재무제표요소 중 무엇과 관련이 있는가?

(1) 과거 거래의 결과 자원을 이전해야 할 의무

(2) 소유주지분을 증대시키는 주된 영업활동
(3) 미래 경제적 효익
(4) 자산의 변동에서 부채의 변동을 차감한 후 소유주에 의한 출자를 차감하고 소유주에 대한 분배를 가산하여 계산됨
(5) 자산에서 부채를 차감한 잔여지분
(6) 주된 영업활동을 하는 데 수반되는 소유주지분의 감소

7. 재무제표요소 (2)

다음 항목들은 재무제표요소에 해당한다.

자산	부채	자본
수익	비용	의제의무
소유주에 의한 출자	소유주에 대한 분배	

요구사항

아래 주어진 간략한 표현 또는 서술들을 위에 열거된 재무제표의 요소와 연관시켜라.

(1) 순자산
(2) 수익을 창출하기 위한 자원의 유출
(3) 현금배당
(4) 보고기업의 경제적 자원에 대한 채권자청구권
(5) 지분증권 발행에 대한 대가로 받은 경제적 자원의 유입
(6) 실무관행 또는 공개된 경영방침에 따라 부담할 것으로 예상되는 부채

8. 인식 및 측정

다음의 각 항목들은 용봉상사(주)의 경리부장이 내린 결정들인데 이에 대하여 귀하의 전문적인 조언을 듣고자 한다. 이러한 결정에 당신은 동의하는지 또는 그렇지 않은지를 밝히고, 그 이유를 설명하라.

(1) 새 배달트럭의 모든 원가는 비용항목으로 분류하고자 한다.
(2) 내년에 출품할 예정인 새로운 제품의 광고를 위하여 많은 금액의 광고비를 지출하였는데 이 금액을 선급비용(자산)계정으로 처리하고자 한다.
(3) 원가가 ₩50,000인 원재료가 진부화로 못쓰게 되었다. 이것이 팔리기 전까지는 손실로 인식하지 않고 ₩50,000의 원재료를 재고자산에 그대로 기록하고 있다.
(4) 금년도의 이익이 아주 적기 때문에 유형자산의 감가상각을 생략하고자 한다.
(5) 이 회사는 매년 임차료를 지급하는 조건으로 장기 임차하여 사용하는 건물을 가지고 있다. 이 중 사용하지 않고 있는 사무실 일부를 제3자에게 재임대하였다. 임차료와

임대료를 상계하여 순임차료로 기록하였다.

(6) 홍수로 많은 양의 상품이 분실되었다. 그런데 이러한 영업외비용을 인식하는 기록을 하지 않았는데 그 이유는 실사한 수량으로 기말재고자산을 기록하면 영업외비용은 모두 제품원가에 산입되어 순이익은 올바르게 산정된다는 것이다.

9. 측정기준 (1)

다음 계정항목들은 어떤 측정속성에 따라 측정하는 것이 합리적인가?

(1) 기계
(2) 외상매출금
(3) 단기투자자산
(4) 무상으로 수증받은 토지
(5) 건물 등의 감가상각대상자산
(6) 장기매출채권

10. 측정기준 (2)

다음은 측정기준에 관련된 개념들이다.

역사적원가	현행가치	공정가치
사용가치	이행가치	유입가치
유출가치		

요구사항

아래 주어진 정의 또는 서술들을 위에 열거된 측정기준 관련 개념들과 연관시켜라.

(1) 측정일에 시장참여자 사이의 정상거래에서 자산을 매도할 때 받거나 부채를 이전할 때 지급하게 될 가격
(2) 측정일의 조건을 반영하기 위해 업데이트된 정보를 이용하여 측정한 자산, 부채 및 관련 수익과 비용의 측정치
(3) 기업이 자산의 사용과 궁극적인 처분으로 얻을 것으로 기대하는 현금흐름 또는 기타 경제적 효익의 현재가치
(4) 기업이 부채를 이행할 때 이전해야 하는 현금이나 기타 경제적 자원의 현재가치
(5) 측정일에 동등한 자산을 취득한다면 지급할 대가에 거래원가를 가산하여 결정
(6) 역사적원가, 현행원가가 여기에 해당함
(7) 공정가치, 사용가치, 이행가치가 여기에 해당함

11. 자본유지개념

계림(주)가 취득한 자산이 기초에 ₩10,000이던 것이 기말에는 ₩15,000이 되었으며 기중의 일반물가상승률이 10%였다고 하자. 다음 각 자본유지개념하에서 계림(주)가 당기에 인식할 이익을 측정하라.

(1) 명목재무자본유지개념
(2) 일반구매력자본유지개념
(3) 실물자본유지개념

12. 개념체계 종합

다음은 개념체계에서 사용된 개념들이다.

예측가치	목적적합성	적시성
소유주에 의한 출자	확인가치	이해가능성
표현충실성	중요성	비교가능성
중립성	인식	일관성
자산	자본	제거
원가제약요인	측정기준	검증가능성
회계단위	소유주에 대한 분배	

요구사항

위에 주어진 개념들을 아래 각각에 주어진 서술들과 연관시켜라.

(1) 소유주와의 거래에서 발생한 자본의 감소
(2) 재무정보가 제공하는 효익이 정보의 생산 및 전달에서 발생하는 원가를 초과해야 함
(3) 회사간 재무정보의 비교에 중요함
(4) 매 기간 동일한 회계처리방침을 적용함
(5) 정보이용자가 재무제표를 해독할 수 있는 회계지식을 갖고 있음
(6) 측정치가 측정할 대상을 충실하게 서술하고 있음
(7) 재무정보가 의사결정이 이루어지기 전에 이용가능함
(8) 회계정보를 투자의사결정에 적절하게 사용할 수 있음
(9) 여러 측정자들이 측정치에 대해 의견일치를 이룸
(10) 회계정보를 이용하여 이전의 기대치가 옳았는지 틀렸는지를 판가름할 수 있음
(11) 비소유주거래에서 당기중 증가한 총자본 금액
(12) 재무제표의 항목으로 공식적으로 포함하는 과정
(13) 회계정보의 제공에 의도적 왜곡이나 치우침이 없어야 함

(14) 회계정보를 이용하여 미래의 현금흐름 또는 이익을 예측할 수 있음
(15) 기업의 크기에 따라 구분된 회계단위로 인식하는 방식이 달라질 수 있음
(16) 기업이 미래 경제적 효익을 창출할 수 있는 배타적 권리를 가짐
(17) 역사적원가와 현행가치
(18) 잔여지분
(19) 인식된 자산이나 부채의 전부 또는 일부를 삭제
(20) 인식기준과 측정개념이 적용되는 권리, 의무 또는 권리와 의무의 집합

CHAPTER

3 회계시스템

재무제표는 복식부기시스템을 바탕으로 하며 일정한 기술적인 절차를 거쳐 작성된다. 회계원리에서는 이와 같은 회계의 기술적인 절차에 중점을 두어 배웠을 것이다. 여기에서는 회계원리의 내용을 요약하는 차원에서 복식부기시스템과 회계순환과정을 살펴본다. 회계원리의 내용을 요약하기를 원하는 사람들에게 본장이 유익할 것으로 기대한다. 따라서 회계원리의 내용을 숙지하고 있는 사람은 본장을 공부하지 않아도 무방하다.

현재가치는 회계 및 재무관리 전공에서 광범위하게 이용되는 기법이다. 현재가치에 대해서는 다른 과목에서 배웠을 가능성이 있기에 여기에서는 〈보론 3A〉에 포함시켰다.

제 1 절 복식부기시스템

회계시스템을 폭넓게 정의하면 한 기업의 모든 경제활동을 화폐단위로 계량화하여 재무상태 및 경영성과 등에 대한 다양한 정보를 만들어 정보이용자에게 제공하는 것이다. 따라서 회계시스템이 잘 정비되어 있지 않으면 정보이용자에게 유용한 회계정보를 제공할 수 없게 된다.

일찍이 사회학자 막스 베버(Marx Weber)는 복식부기시스템을 인류가 발명한 시스템 중에서 가장 뛰어난 발명품 중의 하나라고 격찬한 바 있다. 복식부기시스템은 자체수정능력을 갖춘 회계시스템으로서 체계화된 회계시스템이 갖추어야 할 기본요건을 가지고 있다.

회계상의 거래가 발생했을 경우 이를 기록하는 규칙이 복식부기시스템(double-entry bookkeeping system)이다. 이에 따르면 계정의 성질에 따라 차변(왼쪽) 또는 대변(오른쪽)에 거래를 기록한다. 모든 회계거래를 기록하는 계정은 크게 다섯 가지 범주로 나눌 수 있는데, 이들은 자산, 부채, 자본, 수익 및 비용 계정이다.

모든 계정의 왼쪽은 차변(debit)이라 하고 오른쪽은 대변(credit)이라 한다. 산수에서는 덧셈 또는 뺄셈을 +(더하기) 또는 −(빼기)로 기록하지만 회계에서는 한 계정의 차변 또는 대변에 기록함으로써 이루어진다. 자산계정과 비용계정은 차변에 증가가 기록되고 대변에 감소가 기록된다. 이들 두 계정은 증가가 기록되는 차변에 평상잔액(normal balance)이 나타난다. 한편 부채계정, 자본(소유주지분 또는 순자산)계정 및 수익계정은 대변에 증가, 차변에 감소가 기록되며 따라서 평상잔액은 대변에 나타난다.

이들을 알기 쉽게 그림으로 정리하면 [그림 3-1]과 같다.

복식부기의 핵심은 거래의 이중성(duality of transactions)으로서 모든 회계상의 거래가 항상 차변과 대변 항목을 갖는다는 것이다. 예를 들면, 상품을 판매하고 그 대금을 현금으로 수취했다고 하자. 이 거래는 두 계정에 영향을 미치게 된다. 즉, 현금이라는 자산의 증가가 차변에 기록되고, 매출이라는 수익의 증가가 대변에 같은 금액만큼 기록된다. 따라서 복식부기시스템에서는

■ 그림 3-1
계정과목의 5대범주

재무상태표계정	
자산계정	
차변 : 증가(+) 평상잔액	대변 : 감소(−)
부채계정	
차변 : 감소(−)	대변 : 증가(+) 평상잔액
자본계정	
차변 : 감소(−)	대변 : 증가(+) 평상잔액

포괄손익계산서계정	
수익계정	
차변 : 감소(−)	대변 : 증가(+) 평상잔액
비용계정	
차변 : 증가(+) 평상잔액	대변 : 감소(−)

항상 차변금액과 대변금액이 동액만큼 변화한다. 이러한 복식부기의 기본원리 때문에 항상 차변과 대변은 균형을 이루게 되어 대차균형의 원리 또는 회계등식(재무상태표등식)이 성립한다. 회계등식은 아래와 같은 대차균형의 원리로 표현된다.

> 회계등식 : 자산 = 부채 + 자본
> (채권자지분) (소유주지분)

거래가 기록될 때마다 회계등식의 요소는 영향을 받으며 등식관계는 항상 성립한다. 이 관계를 보다 구체적으로 인식하기 위하여 [예제 3-1]에서 몇 가지 거래의 예를 살펴보자.

예제 3-1 대차균형의 원리

① 용역을 제공하고 대가 ₩1,000은 추후에 받기로 하다.

(차) 매 출 채 권 1,000
　　(대) 용 역 수 익 1,000

자 산	=	부 채	+	자 본
+1,000	=	0	+	1,000

② 매출채권 ₩500을 회수하다.

(차) 현　　금 500
　　(대) 매 출 채 권 500

자 산	=	부 채	+	자 본
+500−500	=	0	+	0

③ 주식의 액면발행으로 ₩5,000을 조달하다.

(차) 현 금 5,000
(대) 자 본 금 5,000

자 산	=	부 채	+	자 본
+5,000	=	0	+	5,000

④ 복사기를 ₩2,000에 구입하고 대금은 약속어음으로 지급하다.

(차) 비 품 2,000
(대) 미 지 급 금 2,000

자 산	=	부 채	+	자 본
+2,000	=	+2,000	+	0

⑤ 미지급금 ₩300을 현금으로 지급하다.

(차) 미 지 급 금 300
(대) 현 금 300

자 산	=	부 채	+	자 본
−300	=	−300	+	0

⑥ 인건비 ₩100을 지급하다.

(차) 인 건 비 100
(대) 현 금 100

자 산	=	부 채	+	자 본
−100	=	0	+	(−)100

수익과 비용 계정은 자본계정에 영향을 미친다. 즉, 수익의 증가는 자본계정의 증가를 가져오고 비용의 증가는 자본계정의 감소를 가져온다. 물론 현행 실무에서는 개별 수익 및 비용 거래가 있을 때마다 자본계정을 증가 또는 감소시키는 기록은 하지 않지만, 한 기간 동안의 총수익에서 총비용을 차감한 금액은 당기순손익으로 집약되며 순이익이 발생하면 자본계정이 증가하고 순손실이 발생하면 자본계정이 감소한다.

회계에서 '순(net)'이라는 용어는 차액 또는 차감하고 난 잔액이라는 뜻으로 사용된다. 따라서 순이익(net income)은 기간중 총수익이 총비용보다 많을 경우의 차액이라는 뜻이고, 순손실(net loss)이란 총비용이 총수익을 초과하는 차액이라는 뜻이다. 마찬가지로 순자산(net assets)이란 재무상태표의 자산에서 부채를 차감하고 난 잔액으로서 소유주지분 또는 자본으로도 불린다.

기업체의 소유구조에 따라 자본계정과목이 달라진다. 오늘날 대표적인 기업형태인 주식회사의 경우를 살펴보면, 자본계정은 자본금과 자본잉여금으로 구성된 납입자본(paid-in capital)계정, 자본조정(capital adjustments)계정 및 기타포괄손익누계액(accumulated other comprehensive income)계정, 이익잉여금(retained earnings)계정으로 이루어져 있다. 소유주에 대한 분배금을 나타내는 배당금계정은 이익잉여금계정에 속한다.

자본에 영향을 미치는 거래를 임시계정(temporary account)과 영구계정(permanent account)으로 분류하며, 기업체의 소유형태에 따라 요약하면 [그림 3-2]와 같다.

그림 3-2 자본에 영향을 미치는 거래 및 계정

<table>
<tr><th>거래유형</th><th>자본에 미치는 영향</th><th>임시계정</th><th>영구계정</th></tr>
<tr><td>소유주에 의한 투자</td><td>증 가</td><td rowspan="4">배당금
수 익
비 용</td><td>납입자본</td></tr>
<tr><td>소유주에 대한 분배</td><td>감 소</td><td rowspan="3">이익잉여금</td></tr>
<tr><td>수익의 발생</td><td>증 가</td></tr>
<tr><td>비용의 발생</td><td>감 소</td></tr>
<tr><td>기타포괄손익의 발생</td><td>증가(감소)</td><td>기타포괄손익</td><td>기타포괄손익누계액</td></tr>
</table>

자본계정은 모두 영구적이다. 그러나 소유주에 의한 투자를 제외한 나머지 네 종류의 거래는 발생시점에 일단 임시계정에 기록한 후 회계기말에 마감분개(closing entries)를 통하여 임시계정에서 영구계정으로 옮겨 적는다. [그림 3-2]에서 네 종류의 거래가 임시계정란에도 표시되고 영구계정란에도 표시된 것은 이와 같은 사실을 나타낸 것이다.

모든 손익계산서계정은 임시계정에 속하고 사실상 모든 재무상태표계정은 영구계정에 속한다. 다만 재무상태표에 속한 계정으로서 배당금계정은 임시계정에 속한다. 배당금계정을 포함한 모든 임시계정은 장부마감의 대상이 된다.

제 2 절 회계순환과정

기업체에 영향을 미치는 모든 거래 및 사건은 정확하게 기록되어 일정한 절차에 따른 회계시스템을 거쳐 재무제표의 형태로 회계정보이용자에게 정기적으로 보고된다. 일정한 절차에 따른 회계시스템을 회계순환과정(accounting cycle)이라고 하는데, 이는 [그림 3-3]과 같이 표시할 수 있다.

■ 그림 3-3
회계순환과정

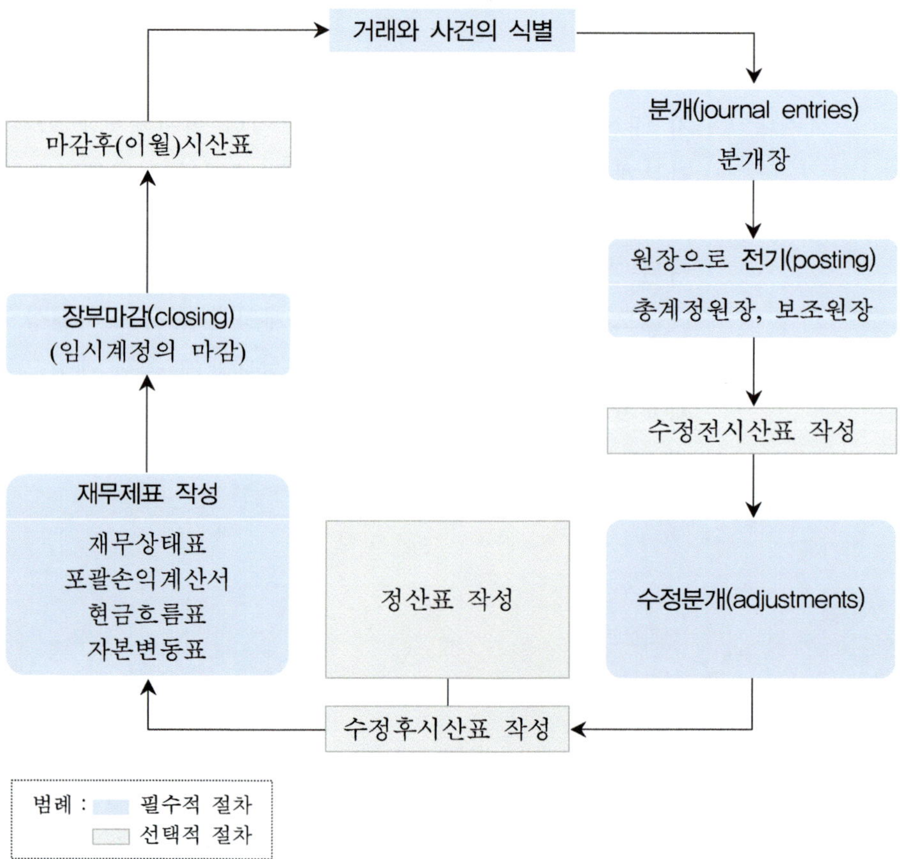

[그림 3-3]에서 보는 바와 같이 회계순환과정은 여섯 단계의 필수적 절차와 몇 개의 선택적 절차로 구분할 수 있다. 필수적 절차는 ① 거래와 사건의

식별, ② 분개, ③ 원장으로 전기, ④ 수정분개, ⑤ 재무제표 작성, 그리고 ⑥ 장부마감의 순서로 이루어진다. ①부터 ③까지의 절차는 거래가 발생할 때마다 행하는 절차이고, ④와 ⑤는 재무제표를 작성할 때 행하는 절차이며, ⑥은 회계기말에 행하는 절차이다.

시산표의 작성과 정산표의 작성은 선택적이고 보조적인 수단이기 때문에 장부상에 기록하거나 보고하는 대상은 아니다.

1 (1단계) 거래의 식별과 기록

회계순환과정의 첫 번째 절차는 거래와 사건의 식별(identification)이다. 기업에 영향을 미치는 거래와 사건은 그 기업의 자산, 부채 및 자본에 변화를 일으키는 원인이 된다. 먼저 사건(events)은 외부적 사건과 내부적 사건으로 구분할 수 있다. 외부적 사건(external events)은 한 기업과 그 기업을 둘러싼 외부환경과의 상호작용에서 발생하는 사건을 말한다. 다른 기업과의 거래, 상품 및 용역가격의 변동, 홍수·지진 등의 자연재해, 경쟁사의 기술개발 등을 예로 들 수 있다. 내부적 사건(internal events)은 기업 내부에서 발생하는 사건을 말한다. 건물, 기계 등을 영업활동을 위해서 사용하거나, 제조과정에서 원재료를 사용하는 것 등을 예로 들 수 있다.

어떤 사건은 기업의 주도하에 발생하고, 어떤 사건은 기업이 통제할 수 없는 상황에서 발생한다. 상품의 매입, 기계의 사용 등은 전자의 예이고, 이자율의 변화, 재해의 발생 등은 후자의 예이다.

거래(transactions)란 외부적 사건의 한 종류로서 일반적으로 다른 경제실체와의 교환거래를 의미한다. 재화나 용역의 구입 및 판매는 거래의 대표적인 예이다. 교환거래에서는 거래당사자간에 가치 있는 것을 교환하며 권리와 함께 의무도 발생한다. 그러나 모든 거래가 권리와 의무를 쌍방에 부담시키는 것은 아니다. 예를 들면, 소유주로부터의 자본조달, 배당금의 지급, 세금의 부과 등은 쌍방간에 가치 있는 것을 교환하는 거래가 아니다. 이러한 거래로 한 당사자는 가치 있는 것을 받을 권리(또는 줄 의무)가 있지만 다른 당사자는 이에 상응하는 권리(또는 의무)가 발생하지 않는다. 이와 같은 거래를 일방이전거래(non-reciprocal transfers)라고 부른다.

한 기간 동안 기업체에 영향을 미치는 모든 거래와 사건은 [그림 3-4]와 같이 그들이 영향을 미치는 항목에 따라 분류할 수 있다.

그림 3-4
거래 및 사건의 분류 (영향을 미치는 항목에 따른 분류)

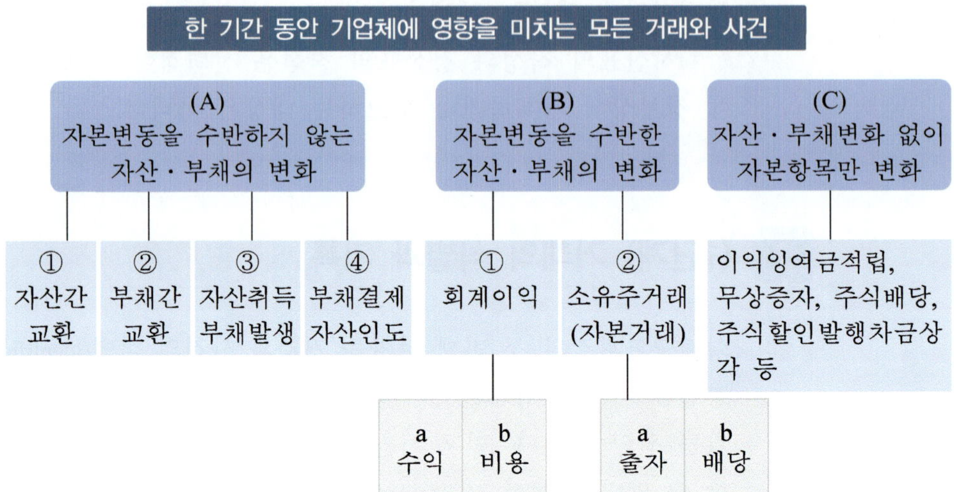

[그림 3-4]의 (A)는 자본에 영향을 미치지 않고 자산 · 부채에만 영향을 미치는 거래를 나타낸다. (A)의 ①은 자산간의 교환을 나타내는 거래로서 상품의 현금매입, 매출채권의 회수, 비품의 현금구입 등을 들 수 있다. 이와 같은 거래는 동시에 자산을 증가시키고 또 감소시킨다. (A)의 ②는 부채간의 교환으로서 외상매입금을 어음으로 지급하는 경우 등을 예로 들 수 있다. (A)의 ③은 부채의 발생을 통한 자산의 취득으로서 예를 들면, 상품을 외상으로 매입하는 경우 등이다. (A)의 ④는 자산의 인도를 통한 부채의 결제로서 외상매입금의 현금지급과 같은 것이 그 예이다.

[그림 3-4]의 (B)는 자본변동을 수반한 자산 · 부채의 변화를 일으키는 거래를 나타낸다. (B)의 ①은 특히 손익에 영향을 미치는 거래로서 회계이익을 구성하는 수익과 비용이 그 요소이다. 수익의 대표적인 예는 상품의 매출로서 이 경우 수익이 발생하고 자산(현금, 매출채권 등)이 증가한다. 비용은 크게 매출원가, 판매비와관리비 등으로 구분하는 것이 현재의 관행이다. 예를 들면, 기중에 종업원이 영업활동에 종사한 대가로 급여를 지급했을 경우에는 급여라는 비용의 발생과 자산(현금)의 감소를 나타낸다. 한편 급여가 미지급되었을 경우에는 급여를 기록하고 부채(미지급급여)의 증가를 초래한다. 따라

서 모든 비용항목은 자산의 감소나 부채의 발생을 수반한다.

수익과 비용은 기업의 영업활동의 결과로서 발생하게 된다. 수익은 영업활동의 결과 발생하는 자산의 유입 및 부채의 결제를 의미하고, 비용은 영업활동의 결과 발생하는 자산의 유출 및 부채의 발생을 의미한다. 수익의 발생은 자본을 증가시키고 비용의 발생은 자본을 감소시킨다.

자본이 증가하는 원천은 수익의 발생과 소유주의 투자이며, 자본이 감소하는 원천은 비용의 발생과 소유주에 대한 분배이다.

(B)의 ②는 소유주와의 자본거래가 자본의 변동을 수반하는 자산·부채의 변화를 일으키는 거래를 보여준다. 이는 다시 소유주의 투자와 소유주에 대한 분배로 구분할 수 있다. 소유주에 의한 투자는 자산(현금)의 증가와 자본(자본금과 주식발행초과금)의 증가를 가져온다. 한편 소유주에 대한 분배는 배당금의 형태로 지급하는 것이 일반적인데, 이익잉여금(자본)의 감소와 현금(자산)의 감소 또는 미지급배당금(부채)의 증가를 가져온다.

마지막으로 [그림 3-4]의 (C)는 자산·부채의 변화 없이 자본을 구성하는 항목만을 변화시키는 거래를 나타낸다. 예를 들면, 미처분이익잉여금을 처분하여 이익준비금이나 사업확장적립금 등으로 적립시킨다거나, 자본잉여금을 무상증자를 통해 자본금으로 전입한다거나, 주식할인발행차금을 상각하는 것 등이 그 예이다.

2 (2단계) 분개

계정(accounts)은 거래가 자산, 부채 및 자본에 미치는 영향을 체계적으로 분류하고 집합시키기 위해 쓰이는 도구이다. 따라서 모든 거래는 자산, 부채, 자본, 수익, 비용, 소유주에 의한 투자, 소유주에 대한 분배 등을 구성하는 개별 계정으로 정리된다.

총계정원장(general ledger)은 이와 같은 개별 계정을 집합해 놓은 장부이다. 거래가 한 계정에만 영향을 미친다면 거래의 인식을 바로 각 계정에 기록할 수 있으나 거래의 이중성 때문에 한 거래는 항상 차변과 대변 항목을 가지며 따라서 두 개 이상의 계정에 영향을 미친다. 이와 같은 거래의 이중성 때문에 복식부기시스템이 오늘날 우리가 사용하고 있는 회계제도의 근간을 이루고 있으며, 회계상의 거래를 계정에 직접 기록하기보다는 일단 분개장에 기록한 후 각 계정에 전기하는 방법을 사용한다.

분개장(journal)은 거래를 최초로 기록하는 장부로서 여기에는 ① 거래발생일자, ② 차변항목과 금액, ③ 대변항목과 금액 및 ④ 간단한 설명을 기록한다. 거래를 다음과 같은 요령에 따라 기록한다([예제 3-2]에 이에 대한 간단한 예가 제시됨).

① 거래의 발생순서에 따라 일자별로 기록한다.
② 차변항목의 계정과목은 적요란에 기재하고 금액은 차변란에 기재하며, 대변항목의 계정과목은 왼쪽에 몇 칸의 여백(indent)을 두고 적요란에 기재하고 금액은 대변란에 기재한다.
③ 거래에 대한 설명은 마지막 계정과목이 기재된 다음 줄의 적요란에 간단하게 기재한다.
④ 원면란은 총계정원장의 해당 계정과목번호를 기록하는데, 이는 분개 시점이 아니라 총계정원장에 전기할 때 기재한다.

예제 3-2 회계순환과정

빛골자문(주)는 경영자문을 위하여 20×5. 4. 1에 설립되었는데 4월중 발생한 거래는 아래와 같다. 각각의 거래에 대하여 분개하라.

4. 1 : 액면 ₩5의 주식 800주를 액면가로 발행하고 전액 현금으로 납입받다.
4. 1 : 사무용비품을 ₩1,200에 현금으로 구입하다.
4. 5 : 4~6월분 건물임차료 ₩300을 현금으로 지급하다.
4. 20 : 충청(주)에 경영자문을 수행하고 그 대금으로 ₩1,500을 현금으로 받고 잔액 ₩1,500은 한 달 후에 받기로 하다.
4. 21 : 대전(주)가 발행한 사채를 ₩200에 취득하다. 동 사채는 공정가치로 평가하되 평가손익은 기타포괄손익으로 인식하다.
4. 25 : 4월분 급여 중 ₩1,000을 현금으로 지급하다.
4. 26 : 탐라(주)에 경영자문을 수행하기로 하고 선수금 ₩600을 받다.
4. 30 : 서울은행에서 현금 ₩500을 차입하다.
4. 30 : 배당금으로 현금 ₩100을 지급하다.

해답

일반분개장(General Journal) 분면 1

일 자		적 요	원 면	차 변	대 변
20×5	4. 1	현 금	1	4,000	
		자 본 금	31		4,000
		(액면 ₩5인 주식 800주를 액면금액에 발행)			
	4. 1	비 품	11	1,200	
		현 금	1		1,200
		(사무용비품을 현금으로 구입)			
	4. 5	임 차 료	51	300	
		현 금	1		300
		(3개월분 임차료 지급)			
	4. 20	현 금	1	1,500	
		매 출 채 권	5	1,500	
		용 역 수 익	41		3,000
		(충청(주)에 경영자문 제공)			
	4. 21	금 융 자 산	3	200	
		현 금	1		200
		(FVOCI자산 취득)			
	4. 25	급 여	52	1,000	
		현 금	1		1,000
		(4월분 급여 일부 지급)			
	4. 26	현 금	1	600	
		용 역 수 익	41		600
		(탐라(주) 경영자문 선수금)			
	4. 30	현 금	1	500	
		차 입 금	23		500
		(서울은행에서 차입)			
	4. 30	배 당 금	61	100	
		현 금	1		100
		(배당금 지급)			

3 (3단계) 원장으로의 전기

분개장에 기입된 항목은 총계정원장으로 전기(posting)한다. 분개장에 차변 · 대변항목으로 기록된 빛골자문(주)의 4월중 거래를 총계정원장에 전기하면 다음과 같다(총계정원장의 계정은 설명을 위하여 간단한 T계정을 사용했으나, 실무에서는 계정명칭, 계정번호, 일자, 적요, 분면, 차변, 대변 및 잔액 등의 형식으로 이루어진 총계정원장을 사용함).

현 금 #1

일자	분면	금액	일자	분면	금액
4. 1	GJ1	4,000	4. 1	GJ1	1,200
4. 20	GJ1	1,500	4. 5	GJ1	300
4. 26	GJ1	600	4. 21	GJ1	200
4. 30	GJ1	500	4. 25	GJ1	1,000
			4. 30	GJ1	100

금융자산 #3

일자	분면	금액	일자	분면	금액
4. 21	GJ1	200			

매출채권 #5

일자	분면	금액	일자	분면	금액
4. 20	GJ1	1,500			

비 품 #11

일자	분면	금액	일자	분면	금액
4. 1	GJ1	1,200			

차입금 #23

일자	분면	금액	일자	분면	금액
			4. 30	GJ1	500

자본금 #31

일자	분면	금액	일자	분면	금액
			4. 1	GJ1	4,000

용역수익 #41

일자	분면	금액	일자	분면	금액
			4. 20	GJ1	3,000
			4. 26	GJ1	600

임차료 #51

일자	분면	금액	일자	분면	금액
4. 5	GJ1	300			

급 여 #52

일자	분면	금액	일자	분면	금액
4. 25	GJ1	1,000			

배당금 #61

일자	분면	금액	일자	분면	금액
4. 30	GJ1	100			

분개장에서 총계정원장으로의 전기는 다음의 요령에 따라 수행된다.

① 분개장에 기록된 차변 또는 대변 항목은 총계정원장의 해당 계정에 수시로 또는 정기적으로 전기하되, 분개장의 차변항목은 해당 계정의 차변에 전기하고 분개장의 대변항목은 해당 계정의 대변에 전기한다.

빛골자문(주)의 4월 1일자 거래를 보면 분개장의 차변에 현금 ₩4,000과 대변에 자본금 ₩4,000이 기록되어 있다. 차변항목의 해당

계정은 계정과목번호가 1인 현금계정이므로 총계정원장의 현금계정의 차변에 ₩4,000을 전기하고, 대변항목의 해당 계정은 계정과목번호가 31인 자본금계정이므로 자본금계정의 대변에 ₩4,000을 전기한다.

② 분개장과 총계정원장은 상호조회(cross reference)를 할 수 있도록 구성되어 있으므로 전기를 할 때 분개장의 원면란에는 총계정원장의 해당 계정의 과목번호를 기록하고, 총계정원장 해당 계정의 분면란에는 분개장의 페이지 번호를 기록함으로써 전기가 완료되었다는 것을 표시한다. 빛골자문(주)의 총계정원장의 4월중 전기를 보면 분면란에 모두 GJ1으로 표시했는데, 이는 모든 거래가 분개장의 첫째 페이지에 기입된 거래들이라는 것을 나타낸다.

분개장의 첫째 거래를 보면 원면란에 현금의 경우 1, 자본금의 경우 31로 표시하고 있는데, 이는 현금계정과 자본금계정의 계정과목번호가 각각 1과 31이라는 것을 나타낸다. 다른 거래들도 마찬가지 방법으로 전기가 완료되었다는 것을 표시한다. 이와 같이 함으로써 분개장에 기록된 거래를 원장으로 추적할 수 있고, 반대로 원장에 전기된 항목을 분개장으로 추적할 수 있다.

4 (4단계) 수정분개

재무제표를 작성하기 위해서는 원장의 잔액이 적절한지를 검증해야 한다. 이를 위해서 시산표를 작성하고 있으며, 또한 필요한 경우 수정분개를 수행하게 된다. 여기에서는 이러한 시산표와 수정분개에 대해서 살펴보기로 한다.

(1) 시산표 작성

시산표(trial balance)는 필요에 따라 필수적인 절차의 중간중간에 작성할 수 있는 선택적 절차로서 작성시기에 따라 수정분개 바로 전에 작성하는 수정전시산표, 수정분개 바로 후에 작성하는 수정후시산표, 그리고 장부마감 후에 작성하는 마감후시산표가 있다. 시산표의 주요 목적은 ① 총계정원장의 전체 차변합계액과 대변합계액이 일치하는지를 검증하고, ② 수정분개 및 재무제표 작성의 기초를 제공하는 것이다.

분개장의 모든 거래가 원장으로 전기된 후 빛골자문(주)의 4월 30일자 수정전잔액시산표를 작성하면 〈표 3-1〉과 같다.

▶ 표 3-1
수정전잔액시산표

수정전잔액시산표

빛골자문(주) 20×5. 4. 30 현재

계정과목	차 변	대 변
현 금	₩3,800	
금 융 자 산	200	
매 출 채 권	1,500	
비 품	1,200	
차 입 금		₩500
자 본 금		4,000
용 역 수 익		3,600
임 차 료	300	
급 여	1,000	
배 당 금	100	
총 계	₩8,100	₩8,100

(2) 수정분개

수정분개(adjusting entries, adjustments)는 현행 회계제도가 현금주의 회계를 사용하지 않고 발생주의 회계를 사용하기 때문에 필요한 절차이다. 현금주의 회계(cash basis accounting)에서는 현금을 수취했을 때 수익(매출)을 인식하고, 현금을 지출했을 때 비용을 인식한다. 따라서 현금주의 회계는 현금수입액의 합계에서 현금지출액의 합계를 차감하여 당기의 순이익을 계산하는 방법으로서, 이 제도에서는 수익과 비용을 대응시키지 못한다는 큰 결점을 갖고 있다. 이와 같은 현금주의 회계의 문제점 때문에 현행 회계제도는 발생주의 회계(accrual basis accounting)를 이용하고 있다.

발생주의 회계에서는 현금 수취 및 지급과는 관계없이 수익과 비용이 발생했을 때(incurred) 인식한다. 따라서 수정분개는 당기의 손익계산에 있어서 수익과 비용의 적절한 대응을 가능하게 하고, 회계기말의 재무상태(자산, 부채 및 자본)를 정확히 표현하기 위해 필요한 절차이다. 모든 수정분개는 영구계정(자산, 부채, 자본)과 임시계정(수익, 비용)에 동시에 영향을 미치게 된다.

1) 수정분개 대상항목

수정분개를 필요로 하는 항목에는 일정한 체계가 있다. 수정분개의 대상은 네 가지로 분류할 수 있다. 첫째는 이연항목(deferred items)이고, 둘째는 발생항목(accrued items)이며, 셋째는 추정항목(estimated items)이고, 넷째는 자산 및 부채의 평가항목이다. 이를 정리하면 〈표 3-2〉와 같다.

▶ 표 3-2
수정분개 대상항목

수정분개 대상항목	세부 구성항목	거래의 예
이연항목 (deferrals)	선급비용	선급임차료, 선급보험료
	선수수익	선수임대수익, 선수용역수익
발생항목 (accruals)	미지급비용	미지급급여, 미지급이자
	미수수익	미수이자수익, 미수임대수익
기타항목	추정항목	감가상각비, 대손상각비, 제품보증비
	자산/부채 평가항목	손상차손, 유형자산평가손익, 금융상품평가손익

〈이연항목〉

① 선급비용(prepaid expenses) : 현금을 먼저 지급하고 사용이나 소모는 차후에 이루어지는 항목이다. 따라서 소멸된(expired) 부분은 당기비용으로 계상되고 미소멸된(unexpired) 부분은 자산으로 기록된다. 빛골자문(주)의 4월 거래 중 임차료 ₩300은 3개월간의 임차료를 먼저 현금으로 지급하고 4월을 포함하여 차후 3개월에 걸쳐 비용으로 사용될 항목이다. 따라서 ₩300 중 ₩100은 4월중 임차료로 계상되고 4월말 현재 ₩200은 선급비용(자산항목)으로 기록된다. 이를 이연비용이라고도 부르는데, 이는 비용 인식을 이연시키기 때문이다.

② 선수수익(unearned revenue) : 상품 및 용역 제공 대금을 먼저 받고 부채로 기록한 항목으로서 아직 상품이나 용역의 제공이 이루어지지 않은 거래이다. 수익은 수익가득과정이 완료되었을 때 인식해야 한다. 따라서 수익이 가득되기 전에 대금을 수령한 경우에는 미래 수익이 가

득될 때까지 수익을 이연시켜 부채로 기록한다. 선수수익의 대표적인 예로 선수임대수익, 선수구독료수익 등을 들 수 있다.

〈발생항목〉

① 미지급비용(accrued expenses) : 기중에 발생한(accrued) 비용이지만 아직 지급하지 않아서 장부에 기록되지 않은 비용을 말한다. 대표적인 예로서 미지급급여, 미지급이자 등을 들 수 있다. 빛골자문(주)의 경우 4월중에 발생한 급여 ₩1,500 중 ₩1,000은 4월 25일 지급하고 장부에 기록하였으나 ₩500은 2주일 후에 지급하기로 되어 있다. ₩500에 대해서 4월말에 급여(비용)와 미지급급여(부채)를 기록해야만 기간손익 및 기말재무상태를 적정하게 측정하게 된다.

② 미수수익(unearned revenues) : 기중에 발생한 수익이지만 아직 현금을 안 받아서 장부에 기록되지 않은 수익을 말한다. 이러한 항목에 대해서는 기말에 수정분개를 통하여 미수수익(자산)과 수익을 기록함으로써 정확한 기간손익 및 기말재무상태의 측정이 가능하다. 이와 같은 항목의 대표적인 예로는 미수이자수익, 미수임대수익 등이 있다.

〈기타항목〉[1)]

① 추정항목(estimated items) : 미래의 불확실한 사건 및 상황의 전개에 따라 영향을 받기 때문에 당기에 수익이나 비용으로 기록되는 금액은 주관적인 추정치 또는 일반적 관행에 근거하여 결정되는 항목이다. 특히 추정비용의 경우가 많은데, 이는 당기의 수익창출에 기여한 또는 관련된 비용이지만 정확한 금액을 산정할 수가 없어서 추정에 의하여 계산하는 항목이다. 이와 같은 성격을 갖는 비용으로 감가상각비, 대손상각비, 제품보증비 등을 들 수 있다. 예를 들면, 매출채권 중

---

1) 선급비용 또는 이연비용의 개념은 재고자산, 유형자산 등에도 적용시킬 수 있다. 즉, 재고자산은 취득시점에 자산으로 기록되고 차후에 매출되었을 때 매출원가(비용항목)로 기록된다. 따라서 차후에 비용으로 인식될 것을 현시점에서는(즉 매출되기 전에는) 비용인식을 이연시킨 항목(즉 이연비용)으로 볼 수 있기 때문에 선급비용과 같은 성격을 갖는다. 마찬가지로 감가상각대상 유형자산(예, 비품)도 언젠가는 모두 비용으로 인식될 것을 현시점에서는 비용인식을 이연시킨 항목으로 볼 수 있다. 따라서 수정분개 대상항목을 네 가지 범주로 분류하였으나 보다 광범위하게는 이연항목과 발생항목으로만 구분할 수 있다. 이와 같이 두 가지 범주로 분류할 경우 감가상각비는 이연항목으로 분류하고 대손상각비, 제품보증비용 등은 발생항목으로 분류하면 된다.

일부는 부실채권으로서 대금회수가 불가능할 것이다. 이 경우 부실채권에 따른 손실을 기록하지 않으면 기간비용이 과소계상된다. 또한 유형자산은 언젠가 폐기처분되거나 원가보다 훨씬 낮은 가액으로 매각될 것이다. 따라서 유형자산의 장부금액을 체계적인 방법으로 감소시키고(이를 감가상각이라고 함), 이를 비용으로 계상해야 한다.

② 자산 및 부채의 평가항목 : 기말에 시장상황의 변화로 자산이나 부채의 가치가 하락하거나 또는 상승하는 경우에 발생한다. 먼저 회계에서는 그 가치가 하락했을 때 이를 손상차손으로 회계처리하는 경우가 많다. 또한 가치가 상승했을 때 그 가치를 반영하여 장부금액을 시가 또는 기타의 공정가치로 수정하는 경우가 많아졌다. 해당 자산과 부채를 시가 또는 공정가치로 수정하면, 그 차액은 수익, 비용에 반영하거나 기타포괄손익으로 인식된다. 예를 들면, 금융자산이 FVOCI자산으로 분류되면, 해당 금융자산의 장부금액을 공정가치로 수정하여 장부금액과 공정가치의 차액을 포괄손익계산서의 기타포괄손익에 반영하고, 그 누적액을 재무상태표의 기타포괄손익누계액(자본항목)에 보고한다.

2) 이연항목의 대체적 기록방법

이연항목은 현금을 선급한 비용이거나 현금을 선수한 수익으로서 현금을 지급하거나 수취할 때 그 내용을 다음과 같은 두 가지 방법 중 하나를 선택하여 일단 기록하고 회계기말에 수정분개를 통해 조정한다. 따라서 이연항목에 대한 수정분개를 '기록된 항목의 조정(aligning recorded items)'[2]이라고도 부른다.

---

2) 이에 비하여 발생항목은 기말 현재 비용(수익)과 부채(자산)가 발생했으나 이를 아직 기록하지 않은 항목이므로 발생항목에 대한 수정분개는 '미기록된 항목의 조정(aligning unrecorded items)'이라고 부른다.

거래내용 : ① 빛골자문(주)는 4월 5일에 4~6월분 임차료 ₩300을 지급하였다.
② 빛골자문(주)는 4월 26일에 4~5월간 경영자문용역을 제공하기로 하고 ₩600을 선취하였다.

구 분	분개시기	제1법			제2법		
선급비용	현금지급 (4월 5일)	선급임차료 / 현 금	300	300	임 차 료 / 현 금	300	300
	수정분개 (4월 30일)	임 차 료 / 선급임차료	100	100	선급임차료 / 임 차 료	200	200
선수수익	현금수취 (4월 26일)	현 금 / 선수용역수익	600	600	현 금 / 용 역 수 익	600	600
	수정분개 (4월 30일)	선수용역수익 / 용 역 수 익	300	300	용 역 수 익 / 선수용역수익	300	300

제1법을 이용할 경우에는 선급비용 지급시점에 차변에 선급임차료(자산항목) ₩300을, 그리고 대변에 현금 ₩300을 기록한다. 기말인 4월 30일에 수정분개를 해야 하는데, ₩300의 1/3인 ₩100은 4월중의 임차료이고 ₩200은 5~6월분 임차료이므로 기중에 사용된 ₩100을 차변에 임차료로, 그리고 대변에 선급임차료로 기록함으로써 당기 비용(임차료) ₩100과 자산(선급임차료) ₩200을 정확하게 반영할 수 있다.

제2법을 이용할 경우에는 현금지급시점에 전액을 비용(임차료)으로 차변에 기록하고 기말에 과대계상된 비용을 조정하고 과소계상된 자산(선급임차료)을 조정하는 수정분개를 한다. 따라서 기말에 차변에 선급임차료 ₩200을, 대변에 임차료 ₩200을 기록함으로써 정확한 당기 비용과 자산을 반영할 수 있다.

제1법과 제2법 중 어느 방법을 사용하든 기말에 적절한 수정분개를 행함으로써 결과는 동일하게 나타난다. 즉 어느 방법을 사용하든 수정분개 후 임차료는 ₩100이 반영되고 선급임차료는 ₩200으로 측정된다는 것을 알 수 있다. 따라서 실무에서는 두 방법 중 어느 방법이든 사용할 수 있다.

선수수익의 경우에도 선급비용과 마찬가지로 두 가지 방법을 사용할 수 있으며 두 방법의 결과는 동일하다. 상기 선수수익의 예에서 빛골자문(주)가 4월중에 미래에 제공할 자문용역의 대가로 먼저 ₩600을 선취하고 기중에 제공하기로 한 용역의 반을 제공했다면, 이 거래와 관련하여 발생한 4월중 용역수익은 ₩300이고 나머지 ₩300은 차기에 용역을 제공해야 할 대가이므로 부채(선수수익)로서 기록되어야 한다.

예제 3-3 수정분개

빛골자문(주)가 4월말 현재 수정이 필요한 항목은 다음과 같다.

① 4월중에 지급된 임차료 ₩300은 4월, 5월 및 6월분으로서 3개월 동안에 걸쳐 비용으로 회계처리해야 할 항목이다.

② 4월 26일 수취한 현금 ₩600은 추후 경영자문용역을 제공하기로 하고 받은 선수금이다. 이 중 ₩300에 상당하는 용역이 4월중에 수행되었다.

③ 4월중 급여는 ₩1,500인데, 이 중 ₩1,000만 지급되고 ₩500은 2주일 후에 지급하기로 되어 있다.

④ 4월 1일에 구입한 비품 ₩1,200은 내용연수에 걸쳐 영업활동을 하는 데 사용될 것이므로 이에 대한 감가상각을 해야 한다. 빛골자문(주)가 구입한 비품은 5년의 내용연수를 갖고 5년 후의 잔존가치는 없으며 정액법으로 감가상각한다고 가정하자.

⑤ 매출채권 중의 일부는 회수가 안 될 가능성이 있으므로 회수가 불가능한 만큼은 대손상각을 해야 한다. 매출채권 중 ₩15이 회수가 어려울 것이라는 객관적인 증거가 있어 대손충당금을 설정한다.

⑥ 4월 21일에 취득한 대전(주)의 사채(FVOCI자산으로 분류됨)의 장부금액은 ₩200이고, 4월말 현재 공정가치는 ₩250이다.

위 항목에 대해서 4월 30일에 필요한 수정분개를 하고, 수정분개를 관련계정에 전기하고, 수정후잔액시산표를 작성하라.

해답

〈수정분개〉

4. 30	① (차) 선급임차료	200	(대) 임 차 료	200
	② (차) 용 역 수 익	300	(대) 선수용역수익	300
	③ (차) 급 여	500	(대) 미지급급여	500
	④ (차) 감가상각비*	20	(대) 감가상각누계액-비품	20

* 감가상각비 = (취득원가 − 잔존가치)/(내용연수 × 12개월) = (₩1,200 − 0)/60개월 = ₩20/월

	⑤ (차) 대손상각비	15	(대) 대손충당금	15
	⑥ (차) FVOCI자산	50	(대) 금융자산평가이익* (기타포괄이익)	50

* 평가손익 = 공정가치 − 장부금액 = ₩250 − ₩200 = ₩50

〈전기〉 수정분개를 하고 이를 원장으로 전기하면, 다음과 같이 수정분개대상 계정과목들의 잔액이 새로 나타나거나 조정된다.

선급임차료

ⓐ 4. 30	200		

임차료

4. 5	300	ⓐ 4. 30	200

용역수익

ⓑ 4. 30	300	4. 20	3,000
		4. 26	600

선수용역수익

		ⓑ 4. 30	300

급 여

4. 25	1,000		
ⓒ 4. 30	500		

미지급급여

		ⓒ 4. 30	500

감가상각비

ⓓ 4. 30	20		

감가상각누계액-비품

		ⓓ 4. 30	20

대손상각비

ⓔ 4. 30	15		

대손충당금

		ⓔ 4. 30	15

FVOCI자산

4. 21	200		
ⓕ 4. 30	50		

금융자산평가이익

		ⓕ 4. 30	50

〈수정후시산표 작성〉 수정이 완료된 후 빛골자문(주)의 수정후잔액시산표는 다음과 같다.

수정후시산표

빛골자문(주) 20×5. 4. 30 현재

계정과목	차 변	대 변
현 금	₩3,800	
FVOCI자산*	250	
매 출 채 권	1,500	
대손충당금*		₩15
선급임차료*	200	
비 품	1,200	
감가상각누계액-비품*		20
차 입 금		500
미지급급여*		500
선 수 수 익*		300
자 본 금		4,000
용 역 수 익*		3,300
임 차 료*	100	
급 여*	1,500	
배 당 금	100	
감가상각비*	20	
대손상각비*	15	
금융자산평가이익*		50
총 계	₩8,685	₩8,685

* 표시된 항목은 수정분개로 인해 계정잔액이 조정되거나 새로이 반영된 항목을 나타낸다.

5 (5단계) 재무제표의 작성

대표적인 재무제표는 재무상태표와 포괄손익계산서이다. 재무상태표는 일정 시점을 기준으로 기업의 재무상태를 나타내고, 포괄손익계산서는 일정기간 동안의 영업활동의 결과를 보여준다. 재무제표는 회계연도말, 반기말, 분기말 및 월말 등에 작성된다.

재무제표 작성을 위해서는 실무에서 정산표를 이용하는데, 정산표(worksheet)는 선택적 절차로서 재무제표 작성을 편리하게 하는 도구이다. 정산표는 일반적으로 수정전잔액시산표에서 시작하여 여기에 기말 수정분개를 행하고

▶ 표 3-3
정산표 작성

정산표

빛골자문(주) 20×5. 4. 1～20×5. 4. 30

계정과목명	수정전시산표		수정분개		수정후시산표		포괄손익계산서		재무상태표	
	차변	대변	차변	대변	차변	대변	차변	대변	차변	대변
현 금	3,800				3,800				3,800	
FVOCI자산	200		ⓕ 50		250				250	
매 출 채 권	1,500				1,500				1,500	
비 품	1,200				1,200				1,200	
차 입 금		500				500				500
자 본 금		4,000				4,000				4,000
용 역 수 익		3,600	ⓑ 300			3,300		3,300		
임 차 료	300			ⓐ 200	100		100			
급 여	1,000		ⓒ 500		1,500		1,500			
배 당 금	100				100				100	
합 계	8,100	8,100								
선급임차료			ⓐ 200		200				200	
선수용역수익				ⓑ 300		300				300
미지급급여				ⓒ 500		500				500
감가상각비			ⓓ 20		20		20			
감가상각누계액				ⓓ 20		20				20
대손상각비			ⓔ 15		15		15			
대손충당금				ⓔ 15		15				15
당기순이익							1,665			1,665
소 계							3,300	3,300		
금융자산평가이익				ⓕ 50		50		50		
기타포괄이익							50			50
합 계			1,085	1,085	8,685	8,685	3,350	3,350	7,050	7,050

다시 수정후시산표를 작성한 후에 이를 포괄손익계산서 항목과 재무상태표 항목으로 분류하여 작성한다. 정산표(10 column worksheet)를 이용하여 20×5. 4. 30을 기준으로 앞에서 살펴본 빛골자문(주)의 재무제표를 작성해 보자(〈표 3-3〉을 참조).

여기에서 주의를 요하는 것은 정산표는 어디까지나 재무제표 작성을 편리하게 해주는 보조수단에 불과할 뿐이다. 정산표에서는 포괄손익계산서와 재무상태표 항목으로 구분만 했을 뿐 보고서의 형식과 계정과목의 배치는 정산표의 것과 상당히 다르다는 점을 알아야 한다. 예를 들어 감가상각누계액과 대손충당금은 정산표에서는 대변항목으로 나타나지만 재무상태표에서는 관련되는 계정인 유형자산과 매출채권의 차감계정(contra accounts)으로서 차변에 차감하는 형식으로 보고한다. 또한 배당금 ₩1,000이 차변에 나타났지만 이는 재무상태표의 대변항목인 이익잉여금을 감소시키는 금액이다. 이러한 이유로 빛골자문(주) 예시의 경우 정산표상의 재무상태표 합계액은 ₩7,050이지만, 재무상태표상의 자산총계는 ₩6,915이 된다.

빛골자문(주)의 4월 한 달간의 포괄손익계산서와 20×5. 4. 30 현재의 재무상태표는 〈표 3-4〉에 나타나 있는 바와 같다.

포괄손익(comprehensive income)은 당기순손익과 기타포괄손익으로 구성되어 있다. 따라서 포괄손익계산서에는 이들을 구분하여 보고해야 한다. 빛골자문(주)는 대전(주)의 사채를 공정가치로 평가하되 평가손익을 기타포괄손익으로 인식한다. 이에 따라 금융자산평가손익을 당기손익과 구분하여 포괄손익계산서의 하단에 당기순손익을 보고한 후에 별도로 보고한다.

당기순손익과 기타포괄손익의 구분은 재무상태표에도 영향을 미친다. 재무상태표의 자본을 구성하는 항목 중에 기말의 이익잉여금(retained earnings)은 기초의 이익잉여금(본 사례의 경우에는 이 금액이 0임)에 당기순손익을 가감하고 배당금을 차감하여 산출한다. 기타포괄손익누계액(accumulated other comprehensive income)은 기초의 기타포괄손익누계액(본 사례의 경우에는 이 금액이 0임)에 당기 포괄손익계산서에 인식한 기타포괄손익을 가감하여 산출한다.[3)]

---

3) 일부의 기타포괄손익은 기타포괄손익누계액에 반영되지 않고 직접 이익잉여금에 반영되는 경우도 있다. 또한 기타포괄손익누계액의 일부는 직접 이익잉여금에 반영되어 소멸하는 경우도 있다.

▶ **표 3-4**
재무제표

포괄손익계산서

빛골자문(주) 20×5. 4. 1～20×5. 4. 30

수 익 :		
용 역 수 익		₩3,300
비 용 :		
급 여	₩1,500	
임 차 료	100	
감가상각비	20	
대손상각비	15	(1,635)
당기순이익		₩1,665
기타포괄손익		
금융자산평가이익		50
포 괄 손 익		₩1,715

재무상태표

빛골자문(주) 20×5. 4. 30 현재

현 금		₩3,800	미지급급여	₩500
FVOCI자산		250	선수용역수익	300
매 출 채 권	₩1,500		차 입 금	500
차감 : 대손충당금	(15)	1,485	부채총계	₩1,300
선급임차료		200	자 본 금	₩4,000
비 품	₩1,200		이익잉여금	1,565*
차감 : 감가상각누계액	(20)	1,180	기타포괄손익누계액	50
			자본총계	₩5,615
자산총계		₩6,915	부채와 자본총계	₩6,915

* ₩0(기초이익잉여금)＋₩1,665(당기순이익)－₩100(배당금)＝₩1,565(기말이익잉여금)

6 (6단계) 장부마감

마감분개(closing entries)란 임시계정의 잔액을 ₩0으로 만들어서 한 기간의 장부를 마감하고, 차기의 거래를 새로이 기록할 수 있는 상태로 만들어 놓는 절차이다. 마감이 필요한 이유는 임시계정은 일정기간(예를 들면, 1년)마다 그 기간에 발생한 수익과 비용을 합계하여 그 기간에 귀속시켜 성과를 평가하기 때문이다. 배당금계정도 임시계정으로 회계기말에 마감되어야 한다([그림 3-5]를 참조).

■ 그림 3-5
장부마감과정

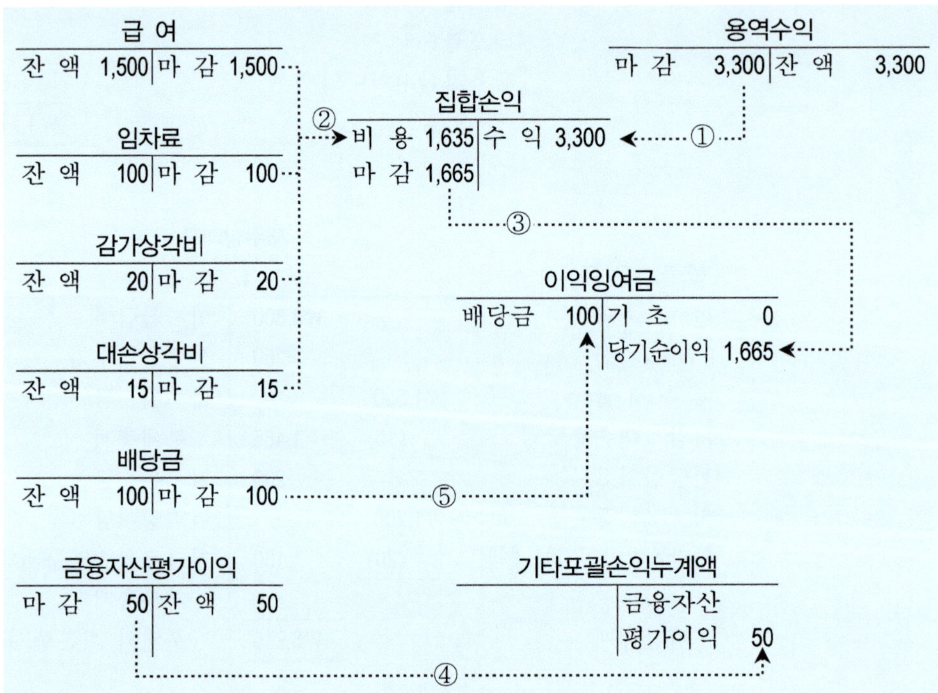

모든 수익 및 비용 계정의 한 기간 동안의 누적액(잔액)과 같은 금액을 반대쪽에 기록함으로써 잔액을 ₩0으로 만들고 같은 금액을 집합손익(income summary)계정에 대체한다. 모든 수익과 비용항목의 잔액들이 집합손익계정으로 마감되면 집합손익계정의 차・대변 중 어느 한쪽에 잔액이 발생한다. 집합손익계정의 차변에 잔액이 발생하면 당기순손실이 발생했다는 것을 의미하고, 대변에 잔액이 발생하면 당기순이익이 발생했다는 것을 의미한다. 이제 집합손익계정의 잔액을 이익잉여금계정으로 마감시킴으로써 장부의 마감을 완료시킨다. 집합손익계정은 회계기말에 만들었다가 그 날짜로 다시 없애는 계정으로서, 오직 장부마감을 위해서만 필요한 계정이며 재무제표에도 나타나지 않는다. 기타포괄손익 항목(위 경우 금융자산평가이익)도 임시계정으로서, 이는 기타포괄손익누계액으로 마감한다.

장부마감은 모든 손익거래를 자본계정에 가감하지 않고 기말에 한 차례 마감으로 포괄손익계산서와 재무상태표를 연결시켜 주는 장치라고 할 수 있다. 모든 수익을 자본의 증가로, 모든 비용을 자본의 감소로 재무상태표에 직접 기록하는 방법도 가능한 회계처리이다. 그러나 이 방법은 지나치게 번잡하여 노력이 많이 들고, 영업활동의 결과를 쉽게 알아보기도 힘들다는 단점이 있다. 따라서 기말에 한 차례 마감을 통하여 손익거래가 자본에 미치는 영향을 한 번에 반영할 수 있으며 영업활동의 성과를 한눈에 알아볼 수 있다는 장점 때문에 널리 사용되고 있다. 배당금계정은 손익계정은 아니나 이익잉여금을 처분에 사용한 임시계정이므로 기말에 이익잉여금계정으로 마감되어야 한다. 빛골자문(주)의 마감분개를 살펴보자.

① 수익의 마감			
(차) 용 역 수 익	3,300	(대) 집 합 손 익	3,300
② 비용의 마감			
(차) 집 합 손 익	1,635	(대) 급 여	1,500
		임 차 료	100
		감가상각비	20
		대손상각비	15
③ 집합손익계정의 마감			
(차) 집 합 손 익	1,565	(대) 이익잉여금	1,565
④ 기타포괄손익계정의 마감			
(차) 금융자산평가손익	50	(대) 기타포괄손익누계액	50
⑤ 배당금계정의 마감			
(차) 이익잉여금	100	(대) 배 당 금	100

마감이 완료된 후의 포괄손익계산서계정들의 잔액은 ₩0이 되고, 이들 계정들은 다음 연도의 거래를 기록할 준비가 되어 있게 된다.

보론 3A 현재가치

1 현재가치평가의 필요성과 기본개념

자산과 부채의 평가와 이익의 측정은 상호 밀접한 관련성을 갖는다. 순자산(자본)은 자산에서 부채를 차감한 것을 의미하고, 순자산의 변동으로 당기순이익을 측정하기 때문에 자산과 부채를 잘 평가하면 당기순이익이 잘 측정된다고 할 수 있다. 그런데 자산과 부채 중에는 미래 일정기간 후에 수취하거나 지급해야 할 것들이 많이 포함되어 있다. 이들을 미래에 수취하거나 지급할 액면금액으로 평가하면 자산과 부채의 평가가 적절히 이루어질 수 없다. 즉 미래에 수취하거나 지급할 예정인 화폐성 자산과 부채는 현재가치로 평가하는 것이 바람직하다.

자산을 간단하게 정의하면, 미래에 경제적 효익을 창출할 잠재력을 지닌 권리라고 정의된다. 이 의미는 그 자산이 미래에 창출할 순현금흐름을 현재시점의 가치로 평가한 것이라고 할 수 있다. 화폐성 자산과 부채는 그 수취시기 또는 지급시기에 따라 가치가 달라진다. 예를 들어 수중에 있는 현금 ₩10,000과 1년 후에 받게 될 예금 ₩10,000의 가치는 다르다. 수중에 있는 현금 ₩10,000이 1년 후에 받게 될 예금 ₩10,000에 비하여 가치가 높다는 것은 쉽게 알 수 있다. 그렇다면 이 두 가지 자산의 가치는 어느 정도 다른가?

화폐의 수취 또는 지급 시기에 따라 가치를 달리 부여하는 개념을 화폐의 시간가치(time value of money)라고 한다. 화폐의 시간가치를 결정하는 요소는 금액, 기간과 할인율의 세 가지이다. 예를 들어 이자율이 10%일 때 지금 ₩10,000의 현금으로 1년간 10%의 이자를 지급하는 정기예금에 가입한다면 ₩10,000의 미래가치는 (1+0.1)에 ₩10,000을 곱한 ₩11,000이 된다. 반대로 1년 후에 받을 예금 ₩11,000의 현재가치는 [1÷(1+0.1)]에 ₩11,000을 곱한 ₩10,000이 된다. 이와 같이 화폐의 시간가치에는 현재가치(present value)와 미래가치(future value)가 있으며 이들은 동전 앞뒷면의 관계와 같다.

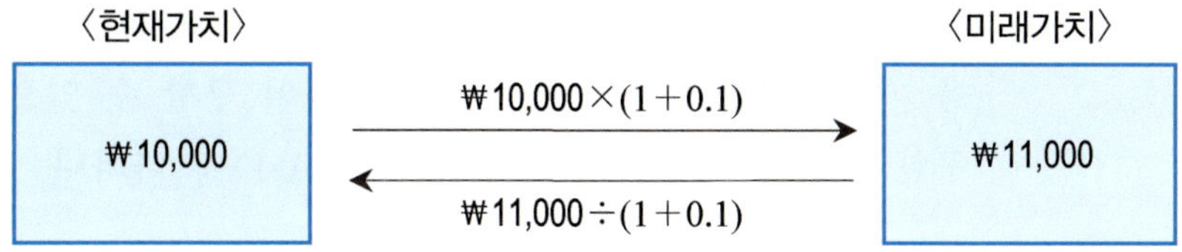

미래가치는 원금이 미래의 특정 시점까지 또는 특정 기간 동안 얼마의 이자를 획득하여 그 결과 원금과 이자의 합계가 얼마가 되는지를 나타낸다. 반면 현재가치는 미래 특정 시점 또는 기간에 걸쳐 수취하기로 되어 있는 현금(원금과 이자)을 현재의 현금등가액으로 계산하면 얼마가 될 것인가를 나타낸다.

[부록]에 제시된 〈표 A-1〉부터 〈표 A-6〉까지의 표들은 미래가치와 현재가치의 계산에 있어서 필수적인 요소들인 기간 또는 시점(t)과 이자율(i)을 복잡한 산술적인 계산을 생략할 수 있도록 정리해 놓은 것들이다. 이 표들은 금액이 ₩1인 경우를 가정하여 정리해 놓은 현재가치와 미래가치들을 보여주고 있다.

2 현재가치와 미래가치

현재가치와 미래가치의 계산은 크게 단일금액(single sum)의 경우와 연금(annuity)의 경우로 대별된다.

(1) 단일금액의 현재가치와 미래가치

단일금액의 미래가치는 일정한 금액이 일정한 기간 동안 일정한 이자율로 예치되었을 경우 얼마가 될 것인가를 나타낸다. 예를 들어 이자율이 10%일 때 지금 ₩1,000,000을 예금할 경우 1년 후에 받게 될 미래가치는 ₩1,000,000에 $(1+i)$인 1.1을 곱한 ₩1,100,000이 된다. 시간가치를 고려한 경우 1년 후에 받을 ₩1,100,000과 현재의 현금 ₩1,000,000은 상호교환이 가능한 금액, 즉 동일한 가치를 갖는 금액이다. 마찬가지 방법으로 지금 ₩1,000,000을 예금하여 2년 후에 받게 될 금액은 ₩1,000,000에 ₩1의 미래가치요소인 1.1^2을 곱한 금액인 ₩1,210,000이 됨을 알 수 있다.

이와 같은 방법으로 이자율이 i일 때 지금 ₩1을 예금하여 t기 후에 받을 미래가치는 아래의 공식을 이용하여 구할 수 있으며, 이와 같이 계산하여 구한 단일금액의 미래가치표는 〈표 A-1〉에 나타나 있다.

미래가치 : $$FV_{(t.i)} = (1+i)^t$$ t=기간, i=이자율

단일금액의 현재가치는 미래 특정일에 수취될 현금의 현재가치를 말한다. 예를 들어 이자율이 10%일 때 1년 후에 받게 될 ₩1의 현재가치는 $(1+i)$인 1.1의 역수를 곱한 금액인 ₩0.9091이 된다. 따라서 이자율이 10%일 때 1년 후에 받게 될 ₩1,000,000의 현재가치는 ₩909,100이 된다. 시간가치를 고려할 경우 1년 후에 받을 ₩1,000,000과 현재의 현금 ₩909,100은 동일한 가치를 갖는 금액이다. 그렇다면 이자율이 10%일 때 10년 후에 받게 될 ₩1,000,000의 현재가치는 얼마일까? 〈표 A-2〉에서 $t=10$과 $i=10\%$가 만나는 숫자를 읽으면 ₩1의 현재가치요소는 0.3855이므로 여기에 ₩1,000,000을 곱하여 현재가치 ₩385,500을 구한다. ₩1,000,000과 현재가치 ₩385,500의 차액인 ₩614,500은 화폐의 시간가치에서 발생한 이자로 볼 수 있다.

이자율이 i일 때 t기 후의 ₩1의 현재가치는 아래의 공식을 이용하여 구한다.

현재가치 : $$PV_{(t.i)} = \frac{1}{(1+i)^t} = (1+i)^{-t}$$ t=기간, i=이자율

예제 3A-1 단일금액의 현재가치와 미래가치

[사례 1] 단일금액의 현재가치

세기(주)는 기계를 판매하고 그 대가로 5년 만기, 무이자부 ₩10,000,000권 약속어음을 받았다. 유효이자율이 12%라면 판매시점에 필요한 분개를 기록하라.

해답

어음의 현재가치 : ₩10,000,000×$(1.12)^{-5}$=₩10,000,000×0.5674〈표 A-2〉=₩5,674,000

현재가치할인액 : ₩10,000,000－₩5,674,000＝₩4,326,000

〈분개〉

(차) 장기매출채권	10,000,000	(대) 매 출	5,674,000
		현재가치할인차금	4,326,000

[사례 2] 단일금액의 미래가치

세기(주)는 ₩100,000을 3년 만기 정기예금에 예치하였다. 정기예금이자율이 10%라면 이 정기예금으로부터 만기에 찾을 금액은 얼마인가?

해답

미래가치 : ₩100,000×$(1.10)^3$＝₩100,000×1.3310〈표 A-1〉＝₩133,100

(2) 연금의 현재가치와 미래가치

연금이란 미래 일정기간에 걸쳐서 동일금액을 받거나 지급하게 될 금액을 말한다. 연금의 종류는 기말에 발생하는 정상연금(ordinary annuity, 또는 기말연금)과 기초에 발생하는 선불연금(annuity due, 또는 기초연금)으로 나누어진다. 전자는 일반적으로 연금이라고 부르고, 후자는 선불연금이라고 부른다. 양자를 구분하기 위하여 $t=3$이고 $i=10\%$인 경우를 예로 들어 그림으로 표시하면 [그림 3A-1]과 같다.

1) 정상연금의 미래가치와 현재가치

연금의 미래가치는 단일금액의 미래가치의 합계에 해당한다. 예를 들어 향후 3년에 걸쳐 매년 ₩10,000씩을 10%의 이자율로 예치하였다고 하자. 3년 후에 받게 될 연금의 미래가치는 얼마이겠는가? 만기시점에서 보았을 때 처음 예치한 ₩10,000은 2년간 이자수입을 발생시키므로 원금과 이자 ₩2,100을 합하여 ₩12,100(1.1^2× ₩10,000)이 되고, 두 번째 예치한 ₩10,000은 1년간 이자수입을 합하여 ₩11,000이 되고, 세 번째 예치한 ₩10,000은 예치와 동시에 만기가 되어 이자는 발생하지 않게 되므로 원금인 ₩10,000이 된다. 따라서 세 차례의 현금흐름의 미래가치는 이들의 합계인 ₩33,100이 된다.

〈표 A-3〉은 이와 같은 정상연금의 미래가치를 보여주고 있다. 위의 예제의 경우 〈표 A-3〉으로부터 $t=3$과 $i=10\%$가 만나는 연금의 미래가치요소인

■ 그림 3A-1

정상연금과 선불연금의 비교

정상연금

기 간	0	1	2	3 → t
현금흐름	0	₩1	₩1	₩1

1기 연금의 미래가치	₩1.2100	1기 연금의 현재가치	₩0.9091
2기 연금의 미래가치	1.1000	2기 연금의 현재가치	0.8264
3기 연금의 미래가치	1.0000	3기 연금의 현재가치	0.7513
정상연금의 미래가치	₩3.3100	정상연금의 현재가치	₩2.4868

선불연금

기 간	0	1	2	3 → t
현금흐름	₩1	₩1	₩1	0

1기 연금의 미래가치 $(1+0.1)^4$	₩1.3310	1기 연금의 현재가치	₩1.0000
2기 연금의 미래가치	1.2100	2기 연금의 현재가치	0.9091
3기 연금의 미래가치	1.1000	3기 연금의 현재가치	0.8264
선불연금의 미래가치	₩3.6410	선불연금의 현재가치	₩2.7355

3.3100에 ₩10,000을 곱하여 미래가치 ₩33,100을 쉽게 구할 수 있다.

정상연금의 미래가치표인 〈표 A-3〉은 단일금액의 미래가치표인 〈표 A-1〉로부터 만들어질 수 있다. 정상연금이란 기말에 주거나 받는 금액을 의미하므로 맨 마지막 기말에 받은 금액은 이자가 붙지 않는다. 따라서 정상연금은 마지막회의 지급금에 대해서는 이자가 발생하지 않기 때문에 단일금액의 미래가치를 나타내는 〈표 A-1〉에서 $t-1$기까지에 해당하는 미래가치를 합산하고 여기에 1을 더하여 구할 수 있다. 예를 들어 이자율이 10%이고 연금을 받는 기간이 3년이라면 〈표 A-3〉에서 $t=3$이고 $i=10\%$인 정상연금 ₩1의 미래가치는 ₩3.3100이 된다. t기의 미래가치는 〈표 A-1〉에서 $t-1$기까지의 미래가치를 합산해야 하므로 $t=0$에 해당하는 1.0000에다 $t=1$의 미래가치와 $t=2$의 미래가치를 합계한 금액(1.0000+1.1000+1.2100=₩3.3100)이 된다.

단일금액의 미래가치와 연금의 미래가치의 관계(이자율=10%)

기 간	〈표 A-1〉 단일금액의 미래가치	계산과정	〈표 A-3〉 정상연금의 미래가치
0	1.0000		
1	1.1000	1.0000	1.0000
2	1.2100	1.0000+1.1000	2.1000
3	1.3310	1.0000+1.1000+1.2100	3.3100

이자율이 i 이고 매기 ₩1의 정상연금을 t 기에 걸쳐 받을 때 정상연금의 미래가치를 구하는 공식은 다음과 같다.

정상연금의 미래가치 : $$FVa_{(t,i)}=\sum_{t=1}^{t}(1+i)^{t-1}=\frac{(1+i)^t-1}{i}$$ t=기간, i=이자율

이자율이 10%일 때 향후 3년에 걸쳐 ₩10,000씩을 받는다면 이 연금의 현재가치는 얼마인가? 이해를 돕기 위하여 다음의 표를 살펴보자.

기 간	연 금	₩1의 현재가치		연금의 현재가치
1년 후	₩10,000	$1/(1.10)^1=$	0.9091	₩9,091
2년 후	₩10,000	$1/(1.10)^2=$	0.8264	₩8,264
3년 후	₩10,000	$1/(1.10)^3=$	0.7513	₩7,513
합 계	₩30,000		2.4868	₩24,868

위 표에서 알 수 있듯이 ₩10,000씩 3년간 받게 될 연금의 합계액은 ₩30,000이나 그 현재가치는 ₩24,868이 된다.

연금의 현재가치는 〈표 A-2〉를 기초로 하여 만들어질 수 있다. 예를 들어 이자율이 10%이고 연금을 받는 기간이 3년이라면 〈표 A-4〉에서 t=3이고 i=10%인 연금 ₩1의 현재가치는 ₩2.4868이 되는데 이는 〈표 A-2〉의 t=1의 현재가치, t=2의 현재가치, t=3의 현재가치를 합계한 금액(0.9091+0.8264+0.7513=₩2.4868)이 됨을 알 수 있다. 즉, 아래의 표와 같이 단일금액의 현재가치를 보여주는 〈표 A-2〉에서 연금의 현재가치인 〈표 A-4〉를 구할 수 있다.

단일금액의 현재가치와 연금의 현재가치의 관계 (이자율＝10%)

기 간	〈표 A-2〉 단일금액의 현재가치	계산과정	〈표 A-4〉 연금의 현재가치
1	0.9091	0.9091	0.9091
2	0.8264	0.9091＋0.8264	1.7355
3	0.7513	0.9091＋0.8264＋0.7513	2.4868

이자율이 i 이고 매기 ₩1의 정상연금을 t 기에 걸쳐 받을 때 정상연금의 현재가치를 구하는 공식은 다음과 같다.

정상연금의 현재가치 : $$PVa_{(t,i)}=\sum_{t=1}^{t}\frac{1}{(1+i)^t}=\frac{1-(1+i)^{-t}}{i}$$ t＝기간, i＝이자율

예제 3A-2 정상연금의 현재가치와 미래가치

[사례 1] 정상연금의 현재가치

세기(주)는 건물을 취득한 대가로 취득시점 1년 후부터 시작하여 매년 ₩6,000,000씩 5년에 걸쳐 분할상환하기로 하였다. 세기(주)가 건물의 취득에 대해 기록해야 할 분개를 하라. 단, 현재가치 계산에 적용할 이자율은 12%이다.

해답

현재가치 : ₩6,000,000×3.6048〈표 A-4〉＝₩21,628,800

〈분개〉

(차)	건 물	21,628,800	(대) 미지급채무	30,000,000
	현재가치할인차금	8,371,200		

[사례 2] 정상연금의 미래가치

세기(주)는 6년 후에 만기가 도래하는 사채를 상환하기 위하여 금년말부터 시작하여 매년 ₩2,000,000씩을 감채기금으로 적립하기로 하였다. 감채기금은 채권에 투자하였는데 이자율이 8%라면 6년 후 감채기금 잔액은 얼마가 되겠는가?

해답

미래가치 : ₩2,000,000×7.3359〈표 A-3〉＝₩14,671,800

2) 선불연금의 미래가치와 현재가치

선불연금의 미래가치는 정상연금의 미래가치표에서 구할 수 있다. 즉, 선불연금은 현재시점부터 시작하여 연금을 수수하는 경우이므로 정상연금에 비하여 한 기간의 이자가 더 발생하는 것을 알 수 있다. 따라서 $t+1$기의 정상연금의 미래가치에서 1을 차감하여 선불연금의 미래가치를 구할 수 있다. 이와 같은 특성 때문에 선불연금의 미래가치표는 제공하지 않았다. 즉, 정상연금의 미래가치표인 〈표 A-3〉을 이용하여 $t+1$기의 미래가치를 읽어서 여기에서 1을 차감하여 구하면 된다.

위에서 설명한 것처럼 선불연금은 현재시점(기초)부터 시작하여 수취하거나 지불하게 되는 연금을 말한다. 첫 번째 수수되는 연금은 그 자체가 현재가치를 나타내므로 현재가치요소가 1이 된다. 따라서 선불연금의 현재가치는 항상 정상연금의 $t-1$기의 현재가치에다 1을 더함으로써 구할 수 있다. 이해를 돕기 위하여 $t=3$이고 $i=10\%$인 경우를 예로 들어 표로 표시하면 정상연금의 현재가치와 선불연금의 현재가치는 아래와 같은 관계를 갖는다.

정상연금 현재가치와 선불연금 현재가치의 관계 (할인율=10%)

기 간	〈표 A-4〉 정상연금 현재가치	계산과정	〈표 A-6〉 선불연금의 현재가치
1	0.9091	1+0.0000	1.0000
2	1.7355	1+0.9091	1.9091
3	2.4868	1+1.7355	2.7355

예제 3A-3 선불연금의 현재가치와 미래가치

[사례 1] 선불연금의 현재가치

세기(주)는 기계를 5년간 리스하였는데 리스계약일에 시작하여 매년 ₩150,000씩 리스료를 지급한다. 적정한 이자율이 15%라면 세기(주)가 리스자산으로 기록해야 할 금액은 얼마인가?

해답

현재가치 : ₩150,000×3.8550〈표 A-6〉=₩578,250

리스기간개시일에 기록하게 될 리스자산의 장부금액=₩578,250

[사례 2] 선불연금의 미래가치

세기(주)는 금년부터 시작하여 매년 ₩100,000씩 10년 동안 적립하여 종업원후생복지기금으로 사용하고자 한다. 이 기금은 12% 이자를 지급하는 적금으로 매년초에 적립하기로 하였다. 10년 후 세기(주)의 후생복지기금은 얼마이겠는가?

해답

미래가치 : ₩100,000×19.6546=₩1,965,460

예제 3A-4 단일금액과 연금의 현재가치

세기(주)는 이자율 8%, 5년 만기, 액면금액 ₩100,000,000인 회사채를 1월 1일에 발행하였다. 이자는 매년말에 지급하는 조건이다. 사채의 발행시점에 시장이자율이 12%이었다면, 세기(주)가 동 사채의 발행으로 받게 될 현금은 얼마인가?

해답

사채의 현재가치=액면금액의 현재가치+이자의 현재가치

=₩100,000,000×0.5674〈표 A-2〉+₩8,000,000×3.6048〈표 A-4〉

=₩56,740,000+₩28,838,400=₩85,578,400

익힘문제

CHAPTER 3

1. 거래의 이중성과 복식부기시스템을 설명하라.

2. 회계순환과정에 대해 설명하고, 필수적인 절차와 선택적인 절차를 구분하라.

3. 다음의 각 항목들이 회계상 거래인지 아닌지 설명하라.

   (1) 외상으로 트럭을 구입하다.
   (2) 어떤 고객이 구입한 상품을 반품받고 돈을 되돌려주다.
   (3) 신입사원의 채용면접을 실시하다.
   (4) 회사의 소유자가 개인적인 목적으로 현금을 인출하다.
   (5) 다음 달에 인도할 상품을 주문받다.

4. 아래의 결과를 가져오는 거래의 예를 들어 보라.

   (1) 자산의 감소와 부채의 감소
   (2) 한 자산의 감소와 다른 자산의 증가
   (3) 한 부채의 감소와 다른 부채의 증가

5. 다음 거래의 차변계정과 대변계정을 표시하라.

   (1) 고객에게 용역을 제공하고 그 대금을 청구하다.
   (2) 고객으로부터 외상매출금을 현금으로 회수하다.
   (3) 외상으로 사무용소모품을 구입하다.
   (4) 배달트럭의 연료 20리터를 구입하다.

6. 왜 수익과 비용 계정을 임시계정이라 하는가?

7. 다음 각 항목들이 임시계정인지 영구계정인지, 그리고 재무상태표 항목인지 포괄손익계산서 항목인지를 구분하라.

   (1) 선급보험료 (2) 미지급임금 (3) 재고상품 (4) 감가상각누계액
   (5) 비품 (6) 용역수익 (7) 사무직임금 (8) 소모품

8. 만약 사무용으로 ₩500,000짜리 컴퓨터를 구입하고 차변에 매입으로 기록하는 실수를 했다면 이 실수가 재무상태표와 포괄손익계산서에 어떠한 영향을 미치는가?

9. 수정분개란 무엇이며, 이것이 필요한 이유는 무엇인가?

10. 수정분개의 종류를 체계적으로 구분하라.

11. 마감분개란 무엇이며 이것이 필요한 이유는 무엇인가?

12. 포천(주)는 20×2. 12. 31에 아래와 같이 기장하였다.

(차) 이 자 비 용	40,000	(대) 미지급이자	40,000

(한천은행 차입금에 대한 발생이자의 기록)

한천은행은 20×2. 12. 31에 어떻게 분개를 해야 하는지를 밝히고, 왜 그렇게 해야 하는지를 설명하라.

13. 20×2년 포괄손익계산서에 기재된 이자비용계정의 차변잔액은 ₩59,500이었고, 20×2. 1. 1의 미지급이자계정의 대변잔액이 ₩9,350이었으며 20×2. 12. 31 미지급이자계정의 대변잔액이 ₩13,600이라면 20×2년 기중에 지급한 이자금액은 얼마인가?

보-1. 화폐의 시간가치란 무엇을 의미하는가?

보-2. 현재가치와 미래가치의 관계를 설명하라.

보-3. 연금이란 무엇인가? 정상연금과 선불연금을 구분하라.

보-4. 현재가치 개념이 회계에서 응용되는 사례를 들고 간단하게 설명해 보라.

연습문제

CHAPTER 3

1. 시산표 작성

태양(주)의 시산표가 아래와 같이 일치하지 않는다. 원장계정을 검토한 결과 아래와 같은 오류를 발견하였다.

(1) 매출채권 회수액이 ₩1,840인데 ₩1,480으로 잘못 기록하였다.

(2) 원가 ₩930의 컴퓨터를 외상으로 구입하고 영업비의 차변에, 매입채무의 대변에 기록하였다.

(3) 고객에게 ₩2,250에 용역을 외상으로 제공하고 매출채권계정에 ₩2,250을 차기하고 수수료수익계정의 대변에 ₩225을 기록하였다.

(4) 전화요금 ₩95을 지급하고 영업비의 차변과 현금의 차변에 기록하였다.

(5) 수수료수익 총액 ₩5,280(₩225의 오류상태 포함)을 시산표에 표기하는 과정에서 ₩5,200으로 옮겨 적었다.

시 산 표

태양(주) 20×1. 4. 30 현재

계정과목	차 변	대 변
현 금	₩6,413	
매 출 채 권	5,240	
소 모 품	2,967	
비 품	6,100	
매 입 채 무		₩5,545
자 본 금		10,000
수수료수익		5,200
영 업 비	2,320	
	₩23,040	₩20,745

요구사항

상기 정보를 토대로 올바른 시산표를 작성하라.

2. 수정분개

서울(주)의 계정들을 검토한 결과 아래와 같은 조정자료들이 회계연도말인 12월 31일에 반영되지 않았다.

(1) 선급보험료 차변항목 ₩2,520은 당회계연도 8월 1일부터 3년간의 화재보험증권의 보험료이다.

(2) 11월 1일에 임대수익 ₩1,800을 대변에 기록하였는데 이는 그 날짜부터 시작하여 3개월간 재임대한 자산에서 받은 임대료이다.

(3) 동 회계연도에 구입한 판촉물 매입액 ₩800이 광고비로 기록되었다. 회계연도말인 12월 31일 현재 이 판촉물 중 ₩145이 남아 있다.

(4) 미지급이자 ₩230이 발생하였다.

요구사항

위 자료를 토대로 수정분개를 하라.

3. 매출원가

인천(주)의 영업개시 첫 달의 각종 자료는 아래와 같다.

매 입 운 임	₩800
외상매입총액	20,000
외상매입환출	680
매 출 운 임	730
현금매입총액	9,140
외상매입에누리	1,350
월 말 재 고	4,800
매 출 할 인	610
현금매입 중 불량상품 반환(현금회수)	420
현금매입한 상품을 소모품비로 잘못 기록	790

요구사항

실지재고조사법을 사용하고 있다고 가정하고 다음 물음에 답하라.

(1) 정확한 매출원가를 구하라.

(2) 위의 자료들 중 포괄손익계산서의 매출원가부분에서 제외된 항목들은 포괄손익계산서의 어느 부분에 보고되어야 하는지를 설명하라.

4. 수정분개, 수정후시산표 및 마감분개

장성(주)의 20×4. 12. 31 현재 수정전시산표와 추가정보는 다음과 같다.

시 산 표

장성(주) 20×4. 12. 31 현재

차변	금액	대변	금액
현 금	₩60,000	대손충당금	₩1,500
매 출 채 권	105,000	감가상각누계액-건물	15,200
상 품	62,000	감가상각누계액-기계	5,600
선급보험료	2,640	매 입 채 무	105,000
토 지	90,000	사 채(5년, 5%)	180,000
건 물	121,600	자 본 금	162,000
기 계	33,600	이익잉여금	22,020
산업재산권	25,200	매 출	208,000
광고선전비	29,700	임 대 수 익	5,730
소 모 품 비	13,680	매 입 할 인	1,800
매 입	100,000		
급 여	57,430		
이자비용(사채)	6,000		
	₩706,850		₩706,850

〈추가정보〉

① 광고선전비는 매월 ₩1,980이다. 이 회사는 이미 20×5년 1/4분기까지의 광고선전비를 한국신문에 지급하였다.

② 건물은 20×2. 1. 1에 구입하여 바로 사용되었으며 추정내용연수는 16년이고 잔존가치는 없는 것으로 추정된다(정액법으로 감가상각한다).

③ 선급보험료는 20×4. 9. 1에 선급한 1년 만기 보험료이다.

④ 건물의 일부를 식당으로 개조하여 20×3. 7. 1부터 매년 7월 1일에 ₩3,820을 받기로 하고 임대하였다.

⑤ 20×4. 12. 31 현재 매출채권 잔액의 2%가 장차 회수불능할 것으로 추정하였다.

⑥ 20×4. 12. 31 한 종업원에게 가지급한 현금 ₩900은 급여로 차기하였다. 이 회사는 매달 1일과 16일에 보름 동안의 임금을 선급한다.

⑦ 20×2. 1. 1에 산업재산권을 ₩42,000에 취득하였다. 이것은 상각대상자산이며 5년에 걸쳐 상각한다.

⑧ 20×0. 3. 1에 만기 5년, 5% 액면이자, 액면금액 ₩180,000인 사채를 액면금액에 발행하였다. 이자는 연 2회로 매년 2월 28일과 8월 31일에 지급한다.

⑨ 기계장치는 20×2. 1. 1에 구입하였으며, 추정내용연수는 12년이고 정액법으로 상각하여 잔존가치는 없는 것으로 추정한다.
⑩ 20×4. 12. 31의 실지재고는 ₩77,000이다.

요구사항

위 정보를 이용하여 회계기말에 필요한 수정분개, 정정분개(correcting entries), 매출원가분개, 수정후시산표 작성, 마감분개를 하라.

5. 수정분개, 재무제표의 작성과 마감분개

준기(주)의 20×5. 12. 31 현재 수정전시산표와 추가정보는 다음과 같다.

수정전시산표

준기(주) 20×5. 12. 31 현재

차변	금액	대변	금액
현 금	₩16,700	매 입 채 무	₩12,000
금 융 자 산	2,000	차 입 금	10,000
매 출 채 권	14,000	미 지 급 금	2,500
재 고 자 산	10,400	감가상각누계액	10,500
비 품	37,300	자 본 금	30,000
광 고 비	200	이익잉여금	8,000
급 여	1,700	매 출	19,400
매 입	9,100		
매 입 운 임	200		
임 차 료	800		
합 계	₩92,400	합 계	₩92,400

〈추가정보〉
① 12월 31일 현재 미지급급여는 ₩300이다.
② 차입금에 대한 이자율은 12%이며 매년 1월 1일에 이자를 지급한다.
③ 20×5년도 비품에 대한 감가상각비는 ₩1,500이다.
④ 12월 31일 현재 상품재고는 ₩8,600이다.
⑤ 금융자산은 FVOCI자산인데 12월 31일 현재 공정가치는 ₩2,400이다.
⑥ 유효법인세율은 0%이다.

요구사항

(1) 20×5. 12. 31에 필요한 수정분개를 하라.
(2) 수정후시산표를 작성하라.
(3) 20×5년도의 포괄손익계산서와 20×5. 12. 31 현재의 재무상태표를 작성하라.
(4) 20×5. 12. 31에 필요한 마감분개를 하라.

6. 회계순환과정 – 종합

다음은 동성(주)의 20×4. 12. 31 현재의 재무상태표이다.

자 산		부 채	
현 금	₩4,000	매 입 채 무	₩11,000
매 출 채 권	7,500		
재 고 자 산	5,200	부채총계	11,000
비 품	17,400	자 본 금	17,880
감가상각누계액	(5,220)	자본총계	17,880
자산총계	₩28,880	부채와 자본총계	₩28,880

다음은 20×5년 1월중에 발생한 거래를 요약한 것이다.

1월 1일 상품 ₩2,800을 외상판매하다.
2일 매출채권 ₩3,250을 회수하였는데 매출할인 ₩40 차감 후 ₩3,210을 받다.
3일 상품 ₩7,000을 현금판매하다.
5일 상품 ₩4,525을 외상으로 구입하다.
6일 상품 매입운임 ₩100을 지급하다.
7일 매입채무 ₩3,500을 지급하였는데 매입할인 ₩30 차감 후 ₩3,470을 지급하다.
9일 진흥(주)의 회사채를 ₩1,000에 취득하고, FVOCI자산으로 분류하고 평가손익은 기타포괄손익으로 회계처리하다.
10일 비품 ₩1,250을 외상으로 매입하다.
28일 광고비 ₩55, 급여 ₩840 및 임차료 ₩400을 지급하다.

1월 31일 추가정보는 다음과 같다.

① 1월 31일 현재 미지급급여는 ₩125이다.
② 1월중의 비품에 대한 감가상각비는 ₩150이다.
③ 1월 31일 현재 상품재고는 ₩4,225이다.
④ 1월 31일 현재 진흥(주)의 회사채 공정가치는 ₩1,200이다.

요구사항

(1) 1월에 발생한 거래에 대하여 일반분개장에 분개하라.
(2) 총계정원장을 마련하고 20×4. 12. 31 현재 잔액들을 기록한 후 1월중 거래를 전기하라.
(3) 20×5. 1. 31 현재 수정전시산표를 작성하라.
(4) 20×5. 1. 31에 필요한 수정분개를 하라.
(5) 수정후시산표를 작성하라.

(6) 20×5년 1월의 포괄손익계산서와 20×5. 1. 31 현재의 재무상태표를 작성하라.
(7) 20×5. 1. 31에 필요한 마감분개를 하라.

보-1. 현재가치와 미래가치 (1)

아래 각각의 경우에 대하여 답하라.

(1) ₩5,000을 5년 만기, 이자율 12% 정기예금에 예치해서 5년 후에 받을 금액은 얼마인가?
(2) 이자율이 12%일 때 8년 후에 만기가 도래하는 무이자부, 액면금액 ₩800,000의 자동차채권의 현재가치는 얼마인가?
(3) 이자율 10%로 매년말에 ₩400씩 15년간 적립하는 적금의 만기금액은 얼마인가?
(4) 만기가 5년이고 액면금액이 ₩10,000이며 매년말에 12%의 이자를 지급하는 사채는 얼마에 발행되겠는가? 단, 발행시의 시장이자율이 15%이다.

보-2. 현재가치와 미래가치 (2)

아래 각각의 경우에 대하여 답하라.

(1) 이자율이 8%일 때 5년 동안 적금을 적립하여서 ₩25,000을 마련하고자 할 경우 매년초에 적립해야 할 금액은 얼마인가?
(2) 이자율이 6%일 때 앞으로 5년 동안 매년말에 ₩20,000씩 받기로 한 금액의 현재가치는 얼마인가?
(3) 유효이자율이 12%일 때 만기 3년, 이자율 10%, 액면금액 ₩100,000인 사채를 발행하였다면 사채의 현재가치는 얼마인가?
(4) 기계를 5년 동안 리스하기로 하였다. 매년초에 지급해야 하는 리스료는 ₩30,000이고, 유효이자율이 10%일 때 이 리스의 현재가치는 얼마인가?

보-3. 현재가치의 응용

옥천(주)는 20×1. 1. 1에 기계장치를 할부로 구입하였는데 기계의 대금은 향후 3년에 걸쳐서 매년말에 ₩500,000씩 지급하기로 하였다. 기계장치 구입시 시장이자율이 10%이었다면 옥천(주)가 기계장치의 취득원가로 기록할 금액은 얼마인가?

CHAPTER

4 재무제표

본장은 재무회계의 궁극적 산물인 재무제표를 조망하는 차원에서 마련하였다. 재무상태표와 손익계산서를 다소 깊이 있게 검토하고 있으며, 이들간의 관계 및 다른 재무제표인 현금흐름표와 자본변동표의 관계도 검토하고 있다.

제 1 절 재무제표

1 재무제표의 의의

재무제표(financial statements)는 재무보고의 중심적인 수단으로서 이를 통하여 기업에 관한 재무정보를 외부의 이해관계자에게 전달하게 된다. 가장 일반적으로 이용되고 있는 재무제표는 재무상태표, 손익계산서, 자본변동표와 현금흐름표이며, 이에 대한 주석도 재무제표의 구성요소로 본다.

재무제표는 각각 역할이 다르면서도 [그림 4-1]과 같이 상호간에 일정한 연계관계를 갖고 있다.

■ 그림 4-1
재무제표간의 연계관계

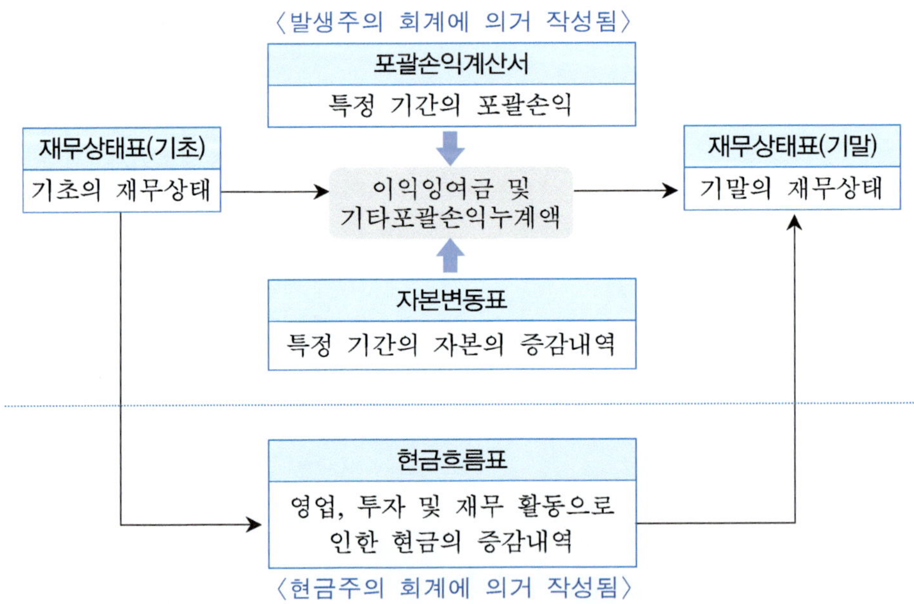

일정한 시점에서의 기업의 재무상태는 재무상태표에 의해 보고된다. 그러나 기말과 기초의 재무상태의 차이인 재무상태의 변동은 손익계산서, 자본변동표 및 현금흐름표에 의해 설명된다. 따라서 재무상태표를 정태보고서(static statement)라고 하고, 손익계산서, 자본변동표 및 현금흐름표를 동태보고서(dynamic statements)라고 부르기도 한다. 즉, 재무상태표는 정태보고서로서 기업이 창업 때부터 지금까지의 활동을 누적시켜 보고하는 재무보고서이다. 이에 비해 손익계산서, 자본변동표, 그리고 현금흐름표는 동태보고서로서 한 기간 동안의 변동에 대한 정보를 제공하는 변동보고서(change statements)이다. 재무상태표는 세 가지의 동태보고서와 유기적인 관계를 가지며, 이를 재무제표의 연계성(articulation)이라고 한다.

손익계산서는 영업활동의 결과에 기인한 재무상태의 변동을 설명하고, 자본변동표는 영업활동(이익잉여금에 집약됨)과 자본거래(소유주와의 거래에 해당하는 유상증자, 배당, 자기주식거래 등)에 기인한 재무상태의 변동을 설명한다. 한편, 현금흐름표는 현금의 변화를 영업활동, 투자활동 및 재무활동으로 구분하여 설명하되 현금흐름을 이용하여 재무상태의 변동을 설명한다.

K-IFRS에서는 포괄손익(comprehensive income) 개념을 사용하고 있다. 포괄손익은 기중에 자본거래 이외의 원천에서 발생하는 소유주지분(자본)의 증감을 포괄손익으로 보고, 이를 당기순손익과 기타포괄손익으로 구분한다.

손익계산서는 발생주의 회계에 의거하여 작성되는 영업활동의 결과를 보여주는 보고서이기 때문에 손익에 영향을 미치지 않으면서 재무상태에 영향을 미치는 항목, 즉 투자활동 및 재무활동에 기인한 재무상태의 변동을 설명하지 못한다. 따라서 영업활동뿐만 아니라 투자활동 및 재무활동에 기인한 재무상태의 변동을 나타내기 위하여 자본변동표와 현금흐름표를 작성한다.

2 재무제표의 작성과 표시

(1) 재무제표의 작성 책임

재무제표의 작성과 표시에 대한 책임은 경영자에게 있다. 경영자는 주인(principal)인 주주로부터 자원을 위탁받은 대리인(agent)의 역할을 한다. 따라서 주주로부터 위탁받은 자원을 효율적으로 활용하여 주주의 이해관계를 극대화할 뿐만 아니라 그 위탁받은 자산의 운용에 따른 재무성과와 재무상태를 주인인 위탁자에게 정기적으로 보고할 회계책임(accountability)을 진다. 이에 따라 경영자는 주인에 대한 의무로서 재무제표를 작성하여 보고한다.

(2) 재무제표의 작성과 표시에 적용되는 일반원칙

1) 공정한 표시 및 K-IFRS의 준수

재무제표는 기업의 재무상태, 재무성과 및 현금흐름을 공정하게 표시해야 한다. 공정한 표시를 위해서는 개념체계에서 정한 자산·부채 및 수익·비용에 대한 정의와 인식요건에 따라 거래, 사건 및 상황의 효과를 충실하게 표현해야 한다. K-IFRS의 모든 기준을 적용하여 작성한 재무제표는 재무상태, 재무성과 및 현금흐름을 공정하게 표시한 것으로 본다. K-IFRS를 준수하여 재무제표를 작성한 경우에는 그러한 사실을 재무제표의 주석에 명시적이고 제한 없이 기재하도록 되어 있다. 그러나 재무제표가 K-IFRS의 요구사항을 모두 충족한 경우가 아니라면 K-IFRS를 준수하여 작성되었다고 기재해서는 안 된다.[1)]

2) 계속기업의 가정과 발생주의 회계의 사용

경영자는 기업이 경영활동을 청산 또는 중단할 의도가 있거나, 경영활동을 계속할 수 없는 상황에 처한 경우를 제외하고는 계속기업(going concern)을 가정하여 재무제표를 작성해야 한다. 경영자는 계속기업의 가정이 타당한지 판단하기 위해 수익성, 부채상환계획, 대체적 재무자원의 조달계획 등의 정보를 이용해야 한다. 경영자가 계속기업의 가정에 대해 중대한 의문을 가지게 된 경우에는 그 내용을 주석으로 기재해야 한다.

3) 중요성과 통합표시

재무제표에 보고할 항목은 중요성을 고려하여 결정해야 한다. 중요성(materiality)이란 인식을 위한 제약요인이라고 할 수 있는데, 관련 사항을 고려하여 누락이나 왜곡표시의 크기와 성격에 따라 판단한다.

유사한 항목은 각 주요 종류별로 구분하여 표시하고, 상이한 성격이나 기능을 가진 항목은 구분하여 표시하되 중요하지 않은 항목은 통합하여 표시

---

1) 극히 드문 상황으로서 K-IFRS의 요구사항을 준수하는 것이 오히려 개념체계에서 정하고 있는 재무제표의 목적과 상충되어 재무제표이용자의 오해를 유발할 수 있다고 경영진이 결론을 내릴 수 있다. 이런 경우에는 관련 사실 및 사유 등을 공시해야 한다.

할 수 있다. 예컨대 일정금액 미만의 비품성격의 항목을 소모품비용에 포함하여 회계처리하는 것은 금액이 중요하지 않거나 항목의 성격이 중요하지 않기 때문에 인정된다. 또한 재무제표상의 본문과 주석에 적용하는 중요성에 대한 판단기준은 서로 다를 수 있다. 예컨대 재무제표 본문에 통합하여 표시한 항목이라도 주석에는 구분하여 표시할 만큼 중요한 항목일 수 있다.

4) 상 계

K-IFRS에서 요구하거나 허용하지 않는 한 자산과 부채 그리고 수익과 비용은 상계해서는 안 된다. 상계표시로 거래 또는 사건의 실질이 반영되는 경우를 제외하고 상계표시는 발생한 거래, 사건 및 상황을 이해하고 기업의 미래현금흐름을 분석할 수 있는 재무제표이용자의 능력을 저해한다고 본다. 다만, 재고자산평가충당금, 대손충당금, 감가상각누계액, 현재가치할인차금과 같은 차감계정(contra accounts)을 차감하여 관련 자산을 순액으로 측정하는 것은 상계표시에 해당하지 않는다.

기업은 정상적인 영업활동과정에서 수익을 창출하지는 않지만 주요 수익창출활동에 부수적인 기타 거래를 할 수 있다. 동일 거래에서 발생하는 수익과 관련 비용의 상계표시가 거래 또는 사건의 실질을 반영한다면, 그러한 거래의 결과는 상계하여 표시한다. 예를 들어, 비유동자산의 처분손익은 처분대금에서 그 자산의 장부금액과 관련 처분비용을 차감하여 표시한다.

5) 보고빈도

전체 재무제표(비교정보를 포함)는 적어도 1년마다 작성한다. 보고기간 종료일을 변경하여 재무제표의 보고기간이 1년이 아닌 경우 ① 보고기간이 1년이 아닌 이유와, ② 재무제표에 표시된 금액이 완전하게 비교가능하지는 않다는 사실을 추가로 공시한다.

6) 비교정보

재무제표의 기간별 비교가능성을 제고하기 위하여 재무보고를 할 때 전기와 당기를 비교하는 형식으로 보고한다. 이와 같이 두 기간을 함께 보고하는 재무제표를 비교재무제표(comparative financial statements)라고 한다.

당기 재무제표를 이해하는 데 더 목적적합하다면 서술형 정보의 경우에도 비교정보를 포함한다. 예컨대 전기 재무상태표일 현재 미해결상태였던 소송사건이 당기 재무제표가 사실상 확정된 날까지 해결되지 않은 경우에는 전기 재무상태표일에 불확실성이 존재했다는 사실과 내용, 당기에 취해진 조치 및 결과 등에 대한 정보를 주석으로 기재해야 한다.

7) 표시와 분류의 계속성

재무제표 항목의 표시와 분류는 매기 동일해야 한다. K-IFRS에서도 ① 사업내용의 중요한 변화나 다른 표시 또는 분류 방법이 더 적절한 것이 명백한 경우, 또는 ② K-IFRS에서 표시방법의 변경을 요구하는 경우를 제외하고는 표시의 계속성을 유지하도록 요구하고 있다.

기업은 변경된 표시방법이 재무제표이용자에게 표현충실하고 더욱 목적적합한 정보를 제공하며, 변경된 구조가 지속적으로 유지될 가능성이 높아 비교가능성을 저해하지 않을 것으로 판단할 때에만 재무제표의 표시방법을 변경한다. 표시방법을 변경할 때에는 비교정보를 재분류한다.

(3) 재무제표의 식별

재무제표는 동일한 보고서에 포함되어 함께 공표되는 그 밖의 정보와 명확하게 구분되고 식별되어야 한다. K-IFRS는 오직 재무제표에만 적용하며, 연차보고서 등의 다른 보고서에 표시되는 그 밖의 정보에 적용해야 하는 것은 아니다. 따라서 K-IFRS를 준수하여 작성된 정보와 K-IFRS에서 요구하지 않지만 유용한 그 밖의 정보를 재무제표이용자가 구분할 수 있는 것이 중요하다.

각 재무제표와 주석은 명확하게 식별되어야 한다. 또한 다음 정보가 분명하게 표시되어야 하며, 정보의 이해를 위해서 필요할 때에는 반복 표시해야 한다.

① 보고기업의 명칭 또는 그 밖의 식별수단과 전기 보고기간말 이후 그러한 정보의 변경내용
② 재무제표가 개별 기업에 대한 것인지 연결실체에 대한 것인지의 여부
③ 재무제표나 주석의 작성대상이 되는 보고기간 종료일 또는 보고기간
④ 표시통화

⑤ 재무제표의 금액표시를 위해 사용한 금액단위

흔히 재무제표의 표시통화를 천 단위나 백만 단위로 표시할 때 더욱 이해가능성이 제고될 수 있다. 이러한 표시는 금액단위를 공시하고 중요한 정보가 누락되지 않는 경우에 허용될 수 있다.

제 2 절 재무상태표

재무상태표와 손익계산서는 서로 보완적인 정보를 제공하고 있다. 예컨대 당기순이익이 높더라도 흑자도산을 하는 경우가 있다. 이때에는 유동성 또는 재무탄력성에 대하여 결정적인 정보를 제공하는 재무상태표를 함께 분석해야만 흑자도산의 가능성을 미리 예측하여 피해를 막을 수 있다.

1 재무상태표의 기능

재무상태표(statement of financial position)는 대차대조표(balance sheet)라고 불리기도 하는데, 일정시점(at a specific point in time)에서 기업의 재무상태에 관한 정보를 제공해 주는 정태보고서로서, 특정 시점에 찍은 '기업의 스냅사진'이라고 할 수 있다.

재무보고 개념체계에서는 외부의 다양한 이해관계자의 경제적 의사결정을 위해 경영자가 기업실체의 경제적 자원과 청구권에 관한 재무정보를 제공해야 한다고 보고 있다. 여기에서 경제적 자원은 자산(assets)을 의미하고, 청구권은 부채(liabilities)와 자본을 의미한다.

재무상태표는 자산, 부채 및 자본(소유주지분)에 관한 정보를 제공한다.

재무상태표의 차변(왼쪽)인 자산은 기업이 조달한 자본[2]을 어떻게 활용 또는 투자하고 있는가를 보여주고 있으며, 대변(오른쪽)은 기업이 어떻게 자본을 조달했는가, 즉 자본구조를 보여준다. 자본구조와 조달한 자본의 활용을 한 마디로 재무상태라고 한다.

재무상태표의 구조 및 기능을 그림으로 살펴보면 [그림 4-2]와 같다.

■ 그림 4-2
재무상태표의 구조 및 기능

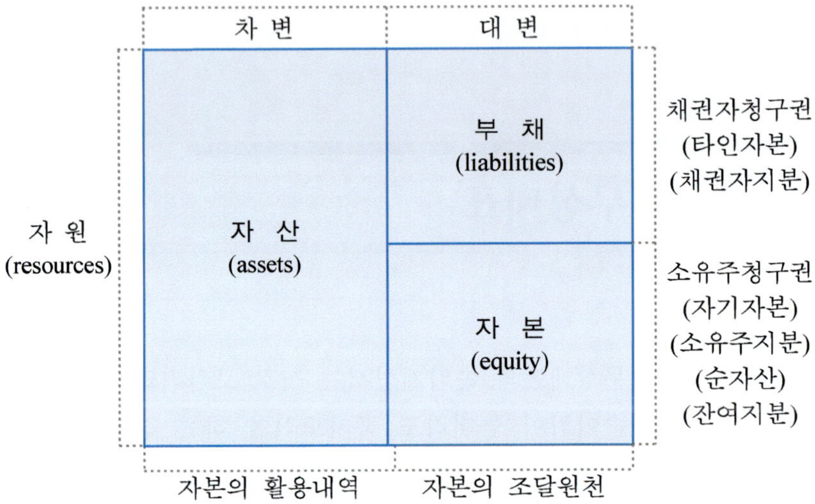

재무상태표의 주요 구성요소에 대해서는 여러 가지 용어가 동의어로 사용되고 있다. 우선 자원과 자산을 구분해야 한다. 자원(resources)은 광범위한 의미로 사용되는데, 회사의 인적·물적자원을 포괄하는 개념이다. 따라서 자원은 재무상태표에 인식되는 자산(assets)뿐만 아니라 재무상태표상에 인식되지 않는 인적자원 또는 내부적으로 창출된 영업권 등을 포함한다. 부채(liabilities)와 자본은 청구권(지분)이라는 공통적인 용어를 사용하여 부채는 채권자청구권(지분)으로, 자본은 소유주청구권(지분)으로 표현하기도 한다. 또한 전자를 타인자본, 후자를 자기자본으로 표현하기도 한다.

---

2) 자본이라는 용어는 여러 가지 의미로 사용된다. 일상적으로 자본은 자금(fund)의 뜻으로 사용되며 [그림 4-2]에서 자본의 활용과 자본의 조달을 이야기할 때에는 이와 같은 의미로 사용된다. 한편 재무상태표계정의 항목인 소유주지분의 의미로 쓰인 자본은 가장 협의의 회계적인 의미이다. 또한 자본이 재무상태표의 대변을 나타내는 의미로 사용될 때에는 자기자본과 타인자본을 포함하는 개념으로 사용되기도 한다.

2 재무상태표의 유용성과 한계점

재무상태표는 손익에 관한 보완적 정보를 제공해 줄 뿐만 아니라 자산구조, 자본구조, 유동성과 재무건전성 및 환경변화에 적응할 수 있는 능력에 대한 정보를 제공한다.

자산구조에 대한 정보는 기업이 조달한 자본을 어떻게 활용하고 있는가를 보여준다. 예컨대 어떤 기업은 조달한 자본을 유동자산에 많이 투자하고 있는가 하면 어떤 기업은 유형자산에 많이 투자할 수 있다. 따라서 자산구조에 대한 정보는 자본집약도, 영업레버리지 등에 대한 정보를 제공한다.

자본구조(capital structure)에 대한 정보는 기업이 필요한 자본을 어떻게 조달했는가를 보여준다. 즉, 자본구조는 부채와 자본 간의 상대적 비율을 보여주는데, 다른 말로는 재무레버리지에 대한 정보를 제공한다고 할 수 있다.[3]

유동성(liquidity)은 "자산의 경우에는 현금으로 전환하는 데 걸리는 시간을 의미하고, 부채의 경우에는 부채의 결제까지의 시간"으로 정의할 수 있다. 회사에 대한 장 · 단기채권자들은 부채에 대한 지급능력을 평가하기 위해 유동자산에 관심을 갖게 된다. 일반적으로 유동성이 높을수록 기업의 지급능력은 양호하고 덜 위험한 것으로 간주한다.

재무탄력성(financial flexibility)은 "현금흐름의 금액과 시기를 효과적으로 조절할 수 있어서 갑작스런 자금수요 및 투자기회에 대처할 수 있는 능력"이라고 정의할 수 있다. 재무탄력성이 높은 기업은 경제상황이 좋지 않아도 이를 극복할 가능성이 높고, 갑작스러운 투자기회에 효과적으로 대처할 수 있다. 일반적으로 재무탄력성이 높을수록 기업위험은 낮다고 말할 수 있다.

일반적으로 유동성이 높으면 재무탄력성도 높다. 그러나 유동성은 낮더라도 재무탄력성이 높은 경우가 있으며, 유동성은 높으나 재무탄력성이 낮은 경우도 있다. 예를 들어 범용성이 높은 중장비와 같은 유형자산은 유동성이 낮지만 불시의 자금수요에 대처하기 위하여 쉽게 매각하여 현금화할 수 있기

---

3) 레버리지(leverage)란 "고정비의 손익확대효과"를 의미한다. 레버리지에는 영업레버리지와 재무레버리지가 있는데, 이는 기업의 비용을 영업비용과 재무비용으로 나누어 레버리지를 적용한 개념이다. 대표적인 고정영업비용은 감가상각비이며 대표적인 고정재무비용은 이자비용이다. 고정비가 차지하는 비중이 높은 기업을 레버리지가 높은 기업이라고 한다. 예컨대 이자비용이 높은 기업은 부채비율이 높다는 것을 의미하기 때문에 부채비율을 단순히 레버리지비율이라고도 한다. 레버리지비율이 높은 기업, 즉 고정비용이 높은 기업은 수익이 약간 증감하더라도 당기순이익은 훨씬 더 크게 증감한다.

때문에 재무탄력성이 높다. 한편 불량채권이나 적체된 재고자산은 유동자산이지만 불시의 자금수요에 대처하기 위해 현금으로 전환하는 것이 어렵기 때문에 재무탄력성이 낮은 자산이다.

재무상태표의 대표적인 한계점을 열거하면 다음과 같다. 첫째, 재무상태표는 많은 자산과 부채를 역사적원가(historical costs)로 평가하기 때문에 공정가치(fair value)를 제대로 반영하지 못한다. 이와 같은 문제점을 극복하기 위해 최근 들어 공정가치 회계의 중요성이 강조되고 있으며, 공정가치 회계가 자산 및 부채의 평가에 점진적으로 확산되고 있는 추세이다. 금융자산 및 금융부채를 공정가치로 평가하는 것, 유형자산을 공정가치로 평가하는 것 등을 들 수 있다.

둘째, 재무상태표의 측정치 중 상당부분이 주관적인 추정치에 근거하여 평가되고 있어서 측정불확실성 문제가 제기될 수 있다. 예를 들어 수취채권의 대손, 재고자산의 감모 및 판매가능성, 유형자산의 내용연수와 잔존가치, 무형자산의 내용연수 등이 추정 또는 일반적 관습에 의해 측정된다.

셋째, 상당한 가치가 있는 자원이라도 이를 합리적으로 측정할 수 없기 때문에 자산에 포함하지 못한다. 예를 들면 인적자원은 아주 중요한 경제적 자원이지만 측정이 어려워 재무상태표에 자산으로 포함시키지 못하고 있다. 또한 내부적으로 창출된 영업권도 중요한 자원이지만 마찬가지 이유로 자산으로 포함시키지 않고 있다.

마지막으로 재무상태표는 부채의 성격을 갖는 부외금융(off-balance sheet financing) 항목이 제외된 경우가 가끔 있다. 이와 같은 항목은 기업이 의도적으로 배제시키는 경우가 많아서 더욱 문제가 심각하다. 예를 들면, 상환청구권부 매출채권 양도, 제품(product) 또는 프로젝트(project) 금융 등은 자산을 담보로 이용한 자금차입의 성격이 강하지만 형식상으로 판매형태를 취하여 부채로 기록하지 않을 수 있어서 경제적 실질을 나타낼 수 없다.

3 재무상태표의 구성

(1) 구성요소

재무상태표는 크게 자산과 자본 및 부채로 구성된다. K-IFRS에서는 재무상태표에 표시해야 할 최소한의 항목을 [그림 4-3]과 같이 제시하고 있다.[4)]

■ 그림 4-3
재무상태표에 표시해야 할 최소한의 내용

자 산	자본 및 부채
• 유형자산	• 지배기업소유주 귀속 자본
• 투자부동산	• (자본에 표시된) 비지배지분
• 무형자산	• 충당부채
• 금융자산	• 금융부채
• 지분법투자자산	• 매입채무 및 기타 채무
• 생물자산	• 당기법인세 관련 부채
• 재고자산	• 이연법인세부채
• 매출채권 및 기타 채권	• 매각예정자산집단에 포함된 부채
• 현금및현금성자산	
• 당기법인세 관련 자산	
• 이연법인세자산	
• 매각예정비유동자산	

K-IFRS는 표시되어야 할 항목의 순서나 형식을 규정하지 아니한다. [그림 4-3]에 제시된 항목은 단순히 재무상태표에 구분표시하기 위해 성격이나 기능면에서 명확하게 상이한 항목명을 제시하고 있을 뿐이다. 한 항목 또는 통합된 유사항목의 크기, 성격 또는 기능상 기업의 재무상태를 이해하기 위해 구분표시가 필요한 경우 그러한 항목을 추가로 재무상태표에 포함한다.

기업의 재무상태를 이해하는 데 목적적합한 정보를 제공하기 위해 기업과 거래의 성격에 따라 사용된 용어와 항목의 순서, 유사항목의 통합방법을 변경할 수 있으며, 중간합계를 추가할 수 있다.

---

4) 국제회계기준은 영국회계기준의 영향을 받아 소위 역유동성배열법을 사용하고 있다. 따라서 유형자산이 가장 먼저 보고되고, 현금및현금성자산이 나중에 보고된다. 그러나 기업의 선택에 따라 유동성배열법을 사용하는 것도 얼마든지 가능하다.

(2) 유동과 비유동의 구분

자산과 부채는 유동자산과 비유동자산, 유동부채와 비유동부채로 재무상태표에 구분하여 표시한다.[5] 이로써 유동자산에서 유동부채를 차감하면 운전자본(working capital)이 산출된다. 또한 계속 순환되는 순자산과 장기 영업활동에서 사용하는 순자산을 구분함으로써 유용한 정보를 제공한다. 한편, 자산과 부채의 각 개별 항목이 보고기간 후 12개월 이내에 회수되거나 결제될 것으로 기대되는 금액과 12개월 후에 회수되거나 결제될 것으로 기대되는 금액을 구분하여 공시한다.

〈유동자산〉 자산은 다음의 경우에 유동자산으로 분류한다.

가) 기업의 정상영업주기 내에 실현될 것으로 예상하거나, 정상영업주기 내에 판매하거나 소비할 의도가 있다.
나) 주로 단기매매 목적으로 보유하고 있다.
다) 보고기간 후 12개월 이내에 실현될 것으로 예상한다.
라) 현금이나 현금성자산으로서, 교환이나 부채상환 목적으로의 사용에 대한 제한기간이 보고기간 후 12개월 이상이 아니다.

영업주기(operating cycle)는 영업활동을 위한 자산의 취득시점부터 그 자산이 현금이나 현금성자산으로 전환되는 시점까지 소요되는 기간이다. 유동자산은 보고기간 후 12개월 이내에 실현될 것으로 예상되지 않는 경우에도 재고자산 및 매출채권과 같이 정상영업주기 내에 판매, 소비 또는 실현되는 자산을 포함한다.

〈유동부채〉 부채는 다음의 경우에 유동부채로 분류한다.

가) 정상영업주기 내에 결제될 것으로 예상하고 있다.
나) 주로 단기매매 목적으로 보유하고 있다.

---

5) 한편, 유동성(liquidity) 순서에 따라 자산과 부채를 보고하는 방법도 허용된다. 여기에서 유동성과 유동/비유동(current/noncurrent)의 개념은 다르다. 유동성은 현금에 시간적으로 가까운 정도를 의미하며, 유동/비유동은 재무상태표상 분류를 위해 사용하고 있는 1년 또는 영업주기 중 긴 것을 기준으로 자산과 부채를 유동/비유동으로 보고하는 관습을 의미한다.

다) 보고기간 후 12개월 이내에 결제하기로 되어 있다.
라) 보고기간 후 12개월 이상 부채의 결제를 연기할 수 있는 무조건적 권리를 가지고 있지 않다.

매입채무, 미지급급여 및 그 밖의 영업원가에 대한 미지급비용과 같은 유동부채는 기업의 정상영업주기 내에 사용되는 유동부채의 일부이다. 이러한 항목은 보고기간 후 12개월 후에 결제일이 도래한다 하더라도 유동부채로 분류한다.

동일한 정상영업주기가 기업의 자산과 부채의 분류에 적용된다. 기업의 정상영업주기가 명확하게 식별되지 않는 경우 그 주기는 12개월인 것으로 가정한다. 다음 모두에 해당하는 경우라 하더라도 금융부채가 보고기간 후 12개월 이내에 결제일이 도래하면 이를 유동부채로 분류한다.

가) 원래의 결제기간이 12개월을 초과하는 경우
나) 보고기간 후 재무제표 발행승인일 전에 장기로 차환(refinance)하는 계약 또는 지급기일을 장기로 재조정하는 계약이 체결된 경우

한편, 기업이 기존의 대출계약조건에 따라 보고기간 후 적어도 12개월 이상 부채를 차환하거나 연장할 것으로 기대하고 있고, 그런 재량권이 있다면, 보고기간 후 12개월 이내에 만기가 도래한다 하더라도 비유동부채로 분류한다.

보고기간말 이전에 장기차입약정을 위반했을 때 채권자가 즉시 상환을 요구할 수 있는 채무는 보고기간 후 재무제표 발행승인일 전에 채권자가 약정위반을 이유로 상환을 요구하지 않기로 합의하더라도 유동부채로 분류한다. 그 이유는 기업이 보고기간말 현재 시점으로부터 적어도 12개월 이상 결제를 연기할 수 있는 무조건적 권리를 가지고 있지 않기 때문이다. 그러나 채권자가 보고기간말 이전에 보고기간 후 적어도 12개월 이상의 유예기간을 주는 데 합의하여 그 유예기간 내에 기업이 위반사항을 해소할 수 있고, 또 그 유예기간 동안에는 채권자가 즉시 상환을 요구할 수 없다면 그 부채는 비유동부채로 분류한다.

(3) 자본의 분류

K-IFRS에서는 자본의 분류에 대해 다소 신축적인 입장을 취하고 있다. 이는 각 나라마다 독특한 제도가 있을 수 있기 때문에 자본의 구분이 상이하다는 것을 감안한 결과로 보인다. 우리나라의 현행 제도에 따르면 자본은 납입자본, 자본조정, 기타포괄손익누계액 및 이익잉여금으로 분류할 수 있다.

납입자본(paid-in capital)은 액면금액을 기준으로 보고한 자본금(share capital)과 액면금액을 초과하여 납입된 부분을 의미하는 주식발행초과금(share premium)을 합한 금액을 의미한다. 액면금액이 없는 주식의 경우에는 자본금과 주식발행초과금을 구분하지 않고 납입자본이라는 계정만 사용하면 된다. 자본금은 법정자본금으로서 주당 액면금액에 발행주식수를 곱한 금액이다. 한편, 주식발행초과금뿐만 아니라 주주와의 자본거래에서 액면금액을 초과하여 발생한 자본의 증가에는 자기주식처분이익 및 감자차익 등이 있는데, 이들도 자본잉여금으로 분류한다.

자본조정(capital adjustments)은 당해 항목의 성격상 자본거래에 해당하나 자본금이나 자본잉여금으로 분류할 수 없는 항목이다. 예컨대 주식할인발행차금, 자기주식, 주식매수선택권, 출자전환채무, 감자차손 및 자기주식처분손실 등이 포함된다.

기타포괄손익누계액(accumulated other comprehensive income)은 재무상태표일 현재의 기타포괄손익의 누계 잔액이다. 기타포괄손익누계액은 재분류가능한 것과 재분류불가능한 것으로 나누어서 보고한다.

이익잉여금(retained earnings)은 손익계산서에 보고된 손익누계액과 다른 자본항목에서 이입된 금액의 합계액에서 주주에 대한 배당, 자본금으로의 자본전입 및 자본조정 항목의 상각 등으로 처분된 누계액을 차감한 잔액이다.

예제 4-1 재무상태표의 작성

다음은 대식(주)의 재무상태표로, 보고형식에 오류가 포함되어 있다. K-IFRS 재무상태표 보고기준에 따라 수정이 필요한 항목과 그 이유를 명시하고, 재무상태표를 재작성하라.

재무상태표

대식(주) 20×1. 12. 31 현재 (단위 : 원)

유동자산		유동부채	
현금(당좌차월 ₩30,000 차감후)	₩200,000	매입채무	₩230,000
매출채권	350,000	퇴직급여충당부채	82,000
재고자산	385,000	미지급임차료	55,000
FVPL자산(원가 ₩120,000)	140,000	사채할증발행차금	53,000
유형자산		대손충당금	10,000
건물	965,000	비유동부채	
토지	175,000	사채	500,000
무형자산		시설확장적립금	92,000
영업권	80,000	감가상각누계액-건물	235,000
특허권	90,000	부채총계	₩1,257,000
선급비용	5,000	자본금(액면 ₩1,000 ; 주식수 500)	₩500,000
		주식발행초과금	160,000
		이익잉여금	473,000
		자본총계	₩1,133,000
자산총계	₩2,390,000	부채와 자본총계	₩2,390,000

해답

〈수정 내용〉

(1) 현금에서 차감한 당좌차월은 단기차입금으로 보고(다만 당좌차월은 현금및현금성자산에 상계하여 보고하는 것도 가능)

(2) FVPL자산은 현금 다음으로 유동성이 높은 항목이므로 현금 다음에 보고

(3) 대손충당금은 매출채권에서 차감하는 형식으로 보고하거나 순액으로 보고

(4) 선급비용은 무형자산이 아니라 유동자산으로 보고

(5) 토지는 일반적으로 유형자산에서 가장 먼저 보고

(6) 건물은 차감계정인 감가상각누계액을 차감하는 형식으로 보고

(7) 사채할증발행차금은 사채에 부가하는 형식으로 보고

(8) 퇴직급여충당부채는 비유동부채로 보고

(9) 시설확장적립금은 이익잉여금 중 처분이익잉여금이므로 이익잉여금에 보고

재무상태표

대식(주)		20×1. 12. 31 현재			(단위 : 원)
유동자산			유동부채		
현 금		₩230,000	매 입 채 무		₩230,000
FVPL자산		140,000	미지급임차료		55,000
매 출 채 권	₩350,000		단기차입금		30,000
대손충당금	(10,000)	340,000	비유동부채		
선 급 비 용		5,000	사 채	₩500,000	
재 고 자 산		385,000	사채할증발행차금	53,000	553,000
비유동자산			퇴직급여충당부채		82,000
유형자산			부채총계		₩950,000
토 지		175,000	자본금(액면 ₩1,000 ; 주식수 500)		₩500,000
건 물	₩965,000		주식발행초과금		160,000
감가상각누계액	(235,000)	730,000	이익잉여금		
무형자산			시설확장적립금	92,000	
영 업 권		80,000	미처분이익잉여금	473,000	565,000
특 허 권		90,000	자본총계		₩1,225,000
자산총계		₩2,175,000	부채와 자본총계		₩2,175,000

제 3 절 포괄손익계산서

1 포괄손익계산서의 기능

포괄손익계산서(statement of comprehensive income)는 재무상태표와 함께 가장 기본적인 재무제표로서 일정기간 동안에 대한 기업의 재무성과를 나타내는 보고서이다. 이는 당해 회계기간의 재무성과를 나타낼 뿐만 아니라 기업의 미래현금과 수익창출능력 등의 예측에 유용한 정보를 제공한다. 일정기간은 회계기간(accounting period)을 의미하며 1년, 반년, 한 분기 또는 한 달 등과 같이 기업의 영업활동기간을 임의의 체계적인 단위로 나누어서 그 기간 동안의 영업성과를 보고하기 위한 기간이다.

포괄손익계산서를 구성하는 항목은 수익과 비용이다. 포괄손익계산서에서 최종적으로 산출되는 당기순손익(또는 포괄손익)은 회계정보시스템이 제공하는 정보 중 가장 유용하게 이용되는 정보이다.

2 포괄손익계산서의 유용성과 한계점

기업의 이해관계자들은 무엇보다도 손익정보를 가장 중요시한다. 포괄손익계산서가 중요하게 인식되는 이유는 다음과 같다.

첫째, 포괄손익계산서는 현재 또는 잠재적인 주주(투자자)와 채권자 등에게 미래현금흐름에 관한 정보를 제공한다. 즉, 미래현금흐름의 크기, 시기 및 불확실성의 정도 등에 관한 예측을 가능하게 한다. 미래현금흐름을 예측함으로써 투자자는 그 기업의 경제적 가치를 보다 잘 측정할 수 있으며 채권자는 그 기업체에 대해 갖고 있는 채권의 회수가능성을 예측할 수 있다. 비록 과거 경영활동의 결과가 미래를 예측하는 데 그대로 이용될 수 있는 것은 아니나 주요 추세 등을 파악하는 데 필요한 정보를 제공한다.

둘째, 포괄손익계산서는 기업의 성과평가에 유용한 정보를 제공한다. 성과평가는 투자자 및 채권자 등의 외부이용자뿐만 아니라 내부이용자인 경영진도 지대한 관심을 갖는다. 왜냐하면 경영진에 대한 보수의 일부가 재무성과와 관련하여 결정되는 경우가 많고 또한 경영진으로서 계속 회사에 남게 될 것인가의 여부도 성과평가와 관련되는 경우가 많기 때문이다.

셋째, 포괄손익계산서의 회계이익정보는 과세소득의 기초자료로 이용된다. 회계이익과 과세소득은 동일한 것은 아니나 회계이익에서 출발하여 세무조정과정을 거쳐 법인(소득)세를 결정한다.

이상의 주된 이용자에게 제공되는 유용성 이외에도 포괄손익계산서는 노동조합의 임금협상에 필요한 정보의 제공, 소비자의 상품 또는 용역 구입에 대한 의사결정에 유용한 정보의 제공, 정부의 조세 및 경제정책의 기초자료 제공 등의 역할을 한다.

한편, 포괄손익계산서는 다음과 같은 한계점을 가지고 있다. 첫째, 포괄손익계산서가 제공하는 회계이익(accounting income)이 진실한 이익인가의 문제이다. 즉, 회계이익은 일반적으로 인정된 회계원칙에 따라 측정된 인위적인 화폐이익으로서, 비화폐적 요소 등 측정이 어려운 것은 포함되지 않는다.

무엇보다도 경제적 이익(economic income)과 회계이익 간에 상당한 괴리가 존재한다는 점이다. 경제적 이익은 만족감 또는 효용의 증대라는 질적인 측면에서 정의되고 있으므로 화폐적 이익뿐만 아니라 심리적 이익도 포함하고 있는 데 반하여, 회계이익은 화폐로써 측정가능한 이익만을 의미한다.

둘째, 회계이익은 회계처리방법에 따라 달라질 수 있다. 예를 들어 유형자산에 대한 감가상각을 할 때 어떤 회사는 정액법을 사용하고 다른 회사는 정률법을 사용한다고 하자. 두 회사는 감가상각방법을 제외하고 모든 면에서 사실상 동일하다면 영업초기에는 정액법을 사용하는 회사의 이익이 정률법을 사용하는 회사의 이익에 비해 대체적으로 높게 표현될 것이다.

여기에서 이익의 질(quality of earnings)이라는 문제가 대두된다. 상대적으로 이익을 높게 보고하는 회계처리방법을 사용하는 회사의 이익은 단기적으로는 높게 나타나지만[6] 이익의 질은 낮다고 볼 수 있다. 또한 비경상적 항목의 비중이 높아서 지속적인 이익의 실현이 불가능한 경우가 있다. 이와 같이 비경상적인 원천에 기인하여 발생한 이익은 질이 낮다고 볼 수 있다. 그리고 상응하는 현금흐름을 수반하지 못하는 이익도 질이 낮다고 볼 수 있다.

3 포괄손익계산서의 구성

K-IFRS에 따르면 해당 기간에 인식한 모든 수익과 비용은 다음 중 한 가지 방법으로 표시해야 한다([그림 4-4]를 참조).

① 단일 포괄손익계산서 : 당기손익과 기타포괄손익을 함께 보고
② 두 개의 보고서 : 당기손익의 구성요소를 배열하는 보고서(별개의 손익계산서)와 당기순손익에서 시작하여 기타포괄손익의 구성요소를 배

6) 장기적으로는 마찬가지의 결과를 가져다준다. 예를 들어 정액법과 정률법을 비교하면 정률법에 의한 감가상각비용이 초기에는 상대적으로 높으나 후기에는 낮게 되어 유형자산의 내용연수에 걸친 총감가상각비는 결국 동일하게 된다.

열하는 보고서(포괄손익계산서)를 별도로 보고

어느 방법을 사용하든지간에 포괄손익계산서에는 적어도 당해 기간의 의 금액을 표시하는 [그림 4-4]에 나타난 구성요소를 포함해야 한다.

그림 4-4
포괄손익계산서의 내용 및 양식

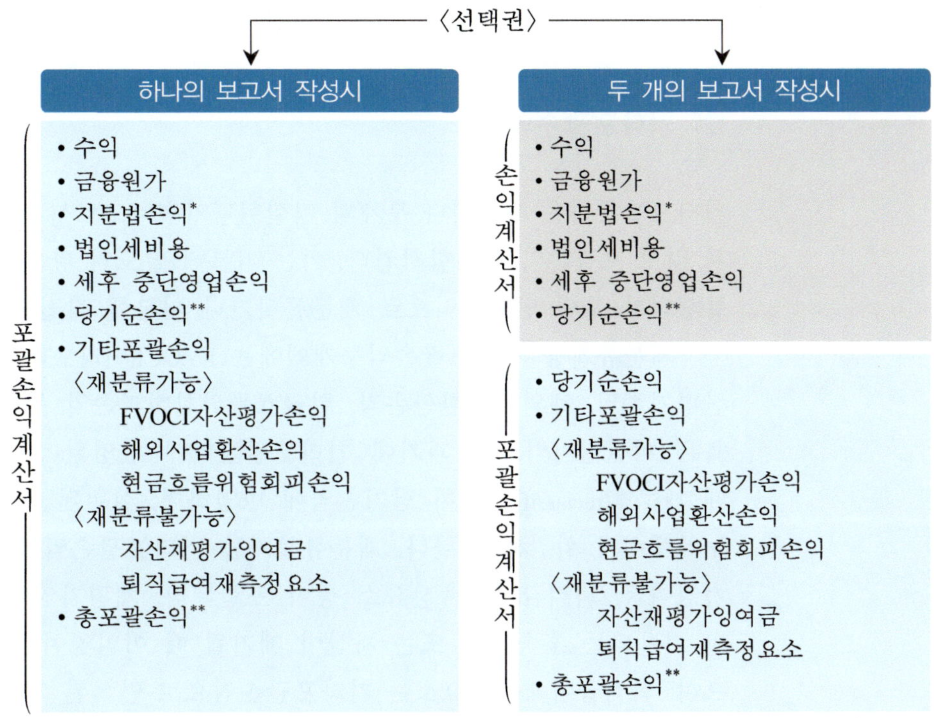

* 공동지배기업(조인트벤처)의 당기순손익에 대한 지분 포함
** 지배기업의 소유주와 비지배지분에 귀속되는 손익은 별도 표시

재무성과의 각 구성요소는 빈도, 예측가능성의 측면에서 상이하다. 따라서 재무성과의 구성요소에 대한 공시는 정보이용자가 재무성과를 이해하고 미래 재무성과를 예측하는 데 도움을 준다. 재무성과의 구성요소를 설명하는 데 필요하다면 추가항목을 (포괄)손익계산서에 포함시키고 사용된 용어와 항목의 배열을 수정할 수 있다. 이때 중요성, 수익과 비용 항목의 성격 등의 요소를 고려한다. 예를 들면, 금융회사는 그들의 사업목적에 적합한 정보를 제공하기 위해 용어를 수정할 수 있다.

(1) 당기순손익

한 기간에 인식되는 모든 수익과 비용 항목은 K-IFRS가 다르게 정하지 않는 한 당기손익으로 인식한다. 그러나 오류의 수정과 회계정책의 변경 효과, 기타포괄손익항목도 당기손익에서 제외된다. 또한, 수익과 비용의 어느 항목도 특별손익(extraordinary items)으로 표시할 수 없다.

(2) 기타포괄손익

기타포괄손익은 자산이나 부채의 미실현평가손익으로서 당기손익에는 반영하지 않고 포괄손익에 포함시킨다. 이는 자본에 별도의 항목으로 잠정적으로 분류했다가 후에 당기손익으로 재분류하거나 자본에 직접 반영되는 항목이다.

재분류가능 기타포괄손익누계액에는 FVOCI(기타포괄손익-공정가치측정)자산평가손익, 해외사업환산손익, 현금흐름위험회피손익 등이 있다. 이러한 항목은 미실현이익으로 과거에 기타포괄손익에 반영된 것으로서 실현되었을 때 재분류(reclassify)[7]하여 당기손익에 반영하며, 실현된 부분을 기타포괄손익누계액에서 차감해야 한다. 재분류불가능 기타포괄손익누계액에는 자산재평가잉여금, 퇴직급여재측정요소 등이 포함된다. 재평가잉여금의 변동은 자산이 사용되는 후속기간 또는 자산이 제거될 때 이익잉여금으로 대체될 수 있으며, 퇴직급여재측정요소는 기타포괄손익으로 인식된 기간에 즉시 이익잉여금에 반영할 수 있다.

예제 4-2 기타포괄손익의 회계처리

진주(주)는 20×1. 1. 1에 FVOCI자산으로 분류(평가손익을 기타포괄손익에 반영)되는 사채를 ₩10,000에 매입하였다. 20×1. 12. 31 현재 동 사채의 공정가치는 ₩11,000이었고, 20×2. 12. 31 현재 공정가치는 ₩11,500으로 증가하였다. 20×3. 1. 1에 동 사채 전체를 ₩12,000에 매도하였다.
금융자산의 취득, 20×1년말과 20×2년말의 평가손익 인식, 금융자산의 처분에 대해 회계처리하라.

---

7) 기타포괄손익누계액을 발생시킨 해당 항목의 처분 또는 상환으로 실현되었을 때 실현된 기타포괄손익을 재무상태표의 자본항목에서 손익계산서로 순환시키는 것을 의미하기 때문에 재순환(recycle)이라고도 부른다.

해답

1) 금융자산의 취득

(차) FVOCI자산	10,000	(대) 현 금	10,000

2) FVOCI자산평가손익의 인식

〈20×1. 12. 31〉

(차) FVOCI자산	1,000	(대) 금융자산평가이익(OCI)	1,000

〈20×2. 12. 31〉

(차) FVOCI자산	500	(대) 금융자산평가이익(OCI)	500

3) 금융자산의 처분

(차) 현 금	12,000	(대) FVOCI자산	11,500
금융자산평가이익(OCI)	1,500	금융자산처분이익(PL)	2,000

* 금융자산평가이익(OCI) ₩1,500을 재분류하여 기타포괄손익누계액에서 차감하고 처분대가 ₩12,000과 취득원가 ₩10,000의 차이인 ₩2,000을 금융자산처분이익(당기손익)에 반영한다.

4 포괄손익계산서에 비용의 분류방법

기업은 비용의 성격별 또는 기능별 분류방법 중에서 표현충실하고 목적적합한 정보를 제공할 수 있는 방법을 적용하여 당기손익으로 인식한 비용의 분석내용을 표시해야 한다. 성격별 또는 기능별 분류는 다음과 같다.

〈성격별 분류〉

수 익		××
제품·재공품 변동	××	
원재료·소모품 사용액	××	
종업원급여비용	××	
감가상각비·기타상각비	××	(××)
영업손익		××
지분법이익		××
기타수익		××
기타비용		(××)
법인세비용차감전순손익		××
법인세비용		(××)
당기순손익		××

〈기능별 분류〉

수 익	××
매출원가	(××)
매출총이익	××
판매비	(××)
관리비	(××)
영업손익	××
지분법이익	××
기타수익	××
기타비용	(××)
법인세비용차감전순손익	××
법인세비용	(××)
당기순손익	××

성격별(nature) 분류는 당기손익에 포함된 비용을 그 성격별(재고자산의 변동,[8] 원재료의 사용액, 종업원급여, 감가상각비, 광고비 등)로 통합한다. 비용을 기능별로 배분할 필요가 없기 때문에 적용이 간단하다. 기능별(function) 분류는 비용을 매출원가, 판매비, 관리비 등과 같이 기능별로 분류한다.[9] 이 방법에서는 적어도 매출원가를 다른 비용과 분리하여 공시한다. 따라서 이를 매출원가법(cost of sales method)으로 부르기도 한다. 이 방법은 성격별 분류보다 재무제표이용자에게 더욱 목적적합한 정보를 제공할 수 있지만, 비용을 기능별로 배분하는 데 자의적인 배분과 상당한 정도의 판단이 개입될 수 있다는 단점이 있다.

기능별 분류 또는 성격별 분류에 대한 선택은 기업의 성격에 따라 다르다. 각 방법은 기업의 유형에 따라 장단점이 있기 때문에 경영진이 표현충실하고 목적적합한 방법을 선택하도록 하고 있다.[10] 그러나 비용의 성격에 대한 정보가 미래현금흐름을 예측하는 데 유용하기 때문에, 비용을 기능별로 분류하는 경우에는 감가상각비, 종업원급여비용 등 비용의 성격에 대한 추가 공시를 요구하고 있다.[11]

국제회계기준에는 영업이익 공시의무가 없다. 그러나 2012년 10월에 개정된 K-IFRS는 포괄손익계산서에 영업이익(operating income)을 의무적으로 공시하도록 했다. 영업이익 산출에 포함된 주요 항목과 그 금액은 포괄손익계산서의 본문에 포함하거나 주석으로 공시한다.

영업이익에 포함되지 않은 항목 중 기업의 영업성과를 반영하는 데 필요한 기타의 수익이나 비용 항목이 있다면, 이러한 항목을 추가하여 조정영업이익(adjusted operating income) 등의 명칭을 사용하여 주석으로 공시할 수 있다. 이때 추가한 주요 항목과 그 금액, 그리고 조정영업이익은 기업이 자체 분류한 영업이익이라는 사실을 표시해야 한다.

---

8) "매출원가=기초재고+매입−기말재고"의 산식을 재정리하면 "기말재고−기초재고=매입−매출원가"로 표현할 수 있다. 재고자산의 변동(기말재고−기초재고)은 기중 매입에서 원가로 측정한 판매를 차감한 부분을 나타내기에 판매된 부분의 원가를 측정하기 위해 필요한 요소이다.

9) 기능별 분류에서는 동일한 성격의 비용이라도 기능에 따라 구분이 달라진다. 예컨대, 제조기능에서 발생하는 인건비, 감가상각비 등은 제조원가를 거쳐 수익을 인식한 시기에 매출원가로 반영되지만, 판매관리기능에서 발생한 인건비, 감가상각비 등은 발생시에 판매비 및 관리비로 인식된다.

10) K-IFRS를 채택한 후 우리나라 상장기업들이 성격별 분류를 채택한 비율은 1% 이하로, 지극히 낮은 것으로 조사되고 있다.

11) K-IFRS에서는 원가와 비용을 구분하지 않고 있다. 종전에 비용이라는 표현을 주로 사용해왔던 용어(예를 들면, 이자비용, 물류비용 등)에 원가(예를 들면, 금융원가, 물류원가 등)라는 표현을 많이 사용하고 있다.

예제 4-3 손익계산서의 작성

한남체인(주)의 회계담당자는 20×1. 12. 31로 만료되는 1년간의 손익계산서를 작성하기 위하여 회계장부로부터 다음과 같은 자료를 수집하였다.

임대수익	₩31,000	금융원가(이자비용)	₩22,000
FVPL자산평가이익[12]	18,000	상품매입	410,000
인수운임	37,000	급여 및 임금	251,000
소모품비	18,200	기초재고, 20×1. 1. 1	92,000
법인세비용	62,400	매입에누리와 환출	12,000
기타관리비	52,800	순매출액	980,000
기말재고, 20×1. 12. 31	81,000	감가상각비	65,000

기능별 분류 또는 성격별 분류에 따른 손익계산서를 작성하라.

해답

(1) 기능별 분류 손익계산서

손익계산서

한남체인(주) 20×1. 1. 1부터 20×1. 12. 31까지

순 매 출 액	₩980,000
매 출 원 가	(446,000)
매출총이익	₩534,000
소 모 품 비	(18,200)
감가상각비	(65,000)
급여 및 임금	(251,000)
기타판관비	(52,800)
영 업 이 익	₩147,000
임 대 수 익	31,000
FVPL자산평가이익	18,000
이 자 비 용	(22,000)
법인세비용차감전순이익	₩174,000
법인세비용	(62,400)
당기순이익	₩111,600

(2) 성격별 분류 손익계산서

손익계산서

한남체인(주) 20×1. 1. 1부터 20×1. 12. 31까지

순 매 출 액	₩980,000
재고자산변동	(11,000)
재고자산순매입	(435,000)
소 모 품 비	(18,200)
감가상각비	(65,000)
급여 및 임금	(251,000)
기타판관비	(52,800)
영 업 이 익	₩147,000
임 대 수 익	31,000
FVPL자산평가이익	18,000
이 자 비 용	(22,000)
법인세차감전순이익	₩174,000
법인세비용	(62,400)
당기순이익	₩111,600

(주) 매출원가 = 기초재고 + 순매입 − 기말재고
= ₩92,000 + (₩410,000 + ₩37,000 − ₩12,000) − ₩81,000 = ₩446,000

12) FVPL자산평가손익은 당기손익-공정가치측정 회계처리 대상 금융자산평가손익을 나타낸다.

5 주당손익의 표시

(1) 주당손익의 의의 및 종류

주당이익(EPS, earnings per share)이란 한 기간 동안의 지배회사 보통주 1주당 이익이 얼마인가를 나타내는 지표이다. 주당이익은 한 기간 동안의 회사의 영업활동성과를 나타내는 것으로서 투자자들이 투자의사결정에 가장 빈번하게 이용하고 있는 투자지표이다. K-IFRS에서는 지배회사의 보통주에 대하여 주당계속영업손익과 주당순손익을 포괄손익계산서에서 표시하고 그 산출근거를 주석으로 제시하도록 규정하고 있다. 또한, 희석증권이 존재하는 경우 복잡한 자본구조(complex capital structure)에서는 희석증권으로 인하여 주당손익이 낮아질 수 있는 가능성을 고려하여 주당손익을 기본주당손익과 희석주당손익으로 구분하여 이중표시(dual presentation)하도록 규정하고 있다. 희석주당손익의 계산은 복잡하기 때문에 이에 대한 추가적인 설명은 생략하고, 여기에서는 기본주당손익에 대해 간략하게 살펴보기로 한다.

기본주당이익(primary earnings per share)은 기본주당계속영업이익과 기본주당순이익으로 구성되는데, 이는 다음과 같이 산정된다.

$$\text{기본주당계속영업이익} = \frac{\text{보통주에 귀속되는 계속영업이익}}{\text{가중평균유통보통주식수}}$$

$$\text{기본주당순이익} = \frac{\text{보통주에 귀속되는 당기순손익}}{\text{가중평균유통보통주식수}}$$

여기에 나타나듯이 기본주당계속영업손익과 기본주당순손익을 산정하기 위해서는 가중평균유통보통주식수와 보통주에 귀속되는 특정 기간의 계속영업손익 및 당기순손익을 산정해야 한다. 한편, 주당손익은 유통 중인 보통주에 대해서만 계산하기 때문에 우선주와 자기주식이 있는 경우 이들에 대해 분자와 분모에 이들을 조정해야 한다.

(2) 기본주당손익의 계산

기본주당손익의 계산에서 분자는 당기손익에서 우선주 배당금을 차감한 금액을 사용한다. 또한 기본주당손익의 분모는 가중평균유통보통주식수(weighted average number of ordinary shares outstanding)이다. 여기에서 "유통"이라 함은 주식이 발행된 후 재취득되지 않은 상태를 말한다. 따라서 가중평균유통보통주식수는 기초의 유통보통주식수에 회계기간중 재취득된 자기주식수 또는 신규 발행된 보통주식수와 그 주식 각각의 유통기간에 따른 가중치를 고려하여 조정한 보통주식수이다.

예제 4-4 기본주당손익

전주(주)의 20×1년도 당기순손익과 유통보통주식수의 변동상황은 다음과 같다.

- 계속영업손익(법인세비용차감후) : ₩500,000
- 당기순손익 : ₩400,000

유통보통주식수의 변동

일 자	변동내용	발행주식수	자기주식수	유통주식수
20×1. 1. 1	기 초	1,000		1,000
20×1. 5. 1	유상증자(납입기일)	300		1,300
20×1. 10. 1	자기주식 취득		200	1,100

전주(주)는 5% 배당조건의 주당 액면금액 ₩1,000인 누적적우선주 1,000주가 20×1년 이전에 발행되어 기말까지 계속 존재하고 있다.
전주(주)의 20×1년도 계속영업손익과 당기손익에 대한 기본주당손익을 계산하라.

해답

1) 보통주에 귀속되는 계속영업손익과 당기손익의 계산
누적적우선주 배당금＝₩1,000×1,000주×5%＝₩50,000
보통주에 귀속되는 계속영업손익＝₩500,000－₩50,000＝₩450,000
보통주에 귀속되는 당기순손익＝₩400,000－₩50,000＝₩350,000

2) 가중평균유통보통주식수의 계산

유통기간	항 목	주식수	유통주식수	유통일수	적 수
1. 1～ 4. 30	기초의 유통주식	1,000	1,000	4개월	4,000
5. 1～ 9. 30	유상증자	300	1,300	5개월	6,500
10. 1～12. 31	자기주식 취득	(200)	1,100	3개월	3,300
합 계				12개월	13,800

가중평균유통보통주식수＝13,800÷12개월＝1,150주
기본주당계속영업손익＝₩450,000÷1,150주＝₩391
기본주당당기손익＝₩350,000÷1,150주＝₩304

제 4 절 현금흐름표와 자본변동표

투자자들의 주된 관심은 배당수익과 주식가격의 상승에서 오는 자본이득인데, 배당은 이익잉여금에서 지급되는 것이므로 이익잉여금의 변화에 지대한 관심을 가지게 된다. 이익잉여금에 영향을 미치는 요소들은 당기순손익, 배당, 이익잉여금의 적립, 이익잉여금의 자본전입(무상증자, 주식배당), 결손금처리 등이 있다. 자본변동표는 자본의 구성요소인 자본, 자본잉여금, 이익잉여금, 자본조정 및 기타포괄손익누계액의 변동에 대한 상세한 정보를 제공해 주는 역할을 한다.

재무상태표는 특정 시점의 재무상태를 나타내지만 재무상태의 변화는 보여주지 못한다. 재무상태의 변화의 일부는 한 기간 동안의 재무성과를 나타내는 포괄손익에 의하여 설명될 수 있지만 포괄손익은 발생주의에 근거하여 측정하기 때문에 현금흐름에 의한 변화를 모두 설명하지는 못한다. 이에 따라 현금흐름표를 작성하여 보고하고 있다. 현금흐름표는 한 기간 동안의 현금이 어떻게 변화했는가를 보여주는 보고서로서 현금의 원천과 사용을 영업활동, 투자활동 및 재무활동으로 세분하여 나타낸다.

익힘문제

CHAPTER 4

1. 재무제표의 작성책임은 누구에게 있으며 그 이유는 무엇인가?
2. 일반목적재무제표에는 어떤 것들이 있는가?
3. 발생주의에 근거하여 작성된 재무제표와 현금주의에 근거하여 작성된 재무제표는 어떤 것들이 있는가?
4. 재무제표의 작성에 있어서 발생주의 가정과 계속기업 가정은 어떤 의미가 있는가?
5. 재무제표의 작성에 고려해야 할 일반원칙에는 어떤 것들이 있는가?
6. 비교재무제표란 무엇을 말하는가?
7. 재무상태표가 제공하는 정보는 재무제표이용자를 어떻게 돕는가?
8. 손익계산서의 중요성은 무엇이며, 주요 한계점은 무엇인가?
9. 정보의 원천으로서 재무상태표가 갖는 중요한 한계점은 무엇인가?
10. 재무탄력성이란 무엇이며 왜 이것이 중요한가?
11. 유동성배열법이란 무엇인가?
12. 자본의 구성요소에 대해 간략하게 설명하라.
13. 기타포괄손익에는 어떤 것들이 있으며, 그 공통적인 성격은 무엇인가?
14. 성격별 분류와 기능별 분류에 따른 손익계산서에 대해 간단하게 설명하라.
15. 주당이익의 표시에 대해 간략하게 설명하라.

연습문제

CHAPTER 4

1. 손익계산서

다음의 빈칸에 적절한 금액을 채우라.

	20×1년		20×2년	
매 출 액		₩2,000		₩2,500
매 출 원 가				
기초재고	₩500		₩(C)	
당기매입	900		1,300	
차감 : 기말재고	−400	(A)	−500	(D)
매출총이익		(B)		(E)
판매비와관리비		800		(F)
당기순이익		₩200		₩300

2. 재무제표의 연계

현산(주)의 총자산은 기초에는 ₩40,000이었는데 기말에는 ₩48,000이 되었다. 한편 기말 총부채는 ₩21,600이고 당기순이익은 ₩6,000이었다. 기초의 총부채는 얼마인가? 기중에 자본거래는 없었다.

3. 매출원가 계산

계곡(주)의 20×1년 동안의 영업관련 자료는 다음과 같다.

거래내역	금 액	거래내역	금 액
기초재고	₩3,600	매출에누리와 환입	₩1,300
매 입	29,900	기말재고	4,800
매 출	68,000	매입할인	400
매입운임	1,800	매출할인	600
매출운임	700	매입에누리와 환출	2,500

계곡(주)의 20×1년의 매출원가는 얼마인가?

4. 당기순손익 계산

다음 자료를 이용하여 강진(주)의 20×1년도 당기순이익을 계산하라.

수정전시산표

과 목	차 변	대 변
현 금	₩600,000	
외상매출금	900,000	
대손충당금		₩10,000
재 고 자 산	1,500,000	
선급보험료	400,000	
유 형 자 산	2,000,000	
감가상각누계액		900,000
지 급 어 음		1,500,000
외상매입금		600,000
자 본 금		1,000,000
이익잉여금		1,390,000
매 출		4,500,000
매 입	3,100,000	
임 차 료	300,000	
급 여	1,100,000	
합 계	₩9,900,000	₩9,900,000

기말수정사항
(1) 외상매출금 중 ₩18,000이 대손가능성이 있는 것으로 판단됨
(2) 미지급급여 ₩30,000
(3) 20×1년도분 감가상각비 미계상액 ₩400,000
(4) 보험료 미경과분 ₩200,000
(5) 기말상품재고액(실사결과 확인) ₩1,700,000

5. 손익계산서와 재무상태표의 작성

다음 시산표를 이용하여 재무상태표와 기능별 분류에 따른 손익계산서를 작성하라.

시 산 표

부춘(주) 20×1. 1. 1 ~ 20×1. 12. 31

계 정	차 변	대 변
현 금	₩210,100	
매 출 채 권	215,000	
대손충당금		₩5,000
재고자산-상품	89,000	
소 모 품	14,000	
토 지	140,000	
비 품	70,000	
감가상각누계액-비품		28,000
건 물	98,000	
감가상각누계액-건물		19,600
매 입 채 무		119,000
미지급급여		18,000
사 채		100,000
자 본 금		300,000
이익잉여금		260,000
매 출		1,000,000
매 출 할 인	14,500	
매 출 환 입	17,500	
임 대 수 익		18,000
매 입	590,000	
매 입 할 인		10,000
매 입 운 임	20,000	
판 매 비	232,000	
관 리 비	99,000	
토지처분이익		30,000
법인세비용	38,500	
현 금 배 당	60,000	
계	₩1,907,600	₩1,907,600

기말상품재고는 실사 결과 ₩124,000으로 조사되었다.

6. 기타포괄손익의 회계처리

전주(주)는 20×1. 1. 1에 FVOCI자산으로 분류되는 회사채를 ₩10,000에 매입하였다. 20×1. 12. 31 현재 동 회사채의 공정가치는 ₩12,000이었고, 20×2. 12. 31 현재 공정가치는 ₩15,000으로 증가하였다. 20×3. 1. 1에 동 회사채의 절반을 ₩15,000에 매도하였다.

요구사항

(1) FVOCI자산의 취득시 회계처리를 하라.
(2) 20×1년 및 20×2년 말에 인식해야 할 평가손익에 대한 회계처리를 하라.
(3) 20×3. 1. 1 FVOCI자산의 처분에 대해 회계처리하라.

7. 손익계산서의 작성

다음은 선자(주)의 20×1년 손익계산서와 관련된 자료이다.

매　　출	₩930,000	매출환입	₩5,000
기초재고	120,000	매　　입	600,000
매입운임	14,000	매입환출	3,000
감가상각비-판관비	46,500	소모품비-판관비	18,500
매입할인	10,000	종업원급여-판관비	110,000
배당금수익	17,000	이자비용	8,000
화재손실	54,000	기말재고	137,000
법인세율	30%	유통보통주식수	600주

요구사항

(1) 기능별 분류에 따른 손익계산서를 작성하라.
(2) 성격별 분류에 따른 손익계산서를 작성하라.

8. 주당손익

목포(주)의 20×1년도 당기순손익과 유통보통주식수의 변동상황은 다음과 같다.

- 계속영업손익(법인세비용차감후) : ₩800,000
- 당기순손익 : ₩700,000

유통보통주식수의 변동

일 자	변동내용	발행주식수	자기주식수	유통주식수
20×1. 1. 1	기　초	2,000		2,000
20×1. 4. 1	유상증자(납입기일)	400		2,400
20×1. 10. 1	자기주식 취득		200	2,200

목포(주)는 3% 배당조건의 주당 액면금액 ₩1,000인 누적적우선주 2,000주가 20×1년 이전에 발행되어 기말까지 계속 존재하고 있다.

요구사항

목포(주)의 20×1년도 계속영업손익과 당기손익에 대한 기본주당손익을 계산하라.

CHAPTER

5 재고자산

재고자산 회계처리문제는 다소 복잡하고 다루어야 할 분량이 많다. 여기에서는 재고자산의 분류, 중요성, 가격결정방법 및 저가주의회계와 추정에 의한 재고자산의 평가개념 등을 배우기로 한다.

제 1 절 재고자산의 의의 및 분류

1 재고자산의 의의 및 중요성

재고자산(inventories)이란 기업의 정상적인 영업활동과정에서 ① 판매를 목적으로 보유하고 있는 자산(상품, 제품) 또는 ② 판매를 목적으로 제품을 생산하는 과정에서 사용 또는 소비될 자산(원재료, 재공품, 저장품, 소모품 등)이다. 유형자산이나 금융상품 등은 정상적인 영업활동에서 판매하기 위하여 보유하고 있는 자산이 아니기 때문에 재고자산에 포함되지 않는다.

재고자산은 회사가 소유하고 있는 자산에서 차지하는 비중이 큰 경우가 일반적이므로 재고자산의 측정 및 평가와 보고는 재무제표에 중대한 영향을 미칠 수 있다. 재고자산의 판매액인 매출액에서 이에 직접 대응되는 매출원가를 차감한 금액은 매출총이익이 되며, 이는 기업의 경영성과를 측정하는 중요한 지표 중의 하나가 된다. 매출총이익에서 매출액에 간접 대응되는 판매비와관리비를 차감하여 영업이익을 계산하는데, 이것도 역시 기업의 주된 영업활동의 성과를 측정하는 주요지표이다.

재고자산이 과대계상되거나 누락될 경우 재무제표에 오류가 발생한다. 재고자산오류가 발생하는 대표적인 경우 두 가지를 들어 보자.

① 미착품 누락 : 선적지인도조건(F.O.B. shipping point)[1)]으로 수송중인 미착품(goods in transit)을 누락시켰을 경우 재무상태표의 재고자산과 매입채무가 각각 과소계상되고, 손익계산서의 매출원가를 구성하는 매입과 기말재고가 각각 과소계상된다. 그러나 당기순이익은 영향을 받지 않게 되는데, 이는 매출원가를 구성하는 매입과 기말재고가 같은 금액만큼 과소계상되어 오류가 상쇄되기 때문이다.

② 기말재고 계상오류 : 기초재고와 당기매입을 정확하게 기록하였으나 기말재고를 과대계상하면, '매출원가=기초재고+순매입−기말재고'라는 공식

1) 본장 제2절 1.(1)에서 선적지조건에 대해서 상세히 설명하고 있다.

에서 매출원가는 과소계상되고 당기순이익은 과대계상된다. 따라서 기말재고의 오류방향이 당기순이익에 미치는 영향은 정(+)의 관계에 있다.

한편, 당기에 과대계상된 기말재고를 발견하지 못하고 차기로 이월될 경우 차기의 기초재고가 과대계상되고 다른 오류가 없다면 차기의 매출원가가 과대계상되어 결과적으로 차기의 당기순이익이 과소계상된다. 이와 같이 한 기의 기말재고오류는 차기에 정확히 상쇄되므로 이와 같은 오류를 자동상쇄오류(counter-balancing errors)라고 부른다. 〈표 5-1〉의 예시를 살펴보자.

▶ 표 5-1
기말재고오류의 두 기간에 걸친 영향 –자동상쇄오류

	오류가 없는 경우		오류가 있는 경우	
	20×1	20×2	20×1	20×2
매 출	₩2,000	₩2,000	₩2,000	₩2,000
매출원가 :				
기초재고	500	600	500	700
당기매입	900	1,200	900	1,200
판매가능원가	1,400	1,800	1,400	1,900
차감 : 기말재고	600	800	700*	800
	₩800	₩1,000	₩700	₩1,100
매출총이익	₩1,200	₩1,000	₩1,300	₩900
판매비와관리비	800	800	800	800
당기순이익	₩400	₩200	₩500	₩100

* 20×1년 기말재고가 ₩600인데 ₩100만큼 과대계상되었다고 가정하였음.

예제 5-1 적송품 기말재고오류의 영향

다음은 서주(주)의 3개 연도 손익계산서에서 발췌한 것이다.

	20×1년	20×2년	20×3년
매 출	₩160,000	₩180,000	₩195,000
매출원가	125,000	143,000	156,000
매출총이익	35,000	37,000	39,000

20×4년 3월에 20×1년의 기말재고가 ₩8,000 과대계상되었음을 발견했다. 이러한 오류가 각 연도별 매출총이익에 미친 영향을 분석하라.

해답

20×1년 매출총이익	20×2년 매출총이익	20×3년 매출총이익
₩8,000 과대계상 (기말재고 과대 ⇒ 매출원가 과소)	₩8,000 과소계상 (기초재고 과대 ⇒ 매출원가 과대)	영향 없음 (이전에 자동상쇄됨)

2 재고자산의 분류

도소매업은 재판매를 목적으로 상품을 구입한다. 상품(merchandise)은 재판매 목적이기 때문에 추가적으로 가공을 하지 않은 재고자산을 의미한다. 따라서 도소매업의 재고자산은 일반적으로 하나의 재고자산계정인 상품계정으로 구성되어 있다.

제조업은 제품을 생산하여 판매하므로 재고자산은 일반적으로 원재료, 재공품 및 완제품의 세 가지로 구성된다. 아직 생산공정에 투입되지 않은 원재료는 원재료(raw materials)계정에 나타나며, 생산공정에 투입되었으나 아직 생산이 완료되지 않은 원재료는 생산에 소요된 직접노무비 및 제조간접비와 함께 재공품(works in process)계정으로 보고한다. 생산과정이 완료되었으나 기말 현재 아직 판매되지 않았으면 완제품(finished goods)계정으로 보고한다. 제품이 고객에게 판매되면, 손익계산서에 매출원가(cost of goods sold)로 보고한다. 즉, 원재료, 재공품 및 완제품 상태일 때에는 재무상태표에 자산으로 기록하였다가 완제품이 고객에게 판매되면, 손익계산서에 비용으로 반영한다.

■ 그림 5-1
제조업과 도소매업의 재고자산 관련 계정

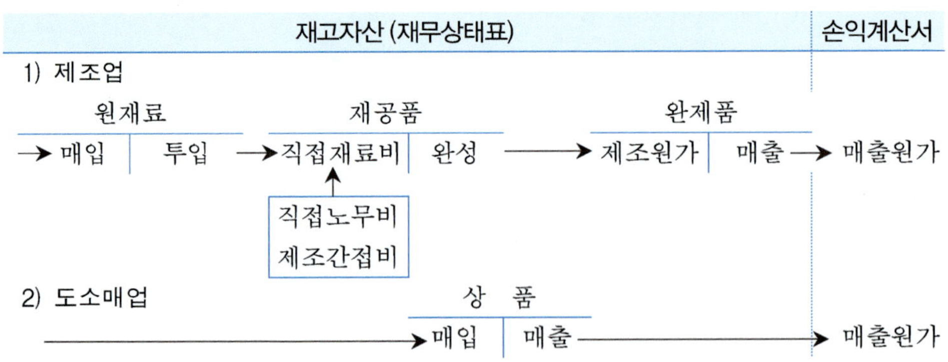

이 세 가지 재고자산간의 관계와 생산공정에서의 원가흐름관계를 나타내면 [그림 5-1]과 같다.

때로는 제조가 완성되지 않은 반제품(semi-finished products)을 판매하는 경우도 있다. 반제품에는 중간제품과 부분품이 포함된다. 제조업의 저장품(manufacturing supplies)계정은 재고자산계정과 별도로 구분하여 표시할 수도 있고 원재료계정에 포함시킬 수도 있다. 저장품은 윤활유, 소모성벨트, 못, 청소재료 등과 같이 생산공정에 부수적으로 사용되는 물품들을 포함한다.

3 재고자산평가에 관한 기본문제

기중에 구입(또는 사용)한 재고자산과 기중에 판매(또는 생산)한 재고자산이 일치하지 않는 것이 일반적이므로 재고자산은 증가 또는 감소한다. [그림 5-2]처럼 '기초재고＋순매입＝판매가능원가＝매출원가＋기말재고'의 관계가 성립한다.

■ 그림 5-2
재고자산평가의 기본문제

기초재고(상품, 제품)의 원가
＋ 당기순매입원가(당기제품제조원가)

＝ 판매가능원가 ＝ ┌ 기말재고 : 재무상태표 평가액
                  └ 매출원가 : 손익계산서 비용

판매가능원가(＝기초재고＋순매입(또는 생산액))를 매출원가(손익계산서 항목)와 기말재고(재무상태표 항목)에 배분해야 한다. 판매가능원가는 이미 결정되어 있으므로 기말재고를 알면 매출원가를 알 수 있고, 반대로 매출원가를 알면 기말재고를 알 수 있다. 매출원가와 기말재고는 하나를 알면 다른 하나를 알 수 있는 관계이며, 일반적으로 기말재고를 먼저 결정한다.

제 2 절 재고자산의 범위와 원가

1 재고자산의 범위

상품의 매입은 상품에 대한 법적 소유권이 매입자에게 이전되는 시점에 기록한다. 일반적으로 실무에서는 상품을 받은 날에 소유권이 이전된 것으로 간주하여 매입을 기록하는데, 그 이유는 법적 소유권이 대체적으로 상품을 받는 날에 이전되기 때문이다.

(1) 미착품과 적송품

회계담당자는 회계기말 근처에 미착품(goods in transit)을 자기회사의 재고자산에 포함시킬 것인가, 거래상대방의 재고자산에 포함되는 것으로 보아야 할 것인가에 대해 분석해야 한다. 이 경우 '소유권 이전' 여부를 기준으로 재고자산에 포함시킬지를 결정한다. 이는 매매계약이 선적지인도조건인가, 도착지인도조건인가에 따라 다르다([그림 5-3]을 참조).

선적지인도조건(F.O.B. shipping point)[2]으로 수송중인 상품은 선적지에서 운송수단에 상품을 선적함으로써 소유권이 매입자에게 이전되므로 미착품은

■ 그림 5-3 선적지인도조건과 도착지인도조건

선적지인도조건 :
- 선적지에서 소유권 이전
- 구매자가 수송중인 상품 소유
- 구매자가 매입운임(상품원가에 포함) 부담

도착지인도조건 :
- 도착지에서 소유권 이전
- 판매자가 수송중인 상품 소유
- 판매자가 판매운임(판매비) 부담

---

2) F.O.B.란 free on board의 약자로서 선적을 함으로써 상품에 대한 판매자의 권리와 책임이 구매자에게 이전된다는 뜻이다. 즉, 판매자는 선적과 동시에 책임을 면하게 된다(free of responsibility)는 의미로 해석하면 된다.

매입자의 재고자산에 포함된다. 이 경우 매입운임(transportation-in)은 매입상품의 원가에 포함시켜야 한다. 반면에 도착지인도조건(F.O.B. destination)으로 수송중인 상품은 도착지에서 소유권이 매입자에게 이전되므로 판매자의 재고자산에 포함된다. 이 경우에는 판매자가 운임을 부담하는데, 판매자는 이를 판매비인 매출운임(transportation-out)으로 분류한다.

위탁거래란 위탁자(consignor)가 수탁자(consignee)에게 상품을 보내면 수탁자는 위탁자의 대리인자격으로 수탁제품을 소비자에게 판매하고 그 대가로 수수료를 지급받는 거래를 말한다. 위와 같은 상품을 적송품(consignment goods)이라고 한다. 적송품은 위탁자의 재고자산에 포함되므로 이를 수탁자의 재고자산에 포함시켜서는 안 된다. 위탁자는 적송운임을 포함한 원가로 적송품을 기록하며, 적송품의 규모가 중요한 경우를 제외하고는 별도 계정으로 보고할 필요는 없으며 재무제표의 주석으로 공시하면 된다.

예제 5-2 적송품

미소(주)의 20×1년 재고자산에 관한 자료가 다음과 같다.

적 요	상 품	적송품
기 초 재 고	₩130,000	₩14,000
당 기 매 입	475,000	70,000
매 입 운 임	10,000	−
적 송 운 임	−	5,000
판 매 운 임	30,000	8,000
기 말 재 고	145,000	20,000

미소(주)의 20×1년 총상품매출원가는 얼마인가?

해답

매출원가＝기초재고＋당기매입＋매입운임＋적송운임－기말재고
＝(₩130,000＋₩14,000)＋(₩475,000＋₩70,000)＋₩10,000＋₩5,000－(₩145,000＋₩20,000)
＝₩539,000

(2) 특별판매계약

법적 소유권 이전이 재고자산에 포함 여부를 판가름하는 일반적인 기준이 된다. 그러나 현실세계에 있어서는 법적 소유권(형식적 소유권)의 이전과 경제적인 실질의 이전이 상이한 경우가 존재한다. 예를 들어 법적 소유권은 매입자에게 이전되었으나 판매자가 해당 상품에 관한 위험을 부담하는 경우가 있다. 또한 반대로 법적 소유권의 이전은 없으나 해당 상품에 관한 위험을 사실상 매입자가 부담하는 경우가 있다. 여기에서는 몇 가지 특수한 경우를 들어 실무에서 발생할 수 있는 문제점을 살펴보자.

1) 재구매조건부판매

재고자산을 활용하여 자금을 차입할 수 있다. 이 경우 차입금과 재고자산이 모두 장부상에 나타나지 않도록 함으로써 소위 부외금융(off-balance sheet financing) 효과를 노리게 되는데, 이의 대표적인 예가 제품차입이다. 제품차입(product financing)은 제품을 판매하여 자금을 조달하고, 추후 해당 제품을 재구입하겠다는 조건을 명시적 또는 묵시적으로 약속한 거래를 말한다. 예를 들면, 갑회사는 을회사에 상품을 양도(판매)하고 미래 일정기간 후에 정상적인 가격에 이자를 더한 가격으로 동 상품을 재구매하겠다는 조건을 제시한다. 갑회사는 추후에 동 상품을 을회사로부터 미리 정해진 가격으로 재구입한다.[3)]

K-IFRS에서는 이와 같은 거래는 실질적으로는 매매거래가 아니라 자금차입거래로 보아 거래대가로 받은 금액을 매출이 아니라 차입금으로 기록하도록 규정하고 있다.

---

3) 이 거래는 상품의 법적 소유권이 갑회사로부터 을회사로 이전되었으나 갑회사는 동 상품에 관한 실질적인 권리와 의무를 가지며 동 상품을 이용하여 자금을 조달한다는 것이다. 갑회사는 장부상에 차입금을 기록하지 않으므로 부외금융이 가능하며, 상품의 형식적 판매시기를 조작함으로써 이익을 조작할 수 있다. 을회사는 갑회사와 우호적인 거래관계를 유지할 수 있다.

예제 5-3 재구매조건부판매

경희(주)는 20×1. 1. 1에 장부금액이 ₩100,000인 상품을 미희(주)에 장부금액에 양도하고, 6개월 후인 20×1. 7. 1에 ₩105,000에 재구매하기로 약정을 맺었다. 이 거래는 형식은 판매 후 재구매이지만 실질은 상품을 담보로 한 차입이라고 가정하고, 형식에 따른 회계처리와 실질을 반영한 회계처리(K-IFRS)를 비교하라.

해답

일 자	형식에 따른 회계처리			실질에 따른 회계처리(K-IFRS)		
20×1. 1. 1	현 금	100,000		현 금	100,000	
	매 출		100,000	차 입 금		100,000
20×1. 7. 1	매 입	105,000		차 입 금	100,000	
	현 금		105,000	이자비용	5,000	
				현 금		105,000

2) 반품조건부판매

때로는 상품을 판매하되 100% 반품을 허용하는 조건으로 판매하는 경우가 있다. 예를 들면, 출판사가 서점에 책을 판매하되 미판매 부분에 대하여서는 100% 반품을 허용할 수 있다. 이러한 판매를 기록하는 첫째 방법은 판매시점에 판매가로 매출을 기록하되 추정매출에누리와 환입 계정을 설정하여 기록하는 것이다. 둘째 방법은 매입자가 상품을 반품하지 않을 것으로 예상되는 시점까지 기다렸다가 판매를 기록하는 방법이다. 이러한 조건의 판매에서는 반품액을 합리적으로 추정할 수 있는 시점에 판매를 기록하되, 그때까지는 당해 상품을 재고자산으로 보고해야 한다.

3) 할부판매

할부판매(installment sales)란 상품을 인도한 후 장기에 걸쳐서 판매대금을 회수하는 것을 조건으로 판매한 것을 말한다. 할부판매의 경우에는 할부판매대금이 완불될 때까지 소유권을 판매자가 보유한다는 조건을 요구하는 경우가 있는데, 자동차할부판매를 예로 들 수 있다. 이 경우 형식적인 소유권에 구애받지 말고 판매시점에 수익을 인식하고, 상품을 판매자의 재고자산에서 제외시켜야 할 것이다. 다만, 대손가능액을 합리적으로 추정하여 비용으로 반영해야 한다. K-IFRS에서도 할부판매의 경우 상품의 인도시점에 매출을 인식하고, 장기할부매출인 경우에는 인도시점의 현재가치평가액을 매출로 기록하도록 규정하고 있다.

4) 시용판매

시용판매(sales on approval)는 상품을 고객에게 미리 사용하도록 보내고 고객이 상품을 시용하여 본 후 이를 매입하겠다는 의사표시를 할 경우 매출을 인식하는 판매방법이다. 따라서 시송품은 고객으로부터 상품을 매입하겠다는 의사표시를 받기 전까지는 판매자의 재고자산에 포함시켜야 한다.

5) 특별주문판매

구매자의 특별주문에 의해 생산된 제품은 일반적으로 생산이 완료된 시점에 소유권이 구매자에게 이전되는 것으로 간주된다. 그 이유는 생산완료시점은 구매자에게 인도가능한 시점이 되는데, 이때는 일반적으로 구매자의 검수가 완료된 시점이므로 사실상 인도시점과 동일하기 때문이다.

2 재고자산의 원가

(1) 상품의 매입원가

상품의 매입원가는 매입가격뿐만 아니라 상품을 영업장소까지 옮겨와서 이를 판매가능한 상태로 만들기까지 필요한 정상적인 부대원가를 포함한다. 즉, 상품의 경우에는 상품의 매입가격에 매입운임, 수입관세, 보험료 등의 취득과정 관련 직접원가를 가산하고 매입할인 등은 차감하여 원가를 결정한다.

매입할인, 매입에누리와 환출을 총매입액에서 직접 차감한다. 매입할인(purchase discounts)이란 일정한 현금할인기간 내에 구매자가 매입대금을 지급한 경우 구매가격에서 일정률을 할인하여 주는 것을 말한다. 매입환출(purchase returns)은 매입한 상품을 판매자에게 반환시킨 것을, 그리고 매입에누리(purchase allowance)는 매입한 상품에 대해 발생한 하자 등의 이유로 이를 반환하는 대신 사후적으로 값을 깎아주는 것을 말한다.

예제 5-4 상품의 매입원가와 매출원가

보미(주)의 20×1년 상품거래와 관련된 자료가 다음과 같다.

기초재고	₩80,000	당기매입	₩600,000	부대원가	₩19,000
매입할인	2,000	매입환출	15,000	기말재고	85,000

위에 제시된 자료에 대하여 상품의 매입원가와 매출원가를 산출하라.

해답

상품의 매입원가=당기매입+부대원가−매입할인−매입환출
=₩600,000+₩19,000−₩2,000−₩15,000
=₩602,000

상품의 매출원가=기초재고+상품의 매입원가−기말재고
=₩80,000+₩602,000−₩85,000
=₩597,000

(2) 제품의 원가

제조업 재고자산(제품원가)의 원가는 [그림 5-4]에서 보여주듯이 직접재료원가와 제조과정에서 발생한 전환원가로 구성된다. 직접재료원가는 기업이 구입한 원재료의 매입원가로서 매입가격에 직접부대원가를 가산하고, 매입할인 및 매입에누리와 환출을 차감하여 결정한다.

그림 5-4
제조업의 재고자산원가

매입원가	=	매입가격 −매입할인 −매입환출 등	+ 직접부대원가 • 수입관세 • 회수불능세금지급액 • 매입운임 • 기타 취득과정 관련 직접원가	+	차입원가의 자본화
전환원가	=	직접노무원가	+ 제조간접원가 • 고정 및 변동간접원가 • 표준생산량하의 배부액		
기타원가	=	현재의 위치와 상태로 만들기 위해 필요한 기타원가			

전환원가(conversion costs)는 원재료를 완제품으로 전환하는 데 발생하는 직접노무원가 등 생산량과 직접 관련된 원가와 고정 및 변동 제조간접원가의 체계적인 배부액을 포함한다.

변동제조간접원가(variable manufacturing overhead costs)는 간접재료원가 또는 간접노무원가와 같이 생산량에 비례하여 발생하는 제조간접원가를 말한다. 변동제조간접원가는 실제생산량에 기초한 합리적인 배부기준에 따라 각 생산단위에 배부한다.

고정제조간접원가(fixed manufacturing overhead costs)는 공장건물 또는 공장설비의 감가상각비나 공장관리비와 같이 생산량에 관계없이 거의 일정하게 발생하는 제조간접원가를 말한다. 고정제조간접원가는 생산설비의 정상조업도(normal rate of operation)[4]에 기초하여 제품에 배부하며, 실제생산수준이 정상조업도와 유사한 경우에는 실제조업도를 사용할 수 있다.

단위당 고정제조간접원가 배부액은 유휴설비나 비정상적으로 낮은 조업도로 인하여 증가해서는 안 된다. 즉, 재고자산이 비정상적인 간접비의 배부로 인하여 과대계상되어서는 안 되며, 배부되지 않은 고정제조간접원가는 발생한 기간의 비용으로 인식한다. 그러나 비정상적으로 조업도가 높은 경우에는 실제조업도에 기초하여 고정제조간접원가를 배부함으로써 단위당 고정제조간접원가를 감소시켜 재고자산이 실제원가를 반영해야 한다.

예제 5-5 제조원가

은희(주)는 제품을 제조하여 판매하는데, 20×1년의 관련 자료가 다음과 같다.

직접재료원가	₩200/개
직접노무원가	₩400/개
제조간접원가	₩800,000

정상조업도(8,000개)에서 단위당 제조간접원가 : ₩800,000/8,000개 = ₩100/개

20×1년도 은희(주)의 실제조업도가 각각 다음과 같았다고 가정하고 제품의 단위당 제조원가와 기타비용에 포함될 부분을 구하라.

4) 정상조업도란 정상적인 상황에서 상당한 기간 동안 평균적으로 달성하리라고 기대할 수 있을 것으로 기대되는 생산량을 의미하며, 계획된 유지활동에 따른 조업도손실을 고려한 것을 말한다.

1) 7,000개(비정상적으로 낮은 조업도)
2) 7,900개(정상조업도와 유사하다고 봄)
3) 9,000개(정상보다 높은 조업도)

해답

1) 7,000개 생산 (비정상적으로 낮음→정상조업도 이용)
① 단위당 제조원가 = ₩200 + ₩400 + ₩100 = ₩700/개
② 기타비용에 포함될 금액 = 제조간접원가 − 제조간접원가 배부액
= ₩800,000 − ₩100 × 7,000개 = ₩100,000

2) 7,900개 생산 (정상조업도와 유사→실제조업도 이용)
① 단위당 제조원가 = ₩200 + ₩400 + ₩800,000 / 7,900개 = ₩701.3/개
② 기타비용에 포함될 금액 : 없음

3) 9,000개 생산 (정상보다 높음→실제조업도 이용)
① 단위당 제조원가 = ₩200 + ₩400 + ₩800,000 / 9,000개 = ₩688.9/개
② 기타비용에 포함될 금액 : 없음

기타원가(other costs)는 재고자산을 판매가능한 상태로 이르게 하는 데 발생한 범위 내에서만 원가에 포함된다. 예컨대, 특정 고객을 위한 제품 디자인 원가를 재고자산의 원가에 포함하는 것도 적절할 수 있다.

제조원가명세서를 이용하여 재고자산의 원가(제품원가)를 구성하는 항목들과 이의 계산방법의 예를 살펴보면 〈표 5-2〉와 같다.

제품의 구입 또는 생산에 직접적으로 관련이 되지 않거나 합리적인 방법으로 배분하기 곤란한 원가는 재고자산에 포함하는 것보다는 기간원가(period costs)로 처리하는 것이 더 적절하다. 기간원가는 발생한 기간에 비용처리하는 항목인데 여기에는 판매비와관리비가 있다. 재고자산의 원가에 포함해서는 안 되고 발생한 기간의 비용으로 인식해야 하는 기간원가는 다음과 같다.

① 재료원가 · 노무원가 및 기타제조원가 중 비정상적으로 낭비된 부분
② 후속 생산단계에 투입하기 전에 보관이 필요한 경우가 아닌 보관원가
③ 재고자산을 현재의 장소에 현재의 상태로 이르게 하는 데 기여하지 않은 간접관리원가

▶ **표 5-2**
제조원가명세서

과 목	금 액	
Ⅰ. 직접재료원가		
1. 기초재료재고원가	₩14,000	
2. 당기재료매입원가	130,000	
3. 기말재료재고원가	(17,000)	₩127,000
Ⅱ. 직접노무원가		
1. 급 여	79,000	
2. 퇴 직 급 여	12,000	91,000
Ⅲ. 제조간접원가		
1. 전력·가스·수도비	11,000	
2. 감가상각비	26,000	
3. 수선·소모품비	27,000	
4. 기 타 비 용	39,000	103,000
Ⅳ. 당기총제조원가		₩321,000
Ⅴ. 기초재공품원가		32,000
Ⅵ. 기말재공품원가		(35,000)
Ⅶ. 당기제품제조원가		₩318,000

재고자산의 취득과 관련된 차입원가(borrowing costs)는 어떻게 처리할 것인가? 이상에서 전개된 논리를 따르면, 재고자산의 취득에 직접 관련된 차입원가를 제품원가에 포함시켜야 한다고 볼 수 있다. 차입원가를 자산의 취득원가에 포함시킬지 여부는 일반적으로 자산의 성격에 따라 다르다. 일상적·반복적으로 대량판매를 목적으로 구입 또는 생산한 상품·제품 등의 재고자산과 관련하여 발생한 차입원가는 이를 개별적인 재고자산에 배분하는 것이 번거롭고 실익보다는 오히려 회계처리비용이 더 많이 소요된다고 보아 이를 기간비용으로 처리하는 것이 바람직하다. 한편 제작에 많은 비용과 긴 기간이 필요한 자산의 경우에는 차입원가를 자산원가에 포함시키는 것이 합리적이다.

K-IFRS(제1023호)에 따르면 적격자산(재고자산, 제조설비자산, 전력생산설비, 무형자산, 투자부동산 등으로서 의도된 용도로 사용하거나 판매가능한 상태로 이르게 하는 데 상당한 기간이 필요한 자산)의 취득, 건설 또는 제조와 직접 관련된 차입원가는 당해 자산의 원가의 일부로 자산화해야 한다. 다시 말하면, 적격자산 기준과 차입원가의 직접 관련성 기준 두 가지를 모두 충족하는 경우 재고자산원가에 포함하고, 그렇지 않으면 발생하는 기간에 비용처리한다.

제 3 절 재고자산의 수량결정

'재고자산평가액=재고자산의 수량×재고자산의 가격'이어야 한다는 간단한 등식으로 알 수 있듯이 재고자산을 평가하기 위해서는 가격과 함께 수량을 결정해야 한다.

재고자산의 수량결정을 위한 기록방법으로 두 가지가 있는데 그중 하나가 계속기록법이고, 다른 하나는 실지재고조사법이다. 〈표 5-3〉에서 이들의 회계처리상의 차이점을 요약하고 있다.

▶ **표 5-3**
계속기록법과 실지재고조사법의 회계처리 비교 요약

인식시기	계속기록법	실지재고조사법
매입시점	재 고 자 산 ××× 　매입채무(현금) ×××	매　　입 ××× 　매입채무(현금) ×××
매출시점	매출채권(현금) ××× 　매　　출 ××× 매 출 원 가 ××× 　재 고 자 산 ×××	매출채권(현금) ××× 　매　　출 ×××
매입에누리와 환출, 매입할인	매 입 채 무 ××× 　재 고 자 산 ×××	매 입 채 무 ××× 　매입에누리와 환출 ××× 　매 입 할 인 ×××
기말의 수정분개	재고자산감모손실 ××× 　재 고 자 산 ×××	-분개 없음-
재고자산계정의 마감분개(기말)	-분개 없음-	두 가지 방법 중 택일 (〈표 5-4〉 참조)

계속기록법(perpetual inventory system)에서는 상품의 구입과 판매를 재고자산계정에 직접 기입한다. 따라서 재고자산계정에 나타나는 잔액이 재고자산의 현재잔액(기말에는 기말재고잔액)이 된다. 또한 이 방법에서는 상품의 판매시점에 매출원가를 기록한다.

실지재고조사법(periodic inventory system)에서는 재고자산계정에 재고자산의 입출을 기록하지 않기 때문에 기초재고가 기말까지 변동되지 않고 남아 있게 된다. 기말에 가서야 재고자산의 실지조사를 통하여 기말재고를 측정하고, 이에 따라 재고자산계정을 수정한다. 매출원가도 기말에서야 산출되는데, 이를 계산하는 공식은 '매출원가=기초재고+당기순매입−기말재고'이다. 이 과정에서 기초재고는 장부상에서 제거되고 기말재고가 설정된다.

매입시점에 계속기록법에서는 재고자산계정에 가산하고, 실지재고조사법에서는 매입계정에 가산한다. 매출시점에 계속기록법에서는 매출과 매출원가를 기록하는 두 가지 분개를 하고, 실지재고조사법에서는 매출을 기록하는 하나의 분개만을 한다. 또한 계속기록법에서는 매출원가계정을 이용하여 매출원가를 누적시켜 나가지만, 실지재고조사법에서는 매출원가라는 계정이 없으며 기말에 매출원가를 앞에서 설명한 공식을 이용하여 한 차례의 계산으로 결정한다.

매입에누리와 환출 및 매입할인이 발생한 경우 계속기록법에서는 이를 직접 재고자산에서 차감하지만, 실지재고조사법에서는 매입에누리와 환출 및 매입할인이라는 계정에 기록한다. 매입에누리와 환출 및 매입할인 계정은 매입의 차감계정으로서 매입에서 이들을 차감한 금액이 당기순매입이 된다.

회사는 최소한 기말에 한 차례 재고자산의 실사를 통하여 재고자산을 측정해야 한다. 기말 재고자산의 실사는 실지재고조사법에서는 필수적인 절차이다. 실사를 하지 않고서는 기말재고를 알 수 없기 때문이다. 한편 계속기록법을 사용하더라도 기말에 재고를 실사하는 것이 일반적인데 실사를 통하여 측정된 재고자산과 장부상 재고자산계정의 잔액을 비교하여 기중에 발생한 재고자산감모손실을 기록할 수 있다. 한편, 실지재고조사법에서는 '매출원가=기초재고+당기순매입−기말재고'라는 공식에 의하여 매출원가가 계산되므로 재고자산감모손실은 모두 매출원가에 포함된다. 따라서 재고자산의 관리를 위해서는 계속기록법이 보다 적절하다.

계속기록법과 실지재고조사법의 차이를 이해하기 위해서는 기말 마감분개의 성격을 이해해야 한다. 계속기록법에서는 재고자산계정이 재무상태표계정이므로 마감의 대상이 되지 않으나, 실지재고조사법에서는 재고자산계정은 임시계정으로서 매출원가를 구성하는 항목도 되고 재무상태표계정이 되기도 한다. 실지재고조사법에서 마감하는 방법은 〈표 5-4〉의 두 가지 중 어느 것을 사용하여도 무방하다.

▶ **표 5-4**
실지재고조사법에서 재고자산계정 수정 및 마감분개 방법

마감분개대상	(제1방법) – 집합손익계정 이용			(제2방법) – 매출원가계정 이용		
기초재고	집 합 손 익	×××		매 출 원 가	×××	
	재고자산(기초)		×××	재고자산(기초)		×××
매　　입	집 합 손 익	×××		매 출 원 가	×××	
	매　　입		×××	매　　입		×××
매입에누리와 환출 및 매입할인	매입에누리 · 환출	×××		매입에누리 · 환출	×××	
	매 입 할 인	×××		매 입 할 인	×××	
	집 합 손 익		×××	매 출 원 가		×××
기말재고 설정	재고자산(기말)	×××		재고자산(기말)	×××	
	집 합 손 익		×××	매 출 원 가		×××
집합손익 대체	–분개 없음–			집 합 손 익	×××	
				매 출 원 가		×××

(주) 여기서는 매출원가 계산에 필요한 임시계정을 마감하는 두 가지 방법만을 보여주고 있다. 다른 수익과 비용 계정들도 모두 회계기말에 마감함을 명심할 필요가 있다.

제1방법은 손익계산서 항목을 모두 집합손익계정에 집합시키는 방법이다. 제2방법은 '매출원가=기초재고+순매입−기말재고' 개념을 이용한 방법인데 마감분개시점에 매출원가라는 계정을 일시적으로 만든 후 다시 이를 집합손익계정에 마감하는 방법이다. 이에 따라 기초재고와 매입은 매출원가에 더하고 기말재고와 매입에누리와 환출 및 매입할인은 매출원가에서 차감하는 방식으로 일단 매출원가로 대체한다. 마지막으로 매출원가를 집합손익계정에 마감한다. 이 방법은 매출원가계정은 평상시에는 존재하지 않는데 마감을 위하여 일시적으로 회계기말에 설정하였다가 다시 동 일자로 마감해 버린다는 점에서 번거롭기는 하나, 매출원가를 구분하여 나타낸다는 장점이 있다.

예제 5-6 계속기록법과 실지재고조사법

이든(주)의 재고자산에 관한 다음 자료를 이용하여 계속기록법과 실지재고조사법에 따라 필요한 분개를 하라. 단, 매입 및 매출은 외상으로 처리하고, 재고자산계정은 집합손익계정을 통해서 마감한다.

적 요	수 량	단 가
기 초 재 고	120	₩300 (원가)
당 기 매 입	240	300 (원가)
매 입 환 출	20	300 (원가)
당 기 매 출	210	500 (판매가)
기 말 재 고(실사에 의한 측정)	125*	

* 이는 5개의 재고자산이 부족함을 나타내 준다.

해답

	계속기록법			실지재고조사법		
매 입 :	재 고 자 산	72,000		매 입	72,000	
	매 입 채 무		72,000	매 입 채 무		72,000
매입환출 :	매 입 채 무	6,000		매 입 채 무	6,000	
	재 고 자 산		6,000	매 입 환 출		6,000
판 매 :	매 출 채 권	105,000		매 출 채 권	105,000	
	매 출		105,000	매 출		105,000
	매 출 원 가	63,000				
	재 고 자 산		63,000			
기말수정 :	재고자산감모손실	1,500		−분개 없음−		
	재 고 자 산		1,500			
기말마감 :						
〈재고자산관련계정〉	−분개 없음−			기 말 재 고	37,500	
				매 입 환 출	6,000	
				집 합 손 익	64,500	
				기 초 재 고		36,000
				매 입		72,000
〈기타손익항목계정〉	매 출	105,000		매 출	105,000	
	매 출 원 가		63,000	집 합 손 익		105,000
	재고자산감모손실		1,500			
	집 합 손 익		40,500			

[예제 5-6]에서 보듯이 계속기록법에서는 매출원가 ₩63,000과 재고자산감모손실 ₩1,500을 구분하여 기록하나, 실지재고조사법에서는 '매출원가=기초재고+순매입−기말재고', 즉 '₩64,500=₩36,000+(₩72,000−₩6,000)−₩37,500'으로 기록하므로 재고자산감모손실이 매출원가에 포함된다.

제 4 절 재고자산의 단가결정

재고자산은 그 성격상 구입 또는 제조를 통하여 빈번히 취득되는데 구입 또는 제조 원가가격은 수시로 변할 가능성이 있다. 다양한 가격으로 취득한 재고자산의 원가를 결정할 때 어떤 방법으로 원가를 측정할 것이냐의 문제가 발생한다. 측정하는 방법에 따라 재고자산의 원가가 다르게 결정된다.

측정방법에 따라 재고자산의 원가가 어떻게 달라지는가를 보기 위하여 아래의 예시를 이용하고자 한다.

정든(주)의 6월 한 달간의 재고자산거래에 대한 《자료》가 다음과 같다. 정든(주)는 6월에 영업을 시작하였다.

≪자료≫ 정든(주)의 재고자산거래

일 자	매 입		판 매	잔 량
	수 량	단 가		
6월 2일	200개	₩40		200개
6월 10일	800	42		1,000
6월 20일			600개	400
6월 25일	400	43		800
6월 29일			300	500
	1,400개		900개	

1,400개의 재고가 판매가능량이고 판매가능원가는 ₩58,800(200×₩40+800×₩42+400×₩43)인데 그중 900개가 기중에 판매되고 기말재고로 500개가 남아 있다. 여기에서 문제는 상품의 매입단가가 매입시마다 다른데 어떤 단가를 적용하여 기말재고 500개의 원가를 결정할 것이냐 하는 것이다.

1 개별법

개별법(specific identification method)에서는 개별재고자산을 추적하여 어느 항목이 판매(사용)되고 어느 항목이 기말재고로 남아 있는가를 확인하여 원가를 측정하는 방법이다. 따라서 원가흐름과 물적흐름이 동일하게 된다. 이 방법은 개별재고자산의 식별이 가능한 경우에 사용할 수 있는데, 개별적인 식별에는 상당한 노력이 필요하다. 이 방법은 귀금속, 모피코트, 자동차, 특별주문품 등과 같이 수량은 상대적으로 적으면서 단위당 원가가 고가(고가소량)인 재고자산에 적용하는 것이 합리적이다.

예제 5-7 개별법

정든(주)에 대한 앞의 《자료》에 500개의 잔량이 6월 2일 매입분 중 100개, 6월 10일 매입분 중 100개, 그리고 6월 25일 매입분 중 300개로 구성되어 있다고 가정하자. 개별법을 적용하여 6월 30일 현재 기말재고와 6월의 매출원가를 계산하라.

해답

판매가능원가 : 200개 × ₩40 + 800개 × ₩42 + 400개 × ₩43 = ₩58,800

1) 기말재고

구입일자	수 량	단위원가	총원가
6월 2일	100개	₩40	₩4,000
6월 10일	100	42	4,200
6월 25일	300	43	12,900
기말재고	500개		₩21,100

2) 매출원가 = 판매가능원가 − 기말재고 = ₩58,800 − ₩21,100 = ₩37,700

개별법에서는 실제원가가 실제수익에 대응되고 기말재고가 실제원가로 보고되며 물적흐름과 원가흐름이 동일하므로 개별재고의 추적에 큰 비용이 들지 않는다면 가장 이상적인 방법이라고 할 수 있다. K-IFRS에서는 통상적으로 상호 교환될 수 없는 재고항목이나 특정 프로젝트별로 생산되는 제품 또는 서비스의 원가는 개별법을 사용하여 결정하도록 하고 있다.

고가소량의 항목을 제외한 재고자산의 경우 신뢰성을 유지하면서 쉽게 이용할 수 있는 원가흐름가정(cost flow assumptions)을 고안하여 이를 계속적으로 사용하는 것이 바람직하다. 원가흐름가정은 재고자산의 물적흐름(physical flow)과 일치할 필요는 없으나 한 번 선택한 원가흐름가정은 계속 적용해야 한다.

2 원가흐름에 대한 가정

일반적으로 인정되고 있는 원가흐름에 대한 가정은 평균원가법, 선입선출법, 후입선출법이 있다. K-IFRS에서는 개별법으로 원가를 결정할 수 없는 재고자산의 원가는 선입선출법 및 평균법을 사용하여 결정하도록 규정하고 있다. 그러나 후입선출법은 허용하지 않고 있다.

(1) 평균원가법

평균원가법(average method)에서는 동일 또는 유사한 재고자산을 평균원가로 계산하여 평가한다. 평균원가법은 재고자산을 실지재고조사법으로 기록하는 경우에는 가중평균원가법이 되고, 계속기록법으로 기록하는 경우에는 이동평균원가법이 된다.

가중평균원가법(weighted-average cost method)에서는 판매가능원가를 판매가능수량으로 나누어 단위당 가중평균원가를 계산한다. 실지재고조사법의 특성에 따라 가중평균원가는 한 회계기간에 단 한번만 계산된다. 단위당 가중평균원가에 기말재고수량을 곱하여 기말재고를 구하고 판매수량을 곱하여 매출원가를 구한다.

이동평균원가법(moving-average cost method)에서는 재고자산을 새로 구입할 때마다 새로운 단위당 이동평균원가를 계산하여 이를 매판매시마다 판매량에 곱하여 매출원가를 계산하고 잔량에 곱하여 매시점마다 그 시점의 재고를 계산하는 방법이다. 기초재고는 하나의 매입과 같이 계산하면 된다. 따라서 이동평균원가법에서는 기초재고의 이동평균단가에 추가하여 매입횟수만큼의 이동평균단가를 추가로 계산하게 된다.

예제 5-8 평균원가법

정든(주)에 대한 앞의 《자료》를 이용하여 평균원가법에 의한 기말재고와 매출원가를 계산하라.

해답

〈실지재고조사법〉 : 가중평균원가법

$$\text{단위당 가중평균원가} = \frac{\text{판매가능원가}}{\text{판매가능수량}}$$

$$= \frac{₩58,800}{1,400\text{개}} = ₩42$$

기말재고＝500개×₩42＝₩21,000

매출원가＝₩58,800－₩21,000＝₩37,800 또는 900개×₩42＝₩37,800

〈계속기록법〉 : 이동평균원가법

일자	매입 수량(개)	매입 단가(₩)	매입 총원가(₩)	판매 수량(개)	판매 단가(₩)	판매 총원가(₩)	잔액 수량(개)	잔액 단가(₩)	잔액 총원가(₩)
6. 2	200	40	8,000				200	40.0	8,000
6. 10	800	42	33,600				1,000	41.6	41,600
6. 20				600	41.6	24,960	400	41.6	16,640
6. 25	400	43	17,200				800	42.3	33,840
6. 29				300	42.3	12,690	500	42.3	21,150
합계	1,400		58,800	900		37,650			

1) 기말재고 : ₩21,150
2) 매출원가 : ₩37,650

[예제 5-8]에서 기초재고 외에 두 차례의 매입이 있었으므로 이동평균단가가 ₩40.0, ₩41.6, ₩42.3으로 세 개가 존재한다. 판매시점에는 바로 직전의 구매시점에 계산된 이동평균단가를 판매수량에 곱하여 판매시마다 매출원가를 계산하여 이를 합산하면 기간 매출원가가 된다. 계속기록법에서는 항상 어느 특정 시점에 존재하는 재고수량이 파악되므로 여기에 단위당 이동평균원가를 곱하면 그 시점의 재고자산이 된다. 기말재고는 기말에 존재하는 재고수량에 그 시점의 단위당 이동평균원가를 곱하여 구한다.

평균원가법(특히 가중평균원가법)은 기말재고의 평가와 매출원가의 계산이 같은 단위당 평균원가로 측정된다는 장점이 있다. 특히 재고자산이 상대적으로 동질적인 항목들로 구성되어 있을 때 적절한 방법이다.

(2) 선입선출법

선입선출법(FIFO method, first-in first-out method)은 먼저 매입된(first-in) 재고자산을 먼저 판매한다(first-out)는 가정하에 재고자산을 평가하는 방법이다. 따라서 먼저 입고된 재고자산 순서로 매출원가를 계산하고 최근 입고된 재고자산이 기말재고로 보고된다. 최근 구입분으로부터 역으로 계산하여 기말재고를 구한 후 이를 판매가능원가에서 차감하여 매출원가를 구하는 것이 일반적이다. 그러나 매출원가를 먼저 구하고 판매가능원가에서 매출원가를 차감하여 기말재고를 계산하여도 된다.

실지재고조사법을 사용할 경우 한 기간의 기말에 가서 단 한 차례의 기말재고와 매출원가를 계산하면 된다. 한편, 계속기록법을 이용할 경우 입고 및 출고시에 항상 수량과 금액이 재고층(inventory layer)마다 기록되므로 기말재고와 매출원가의 계산을 위한 접근방법에는 실지재고조사법과 계속기록법에 있어서 차이가 있다. 그러나 선입선출법의 경우 구조상 재고자산기록방법(실지재고조사법, 계속기록법)에 관계없이 기말재고와 매출원가는 동일하게 결정된다는 특징을 갖는다.

예제 5-9 선입선출법

정든(주)에 대한 앞의 《자료》를 이용하여 선입선출법에 의한 기말재고와 매출원가를 계산하라.

해답

〈실지재고조사법〉

기말재고 = 400 × ₩43 + 100 × ₩42(입고의 역순으로 계산)
= ₩21,400

매출원가 = 판매가능원가 − 기말재고
= ₩58,800 − ₩21,400
= ₩37,400

〈계속기록법〉

일자	매입			판매			잔액		
	수량 (개)	단가 (₩)	총원가 (₩)	수량 (개)	단가 (₩)	총원가 (₩)	수량 (개)	단가 (₩)	총원가 (₩)
6. 2	200	40	8,000				200	40	8,000
6. 10	800	42	33,600				200	40	8,000
							800	42	33,600
6. 20				200	40	8,000			
				400	42	16,800	400	42	16,800
6. 25	400	43	17,200				400	42	16,800
							400	43	17,200
6. 29				300	42	12,600	100	42	4,200
							400	43	17,200
합계	1,400		58,800	900		37,400			

1) 기말재고＝100×₩42＋400×₩43＝₩21,400

2) 매출원가＝₩37,400(＝₩8,000＋₩16,800＋₩12,600)

선입선출법을 이용하면 매출원가를 구성하는 항목의 원가와 기말재고를 구성하는 항목의 원가가 동일하지 않게 된다. 상대적으로 오래전에 구입한 재고자산의 원가는 매출원가에 포함되고 최근에 구입한 재고자산의 원가는 기말재고로 보고된다. 따라서 기말재고는 현행원가의 근사치로 보고된다는 장점이 있으나 매출원가는 오래전 원가로 측정되어 현행판매가격으로 측정되는 매출액에 대응되므로 수익·비용의 대응이 적절치 못하다는 단점을 지니게 된다. 이와 같은 선입선출법의 장·단점은 원가인상 속도가 크면 클수록 그 효과가 극명하게 나타난다.

제 5 절 저가주의에 의한 재고자산의 평가

1 저가주의의 주장근거 및 저가의 의의

회계의 기본원칙 중 하나가 역사적원가주의이다. 한편, 특별한 경우에 한하여 역사적원가의 예외를 인정하고 있는데, 그중 대표적인 것이 재고자산에 적용되는 저가주의(LCM, lower of cost or net realizable value)이다.

재고자산의 진부화, 가격변화, 손상 등의 이유로 공정가치가 원가 이하로 하락하는 경우가 있을 수 있는데, 이러한 경우 재고자산평가손실을 인정하는 것이 저가주의이다. 저가주의가 인정받을 수 있는 근거는 자산의 미래효익이 감소한 경우에는 그것이 발생한 기간에 비용(손실)으로 처리함으로써 적절한 수익·비용대응을 실현시킬 수 있다는 데 있다.

저가법의 적용에 있어서의 공정가치란 정상적인 영업과정의 예상판매가격에서 예상되는 추가완성원가와 판매비용을 차감한 금액인 순실현가능가치(net realizable value)를 의미한다.

저가주의를 적용한 결과 재고자산의 공정가치가 원가 이하로 하락하여 발생한 손실을 재고자산평가손실이라고 한다. 한편, 재고자산의 장부상 수량과 실제수량의 차이에서 발생한 손실은 재고자산감모손실이라고 한다.

2 저가기준의 적용방법

저가기준을 적용하는 방법으로 종목별기준, 조별기준 및 총액기준의 세 가지가 있다. K-IFRS에서는 종목별기준을 원칙으로 하고 있으며, 재고항목들이 서로 유사하거나 관련되어 있는 경우에는 조별기준을 적용할 수 있도록 허용하고 있다. 그러나 총액기준은 허용하지 않는다. 한편, 일단 선택한 방법은 계속적으로 적용해야 한다.

예제 5-10 저가주의

한결(주)의 재고자산에 관한 자료는 다음과 같으며 재고자산을 저가기준에 따라 평가하고 있다.

재고자산	원 가	순실현가능가치
A조 aa 상품	₩200,000	₩260,000
ab 상품	250,000	225,000
ac 상품	125,000	100,000
B조 ba 상품	225,000	120,000
bc 상품	200,000	210,000

(1) 종목별기준, (2) 조별기준 및 (3) 총액기준을 적용하여 재고자산을 평가하라.

해답

			저 가		
재고자산	원 가	순실현가능가치	종목별기준	조별기준	총액기준
aa	₩200,000	₩260,000	₩200,000		
ab	250,000	225,000	225,000		
ac	125,000	100,000	100,000		
A조합계	₩575,000	₩585,000		₩575,000	
ba	₩225,000	120,000	120,000		
bc	200,000	210,000	200,000		
B조합계	₩425,000	₩330,000		330,000	
총 계	₩1,000,000	₩915,000	₩845,000	₩905,000	₩915,000

세 가지 적용기준이 재고자산평가에 미치는 영향을 비교하여 보면 '종목별기준평가액≤조별기준평가액≤총액기준평가액'의 관계가 성립한다. 즉, 종목별기준을 적용하면 다른 기준에 비하여 평가액이 가장 낮다. 그 이유는 조별기준이나 총액기준의 경우에는 일부 항목의 시가가 하락하면 다른 항목의 시가가 상승하여 일부 시가하락이 상쇄되기 때문이다.

3 재고자산평가손실의 회계처리

K-IFRS에서는 재고자산을 순실현가능가치로 감액한 평가손실과 모든 감모손실은 발생한 기간에 비용(정상적인 경우 매출원가, 비정상적인 경우 당기손실)으로 인식하도록 요구하고 있다.

후속기간에 재고자산의 순실현가능가치를 재평가해야 한다. 그리고 재고자산의 감액을 초래했던 상황이 해소되거나 경제상황의 변동으로 순실현가능가치가 상승한 명백한 증거가 있는 경우에는 최초의 장부금액을 초과하지 않는 범위 내에서 평가손실을 환입하고, 해당 환입액을 발생한 기간에 인식한 재고자산 관련비용(매출원가)에서 차감한다. 이에 따라 재고자산의 새로운 장부금액은 원가와 수정된 순실현가능가치 중 작은 금액이 된다.

예제 5-11 재고자산평가손실과 감모손실

다음의 자료에 대하여 실지재고조사법과 계속기록법에 따라 재고자산과 관련된 적절한 기말 분개를 하라.

소영(주)의 20×1년 기초재고는 ₩3,900이었으며 당기매입은 ₩7,500이었다. 실사를 통해 확인한 기말재고의 원가는 ₩4,500이고 순실현가능가치는 ₩4,200이다. 소영(주)는 평가손실은 정상적인 수준이고, 감모손실은 비정상적이라고 판단하고 있다. 단, 실지재고조사법에서 재고자산관련계정의 마감은 매출원가계정을 이용하고, 계속기록법으로 재고자산을 기록했다면 장부상의 기말재고의 원가는 ₩5,000이었다고 가정한다.

해답

실지재고조사법			계속기록법		
재 고 자 산(기말)	4,200		재고자산감모손실	500	
매 출 원 가	7,200		재 고 자 산		500
재 고 자 산(기초)		3,900	매 출 원 가	300	
당 기 매 입		7,500	재 고 자 산		300

〈계산 및 분개 설명〉

1) 기말재고의 순실현가능가치(₩4,200)를 기말재고로 기록한다.
2) 실지재고조사법에서는 재고자산감모손실과 재고자산평가손실을 구분할 수 없기 때문에 비정상적인 재고자산감모손실을 포함하여 모두 매출원가에 포함한다. 계속기록법에서는 정상적인 수준인 평가손실은 매출원가에 포함하고, 비정상적으로 높은 감모손실(장부상 금액 ₩5,000과 실사 기말재고의 원가 ₩4,500의 차이인 ₩500)은 매출원가에 포함하여서는 안 되고 별도의 손실로 인식한다.

보론 5A 추정에 의한 재고자산의 평가

재고자산을 실사하는 목적은 장부상의 재고자산이 정확한가를 검증하거나(계속기록법의 경우), 기말재고를 평가하기 위해서이다(실지재고조사법의 경우). 그러나 때로는 비용과 시간이 많이 소요되는 재고자산의 실사를 하지 않고 추정에 의하여 재고자산을 평가하는 경우도 있다. 재고자산을 추정하는 방법은 두 가지가 있는데 그 하나가 매출총이익법(gross profit method)이고, 또 다른 하나는 소매재고법(retail inventory method) 또는 매출가격환원법(capitalization method)이다.

재고자산 추정은 ① 분기 또는 반기 재무제표를 작성할 때 분기말 또는 반기말 재고가액을 결정하기 위하여, ② 화재, 자연재해, 도난 등으로 재고자산이 손상되었을 때 그 손실을 추정하기 위하여, ③ 때로는 회사가 종사하고 있는 업종이나 취급하고 있는 재고의 특성상 다른 방법에 의하여 재고자산을 평가하는 것보다 합리적이라고 인정되는 경우에 사용된다.

1 매출총이익법

매출총이익법은 먼저 매출액에 원가율(=1−매출총이익률)을 곱하여 매출원가를 추정하고, 그 다음에 '판매가능재고자산=매출원가+기말재고'라는 사실에 기초하여 판매가능재고자산에서 추정된 매출원가를 차감하여 기말재고를 추정한다. 따라서 매출총이익률이 합리적으로 추정될 수 있고 안정적이라면 이 방법을 이용하여 재고자산을 추정하여도 무난하다. 일반적으로 매출총이익률은 과거의 매출총이익을 과거의 매출액으로 나누어 계산한다.

매출총이익법은 재무보고의 목적으로는 적합하지 않다. 그 이유는 ① 과거 자료를 이용한 매출총이익률은 추정치에 불과하므로 당기 재고자산을 적절히 반영한다는 보장이 없고, ② 판매가능자산이 반드시 판매되거나 기말재고로 남아 있어야 한다는 가정에 근거하고 있기 때문에 파손, 도난 등과 같은 감모손실을 파악할 수 없기 때문이다.

예제 5A-1 매출총이익법

(제1부) 매출원가와 기말재고 추정

스카이백화점(주)의 20×1년 기초재고는 ₩1,500이고, 당기매입은 ₩5,000이다. 연간 매출액은 ₩7,000이며, 과거 자료로부터 구한 매출총이익률은 30%인데 금년에도 이와 유사한 매출총이익률을 낼 수 있을 것이라고 본다. 매출총이익법을 이용하여 매출원가와 기말재고를 추정하라.

해답

기초재고(원가)			₩1,500
당기매입(원가)			5,000
판매가능재고(원가)			₩6,500
추정매출원가(원가) :	매출액(판매가)	₩7,000	
	매출총이익(매출액×30%)	(2,100)	(4,900)
추정기말재고(원가)			₩1,600

(제2부) 소실된 상품의 추정원가

스카이백화점(주)는 20×2. 4. 1에 상품창고에 소규모화재가 발생하여 보유상품 중 ₩40,000(취득원가) 어치만 남고 소실되었다. 상품에 관한 자료가 다음과 같을 때 소실된 상품의 추정원가는 얼마인가?

기초재고 (20×2. 1. 1)	₩100,000
매 입 (20×2. 1. 1～20×2. 3. 31)	500,000
매 출 액 (20×2. 1. 1～20×2. 3. 31)	600,000

원가에 대한 이익률 25% (이는 매출총이익률로 환산해야 함)

해답

- 매출총이익률 $= \dfrac{\text{원가에 대한 이익률}}{\text{원가}+\text{원가에 대한 이익률}} = \dfrac{25\%}{100\%+25\%} = 20\%$

기초재고(원가)			₩100,000
당기매입(원가)			500,000
판매가능재고(원가)			₩600,000
추정매출원가 :	매출액(판매가)	₩600,000	
	매출총이익(매출액×20%)	(120,000)	(480,000)
추정재고(원가, 20×2. 4. 1)			₩120,000
잔존상품(원가)			(40,000)
소실상품(원가)			₩80,000

2 소매재고법

재고자산이 과대평가되는 것을 방지하기 위해서는 정기적으로 재고자산을 실사해야 하고, 도난과 파손이 자주 발생하는 경우에는 더욱 그러하다.

소매재고법은 실사하지 않고서도 재고자산을 추정할 수 있다는 장점을 가지고 있다. 특히 분기 또는 반기 재무제표를 작성할 때 소매재고법을 이용함으로써 상당히 신속하고 믿을 만한 재고자산 추정치를 얻을 수 있어서 대단히 유용하다. 화재, 홍수, 도난, 또는 기타 천재지변으로 인한 손실액을 추정할 때에도 이 방법을 사용할 수 있다. 또한 소매재고법을 이용할 경우 재고자산의 실사시 소매가격만 기록하고 원가는 기록할 필요가 없으므로 실사경비와 시간을 절약할 수 있다. 소매재고법은 다음과 같이 적용한다.

① 원가와 소매가격으로 측정된 판매가능재고에 근거한 원가율(cost ratio, 원가/매출가격)을 계산하고

② 소매가격으로 측정된 판매가능재고에서 매출액을 차감하여 소매가격으로 측정된 기말재고를 계산하고

③ 소매가격으로 측정된 기말재고에 원가율을 곱하여 원가로 측정된 기말재고를 산출한다.

예제 5A-2 소매재고법

스카이백화점(주)의 다음 자료를 이용하여 소매재고법에 의한 기말재고를 추정하라.

	기초재고	당기매입	당기매출
원 가	₩6,300	₩28,350	–
소 매 가	9,000	40,500	₩38,250

해답

	원 가	소매가	
기초재고	₩6,300	₩9,000	
당기매입	28,350	40,500	
판매가능재고	₩34,650	₩49,500	→ 원가율 = ₩34,650 / ₩49,500 = 0.7
당기매출액		(38,250)	
기말재고(소매가)		₩11,250	
기말재고(원가)	₩7,875	(= ₩11,250 × 0.7)	

익힘문제

CHAPTER 5

1. 재고자산의 오류는 매출원가와 당기손익에 어떻게 영향을 미치는가?

2. 제조업의 경우 원재료, 재공품, 완제품 등이 매입, 제조, 판매 과정을 거치면서 변화하는 것을 재무제표에 어떻게 반영하는가를 설명하라.

3. 재구매조건부판매는 어떻게 회계처리해야 하는가?

4. 선적지인도조건과 도착지인도조건에서 수송중인 상품은 누구의 소유인가? 또 운임은 어떻게 기록되는가?

5. 인웅(주)는 재무상태표일 현재 ₩1,000,000의 미착품을 갖고 있다. 이 금액은 매입계정 및 기말재고자산에도 누락되어 있다. 이 금액의 누락은 당기순이익에 어떤 영향을 미치는가? 기업의 재무상태에는 어떤 영향을 미치는가?

6. 정숙(주)는 최근 연차보고서에서 ₩2,000,000 상당의 수탁상품을 갖고 있다고 보고하였다. 정숙(주)는 이 금액을 재무상태표상에 어떻게 보고해야 하는가?

7. 차입원가란 무엇이며 언제 재고자산의 원가에 포함할 수 있는가?

8. 고정제조간접원가를 배부하는 기준은 무엇인가?

9. 제품원가와 기간원가를 비교 설명하라.

10. 계속기록법과 실지재고조사법에서 매출원가를 계산하는 방법을 비교하라.

11. 재고자산의 평가방법으로서 계속기록법과 실지재고조사법의 차이점은 무엇인가? 만약 어떤 회사가 계속기록법을 사용하고 있다고 할 때, 어느 한 시점에 있어서의 실지재고와 장부상의 재고는 그 금액이 같은가? 그 이유는 무엇인가?

12. 가중평균원가법과 이동평균원가법의 차이를 설명하라.

13. 실지재고조사법에서 재고자산 관련계정을 마감하는 대안에 대해 설명하라.

14. 재고자산을 저가 또는 시가로 평가하는 이유는 무엇인가? 이에 대한 논거는 무엇인가?

15. 재고자산평가에 저가법을 적용하기 위해서 어떤 속성을 시가로 이용해야 하는가?

보-1. 매출총이익법을 사용하는 중요한 이유는 무엇인가?

보-2. 소매재고법(매출가격환원법)에 대하여 설명하라.

연습문제

CHAPTER 5

1. 기말재고오류의 영향

다음은 기말재고계산의 오류로 잘못 계산된 순이익이 각 연도별로 나타나 있다.

연 도	순이익	기말재고계산의 오류
20×1	₩250,000	₩25,000 과대계상
20×2	260,000	35,000 과대계상
20×3	270,000	75,000 과소계상
20×4	280,000	정확히 계상
20×5	290,000	20,000 과소계상
20×6	300,000	50,000 과대계상

기말재고계산의 오류를 고려하여 6년간 매기의 순이익을 수정하기 위한 표를 작성하고 각 연도별 정확한 순이익을 계산하라.

2. 상품의 매입원가

종로(주)는 표시가격이 ₩10,000,000인 상품을 구입하였다. 판매자는 표시가격으로부터 15% 거래할인을 제공하여 주었으며 구입일로부터 30일 이내에 현금을 지급하자 추가적으로 2% 할인을 제공하여 주었다. 종로(주)는 상품구입시에 매입운임과 보험료 등으로 ₩450,000을 지급하였다. 종로(주)가 상품의 매입원가로 기록해야 할 금액은 얼마인가?

3. 판매가능원가

한산(주)의 20×1년도에 대한 다음 자료를 이용하여 판매가능원가(cost of goods available for sale)를 계산하라.

매출원가	₩450,000	매입운임	₩30,000	매입환출	₩75,000
판 매 비	150,000	기말재고	260,000		

4. 상품매출원가(미착상품 포함)

명지(주)의 20×1년 재고자산에 관한 자료가 다음과 같다.

적 요	상 품	미착상품 (F.O.B. 선적지조건)
기 초 재 고	₩125,000	
당 기 매 입	465,000	₩33,000
매 입 운 임	13,000	1,500
매 입 환 출	8,000	
판 매 운 임	30,000	
기 말 재 고	130,000	

명지(주)의 20×1년 상품매출원가는 얼마인가?

5. 재구매조건부판매

아자(주)는 20×1. 1. 1에 장부금액이 ₩150,000인 상품을 자미(주)에 장부금액에 양도하고, 3개월 후인 20×1. 4. 1에 ₩160,000에 재구매하기로 약정을 맺었다. 이 거래는 형식은 판매 후 재구매이지만 실질은 상품을 담보로 한 차입이라고 가정하고, 형식에 따른 회계처리와 실질을 반영한 회계처리(K-IFRS)를 비교하라.

6. 제조원가

은미(주)는 제품을 제조하여 판매하는데, 20×1년의 관련 자료가 다음과 같다.

직접재료원가	₩250/개
직접노무원가	₩450/개
제조간접원가	₩1,200,000
정상조업도(10,000개)에서 단위당 제조간접원가 :	
	₩1,200,000/10,000개 = ₩120/개

20×1년도 은미(주)의 실제조업도가 각각 다음과 같았다고 가정하고 제품의 단위당 제조원가와 기타비용으로 포함될 부분을 구하라.

(1) 9,000개

(2) 9,900개(정상조업도와 유사하다고 봄)

(3) 11,000개

7. 당기제품제조원가와 매출원가

다음 자료는 나주(주)의 20×1년도 제품제조와 관련된 자료이다. 나주(주)의 당기 제품제조원가와 매출원가는 각각 얼마인가?

	20×1. 1. 1 재고	20×1년중 매입·투입액	20×1. 12. 31 재고
원 재 료	₩55,000	₩400,000	₩65,000
재 공 품	96,000	–	80,000
제 품	50,000	–	85,000
직접노무원가	–	220,000	–
제조간접원가	–	330,000	–

8. 계속기록법과 실지재고조사법

추카(주)의 재고자산에 관한 다음 자료를 이용하여 계속기록법과 실지재고조사법에 따라 필요한 분개를 하라. 단, 매입 및 매출은 외상으로 처리하고, 재고자산계정은 집합손익계정을 통해서 마감한다.

적 요	수 량	단 가
기 초 재 고	180	₩250 (원가)
당 기 매 입	360	250 (원가)
매 입 환 출	20	250 (원가)
당 기 매 출	320	400 (판매가)
기 말 재 고(실사에 의한 측정)	190*	

* 이는 10개의 재고자산이 부족함을 나타낸다.

9. 개별법

호손(주)의 20×1년 2/4분기 재고자산거래에 대한 자료가 다음과 같다.

일 자	매 입 수 량	매 입 단 가	판 매	잔 량
4. 1(기초재고)	400개	₩50		400개
4. 10	1,200	54		1,600
4. 20			900개	700
5. 15	600	58		1,300
6. 25			600	700
	2,200개		1,500개	

20×1. 6. 30 현재 700개의 잔량이 4. 1 기초재고 중 200개, 4. 10 매입분 중 200개, 그리고 5. 15 매입분 중 300개로 구성되어 있다고 가정하자. 개별법을 적용하여 20×1. 6. 30 현재 기말재고와 20×1년 2/4분기의 매출원가를 계산하라.

10. 재고자산의 가격결정

다음은 천국(주)의 6월 한 달간의 거래내용이다.

	매 입	매 출
6월 1일(전기이월)	140 @₩124	
4일		100 @₩200
5일	350 @₩120	
8일	160 @₩128	
9일		280 @₩200
12일		120 @₩220
15일	240 @₩130	
17일	140 @₩132	
23일		240 @₩220
25일		180 @₩240
28일	100 @₩135	
	1,130	920

요구사항

(1) 실지재고조사법을 사용하고 있다는 가정하에 ① 선입선출법, ② 평균원가법을 사용하여 6월 30일의 기말재고와 6월의 매출원가를 계산하라.

(2) 계속기록법을 이용하고 있다는 가정하에 ① 선입선출법, ② 평균원가법을 사용하여 6월 30일의 기말재고와 6월의 매출원가를 계산하라.

11. 재고자산 – 저가주의

용봉(주)는 9월중의 자료는 기초재고 ₩420,000, 당기매입은 ₩5,300,000, 매출액은 ₩7,090,000이고 장부상의 기말재고는 ₩600,000(3,000개 @₩200), 실사한 기말재고는 ₩507,000(수량 2,600개, 순실현가능가치 ₩195/개)이다. 용봉(주)는 재고자산을 저가주의로 평가하고 이로 인한 평가손실은 전액 매출원가에 가산한다. 용봉(주)의 9월중 정상매출원가와 매출원가에 포함되는 재고자산감모손실과 재고자산평가손실은 얼마인가?

12. 재고자산평가손실과 감모손실

사아(주)의 20×1년 기초재고와 당기매입은 각각 ₩4,300과 ₩8,800이다. 한편 기말재고의 취득원가금액과 수량감소를 조정한 후로 평가한 순실현가능가치는 각각 ₩5,400과 ₩4,700이다. 그런데 원가와 재무상태표금액의 차이 ₩700 중 ₩500은 감모손실, ₩200은 평가손실에 기인한 것으로 밝혀졌다. 실지재고조사법과 계속기록법에 따라 재고자산과 관련된 적절한 기말 수정분개를 하라. 단, 실지재고조사법에서 재고자산관련계정의 마감은 매출원가계정을 이용한다.

보-1. 매출총이익법

다음은 핑크(주)에 관한 당기의 자료이다.

기초재고	₩250,000	
매 입	800,000	
총판매가능액		₩1,050,000
매 출		1,250,000

요구사항

(1) 매출총이익이 매출의 35%

(2) 매출총이익이 원가의 25%

(3) 매출총이익이 원가의 60%

(4) 매출총이익이 매출의 40%일 경우를 가정하여 각각의 기말재고를 계산하라.

보-2. 소매재고법

꽃샘(주)는 소매재고법을 적용하여 실지재고를 파악한다. 20×1년말의 기말재고소매가는 ₩80,000이다. 한편 20×1년도 재고자산과 관련된 자료는 아래와 같다. 당기의 추정재고손실은 얼마인가?

	원 가	소매가
기초재고	₩53,900	₩77,000
매 입	180,100	248,000
매 출	−	238,000

CHAPTER

6 유형자산

비유동자산은 투자자산, 유형자산, 무형자산 및 기타비유동자산으로 구성되어 있다. 본장에서는 유형자산을 살펴보기로 한다. 유형자산의 회계처리문제는 취득에 관한 회계처리, 보유기간중의 추가적 지출에 대한 회계처리, 취득원가를 보유기간 동안 배분하는 감가상각, 재평가 및 손상에 대한 회계처리, 그리고 제거에 관한 회계처리로 나누어 볼 수 있다.

제 1 절 유형자산의 특징 및 회계처리문제

업종이나 규모에 관계없이 모든 회사는 유형의 장기성자산을 갖고 있다. 유형자산(property, plant and equipment)은 물리적 실체가 있는 자산으로서 재화의 생산, 용역의 제공 또는 자체적으로 사용할 목적으로 보유하고, 장기간에 걸쳐 사용할 것이 예상되는 자산이다. 유형자산에는 토지, 건물, 구축물, 기계장치, 차량운반구, 비품, 건설중인 자산 등이 포함된다. 유형자산은 설비자산(plant assets) 또는 유형고정자산이라고 부르기도 한다.

유형자산의 주요 특징을 살펴보면 아래와 같다.

① 유형자산은 물리적 실체(physical substance)를 가지는 자산이다. 유형자산은 실물자산으로서 물리적 형태를 가지고 있으며, 특허권 등과 같은 무형자산과 구분된다.

② 유형자산은 정상적인 영업활동에 사용되는 자산을 말한다. 따라서 정상적인 영업활동에 사용하지 않는 자산은 유형자산으로 분류해서는 안 된다. 예를 들면, 투자나 임대 목적으로 사용하는 토지나 건물은 투자자산으로 분류해야 하며, 부동산업자가 판매용 혹은 아파트건축용으로 구입한 토지는 재고자산으로 분류해야 한다.

③ 유형자산은 장기성자산으로서 여러 해에 걸쳐서 기업의 수익창출에 기여한다. 또한 토지를 제외한 모든 유형자산은 시간이 지남에 따라 가치가 감소한다. 따라서 이러한 유형자산의 취득원가는 내용연수에 걸쳐 정기적으로 감가상각을 통하여 배분해야 한다.

유형자산과 관련한 회계처리문제는 [그림 6-1]에서 보는 바와 같이 크게 다섯 가지 문제로 나누어 볼 수 있다.

① 취득 : 유형자산을 분류하고 취득원가를 결정해야 한다.

② 취득 후 추가지출 : 사용기간 동안 자산의 유지 및 개량을 위하여 지

그림 6-1
유형자산의 회계처리문제

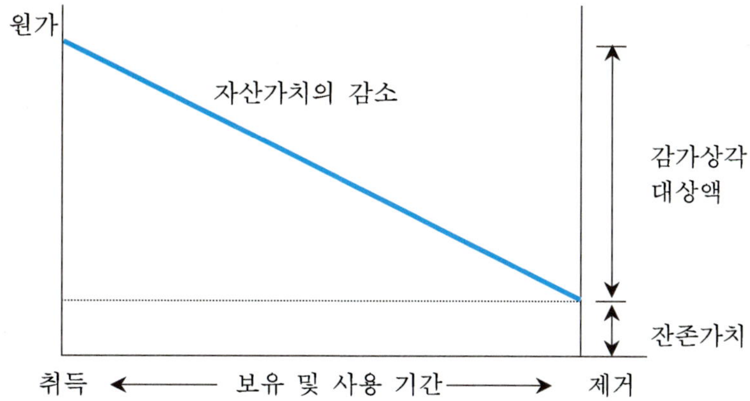

〈회계처리문제〉

① 취득시점
- 자산분류
- 원가결정

② 보유기간중 지출
- 자본적 지출
- 수익적 지출

③ 감가상각

④ 자산재평가와 손상차손

⑤ 제거시점
- 처분손익의 인식

출한 금액을 자산원가에 포함시키거나 당기비용으로 처리한다.

③ 감가상각 : 취득원가에서 잔존가치를 차감한 금액을 내용연수에 걸쳐 체계적인 방법으로 배분하여 비용으로 반영해야 한다.

④ 재평가와 손상 : 회사의 선택에 의하여 재평가모형을 사용하는 경우 유형자산을 공정가치로 수정해야 한다. 또한 유형자산의 회수가능액이 장부금액에 미달하는 경우 손상차손을 인식해야 한다.

⑤ 제거 : 제거시점에 처분손익을 인식한다.

제 2 절 취득시점의 회계처리

1 유형자산의 취득시점

유형자산은 자산의 정의(과거 사건의 결과로 기업이 통제하는 현재의 경제적 자원, 여기에서 경제적 자원이란 경제적 효익을 창출할 잠재력을 지닌 권리)와 인식기준(목적적합성과 표현충실성)을 충족하고, 유형자산의 특징(물리적 실체, 영업활동에 사용, 장기성)을 지닐 때 유형자산으로 분류하여 인식한다. 자산으로 기록하기 위해서는 먼저 인식시점, 즉 취득시점을 결정해야 한다.

장부상에 유형자산의 취득을 기록하는 시점은 사용시작(placed in service), 즉 본래 의도된 목적대로 사용되기 시작한 때이다. 즉시 취득되는 유형자산은 취득시점에 바로 유형자산으로 기록하지만, 취득에 장기간이 소요되는 유형자산은 지출이 이루어지기 시작하면 이를 건설중인 자산(construction in progress)으로 기록하였다가 사용시작 시점에 유형자산으로 대체한다.

취득시점을 결정하기가 어려운 경우도 있으나 대개 소유권이전등기나 잔금청산 중 먼저 이루어지는 시점에 해당 자산을 취득한 것으로 간주한다. 또한 소유권이전등기와 잔금청산일이 유형자산의 실제사용일보다 늦을 경우에는 사실상 그 유형자산을 사용할 수 있는 날을 취득시점으로 본다. 따라서 취득시점은 다음과 같이 결정된다.

> 취득시점 = 빠른 날(소유권이전등기일, 잔금청산일, 실제사용일)

2 유형자산의 원가

(1) 원가에 포함하는 항목

유형자산은 원가(역사적원가)로 기록한다. 원가(costs)는 "당해 자산을 취득하여 본래의 사용목적에 사용될 수 있는 장소에 설치하고 사용가능한 상태로 만드는 데 소요되는 모든 지출"로서 현금 또는 현금등가액으로 측정한다. 원가에는 당해 자산의 구입가격뿐만 아니라 운반원가, 설치원가, 관세, 시운전원가, 취득과 직접 관련된 부담금 등이 포함된다. 그러나 유형자산의 취득 또는 사용가능한 상태로 준비하는 과정과 직접 관련이 없는 지출은 유형자산의 원가에 포함하지 않는다.

비교적 중요한 유형자산 원가의 산정을 하나씩 살펴보기로 하자.

1) 토지와 구축물의 원가

토지를 취득하여 이를 사용이 가능한 상태로 만드는 데까지 소요된 모든 지출을 토지의 원가로 보아야 한다. 토지(land)의 원가는 일반적으로 ① 구입가격, ② 소유권이전등기비 등 각종 수수료와 법률비용, ③ 토지의 구획정리, 배수공사 등의 원가, ④ 구매인이 부담하기로 한 토지에 대한 담보설정 등으로 예상되는 경비, ⑤ 진입로 등과 같이 내용연수가 영구적인 시설에 필요한 경비 등을 포함한다.

건물을 짓기 위하여 토지를 구입한 경우에는 건물기초작업을 위한 굴착이전단계까지 발생한 모든 원가는 토지원가로 간주한다. 따라서 토지 위에 있는 구건물의 철거, 청소, 구획정리 등에 소요된 원가는 토지를 본래 의도한 상태로 만들기 위해 지출된 것이므로 토지원가에 산입한다. 한편 구건물의 처분이나 토지 위에 있는 입목의 처분 등으로 수입이 발생한 경우에는 수입금액만큼을 토지의 원가에서 차감시켜야 한다.

토지를 구입한 후에는 진입로공사, 도로포장공사, 배수 및 하수 공사, 울타리공사, 조경공사 등이 뒤따르는 것이 일반적이다. 내용연수가 영구적인 지출은 토지의 원가로 기록한다. 한편 내용연수가 영구적이 아닌 울타리공사, 주차장, 도로포장공사 등은 토지에서 분리하여 구축물(land improvements)계정으로 처리하고 내용연수에 걸쳐 감가상각을 한다.

2) 건물의 원가

건물을 취득하는 방법은 ① 기존 건물을 구입하거나, ② 건축회사와의 계약에 의하여 신축하거나, ③ 자가건설하는 등의 방법이 있다. 어느 경우에나 그 건물을 의도한 목적에 사용가능한 상태로 만드는 데까지 소요된 모든 지출을 건물의 원가로 기록해야 한다.

3) 기계장치, 비품 등의 원가

차량운반구, 기계, 공장 및 사무실용 고정장치 및 비품 등의 유형자산도 구입가격, 운임 및 취급원가, 운송보험원가, 설치원가, 시운전원가 등 당해 유형자산을 의도한 용도에 사용할 수 있는 상태로 만드는 데까지 소요된 모든 지출을 원가로 기록해야 한다. 또한 중고품을 매입한 경우 일반적으로 수리원가나 보수공사원가가 발생하는데, 이와 같이 취득시점에 발생한 지출은 원가에 포함시켜야 한다.

예제 6-1 토지, 건물, 기계장치의 원가

새로 설립된 성철(주)는 토지, 건물, 기계장치 등의 유형자산과 관련하여 다음과 같은 지출을 하였다.

건축사 설계비		₩3,100
구건물이 있는 토지의 구입대금		95,000
구건물철거원가	₩15,000	
구건물철거 부수입	4,300	10,700
건설용 측량비		370
건설과 관련된 차입금의 이자		7,400
기계구입원가		56,000
구입기계의 운송료		1,340
기계보관료(기계인수시점에서 건물의 미완성으로 인해 발생)		2,180
건물신축비(토지의 구입일로부터 6개월 후 완공)		500,000
하수도공사비 부담금		1,600
창고로부터 새건물로의 기계의 운반요금		620
건물 완성 후의 조경 및 정지비용(성질상 영구적임)		6,300
기계설치비		1,800

토지, 건물, 기계장치 등의 유형자산계정에 차기할 금액을 결정하라.

해답

〈토지의 원가〉		〈건물의 원가〉		〈기계의 원가〉	
부 지	₩95,000	설 계 비	₩3,100	기계구입원가	₩56,000
구건물철거비	15,000	측 량 비	370	운 송 비	1,340
구건물철거수입	(4,300)	건 설 이 자	7,400	설 치 비	1,800
하수도공사비	1,600	건물공사비	500,000	계	₩59,140
조경 · 정지비	6,300	계	₩510,870		
계	₩113,600				

(주) 기계보관료(₩2,180)와 창고로부터 새건물로 운반요금(₩620)은 비정상적인 지출이므로 당기비용으로 처리한다.

4) 자가건설 유형자산의 원가

유형자산을 자가건설하는 경우 원가를 결정하는 것은 쉽지 않다. 자가건설에 투입된 직접재료원가와 직접노무원가는 쉽게 결정할 수 있으나, 간접원가는 모두 배분을 통하여 자가건설원가에 포함시켜야 하기 때문에 간접원가의 배분방법에 따라 원가가 달라진다. 간접원가는 전력비, 보험료, 재산세, 간접노무비, 감가상각비, 소모품비 등과 같이 다양한 형태로 발생한다.

간접원가의 배분결과 자가건설 유형자산의 원가가 외부로부터 구입한 것보다 더 높은 경우에는 그 초과분은 당기의 손실로 인식해야 한다. 즉, 원가를 취득시점의 공정가치 이상으로 기록해서는 안 된다.

(2) 차입원가의 자본화

건설기간중 건설과 관련하여 발생한 차입원가(borrowing costs)를 어떻게 회계처리할 것인가에 대해서 많은 논란이 있어 왔다. K-IFRS에서는 의도된 용도로 사용하거나 판매가능한 상태에 이르게 하는 데 상당한 기간을 필요로 하는 적격자산(qualifying assets)의 취득과 건설 또는 생산과 직접 관련된 차입원가는 당해 자산원가의 일부로 자본화할 것을 규정하고 있다.

기업이 건설기간중의 차입원가를 자산의 원가로 회계처리하는 경우 실제로 발생한 건설이자만 자산의 원가로 기록할 수 있다. 이 방법의 논거는 재료원가, 노무원가, 간접원가 등과 마찬가지로 차입원가도 자산을 취득하는

데 소요된 원가이므로 이를 자산의 원가에 포함시키는 것이 타당하다는 데 있다.

차입원가를 자본화하기 위해서는 다음과 같은 절차를 따른다.

① 가중평균자본지출액의 계산 : '각 지출액×산입기간'의 합산액
② 가중평균지출액의 배정 : 가중평균지출액을 우선 지정차입금에 배정하고, 초과하는 금액은 일반차입금에 배정
③ 자본화가능차입원가 : (지정차입금에 배정된 가중평균자본지출액×지정차입금이자율)+(일반차입금에 배정된 가중평균자본지출액×일반차입금 가중평균이자율)

이때 지정차입금의 일시운용에서 수익이 발생하는 경우에는 일시운용수익을 지정차입금의 차입원가에서 차감한다. 자본화 금액은 실제로 발생한 차입원가를 한도로 하고, 자본화되지 않는 차입원가는 이자비용으로 처리한다.

예제 6-2 차입원가의 자본화

이든(주)는 20×1. 1. 1에 건설업자와 계약하여 건물을 신축하기 시작하여 20×1. 12. 31에 준공하였다. 건물을 신축하기 위하여 만기가 2년이고, 이자율이 10%이며, 이자지급일이 12월 31일인 지정차입금 ₩800,000을 20×1. 1. 1에 차입하였다. 건설공사대금은 총 ₩1,200,000으로서 20×1년중에 4회(1월 1일, 5월 1일, 9월 1일 및 12월 31일)에 걸쳐 ₩300,000씩 지급하였다. 건물의 취득과 관련하여 재산세 및 등록세로 건물취득가액의 5.5%를 지급하였다. 건물의 취득에 관련된 분개를 하라.

해답

〈지정차입금의 차입 : 1월 1일〉

(차) 현　　금	800,000	(대) 차 입 금	800,000

〈공사대금 지급시 : 1월 1일, 5월 1일, 9월 1일 및 12월 31일〉

(차) 건설중인자산	300,000	(대) 현　　금	300,000

〈지정차입금 이자지급 및 차입원가의 자본화 : 12월 31일〉

(차) 건설중인자산	60,000*	(대) 현　　금	80,000
이 자 비 용	20,000**		

* ① 가중평균자본지출액 = ₩300,000×(12/12+8/12+4/12+0/12) = ₩600,000

② 가중평균자본지출액의 배정 : 가중평균자본지출액이 지정차입금(₩800,000)보다 작으므로 가중평균자본지출액 전액을 지정차입금에 배정

③ 자본화가능차입원가 = ₩600,000 × 10% = ₩60,000

** 자본화할 차입원가(₩60,000)가 실제 발생한 차입원가(₩80,000)의 범위 내에 있으므로 ₩60,000을 자본화하고, 나머지 차입원가(₩20,000)는 당기의 이자비용으로 회계처리

〈건설중인 자산의 건물대체와 등록세 및 취득세 지급 : 12월 31일〉

(차) 건 물	1,260,000	(대) 건설중인자산	1,260,000
(차) 건 물	69,300	(대) 현 금	69,300*

* 취득세와 등록세 = ₩1,260,000 × 5.5% = ₩69,300

(3) 원가의 측정

자산의 원가는 취득대가로 지급한 것의 공정가치(fair value)와 취득한 자산의 공정가치 중 보다 명확하게 결정할 수 있는 금액으로 기록해야 한다. 그러나 공정가치를 항상 명확하게 결정할 수 있는 것은 아니다. 공정가치 결정에 영향을 미치는 요소들과 이러한 요소가 존재할 때 공정가치를 측정하는 문제들을 살펴보기로 하자.

1) 현금할인조건 취득

유형자산을 현금할인조건으로 구입하였을 때 현금할인을 어떻게 처리할 것이냐의 문제가 발생한다. 첫 번째 방법은 현금할인액을 활용하건 안 하건 간에 이를 원가에서 차감시키는 방법이다. 이 방법의 주장근거는 자산의 진정한 원가는 현금 혹은 현금등가액이어야 하므로 활용여부에 관계없이 현금할인액을 원가에서 차감해야 한다는 것이다. 두 번째 방법은 현금할인기회를 활용하였을 때에 한하여 이를 원가에서 차감하는 방법으로 역사적원가 개념에 충실한 방법이라고 볼 수 있다.

K-IFRS(제1016호)에서는 매입할인 등이 있는 경우에는 이를 차감하여 원가를 산정하도록 요구하고 있어서 위의 두 번째 방법을 따르고 있다.

예제 6-3 현금할인조건 유형자산의 원가

인식(주)는 20×1. 3. 10에 매입가격 ₩500인 비품과 매입가격이 ₩20,000인 기계를 취득하였다. 비품의 경우 대금지급조건이 5/10, n/30이고 기계는 3/20, n/60이다. 인식(주)는 3월 30일에 비품과 기계 대금을 지급하였다. 위 거래를 K-IFRS에 따라 분개하라.

해답

〈3월 10일〉

(차)	비 품	500	(대) 미 지 급 금	20,500
	기 계	20,000		

〈3월 30일〉

(차)	미 지 급 금	20,500	(대) 현 금	19,900
			기 계	600

(주) 비품은 5/10 조건이어서 현금할인을 받지 못했다. 반면, 기계는 3/20 조건이어서 현금할인 ₩600(= ₩20,000 × 3%)을 받고, 이를 기계의 원가에서 차감하였다.

2) 이연지급계약에 의한 취득

K-IFRS(제1016호)에서는 유형자산을 장기후불조건으로 구입하거나, 대금지급기간이 일반적인 신용기간보다 긴 경우 원가는 취득시점의 현금가격상당액으로 기록하도록 요구하고 있다. 또한 현금가격상당액과 실제 총지급액의 차액을 해당 신용기간(유형자산의 내용연수가 아님)에 걸쳐 이자비용으로 인식하도록 규정하고 있다.

예제 6-4 이연지급계약에 의한 유형자산의 원가

인식(주)는 기계를 구입한 대가로 3년 만기, 무이자부, 액면가 ₩30,000의 약속어음을 발행하여 지급하였다. 인식(주)는 매년말 ₩10,000씩 균등상환하기로 하였다. 이 거래 당시 인식(주)가 발행한 어음과 유사한 어음의 유효이자는 10%이었다. 인식(주)가 기계 취득시에 행할 분개와 1차년도말에 행할 분개를 하라.

해답

〈현재가치 계산 및 상각〉

- 현재가치의 계산 : ₩10,000 × 2.4868(3년, 10%) = ₩24,868

• 〈현재가치할인차금 상각표〉 유효이자율법

시 점	현재가치할인차금 상각액(a)	미상각 현재가치할인차금(b)	할부금지급전 장부금액(c)	할부금지급 (d)	할부금지급후 장부금액(e)
취득시		₩5,132	₩24,868		₩24,868
1차년도말	₩2,487	2,645	27,355	₩10,000	17,355
2차년도말	1,736	909	19,091	10,000	9,091
3차년도말	909	0	10,000	10,000	0
합 계	₩5,132				

(a) [전기의 (e)]×10%　　(b) [전기의 (b)]−(a)

(c) 잔여 액면금액−(b)　　(e) (c)− ₩10,000

〈분개〉

1) 취득시의 분개

(차) 기 계	24,868	(대) 장기미지급금	30,000
현재가치할인차금	5,132		

2) 1차년도말의 분개

(차) 이 자 비 용	2,487	(대) 현재가치할인차금	2,487
장기미지급금	10,000	현 금	10,000

3) 일괄구입에 의한 취득

자산을 일괄구입(lump sum purchase)한 경우에는 이를 각 자산별로 배분해야 한다. 유형자산의 구입과 관련된 총지출을 그 유형자산을 구성하고 있는 항목별로 공정가치에 비례하여 개별 유형자산에 배분하는 것이 합당하다.

예제 6-5 일괄구입에 의한 유형자산의 원가

효자(주)는 판도라(주)의 자산 중 일부를 일괄하여 ₩400,000에 구입하였다. 일괄구입한 자산의 구성항목, 공정가치 및 상대적 공정가치비율은 아래와 같다. 각 자산의 원가를 계산하라.

	공정가치	상대적 공정가치비율
재고자산	₩65,000	₩65,000/₩500,000=13%
토 지	200,000	₩200,000/₩500,000=40%
건 물	235,000	₩235,000/₩500,000=47%
	₩500,000	

해답

자 산	일괄구입원가		상대적 공정가치		배분 원가
재고자산	₩400,000	×	13%	=	₩52,000
토 지	400,000	×	40%	=	160,000
건 물	400,000	×	47%	=	188,000
					₩400,000

4) 현물출자 · 증여 · 무상에 의한 취득

증여(donation)나 무상(gift)으로 취득한 자산에 엄격한 의미의 역사적원가주의를 적용하면 자산의 원가는 ₩0이 된다. 그러나 증여 또는 무상으로 취득한 자산의 공정가치에 해당하는 금액으로 자산의 원가를 기록하고 자산수증이익을 기록한다.

유형자산과 교환으로 주식을 발행한 경우(현물출자의 경우) 취득한 유형자산의 공정가치와 주식의 시가 중 보다 명확히 측정할 수 있는 것을 기준으로 자산의 원가를 결정한다.

예를 들면, 액면금액이 ₩500인 주식 5,000주와 교환으로 건물을 취득하였다고 하자. 거래당시 한 주당 시가가 ₩1,300이라면 건물의 원가는 ₩6,500,000 (=5,000주×₩1,300)이 되며, 아래와 같이 분개하면 된다.

(차) 건 물	6,500,000	(대) 자본금-보통주	2,500,000
		주식발행초과금	4,000,000

5) 비화폐성자산의 교환에 의한 취득

유형자산을 취득할 때 현금 등 화폐성자산을 지급하지 않고 비화폐성자산과 교환하거나 화폐성자산과 비화폐성자산이 결합된 대가와 교환할 수가 있다. 이 경우에는 취득자산의 공정가치나 제공한 자산의 공정가치 중 보다 명확한 공정가치로 자산의 취득과 처분에 대한 회계처리를 한다.

예제 6-6 비화폐성자산의 교환

은정(주)는 기계 및 현금과 교환으로 토지를 취득하였다. 교환거래시점의 기계의 장부금액은 ₩63,000(원가 ₩96,000, 감가상각누계액 ₩33,000)이었으며, 공정가치는 ₩74,000이었다. 토지와 교환으로 은정(주)는 기계와 함께 현금 ₩26,000을 지급하였다. 이 거래를 기록하기 위한 분개를 하라.

해답

토지의 원가＝공정가치＋현금지급액＝₩74,000＋₩26,000＝₩100,000
유형자산처분이익＝공정가치－장부금액＝₩74,000－₩63,000＝₩11,000

〈분개〉

(차)	토 지	100,000	(대)	기 계 장 치	96,000
	감가상각누계액-기계	33,000		현 금	26,000
				유형자산처분이익	11,000

K-IFRS(제1016호)에서는 유형자산의 교환시에 원가는 가능한 한 공정가치로 측정할 것을 요구하고 있다. 그러나 만일 자산의 교환에서 ① 교환거래에 상업적 실질(commercial substance)이 결여된 경우나 ② 취득한 자산과 제공한 자산 모두의 공정가치를 합리적으로 측정할 수 없는 경우에는 예외적으로 취득한 자산의 원가를 제공한 자산의 장부금액에 추가적으로 지급한 대가를 더하여 측정한다. '상업적 실질이 있다'는 것은 구매자와 판매자 간에 정상적인 거래가 존재하는 것을 의미하는데, 다음 ① 또는 ②에 해당하면서 각각(현금흐름 및 기업특유가치)의 차이가 교환으로 인해 제거되는 자산의 공정가치에 비해 중요한 경우에 상업적 실질이 있다고 본다.

① 취득한 자산과 관련된 현금흐름(금액, 유출입 시기, 위험)이 제공한 자산과 관련된 현금흐름과 다르다.
② 교환거래의 영향을 받는 영업부문의 기업특유가치가 교환거래의 결과로 변동한다.

여기에서 교환손익을 인식한다는 것은 구자산은 처분되어 수익창출활동이 완료된 것으로 본다는 것이고, 신자산은 새로운 서비스를 제공하는 자산으로 간주한다는 것을 의미한다. 반면 교환손익을 인식하지 않는다는 것은 구자산과 신자산이 회사에 제공하는 서비스의 질이 유사한 것으로 보아 자산이 제공하는 수익창출활동이 계속 진행되는 것으로 간주한다.

따라서 상업적 실질이 있는 비화폐성자산의 교환은 구자산의 수익창출과정이 완료된 것으로 보아 교환손익을 인식한다. 그러나 상업적 실질이 결여된 비화폐성자산의 교환은 수익창출활동이 계속되고 있다고 보아 교환이익을 인식하지 않는다.

예제 6-7 비화폐성자산의 교환과 상업적 실질

민경(주)는 구컴퓨터를 교환하는 조건으로 신컴퓨터를 구입하였다. 교환시 구컴퓨터의 장부금액은 ₩20,000(원가 ₩30,000, 감가상각누계액 ₩10,000)이고, 공정가치는 ₩15,000이다. 민경(주)는 구컴퓨터와 현금 ₩17,000을 지급하고 신컴퓨터를 구입하였다.
본 교환거래가 상업적 실질이 있는 경우와 없는 경우 각각 교환거래를 기록하기 위한 분개를 하라.

해답

1) 상업적 실질이 있는 경우

신컴퓨터의 원가=구컴퓨터 공정가치+현금지급액=₩15,000+₩17,000=₩32,000
유형자산처분손익=구컴퓨터 공정가치−구컴퓨터 장부금액=₩15,000−₩20,000=(₩5,000)

(차) 컴 퓨 터(신)	32,000	(대) 컴 퓨 터(구)	30,000
감가상각누계액	10,000	현 금	17,000
유형자산처분손실	5,000		

2) 상업적 실질이 없는 경우

신컴퓨터의 원가=구컴퓨터의 장부금액+현금지급액=₩20,000+₩17,000=₩37,000

(차) 컴 퓨 터(신)	37,000	(대) 컴 퓨 터(구)	30,000
감가상각누계액	10,000	현 금	17,000

[예제 6-7]에서 보듯이 상업적 실질이 있는 교환거래에서 신자산의 원가를 결정할 때 양도되는 구자산의 공정가치를 기준으로 하느냐 장부금액을 기준으로 하느냐에 따라서 회계처리가 전혀 달라진다. 먼저 구자산의 공정가치로 신자산의 원가를 인식할 경우 구자산의 장부금액은 무시된다. 이 경우 신자산의 취득원가는 '구자산의 공정가치+현금지급액'으로 기록한다. 한편, 상업적 실질이 없다고 간주되는 경우 신자산은 '구자산의 장부금액+현금지급액'으로 기록한다.

제 3 절 보유 및 사용 기간중 회계처리

1 보유기간중 추가지출

유형자산은 취득 후 사용하는 과정에서 수리, 개선, 증설 등을 위한 추가적인 지출이 발생한다. 취득 후에 발생하는 지출에는 두 가지가 있다. 그 하나는 자본적 지출(capital expenditures)인데, 이는 유형자산의 미래효익(용역잠재력)을 증가시키는 지출로서 이를 해당 유형자산의 원가에 가산한다. 다른 하나는 수익적 지출(revenue expenditures)인데, 이는 유형자산의 본래 용역잠재력을 유지시키는 데 사용되는 지출로 이를 발생한 기간의 비용으로 인식한다.

수익적 지출과 자본적 지출의 구분기준은 해당 자산의 미래효익의 증가 여부이다. 보유기간중 유형자산과 관련된 지출이 ① 내용연수의 증가, ② 생산능력의 증대, ③ 상당한 원가절감이나 품질향상 중의 하나가 충족되면 자산의 미래효익이 증가하였다고 보고 자본적 지출로 처리한다.

유형자산의 수선·유지를 위한 지출은 해당 자산으로부터 당초 예상되었던 성능수준을 회복하거나 유지하기 위한 것이므로 발생한 기간의 비용으로 처리함이 타당하다.

자산의 사용가능기간중 정기적으로 발생하는 종합검사, 분해수리, 주요 부품이나 구성요소의 정기적 교체로서 ① 해당 지출을 별개의 감가상각대상 자산으로 인식하여 감가상각을 할 수 있으며, ② 인식조건(목적적합성과 표현충실성)을 충족하는 경우에는 자본적 지출로 처리할 수 있다.

2 감가상각

대부분의 유형자산은 시간이 지남에 따라 미래효익이 감소하게 된다. 따라서 미래효익의 감소를 반영하기 위하여 원가를 점차 감소시켜 나가야 한다. 이와 같은 미래효익의 감소를 기록하는 것을 감가상각(depreciation)이라 한다.[1]

감가상각이라는 용어는 시각에 따라 다른 의미를 갖는다. 예를 들면, 경제학자가 감가상각을 얘기할 때에는 경제적 가치의 감소를 의미하게 되어 가치평가를 위한 요소로 보고, 기술자가 감가상각을 얘기할 때에는 유형자산의 생산능력이나 효율성 등의 감소를 의미한다. 그러나 회계에서 말하는 감가상각은 평가의 개념이 아니라 원가의 배분(allocation of costs)개념을 의미한다. 즉, 감가상각은 유형자산의 가치감소액을 평가하며 기록하는 것이 아니라, '원가를 내용연수에 걸쳐 체계적인 방법으로 배분하는 과정(a process of allocating costs in a systematic manner)'으로 본다.

감가상각을 계산하기 위해서는 ① 감가상각대상액, ② 내용연수 및 ③ 상각방법을 결정해야 한다.

감가상각대상액(depreciation base)은 원가에서 잔존가치를 차감하여 결정된다. 잔존가치(salvage value)란 유형자산의 처분시점에 받을 것으로 추정되는 금액이다.

내용연수(useful life)는 경제적 내용연수와 물리적 내용연수로 구분할 수 있다. 경제적 내용연수(economic life)는 유형자산이 제공하는 효익이 이를 사용하는 데 필요한 비용보다 큰 경우에 한하여 해당 유형자산을 이용할 수 있다는 개념에 근거하고 있으나, 물리적 내용연수는 경제성을 불문하고 물리적으로 사용가능한 연수를 말한다. 따라서 경제적 내용연수는 물리적 내용연수보다 짧으며, 회계에서 말하는 내용연수는 경제적 내용연수를 의미한다.

감가상각은 '체계적인 방법'으로 실시해야 한다. 체계적인 방법이란 자산의 경제적 효익이 소멸되는 형태를 반영할 수 있고, 일단 채택된 합리적인 방법은 특별한 이유가 없는 한 일관성 있게 사용해야 한다는 것을 의미한다. 일반적으로 인정되고 있는 감가상각방법(depreciation method)을 분류하면 다음과 같다.

---

1) 감가상각 또는 상각이라는 용어는 광의의 의미에서 미래효익의 감소를 인식하는 포괄적 용어로 쓰이고 있으나 이를 세분하면 유형자산의 미래효익 감소를 인식하는 감가상각, 천연자원의 사용 혹은 채취에 따른 미래효익 감소를 인식하는 감모상각(depletion) 그리고 무형자산의 미래효익 감소를 인식하는 상각(amortization)으로 구분된다.

1) 균등상각법
   ① 생산량(사용시간)비례법 (activity method)
   ② 정액법(직선법) (straight-line method)

2) 체감상각법
   ① 정률법 (fixed percentage method)
   ② 연수합계법 (sum-of-the-years'-digits method)
   ③ 이중체감법 (double-declining balance method)

(1) 감가상각방법의 예시

다음 자료를 이용하여 여러 가지의 감가상각방법을 비교해 보자.

원가	₩300,000	추정총생산량	5,000단위
추정내용연수	5년	추정총작업시간	30,000시간
추정잔존가치	₩30,000		

1) 균등상각법

균등상각법에는 생산량비례법과 정액법이 있다. 생산량비례법에서는 매 생산단위에 균등한 금액의 감가상각비가 반영되며, 정액법에서는 매 기간에 동일한 감가상각비가 반영된다.

생산량비례법에서는 감가상각을 총생산량 또는 총작업시간의 함수로 본다. 유형자산이 생산하는 제품이 동일하거나 동일한 측정단위로 생산량을 측정할 수 있는 경우에는 생산량(output)에 비례하여 감가상각을 실시하는 것이 합리적이다. 그러나 한 유형자산이 동질적이 아닌 다양한 제품을 생산하거나 동일한 측정단위로 생산량을 측정할 수 없는 경우에는 유형자산의 사용시간(work hours), 즉 조업도에 비례하여 감가상각을 하는 것이 합리적이다. 생산량이나 조업도가 매기 변동하는 경우에는 생산량비례법을 사용하고 단위당 동일한 감가상각비를 반영함으로써 수익과 비용의 적절한 대응을 기할 수 있다.

생산량(사용시간)비례법에서 감가상각비의 계산은 두 단계로 이루어진다. 첫 단계에서는 단위당 감가상각비를 계산하고, 둘째 단계에서는 당해 연도의 생산량(사용시간)에 단위당 감가상각비를 곱하여 당해 연도의 감가상각비를 계산한다. 앞의 예시에 있어서 유형자산 취득 첫해의 사용시간이 4,000시간이었다고 하면, 사용시간비례법에 의한 첫해의 감가상각비는 다음과 같다.

① 시간당 감가상각비 : (취득원가－추정잔존가치)/추정총작업시간
=(₩300,000－₩30,000)/30,000시간
=₩9/시간

② 당해 연도의 감가상각비 : 시간당 감가상각비×당해 연도 사용시간
=₩9×4,000시간
=₩36,000

또한 앞의 예시에서 첫해의 생산량이 1,200단위였다고 하면 생산량비례법에 의한 첫해의 감가상각비는 아래와 같다.

① 생산량당 감가상각비 : (취득원가－추정잔존가치)/추정총생산량
=(₩300,000－₩30,000)/5,000단위
=₩54/단위

② 당해 연도의 감가상각비 : 생산량당 감가상각비×당해 연도 생산량
=₩54×1,200단위
=₩64,800

정액법에서는 감가상각은 시간의 함수라고 본다. 정액법은 계산이 간단하기 때문에 실무에서 폭넓게 사용되고 있는 방법이다. 앞 예시의 자료를 이용하여 연간 감가상각비를 정액법으로 계산하면 다음과 같다.

당해 연도의 감가상각비 : (취득원가－잔존가치)/내용연수
=(₩300,000－₩30,000)/5년
=₩54,000

2) 체감상각법

체감상각법에서는 감가상각비가 내용연수 초기에 많이 발생하고 기간이 지날수록 감소하게 되는데, 이에 속하는 감가상각방법에는 정률법, 연수합계법, 이중체감잔액법 등이 있다.

정률법은 일정한 상각률에 매년 체감하는 기초장부금액을 곱하여 감가상각비를 계산하는 방법인데, 유형자산의 사용초기에는 감가상각비를 많이 배분하고 후기에는 적게 배분한다. 정률법은 수선유지비가 갈수록 증가한다는 일반적 현상을 고려할 때 적절한 방법으로 볼 수 있다. 즉, 정률법에서는 초기에는 감가상각비는 높고 수선유지비는 낮게 계상되며 후기로 갈수록 감가상각비는 낮고 수선유지비는 높게 계상되어 내용연수 전기간에 걸쳐서는 유형자산에 관련된 총비용이 비교적 균등하게 발생하도록 한다.

한편, 정액법에서는 감가상각비는 매기 일정하지만 수선유지비가 시간이 지남에 따라 증가하여 총비용은 시간이 경과함에 따라 증가한다. 이를 그림으로 보면 [그림 6-2]와 같다.

■ 그림 6-2
정액법과 정률법의 총비용(수리비+감가상각비)의 비교

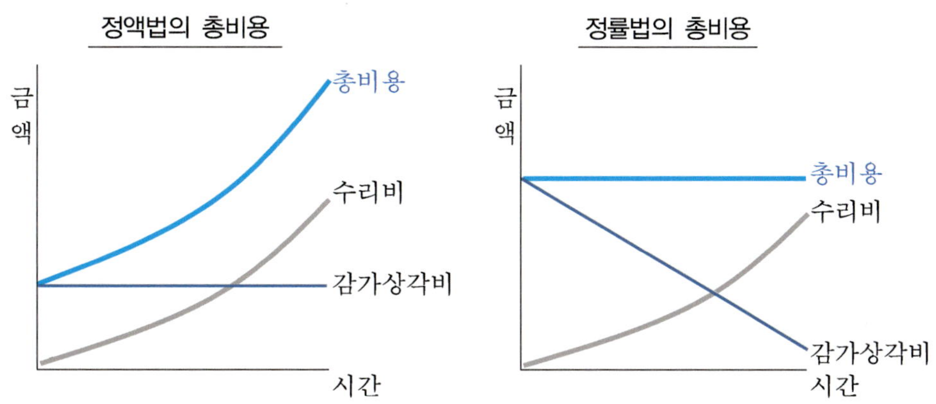

한편, 정률법에서는 감가상각대상액이 취득원가에서 잔존가치를 차감한 금액이 아니고 기초의 장부금액(취득원가－감가상각누계액)이 된다. 감가상각대상액의 계산에서 잔존가치를 차감하지 않는 이유는 내용연수말에 자산의 장부금액과 잔존가치가 일치하도록 상각률을 결정하기 때문이다.

정률법에서의 상각률은 다음의 공식에 의하여 계산한다.

$$상각률 = 1-(잔존가치율)^{1/n}$$

잔존가치율은 잔존가치를 취득원가로 나눈 비율을 의미하고, n은 내용연수를 나타낸다. 상기 예시의 경우 취득원가의 10%를 잔존가치율[2]로 사용하면 상각률은 0.369가 되고, 각 연도별 감가상각비는 다음과 같다.

정률법 - 감가상각표

연 도	기초장부금액	상각률	감가상각비	기말감가상각누계액
1차년도	₩300,000	0.369	₩110,700	₩110,700
2차년도	189,300	0.369	69,852	180,552
3차년도	119,448	0.369	44,076	224,628
4차년도	75,372	0.369	27,812	252,440
5차년도	47,560	0.369	17,560*	270,000
합 계			₩270,000	

* 상각종료연도에는 기초장부금액(₩47,560)에서 잔존가치(₩30,000)를 차감한 전액을 상각해야 한다.

연수합계법은 내용연수로부터 상각률을 구하는 상각방법이며, 상각률은 잔여내용연수를 연수합계로 나눈 값이 된다.

$$상각률 = \frac{당해\ 연도초의\ 잔여내용연수}{연수합계}$$

이 방법에서 상각률의 분자가 매년 감소하므로 초기에는 상각률이 높고 후기에는 낮아진다. 이 방법과 정률법은 둘 다 체감상각법이라는 측면에서 유사하나 연수합계법에서는 상각률이 초고후저형태를 취하고 감가상각대상액은 동일한 반면 정률법에서는 상각률은 일정하나 기초장부금액이 매년 감소하는 형태를 취한다는 차이가 있다. 상기 예시에서는 내용연수가 5년이므로

2) 만약 잔존가치가 ₩0이라면 상각률이 100%가 되어 취득연도에 취득원가를 모두 상각해야 한다는 모순이 생긴다. 이 경우에는 잔존가치를 취득원가의 적은 비율(예컨대 5%)을 이용하여 상각률을 결정하면 된다.

연수합계는 15(=1+2+3+4+5)이고 첫해의 상각률은 5/15, 둘째 해는 4/15, …, 마지막 해에는 1/15이 된다. 따라서 5년 동안의 감가상각비는 다음과 같다.

연수합계법 - 상각표

연 도	감가상각대상액	잔여내용연수	상각률	감가상각비	기말장부금액
1	₩270,000	5	5/15	₩90,000	₩210,000
2	270,000	4	4/15	72,000	138,000
3	270,000	3	3/15	54,000	84,000
4	270,000	2	2/15	36,000	48,000
5	270,000	1	1/15	18,000	30,000

체감잔액법 중 정액법상각률에 일정한 배수를 곱하여 상각률을 구한 후 여기에 기초장부금액을 곱하여 감가상각비를 계산하는 방법이 있다. 이것은 미국의 연방소득세법에서 정액법상각률의 두 배를 초과하지 않는 범위 내에서 체감법의 사용을 허용하였기 때문에 발달된 방법이며 대부분의 경우 상각률을 정액법의 두 배로 적용하고 있어, 이를 이중체감잔액법이라고 한다. 예를 들어 내용연수가 5년인 경우의 정액법상각률은 1/5로서 20%이기 때문에 이중체감잔액법의 상각률은 40%가 된다.

상각률이 정해진 후에 이중체감잔액법은 정률법과 마찬가지로 상각률에 기초장부금액을 곱하여 감가상각비를 구한다. 따라서 상각기준액을 계산하는데 있어서 취득원가에서 잔존가치를 차감하지 않으며 매기의 기초장부금액이 기준액이 된다.

이중체감잔액법을 상기 예시에 적용하면 매년의 감가상각비는 다음과 같다.

이중체감잔액법 - 감가상각표

연 도	기초장부금액	상각률	감가상각비	기말감가상각누계액
1	₩300,000	0.4	₩120,000	₩120,000
2	180,000	0.4	72,000	192,000
3	108,000	0.4	43,200	235,200
4	64,800	0.4	25,920	261,120
5	38,880	0.4	8,880*	270,000
			₩270,000	

* 상각종료연도에는 기초장부금액(₩38,880)에서 잔존가치(₩30,000)를 차감한 전액을 상각해야 한다.

예제 6-8 감가상각방법

나라(주)는 20×1. 1. 1 ₩235,000에 기계장치를 취득하였다. 이 기계는 내용연수가 10년이고 잔존가치는 ₩15,000, 생산량은 275,000단위, 작업시간은 25,000시간으로 추정된다. 20×1년중 나라(주)는 이 기계를 2,650시간 사용하여 25,000단위를 생산하였다.
위 자료를 이용하여 아래의 방법에 따라 20×1년 감가상각비를 계산하라.
(1) 정액법, (2) 생산량비례법, (3) 작업시간비례법, (4) 연수합계법, (5) 이중체감잔액법

해답

(1) 정액법 : (₩235,000 − ₩15,000)/10 = ₩22,000
(2) 생산량비례법 : {(₩235,000 − ₩15,000)/275,000} × 25,000 = ₩20,000
(3) 작업시간비례법 : {(₩235,000 − ₩15,000)/25,000} × 2,650 = ₩23,320
(4) 연수합계법 : (₩235,000 − ₩15,000) × (10/55) = ₩40,000
(5) 이중체감잔액법 : 상각률 = 1/10 × 2 = 0.2
감가상각비 = ₩235,000 × 0.2 = ₩47,000

(2) 감가상각의 기록방법

감가상각을 장부에 기록하는 방법에는 직접법과 간접법의 두 가지가 있다. 먼저 직접법은 감가상각비를 기록하고 유형자산을 직접 감액하는 방법을 말한다. 예컨대 건물에 대하여 회계기말에 직접법을 이용하여 감가상각을 하는 경우에 아래와 같이 분개하면 된다.

(차) 감가상각비 ××× (대) 건 물 ×××

그러나 이 방법은 자산, 부채 및 자본은 총액으로 기재하는 총액주의에 위배되는 것으로서 유형자산의 감가상각에는 일반적으로 이용하지 않고, 무형자산의 상각에 일반적으로 이용한다.

간접법은 평가계정설정법이라고도 하는데, 감가상각비를 기록하고 동액을 감가상각누계액(accumulated depreciation)이라는 계정으로 기록하는 방법이다. 감가상각누계액계정은 유형자산의 차감계정으로 해당 유형자산에서 차감하는 형식으로 기재한다. 예컨대 건물에 대하여 간접법을 이용하여 감가상각을 하는 경우에 아래와 같이 분개한다.

(차) 감가상각비 ××× (대) 감가상각누계액-건물 ×××

이러한 회계처리는 유형자산의 취득원가와 현재까지의 감가상각누계액에 대한 정보를 모두 제공함으로써 현시점에서의 장부금액을 보여줄 수 있다는 장점이 있다.

(3) 감가상각에 관련된 기타 항목

1) 기중취득 유형자산의 감가상각

유형자산은 대부분 기중에 취득하여 사용하게 된다. 이제까지는 유형자산을 기초에 취득하고 기말에 처분하는 것을 가정한 예제들을 살펴보았으나 이들은 비현실적인 예제들이라고 볼 수 있다.

그렇다면 기중에 취득한 유형자산의 감가상각은 어떻게 처리해야 할 것인가? 예를 들어 내용연수가 5년인 유형자산을 20×1년 6월 16일에 취득하였는데 회계기말은 12월 31일이라면 얼마의 감가상각비를 계상해야 할 것인가? 정액법을 사용한다면 감가상각대상액을 내용연수로 나누어 구한 1년간의 감가상각비에 사용기간을 곱하여 첫해의 감가상각비를 계상하면 된다. 따라서 만약 취득원가가 ₩100,000이고 잔존가치가 없는 것으로 추정되는 경우에는 1년간 감가상각비는 ₩20,000(=₩100,000÷5년)이 되고 첫해의 감가상각비는 ₩10,833(₩20,000×6.5/12)이 된다.

이와 같이 유형자산 취득일을 기준으로 각 해의 1년간 감가상각비를 구한 다음 이를 관련된 두 연도에서 차지하는 회계연도의 비중에 비례하여 할당하는 방식으로 한 회계연도의 감가상각비를 계상하는 것이 원칙이다. 그러나 모든 자산에 대하여 이와 같은 방식을 적용하기란 쉽지가 않다. 따라서 유형자산의 감가상각에 대한 회계처리로 ① 일단위, ② 월단위, ③ 6월단위(회계연도중 감가상각기간이 6월 이하인 경우) 및 ④ 1년단위(회계연도중 감가상각기간이 6월을 초과하는 경우) 등의 방법이 인정되고 있다.

2) 감가상각방법 및 관련된 추정의 변경

회계처리기준 및 회계추정의 변경은 그 변경으로 인하여 재무제표를 보다 적절히 표시할 수 있음이 객관적으로 입증되는 경우에 한하여 할 수 있다. 따라서 기업은 재무제표를 보다 적절히 표시할 수 있다고 인정되면, 감가상각방법 및 관련된 추정(내용연수와 잔존가치)을 변경할 수 있다.

유형자산의 내용연수와 잔존가치는 추정에 근거하여 결정되기 때문에 때로는 변경해야 할 필요가 생긴다. 내용연수 및 잔존가치에 부정적 영향을 미치는 요인들로서는 예상하지 못한 마모 및 손상 등의 발생, 진부화 등을 들 수 있으며, 이들에 긍정적 영향을 미치는 요인들로서는 철저한 수선유지, 사용방식의 개선 등을 들 수 있다.

감가상각방법은 자산이 수익창출에 공헌하는 형태에 따라 결정된다. 그러나 이도 역시 추정에 의한 것이므로 K-IFRS(제1016호)에서는 감가상각방법의 변경은 추정의 변경으로 보고 있다. 이에 따라 감가상각방법의 적절성을 매년 검토하도록 요구하고 있다. 또한 감가상각방법 및 다른 추정의 변경에 대해서는 이로 인한 효과를 당기 및 이후 회계기간에 반영하는 전진법(prospective method)으로 회계처리하도록 규정하고 있다.

예제 6-9 내용연수의 변경

형삼(주)는 취득원가가 ₩100,000이고 잔존가치가 ₩5,000으로 예상되는 유형자산의 내용연수가 처음에는 10년인 것으로 추정되어서 정액법을 이용하여 과거 5년 동안 매년 ₩9,500씩 상각해 왔다. 형삼(주)는 6년째 되던 해에 동 유형자산을 10년 동안 더 사용할 수 있는 것으로 추정하였다고 하자. 그 결과 유형자산의 총내용연수는 15년이 된다.
앞으로 남은 10년간의 기간에 매년 계상할 감가상각비를 계산하라.

해답

과거 5년간 감가상각누계액은 ₩47,500(=₩9,500×5년)이다. 6차년도초 현재의 장부금액 ₩52,500에서 잔존가치(₩5,000)를 차감한 금액을 잔여내용연수인 10년간에 걸쳐서 상각하면 된다.

취득원가	₩100,000
차감 : 감가상각누계액	(47,500)
6차년도초 장부금액	₩52,500

따라서 6차년도~15차년도의 매년 감가상각액 : {(52,500−5,000)/10년}=₩4,750

유형자산의 보유기간중에 발생하는 추가적인 회계처리로 유형자산의 재평가와 손상에 대한 회계처리가 있는데, 이는 본장의 〈보론 6A〉에서 다루고 있다.

제 4 절 제거시점의 회계처리

유형자산은 매각, 교환, 도난, 파손, 교체 등을 통하여 처분된다. 어떠한 형태의 처분이든지 간에 처분시까지의 감가상각비를 계산해야 하며, 처분되는 자산과 함께 관련 감가상각누계액을 장부에서 제거시켜야 한다. 이때 자산의 장부금액과 처분가액이 일치하지 않는 것이 일반적이며, 이러한 경우에는 유형자산처분손익을 인식한다.

유형자산을 매각(sale)하는 경우의 회계처리는 간단하다. 최근 감가상각기록일로부터 매각일까지의 감가상각에 대한 분개를 하고, 장부금액(취득원가−감가상각누계액)과 판매로부터 수취한 대가의 차액을 유형자산처분손익으로 인식한다.

비자발적 처분이란 화재, 홍수, 도난, 수용 등과 같은 이유로 회사의 의도와는 달리 처분되는 경우를 말한다. 비자발적 처분의 경우라 할지라도 처분손익을 계산하는 기본방법은 매각의 경우와 동일하다.

유형자산을 더 이상 사용하는 것이 비경제적일 경우 이를 폐기하게 된다. 대가를 한 푼도 받지 못하고 폐기할 경우에는 유형자산의 장부금액이 그대로 유형자산처분손실이 되며, 일부라도 대가를 받게 되면 장부금액에서 처분대가를 차감한 만큼의 손실이 발생하게 된다.

K-IFRS에서는 내용연수 도중 사용을 중단하고 처분 또는 폐기할 예정인 유형자산은 사용을 중단한 시점의 장부금액으로 표시하여 투자자산으로 재분류하도록 요구하고 있다. 투자자산으로 분류되면 감가상각을 하지 않는 대신 매 회계연도말에 손상차손의 발생여부를 검토해야 한다.

예제 6-10 유형자산의 처분

수양(주)는 취득원가 ₩45,000, 추정내용연수 10년, 추정잔존가치 ₩5,000인 기계를 과거 9년간 매년 ₩4,000씩 정액법으로 감가상각을 하여 왔다. 수양(주)는 동 기계를 10차년도 중간에 ₩5,000에 매각하였다. 유형자산의 매각에 필요한 회계처리를 하라.

해답

〈6개월 동안의 감가상각비 계산〉

(차)	감가상각비	2,000	(대) 감가상각누계액	2,000

〈매각분개〉

(차)	현 금	5,000	(대) 기 계	45,000
	감가상각누계액	38,000		
	유형자산처분손실	2,000*		

* 처분손실 = 매각대금 − 장부금액 = ₩5,000 − (₩45,000 − ₩38,000) = (₩2,000)

보론 6A 유형자산의 재평가와 손상

1 유형자산의 재평가

유형자산의 취득시점에는 원가로 기록해야 한다. 취득시점에 지급한 대가는 그 시점에서 자산의 가치를 가장 잘 반영한다고 보기 때문이다. 그러나 취득 이후에는 장부금액과 공정가치 사이에 차이가 발생할 수 있는데, 그 차이를 어떻게 인식해야 할 것인가에 대하여서는 의견이 다양하다.

첫 번째, 가장 일반적인 의견은 원가 이상으로 공정가치가 상승했더라도 유형자산을 평가증(write-up)해서는 안 된다는 입장이다. 즉, 이 경우에도 유형자산을 원가로 보고해야 한다는 것이다.

두 번째 입장은 유형자산의 기록은 취득원가로 하되 가치변동을 공시하자는 입장이다. 즉, 장부상의 측정기준으로서는 역사적원가를 채택하되 가치변동을 재무제표의 주석 혹은 보조정보로서 공시하자는 입장이다.

세 번째 입장은 유형자산의 가치가 실제로 변동하므로 역사적원가에 집착하지 말고 자산을 공정가치로 재평가하여 재무제표에 공시하자는 입장이다. 자산을 공정가치로 평가하면 ① 자산의 경제적 실질을 나타낼 수 있고, ② 이해관계자들의 경제적 의사결정에 좀더 유용한 정보를 제공할 수 있으며, ③ 수익과 대응되는 비용을 좀더 현실성 있게 표시할 수 있는 등의 장점이 있다고 본다.

K-IFRS(제1016호)에서는 유형자산의 취득시점에는 취득원가로 측정하지만 취득 이후에는 원가모형이나 재평가모형 중 하나를 선택하여 측정할 수 있도록 허용하고 있다.

원가모형(cost model)이란 전통적인 회계처리방법으로서 유형자산을 최초 취득시점의 원가로 인식한 이후 재평가를 허용하지 않는 방법이다.

한편, 재평가모형(revaluation model)이란 최초에는 유형자산을 원가로 인식하지만 재평가일에 공정가치를 신뢰성 있게 측정할 수 있는 경우에는 유형자산을 재평가하고, 재평가일의 공정가치에서 이후의 감가상각누계액과 손상차손누계액을 차감한 재평가금액을 장부금액으로 표시하는 방법이다.

유형자산의 취득 이후에는 원가모형이나 재평가모형 중 하나를 회계정책으로 선택하되 유형자산 분류별로 동일하게 적용해야 한다. 이는 자산을 선택적으로 재평가하거나 재무제표에서 서로 다른 기준일의 취득원가나 공정가치가 혼재되는 금액으로 보고하는 것을 방지하기 위해서이다.

재평가의 빈도는 재평가되는 유형자산의 공정가치 변동에 따라 달라진다. 공정가치의 변동이 빈번하고 그 금액이 중요하다면 더 자주 재평가할 필요가 있고, 공정가치의 변동이 중요하지 않은 경우에는 자주 재평가하지 않아도 될 것이다.

재평가모형에 적용되는 공정가치란 '측정일에 시장참여자 사이에 정상거래에서 자산을 매도하면서 수취하거나 부채를 이전하면서 지급하게 될 가격'이다.[3] 만약 해당 유형자산의 특수성 때문에 공정가치에 대해 시장에 근거한 증거가 없고 거의 거래되지 않는다면, 이익접근법(현재가치측정기법)이나 상각후현행원가법(depreciated replacement cost method, [예제 6A-1]을 참조)을 사용해서 공정가치를 측정할 필요가 있다. 이때 현행원가란 동일한 유형의 신규자산을 취득하는 데 소요되는 원가를 말한다.

예제 6A-1 상각후현행원가법에 의한 공정가치의 결정

종로(주)는 20×1. 1. 1 설비자산을 ₩50,000에 취득하였다. 설비자산의 내용연수는 5년이고 잔존가치는 없으며 감가상각방법은 정액법을 채택하고 있다. 종로(주)는 이 설비자산을 재평가모형에 따라서 측정하는데, 20×2. 12. 31 현재 신규 설비자산의 현행원가가 ₩80,000임을 알 수 있었다.
상각후현행원가법에 의한 20×2. 12. 31의 장부금액은 얼마인가?

해답

종로(주)의 재평가 전 20×2. 12. 31의 장부금액 :
원가(₩50,000) − 감가상각누계액(₩50,000 × 2/5 = ₩20,000) = ₩30,000

3) 유형자산의 공정가치를 평가함에 있어서는 자산의 경제적 효익을 창출하기 위하여 그 자산을 최고최선으로 사용(highest and best use)한다는 것을 전제로 한다. 최고최선의 사용을 판단할 때에는 물리적 사용가능성(자산의 위치, 크기 등), 법적 사용가능성(부동산에 적용될 수 있는 구획정비 규정 등), 재무적 사용가능성(수익, 현금흐름 등)을 고려해야 한다. 또한 유형자산은 독립적으로 사용되기도 하지만 다른 자산과 함께 최고최선의 방식으로 사용되기도 한다는 점을 고려하여 공정가치를 측정해야 한다.

상각후현행원가법에 의한 새로운 장부금액 :

현행원가(₩80,000)－감가상각누계액(₩80,000×2/5＝₩32,000)＝₩48,000

(주) 재평가로 인하여 장부금액은 ₩18,000(＝₩48,000－₩30,000)이 증가하였다.

자산의 장부금액이 재평가로 인하여 증가되는 경우에는 그 증가액을 기타포괄손익으로 인식하고 재평가잉여금의 과목으로 자본(기타포괄손익누계액)에 가산한다. [예제 6A-1]에서 장부금액이 재평가로 인하여 ₩18,000이 증가하므로 자산재평가잉여금의 과목으로 기타포괄손익을 ₩18,000 증가시켜야 한다. 한편, 자산의 순장부금액을 재평가금액으로 수정하는 방법은 다음 두 가지가 모두 가능하다.

① 기존의 감가상각누계액을 수정하는 방법 :

(차) 감가상각누계액	18,000	(대) 자산재평가이익 (기타포괄손익)	18,000

* 순장부금액은 ₩48,000(＝취득원가 ₩50,000－감가상각누계액(₩20,000－₩18,000))이 되었다.

② 자산의 장부금액과 감가상각누계액을 비례적으로 수정하는 방법 :

(차) 설 비 자 산	30,000	(대) 감가상각누계액	12,000
		자산재평가이익 (기타포괄손익)	18,000

* 20×2. 12. 31 설비자산의 금액은 ₩80,000으로 수정되고, 감가상각누계액도 ₩32,000(＝₩80,000×2/5)으로 수정되어 순장부금액은 ₩48,000이 되었다.

재평가로 자산의 장부금액이 증가하여 기타포괄이익이 발생한 경우라도 동일한 자산에 대하여 이전에 당기손익으로 반영한 재평가손실이 있었다면, 그 금액을 한도로 하여 당기손익으로 인식한다.

자산의 장부금액이 재평가로 인하여 감소되는 경우에는 그 감소액(자산재평가손실)을 재평가 시기의 당기손익에 반영한다. 그러나 그 자산에 대한 재평가잉여금의 잔액이 있다면 그 금액을 한도로 하여 재평가감소액을 기타포괄손익으로 인식한다. 재평가감소액을 기타포괄손실로 인식하면 이로 인해 기재된 기타포괄손익누계액(자본)이 감소된다.

예제 6A-2 재평가 회계처리

강남(주)는 20×1년초에 토지를 ₩1,000,000에 구입하였다. 이 토지는 20×3년말에 ₩1,500,000으로 재평가되었고 20×5년말에 다시 ₩900,000으로 재평가되었다. 토지는 감가상각대상자산이 아니다. 20×3년말과 20×5년말의 회계처리를 하라.

해답

〈20×3년말〉

토지가 ₩1,500,000으로 재평가되어 ₩500,000(=₩1,500,000−₩1,000,000)의 자산재평가이익이 발생했으므로 이를 기타포괄이익으로 인식하고 기타포괄손익누계액(재평가잉여금)으로 하여 자본에 반영한다.

(차)	토　　지	500,000	(대)	자산재평가이익(기타포괄손익)	500,000

〈20×5년말〉

토지가 ₩900,000으로 재평가되어 토지의 장부금액을 ₩600,000만큼 감소시켜야 한다. 이 중에서 이전에 기타포괄이익으로 인식하였던 ₩500,000만큼은 기타포괄손실로 인식하여 해당 토지의 재평가잉여금(기타포괄손익누계액)을 감소시키고, 나머지 ₩100,000은 당기손익에 반영한다.

(차)	자산재평가손실(기타포괄손익)	500,000	(대)	토　　지	600,000
	자산재평가손실(당기손익)	100,000			

자산이 폐기되거나 제거될 때에는 해당 자산과 관련해서 자본에 계상된 재평가잉여금은 직접 이익잉여금으로 대체할 수 있다. 이 경우에는 해당 자산과 관련해서 계상된 재평가잉여금 전액을 이익잉여금으로 대체해야 하며 일부만을 이익잉여금으로 대체할 수는 없다.

예제 6A-3 자산재평가와 자산의 처분

[예제 6A-1]의 자료를 이용하여 종로(주)는 20×4년말에 해당 설비자산을 ₩10,000에 처분하였다고 하자. 20×4년말 처분과 관련된 회계처리를 하라. 단, 처분된 자산의 재평가잉여금을 이익잉여금으로 대체하는 방법을 이용한다.

해답

〈20×4년〉

(차) 현 금	10,000	(대) 설 비 자 산	80,000
감가상각누계액	64,000*		
설비자산처분손실	6,000		

* ₩80,000×4/5=₩64,000

(차) 재평가잉여금	18,000	(대) 이익잉여금	18,000

감가상각대상자산인 경우에는 기업이 그 자산을 사용하는 부분만큼 재평가잉여금의 일부를 이익잉여금으로 대체할 수도 있다. 이러한 경우 재평가액에 근거한 감가상각액과 최초원가에 근거한 감가상각액의 차이를 이익잉여금으로 대체할 수 있다.

[예제 6A-1]과 [예제 6A-3]의 경우 자산의 재평가로 인하여 연간 감가상각비가 ₩10,000에서 ₩16,000으로 증가하였다. 이러한 감가상각비의 증가액만큼 재평가잉여금을 이익잉여금으로 대체할 수 있다. 예를 들어 [예제 6A-3]에서 각 연도에 감가상각을 기록하는 분개는 다음과 같은데, 감가상각비 증가액만큼 재평가잉여금이 실현되었다고 보아 이익잉여금으로 대체할 수 있다.

(차) 감가상각비	16,000	(대) 감가상각누계액	16,000
재평가잉여금	6,000	이익잉여금	6,000

이와 같이 자산재평가 이후에 매년 ₩6,000의 재평가잉여금을 이익잉여금으로 대체했다면, 20×4년말 자산의 처분시점에는 재평가잉여금 잔액은 ₩6,000(=₩18,000−₩6,000×2년)이 된다. 따라서 처분시점에는 이 금액만을 이익잉여금으로 대체할 수 있다.

2 유형자산의 손상

자산은 회수가능액(recoverable amount) 이상으로 기록되어서는 안 된다. 이와 같은 원칙은 유형자산을 포함한 다른 자산에 대해서도 적용된다. 따라서 유형자산의 장부금액(취득원가－감가상각누계액)이 회수가능액보다 높은 경우에는 이를 평가감해야 한다. 유형자산의 경우 감가상각을 통하여 장부금액이 점차 감소하므로 장부금액이 회수가능액보다 높게 기록될 가능성이 낮다. 따라서 유형자산의 가치감소로 인한 평가감을 기록하기 위하여서는 손상징후가 있는 경우에 한해야 한다고 본다.

K-IFRS 제1036호(자산손상)에서는 자산의 사용 및 처분으로부터 기대되는 회수가능액이 장부금액에 미달하는 경우에는 회수가능액을 장부금액으로 하고 그 차액을 손상차손(impairment loss)으로 처리하도록 하고 있다.

손상처리한 자산의 회수가능액이 차기 이후에 장부금액을 초과하는 경우에는 당해 자산이 손상전 감가상각후 장부금액을 한도로 손상차손환입 과목으로 하여 당기이익으로 처리한다.

예제 6A-4 유형자산의 손상차손

병호(주)는 20×1. 1. 1에 원가 ₩10,000, 추정내용연수 10년, 추정잔존가치 ₩0인 기계를 취득하였으며 감가상각은 정액법을 사용한다. 동 유형자산의 회수가능액이 20×2. 12. 31에는 ₩6,400으로 추정되었으며, 다시 20×4. 12. 31에는 ₩7,000으로 회복된 것으로 추정되었다. 유형자산의 손상차손과 관련하여 20×2. 12. 31, 20×3. 12. 31과 20×4. 12. 31에 필요한 분개를 하라.

해답

〈20×2. 12. 31(손상차손의 인식)의 분개〉

(차) 손 상 차 손	1,600*	(대) 손상차손누계액	1,600

* 손상차손＝장부금액－회수가능액
＝(₩10,000－₩1,000×2년)－₩6,400＝₩1,600

〈20×3. 12. 31(손상차손 후의 감가상각)의 분개〉

(차) 감가상각비	800	(대) 감가상각누계액	800

* 감가상각비＝₩6,400/8년＝₩800

〈20×4. 12. 31(손상차손환입의 인식)의 분개〉

(차) 감가상각비	800	(대) 감가상각누계액	800
(차) 손상차손누계액	1,200*	(대) 손상차손환입	1,200

* 손상차손환입액＝손상전 상각후 장부금액－손상차손환입전 장부금액
＝(₩10,000－₩1,000×4년)－(₩6,400－₩800×2년)
＝₩6,000－₩4,800＝₩1,200

유형자산손상차손 회계처리에 대한 이해를 돕기 위하여 [예제 6A-4]를 그림으로 표현하면 [그림 6A-1]과 같다.

그림 6A-1
유형자산의 손상차손

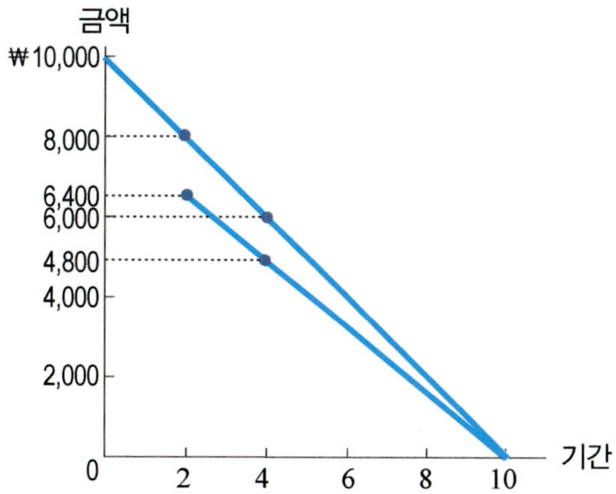

[설 명]

(2차년도)	손상전 상각후 장부금액	₩8,000
	차감 : 손상차손	(1,600)
	손상후 장부금액	₩6,400
(4차년도)	손상전 상각후 장부금액 (=손상차손환입후의 장부금액)	₩6,000
	차감 : 손상차손환입전 장부금액 (=손상후 상각후 장부금액)	(4,800)
	손상차손환입액	₩1,200

익힘문제

CHAPTER 6

1. 유형자산의 특징을 간략하게 설명하라.

2. 유형자산의 취득원가는 어떻게 결정하는가?

3. 유형자산의 취득과 관련하여 발생한 차입원가는 어떻게 회계처리해야 하는가?

4. 무상 또는 현물출자로 취득한 유형자산의 취득원가는 어떻게 결정하는가?

5. 비화폐성자산의 교환으로 취득한 자산의 취득원가의 결정기준은 무엇인가?

6. 다음과 같은 항목은 정상적으로 유형자산의 회계에서 어떤 방법으로 처리해야 하는가?

   (1) 증 설 (2) 대규모수선 (3) 개선과 교체

7. 지출은 일반적으로 자본적 지출과 수익적 지출 두 가지 범주로 나눌 수 있다.

   (1) 두 범주의 차이점과 회계처리방법의 상이점을 설명하라.
   (2) 자본적 · 수익적 지출을 잘못 분류함으로 인하여 현재 및 미래의 재무상태표와 손익계산서에 미치게 되는 영향을 설명하라.
   (3) 위와 같이 두 가지 일반적 범주로 지출을 구분하는 지침을 마련하기 위하여 어떤 기준이 사용되는가?

8. 경제적 내용연수와 물리적 내용연수를 비교 설명하라.

9. 감가상각비를 계산하기 위한 기본적인 요소들은 무엇인가?

10. 균등상각법에는 어떤 것들이 있으며 균등상각법의 장점과 단점은 무엇인가?

11. 체감상각법의 종류를 들고 공통점과 차이점을 비교하라.

보-1. 유형자산의 평가모형으로서 원가모형과 재평가모형을 비교하여 설명하라.

보-2. 유형자산의 공정가치 측정에서 최고최선의 사용이란 무엇을 의미하는가?

보-3. 상각후현행원가법이란 무엇인가?

보-4. 재평가잉여금을 기록하는 두 가지 방법에 대해 간략하게 설명하라.

보-5. 재평가잉여금이 FVOCI자산평가손익 등 다른 기타포괄손익과 다른 점은 무엇인가?

보-6. 어떤 장비의 가치가 영구적으로 손상되었을 때, 영구적 손상에 대한 기록과 보고방법에 대하여 설명하라.

보-7. 손상차손은 언제 인식해야 하는가?

연습문제

CHAPTER 6

1. 토지와 건물의 취득원가

익산(주)는 20×1년도에 다음과 같이 토지를 취득하여 그 위에 새 건물을 신축하였다.

토지의 구입원가	₩60,000
토지구입 법률비용	2,000
건축설계 수수료	8,000
신규 매입 토지상의 구건물 철거원가	5,000
구건물 철거에 따른 잡수입	3,000
건물공사도급금액(완공)	350,000

요구사항

익산(주)가 20×1년도에 토지와 건물의 취득원가로 기록할 금액은 각각 얼마인가?

2. 유형자산의 취득원가

음성(주)는 판매활동에 사용하기 위하여 중고 화물차를 취득하였는데 차량의 매입가격으로 ₩125,000을 지급하고, 취득세와 등록세로 ₩20,000을 지급하였으며, 구입시의 전체 수리비로 ₩10,000을 지급하였다. 음성(주)가 차량운반구의 취득원가로 기록할 금액은 얼마인가?

3. 차입원가의 자본화

에덴(주)는 20×1. 1. 1에 건설업자와 계약하여 사옥을 신축하기 시작하여 20×1. 12. 31에 준공하였다. 사옥을 신축하기 위하여 만기가 1년이고, 이자율이 10%이며, 이자지급일이 12월 31일인 지정차입금 ₩1,000,000을 20×1. 1. 1에 차입하였다. 사옥공사대금은 총 ₩1,500,000으로서 20×1년중에 3회(1월 1일, 7월 1일 및 12월 31일)에 걸쳐 ₩500,000씩 지급하였다. 사옥의 취득에 관련된 분개를 하라.

4. 현금할인조건 유형자산의 취득원가

도래(주)는 20×1. 3. 1에 송장가격이 ₩50,000인 기계를 취득하였다. 기계의 대금지급조건이 2/20, n/60이다. 도래(주)는 20×1. 3. 20에 기계매입대금을 지급하였다. 위 거래를 K-IFRS에 따라 분개하라.

5. 이연지급계약에 의한 유형자산의 취득원가

미파(주)는 기계를 구입한 대가로 3년 만기, 무이자부, 액면가 ₩60,000의 약속어음을 발행하여 지급하였다. 미파(주)는 매년말 ₩20,000씩 균등상환하기로 하였다. 이 거래 당시 미파(주)가 발행한 어음과 유사한 어음의 유효이자는 6%이었다. 미파(주)가 기계취득시에 행할 분개와 1차년도말에 행할 분개를 하라.

6. 일괄구입에 의한 유형자산의 취득원가

자미(주)는 도라(주)의 자산 중 일부를 일괄하여 ₩500,000에 구입하였다. 일괄구입한 자산의 구성항목과 공정가치는 아래와 같다. 각 자산의 취득원가를 계산하라.

	공정가치
기계장치	₩87,000
토　　지	232,000
건　　물	261,000
	₩580,000

7. 비화폐성자산의 교환 (1)

상원(주)는 구형 소나타승용차와 교환으로 ₩7,000을 추가로 지급하고 신형 소나타승용차를 신규로 취득하였다. 구형 소나타의 취득가액은 ₩7,000이었으며 교환일 현재의 감가상각누계액 잔액은 ₩4,000이었다. 교환일에 있어서 구형 소나타의 공정가치는 ₩4,000이고 신형 소나타의 판매가액은 ₩11,500인 것으로 알려졌다. 이 교환거래를 (1) 상업적 실질이 있는 경우와 (2) 상업적 실질이 없는 경우로 구분하여 필요한 분개를 하라.

8. 비화폐성자산의 교환 (2)

광명(주)는 20×1. 1. 1에 취득원가가 ₩54,000이고 1/3이 이미 감가상각된 중장비트럭을 공정가치가 ₩65,000인 중고 크레인과 교환하기 위하여 ₩35,000의 현금을 지급하였다. 이 거래에 대하여 적절한 분개를 하라.

9. 감가상각

부안(주)는 정액법을 이용하여 감가상각을 한다. 다음은 20×1년과 20×2년 말 현재 장부상에 기록된 유형자산의 원가를 나타낸다.

	20×2. 12. 31	20×1. 12. 31
토 지	₩25,000	₩25,000
건 물	195,000	195,000
기계장치	695,000	650,000
합 계	915,000	870,000
차감 : 감가상각누계액	400,000	370,000
	₩515,000	₩500,000

부안(주)의 연도별 감가상각비는 20×1년에 ₩50,000이고 20×2년에는 ₩55,000이었다. 20×2년에 유형자산의 처분으로 인하여 장부상에서 제거된 감가상각누계액은 얼마인가?

10. 내용연수의 변경

충섭(주)가 ₩50,000에 구입한 기계장치는 내용연수가 7년이고 잔존가치가 ₩8,000인 것으로 추정되었다. 이 기준에 의하여 5년간 감가상각이 이루어졌다. 20×7년에 이 기계는 잔존가치가 ₩3,500이며 총내용연수가 10년인 것으로 추정되었다. 감가상각방법은 정액법을 이용한다.

요구사항

(1) 필요하다면 전년도의 감가상각에 대한 정정분개를 하라.
(2) 20×7년도의 감가상각을 기록하기 위한 분개를 하라.

11. 감가상각방법 및 추정내용연수의 변경

태영(주)의 비품은 취득원가가 ₩400,000, 추정내용연수는 20년, 잔존가치는 없다.

요구사항

아래의 상황은 독립적이라고 가정한다.

(1) 2년 동안 감가상각방법으로 이중체감법을 사용했으나 정액법으로 바꾸기로 하였다. 3년이 되는 해의 ① 회계원칙변경과 ② 감가상각비(순이익의 세금효과는 무시)를 기록할 적절한 분개를 하라.
(2) 2년 동안 정액법을 사용한 후 추정내용연수를 27년으로 결정하였다(원래 추정치보다 7년 많음). 3년째 되는 해의 감가상각비를 계상할 분개를 하라.

12. 유형자산의 처분 (1)

20×1. 1. 1 관악(주)는 장부금액 ₩288,000의 비품을 매각하고 20×4. 1. 1이 만기인 액면 ₩360,000의 무이자부 어음을 수취하였다. 이 비품에 대한 교환가격은 성립되어 있지 않으며 어음에 대한 20×2. 1. 1의 시장이자율은 10%이었다. 관악(주)의 20×1년도 말의 손익계산서에 기재될 비품의 처분손익 및 유효이자율법에 의한 이자는 얼마인가?

13. 유형자산의 처분 (2)

화성(주)는 20×1. 7. 1 기계를 ₩4,000,000에 구입하여 사용하던 중 20×3. 6. 30 동 기계를 ₩1,500,000에 처분하였다. 동 기계의 내용연수는 5년, 잔존가치는 취득원가의 10%로 추정하였으며 상각률은 36.9%이다. 정률법을 적용하여 감가상각을 할 경우 기계의 처분손익은 얼마인가? 단, 소수점 이하는 반올림한다.

보-1. 상각후현행원가법에 의한 공정가치의 결정

라이(주)는 20×1. 1. 1 기계장치를 ₩100,000에 취득하였다. 기계장치의 내용연수는 10년이고 잔존가치는 없으며 감가상각방법은 정액법을 채택하고 있다. 라이(주)는 재평가모형을 적용하여 20×2. 12. 31 현재 이 기계장치의 현행원가를 ₩150,000으로 측정하였다. 상각후현행원가법에 의한 20×2. 12. 31의 장부금액은 얼마인가?

보-2. 유형자산의 재평가

안성(주)는 20×1. 1. 1 기계장치를 ₩3,000,000에 취득했다. 기계의 경제적 내용연수는 5년으로 추정된다. 기계장치는 잔존가치가 없으며 정액법에 의해서 감가상각한다.

안성(주)는 20×1. 12. 31에 이 기계장치의 평가를 재평가모형에 의해서 회계처리하기로 결정했다. 안성(주)는 기계장치를 20×1. 12. 31에 재평가한 결과 공정가치는 ₩2,520,000인 것으로 조사되었으며, 잔여 경제적 내용연수는 4년인 것으로 확인하였다.

20×2. 12. 31에 기계장치의 공정가치는 ₩1,820,000이고, 잔여 경제적 내용연수는 3년인 것으로 확인하였다.

요구사항

20×1년부터 20×2년 동안 기계장치에 대한 안성(주)의 회계처리를 하라. 단, 자산재평가 회계처리는 기존의 감가상각누계액을 수정하는 방법을 사용한다.

보-3. 유형자산의 손상차손

바라(주)는 20×1. 1. 1에 원가 ₩80,000, 추정내용연수 10년, 추정잔존가치 ₩0인 기계를 취득하였으며 감가상각은 정액법을 사용한다. 동 유형자산의 회수가능가치가 20×2. 12. 31에는 ₩51,000으로 추정되었으며, 다시 20×4. 12. 31에는 ₩55,000으로 회복된 것으로 추정되었다. 유형자산의 손상차손과 관련하여 20×2. 12. 31, 20×3. 12. 31과 20×4. 12. 31에 필요한 분개를 하라.

보-4. 유형자산의 손상차손환입

진해(주)는 20×1. 1. 1에 원가 ₩200,000, 내용연수 5년, 추정잔존가치가 ₩0인 기계를 취득하였으며, 감가상각은 정액법을 사용한다. 그러나 동 기계의 회수가능액이 20×1. 12. 31에는 ₩100,000인 것으로 추정되었으며, 다시 20×2. 12. 31에는 ₩120,000으로 회복된 것으로 추정되었다. 진해(주)가 20×2. 12. 31에 손상차손환입으로 기록할 수 있는 금액은 얼마인가?

CHAPTER

7 무형자산

비유동자산은 투자자산, 유형자산, 무형자산 및 기타비유동자산으로 구성되어 있다. 본장에서는 무형자산과 광물자원에 대한 회계문제를 살펴보기로 한다. 무형자산은 물리적 실체가 없기 때문에 자산성에 대한 논란이 적지 않고 또 여기에 포함되는 자산의 종류가 다소 유동적이다.

제 1 절 무형자산의 의의 및 분류

1 무형자산의 의의

무형자산(intangible assets)이란 물리적인 형태는 없지만 영업활동에 사용하는 식별가능한 장기성자산이다. 식별가능성(identifiability)은 자산의 분리가능성 여부와 계약상 또는 법적 권리 여부에 의해 판단할 수 있다. 즉, 자산이 다음 두 가지 요건 중 하나를 충족하면 식별가능한 자산이라고 본다.

① 분리가능성(separability) : 기업에서 분리하거나 분할할 수 있고, 개별적으로 또는 관련된 계약, 자산이나 부채와 함께 매각, 이전, 라이선스, 임대, 교환할 수 있다.
② 계약상 권리 또는 기타 법적 권리 : 자산이 권리 또는 기타 법적 권리로부터 발생한다.

물리적 형태의 유무가 무형자산을 구분하는 절대기준은 될 수 없다. 예를 들면, 예금, 매출채권, 대여금, 일부 투자자산 등도 물리적 형태는 없지만 무형자산으로 보지 않는다. 이들은 계약상 권리를 가지는 화폐성자산이다.

한편, 무형자산이 특정 기업의 자산으로 기록되기 위해서는 해당 기업이 이를 통제하고 있으며, 여기에서 미래에 경제적 효익을 창출할 수 있어야 한다. 그러나 무형자산에는 다른 자산에 비교하여 통제 여부와 미래 경제적 효익에 대하여 높은 불확실성이 존재한다. 이를 살펴보기로 하자.

(1) 기업에 의한 통제

자산으로 인정되려면 특정 기업이 통제하고 있어야 한다. '특정 기업이 무형자산을 통제(control)하고 있다'는 것은 당해 기업만이 해당 무형자산으로부터의 미래 경제적 효익을 확보할 수 있고, 그 효익에 대한 제3자의 접근을 제한

할 수 있다는 의미이다. 무형자산의 미래 경제적 효익에 대한 통제는 일반적으로 법적 권리로부터 나온다. 그러나 권리의 법적 집행가능성이 통제의 필요조건은 아니다. 미래 경제적 효익의 통제를 나타내는 몇 가지 예를 들어보자.

시장에 대한 지식 및 기술적 지식으로부터 미래 경제적 효익이 발생할 수 있다. 이러한 지식이 저작권, 계약상의 제약 또는 기밀유지에 대한 종업원의 법적 의무 등과 같은 법적 권리에 의해 보호된다면, 기업은 그러한 지식으로부터 얻을 수 있는 미래 경제적 효익을 통제하고 있는 것이다.

숙련된 종업원이나 종업원의 기술도 미래 경제적 효익을 가져다줄 수 있으며, 기업은 이와 같은 효익이 미래에도 계속될 것으로 기대할 수 있다. 그러나 숙련된 종업원이나 그들의 기술로부터 창출될 미래 경제적 효익은 기업이 통제하기가 어렵기 때문에 무형자산의 정의를 충족하지 못한다. 또한 특정인의 경영능력이나 기술적 재능도 기업이 그것을 사용하여 미래 경제적 효익을 확보하는 것이 법에 의해 보호되지 않는 한 무형자산의 정의를 충족시킬 수 없다.

기업은 고객과의 관계를 잘 유지함으로써 고정고객과 시장점유율을 확보할 수 있다. 그러나 그러한 고객과의 관계나 고객의 충성도를 지속시킬 수 있는 법적 권리나 그것을 통제할 기타의 방법이 존재하지 않는다면 기업이 고객과의 관계로부터 창출될 미래 경제적 효익을 통제하고 있다고 보기 어렵다. 따라서 고정고객, 시장점유율, 고객과의 관계, 고객의 충성도 등은 일반적으로 무형자산의 정의를 충족하지 못한다.[1)]

(2) 미래의 경제적 효익

무형자산의 미래의 경제적 효익(future economic benefits)은 재화의 매출이나 용역수익, 원가절감, 또는 자산의 사용에 따른 기타 효익의 형태로 발생한다. 예를 들면, 제조과정에서 무형자산인 지적재산을 사용하면 미래 제조원가를 감소시킬 수 있고, 새로운 제품을 생산하여 미래의 수익을 증가시킬 수 있다. 그러나 무형자산은 자산의 특성상 미래 경제적 효익의 창출에 높은 불확실성

1) 고객과의 관계를 보호할 법적 권리가 없는 경우에도 고객과의 관계를 교환하는 거래는 고객과의 관계로부터 기대되는 미래 경제적 효익을 통제할 수 있다는 증거를 제공한다. 그러한 교환거래는 고객과의 관계가 분리가능하다는 증거를 제공하므로 그러한 고객과의 관계는 무형자산의 정의를 충족한다.

이 있다. 왜냐하면 ① 무형자산은 대부분 특정 기업에 대해서만 가치가 있고, ② 내용연수를 결정하기가 어려우며, ③ 그 가치가 상대적 경쟁력에 의하여 좌우되므로 가치의 변동이 심하기 때문이다.

2 무형자산의 분류

무형자산은 회계처리목적상 크게 두 가지로 분류한다. 하나는 식별가능한 무형자산이고, 다른 하나는 영업권이다. 또한 이 각각은 내부창출무형자산(internally generated intangibles)과 외부구입무형자산(purchased intangibles)으로 구분할 수 있다.

식별가능한 무형자산(identifiable intangible assets) 중 내부창출무형자산은 연구 및 개발 활동의 결과 창출된 것으로서, 원칙적으로 모두 비용으로 처리하지만 자산성이 높다고 인정되는 개발비는 자산으로 인식하고 있다. 반면, 외부구입무형자산은 역사적원가주의에 따라 자산으로 기록한다.

영업권(goodwill)도 내부창출영업권과 사업결합에서 발생한 외부구입영업권으로 분류할 수 있다. 내부창출영업권은 미래 경제적 효익의 제공가능성에 불확실성이 높고 취득원가를 신뢰성 있게 측정할 수 없어서 자산으로 인식하지 않는다. 그러나 사업결합으로 통하여 외부에서 다른 자산과 함께 취득되었을 때에는 자산으로 인식하고 있다.

이상의 설명에 근거하여 무형자산을 분류하면 〈표 7-1〉과 같이 요약할 수 있다.

▶ 표 7-1
무형자산 및 무형자산성 지출의 회계상 분류

구 분	세부분류	회계처리	사 례
식별가능 무형자산	내부창출 무형자산	원칙적으로 비용처리 (자산성 있는 '개발비' 제외)	연구비, 경상개발비, 광고비, 교육훈련비 등
	외부구입 무형자산	자산으로 인식	산업재산권, 라이선스, 저작권, 프랜차이즈, 시설사용권 등
영업권	내부창출 영업권	자산 불인식	경영능력, 고객충성도, 시장점유율 등
	사업결합 영업권	자산으로 인식	영업권

제 2 절 식별가능 무형자산

1 식별가능 무형자산의 인식 및 분류

식별가능 무형자산을 인식하기 위해서는 자산의 정의(과거 사건의 결과로 기업이 통제하는 현재의 경제적 자원, 여기에서 경제적 자원이란 경제적 효익을 창출할 잠재력을 지닌 권리)를 충족하고, 인식기준(목적적합성과 표현충실성)을 충족시켜야 하며, 무형자산의 특성(물리적 실체가 없음, 영업활동에 사용, 장기성)을 가져야 한다.

일반적으로 산업재산권(특허권, 상표권, 의장권, 실용신안권 등), 라이선스, 프랜차이즈, 탄소배출권, 시설사용권, 저작권, 컴퓨터소프트웨어, 개발비, 임차권리금, 광업권, 어업권 등이 무형자산으로 인식되고 있다.

예제 7-1 무형자산의 인식

플라밍고(주)는 20×1년에 사업을 시작하였는데, 상표권 개발과 관련해서 다음과 같은 지출을 하였다.

일반광고비	₩300,000
상표권 광고비	120,000
상표권 등록 법률수수료	50,000
상표권 디자인 및 등록 원가	40,000
성공적 상표권 소송원가	30,000

플라밍고(주)의 지출액 중 무형자산으로 기록할 수 있는 금액은 얼마인가?

해답

상표권(무형자산)으로 인식할 금액은 자산의 취득과 직접 관련이 있고 자산 인식요건을 충족해야 한다. 따라서 상표권 등록 법률수수료, 상표권 디자인 및 등록 원가와 성공적 상표권 소송원가의 합계인 ₩120,000(=₩50,000+₩40,000+₩30,000)을 상표권(무형자산)으로 인식한다.

(주) 일반광고비는 해당 자산과 직접 관련이 없으며, 상표권에 대한 광고비도 광고비의 지출로 인한 미래 경제적 효익이 기업에 유입될 가능성이 높다고 볼 수 없기 때문에 광고비 전액 ₩420,000(=₩300,000+₩120,000)을 발생한 기간인 20×1년의 비용으로 처리해야 한다.

일부 항목들은 엄격한 무형자산의 인식조건을 모두 충족시키기 어렵기 때문에 무형자산으로 인식하지 못한다. 예를 들면, 연구비, 광고비, 교육훈련비 등의 지출이 경제적 효익을 기대하고 지출되었지만 경제적 자원을 획득했다는 것을 입증하기 어렵기 때문에 무형자산의 인식요건을 충족시키지 못하여 발생한 기간의 비용으로 인식한다. 그리고 창업비와 개업비 등의 사업개시비용은 경제적 자원이 아니기 때문에 비용으로 처리한다. 또한, 구조조정비도 경제적 자원임을 입증할 수 없기 때문에 비용으로 처리한다.

인식기준에 따라 무형자산으로 인식할 수 있는 자산은 다음과 같다.

① 마케팅관련 무형자산 : 상표권, 인터넷도메인명 등
② 고객관련 무형자산 : 고객목록, 주문잔고, 고객과의 계약 및 비계약적 관계 등
③ 창작관련 무형자산 : 저작권
④ 계약관련 무형자산 : 라이선스계약, 경영계약, 방송권, 탄소배출권, 시설사용권 등
⑤ 기술관련 무형자산 : 특허, 제조비법 또는 공식, 영업상의 기밀, 데이터베이스 등

특히 고객관련 무형자산은 식별 및 평가가 어려우므로, 신뢰성 있는 측정을 충족시키는 경우에 한하여 제한적으로 인식할 수 있을 것이다.

예제 7-2 탄소배출권

정부는 업체들이 일정기간 동안 배출할 수 있는 탄소의 기준량을 규제하고 있다. 규제방식에 따르면 허가기간 동안 부여된 배출권 이내로 탄소를 배출하는 업체는 잔여 탄소배출권을 타 업체에 판매할 수 있으며, 기준을 초과하는 경우에는 벌금을 지급하거나 다른 업체로부터 탄소배출권을 사서 부족한 부분을 보완해야 한다.
남해유화(주)는 상당량의 탄소를 배출하고 있다. 20×1년부터 20×4년까지의 기간에 탄소배출기준을 초과하리라고 예상되는 부분을 보완하기 위하여 20×1. 1. 1에 탄소배출권을 ₩400,000에 구입하였으며, 동 탄소배출권의 잔여 유효기간은 4년이다.
남해유화(주)가 취득한 탄소배출권에 대하여 취득시점에 필요한 회계처리를 하라.

해답

〈20×1. 1. 1 (탄소배출권 취득시점)〉

(차) 탄소배출권	400,000	(대) 현 금	400,000

기업이 내부적으로 창출한 무형자산 중에서 가장 대표적인 개발비에 대해 좀더 상세히 살펴보기로 하자.

2 연구와 개발

기업의 연구 및 개발 활동, 광고활동 및 교육활동은 경제적 효익을 획득할 목적으로 이루어진다. 이런 활동에서 창출된 무형자산을 내부창출무형자산(internally generated intangible assets)이라고 한다. 그러나 내부창출무형자산이 자산의 인식기준을 충족하는지를 평가하기는 쉽지 않다. 왜냐하면 경제적 효익을 창출할 무형자산의 존재 여부와 인식시점을 식별하기 어렵고, 그러한 자산의 원가를 신뢰성 있게 측정하기 어렵기 때문이다. 또한 어떤 경우에는 내부창출무형자산의 원가를 내부창출영업권을 유지 또는 향상시키는 비용이나 일상적인 경영관리활동에서 발생하는 비용과 구별할 수 없다. 따라서 내부적으로 창출된 상표(brands), 고객목록(customer lists) 등에 대한 지출은 무형자산으로 인식하지 않는다.

K-IFRS(제1038호)에서는 연구개발활동의 회계처리를 '연구단계'와 '개발단계'로 구분하여 각각 상세하게 규정하고 있다.

(1) 연구단계

연구(research)란 '새로운 과학적 · 기술적 지식이나 이해를 얻기 위해 수행하는 독창적이고 계획적인 탐구활동'을 의미한다. 연구에 속하는 활동의 일반적인 예는 다음과 같다.

① 새로운 지식을 얻고자 하는 활동

② 연구결과 또는 기타 지식을 탐색, 평가, 최종선택 및 응용하는 활동
③ 재료, 장치, 제품, 공정, 시스템, 용역 등에 대한 여러 대체안을 탐색하는 활동
④ 새롭거나 개선된 재료, 장치, 제품, 공정, 시스템, 용역 등에 대한 여러 가지 대체안을 제안, 설계, 평가 및 최종선택하는 활동

연구단계(research phase)에서 발생한 지출은 무형자산으로 인식할 수 없고, 발생한 기간의 비용으로 인식해야 한다. 연구단계에서 발생한 지출을 모두 비용으로 처리하도록 규정한 이유는 자산성에 대하여 불확실성이 높기 때문이다. 특히 연구비를 비용이나 자산으로 선택적으로 처리하도록 허용하는 경우 구분의 자의성이 높기 때문에 기회주의적 수단으로 사용될 수 있다.

일부 학자들의 경우 연구비와 함께 광고비는 비교적 장기에 걸쳐 회사의 수익창출에 기여하는 자산성을 갖는 경우가 많다고 주장한다. 그러나 자산의 존재불확실성이 크고 또한 객관성이 부족하기 때문에 이들은 지출한 시기의 비용으로 처리하는 것이 건전한 회계관행으로 간주된다.

(2) 개발단계

개발(development)이란 '상업적인 생산이나 사용 전에 연구결과나 관련 지식을 새롭거나 현저히 개량된 재료, 장치, 제품, 공정, 시스템이나 용역의 생산을 위한 계획이나 설계에 적용하는 활동'을 의미한다. 개발에 속하는 활동의 일반적인 예는 다음과 같다.

① 생산 전이나 사용 전의 시제품과 모형을 설계, 제작 및 시험하는 활동
② 새로운 기술과 관련된 공구, 금형, 주형 등을 설계하는 활동
③ 상업적 생산목적이 아닌 소규모의 시험공장을 설계, 건설 및 가동하는 활동
④ 새롭거나 개선된 재료, 장치, 제품, 공정, 시스템 및 용역 등에 대하여 최종적으로 선정된 안을 설계, 제작 및 시험하는 활동

개발단계(development phase)는 연구단계보다 훨씬 더 진전되어 있는 상태

이므로 여기에서 생성된 무형자산이 경제적 효익을 창출할 수 있음을 제시할 수 있다. 이에 따라 개발단계에서 발생한 지출은 다음의 여섯 가지 조건을 모두 충족하는 경우에 개발비(development costs)라는 과목의 무형자산으로 인식한다.

① 무형자산을 완성시킬 수 있는 기술적 실현가능성
② 무형자산을 사용하거나 판매하려는 기업의 의도
③ 완성된 무형자산을 사용하거나 판매할 수 있는 기업의 능력
④ 무형자산의 미래 경제적 효익 창출능력
⑤ 무형자산의 개발 및 사용에 필요한 기술적・재정적 자원 입수가능성
⑥ 무형자산 관련 지출을 신뢰성 있게 측정할 수 있는 능력

위의 조건을 모두 충족하지 못하는 경우에는 경상개발비의 과목으로 하여 발생한 기간의 비용으로 인식한다.

개발비를 최초로 인식할 때에는 원가로 측정한다. 원가는 그 자산의 창출과 제조 및 경영자가 의도하는 방식으로 운용될 수 있게 준비하는 데 필요한 지출과 합리적이고 일관성 있게 배분된 간접원가를 모두 포함한다. 따라서 원가에 포함되는 항목으로는 다음과 같은 항목이 있다.

① 무형자산의 창출에 사용되었거나 소비된 재료원가, 용역원가 등
② 무형자산의 창출을 위하여 발생한 종업원급여
③ 법적 권리를 등록하기 위한 수수료
④ 무형자산의 창출에 사용된 특허권과 라이선스의 상각비
⑤ 무형자산의 취득에 소요된 자본화대상 차입원가 등

이상에서 설명한 연구 및 개발 활동에 관련된 회계처리를 요약하면 [그림 7-1]과 같다.

그림 7-1
연구 및 개발의 회계처리

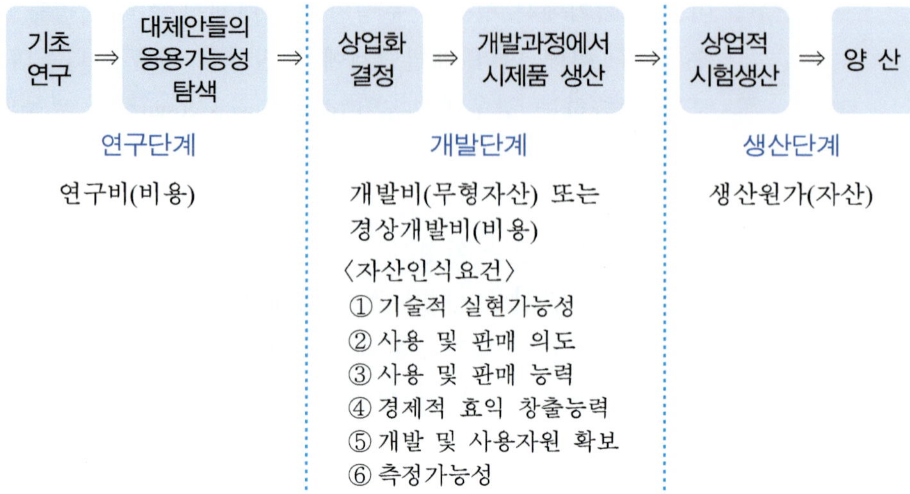

예제 7-3 연구비와 개발비

(제1부) 연구비

순산(주)는 20×1년중 다음과 같은 지출이 있었다.

신지식 탐구를 위한 연구실 연구비	₩100,000
신기술 개발을 위한 공구, 금형, 주형 등 설계비	22,500
상업생산중에 발생한 정기검사 등을 포함한 품질관리비	135,000
실험실 전용 시설물(내용연수 5년)의 건축비	200,000

순산(주)가 20×1년에 연구비(비용)로 처리해야 할 금액은 얼마인가?

해답

20×1년 연구비 = ₩100,000 + ₩200,000 = ₩300,000

(주) 1) 신기술 개발을 위한 공구, 금형, 주형 등 설계활동은 개발단계의 활동으로서 무형자산 인식조건을 만족시키면 무형자산으로 분류하고 그 이외의 경우는 경상개발비로서 비용으로 처리한다.
2) 품질관리비는 제조원가에 포함시킨다.
3) 실험실 전용 시설물은 다른 대체적인 용도가 없으므로 내용연수가 5년이라도 당해 연도에 모두 연구비로 비용처리한다.

(제2부) 개발비와 특허권

지은(주)는 첨단상품의 개발과 관련하여 발생한 개발비 ₩500,000이 무형자산의 요건을 충족하여 이를 20×1. 1. 1부터 개발비로 기록한 후 5년의 내용연수에 걸쳐 정액법으로 상각해오고 있다. 지은(주)는 20×3년초에 동 첨단상품의 제조기술에 대하여 특허권을 성공적으로 취득하였으며, 특허권 취득과 관련하여 직접비로 ₩800,000이 지출되었다. 지은(주)가 특허권의 원가로 기록해야 할 금액은 얼마인가?

해답

특허권의 취득원가 : ₩800,000

(주) 개발비 지출액이 무형자산에 계상되어 있는 상태에서 동 신제품에 대하여 특허권을 취득한 경우에 특허권 취득을 위하여 직접 사용된 금액을 특허권의 원가로 하고, 개발비 미상각잔액(₩300,000)을 특허권의 취득원가로 대체하지 않는다.

3 사업결합으로 취득한 식별가능 무형자산

무형자산은 그것이 개별적으로 취득되건 사업결합으로 취득되건 식별가능하고 인식기준을 충족시키면 무형자산으로 인식해야 한다. 사업결합으로 다른 회사나 그 일부를 취득하면 그 안에 영업권 이외에 별도로 식별되는 무형자산이 포함될 수 있다. 이때 무형자산의 원가는 사업결합일(취득일)의 공정가치로 인식해야 한다.

사업결합으로 취득한 무형자산이 개별적으로 분리가능하지 않더라도 관련된 유형자산 또는 무형자산과 함께 분리가능한 경우가 있다. 예컨대, 광천수의 상표를 그 광천과 분리하여 취득할 수 없어서 함께 취득하였다고 하자. 이때 상표와 광천은 하나의 자산집단으로 인식하며, 영업권(goodwill)과 분리해야 한다. 이 경우 그 자산집단을 하나의 유형자산 또는 무형자산으로 인식할 수 있다. 즉, 광천과 관련된 유형자산의 비중이 상표[2]의 가치에 비하여 크다면 그 자산집합을 유형자산으로 기록하고, 상표의 가치가 더 큰 경우에는 무형자산으로 인식할 수 있다. 일단 무형자산으로 인식되고 난 후의 회계처리는 앞에서 살펴본 개별취득 무형자산의 회계처리와 동일하다.

또한 피취득자가 진행중인 연구·개발 프로젝트(in-process research and development project)가 있는 경우, 당해 프로젝트가 무형자산의 정의를 충족하고 그 프로젝트의 공정가치를 신뢰성 있게 측정할 수 있다면, 별도의 무형자

2) 상표(brand)란 상표권과 그와 관련된 상품명, 제조기법 및 전문기술과 같은 보충적 자산의 집합을 의미한다.

산으로 인식할 수 있다. 무형자산으로 인식된 진행중인 연구·개발 프로젝트에 대한 취득 후의 지출은 앞에서 살펴본 연구비 및 개발비와 일관되게 회계처리한다.

4 식별가능 무형자산의 회계처리

(1) 무형자산의 원가

무형자산도 유형자산과 마찬가지로 취득시점에는 원가로 기록해야 한다. 즉, 무형자산의 매입가격과 매입에 직접 관련된 법률비용 및 기타 부대원가의 합을 취득원가로 기록해야 한다. 무형자산을 현금이 아닌 주식 또는 기타 현물자산과의 교환으로 취득한 경우에는 상업적 실질(commercial substance)이 있는 교환의 경우에는 공정가치법을 따르고, 상업적 실질이 없는 교환의 경우에는 장부금액법을 따르면 된다(제6장의 비화폐성자산의 교환에 의한 취득 참조).

(2) 내용연수

개별적으로 식별가능한 무형자산에 대한 회계처리를 위해서 기업은 먼저 해당 무형자산의 내용연수가 유한(finite)인지 비한정(indefinite)인지를 먼저 결정해야 한다. 유한내용연수를 갖는 무형자산과 비한정내용연수를 갖는 무형자산의 회계처리가 근본적으로 다르기 때문이다. 여기에서 비한정이라는 말은 내용연수가 매우 장기이거나 한정할 수 없다는 의미이며 무한(infinite)을 의미하는 것은 아니다.

계약상 권리 또는 기타 법적 권리로부터 발생하는 무형자산의 내용연수는 그러한 권리의 기간을 초과할 수는 없고, 자산의 예상사용기간에 따라 더 짧을 수는 있다. 만약 권리가 갱신가능한 한정된 기간 동안 부여된다면, 큰 원가를 부담하지 않고 기업에 의해 갱신될 것이 명백한 경우에만 그 갱신기간(renewal period)을 무형자산의 내용연수에 포함한다. 다음의 조건을 모두 충족하는 경우에는 큰 원가를 부담하지 않고 권리의 갱신이 이루어진 것으로 본다.

① 과거 경험 등에 비추어 권리가 갱신될 것이라는 증거가 있다.
② 권리 갱신을 위해 필요한 조건들이 충족될 것이라는 증거가 있다.
③ 갱신원가가 갱신으로 인한 미래 경제적 효익보다 적다.

일반적으로 상표, 의장등록, 인터넷도메인명 등과 같은 무형자산은 유의적인 원가가 없이 갱신될 수 있는 것으로 보아 비한정내용연수를 갖는 무형자산으로 분류한다. 이에 반해 특허권, 저작권과 같은 무형자산은 상대적으로 유의적인 원가가 없이 갱신할 수 있는 성격이 아니라고 보아 한정내용연수를 갖는 무형자산으로 분류한다. 그러나 이런 분류가 항상 전형적인 것은 아니며 상황에 따라 다를 수 있기 때문에 경영자는 해당 무형자산이 한정내용연수를 갖는지 또는 비한정내용연수를 갖는지를 여러 가지 요소를 종합하여 판단해야 한다.[3]

(3) 무형자산의 상각과 손상차손

1) 내용연수가 유한한 무형자산

유한내용연수를 갖는 무형자산에 대해서는 내용연수에 걸쳐 상각대상액(=원가－잔존가치)을 체계적 방법을 적용하여 상각해야 한다. 체계적 상각방법이란 자산의 경제적 효익이 소비되는 형태를 반영하고 매년 일관성 있게 적용한다는 것을 의미한다. 다만 체계적 방법을 결정하기 어려울 때에는 정액법을 사용해야 한다. 한편, 무형자산의 잔존가치는 일반적으로 ₩0으로 본다. 그러나 내용연수 종료시점에 당해 무형자산의 양도약정이 있거나 무형자산의 거래시장이 존재하여 잔존가치를 결정할 수 있는 경우에는 그렇지 않다.

무형자산의 상각은 자산이 사용가능한 때부터 시작한다. 즉, 상각은 자산

---

3) 여기에는 다음과 같은 요소들이 포함된다.
① 해당 자산의 사용방식과 효율적 관리가능성
② 해당 자산의 전형적 제품수명주기와 유사한 자산들의 내용연수 추정치에 대한 정보
③ 기술적, 공학적, 상업적 또는 기타 유형의 진부화
④ 해당 자산이 운용되는 산업의 안정성과 해당 자산으로부터 산출되는 제품이나 용역의 시장수요 변화
⑤ 기존 또는 잠재적인 경쟁자의 예상전략
⑥ 미래 경제적 효익의 획득에 필요한 해당 자산 유지비용 수준과 그 수준에 도달할 수 있는 능력과 의도
⑦ 해당 자산의 통제가능 기간과 해당 자산의 사용에 대한 법적 또는 이와 유사한 제한
⑧ 해당 자산의 내용연수가 다른 자산의 내용연수에 의해 결정되는지의 여부

이 경영자가 의도하는 방식으로 사용가능한 위치와 상태에 이르렀을 때 시작한다. 그리고 무형자산의 상각은 자산이 매각예정자산(assets held for sale)으로 분류되는 날과 자산이 재무상태표에서 제거되는 날 중 이른 날에 중지한다.

한편, 무형자산의 상각은 유형자산의 경우 주로 사용하는 간접법(감가상각누계액을 사용하는 방법)에 반하여 직접법을 사용하여 해당 무형자산을 직접 감소시키는 것이 일반적이다. 직접법을 사용하는 경우에는 완전공시의 원칙을 중시하여 상각누계액을 공시해야 한다.

예제 7-4 매출액비례법에 의한 무형자산의 상각

나라(주)는 20×1. 1. 1에 라이선스를 ₩2,000,000에 취득하였다. 동 라이선스의 계약기간은 20×8년 말까지 8년이다. 나라(주)는 라이선스의 취득으로 20×8년까지 8년 동안 매출액이 총 ₩8,000,000이 증가할 것으로 예상하고 있고, 20×1년에는 ₩1,200,000의 매출액이 증가하였다. 나라(주)는 매출액비례법을 이용하여 라이선스를 상각한다. 20×1년에 라이선스와 관련하여 필요한 분개를 하라.

해답

1) 20×1. 1. 1 (라이선스 취득시점)

(차) 라 이 선 스(무형자산)	2,000,000	(대) 현 금		2,000,000

2) 20×1. 12. 31 (무형자산의 상각)

(차) 무형자산상각비	300,000	(대) 라 이 선 스(무형자산)		300,000*

* 매출액비례법 : ₩2,000,000 × (₩1,200,000/₩8,000,000) = ₩300,000

내용연수가 유한한 무형자산의 상각기간과 상각방법은 적어도 매 회계연도말에 그 적정성을 검토해야 한다. 만약, 자산의 예상 내용연수가 과거의 추정치와 다르다면 상각기간을 변동하고, 자산의 미래 경제적 효익의 예상소비 형태가 변동된다면 상각방법을 변동한다. 이러한 상각기간과 상각방법의 변경은 회계추정의 변경(changes in accounting estimates)으로 보아 전진법(prospective method)을 적용하여 회계처리한다.

2) 내용연수가 비한정인 무형자산

비한정내용연수를 가진 무형자산은 상각하지 않고, 손상차손 회계처리를 해야 한다. 무형자산의 손상을 시사하는 징후가 있을 때 회수가능액(recoverable amount)과 장부금액(book value)을 비교하는 무형자산의 손상검사를 해야 한다. 무형자산의 회수가능액이 장부금액에 미달할 때에는 그 차액을 손상차손(impairment loss)으로 기록하고 손상차손누계액(accumulated impairment)이라는 무형자산의 차감계정에 가산한다.

손상차손 회계처리는 내용연수가 한정인 무형자산을 포함하여 어느 자산에나 해당되지만, 특히 내용연수가 비한정인 무형자산은 매 회계연도말에 반드시 손상검사를 실시해야 한다. 손상차손 회계처리에 대해서는 영업권(본장의 제3절) 및 유형자산의 손상(제6장 보론)에서 상세히 설명하고 있다.

비한정내용연수를 가지는 무형자산으로 분류되었던 자산이 비한정내용연수를 가지는 것으로 볼 수 없는 사건 또는 상황이 발생할 수 있다. 이러한 경우에는 비한정내용연수를 가진 무형자산에서 한정내용연수를 가진 무형자산으로 재분류하고, 회계추정의 변경(changes in accounting estimates)으로 보아 전진법을 적용하여 회계처리한다.

(4) 무형자산의 재평가

무형자산의 최초 인식 및 원가에 의한 측정 이후에 기업은 원가모형 또는 재평가모형을 선택하여 적용할 수 있다. 원가모형에서 무형자산은 상각누계액과 손상차손누계액을 차감한 취득원가로 측정된다.

무형자산을 재평가하려면 공정가치를 측정해야 한다. 그러나 무형자산에 대한 활성시장(active market)이 존재하지 않는 경우가 일반적이다. 또한 무형자산은 특정 회사에만 국한하여 독특한 가치를 갖기 때문에 설사 매매가 되더라도 개별 매수자와 매도자 간에 이루어진다. 따라서 어떤 무형자산에 대해 지급한 가격이 다른 무형자산의 공정가치에 대한 충분한 증거를 제공하지 않을 수 있다. 또한 가격에 대한 정보가 공개적으로 이용가능하지 않을 수 있다. 따라서 무형자산의 재평가는 유형자산과는 달리 적용될 가능성이 낮다.

무형자산 재평가의 회계처리는 유형자산의 경우(제6장 참조)와 동일하다.

예제 7-5 무형자산의 재평가

종로(주)는 20×1년초에 특허권을 ₩400,000에 취득하였다. 당해 특허권은 법령에 의하여 10년간 사용할 수 있고, 10년 후의 잔존가치는 ₩0이다. 종로(주)는 정액법에 의하여 특허권을 상각하고 있고, 취득 후의 회계처리는 재평가모형을 채택하고 있다. 재무제표에는 상각후잔액으로 무형자산의 장부금액을 표시하는 방법을 채택하고 있다. 20×2년말 당해 특허권을 재평가한 결과 공정가치가 ₩440,000임을 알게 되었다. 20×2년말의 회계처리를 하라.

해답

〈20×2년말〉

(차) 특허권상각	40,000*	(대) 특 허 권	40,000

* ₩400,000(취득원가)/10(내용연수) = ₩40,000

(차) 특 허 권	120,000*	(대) 자산재평가이익 (기타포괄손익)	120,000

* ₩440,000(재평가액) − (₩400,000(취득원가) − ₩40,000 × 2년) = ₩120,000

재평가한 무형자산의 공정가치를 더 이상 활성시장에 근거하여 결정할 수 없는 경우에는 자산의 장부금액은 활성시장에 근거한 최종 평가일의 재평가금액에서 상각누계액과 손상차손누계액을 차감한 금액으로 한다.

(5) 무형자산의 제거

무형자산을 처분하거나 사용 또는 처분으로부터 미래 경제적 효익이 기대되지 않으면 이를 장부에서 제거한다. 무형자산을 제거하는 경우 제거손익을 인식해야 한다. 제거손익은 다른 자산과 마찬가지로 순처분대가와 장부금액의 차이로 계산한다.

제 3 절 영업권

1 영업권의 의의

사업결합의 취득대가는 순자산의 공정가치(자산의 공정가치합계액에서 부채의 공정가치합계액을 차감한 금액)를 초과하는 것이 일반적이다. 이와 같이 사업결합의 취득대가가 순자산의 공정가치를 초과한 가액을 영업권이라고 한다. 영업권(goodwill)은 기업전체와 분리되어 독립적으로 거래될 수 없는 자산이며, 개념상으로는 초과이익을 얻을 수 있는 능력을 나타내는 것이다.

영업권에 반하여 극히 이례적이기는 하지만 사업결합의 취득대가가 순자산의 공정가치에 미달한 경우가 있을 수 있다. 그 차액을 염가구매이익(gain from bargain purchase)이라고 한다. 이러한 현상은 예를 들면 강제매각, 자산 및 부채의 평가오류 등에 기인할 수 있다. K-IFRS에서는 부의영업권을 인정하지 않으며, 사업결합으로부터의 염가구매이익을 인식하기 전에 사업결합의 결과로 취득한 자산 및 인수한 부채가 모두 포함되어 있는지 또 이들이 제대로 평가되었는지를 검토해야 한다. 누락되었거나 잘못 평가된 자산 및 부채가 있으면 이를 먼저 제대로 반영하고 잔액을 염가구매이익(당기손익)으로 사업결합시점에 인식해야 한다.

영업권은 독립적으로 현금흐름을 창출하지 못하기 때문에 개별적으로 식별할 수 없는 자산이며, 다른 자산과 결합하여 시너지효과를 발휘하여 현금흐름을 창출하는 자산으로 본다. 영업권은 합병·영업양수 등의 사업결합으로 인하여 유상으로 취득한 것에 한하여 자산으로 기록할 수 있다.

기업활동을 위한 지출의 결과로 내부창출영업권(internally generated goodwill)이 창출될 수 있으나 이를 자산으로 인식하지 않는다. 이의 대표적인 예로서 고정고객, 고객충성도, 시장점유율 등을 들 수 있다.

2 영업권의 인식

영업권은 역사적원가주의 원칙에 따라 '사업결합대가－취득한 순자산의 공정가치'로 평가한다. 영업권의 측정에는 취득한 순자산의 공정가치가 이용되고 장부금액은 이용되지 않는다. 일반적으로 장부금액과 공정가치의 차이는 비유동항목이 유동항목에 비하여 크며, 비화폐성항목이 화폐성항목에 비하여 크다.

예제 7-6 영업권

PA(주)는 SA(주)를 합병하였는데 합병 직전 SA(주)의 재무상태표는 아래와 같다. 단, SA(주)는 상각이 완료된 특허권이 있으며, 이의 공정가치는 ₩72,000이라고 하자.

재무상태표

SA(주) 20×1. 12. 31 현재

자 산	장부금액	공정가치	부채 · 자본	장부금액	공정가치
현 금	₩100,000	₩100,000	유 동 부 채	₩220,000	₩220,000
매 출 채 권	140,000	140,000	자 본 금	400,000	
재 고 자 산	168,000	488,000	이익잉여금	400,000	
유 형 자 산	612,000	820,000			
특허권(미기록)	–	72,000			
자 산 총 계	₩1,020,000		부채와 자본총계	₩1,020,000	

PA(주)가 SA(주)에 합병대가로 지급한 현금은 ₩1,600,000이었다.
PA(주)가 기록할 영업권 금액을 산출하고, 합병에 관련된 분개를 제시하라.

해답

순자산의 공정가치 : 자산의 공정가치－부채의 공정가치

＝(₩100,000＋₩140,000＋₩488,000＋₩820,000＋₩72,000)－₩220,000＝₩1,400,000

영 업 권 : ₩1,600,000(합병대가)－₩1,400,000＝₩200,000

합병분개 :

	계정	금액		계정	금액
(차)	현 금	100,000	(대)	유 동 부 채	220,000
	매 출 채 권	140,000		현 금	1,600,000
	재 고 자 산	488,000			
	유 형 자 산	820,000			
	특 허 권	72,000			
	영 업 권	200,000			

3 영업권의 손상차손

영업권은 비한정내용연수를 가진 무형자산이기 때문에 상각을 하지 않고 손상차손 회계를 적용한다. 따라서 영업권은 손상징후가 있을 때마다 또는 최소한 매 회계연도마다 손상검사를 해야 한다.

손상검사의 결과 회수가능액이 장부금액에 미달하면 그 차액을 손상차손이라는 당기손익으로 인식하고, 그 자산의 장부금액을 회수가능액으로 감소시켜야 한다. 회수가능액(recoverable amount)은 순공정가치와 사용가치 중 큰 금액을 의미한다. 순공정가치(net fair value)는 합리적 판단력과 거래의사가 있는 독립적 당사자간 매매로부터 수취할 수 있는 금액에서 처분비용(costs of disposal)[4]을 차감한 금액을 말한다. 한편, 사용가치(value in use)는 자산에서 창출될 것으로 기대되는 미래현금흐름의 현재가치를 말한다.

영업권의 손상검사는 현금창출단위별로 실시한다. 현금창출단위(cash generating unit)란 현금유입의 대부분이 다른 자산집단으로부터의 현금유입과 독립적으로 구별되는 식별가능한 최소단위를 말한다.

영업권이 배분된 최소 현금창출단위에 손상차손이 발생하는 경우에는 그 현금창출단위에 배분된 영업권의 장부금액을 먼저 감액시키고, 나머지 손상차손은 현금창출단위에 속하는 다른 자산을 각각 장부금액에 비례하여 감액시킨다. 또한, 영업권에 대해 인식된 손상차손은 차후에 환입할 수 없다. 이와 같이 영업권을 우선적으로 감액하고 또 영업권에 대해서 손상차손환입을 인정하지 않는 주된 이유는 영업권이 '무형자산 중의 무형자산'으로 인식될 정도로 그 가치가 매우 주관적이라는 점과 영업권에 대한 손상차손의 환입을 내부창출영업권의 증가(이는 비용처리함)로 볼 수 있기 때문이다.

4) 처분비용은 법률비용, 거래세, 자산제거비용 등 자산을 매각할 때 발생한 모든 비용을 말한다.

예제 7-7 영업권의 손상차손

PA(주)는 20×1. 1. 1에 식별가능한 순자산의 공정가치가 ₩15,000인 SA(주)의 주식 100%를 ₩20,000에 취득하고 ₩5,000을 영업권으로 기록하였다. 20×1. 12. 31에 SA(주)의 회수가능액은 ₩10,000으로 추정되었다. SA(주)의 식별가능한 자산들에 대하여서는 내용연수 10년 동안 정액법으로 감가상각을 하며 잔존가치는 없는 것으로 추정하였다.

SA(주)가 하나의 현금창출단위라고 가정하고 20×1. 12. 31에 SA(주)에 대하여 손상검사를 실시하고 적절한 회계처리를 제시하라.

해답

1) 손상차손의 계산

	영업권	식별가능한 순자산	합 계
장부금액	₩5,000	₩15,000 − ₩1,500 = ₩13,500	₩18,500
회수가능액			(10,000)
손상차손			₩8,500

* 영업권은 상각하지 않으며, 식별가능한 순자산의 상각액은 ₩1,500(₩15,000/10년)이다.

2) 손상차손의 배분

	영업권	식별가능한 순자산	합 계
장부금액	₩5,000	₩13,500	₩18,500
손상차손의 배분	(5,000)	(3,500)	(8,500)
손상차손 반영후 장부금액	₩0	₩10,000	₩10,000

* 손상차손 ₩8,500은 우선적으로 영업권에 배정하여 장부금액 ₩5,000을 전액 감액시킨다. 잔여 손상차손 ₩3,500은 현금창출단위인 SA(주)의 기타 식별가능한 순자산의 장부금액에서 감액시킨다. 기타 식별가능한 순자산이 여러 가지의 자산으로 구성되었다면 개별자산의 감액은 장부금액에 비례하여 분배한다.

3) 회계처리

(차) 손 상 차 손	8,500	(대) 영 업 권	5,000
		제 자 산	3,500

보론 7A 광물자원의 탐사와 평가

광물자원(mineral resources)에는 석유, 광물, 천연가스 등이 있다. [그림 7A-1]에서와 같이 광물자원을 탐사하고 평가하기 위해서는 ① 탐사를 위한 법적 권리를 취득하고, ② 지질학적 연구, 탐사를 위한 시추, 굴착, 표본추출, 기술적 실현가능성 및 상업화가능성이 있는지를 평가한다.

K-IFRS(제1106호)는 ①과 ②의 활동에서 발생한 지출을 '탐사평가자산'(exploration and evaluation assets)으로 인식하도록 규정하고 있다.

■ 그림 7A-1
광물자원의 탐사와 평가

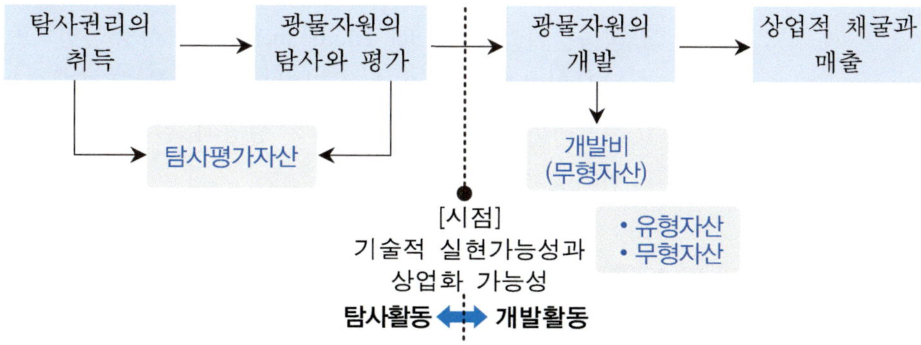

광물자원에 대한 기술적 실현가능성과 상업화가능성이 있다고 판단되어 개발활동을 시작하면 탐사평가자산은 그 성격에 따라 무형자산과 유형자산으로 재분류하여 각각에 해당하는 회계처리를 한다(이에 대해서는 후술). 또한 기술적 실현가능성과 상업화가능성이 확인되어 개발활동을 시작하면 이 단계부터의 지출은 무형자산인 개발비(development costs)로 기록한다.

광물자원의 채굴이 완료되면 토지를 다른 용도로 재사용가능하거나 생태파괴를 유발하지 않은 상태로 복구해야 할 의무가 주어진 경우가 허다하다. IFRS에서는 토지원상복구의무가 있는 경우 해당 자산의 취득시점에 복구충당부채를 현재가치로 인식하고 이를 자산의 원가에 포함시키도록 규정하고 있다. 또한 기간의 경과에 따라 복구충당부채의 현재가치가 증가하는데, 이 증가분을 복구비용으로 인식해야 한다.

1 탐사평가자산의 인식

(1) 탐사평가자산의 인식방법

탐사평가자산을 최초로 인식할 때에는 원가로 측정한다. 취득원가에 포함할 수 있는 지출의 예로는 탐사권리의 취득, 지질학적 연구, 탐사를 위한 시추·굴착·표본추출, 광물자산 추출의 기술적 실현가능성과 상업화가능성에 대한 평가와 관련된 활동 등이 있다.

광물자원의 탐사에는 막대한 지출이 발생하는 것이 일반적이다. 탐사원가(exploration costs)에 대한 회계처리는 대체로 세 가지의 방법이 있다.

① 기간비용법 : 모든 탐사원가를 발생한 기간의 비용으로 처리함
② 성공원가법(successful efforts method) : 성공적인 프로젝트에 대해서만 탐사원가를 자산으로 처리하고, 실패한 프로젝트는 비용으로 처리함
③ 전부원가법(full-cost method) : 성공과 실패를 구분하지 않고 모든 탐사원가를 자산으로 처리함

K-IFRS(제1106호)에서는 위의 세 가지 방법 중 어느 방법이라도 선택할 수 있도록 허용하고 있다.

(2) 탐사평가자산의 재분류

탐사평가자산은 광물자원에 대한 기술적 실현가능성과 상업화가능성이 확인되어 개발활동이 시작되면 그 성격에 따라 무형자산(예를 들면, 시추권)이나 유형자산(예를 들면, 채굴설비, 차량운반구 등)으로 재분류한다. 무형자산을 개발하기 위하여 유형자산을 소모한 경우에는 소모한 금액을 무형자산의 원가에 가산한다. 그러나 무형자산을 개발하기 위하여 유형자산을 사용하더라도 해당 유형자산이 무형자산으로 변경되는 것은 아니다.

예제 7A-1 탐사평가자산

광물을 채굴하여 판매하는 동식광업(주)의 20×1년 탐사 및 평가 활동과 관련된 자료가 다음과 같다. 동식광업(주)의 결산일은 12월 31일이다.

항 목	내 용	금액(₩)
1	광구 A의 탐사에 대한 법적 권리를 취득하기 전에 발생한 초기탐색비용	150,000
2	20×1년초에 취득한 광구 A의 탐사용 시추장비(내용연수 5년, 잔존가치 0)	1,000,000
3	20×1년초 광구 A에 대한 20년간 채굴권 획득을 위한 지출	1,800,000
4	20×1년중 광구 A에 대한 채굴권을 획득한 후에 지출한 탐사원가	500,000
5	20×1년중 광물자원 추출의 기술적 실현가능성과 상업화가능성에 대한 평가 관련 지출	1,000,000

1) 20×1년말에 탐사평가자산으로 회계처리할 금액은 얼마인가?

2) 20×2년초에 광물자원추출의 기술적 실현가능성과 상업화가능성이 확인되어 개발활동을 시작하게 되었다면 어떤 회계처리를 해야 하는가?

해답

1) 탐사평가자산

① 무형자산

항 목	내용 및 계산근거	금액(₩)
2	시추장비의 감가상각비(1,000,000/5년)	200,000
3	채굴권 취득원가	1,800,000
4	탐사원가	500,000
5	기술적 실현가능성과 상업화가능성 평가와 관련된 지출	1,000,000
합 계		3,500,000

* 탐사와 평가 활동 전에 발생한 초기탐색비용(항목 1)은 발생한 기간에 비용처리한다.

② 유형자산

시추장비의 20×1년말 장부금액 : ₩1,000,000 − ₩200,000 = ₩800,000

2) 20×2년초 (기술적 실현가능성과 상업화가능성이 있음이 확인되어 개발활동을 시작)

(차) 시추권(무형자산)	3,500,000	(대) 탐사평가자산	3,500,000
(차) 시추장비(유형자산)	800,000	(대) 탐사평가자산	800,000

2 광물자원 개발비의 감모상각

광물자원의 개발비는 무형자산의 회계처리를 따르도록 되어 있다. 개발비는 감모성을 갖는 광물자원의 성격상 유한한 내용연수를 가지기 때문에 감모상각(depletion)을 해야 한다. 또한 상각은 자산이 소비되는 형태를 반영해야 하기 때문에 생산량비례법이 타당하다. 생산량비례법(units of production method)에서의 생산단위당 감모상각비는 아래와 같이 구한다.

> 생산단위당 감모상각비 = 총원가 / 총매장량

따라서 감모상각비는 생산단위당 감모상각비에 채굴한 광물자원의 수량을 곱하여 구한다. 감모상각은 금액이 중요한 경우 평가계정(감모상각누계액)을 이용할 수도 있지만, 일반적으로는 직접법을 이용한다.

예제 7A-2 광물자원의 상각

차령개발(주)는 제주도 남쪽 대륙붕 100km^{2}에 대하여 유전탐사권을 ₩400,000에 취득하였다. 차령개발(주)는 3곳을 시추한 결과 그중 하나에서 유정을 발견하였다. 각 시추공마다 탐사비용은 ₩800,000이며, 유정의 개발비로 ₩6,800,000을 지출하였다. 또한 유정에서 사용되고 있는 유형설비자산의 취득원가가 ₩480,000이고, 추정잔존가치는 ₩0이며, 내용연수는 16년이고, 유정의 매장량은 80,000배럴로 추정된다. 차령개발(주)는 시추설비와 광물자원의 개발비는 생산량비례법으로 상각하며, 첫해에 2,500배럴을 채굴하였다. 차령개발(주)가 행할 감가상각과 감모상각에 대한 분개를 하라. 단, 차령개발(주)는 탐사원가에 대해 전부원가법을 사용하고 있다.

해답

생산단위당 감가상각비 = ₩480,000 / 80,000배럴 = ₩6/배럴

생산단위당 감모상각비 = (₩400,000 + ₩800,000 × 3 + ₩6,800,000) / 80,000배럴 = ₩120/배럴

〈분개〉

(차) 감가상각비*	15,000	(대) 감가상각누계액	15,000
* 2,500배럴 × ₩6 = ₩15,000			
(차) 감모상각비*	300,000	(대) 광물자원개발비	300,000
* 2,500배럴 × ₩120 = ₩300,000			

익힘문제

CHAPTER 7

1. 무형자산의 주요 특성은 무엇인가?
2. 분리가능성에 따라 무형자산은 어떻게 크게 구분하는가?
3. 내부창출무형자산과 내부창출영업권은 어떻게 다른가?
4. 식별가능 무형자산의 인식요건은 무엇인가?
5. 무형자산의 내용연수와 회계처리는 어떤 관계에 있는가?
6. 비한정내용연수를 가진 무형자산의 상각은 가능한가?
7. 무형자산의 내용연수를 결정할 때 고려해야 할 요인으로 어떤 것들이 있는가?
8. 무형자산의 상각기간과 상각방법의 변경은 어떻게 회계처리해야 하는가?
9. 사업결합으로 취득한 무형자산은 어떻게 인식해야 하는가?
10. 사업결합으로 취득한 진행중인 연구개발프로젝트의 회계처리는 어떻게 하는가?
11. 영업권의 성격에 대해 설명하라.
12. 현금창출단위란 무엇인가?
13. 손상차손은 언제 인식해야 하는가?
14. 영업권은 손상차손을 환입할 수 없는 주된 이유가 무엇인가?

보-1. 탐사평가자산이란 무엇인가?

보-2. 광물자원에 대한 기술적 실현가능성 및 상업화가능성이 제시되면 탐사평가자산은 어떻게 처리해야 하는가?

보-3. 성공원가법과 전부원가법을 간단히 비교 설명하라.

보-4. 감모상각이란 무엇인가?

연습문제

CHAPTER 7

1. 연구비

신약(주)는 20×1년중 신약 연구개발활동과 관련하여 다음과 같은 지출이 있었다.

신약 탐구 및 개발을 위한 연구실 인건비	₩150,000
신약 탐구 및 개발을 위한 재료비	35,000
기존 약품의 제조와 관련된 품질관리비	55,000
실험실 설비(내용연수 5년, 잔존가치 ₩0)의 구입	180,000

실험실 설비는 향후 다른 연구개발활동을 위해 대체용도로 사용이 가능하다.

요구사항

신약(주)가 20×1년에 연구비(비용)로 처리해야 할 금액은 얼마인가?

2. 개발비와 특허권

가나(주)는 신 상품의 개발비 ₩800,000이 무형자산의 요건을 충족하여 이를 20×1. 1. 1부터 개발비로 기록한 후 10년의 내용연수에 걸쳐 상각해오고 있다. 가나(주)는 20×3년초에 해당 제품의 제조기술을 더욱 발전시켜 특허권을 취득하였고, 특허권 취득과 직접 관련하여 ₩500,000을 지출하였으며 특허권의 내용연수는 8년으로 추정하고 있다.

요구사항

가나(주)가 특허권의 취득원가로 기록해야 할 금액과 두 무형자산과 관련하여 20×3년에 기록할 상각비는 얼마인가? 단, 가나(주)는 상각대상 무형자산을 모두 정액법으로 상각한다.

3. 무형자산 (1)

영천(주)는 다음과 같은 무형자산을 가지고 있다.

① 20×1. 1. 1에 은주(주)로부터 특허권을 ₩2,400에 취득했다. 영천(주)는 특허권의 잔존내용연수를 10년으로 추정했다. 이 특허권을 은주(주)가 영천(주)에 처분했을 때 은주(주)의 계정에 기록된 특허권의 장부가치는 ₩2,500이었다.

② 20×2년에 철신(주)로부터 실용신안권을 ₩520에 구입하였다. 영천(주)는 실용신안권의 활용에서 얻는 수익의 5%에 해당하는 로열티를 철신(주)에 지급해야 한다. 20×2년 실용신안권의 활용으로 얻은 수익은 ₩3,000이었다. 영천(주)는 실용신안권의 내용연수를 10년으로 추정하였으나 구매 즉시 전액을 상각하였다.

요구사항

(1) 20×2. 12. 31 현재 영천(주)의 재무상태표상에 무형자산부문을 나타내는 부분재무상태표를 작성하라. 계산근거를 제시하라.

(2) 위의 거래들이 20×2. 12. 31로 종료되는 회계기간 동안 손익계산서에 미치는 영향을 반영하라. 계산근거를 제시하라.

4. 무형자산 (2)

왕석(주)의 무형자산에 대한 정보는 다음과 같다.

	프랜차이즈	저작권	특허권
취득원가(20×1. 1. 1)	₩82,000	₩320,000	₩42,000
내용연수(20×1. 1. 1 추정치)	10년	50년	6년

요구사항

(1) 정액상각법을 가정하고 20×1년 각 항목에 대해 상각해야 할 금액을 산정하라.

(2) 20×1년 프랜차이즈와 저작권의 상각에 대해 분개하라.

(3) 20×2. 1. 1 왕석(주)는 특허권 침해소송에서 승소하였는데, 법적 비용으로 ₩5,000을 지출하였다. 20×2년 특허권을 상각하기 위한 분개를 하라.

(4) 20×3년초 특허권의 효력은 20×4년까지만 지속될 수 있을 것으로 판단하고 있다(경쟁사가 새로운 기술을 개발한 결과 왕석(주)의 제품이 구형이 되어 제품의 가치가 급격히 하락할 것으로 보인다). 20×3년말 특허권에 대한 상각을 하라.

5. 시설사용권

인천인프라(주)는 인천광역시가 소유하고 있는 토지에 ₩1,000,000을 투자하여 유료도로를 설치하였다. 유료도로 설치공사는 20×1. 1. 1에 시작하여 2년이 지난 20×2. 12. 31에 완료되었다. 유료도로는 20×3. 1. 1에 인천광역시에 기부채납하고 20년간 무상사용하는 권리를 부여받았다. 이에 따라 인천인프라(주)는 20×3. 1. 1부터 해당 유료도로를 개통하였다. 인천인프라(주)는 공사기간중 발생한 시설공사원가 전액을 '건설중인자산'계정에 기록하였다. 인천인프라(주)가 20×3. 1. 1에 유료도로를 기부채납하고 시설사용권을 획득한 것에 대한 회계처리와 20×3. 12. 31에 필요한 상각에 대한 회계처리를 하라. 시설사용권의 상각은 정액법으로 한다.

6. 개발비의 인식

무적(주)가 20×1년 동안 신제품 개발에 지출한 금액은 ₩5,000,000이었는데, 이 금액 중 ₩4,000,000은 20×1. 12. 1 전에 지출되었고 ₩1,000,000은 20×1. 12. 1부터 12. 31 사이에 지출되었다. 무적(주)는 신제품 개발과 관련해서 20×1. 12. 1에 신제품 생산공정이 무형자산의 인식기준을 충족했다는 사실을 알게 되었다. 무적(주)가 20×1년말에 무형자산으로 인식할 수 있는 개발비는 얼마인가?

7. 개발비 손상차손

[문 6]에서 20×1년말에 평가한 신제품 생산공정의 회수가능액은 ₩700,000으로 추정된다. 20×1년말에 무적(주)가 인식할 개발비(무형자산)의 장부금액과 손상차손은 얼마인가?

8. 탄소배출권과 상각

정부의 대기오염 규제방식에 따르면 허가기간 동안 탄소배출 총량을 파악하여 정부가 부여한 배출권 이내로 탄소를 배출하는 업체는 잔여 탄소배출권을 타 업체에 판매할 수 있으며, 기준을 초과하는 경우에는 벌금을 지급하거나 다른 업체로부터 탄소배출권을 사서 부족한 부분을 보완해야 한다.

다라(주)는 노후된 생산시설로 인하여 상당량의 탄소를 배출하고 있다. 장기적으로는 탄소를 기준 이하로 배출하기 위하여 20×5년에 시설을 교체할 계획이다. 그러나 20×1년부터 20×4년까지의 기간에 탄소배출기준을 초과하리라고 예상되는 부분을 보완하기 위하여 20×1. 1. 1에 탄소배출권을 ₩500,000에 구입하고 이를 무형자산으로 기록하였다. 탄소배출권의 잔여 유효기간은 4년이며 정액법으로 상각한다.

요구사항

다라(주)가 취득한 탄소배출권과 관련하여 20×1. 1. 1과 회계기말인 20×1. 12. 31에 필요한 회계처리를 하라.

9. 매출액비례법에 의한 무형자산 상각

마바(주)는 20×1. 1. 1에 특허권을 ₩1,200,000에 취득하였다. 동 특허권의 잔여내용연수는 20×6년말까지 6년이다. 마바(주)는 특허권의 취득으로 20×6년까지 6년 동안 매출액이 총 ₩8,000,000이 증가할 것으로 예상하고 있고, 20×1년에는 ₩1,500,000의 매출액이 증가하였다. 마바(주)는 매출액비례법을 이용하여 특허권을 상각한다.

요구사항

20×1년에 특허권과 관련하여 필요한 분개를 하라.

10. 영업권

20×1. 11. 30 광주(주)는 광양(주)의 주주에게 시가 ₩150인 주식 25,000주를 발행해 주고 광양(주)를 합병하였다. 합병 당시 광양(주)의 순자산의 장부금액은 ₩3,000,000이었다. 합병 당시 광양(주) 유형자산의 공정가치가 장부금액보다 ₩400,000 높은 것을 제외하고 나머지 자산과 부채의 장부금액과 공정가치가 동일하였다. 광주(주)는 광양(주)로부터 승계받은 종업원들에 대하여 회사에 대한 긍정적인 자세와 적극적인 애사심을 고취하기 위하여 종업원교육비로 ₩40,000을 지출하였다.

요구사항

이 거래와 관련하여 광주(주)가 영업권으로 기록할 금액은 얼마인가?

11. 영업권의 손상차손

P사는 20×1. 1. 1에 식별가능한 순자산의 공정가치가 ₩1,500인 S사의 주식 80%를 ₩1,600을 지급하고 취득하였다. P사는 사업결합 취득원가(₩1,600)와 식별가능한 순자산의 공정가치에 대한 P사의 지분(₩1,200)의 차액(₩400)을 영업권으로 기록하고 있다.
20×1. 12. 31에 S사의 회수가능액은 ₩1,000으로 추정되었다. S사의 식별가능한 자산들에 대하여서는 내용연수 10년 동안 정액법으로 감가상각을 하며 잔존가치는 없는 것으로 추정하였다.

요구사항

S사가 하나의 현금창출단위라고 가정하고 20×1. 12. 31에 S사에 대하여 손상검사를 실시하고 적절한 회계처리를 하라.

보-1. 탐사평가자산

광물자원을 채굴하여 판매하는 광산자원(주)의 20×1년 탐사 및 평가활동과 관련된 자료가 다음과 같다. 광산자원(주)의 결산일은 12월 31일이다.

항 목	내 용	금액(₩)
1	광구 A의 탐사에 대한 법적 권리를 취득하기 전에 발생한 초기 탐색비용	200,000
2	20×1년초에 취득한 광구 A의 탐사용 시추장비(내용연수 5년, 잔존가치 0)	800,000
3	광구 A에 대한 10년간 채굴권 획득을 위한 지출	2,000,000
4	광구 A에 대한 채굴권을 획득한 후에 지출한 탐사원가	400,000
5	광물자원 추출의 기술적 실현가능성과 상업화가능성에 대한 평가와 관련한 지출	800,000
6	광물자원 채굴후 원상복구를 위해 필요한 지출의 현재가치	300,000

요구사항

(1) 20×1년말에 탐사평가자산으로 회계처리할 금액은 얼마인가?

(2) 20×2년초에 광물자원추출의 기술적 실현가능성과 상업화가능성을 제시할 수 있게 되었다면 어떤 회계처리를 해야 하는가?

보-2. 감모상각

성현(주)는 20×1. 2. 1 ₩1,240,000에 광산을 구입하였다. 이 광산에는 75,000톤의 광물이 매장된 것으로 추정된다. 광물자원을 모두 채굴한 후 회사는 환경보전법에 의하여 이 땅을 원상태로 복구해야 한다. 이 원상회복의 비용은 ₩60,000으로 추정되며, 이 땅은 나중에 ₩100,000에 팔 수 있는 것으로 추정된다. 또한 채굴가능상태로 만들기 위한 개발비용은 ₩150,000이다. 20×1년에 24,000톤의 광석을 채굴하였고, 15,000톤을 판매하였다.

요구사항

다음을 결정하라.

(1) 단위당 광물의 원가

(2) 20×1. 12. 31 현재 판매되지 않은 광물의 원가(재고광물의 원가)

(3) 20×1년도의 총광물의 매출원가

CHAPTER

8 금융상품(1)

금융상품과 관련된 회계기준은 K-IFRS 중 가장 복잡하고 논란이 많다. 특히 파생금융상품의 회계처리는 대단히 복잡하다. 따라서 본장에서는 상세한 내용보다는 금융상품에 대한 핵심적인 기준의 설명에 치중함으로써 독자들이 복잡한 회계기준의 내용을 종합적으로 이해할 수 있도록 조력하고자 한다.

제 1 절 금융상품의 의의 및 분류

금융상품에 대한 K-IFRS는 매우 복잡한 회계기준 중의 하나이다. 금융상품 관련 기준으로는 K-IFRS 제1032호(금융상품 : 표시), K-IFRS 제1039호(금융상품 : 인식과 측정), 제1107호(금융상품 : 공시) 및 제1109호(금융상품)가 있다.

1 금융상품의 의의

K-IFRS(제1032호)에서는 금융상품(financial instruments)을 "한 거래당사자에게 금융자산을 발생시키면서 다른 거래상대방에게 금융부채나 지분상품을 발생시키는 계약"으로 정의하고 있다. 이는 매우 광범위한 정의인데, 금융상품을 광범위하게 정의한 주된 이유는 업종에 구애받지 않고 유사한 성격을 가진 금융상품에 대하여 동일한 회계처리를 하기 위해서이다. 금융자산은 금융상품보유자의 입장에서 정의되며, 금융부채와 지분상품은 금융상품발행자의 입장에서 정의된다.

금융상품은 주거나 받을 금액이 화폐액으로 정해진다. 따라서 용역을 제공하거나 제공받기로 하거나, 비화폐성 항목을 주거나 받기로 하는 것은 금융상품의 범주에 해당하지 않는다. 예컨대 선급금은 미래에 상품 또는 용역을 제공받기 때문에 금융상품이 될 수 없다.[1)]

금융상품은 특히 계약상 권리와 의무(contractual rights and obligations)에서 발생한다. 따라서 계약상의 권리와 의무가 아닌 '법적 권리와 의무'에서 발생하는 미지급법인세 및 환급금 또는 '의제 권리와 의무(constructive rights and obligations)'[2)]에서 발생하는 충당부채 등은 금융상품이 될 수 없다.

1) 일부 자산과 부채가 외관상으로는 금융자산과 금융부채처럼 보이더라도 금융상품 회계기준을 따르지 않는다. K-IFRS 제1019호(종업원급여), K-IFRS 제1027호(연결및별도재무제표), K-IFRS 제1028호(관계회사투자), K-IFRS 제1031호(조인트벤처지분), K-IFRS 제1104호(보험계약) 및 K-IFRS 제1102호(주식기준보상)에서 달리 정하는 경우 해당 기준에 따라 회계처리해야 한다.

2 금융상품의 분류

(1) 금융상품의 성격에 따른 분류

금융상품보유자는 금융자산을 인식하고, 금융상품발행자는 금융상품의 성격에 따라 금융부채 또는 지분상품으로 구분해야 한다. 본장에서는 금융상품보유자가 기록하는 금융자산을 중점적으로 살펴보기로 한다.

〈표 8-1〉은 금융자산과 금융부채의 정의를 요약하고 있다.

▶ 표 8-1
금융상품의 정의

금융자산	금융부채
(1) 현금	
(2) 다른 회사의 주식	
(3) 다음 중 하나에 해당하는 계약상 권리 (가) 거래상대방에게서 현금 등 금융자산을 수취하기로 한 계약상 권리(예 : 수취채권 등) (나) 잠재적으로 유리한 조건으로 거래상대방과 금융자산이나 금융부채를 교환하기로 한 계약상 권리(예 : 내가격상태인 매입옵션 등)[3]	(3) 다음 중 하나에 해당하는 계약상 의무 (가) 거래상대방에게 현금 등 금융자산을 인도하기로 한 계약상 의무(예 : 지급채무 등) (나) 잠재적으로 불리한 조건으로 거래상대방과 금융자산이나 금융부채를 교환하기로 한 계약상 의무(예 : 내가격상태인 매도옵션 등)
(4) 자기회사의 주식으로 결제하는 다음 중 하나의 계약 (가) 수취할 자기회사주식의 수량이 가변적인 비파생상품(예 : 자기회사의 주식을 확정금액의 자산에 대한 결제수단으로 수취하는 경우) (나) 확정수량의 자기회사주식과 확정금액의 금융자산의 교환이 아닌 방법으로 결제하는 파생상품(예 : 자기회사주식을 수취할 수 있는 옵션을 매입한 경우)	(4) 자기회사의 주식으로 결제하는 다음 중 하나의 계약 (가) 인도할 자기회사주식의 수량이 가변적인 비파생상품(예 : 자기회사의 주식을 확정금액의 부채에 대한 결제수단으로 인도하는 경우) (나) 확정수량의 자기회사주식과 확정금액의 금융자산의 교환이 아닌 방법으로 결제하는 파생상품(예 : 자기회사주식을 인도하는 옵션을 매도한 경우)

2) 의제 권리와 의무란 해석상 또는 관습상 권리와 의무를 의미한다.

3) 옵션보유자가 옵션을 행사하는 것이 유리한 상태를 내가격상태(in-the-money)라고 한다. 예컨대, 매입콜옵션의 행사가격이 ₩1,000인데 행사 대상 상품의 시가가 ₩1,200이라면 ₩1,000에 권리를 행사할 수 있기 때문에 해당 콜옵션은 내가격상태에 있다.

1) 현금과 다른 회사의 주식(〈표 8-1〉의 (1)과 (2))

금융자산에만 해당하는 것으로서 현금과 다른 회사의 주식에 대한 투자가 있다.[4] 이 두 가지를 제외한 나머지 금융자산은 모두 대응하는 차원에서 금융상품발행자가 금융부채로 기록하는 항목들이다.

현금은 현금성자산(cash equivalents)과 단일 계정으로 보고하는 것이 가능하며, 실제로 이를 하나의 계정으로 보고하는 경우가 더 일반적이다. 현금은 지폐, 동전을 포함하는 것은 물론이고, 사용에 제약이 없는 은행현금(당좌예금), 고객 등으로부터 받은 당좌수표 등을 포함한다. 현금성자산은 취득시점에 단기간 내(일반적으로 3개월 이내)에 현금화가 가능한 채무성증권(양도성예금증서, 상업어음, 기타단기성 채권 등)으로서 회수위험이 적은 것이다. 다만 현금성자산은 취득시점에 결정되며, 기간이 경과하여 단기간 내에 현금으로 회수가 예상되더라도 처음에 현금성자산으로 구분하지 않은 경우 이들을 현금성자산으로 재분류할 수 없다.

회사가 복수의 은행과 당좌거래를 하는 경우 일부 은행과는 당좌예금 상태이지만 일부 은행과는 당좌차월(bank overdrafts) 상태에 있을 수 있다. 이 경우 당좌차월을 다른 은행의 당좌예금의 한도 내에서 상계할 수 있다. 즉, A은행에는 당좌예금 ₩300,000이 있고, B은행과는 당좌차월 ₩100,000 상태라면 은행예금 ₩200,000으로 보고할 수 있다. 그러나 보고방식은 회사가 선택할 수 있기 때문에 당좌차월 ₩100,000을 당좌예금과 상계하지 않고 단기차입금으로 보고할 수도 있다.

현금으로 보고하기 위해서는 사용에 제한이 있어서는 안 된다. 따라서 회사의 명의로 되어 있는 예금이라도 특정한 목적에만 사용할 수 있도록 되어 있는 사용제한현금(restricted cash)은 현금으로 보고하여서는 안 된다. 감채기금, 퇴직급여예치금, 고유목적사업예치금 등은 현금으로 보고하지 않고 사용제한현금의 성격에 따라 다른 종류의 자산으로 보고하되 성격을 나타내는 예치금 등의 과목으로 해서 투자자산 및 기타자산으로 보고해야 한다.

---

4) 자회사에 대한 투자, 지분법적용대상투자, 조인트벤처투자는 각각 K-IFRS 제1027호(연결및별도재무제표), K-IFRS 제1028호(관계회사투자), K-IFRS 제1031호(조인트벤처지분)에서 회계처리를 규정하고 있기 때문에 금융자산의 범주에 해당하지 않는다.

예제 8-1 현금및현금성자산

공주(주)는 20×1. 12. 31 현재 다음과 같은 항목들을 보유하고 있다.

① 공주은행에 예치중인 당좌예금 ₩135,000과 2년 만기 정기예금 ₩300,000
② 웅주은행과의 당좌계정에는 당좌차월 ₩80,000 상태임
③ 아직 은행에 예치하지 않은 고객으로부터 받은 당좌수표 ₩50,000
④ 회사 금고에 보관중인 현금 ₩35,000
⑤ 타사 발행 3개월 만기 상업어음 ₩23,000(회수위험 낮음)
⑥ 대전시가 발행한 3년 만기 지방채 ₩100,000

공주(주)는 당좌차월은 단기차입금으로 보고하지 않는다. 공주(주)의 20×1. 12. 31 재무상태표에 현금및현금성자산계정으로 보고할 금액은 얼마인가?

해답

현금및현금성자산=(₩135,000－₩80,000)＋₩50,000＋₩35,000＋₩23,000＝₩163,000

2) 금융자산을 주고받을 계약상의 권리와 의무(〈표 8-1〉의 (3)-(가))

미래에 현금을 수취하거나 지급하기로 된 계약상의 권리와 의무는 각각 금융자산과 금융부채가 된다. 이 경우는 권리를 가진 쪽과 의무를 가진 쪽이 서로 대응된다. 이에 해당하는 대표적인 금융자산 및 금융부채에는 (1) 매출채권 및 매입채무, (2) 받을어음 및 지급어음, (3) 대여금 및 차입금, (4) 회사채에 대한 투자 및 발행한 회사채 등을 들 수 있다.

수취채권(receivables)은 기업이 재화나 용역을 고객에게 외상으로 판매·제공하고 그 대가로 미래에 현금을 수취하기로 한 채권 또는 다른 기업 등에 대한 대여금 등을 통칭하는 말이다. 수취채권은 미래에 일정한 금액을 받을 수 있는 계약상의 권리를 나타내므로 금융자산이다. 수취채권에는 외상매출금 및 받을어음 등의 매출채권(trade receivables)과 미수금, 대여금 등과 같은 비매출채권(nontrade receivables)이 있다.

외상매출금(accounts receivable)은 회사가 제공한 재화 또는 용역에 대한 대가를 지급하겠다는 고객의 약속이며 통상적으로 3개월 이내에 회수가 가능한 매출채권으로서, 회사가 고객에게 무이자로 제공한 단기간의 신용공여로 생각할 수 있다. 외상매출금은 순수한 외상계정이라고 할 수 있는데, 증서나 담보를 받지 않고 외상으로 이루어진 거래의 결과 발생한 매출채권이기 때문

이다. 받을어음(notes receivable)은 약속어음의 작성자가 일정한 금액을 미래의 특정한 날에 지급하겠다는 서면약속이다.[5] 약속어음은 양도성증권으로서 증서상의 수취인 또는 그가 양도한 사람에게 정해진 금액을 지급하겠다고 어음 발행자가 서명・날인한 증권이다. 약속어음은 증권의 형태를 취하므로 쉽게 양도하거나 담보로 사용할 수 있다.

비매출채권은 다양한 거래의 결과로 발생하며, ① 대여금(임직원대여금, 관계회사대여금 등), ② 예치금(손해 및 손실보전예치금, 이행 및 지급보증예치금 등), ③ 미수수익(미수배당금, 미수이자수익 등) 및 ④ 기타의 채권(손해보험미수금, 매입환출미수금 등)이 여기에 해당된다.

3) 조건부 계약상의 권리와 의무(〈표 8-1〉의 (3)-(나))[6]

계약상의 권리와 의무는 절대적인 것도 있지만 조건부인 경우도 있다. 예를 들면, 재정보증은 원채무자가 채무를 이행하지 않았을 때 발생하는 조건부(우발)채무이지만 재무제표상에 인식될 때에는 재정보증을 한 실체에게는 금융부채가 되며 피보증 실체에게는 금융자산이 된다.[7] 재정보증은 잠재적으로 유리(불리)한 조건으로 거래상대방과 금융자산이나 금융부채를 교환하기로 한 계약상 권리(의무)에 해당하는 금융자산(금융부채)에 해당한다.

금융상품은 본원(primary)금융상품과 파생(derivative)금융상품으로 구분할 수 있다. 본원금융상품은 현금, 수취채권, 지급채무 및 지분상품을 의미하며, 파생금융상품으로는 선도계약(forward), 선물계약(future), 옵션(option), 스왑(swap) 등이 있다. 파생상품도 잠재적으로 유리(불리)한 조건으로 거래상대방과 금융자산이나 금융부채를 교환하기로 한 계약상 권리(의무)에 해당하는 금융자산(금융부채)이다.

파생금융상품은 본원금융상품에 내포된 고유위험을 계약당사자간에 이전시키는 효과를 갖는 권리와 의무를 발생시킨다. 파생금융상품의 시작시점

---

5) 받을어음은 외상매출금을 약속어음으로 대체한 경우에 발생하기도 하고, 새로운 고객과 거래를 하거나 상대적으로 위험이 높은 고객과 거래를 할 경우 약속어음을 요구함으로써 발생하기도 한다. 때로는 특정 산업의 거래관습상 어음을 통하여 외상거래가 이루어지는 경우도 있다.

6) 〈표 8-1〉의 (3)-(나)와 (4)-(가), (나)의 내용은 특수한 경우이기 때문에 강의나 공부를 생략하여도 무방하다고 본다.

7) 보험계약은 계약에 따라 보험금 지급사유가 발생할 수 있다는 차원에서 조건부 금융상품의 정의를 충족하지만 K-IFRS 제1104호(보험계약)에서 달리 회계처리를 규정하고 있기 때문에 금융상품으로 보지 않는다.

에 권리를 가진 계약당사자는 본원금융상품에 내포된 고유위험을 잠재적으로 유리한 조건으로 전가할 수 있는 권리를 가지게 되며, 의무를 가진 계약당사자는 해당 고유위험을 잠재적으로 불리한 조건으로 부담하는 의무를 지게 된다. 이러한 권리와 의무가 시장상황의 변화에 따라 파생금융상품의 계약자에게 유리하거나 불리하게 바뀌게 된다. 이 경우 파생상품이 유리한 교환조건을 가지면 금융자산으로, 불리한 교환조건을 가지면 금융부채로 분류한다. 예컨대, 금융자산 또는 금융부채를 교환하기로 한 풋옵션(매도선택권) 또는 콜옵션(매입선택권)의 경우 권리보유자(옵션매수자)와 의무부담자(옵션매도자)는 해당 옵션이 행사될 가능성이 높은 내가격상태가 되면 각각 금융자산과 금융부채를 기록해야 한다.

계약의 결제금액이 기초상품에 근거하여 결정되지만 기초상품의 인도 및 인수를 수반하지 않고 현금으로 결제되는 경우가 있다. 예를 들면, 회사채의 원금을 회사채의 만기시점에 있어서 일정수량의 원유가격을 적용하여 결정하되 결제는 현금으로 이루어지는 경우이다. 이러한 계약은 금융상품으로 취급한다.

4) 자기회사주식으로 결제하는 계약(〈표 8-1〉의 (4)-(가))

회사는 주로 자금을 조달하는 수단으로 주식을 발행하지만, 때로는 부채의 결제수단으로 주식을 발행하기도 한다. 따라서 어떤 목적으로 회사가 주식을 발행하느냐에 따라 회계처리가 달라진다. 주식의 발행이 자금조달 목적인 경우에는 지분상품(자본)으로 기록하고, 부채결제 목적으로 나중에 주식을 발행하기로 한 경우에는 금융부채로 기록한 후에 금융부채가 결제될 때 부채의 감소와 자본의 증가를 기록해야 한다.

자기회사의 주식이 자산 또는 부채의 결제수단으로 사용된 계약에 의할 때 수취(인도)할 주식의 수량이 주가의 변화에 따라 달라질 수도 있고, 다른 시장요인(이자율, 금 등)의 변동에 대응하여 달라질 수 있다. 예를 들면, ₩10,000에 해당하는 권리를 자기회사의 주식으로 받도록 되어 있는 경우 이 권리는 금융자산이며, 받게 될 주식의 수량은 주가의 변동에 따라 달라진다.

5) 자기회사주식으로 결제하는 계약(〈표 8-1〉의 (4)-(나))

자기회사주식에 대한 파생상품계약을 통하여 자산 또는 부채를 발생시키는 경우도 있다. "확정수량의 자기회사주식과 확정금액의 금융자산의 교환이 아닌 방법으로 결제하는 파생상품"이라는 표현에서 "확정수량의 자기회사주식과 확정금액의 금융자산을 교환하는 방법"은 주당발행금액이 확정된 주식발행을 의미한다. 이는 자본조달을 위해서 주식을 발행하는 부분에 대한 언급이기 때문에 지분상품으로 분류해야 한다. 한편, 주당발행금액이 확정되지 않은 자기회사의 주식의 취득 또는 발행을 야기시키는 파생상품계약은 금융자산(금융부채)으로 보아야 한다.

〈표 8-2〉는 금융상품보유자가 기록하는 금융자산과 금융상품발행자가 인식하는 금융부채 또는 지분상품 중 대표적인 항목을 요약하고 있다.

▶ 표 8-2
대표적 금융자산, 금융부채 및 지분상품

금융상품보유자가 기록	금융상품발행자가 기록	
금융자산	금융부채	자본(지분상품)
현금		
투자자산(일부 주식, 회사채)	발행한 회사채	보통주, 우선주
매출채권(받을어음 포함)	매입채무(지급어음 포함)	
대여금	차입금(당좌차월 포함)	
잠재적으로 유리한 교환조건을 가진 계약상의 권리 (내가격상태인 매입옵션 등)	잠재적으로 불리한 교환조건을 가진 계약상의 의무 (내가격상태인 매도옵션 등)	

재고자산, 유형자산 및 무형자산 등은 이들의 사용으로부터 현금 또는 기타 금융자산이 유입되기는 하지만 이들이 확정된 현금 또는 금융자산을 유입시키는 계약상의 권리를 확보하는 것이 아니기 때문에 금융자산이 아니다. 선급비용은 미래에 재화나 용역을 제공받을 수 있지만 현금 또는 금융자산을 받을 권리가 아니기 때문에 역시 금융자산이 아니다. 마찬가지로 선수금, 선수수익 또는 제품보증부채도 재화 또는 용역을 제공할 의무이지 현금 또는 금융자산을 인도할 계약상의 의무가 아니기 때문에 금융부채가 아니다.

(2) 회계처리 목적에 따른 금융상품의 분류

K-IFRS 제1109호는 두 가지의 계약상 현금흐름 특성(원금과 이자로만 구성된

경우, 그 외의 경우)과 세 가지의 사업모형(계약상 현금흐름수취 목적, 계약상 현금흐름수취 및 매매 목적, 기타)에 따라 금융자산을 〈표 8-3〉과 같이 분류하도록 하고 있다.

▶ 표 8-3
금융자산의 분류[8)]

사업모형 \ 계약상 현금흐름	원금과 이자만으로 구성 (채무증권, 대여금 등)	그 외의 경우 (지분증권, 파생상품 등)
계약상 현금흐름수취	상각후원가측정 금융자산(AC자산)	당기손익-공정가치측정 금융자산(FVPL자산)*
계약상 현금흐름수취 및 매매	기타포괄손익-공정가치측정 금융자산(FVOCI자산)	
기타	당기손익-공정가치측정 금융자산(FVPL자산)	

* 단기매매 목적 이외의 지분상품은 FVOCI측정을 선택(취소불가)할 수 있으나, 이 경우에는 매도시에도 기타포괄손익누계액을 당기손익으로 인식할 수 없음(기타포괄손익누계액의 재순환 금지)

1) 상각후원가측정금융자산

상각후원가(amortized cost)측정금융자산(이하 'AC자산')은 원금과 이자만으로 구성된 계약상 현금흐름을 수취하기 위해 보유하는 것이 목적인 금융자산을 말한다. 예를 들면, 투자채권을 만기까지 보유하는 경우 해당 투자채권의 계약조건에 명시된 원금과 이자로만 구성된 현금흐름을 수취할 것이며 보유기간중 공정가치 변동은 투자손익에 영향을 미치지 않을 것이다. 이러한 금융자산은 상각후원가로 기록하고 유효이자율법에 따라 이자수익을 인식하고 원금의 만기회수에 대한 회계처리를 하면 된다. 매출채권은 거래대가로 인식

---

8) 금융자산과 금융부채의 분류와 측정을 살펴보면 금융자산이 속하는 사업모형과 계약상 현금흐름 특성에 기초하여 금융자산을 분류하도록 하였고 2010년 금융부채 자기신용위험, 2014년 채무상품 기타포괄손익-공정가치측정금융자산(financial assets measured at fair value through other comprehensive income) 적용이 보완되었다. 동 기준서에 따르면 계약상 현금흐름을 수취하기 위해 보유하는 것을 목적으로 하는 사업모형 자산이면서 계약조건에 따라 특정일에 원금과 원금에 대한 이자만으로 구성된 현금흐름이 발생하는 요건을 모두 충족한 자산만 상각후원가측정금융자산(AC자산)으로 분류하도록 하였다. 계약상 현금흐름 수취와 금융자산 매도 두 가지 목적을 이루는 사업모형이면서 계약조건상 특정일에 원리금 지급만으로 구성된 현금흐름 발생요건을 모두 충족한 자산은 기타포괄손익-공정가치측정금융자산(FVOCI자산)으로 분류하도록 하였다. 그리고 상각후원가측정금융자산 또는 기타포괄손익-공정가치측정금융자산으로 분류된 경우가 아니라면 당기손익-공정가치측정금융자산(FVPL자산)으로 분류하도록 하였다.

하는 원금만으로 구성된 현금흐름을 받을 금융자산이다.

매출채권은 이자가 포함되지 않는다는 점에서 투자채권과는 다르지만 보유기간중 공정가치의 변동이 의미가 없다는 점에서 투자채권과 유사하다. 따라서 매출채권도 상각후원가로 측정하는 금융자산에 해당한다. AC자산은 공정가치 변동에 따른 평가손익은 인식하지 않지만 신용손실에 따른 손상차손은 인식해야 한다.

2) 기타포괄손익 – 공정가치측정금융자산

기타포괄손익-공정가치(fair value through other comprehensive income)측정금융자산(이하 'FVOCI자산')은 보유기간중의 공정가치 변동에 따라 금융자산의 장부금액을 조정하지만 공정가치 변동에 따른 보유손익을 당기손익에 반영하지 않는 금융자산을 말한다. 공정가치 변동에 따른 보유손익은 기타포괄손익으로 구분하여 인식하고 처분시점까지 재무상태표의 자본에 기타포괄손익누계액이라는 계정을 이용하여 미실현보유손익을 누적시켜나간다. 기타포괄손익누계액은 해당 금융자산의 처분시 또는 손상시 자본에서 제거하고 실현된 손익으로 하여 당기손익에 반영한다.

단기매매 목적 이외의 지분상품은 취득시점에 취소불능조건으로 FVOCI자산으로 분류할 수 있다. 그러나 이 경우에는 매도시점에도 기타포괄손익누계액을 당기손익으로 재분류할 수가 없다.

3) 당기손익 – 공정가치측정금융자산

당기손익-공정가치(fair value through profit or loss)측정금융자산(이하 'FVPL자산')은 취득 후 공정가치로 자산을 측정하고 또 미실현보유손익을 해당 금융자산의 보유중에도 실현손익으로 보아 당기손익에 반영해야 한다. 이 범주에는 주로 단기매매 목적의 금융자산이 포함된다.

회사는 취소불능선택을 통하여 FVPL자산으로 지정할 수 있는데, 이를 공정가치선택권이라고 한다. 공정가치선택권(fair value option)은 취소불능조건으로 취득시점에 한하여 행사할 수 있으며, 서로 다른 회계기준에 따라 서로 관련된 자산과 부채가 다른 측정기준을 적용함에 따라 발생할 수 있는 회계불일치의 제거 및 경감을 위하여 사용하는 것을 목적으로 한다.

제 2 절 금융자산의 측정

1 금융자산의 최초측정

금융자산의 최초측정(initial measurement)은 취득시점의 공정가치로 측정하는 것이 원칙이지만, 금융자산의 분류 형태에 따라 약간의 차이가 있다.

상각후원가로 측정되는 매출채권은 단기매출채권인 경우 거래가격(일반적으로 거래가격이 취득시점의 공정가치를 나타냄)으로 측정하며, 회수기간이 1년 이상인 장기매출채권은 현재가치로 측정한다. 매출채권의 조기회수를 촉진하기 위하여 현금할인혜택을 고객에게 부여하여 발생하는 매출할인은 발생했을 때 매출의 차감계정으로 처리하고, 매출채권계정은 조정하지 않는다.

예제 8-2 외상매출금과 매출할인

하나(주)는 외상매출에 대해 1/10, n/30(30일 이내에 대금을 지급하되 10일 이내에 지급되면 1%의 매출할인을 제공) 조건으로 상품을 판매한다. 하나(주)는 경주(주)에 20×1. 1. 1에 상품 ₩10,000어치를 외상으로 판매하였다. 경주(주)는 외상대금의 60%를 20×1. 1. 10에 지급하였으며, 나머지 40%의 대금은 20×1. 1. 30에 지급하였다.

하나(주)가 이 매출과 관련하여 20×1. 1. 1, 20×1. 1. 10 및 20×1. 1. 30에 필요한 분개를 하라.

해답

1) 20×1. 1. 1 (단기 매출채권인 외상매출금을 거래가격에 인식)

(차) 외상매출금	10,000	(대) 매 출 액	10,000

2) 20×1. 1. 10 (현금할인 기간 내에 회수된 외상매출금 60% 회수 인식)

(차) 현 금	5,940	(대) 외상매출금	6,000
매 출 할 인	60		

3) 20×1. 1. 30 (나머지 외상매출금 40% 회수)

(차) 현 금	4,000	(대) 외상매출금	4,000

외상매출의 대가로 받을어음을 기록하되 받을어음의 만기가 단기인 경우에는 받을어음의 액면금액을 매출액(거래가격)으로 취급하고, 받을어음으로부터 이자를 수취하는 경우 이자수익으로 구분한다. 만기가 장기인 경우에는 현재가치로 매출액을 측정하고, 유효이자에 근거하여 이자수익을 인식한다.

예제 8-3 외상매출의 대가로 받을어음을 수취한 경우

하나(주)는 경주(주)에 20×1. 1. 1에 상품 ₩10,000어치를 판매하고 받을어음을 받았다.

〈요구사항〉

1) 받을어음의 만기가 6개월이고 이자가 10%인 경우 하나(주)가 이 매출과 관련하여 20×1. 1. 1, 20×1. 6. 30에 필요한 분개를 하라.

2) 받을어음의 만기가 1년이고, 무이자지급 조건이지만 적절한 시장이자율이 10%인 경우 하나(주)가 이 매출과 관련하여 20×1. 1. 1, 20×1. 12. 31 및 20×2. 1. 1에 필요한 분개를 하라. 하나(주)의 회계기말은 12월 31일이다.

해답

1) 받을어음의 만기가 단기이고 10% 이자 지급인 경우

20×1. 1. 1 (받을어음의 액면금액을 거래가격으로 하여 매출액을 인식)

(차) 받 을 어 음	10,000	(대) 매 출 액	10,000

20×1. 6. 30 (받을어음과 6개월 이자의 회수)

(차) 현 금	10,500	(대) 받 을 어 음	10,000
		이 자 수 익	500*

* ₩10,000×10%×6/12=₩500(이자율은 항상 연이자율을 의미하므로 6/12를 곱함)

2) 받을어음의 만기가 1년(장기)이고, 무이자지급조건인 경우

20×1. 1. 1 (받을어음의 액면금액을 거래가격으로 하여 매출액을 인식)

(차) 받 을 어 음	10,000	(대) 매 출 액	9,091*
		현재가치할인차금	909**

* ₩10,000×0.9091(만기 1년, 이자율 10%에 대한 현재가치할인요소)=₩9,091

** 현재가치할인차금은 받을어음의 차감계정이며, 받을어음의 만기에 걸쳐 이자수익으로 인식함.

20×1. 12. 31 (회계기말 이자수익의 인식)

(차) 현재가치할인차금	909	(대) 이 자 수 익	909*

* ₩9,091×10%=₩909

20×2. 1. 1 (받을어음의 회수)

(차) 현 금	10,000	(대) 받 을 어 음	10,000

FVPL자산은 취득시점의 공정가치로 측정한다. FVPL자산의 취득에 직접 관련된 수수료, 취득세 등의 거래원가(transaction costs)가 발생하면, 이는 취득시점에 비용으로 처리하며 취득원가에 포함하지 않는다.

한편, 기타금융자산은 취득일의 공정가치에 거래원가를 가산한 금액으로 기록한다. 즉, AC자산 또는 FVOCI자산은 거래가격에서 거래에 수반하여 발생하는 거래원가를 가산한 금액으로 최초측정한다.

2 금융자산의 후속측정

금융자산의 분류에 따라 후속측정방법도 달라진다(〈표 8-4〉를 참조). 금융자산의 후속측정을 각 금융자산별로 상세히 살펴보기로 한다.

▶ 표 8-4
금융자산의 후속측정

	AC자산	FVOCI자산	FVPL자산
측정기준	상각후원가	공정가치	공정가치
평가손익	해당 없음	기타포괄손익	당기손익
손상차손	손상차손 인식	손상차손 인식	손상차손 불인식

(1) AC자산의 후속측정

AC자산은 보유기간중에 매기 유효이자율법을 적용하여 이자수익을 인식하고 장부금액을 조정한다. AC자산은 손상차손의 대상이 되며, 공정가치 변동에 따른 손익은 당해 금융자산이 제거, 손상 또는 재분류될 때 당기손익으로 인식한다.

유효이자율법(effective interest rate method)을 적용하는 이유는 유효이자율로 이자수익을 인식하고 조정된 장부금액을 보고하는 것이 경제적 실질을 반영한다고 보기 때문이다. 유효이자율법에서는 현금이자수익과 손익계산서에 인식하는 유효이자수익을 구분해야 한다. 또한 매기 현금이자수익과 유효이자수익의 차이를 금융자산의 장부금액에 가감해 준다. 유효이자율법은 다음과 같이 적용하면 된다.

(a) 현금이자수익＝금융자산의 액면금액×표시이자율

(b) 유효이자수익＝금융자산의 기초장부금액(상각후원가)×유효이자율

(c) 상각액＝현금이자수익－유효이자수익

(d) 기말장부금액＝기초장부금액＋상각액(할인취득의 경우) 또는
기초장부금액－상각액(할증취득의 경우)

예제 8-4 AC자산의 최초측정 및 후속측정

광복(주)는 20×1. 1. 1에 액면금액이 ₩1,000이고 이자율이 8%이며 만기가 3년인 회사채를 ₩950에 매입하고 AC자산으로 분류하였다. 매입시 동 회사채에 대한 유효이자율은 10%이다.
광복(주)가 동 회사채에 대하여 20×1. 1. 1(취득), 20×1. 12. 31(첫 이자수취) 및 20×3. 12. 31(만기)에 행할 회계처리를 제시하라.

해답

현재가치계산 (표시이자율＝8%, 유효이자율＝10%)

회사채의 액면금액		₩1,000
회사채의 현재가치 :		
액면금액의 현재가치(₩1,000×0.7513)	₩751	
이자의 현재가치(₩80×2.4868)	199	(950)
액면금액과 현재가치의 차액		₩50

아래 표는 투자사채의 보고기간별 상각후원가, 이자수익 및 현금흐름에 대한 정보를 제공한다.

연 도	기초장부금액 (A)	유효이자수익 (B＝A×10%)	현금이자수익 (C)	기말장부금액 (D＝A＋B－C)
20×1	₩950	₩95	₩80	₩965
20×2	965	97	80	982
20×3	982	98	80	1,000

1) 20×1. 1. 1 (AC자산의 취득)

(차) AC자산	950	(대) 현　　금	950

2) 20×1. 12. 31 (이자수취와 유효이자수익의 인식)

(차) 현　　금	80	(대) 이 자 수 익	95
AC자산*	15		

* 유효이자수익과 현금이자수익의 차이를 AC자산에 가산한다. 이로써 AC자산의 장부금액이 점차 증가하여 만기에는 액면금액(₩1,000)과 같아진다.

3) 20×3. 12. 31 (만기시점)

(차) 현 금	80	(대) 이 자 수 익	98
AC자산	18		
(차) 현 금	1,000	(대) AC자산	1,000

(2) FVOCI자산의 후속측정

FVOCI자산은 취득시점에는 거래가격에 거래원가를 가산하여 측정하고, 후속적으로는 공정가치로 측정하며, 공정가치 변동에 따른 보유손익은 기타포괄손익으로 하여 누적시켜 나간다. 한편, 금융자산의 처분시점에 잔여 기타포괄손익누계액을 재분류하여 당기손익에 반영한다.

예제 8-5 FVOCI자산의 최초측정 및 후속측정

자양(주)는 20×1. 12. 15에 FVOCI자산을 취득시점의 공정가치인 ₩10,000과 수수료 ₩200을 합한 금액으로 취득하였다. 회계기말인 12월 31일에 동 금융자산의 공정가치는 ₩10,100이며, 예상처분수수료는 ₩300이다.
자양(주)가 20×1. 12. 15과 20×1. 12. 31에 기록할 분개를 하라.

해답

1) 20×1. 12. 15 (취득시점 분개)

(차) FVOCI자산*	10,200	(대) 현 금	10,200

* 거래가격에 거래원가 ₩200을 가산하여 측정한다.

2) 20×1. 12. 31 (회계기말 수정분개)

(차) 자산평가손실(OCI)	100	(대) FVOCI자산	100

(주) 자산처분에 예상되는 처분수수료는 회계처리하지 아니한다.

(3) FVPL자산의 후속측정

FVPL자산은 취득시점과 후속측정에서 모두 공정가치로 기록한다. 취득시에 발생한 거래원가는 비용처리한다. 공정가치 변동에 따른 보유손익은 당기손익에 반영한다. FVPL자산은 항상 공정가치로 측정하고 보유손익을 당기손익에 반영하기 때문에 손상회계처리가 불필요하다.

예제 8-6 FVPL자산의 최초측정 및 후속측정

자영(주)는 20×1. 12. 15에 FVPL자산을 취득시의 공정가치인 ₩10,000과 수수료 ₩200을 합한 금액으로 취득하였다. 회계기말인 12월 31일에 동 금융자산의 공정가치는 ₩10,100이며, 예상처분수수료는 ₩300이다.

자영(주)가 20×1. 12. 15과 20×1. 12. 31에 기록할 분개를 하라.

해답

1) 20×1. 12. 15 (취득시의 분개)

(차) FVPL자산	10,000	(대) 현 금	10,200
거래수수료*	200		

* FVPL자산의 취득시에 발생한 거래원가 ₩200은 취득시점에 비용으로 처리한다.

2) 20×1. 12. 31 (회계기말의 수정분개)

(차) FVPL자산	100	(대) 자산평가이익(PL)	100

(주) 자산평가이익은 당기손익에 반영하고, 자산처분시에 예상되는 수수료는 회계처리하지 아니한다.

제 3 절 금융자산의 손상

1 금융자산 손상의 의의

손상회계란 자산의 회수가능가액이 장부금액에 미달하는 경우 그 차액을 당기손익으로 인식하는 것을 의미한다. K-IFRS는 금융자산 손상(impairments)이란 개념에 수취채권이나 대여금에 대한 대손상각을 포함하고 있다.

FVPL자산을 제외한 모든 금융자산은 손상회계의 대상이 된다. 공정가치평가손익을 당기손익으로 반영하기 때문에 FVPL자산에 대해서는 손상차손을 인식할 필요가 없다. 반면, FVOCI자산의 공정가치평가손익은 미실현된 것으로 보아 기타포괄손익으로 인식한 상태이기 때문에 손상으로 판단되는 부분은 실현된 것으로 처리해야 한다. 또한 AC자산은 공정가치평가손익을 전혀 인식하지 않기 때문에 손상회계의 대상이 된다.

2 손상회계

(1) 손상차손의 결정

K-IFRS에서는 기대신용손실법(expected credit loss method)을 적용하여 손상회계를 처리하도록 하고 있다. 금융자산의 신용손실은 ① 계약상 수취하기로 한 현금흐름과, ② 수취할 것으로 예상하는 현금흐름 차이의 현재가치이다.

신용손실에 영향을 미치는 요소는 다양하다. 일반적으로 신용손실은 금융상품의 형태, 신용위험등급, 담보의 형태, 최초인식일, 만기까지 남은 기간, 산업, 차입자의 지역적 위치, 담보인정비율 등을 종합적으로 고려하여 판단해야 한다.

(2) 기대신용손실 측정방법

K-IFRS 제1109호에 따른 신용손실의 측정방법은 금융기관의 대출액에 대한 신용손실을 포함하고 있기에 복잡하다. 따라서 이에 대한 자세한 설명은 생략하고, 비금융권 회사가 보유하고 있는 매출채권에 대한 신용손실의 측정방법에 대해서만 설명하기로 한다.

신용손실은 손상차손(impairments loss) 또는 대손상각비란 과목으로 당기손익에서 차감하고, 당해 금융자산의 장부금액에서 직접 차감하거나 금융자산의 차감계정인 대손충당금(손실충당금, 손상차손누계액 등으로도 불림)을 이용하여 기록한다. 손상차손을 인식한 후속기간중에 신용손실이 회복된 경우에는 회복된 금액을 당기이익으로 인식한다.

매출채권에 대해서는 유의적인 금융요소가 없다면, 실무적 간편법인 연령분석법(aging schedule method)이 허용되고 있다. 연령분석법에서는 매출채권의 연체일수를 기준으로 대손충당금 설정률표를 사용하여 매출채권에 대한 기대신용손실을 산정한다. 예를 들면, 연체가 없는 경우에 1%, 연체일수가 30일 미만인 경우에 2%, 30일 초과 90일 미만인 경우에 3%, 90일과 180일 사이인 경우에 20% 등과 같이 연령그룹별로 신용손실률을 달리 적용하여 총기대신용손실을 산정한다. 간편법은 매출채권, 리스채권 등에 적용할 수 있다.

예제 8-7 기대신용손실법 – 연령분석법

강서(주)는 회계기말인 20×1. 12. 31에 ₩3,000,000의 매출채권을 보유하고 있으며, 동 매출채권에 대한 대손충당금으로 ₩35,000의 대변잔액이 있다. 모든 매출채권은 매출일로부터 60일 이내에 지급하는 조건으로 발생한 것이다. 강서(주)는 매출채권의 기대신용손실을 산정하기 위해 대손충당금 설정률표를 이용한다.

강서(주)는 과거 경험과 20×1년말 현재에 이용가능한 정보를 이용하여 다음과 같이 대손충당금 설정률표를 추정하였다.

	신용기간 이내	1~30일 연체	31~60일 연체	61~90일 연체	90일 초과 연체
장부금액	₩1,500,000	₩750,000	₩400,000	₩250,000	₩100,000
채무불이행률	0.3%	2.0%	4.0%	8.0%	10.0%

강서(주)가 회계기말인 20×1. 12. 31에 필요한 손상차손 회계처리를 하라.

해답

대손충당금 필요액의 계산 :

	장부금액	채무불이행률	기대신용손실
연체 없음	₩1,500,000	0.3%	₩4,500
1~30일 연체	750,000	2%	15,000
31~60일 연체	400,000	4%	16,000
61~90일 연체	250,000	8%	20,000
90일 초과 연체	100,000	10%	10,000
	₩3,000,000		₩65,500

손상차손의 측정 :

대손충당금 추산액－기존 대손충당금 잔액＝₩65,500－₩35,000＝₩30,500

20×1. 12. 31 (손상차손의 인식)

(차) 손 상 차 손	30,500	(대) 대손충당금	30,500

FVOCI자산은 공정가치로 금융자산을 기록하지만 공정가치 변동을 기타포괄손익으로 인식하고 당기손익에 포함하지 않는다. 그러나 공정가치의 하락 중에서 신용손실에 해당되는 부분은 손상차손으로 인식하고, 나머지 부분은 기타포괄손익으로 인식한다.

예제 8-8 FVOCI자산의 손상차손과 처분손익

가희(주)는 20×1. 12. 15에 공정가치가 ₩1,000인 채무상품을 매입하고 FVOCI자산으로 분류하였다. 해당 금융자산의 표시이자율은 10년의 계약기간에 5%이며 취득시점의 유효이자율도 5%이다. 20×1. 12. 31(보고기간말)에 시장이자율 변동의 이유로 해당 채무상품의 공정가치가 ₩950으로 하락하였다. 해당 금융자산에 대해 기대신용손실법을 통하여 20×1. 12. 31에 신용손실 ₩20을 추정하였다.

〈요구사항〉

1) 가희(주)가 20×1. 12. 31(보고기간말)에 공정가치하락과 손상차손을 인식하기 위하여 필요한 분개를 하라. 단, 이자수익 수취의 분개는 생략한다.
2) 가희(주)는 20×2. 1. 1에 해당 채무상품을 그 시점의 공정가치인 ₩960에 처분하였다. 처분시에 필요한 분개를 하라.

해답

1) 20×1. 12. 31 (공정가치하락과 손상차손을 인식하기 위한 분개)

(차) 손 상 차 손	20	(대) FVOCI자산	50
금융자산평가손실(OCI)	30		

(주) 공정가치의 변동 ₩50 중에서 신용손실에 해당하는 금액은 손상차손으로 인식하고, 나머지 금액(₩30)은 기타포괄손익으로 인식한다.

2) 20×2. 1. 1 (금융자산의 처분에 따른 분개)

(차) 현 금	960	(대) FVOCI자산	950
금융자산처분손실	20	금융자산평가손실(OCI)	30

(주) FVOCI자산을 제거하고, 이전에 인식하였던 기타포괄손익을 처분손실로 재분류한다.

(3) 손상과 이자수익

AC자산은 보유중에 공정가치가 변화하더라도 이에 대한 회계처리를 하지 않는 것이 원칙이지만, 신용손실이 발생할 경우에는 이를 손상차손으로 인식하고 장부금액을 조정한다. 한편, 이자수익으로 인식할 금액도 손상차손의 인식

여부에 따라 달라진다.

신용이 손상되지 않은 경우에는 아직 장부금액이 감소하지 않았기 때문에 '대손충당금 차감 전 장부금액'에 기초하여 이자수익을 계상하고, 신용이 손상된 경우에는 장부금액이 감소하였기 때문에 감소한 '대손충당금 차감 후 장부금액'에 기초하여 이자수익을 계상한다. 이때 적용하는 이자율은 변경되지 않고 최초인식시점의 유효이자율이다.

예제 8-9 AC자산의 손상차손과 이자수익

옥과(주)는 20×1. 1. 1에 만기가 3년이고 액면금액이 ₩1,000, 표시이자율이 8%이며 공정가치가 ₩950인 채무증권을 취득하고 AC자산으로 분류하였다. 취득시점의 유효이자율은 10%이다. 20×1년분 이자를 지급한 후 채무자의 채무불이행 확률의 증가로 인하여 20×1년말 채무증권의 공정가치가 ₩865으로 하락했으며, 20×2년에는 채무증권에서 이자를 받지 못하였다. 옥과(주)가 기록한 AC자산의 상각표는 다음과 같다.

일 자	현금이자수익	유효이자수익	상각액	할인취득차금	상각후원가
20×1. 1. 1				₩50	₩950
20×1. 12. 31	₩80	₩95	₩15	35	965
20×2. 12. 31	80	97	17	18	982
20×3. 12. 31	80	98	18	0	1,000

〈요구사항〉

1) 20×1년 채무증권을 취득하여 AC자산으로 분류한 회계처리를 하라.
2) 20×1년말의 손상차손 회계처리를 하라(대손충당금계정을 사용하지 말고 금융자산에서 직접차감하는 방법으로 기록한다).
3) 20×2년 이자수익에 대한 회계처리를 하라.

해답

1) 20×1년초 (AC자산 취득시점의 회계처리)

(차) AC자산	950	(대) 현　　금	950

2) 20×1년말 (이자수익 및 손상차손 회계처리)

(차) 현　　금	80	(대) 이 자 수 익	95*
AC자산	15		

* ₩950(기초장부금액)×10%=₩95

(차) 손 상 차 손	100*	(대) AC자산	100

* ₩965(장부금액)−₩865(공정가치)=₩100

3) 20×2년 (이자수익 회계처리)

(차) 미 수 이 자	80	(대) 이 자 수 익	87*
AC자산	7		

* ₩865(대손충당금 ₩100을 차감한 후의 기초장부금액)×10%(최초인식시점의 유효이자율)=₩87

제 4 절 금융자산의 재분류

금융자산은 최초인식시점에 이를 관리하는 사업모형과 당해 금융자산의 현금흐름 특성에 따라 AC자산, FVOCI자산 및 FVPL자산으로 분류됨을 살펴보았다. 그러나 채무상품은 최초인식 이후에 금융자산을 관리하는 사업모형이 변경된 경우에 분류기준에 따라 다른 유형의 금융자산으로 재분류해야 한다. K-IFRS에서는 금융상품의 재분류를 "사업모형의 변경의 경우"로 제한적으로만 허용하여 재분류를 통한 자의적 손익의 인식을 제약하고 있다. K-IFRS에서 말하는 사업모형의 변경은 ① 매우 드물 것으로 예상하고, ② 외부나 내부의 변화에 따라 기업의 고위 경영진이 결정해야 하며, ③ 기업의 영업에 유의적이고, ④ 외부 당사자에게 설명할 수 있어야 한다. 따라서 사업모형의 변경은 사업계열의 취득, 처분, 종결과 같이 영업에 유의적인 활동을 시작하거나 중단하는 경우에만 발생할 것이다.

금융자산의 재분류는 제한적으로 발생하고 회계처리도 다소 복잡하기 때문에 상세한 설명은 생략하기로 한다.

익힘문제

CHAPTER 8

1. 금융상품의 정의를 내리고 여기에 포함되는 항목들의 몇 가지 예를 들라.
2. 자기주식이 결제수단인 경우 항상 자본(지분상품)으로 구분할 수 있는가?
3. 공정가치로 측정하는 금융자산은 어떻게 세분하는가?
4. AC자산의 특징은 무엇인가?
5. 선택에 의하여 공정가치의 변동을 당기손익으로 인식할 수 있는 금융상품은 어떤 조건을 충족해야 하는가?
6. 회계불일치란 무엇을 의미하며, 회계불일치를 감소시키기 위해서 회사가 할 수 있는 조치는 무엇인가?
7. 공정가치선택권이란 무엇을 의미하는가?
8. 본원상품과 파생상품을 비교설명하라.
9. 유효이자율법이 금융자산의 회계처리에 어떻게 활용되는가?
10. 금융상품의 회계처리 목적상의 분류와 각각의 특징에 대해 설명하라.
11. 거래원가를 최초인식시의 취득원가에 포함하는 금융자산은 무엇인가?
12. 미래에 현금을 수취하거나 현금을 지급하기로 된 계약상의 권리 및 의무로부터 발생하는 대표적인 금융상품들에는 어떤 것들이 있는가?
13. 금융자산의 재분류조건은 무엇인가?
14. 손상차손의 대상이 되는 금융자산의 종류는 무엇인가?

15. 금융자산의 신용손실은 어떤 방법으로 측정하며 어떤 금액으로 측정하는가?

16. 연령분석법은 어떤 방법이며 어떤 경우에 사용될 수 있는가?

연습문제

CHAPTER 8

1. AC자산 – 은행의 타행 예치금

광명은행은 한국은행이나 그 밖의 은행에 정기예금을 예치하며, 이에 따른 예금증서는 양도가 가능하다. 광명은행은 양도가 가능한 예금증서를 매도할 수도 있고 그렇지 않을 수도 있다. 이러한 예금은 AC자산에 해당하는가?

2. 금융상품의 분류와 측정

다음 금융상품이 K-IFRS에 따라 보유자의 입장에서 어떻게 금융상품을 구분하고, 측정하는지를 설명하라.

(1) 표시이자가 5%이고 만기가 5년인 국공채에 대한 투자
(2) 매출채권
(3) 성장성을 보고 장기보유 목적으로 소유하고 있는 다른 상장회사의 보통주에 대한 투자
(4) 단기투기 목적으로 소유하고 있는 다른 상장회사의 보통주에 대한 투자

3. 현금및현금성자산

성미(주)는 20×1. 12. 31 현재 다음과 같은 항목들을 보유하고 있다.

(1) 성미은행에 예치중인 당좌예금 ₩88,000과 정기적금 ₩150,000
(2) 형미은행과의 당좌계정에는 당좌차월 ₩23,000 상태임
(3) 아직 은행에 예치하지 않은 고객으로부터 받은 당좌수표 ₩15,000
(4) 회사 금고에 보관중인 현금 ₩8,500
(5) 타사 발행 2개월 만기 상업어음 ₩13,500(회수위험 낮음)
(6) 타사 발행 3년 만기 회사채 ₩250,000

성미(주)는 당좌차월을 단기차입금으로 보고하지 않는다. 성미(주)의 20×1. 12. 31 재무상태표에 현금및현금성자산계정으로 보고할 금액은 얼마인가?

4. 외상매출금과 매출할인

미미(주)는 외상매출에 대해 2/10, n/30 조건으로 상품을 판매한다. 하나(주)는 코코(주)에 20×1. 4. 1에 상품 ₩20,000어치를 외상으로 판매하였다. 코코(주)는 외상대금의 70%를 20×1. 4. 10에 지급하였으며, 나머지 30%의 대금은 20×1. 4. 30에 지급하였다.

요구사항

미미(주)가 이 매출과 관련하여 20×1. 4. 1, 20×1. 4. 10 및 20×1. 4. 30에 필요한 분개를 하라.

5. 외상매출 대가로 받은 받을어음

미미(주)는 코코(주)에 20×1. 4. 1에 상품 ₩20,000어치를 판매하고 받을어음을 받았다.

요구사항

(1) 받을어음의 만기가 6개월이고 이자가 10%인 경우 미미(주)가 이 매출과 관련하여 20×1. 4. 1, 20×1. 9. 30에 필요한 분개를 하라.
(2) 받을어음의 만기가 1년이고, 무이자지급 조건인 경우 미미(주)가 이 매출과 관련하여 20×1. 4. 1, 20×1. 12. 31 및 20×2. 4. 1에 필요한 분개를 하라. 미미(주)의 회계기말은 12월 31일이다.

6. AC자산 – 장기받을어음

콘도(주)는 20×2. 7. 1에 두 가지 거래를 하였다.

(1) 공정가치가 ₩5,000인 토지를 액면가 ₩8,000인 4년만기 무이자부 약속어음을 받고 매각하였다. 이 토지의 장부금액(취득원가)은 ₩4,500이다.
(2) 만기금액 ₩3,000, 이자율 6%인 4년 만기 약속어음을 받고 용역을 제공하였다(연 1회 이자지급). 콘도(주)는 최근 은행으로부터 차입했던 자금에 대해서 10%의 이자를 지급해야 했고, 위 거래에 관련된 고객은 동일한 종류의 차입금에 대해 12%의 이자를 지급해야 하는 신용등급을 받고 있다.

요구사항

위의 두 거래에 대한 콘도(주)의 분개를 하라. 콘도(주)는 이 금융자산에 대해 만기까지 보유하면서 계약상 현금흐름의 회수할 계획이다.

7. AC자산 – 회사채

광주(주)는 20×1. 1. 1에 잔여만기가 5년인 회사채를 거래원가를 포함하여 공정가치 ₩1,000에 매입하였다. 당해 금융상품의 원금은 ₩1,250이고, 연 4.72%의 확정이자(매년

₩59 = ₩1,250 × 4.72%)가 지급된다. 매입시 동 회사채에 대한 유효이자율은 10%이다. 광주(주)는 회사채를 만기까지 보유할 계획이다.

요구사항

광주(주)가 동 회사채에 대하여 20×1. 1. 1(취득), 20×1. 12. 31(첫 이자수취) 및 20×5. 12. 31(만기)에 행할 회계처리를 하라.

8. 채무증권에 대한 투자

서석(주)는 20×5. 1. 1에 동 일자로 발행된 3년 만기 사채를 ₩95,198에 취득하였다. 사채의 액면금액은 ₩100,000(표시이자율 10%)이며, 이자는 매년말 후급된다. 당해 사채의 유효이자율은 12%로 산정된다. 당해 사채의 20×5년말과 20×6년말 공정가치는 각각 ₩97,000과 ₩98,000이었으며, 20×7년초에 ₩98,000에 처분하였다.

요구사항

(1) 당해 사채를 FVPL자산, AC자산, FVOCI자산으로 분류가 가능한가?
(2) 분류가 가능한 경우 취득시 및 보유기간중 필요한 분개를 제시하라.

9. FVPL자산(지분상품)의 측정

운암(주)는 다음과 같이 갑(주)와 을(주)의 주식을 취득해서 보유하고 있다가 을(주) 주식을 처분하였다. 운암(주)는 이 주식들을 FVPL자산으로 분류하였다.

	20×1년중 취득원가	20×1년말 공정가치	20×2. 6. 30 처분금액
갑(주)	₩10,000	₩12,000	–
을(주)	30,000	27,000	₩31,000

요구사항

운암(주)가 취득시, 공정가치 변동시 및 처분시에 필요한 회계처리를 비교하여 제시하라.

10. 기대신용손실모형의 간편법

상희(주)는 고객에게 90일을 신용기간으로 외상매출을 하고 있다. 20×1년말 현재 상희(주)의 매출채권 잔액 ₩900,000을 연령그룹으로 분류하여 각 그룹별로 적절한 기대신용손실을 적용하면 아래와 같다.

연령구분	금 액	기대손실률
신용기간 이내	₩700,000	0.9%
30일 이내 연체	130,000	4.0%
60일 이내 연체	50,000	18.0%
60일 초과 연체	20,000	25.0%

한편, 상희(주)의 20×1년말 현재 매출채권에 대손충당금 대변잔액은 ₩9,500이다.

요구사항

20×1년말 상희(주)의 손상차손을 설정하기 위한 연령분석표를 작성하고, 손상차손처리를 위한 분개를 하라.

11. AC자산의 손상차손

상주(주)는 20×1. 1. 1에 만기가 3년이고 액면금액이 ₩2,000, 표시이자율이 7%이며 공정가치가 ₩2,000인 채무증권을 취득하고 AC자산으로 분류하였다. 취득시점의 유효이자율은 10%이다. 20×1년분 이자를 지급한 후 채무자의 채무불이행 확률의 증가로 인하여 20×1년말 채무증권의 공정가치가 ₩1,700으로 하락했으며, 20×2년에는 채무증권에서 이자를 받지 못하였다. 상주(주)가 당초 예상한 AC자산의 상각표는 다음과 같다.

일 자	현금이자	이자수익	상각액	취득차금	상각후원가
20×1. 1. 1				₩150	₩1,850
20×1.12.31	₩140	₩185	₩45	105	1,895
20×2.12.31	140	190	50	55	1,945
20×3.12.31	140	195	55	0	2,000

요구사항

(1) 20×1년 채무증권을 취득하여 AC자산으로 분류하는 회계처리를 하라.

(2) 20×1년말의 손상차손 회계처리를 하라(대손충당금계정을 사용하지 말고 금융자산에서 직접 차감하는 방법으로 기록한다).

(3) 20×2년 이자수익에 대한 회계처리를 하라.

12. FVOCI자산의 손상차손 (1)

가로(주)는 20×1. 12. 15에 공정가치가 ₩2,000인 채무상품을 매입하고 FVOCI자산으로 기록하였다. 해당 금융자산의 표시이자율은 10년의 계약기간에 5%이며, 취득시점의 유효이자율도 5%이다. 20×1. 12. 31(보고기간말)에 시장이자율 변동의 이유로 해당 채무상품의 공정가치가 ₩1,800으로 하락하였다. 해당 금융자산에 대해 20×1. 12. 31에 신용손실 ₩50을 추정하였다.

요구사항

가로(주)가 20×1. 12. 31(보고기간말)에 공정가치하락과 손상차손을 인식하기 위하여 필요한 분개를 하라. 단, 이자수익 수취의 분개는 생략한다.

13. FVOCI자산의 손상차손 (2)

가로(주)는 20×1. 12. 15에 공정가치가 ₩1,000인 채무상품을 매입하고 FVOCI자산으로 기록하였다. 해당 금융자산의 표시이자율은 10년의 계약기간에 5%이며, 취득시점의 유효이자율도 5%이다. 20×1. 12. 31(보고기간말) 현재 동 채무증권 발행회사의 신용위험이 유의적으로 증가하여 해당 채무상품의 공정가치가 ₩900으로 하락하였다.

요구사항

가로(주)가 20×1. 12. 31(보고기간말)에 공정가치하락과 손상차손을 인식하기 위하여 필요한 분개를 하라. 단, 이자수익 수취의 분개는 생략한다.

CHAPTER

9 금융상품(2)

본장에서는 앞 장에 이어서 금융상품에 대해 검토하되, 금융자산의 제거와 금융부채에 대하여 설명한다. 금융부채에는 지급채무, 차입금, 회사채 등이 있지만 지급채무와 차입금은 제10장(부채)에서 살펴보기로 하고, 여기에서는 대표적인 금융부채인 사채에 대하여 별도의 절을 구성하여 중점적으로 살펴보기로 한다.

제 1 절 금융자산의 제거

1 금융자산의 제거와 양도

(1) 금융자산의 양도와 제거의 의의

K-IFRS에서는 양도를 제거와 구분하고 있다. 제거(derecognition)란 인식(recognition)의 반대 개념으로 금융자산을 재무상태표에서 없애는 것을 말한다. 양도(transfer)는 금융자산의 보유자가 거래상대방에게 금융자산을 이전하는 것을 의미한다. 양도했다는 사실 자체가 제거를 충족시키는 것이 아니고 제거조건을 충족하는 양도의 경우에만 제거한다.

모든 금융자산은 언제라도 양도할 수 있다. FVPL자산은 처음부터 단기매매손익을 목적으로 취득하여 보유하고 있기 때문에 언제라도 양도할 것으로 예상되는 금융자산이다. 비록 단기매매목적은 아니더라도 FVOCI자산도 양도할 수 있다. 한편, AC자산은 계약상의 현금흐름(원금과 이자)의 회수가 금융자산의 예상만기에 걸쳐 이루어질 것이다. 그러나 때로는 만기 이전에 이를 양도하여 현금을 조달하기도 한다. 금융자산을 양도하는 대표적인 이유는 다음과 같다.

첫째, 판매증대를 위한 경쟁상의 이유로 고객들에게 매입자금 융자를 제공하는 것이 일반화되어 있는 산업이 있다. 예를 들어 자동차, 가전제품 등과 같은 내구성상품에 대하여 할부판매를 하는 것이 좋은 예라고 할 수 있다. 이 경우 할부외상매출금을 전문적으로 관리하는 자회사를 설립하고, 이 회사에 할부외상매출금을 양도하고 관리하도록 할 수 있다.

둘째, 수취채권 등의 금융자산을 처분하는 것이 자금의 조달을 위해 불가피한 경우를 들 수 있다. 은행차입이나 기타 방법을 통한 자금의 조달이 거의 불가능하거나 가능하더라도 차입조건이 상당히 불리한 경우에는 보유하고 있는 수취채권을 처분하는 것이 바람직할 수 있다.

셋째, 수취채권 등의 금융자산을 회수하는 일이 어렵고 비용이 많이 들 수도 있다. 따라서 회사가 수취채권을 직접 회수하는 대신 금융기관과 같은 채권회수기관에 수취채권을 양도하고 그 대가로 수수료를 지급하기도 한다.

(2) 금융자산 양도의 종류

금융자산의 양도하는 대표적인 방법은 다음과 같다.

1) 유동화

유동화(securitization)란 금융자산포트폴리오를 유동화회사(신탁회사)에 양도하고, 유동화회사가 금융자산포트폴리오(기초자산)에 기초하여 투자자들에게 증권을 발행하는 형태의 양도를 말한다. 각종 담보대출(주택담보대출, 부동산담보대출, 상가담보대출, 자동차할부매출채권 등) 및 신용카드채권 등이 유동화를 통하여 양도될 수 있는 대표적인 금융자산이다.

2) 팩토링

팩토링(factoring)이란 매출채권을 양도하는 것을 의미한다. 일반적으로 소구권(recourse)이 없이 양도하면 매각의 조건을 충족하게 되는데, 이 경우 매출채권을 장부상에서 제거하고 금융자산제거손익을 인식한다.

팩토링회사는 금융기관의 일종으로서 기업체들로부터 매출채권을 매입하여 이를 직접 회수하는 사업모형을 가진 회사이다. 팩토링에 의한 매출채권 양도의 기본개념을 설명하면 [그림 9-1]과 같다.

■ 그림 9-1
매출채권의 팩토링

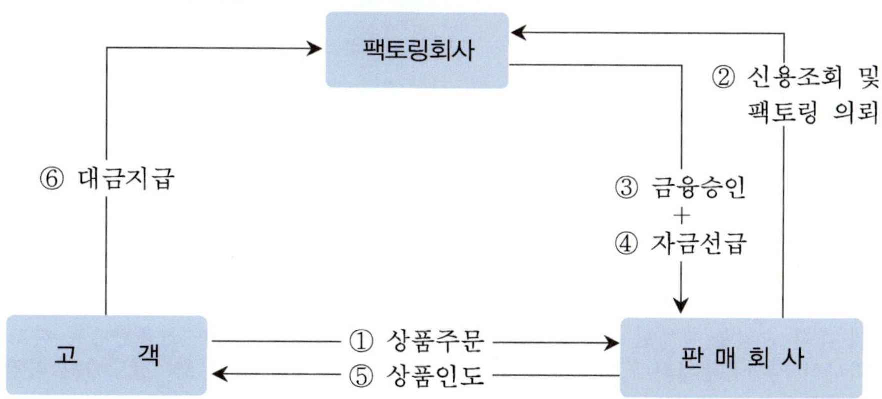

매출채권의 팩토링에는 고객, 판매회사 및 팩토링회사의 세 당사자가 존재한다. 고객으로부터 상품주문을 받은 판매회사는 팩토링회사에 팩토링을 의뢰한다. 팩토링회사는 매출채권을 전문적으로 취급하는 회사이므로 고객에 대한 신용상태를 비교적 정확하게 파악하고 있다. 팩토링회사가 고객의 신용상태를 확인하여 팩토링금융을 승인하면, 판매회사는 외상으로 고객에게 상품을 인도한다. 이에 근거하여 팩토링회사가 판매회사에 판매대금을 송부하고, 고객은 매입채무를 팩토링회사에 지급한다.[1)]

한편, 받을어음의 양도를 매출채권의 양도와 구분하여 할인(discounting)이라고 부르는 것이 일반적이다. 즉, 성격은 동일하지만 매출채권의 양도는 팩토링이라는 용어를 쓰고, 받을어음의 양도는 할인이라는 용어를 사용한다.

3) 매출채권의 양도

팩토링과는 달리 양도한 매출채권이 만기에 결제되지 않은 경우 양도자가 양도한 채권의 전체 또는 일부에 대해서 배상책임을 지는 형태의 양도를 소구권부 양도(transfer with recourse)라고 한다. 이 경우에는 양도한 매출채권이 실질적인 매각에 해당하면 장부상에서 제거하고, 매각거래로 보기 어려운 경우에는 차입거래로 취급한다.

소구권부 양도가 매각으로 처리되는 경우에는 소구권이 행사될 가능성과 그 금액을 반영하는 소구권에 대한 공정가치를 부채로 인식하고 금융자산의 처분손실에 이 금액을 가산하여 인식해야 한다.

예제 9-1 매출채권의 팩토링

도래(주)는 20×1. 12. 1에 장부금액이 ₩600,000인 매출채권을 미파은행에 양도하였다. 양도조건은 장부금액의 90%를 현금으로 받고, 나머지 10%는 매출환입에 대한 유보액 6%와 팩토링수수료 4%에 충당하기로 하였다. 매출환입에 대한 유보액은 동 매출채권과 관련하여 미래에 실제 발생한 매출환입을 제외하고 도래(주)에 돌려주도록 되어 있다. 양도시점에 유보된 매출채권 ₩60,000의 공정가치는 ₩50,000인 것으로 추정된다.

---

1) 신용카드에 의한 판매도 팩토링금융의 한 형태라고 볼 수 있다. 신용카드소지자들은 신용카드회사로부터 신용에 대한 승인을 획득한 상태에 있다. 회사가 신용카드소지자에게 신용판매를 하고 매출대금이 신용카드발행회사의 지정은행계좌에 입금된다. 신용카드사는 수수료(1%에서 5% 정도까지 다양함)를 차감한 금액을 상품판매회사의 계좌에 자동대체시킴으로써 거래가 완료된다.

〈요구사항〉

1) 이 거래가 소구권이 없는 조건으로 판매되어 매각조건을 충족한 경우 도래(주)가 20×1. 12. 1에 행할 분개를 하라.
2) 이 거래가 소구권부 조건으로 양도되었지만 매각조건을 충족시켰으며, 소구권에 대한 공정가치가 ₩3,000으로 추정된 경우 도래(주)가 20×1. 12. 1에 행할 분개를 하라.

해답

1) 소구권이 없는 조건으로 판매된 경우

(차)	현 금	540,000*	(대) 매 출 채 권	600,000
	채권매각손실	34,000**		
	팩토링채권	26,000***		

* ₩600,000×90%=₩540,000

** 팩토링수수료+유보된 매출채권의 장부금액과 공정가치의 차이
=₩24,000+(₩60,000－₩50,000)=₩34,000

*** ₩600,000－₩540,000－₩34,000=₩26,000

2) 소구권부 조건으로 양도되었으나 매각조건을 충족한 경우

(차)	현 금	540,000	(대) 매 출 채 권	600,000
	채권매각손실	37,000*	소구권부채	3,000
	팩토링채권	26,000		

* 소구권이 없는 조건의 채권매각손실에 소구권부채의 공정가치를 더한 금액

4) 양도한 금융자산의 재구매를 조건으로 한 양도

재구매를 조건으로 한 양도는 실질적인 양도로 보기 어려우며 금융자산을 담보로 한 차입금으로 보는 것이 일반적이다. 차입금이 만기에 지급되지 않은 경우 자금제공자는 담보로 제공받은 금융자산을 회수하여 담보물을 현금으로 전환할 수 있는 권리를 갖는다. 담보차입은 차입금을 상환하지 못하는 사태가 발생하지 않은 한 금융자산의 양도로 보지 않고, 차입금을 인식한다. 다만, 차입금을 상환하지 못하게 되어 대여자가 담보물건을 처분하면 금융자산이 양도되는 것이다.

2 제거여부의 결정과 회계처리

금융자산은 ① 금융자산의 현금흐름에 대한 계약상의 권리가 소멸(expire)하거나, ② 금융자산의 현금흐름에 대한 계약상의 권리를 양도(transfer)한 경우에 한하여 제거할 수 있다. 권리가 소멸한 경우에는 자산성을 판가름하는 자산에 대한 통제(control)를 상실한 것을 의미하기 때문에 제거해야 한다는 것에는 이론이 없다. 그러나 금융자산을 양도했다고 해서 바로 장부에서 제거할 수 있는 것은 아니다. 왜냐하면 양도는 형식적으로는 양도한 것처럼 보이지만 실질에 있어서는 양도를 하지 않은 거래가 가끔 있기 때문이다. 따라서 금융자산의 제거를 결정하는 가장 중요한 판단기준은 자산에 대한 통제를 하고 있는가에 있다. 형식은 양도를 취했지만 실질적으로는 양도로 볼 수 없는 경우에는 해당 금융자산을 제거해서는 안 된다.

(1) 만기에 회수

만기가 있는 금융자산(채무상품)의 경우에는 만기가 되어 회수하면 권리가 소멸한다. 따라서 이 경우에는 금융자산의 만기에 해당 금융자산을 장부에서 제거해야 한다. 예컨대 원금이 ₩1,000인 AC자산이 만기가 되어 회수하면 다음과 같이 금융자산을 장부에서 제거한다.

(차) 현 금	1,000	(대) AC자산	1,000

(2) 제거조건을 충족하는 양도

금융자산에 대한 통제를 이전한 경우에는 제거조건을 충족하는 양도로 보아 당해 금융자산을 제거하고, 양도로 인하여 생성되었거나 보유하고 있는 권리와 의무를 별도의 자산 또는 부채로 인식한다. 또한 금융자산의 제거시점에 회사는 금융자산의 ① 장부금액과 ② 수취한 대가의 차이를 당기손익으로 인식한다.

만기가 있는 금융자산(예컨대 받을어음)을 만기 이전에 타인에게 양도하면 만기금액을 받는 것이 아니고 다음과 같이 만기금액을 할인율로 할인한 금액을 받는다.

> 만기금액＝액면금액＋만기까지의 이자
> 할 인 액＝만기금액×할인율×(할인일수/360일)
> 현금수취액＝만기금액－할인액

위와 같이 받을어음을 양도하면 일정금액만큼 할인한 금액을 수취하기 때문에 할인이라는 용어를 사용한다. 이때 할인액은 금융기관이 자금차입자에게 부과하는 금융원가(이자비용)의 성격을 갖는다. 할인한 어음이 만기가 되면 금융기관은 어음발행자로부터 어음의 만기금액을 수취한다.

예제 9-2 받을어음의 할인

여수(주)는 20×1. 6. 1에 상품을 판매하고 그 대가로 3개월 만기, 12%, 액면 ₩10,000의 약속어음을 받았다. 한 달 뒤인 7월 1일에 여수캐피탈에 할인(할인율 15%)하였다.
이 받을어음의 할인이 제거요건을 충족한다고 보고 필요한 회계처리를 하라.

해답

〈계 산〉

어음의 만기금액 : 어음의 액면금액	₩10,000	
어음의 이자(₩10,000×0.12×90/360)	300	₩10,300
할인액(₩10,300×0.15×2/12)		(258)
현금수취액		₩10,042
어음의 장부금액[₩10,000＋(₩10,000×0.12×30/360)]		(10,100)
금융자산처분손실		(₩58)

〈분 개〉

	분 개			
① 6. 1 : 외상매출	받 을 어 음	10,000	매 출	10,000
② 7. 1 : 발생이자 기록	미 수 이 자*	100	이 자 수 익	100
③ 7. 1 : 받을어음 할인	현 금	10,042	받 을 어 음	10,000
	금융자산처분손실	58	미 수 이 자	100

* ₩10,000×0.12×1/12＝₩100

회사가 금융자산을 양도했더라도 양도자산을 계속 통제하고 있다면, 당해 금융자산을 계속하여 인식하고 양도로 수취한 대가를 금융부채로 인식해야 한다. 그리고 양도자는 후속기간에 양도자산에서 발생한 수익과 금융부채에서 발생한 비용을 인식한다. 이러한 예는 양도자가 양도 후에 미리 정한 원금과 이자를 더한 금액으로 양도자산을 재매입할 수 있는 옵션을 갖거나, 양수자가 다시 양도자에게 금융자산을 매도할 수 있는 옵션을 갖는 경우 등을 들 수 있다.

양도자가 양도자산을 계속 통제하고 있다면, 그 양도자산에 대하여 지속적으로 관여하는 정도까지 그 양도자산을 계속하여 인식한다. 이를 지속관여(continuing involvement)라고 한다. 이때 지속관여의 정도는 양도자산의 가치변동에 대하여 양도자가 부담하는 위험 정도를 의미한다. 지속관여에 대한 회계처리는 다소 복잡하기 때문에 여기에서는 상세한 설명을 생략한다.

제 2 절 금융부채

1 금융부채의 의의 및 분류

K-IFRS에서의 금융부채의 정의와 설명은 제8장 〈표 8-1〉과 그에 따른 설명을 참조하기 바란다.

회계처리 목적상 금융부채(financial liabilities)는 크게 당기손익-공정가치측정금융부채(이하 'FVPL부채')와 상각후원가측정금융부채(이하 'AC부채')로 구분한다. FVPL부채는 단기매매금융부채와 회사가 공정가치선택권(fair value option)을 활용하여 FVPL부채로 지정한 금융부채로 구성된다.

지분상품(주식)은 자금을 조달할 목적으로 발행되는 것이 일반적이지만 때로는 부채의 결제수단으로 발행되기도 한다. 부채의 결제수단으로 발행될 예정인 주식은 일단 금융부채로 기록한 후 실제로 주식이 발행되면, 금융부채를 제거하고 발행된 주식은 자본으로 기록한다. 또한, 주식의 발행자가 미래에 현금 등 금융자산을 인도할 계약상의 의무(즉, 상환의무)가 있고, 또 인도할 금액이 확정되면 금융부채이고, 그렇지 않으면 자본으로 본다. 환언하면, 지급할 금액이 확정되어 있기에 발행할 주식의 공정가치 변화에 따라 발행할 주식의 수량이 변동하지만 현금상당액은 확정된 경우에는 금융부채이고, 확정된 금액에 대해 확정된 수량의 주식을 발행하는 경우(즉, 주당발행금액이 확정된 경우)에는 자본이다. 예를 들면, ₩100,000과 동일한 공정가치에 해당하는 자기회사주식을 인도할 계약은 주식의 시가에 따라 발행될 주식수가 변동하기 때문에 금융부채를 인식해야 하는 계약으로 보아야 한다.

우선주로서 상환할 의무가 있고 상환금액이 확정된 경우 발행자는 금융부채로 분류해야 한다. 유사한 예로서, 금융상품의 보유자가 발행자에게 해당 금융상품의 환매를 요구할 권리가 부여된 금융상품은 발행자에게는 금융부채가 된다. 한편, 우선주에 대한 배당을 발행자의 재량으로 결정하는 경우 배당지급의무가 없기 때문에 그 우선주는 자본이다.

어떤 금융상품은 부채요소와 자본요소를 겸비하는 경우가 있다. 이러한 금융상품을 복합금융상품(compound financial instruments)이라고 한다. 예를 들어, 보유자가 확정수량의 발행자의 보통주로 전환할 수 있는 사채, 즉 전환사채는 복합금융상품이다. 이와 같은 금융상품의 발행자는 ① 금융부채요소와 ② 지분상품요소를 구분해야 한다. 최초인식시점에서 전환사채의 부채요소는 다른 조건은 동일하지만 전환권이 없는 사채의 현금흐름을 시장이자율로 할인한 현재가치이다. 한편, 전환사채의 자본요소는 전환권인데, 전환권의 공정가치는 전환사채의 발행가격에서 전환사채의 부채요소를 차감한 금액으로 산출한다.

예제 9-3 전환사채의 발행(부채요소와 자본요소)

서울(주)는 시장이자율이 10%일 때, 3년 만기, 표시이자율 8%, 액면금액 ₩10,000의 전환사채를 ₩10,000에 발행하였다.
전환사채의 발행시점에 필요한 회계처리를 하라.

해답

전환사채의 발행가격		₩10,000
일반사채의 현재가치(부채요소)		
원금의 현재가치 : ₩10,000×0.7513=	₩7,513	
이자의 현재가치 : ₩800×2.4868=	1,989	(9,502)
전환권(자본요소)		₩498

〈전환사채의 발행 : 부채요소와 자본요소의 구분〉

(차) 현 금	10,000	(대) 전 환 사 채(금융부채)	10,000
사채발행차금	498	전 환 권(자본)	498

2 금융부채의 측정

금융부채는 최초인식시점의 공정가치로 측정한다. 다만, AC부채의 발행과 직접 관련된 거래원가는 최초인식하는 공정가치에서 차감하고, FVPL부채의 거래원가는 당기비용으로 처리한다.

취득 이후 AC부채는 유효이자율법을 적용하여 상각하고, 상각액은 이자비용으로 처리한다. FVPL부채의 경우는 공정가치로 평가하고, 공정가치 변동에 따른 평가손익은 당기손익에 반영한다. 다만, 공정가치 변동액 중 자기신용위험 변동으로 인한 부분은 당기손익이 아닌 기타포괄손익으로 인식해야 한다. 인식한 기타포괄손익누계액은 해당 금융부채를 제거할 때 당기손익으로 재분류하지 않고 자본 내 다른 항목으로 이전해야 한다. 자기신용위험 변동으로 부채의 가치가 하락한 부분을 당기이익으로 인식하는 것은 경제적 실질과 상충된다고 보기 때문이다.

금융부채와 관련하여 발생하는 이자 등 손익은 당기손익에 인식한다. 금융부채로 분류한 지분상품에 대해 지급한 배당은 사채에 대한 이자와 동일하게 비용으로 인식한다. 금융부채의 상환 등과 관련하여 발생하는 손익도 당기손익으로 인식한다.

3 금융자산과 금융부채의 상계

금융자산과 금융부채는 상계하지 않는 것이 원칙이다. 그러나 금융자산과 금융부채는 다음의 조건을 모두 충족하는 경우에는 상계하고 재무상태표에 순액으로 표시한다.

① 인식한 자산과 부채에 대해 명시적 문서상의 계약에 따라 법적으로 집행가능한 상계권리를 현재 보유하고 있다.
② 순액으로 결제하거나, 자산을 실현하는 동시에 부채를 결제할 의도를 가지고 있다.

4 금융부채의 제거

금융부채는 소멸한 경우에만 재무상태표에서 제거한다. 여기에서 소멸한 경우란 현재의무를 더 이상 부담하지 않는 경우를 말한다.

기존 차입자와 대여자가 실질적으로 다른 조건으로 채무상품을 교환한 경우 또는 기존 금융부채의 조건이 실질적으로 변경된 경우 최초의 금융부채를 제거하고 조건변경시점의 유효이자율을 이용하여 새로운 금융부채를 인식한다. 한편, 기존 금융부채의 조건이 실질적으로 변경되지 않은 경우에는 기존 부채를 제거하지 않고, 잔여기간에 걸쳐 변경된 유효이자율로 상각·환입한다.

소멸하거나, 제3자에게 양도하거나 또는 계약조건이 실질적으로 변경된 금융부채의 장부금액과 지급한 대가의 차액은 당기손익으로 인식한다.

제 3 절 사 채

1 사채의 의의 및 종류

사채(bonds)는 회사가 일반 대중으로부터 자금을 조달할 목적으로 집단적·대량적으로 부담하는 채무이다. 즉, 사채는 사채증서를 발행하여 지정된 만기일(maturity date)에 정해진 금액(액면금액)을 지급하고 액면금액에 일정한 이자율을 곱한 이자를 정기적으로 지급할 것을 약속한 채무로서 만기가 장기인 것을 말한다.

몇 가지 대표적인 사채의 종류에 대해 살펴보기로 하자.

우선 제3자에 의한 보증유무에 따라 보증사채와 무보증사채로 나눈다. 보증사채(guaranteed bonds)는 사채의 원금상환 및 이자의 지급을 제3자가 보증하는 사채로서, 투자의 위험이 상대적으로 낮다. 보증은 은행, 신용보증기금, 종합금융회사, 증권회사 및 보증보험 등에서 하고 있으며, 일반적으로 무보증사채보다 이자율이 약간 낮다. 무보증사채(debenture)는 원리금 상환 및 이자지급에 대한 제3자의 보증 없이 발행회사의 신용에 의하여 발행하는 사채이다.

또한 사채는 담보의 유무에 따라 담보사채와 무담보사채로 구분한다. 담보사채(secured bonds)는 동산, 부동산 등을 담보로 하여 발행되는 사채를 말한다. 무담보사채(unsecured bonds)는 담보가 없이 발행되는 사채로서, 그 성격상 우량기업이 주로 발행할 수 있는 것으로 보면 된다.

2 사채의 발행과 회계처리

사채는 발행회사가 직접 발행하는 직접발행과 중개인을 통하여 간접적으로 발행하는 간접발행으로 구분할 수 있다. 직접발행은 발행회사가 직접 회사채를 발매하고 사채발행에 따른 제반업무처리와 발행에 따른 위험을 발행회사가 부담하게 되는 것으로 사모사채가 이에 해당한다. 간접발행은 직접발행에 따른 사무처리의 복잡, 전문적 지식의 부족, 위험부담의 해소 등의 이유로 발행회사가 중개인에게 제반절차를 위임하여 중개인이 자기의 위험부담으로 발행하는 방법이다.

사채의 발행가는 사채에 대한 수요공급, 위험 및 경제상황 등에 따라 결정된다. 구체적으로 사채의 발행가는 사채의 미래현금흐름을 발행 당시의 해당 사채의 시장(유효)이자율로 할인한 현재가치로 결정된다. 사채에 관련된 현금흐름은 만기시의 지급액인 액면금액(face value)과 액면금액에 표시이자율을 곱하여 산출하여 매기 지급하는 이자로 구성되어 있다. 사채의 표시이자율과 시장이자율이 같은 경우에는 사채는 액면발행된다. 사채의 표시이자율이 시장이자율보다 낮은 경우에는 사채는 할인발행되고, 표시이자율이 시장이자율보다 높은 경우에는 할증발행된다.

예제 9-4 사채의 할인 · 할증 발행구분

한솔(주)는 20×1. 1. 1에 액면금액 ₩10,000, 표시이자율 10%, 만기 3년인 사채를 발행하였다. 이자지급일은 매년말이다. 한솔(주)의 사채와 유사한 사채의 시장이자율이 10%인 경우, 12%인 경우, 8%인 경우 사채의 발행금액을 계산하고, 액면 · 할인 · 할증 발행 중 어느 경우에 해당하는가를 말하라.

해답

시장 이자율	원금의 현재가치			이자의 현재가치			발행금액	발행구분
	원 금	현가요소	현재가치	이 자	현가요소	현재가치		
10%	₩10,000	.7513	₩7,513	₩1,000	2.4869	₩2,487	₩10,000	액면발행
12%	₩10,000	.7118	₩7,118	₩1,000	2.4018	₩2,402	₩9,520	할인발행
8%	₩10,000	.7938	₩7,938	₩1,000	2.5771	₩2,577	₩10,515	할증발행

사채가 할인발행된다는 것은 투자자들이 표시이자율 이상의 수익률을 요구한다는 것을 의미한다. 투자자는 동일한 위험을 갖는 다른 곳에 투자하면 보다 높은 수익을 얻을 수 있을 때 표시이자율에 만족할 수 없으므로 시장이자율과 동일한 수익률을 보장해 줄 것을 요구하게 된다. 표시이자율은 사채의 권면에 표시된 이자율로서, 이의 변경은 불가능하므로 투자자들은 액면금액을 지급하지 않고 시장이자율을 확보해 주는 금액만큼만 지급하기 때문에 할인발행된다. 이와 동일한 논리로 표시이자율이 시장이자율보다 높은

경우에는 투자자들은 액면금액 이상을 지급하게 되어 사채가 할증발행된다.

사채의 발행이 액면발행, 할인발행 및 할증발행의 어디에 해당되는가에 따라 회계처리방법이 달라진다. 다음에서는 이에 대해 살펴보기로 하자.

(1) 액면발행

사채가 이자지급일에 액면발행되면, 발생이자가 없으며 할인발행차금이나 할증발행차금도 발생하지 않는다. 따라서 사채의 발행금액이 액면금액과 동일하다. 만약 액면금액 ₩10,000, 표시이자율 10%, 만기 3년인 사채를 1월초에 액면금액으로 발행했다면 분개는 아래와 같다.

(차) 현　　금	10,000	(대) 사　　채	10,000

그리고 이자지급일이 회계연도 말일인 12월 31일이라면 이자지급일에 아래와 같이 분개하면 된다.

(차) 사채이자비용	1,000	(대) 현　　금	1,000

(2) 할인발행

[예제 9-4]에서 살펴본 사채가 이자지급일에 ₩9,520에 발행되었다면 발행금액이 액면금액보다 적어 할인발행을 한 경우이며 사채할인발행차금이 발생한다. 한편 이 경우 유효이자율이 12%로서 표시이자율인 10%보다 높다는 것을 알 수 있다. 사채발행시의 분개는 다음과 같다.

(차) 현　　금	9,520	(대) 사　　채	10,000
사채할인발행차금	480		

사채할인발행차금(discount on bonds payable)은 사채의 차감계정이다. 사채할인발행차금은 사채의 액면금액보다 발행금액이 낮기 때문에 표시이자율보다 높은 유효(실질)이자율을 부담하게 된다는 것을 의미한다. 다시 말해서 이는

표시이자율이 유효이자율보다 낮기 때문에 투자자들에게 유효이자율과 동일한 수익률을 보장해 주기 위하여 사채를 액면금액 이하로 발행하여 발생한다. 따라서 이는 사실상 선급이자의 성격으로서 사채의 만기에 걸쳐서 상각하여 이자비용으로 인식해야 한다.

(3) 할증발행

[예제 9-4]에서 살펴본 사채를 이자지급일에 ₩10,515에 발행했다면, 이는 할증발행이며 ₩515은 사채할증발행차금으로 기록해야 한다. 따라서 사채발행일의 분개는 다음과 같다.

(차)	현 금	10,515	(대) 사 채	10,000
			사채할증발행차금	515

사채할증발행차금(premium on bonds payable)은 사채의 부가계정으로서 사채의 만기에 걸쳐 상각을 하여 사채이자비용에서 차감시키면 된다.

사채발행차금은 상각하여 이자비용에 가감해야 한다. 그 이유를 살펴보자. 사채로부터 발생하는 이자비용의 계상은 유효이자율을 기준으로 해야 한다. 표시이자율은 유효이자율과 다른 것이 일반적이므로 표시이자율로 이자를 계상하면 이자비용이 과소 또는 과대 계상된다. 할인발행은 표시이자율이 유효이자율보다 낮은 경우이므로 현금이자지급액(액면금액×표시이자율)만을 사채이자비용으로 기록한다면, 이를 과소계상하게 된다. 따라서 사채할인발행차금을 상각하여 사채이자비용에 가산해야 한다. 한편, 할증발행의 경우에는 현금이자지급액을 사채이자비용으로 기록하면, 이를 과대계상하게 되므로 사채할증발행차금을 상각하여 사채이자비용에서 차감해야 한다. 따라서 사채할인발행차금을 상각하면 이자비용은 증가하고, 사채할증발행차금을 상각하면 이자비용은 감소한다.

사채할인(할증)발행차금은 사채의 평가계정이기 때문에 재무상태표에 보고할 때에는 항상 사채에서 차감 또는 부가하는 형식으로 보고해야 한다. 사채를 보고하는 형식을 그림으로 나타내면 [그림 9-2]와 같다.

■ 그림 9-2
사채의 재무상태표 표시

할인발행의 경우			할증발행의 경우		
사 채	₩10,000		사 채	₩10,000	
차감 : 할인발행차금	(480)	₩9,520	가산 : 할증발행차금	515	₩10,515

사채발행차금은 유효이자율법(effective interest rate method)에 의하여 상각 또는 환입하는데, 이는 사채의 기초장부금액에 유효이자율을 곱하여 사채이자비용을 구하고 여기에서 현금이자를 차감하여 상각액을 구하는 방식이다. 기초장부금액은 할인발행의 경우에는 사채의 액면금액에서 미상각사채할인발행차금을 차감하여 구하며, 할증발행의 경우에는 사채의 액면금액에 미상각사채할증발행차금을 가산하여 구한다.

예제 9-5 사채발행차금의 상각

한솔(주)는 20×1. 1. 1에 액면 ₩10,000, 이자율 10%, 3년 만기의 사채를 발행하였다. 이자지급일은 매년 1월 1일이며, 회계기말은 12월 31일이다. 한솔(주)는 유효이자율법으로 사채할인(할증)발행차금을 상각하고 있다. 한솔(주)가 사채를 아래의 발행금액으로 발행했다고 가정하고 20×1. 1. 1(사채발행일), 20×1. 12. 31(회계기말), 20×2. 1. 1(첫 이자지급일)에 행할 분개를 하라.

① ₩9,520 (할인발행의 경우－유효이자율 12%)
② ₩10,515 (할증발행의 경우－유효이자율 8%)

해답

〈유효이자율법에 의한 사채할인(할증)발행차금의 상각표의 작성〉

사채할인발행차금상각표－유효이자율법

(3년 만기, 액면 ₩10,000, 표시이자율 10%, 유효이자율 12%)

일 자	사채이자비용(A) (기초E×12%)	현금이자(B) (₩10,000×10%)	상각액(C) (A－B)	미상각할인발행차금(D) (전기D－C)	사채장부금액(E) (₩10,000－D)
20×1. 1. 1				₩480	₩9,520
20×1. 12. 31	₩1,142	₩1,000	₩142	338	9,662
20×2. 12. 31	1,159	1,000	159	179	9,821
20×3. 12. 31	1,179	1,000	179	0	10,000
	₩3,480	₩3,000	₩480		

사채할증발행차금상각표－유효이자율법

(3년 만기, 액면 ₩10,000, 표시이자율 10%, 유효이자율 8%)

일 자	사채이자비용(A) (기초E×8%)	현금이자(B) (₩10,000×10%)	상각액(C) (B－A)	미상각할증발행차금(D) (전기D－C)	사채장부금액(E) (₩10,000＋D)
20×1. 1. 1				₩515	₩10,515
20×1. 12. 31	₩841	₩1,000	₩159	356	10,356
20×2. 12. 31	828	1,000	172	184	10,184
20×3. 12. 31	816	1,000	184	0	10,000
	₩2,485	₩3,000	₩515		

〈분개〉

일 자	할인발행의 경우			할증발행의 경우		
20×1. 1. 1 (사채발행일)	현 금	9,520		현 금	10,515	
	사채할인발행차금	480		사채할증발행차금		515
	사 채		10,000	사 채		10,000
20×1. 12. 31 (사채발행연도말)	사채이자비용	1,142		사채이자비용	841	
	사채할인발행차금		142	사채할증발행차금	159	
	미지급이자		1,000	미지급이자		1,000
20×2. 1. 1 (첫 이자지급일)	미지급이자	1,000		미지급이자	1,000	
	현 금		1,000	현 금		1,000

[예제 9-5]의 상각표에서 알 수 있듯이 유효이자율법에 의한 사채할인(할증)발행차금의 상각은 다음과 같은 몇 가지 특징을 갖는다.

첫째, 상각액의 총합계는 사채할인(할증)발행차금 발생액과 동일하다.

둘째, 사채의 만기에 걸친 사채이자의 합계액은 할인발행의 경우에는 현금이자지급액(표시이자)과 할인발행차금상각액의 합계액이 되며, 할증발행의 경우에는 현금이자지급액에서 할증발행차금상각액을 차감한 금액이다.

셋째, 할인발행과 할증발행의 경우 상각액이 모두 점차 증가한다. 그 이유는 할인발행의 경우에는 장부금액이 액면금액을 향하여 점차 증가함에 따라 사채이자비용이 점차 증가하여 현금지급이자와의 차이가 점차 증가하기 때문이다. 할증발행의 경우에는 장부금액이 액면금액을 향하여 점차 감소함에 따라 사채이자비용이 점차 감소하여 현금지급이자와의 차이가 역시 점차 증가하기 때문이다.

넷째, 상각이 완료된 시점인 사채의 만기시점에서의 장부금액은 액면금액과 동일하다. 따라서 마지막 기간의 상각액은 마지막 기간의 기초 미상각잔액과 동일해야 한다.

여기에서 유효이자(effective interest)의 개념을 살펴보기로 하자. 사채의 액면금액은 명목상 차입한 금액을 말하고, 표시이자율은 명목상 부담하는 이자율을 의미한다. 이에 반해 사채의 장부금액은 실질적으로 차입한 자금을 의미하고, 유효이자율은 실질적으로 부담한 이자율을 의미한다. 따라서 유효이자비용은 실질적으로 차입한 자금에 실질적으로 부담하는 이자율을 적용하여 계산해야 한다. 특정 시점의 장부금액은 그 시점에 회사가 실질적으로 차입한 자금이며 동시에 미래현금흐름을 유효이자율로 할인한 현재가치이다.

[예제 9-5]의 첫 번째 기간을 예로 들어 설명하면, 유효이자비용은 ₩1,142이어야 하는데 현금이자는 ₩1,000에 불과하기 때문에 회사 입장에서는 ₩142을 추가로 차입하는 셈이 된다. 따라서 추가차입금 ₩142을 전기의 실질차입금 ₩9,520에 더하면 첫 번째 기간말의 실질차입금은 ₩9,662이 된다. 여기에 다시 유효이자율을 곱하면 두 번째 기간의 유효이자비용이 산출된다.

3 사채의 상환

사채는 만기에 일시에 상환하는 것이 일반적이다. 사채가 만기가 되면 사채할인(할증)발행차금이 모두 상각되어 그 잔액이 ₩0이 되므로 사채의 장부금액은 액면금액과 동일하게 된다. 사채의 액면금액이 바로 상환금액이므로 만기에 상환하면, 사채상환손익이 발생하지 않는다.

경우에 따라서는 자기사채(treasury bonds)를 취득하는 방식으로 사채를 조기에 상환할 수도 있다.

조기상환의 경우에는 상환시점까지 사채할인(할증)발행차금을 상각하여 상환시점에서의 사채의 장부금액을 계산해야 한다. 그리고 이렇게 산출된 장부금액과 상환시점에 소요된 금액(상환대가+상환비용)의 차이를 사채상환손익(당기손익)으로 인식한다.

예제 9-6 사채의 상환

한솔(주)는 20×1. 1. 1 액면금액 ₩10,000, 표시이자율 10%, 유효이자율 8%, 3년 만기인 사채를 ₩10,515에 발행하였다. 20×2. 12. 31에 동 사채 전체를 ₩10,300에 상환하였다. 필요한 분개를 하라.

해답

사채의 상환금액		₩10,300
사채의 장부금액 : 액면금액	₩10,000	
사채할증발행차금	184*	(10,184)
사채상환손실		₩116

* 미상각된 사채할증발행차금 : [예제 9-5]의 두 번째 상각표 참조.

1) 20×2. 12. 31 (이자지급분개)

(차) 사채이자비용	828	(대) 현 금	1,000
사채할증발행차금	172*		

* 사채할증발행차금 상각액 : [예제 9-5]의 두 번째 상각표 참조.

2) 20×2. 12. 31 (사채상환분개)

(차) 사 채	10,000	(대) 현 금	10,300
사채할증발행차금	184		
사채상환손실	116		

익힘문제

CHAPTER 9

1. 금융자산의 양도의 종류로는 어떤 것들이 있는가?
2. 금융자산의 양도에 있어서 팩토링과 할인은 어떻게 구분하는가?
3. 금융자산을 양도하면 모두 장부상에서 제거해야 하는가?
4. 자산의 현금흐름에 대한 권리가 소멸되면 어떻게 회계처리해야 하는가?
5. 금융자산의 양도에서 위험과 보상의 양도라는 의미는 무엇이며, 회계처리상 어떤 중요성을 갖는가?
6. 제거조건을 충족하는 양도에서 양도에 따른 손익은 어떻게 인식하는가?
7. 지속관여란 무엇을 의미하며, 지속관여시의 금융상품의 양도는 어떻게 회계처리해야 하는가?
8. 우선주를 발행한 회사는 항상 지분상품(자본)으로 보고해야 하는가?
9. 양도한 수취채권을 장부에서 제거하기 위한 조건은 무엇인가?
10. 금융부채란 무엇인가?
11. 금융부채에 해당하는 몇 가지 부채의 예를 들고 왜 금융부채에 해당하는지 간략하게 밝혀라.
12. 복합금융상품이란 무엇을 의미하며, 대표적으로 어떤 것들이 있는가?
13. 복합금융상품을 부채요소와 자본요소로 구분하는 방법은 무엇인가?
14. FVPL부채에 대한 자기신용위험으로 인한 공정가치 변동은 어떻게 회계처리하는가?
15. 어떤 경우 금융자산과 금융부채를 상계할 수 있는가?

16. 금융부채는 어느 때 제거해야 하는가?

17. 다음 사채이자율의 같은 점과 다른 점을 설명하라.

(1) 표시이자율
(2) 유효이자율

18. 사채와 관련하여 다음 금액간 차이를 설명하라.

(1) 액면금액
(2) 시장가치
(3) 만기금액

19. 사채할인발행차금과 사채할증발행차금은 사채발행시 어떤 상태에서 발생하는가?

20. 미상각 사채할인발행차금 및 미상각 사채할증발행차금은 재무제표에 어떻게 보고되어야 하는가?

21. 사채를 할증발행하였다. 사채기간 동안 매년 이자비용은 증가하겠는가 또는 감소하겠는가? 그 이유를 설명하라.

연습문제

CHAPTER 9

1. 매출채권의 팩토링

도시(주)는 20×1. 11. 1에 장부금액이 ₩1,000,000인 매출채권을 라솔은행에 양도하였다. 양도조건은 장부금액의 90%를 현금으로 도시(주)가 받고 나머지 10%는 매출환입에 대한 유보액 6.5%와 팩토링수수료 3.5%에 충당하기로 하였다. 매출환입에 대한 유보액은 동 매출채권과 관련하여 미래에 실제 발생한 매출환입을 제외하고 도시(주)에 돌려주도록 되어 있다. 양도시점에 유보된 매출채권 ₩100,000의 공정가치는 ₩80,000인 것으로 추정된다.

요구사항

(1) 이 거래가 소구권이 없는 조건으로 판매된 경우 도시(주)가 20×1. 12. 1에 행할 분개를 하라.

(2) 이 거래가 소구권부 조건으로 양도되었지만 매각조건을 충족시켰으며, 소구권에 대한 공정가치가 ₩4,000으로 추정된 경우 도시(주)가 20×1. 12. 1에 행할 분개를 하라.

2. 금융상품의 양도

동산(주)는 20×1. 4. 1에 정원(주)에 용역을 제공하고 그 대가로 액면 ₩30,000, 6개월 만기, 이자율 10%, 만기이자지급조건의 어음을 받았다. 동산(주)는 동 어음을 20×1. 7. 1에 가든은행에 12%에 할인양도하였다.

요구사항

어음의 할인이 실질적인 양도의 요건을 충족하여 제거되는 경우와 제거할 수 없는 경우를 비교하는 형식으로 20×1년 4월 1일, 7월 1일 및 10월 1일에 동산(주)가 행해야 할 분개를 하라.

3. 받을어음 거래

다음은 남강(주)와 북산(주)에 관한 자료이다(단, 1년을 360일로 하여 계산한다).

5. 1 : 남강(주)는 북산(주)에 외상매입금을 상환하기 위해 액면 ₩600,000, 만기 60일, 10%의 이자부어음을 발행 교부하였다.

5. 16 : 북산(주)는 위 어음을 거래은행에 할인율 15%로 할인하였다.

6. 30 : 만기일이 되어 남강(주)는 어음금액을 지급하였다.

요구사항

위의 거래를 남강(주)와 북산(주)의 입장에서 각각 분개하라. 단, 북산(주)의 양도는 제거조건이 충족되었다고 가정한다.

4. 투자사채의 처분

현희(주)는 20×1. 6. 30에 FVOCI자산으로 구분한 투자사채를 ₩90,000에 처분하였다. 투자사채의 20×1. 6. 30 현재 장부금액은 ₩93,200인데, 여기에 기타포괄이익으로 처리한 평가이익 ₩2,000이 포함되어 있다. 현희(주)가 투자사채의 처분이 제거조건을 만족시켰다고 보고 필요한 회계처리를 하라.

5. FVPL자산의 처분

민경(주)는 20×1. 11. 15에 곤자가(주)의 보통주 1,000주를 주당 ₩330에 취득하였다. 20×1. 12. 31에 곤자가(주)의 보통주의 시가는 ₩400이었으며 공정가치평가이익을 회계기준에 따라 20×1년 당기손익에 반영하였다. 민경(주)는 곤자가(주)의 보통주 500주를 20×2. 2. 1에 주당 ₩420에 처분하였다. 민경(주)가 곤자가(주)의 보통주 처분에 대해 필요한 회계처리를 하라.

6. 금융상품 관련 수익과 비용의 구분

금융상품과 관련하여 발생한 다음 항목들이 손익계산서에 당기순손익에 반영되어야 하는지 자본에 직접 가감해야 하는지 설명하라.

(1) 상환불능 우선주에 지급한 배당금
(2) 보유자의 선택권에 따라 상환가능한 우선주에 지급된 배당금
(3) 5년 만기 고정이자지급조건의 지급어음에서 발생한 이자지급액
(4) 복합금융상품으로 구분된 전환사채에서 발생한 이자지급액

7. 전환사채의 발행(부채요소와 자본요소)

서울(주)는 시장이자율이 12%일 때, 3년 만기, 표시이자율 8%, 액면금액 ₩10,000의 전환사채를 ₩9,520에 발행하였다.

요구사항

전환사채의 발행에 필요한 회계처리를 하라.

8. 사채의 할인발행과 할증발행

다음 세 가지 경우에 대하여 사채가 할증발행되었는가 또는 할인발행되었는가를 밝히고 이를 설명하라.

(1) 사채의 표시이자율은 16%이고, 유효이자율은 15%로 발행되었다.
(2) 사채의 표시이자율은 12%이고, 유효이자율은 14%로 발행되었다.
(3) 사채의 표시이자율은 13%이고, 유효이자율은 13%로 발행되었다.

9. 사채의 회계처리 (1)

다음의 자료는 충금(주)의 장부에 나타난 몇 가지 거래들이다.

(1) 발행일이 20×1. 1. 1이고 액면금액이 ₩850,000인 사채를 20×1. 5. 1에 액면금액의 104%에 지급이자를 포함한 금액으로 발행하다. 이 사채는 무기명사채로서 이자율은 12%(이자지급일은 매년 1월 1일에 후불)이고, 만기는 5년이다(발생된 이자를 위해 미지급사채이자계정을 이용하라).
(2) 20×1. 12. 31 미지급사채이자와 사채할증발행차금의 상각액을 계상하기 위하여 수정분개를 하다.
(3) 20×2. 1. 1 사채이자를 지급하다.
(4) 20×2. 4. 1 액면금액 ₩510,000인 사채를 102%에 미지급이자를 포함한 가격으로 매입상환하다(매년말에만 사채할증발행차금을 상각한다).
(5) 20×2. 12. 31 미지급사채이자와 사채할증발행차금의 상각액을 계상하기 위하여 수정분개를 하다.

요구사항

위의 각 거래들을 분개하라.

10. 사채의 회계처리 (2)

아래의 상각표는 한솔(주)가 20×1. 1. 1에 발행한 3년 만기인 사채와 그 후의 이자지급 및 상각을 표시하고 있다. 이 회사의 회계기간은 1월 1일~12월 31일이고 재무제표는 매년 1회 작성한다.

사채발행차금상각표

연 도	현금이자	사채이자	사채발행차금 미상각잔액	장부금액
20×1. 1. 1	—	—	₩9,607	₩190,393
20×1. 12. 31	₩20,000	₩22,847	6,760	193,240
20×2. 12. 31	20,000	23,189	3,571	196,429
20×3. 12. 31	20,000	23,571	—	200,000

요구사항

(1) 사채가 할인발행되었는가 또는 할증발행되었는가를 밝히고 그 근거를 제시하라.
(2) 20×1. 1. 1 사채발행의 거래를 분개하라.
(3) 20×1년의 사채거래와 관련된 분개를 하라.
(4) 20×2년의 사채거래와 관련된 분개를 하라.

11. 사채의 회계처리 – 발행 및 상환

다음의 독립된 두 개의 상황에 대한 회계처리를 제시하라. 각 기업들은 12. 31에 장부를 마감한다.

(1) 준화(주)는 20×1. 2. 1에 이자율 10%, 액면금액 ₩250,000의 사채를 발행했다. 사채의 이자는 2월 1일과 8월 1일에 후급한다. 사채의 만기일은 20×4. 1. 31이고 유효이자율은 12%이다. 20×2. 2. 1까지의 분개를 하라.
(2) 근화(주)는 권면상의 발행일보다 6개월 늦은 20×1. 7. 1에 이자율 12%, 만기일 20×3. 12. 31, 액면금액 ₩300,000의 사채를 발행했다. 이자는 매년 12월 31일에 후급하며, 유효이자율은 10%이다. 20×2. 9. 1 근화(주)는 액면금액 ₩60,000의 사채를 ₩63,000(미지급이자 포함)에 매입상환하였다. 20×2. 12. 31까지의 분개를 하라.

CHAPTER

10 부 채

부채는 현재의무의 이행에 따라 자원의 유출가능성이 높고 결제될 금액을 신뢰성 있게 측정할 수 있을 때 재무제표에 인식한다.

본장에서는 대표적인 유동부채와 비유동부채에 대하여 설명한다. 그리고 충당부채에 대해 설명하되 가장 중요한 충당부채인 퇴직급여부채에 대해서는 〈보론 10A〉에서 별도로 설명하고, 그 밖의 충당부채를 고찰한다.

제 1 절 부채의 의의 및 분류

1 부채의 정의와 인식

오늘날 복잡한 경제상황과 다양한 금융기법의 발달로 인하여 부채를 정의하기가 쉽지 않다. 부채는 매입채무, 미지급비용, 미지급법인세, 부가가치세 원천징수분, 미지급배당금, 판매보증채무, 차입금, 회사채 등 다양하다.

해당 항목이 부채인지 아닌지 결정하기 어려운 것이 있다. 예를 들면, 전환사채, 신주인수권부사채와 같이 지분증권(주식)으로 전환이 가능한 것은 부채로 보아야 할 것인가 자본항목으로 보아야 할 것인가? 또한 상환우선주와 같이 자본보다는 부채로서의 성격이 강한 우선주는 부채로 보아야 하지 않겠는가? 일정한 주식수가 아니라 일정한 금액에 해당하는 주식을 발행하기로 한 경우 부채거래인가 자본거래인가?

부채에 대한 정교한 정의 없이는 이들에 대한 대답을 할 수가 없다. 재무보고 개념체계에서는 부채를 "과거 사건의 결과로 경제적 자원을 이전해야 하는 현재의무"라고 정의하고 있다. 즉, 부채는 아래와 같은 세 가지의 특성을 지닌 것으로 볼 수 있다.

① 기업에게 의무가 있다.
② 의무는 경제적 자원을 이전하는 것이다.
③ 의무는 과거 사건의 결과로 존재하는 현재의무이다.

의무(obligation)란 회피할 수 없는 책임을 말한다. 의무는 항상 다른 당사자에게 이행해야 한다. 다른 당사자는 사람이나 또 다른 기업, 사람들 또는 기업들의 집단, 사회 전반이 될 수 있다.

의무는 대부분 계약 또는 법률적 의무로서 법적 강제력이 있다. 그러나 기업이 실무관행, 공개한 경영방침, 특정 성명서와 상충되는 방식으로 행동할 실제 능력이 없는 경우에도 의무가 발생할 수 있다. 그러한 상황에서 발생하는 의무는 의제의무(constructive obligation)라고 부른다.

의무에는 기업이 다른 당사자에게 경제적 자원을 이전(transfer of economic resource)하도록 요구받게 될 잠재력이 있어야 한다. 그러한 잠재력(potential)이 존재하기 위해서는, 기업이 경제적 자원의 이전을 요구받을 것이 확실하거나 그 가능성이 높아야 하는 것은 아니다. 예를 들면, 불확실한 특정 미래 사건이 발생할 경우에만 이전이 요구될 수도 있다.

현재의무(present obligation)는 다음 조건 모두에 해당하는 경우에만 과거 사건(past events)의 결과로 존재한다.

① 기업이 이미 경제적 효익을 얻었거나 조치를 취했고,
② 그 결과로 기업이 이전하지 않아도 되었을 경제적 자원을 이전해야 하거나 이전하게 될 수 있는 경우

만약 위의 조건을 충족하지 못한다면, 기업은 경제적 자원을 이전해야 하는 현재의무가 없다. 예를 들면, 기업이 종업원의 용역에 대한 대가로 종업원에게 급여를 지급하는 계약을 체결한 경우 기업은 종업원의 용역을 제공받을 때까지 급여를 지급할 현재의무가 없다. 그 전까지 계약은 미이행계약(executory contract)이며, 기업은 미래 종업원 용역에 대해 권리와 의무를 함께 가지고 있다.

부채의 정의를 충족하지 않은 재무상태표 항목은 비록 대변잔액을 갖더라도 부채라고 할 수는 없다. 부채는 그 정의와 인식요건(목적적합성과 표현충실성)을 충족시킬 때 재무상태표에 인식한다.

2 부채의 구분

부채는 구분기준에 따라 금융부채와 비금융부채, 유동부채와 비유동부채, 확정부채와 추정부채 등으로 구분할 수 있다.

(1) 금융부채와 비금융부채

부채는 성격에 따라 금융부채와 비금융부채로 구분한다. 금융부채는 제8장에서 살펴보았듯이 거래상대방에게 금융자산을 인도하기로 한 계약상의 의무(매입채무, 미지급비용, 차입금, 회사채 등)를 말한다.

금융자산을 인도할 의무라 하더라도 계약상 의무가 아니라 법적 의무 또는 의제의무에 속하는 의무는 금융부채로 보지 않는다. 예컨대, 미지급법인세와 같이 법적 의무는 금융부채로 보지 않는다. 금융자산 대신 재화나 용역(선수금, 제품보증충당부채 등)을 인도하기로 되어 있는 부채는 비금융부채이다.

(2) 유동부채와 비유동부채

부채는 또 지급시기에 따라 유동부채와 비유동부채로 나눈다. K-IFRS(제1001호)에서는 다음 조건 중에서 어느 하나라도 만족하면 유동부채로 분류한다.

① 정상영업주기 내에 결제될 것으로 예상하고 있다.
② 주로 단기매매 목적으로 보유하고 있다.
③ 보고기간후 1년 이내에 결제하기로 되어 있다.
④ 보고기간후 1년 이상 부채의 결제를 연기할 수 있는 무조건의 권리를 가지고 있지 않다.

매입채무, 미지급비용과 같은 유동부채는 기업의 정상영업주기 내에 사용되는 운전자본의 일부이므로, 이 항목들의 결제일이 보고기간 1년 후에 도래한다 하더라도 유동부채로 분류한다. 정상영업주기란 영업활동을 위한 자산의 취득시점부터 그 자산이 현금이나 현금성자산으로 실현되는 시점까지의 소요되는 기간이다. 정상영업주기를 명확하게 식별할 수 없는 경우에는 그 기간이 1년인 것으로 가정한다. 즉, 유동/비유동 구분을 위해서 1년 또는 정상영업주기 중 긴 것을 사용하지만, 편의상 이하에서는 1년 기준을 이용하여 서술하기로 한다.

기타 유동부채는 보고기간후 1년 이내에 결제일이 도래하거나 단기매매 목적으로 보유하는 부채이다. 예컨대, 단기매매 목적 금융부채, 당좌차월, 유동성장기부채, 미지급배당금, 법인세 및 기타 지급채무 등이 있다.

이론적으로 유동부채는 이를 상환하기 위하여 지출될 것으로 예상되는 현금의 현재가치로 평가해야 한다. 그러나 실무에서는 유동부채를 일반적으로 만기금액으로 기록 · 보고한다. 이는 유동부채는 만기까지의 기간이 짧아서 현재가치평가액과 만기금액의 차이가 경미한 것이 일반적이므로, 중요성의 측면에서 만기금액으로 기록 · 보고하는 것이 더욱 합리적이기 때문이다.

(3) 확정부채와 추정부채

모든 부채는 경제적 자원의 이전을 필요로 한다. 즉, 자산을 양도 또는 지출함으로써 부채가 상환된다. 부채는 지급할 금액의 측정가능성, 지급시기의 확정여부 등에 따라 확정부채와 추정부채로 나눌 수 있다.

확정부채(determinable liabilities)란 부채가 확실히 존재하고, 부채의 금액을 확정적으로 결정할 수 있으며, 부채의 지급시기를 비교적 정확히 알 수 있는 부채를 말한다. 한편, 부채의 존재는 확실하지만 지급금액이나 지급시기가 확정되지 않아 추정을 필요로 하는 부채가 있는데, 이는 추정부채(estimated liabilities)로 분류된다. 추정부채에는 충당부채와 우발부채가 있다.

3 대표적인 유동부채

유동부채는 업종이나 회사의 성격에 따라 다양한 형태를 취할 수 있다. 여기에서는 가장 일반적인 유동부채 항목들을 하나씩 살펴보기로 한다.

(1) 단기차입금

단기차입금(short-term loan payable)은 1년 내에 상환될 차입금을 말한다. 기업은 약속어음을 발행하여 금융기관에 제공하고 자금을 차입하는 경우가 있는데, 이것도 단기차입금으로 분류한다. 이와 같이 자금을 차입하면서 발행한 어음은 융통어음이라고도 부른다.

단기차입어음이 이자부로 발행된 경우에는 액면금액으로 재무상태표에 보고하되, 발생이자는 구분하여 인식해야 한다. 한편, 무이자부어음을 발행하여 차입을 한 경우에는 이자 및 수수료 등을 선급하고 할인된 금액만을 은행으로부터 받는 것이 일반적이다. 이때 지급어음의 액면금액에서 현금수취액을 차감한 금액을 차입금할인차금이라는 계정에 차변기입한 후 이를 지급어음의 만기에 걸쳐 상각하여 이자비용으로 계상한다. 차입금할인차금은 단기차입금의 차감계정으로서 재무상태표에는 단기차입금에서 차감하는 형태로 보고된다.

예제 10-1 융통어음의 발행에 의한 단기차입금

광헌(주)는 20×1. 10. 1 액면금액 ₩1,000,000, 무이자부, 1년 만기인 지급어음을 발행하고 상아은행(주)에 9%로 할인하여 자금을 조달하였다.

1) 광헌(주)가 20×1. 10. 1에 행할 분개를 하라.
2) 광헌(주)가 실제로 부담하게 되는 유효이자율은 몇 %인가?
3) 광헌(주)의 회계연도말인 20×1. 12. 31에 행할 분개를 하라.
4) 광헌(주)의 20×1. 12. 31 현재로 지급어음을 보고하는 부분재무상태표를 작성하라.

해답

1) 20×1. 10. 1 (단기차입어음 발행시점의 분개)

(차) 현 금	910,000	(대) 단기차입금	1,000,000
차입금할인차금	90,000		

2) $\text{유효이자율} = \dfrac{\text{이자부담액}}{\text{현금수취액}} = \dfrac{₩90,000}{₩910,000} = 0.0989$(혹은 9.89%)

3) 20×1. 12. 31 (기말수정분개)

(차) 이 자 비 용	22,500	(대) 차입금할인차금	22,500*

* ₩90,000×3/12＝₩22,500

4) 20×1. 12. 31 부분재무상태표

〈유동부채〉

단기차입금	₩1,000,000	
차감 : 차입금할인차금	(67,500)*	₩932,500

* ₩90,000－₩22,500＝₩67,500

기업은 은행과의 당좌차월계약에 의하여 계약상 허용된 한도 내에서 당좌예금의 잔액을 초과하여 당좌수표를 발행할 수 있다. 이때 당좌예금잔액을 초과하여 발행된 당좌수표의 인출액이 당좌차월(bank overdraft)인데, 이는 초단기성부채이다. 당좌차월은 ① 별도의 계정으로 유지할 수도 있고, ② 당좌예금계정의 대변에 직접 기입할 수도 있고, ③ 단기차입금에 포함할 수도 있다. 당좌차월은 금액이 중요한 경우에는 별도의 과목으로 보고할 수 있으나, 중요하지 않은 경우에는 단기차입금에 포함하여 보고하는 것이 일반적이다.

여러 은행과 당좌거래를 하고 있는 경우에 특정 은행의 당좌예금에서 회계기말에 당좌차월이 발생한 경우에는 이를 다른 은행의 당좌예금과 상계하지 않고 당좌차월로 구분하여 표시해야 한다. 왜냐하면 총액기준의 원칙에 따라야 하기 때문이다.

(2) 매입채무

매입채무란 기업의 정상적인 영업활동에서 재화와 용역 등을 외상으로 구입함으로써 발생한 유동부채이다. 매입채무 중 특히 증서가 없이 순수한 외상계정으로 재화와 용역 등을 구입한 경우를 외상매입금(accounts payable)으로 구분하고, 어음을 발행하고 외상으로 매입하는 경우에 발생하는 어음상의 채무는 지급어음(notes payable)으로 구분한다.

매입(재고자산)과 매입채무는 소유권이 판매자로부터 구매자에게 이전되는 시점에 기록한다. 현금할인 기회가 주어지는 경우 총액법으로 매입채무를 기록하고 매입할인은 매입에서 직접 차감한다.

어음상의 단기채무는 상거래지급어음, 단기차입어음 등이 있다. 상거래지급어음(trade notes payable)은 자금의 차입을 위하여 발행하는 융통어음과는 달리 고객과의 정상적인 영업활동에서 나타나는 어음상의 채무로서 진성어음이라고 부른다. 거래관습상 또는 신용상태 등이 불투명하거나 거래가 빈번하지 않은 고객들과의 상거래에서는 약속어음과의 교환으로 재화나 용역을 제공하는 경우가 있다. 즉, 외상매입금으로 분류하는 상거래는 신용을 바탕으로 외상거래가 이루어지는 것이고, 지급어음으로 분류하는 상거래는 약속어음과 교환으로 외상거래가 이루어지는 것이다.

(3) 미지급비용과 미지급금

미지급비용은 발생된 비용으로서 지급되지 아니한 것을 말하고, 미지급금은 정상적인 영업활동 이외에서 발생한 채무로서 미지급비용을 제외한 것을 말한다. 미지급비용과 미지급금은 혼동하기 쉬운 항목들이지만 다음과 같은 기본적인 차이가 있다.

미지급비용(accrued liabilities)은 발생주의 회계를 사용한 결과 발생하는 비용이다. 발생항목(accrued items)에 대한 기말 수정분개에 있어서 미지급된 비용에 대한 분개는 비용을 차변에 기입하고 미지급비용(부채)을 대변에 기입한다. 미지급임금, 미지급이자, 미지급임차료 등을 예로 들 수 있다.

미지급금(accounts payable-nontrade)은 외부와의 거래에서 구입한 재화나 용역에 대하여 아직 지급하지 않고 있는 것 중 정상적인 영업활동 이외에서 발생한 것을 말한다. 즉 영업활동을 수행하기 위하여 보조적 또는 부수적으로 발생하는 외부와의 거래에 대한 대금 중 아직 지급하지 않은 금액이다. 미지급유형자산구입대금, 미지급사무용품대금 등을 예로 들 수 있다.

요약하면, 상품이나 원재료 등의 정상적인 영업활동(제조 · 판매 등과 직접 관련된 거래)에서 발생한 외상매입대금은 매입채무계정으로 분류하고, 정상적인 영업활동 이외에서 발생한 외상매입대금은 미지급금으로 분류한다.

(4) 선수금, 선수수익, 예수금

선수금, 선수수익, 그리고 예수금도 서로 혼동하기 쉬운 항목들이다.

선수금(advances from customers)은 수주공사, 수주품 및 기타 영업활동에서 발생한 선수액을 의미한다. 즉, 미래에 상품 등을 제공하기로 하고 대금의 전부 또는 일부를 미리 수령한 것으로서 계약의 이행을 보증하는 역할을 한다. 정상적으로 상거래가 진행된다면 화폐로 지급하지 않고 상품 등을 제공함으로써 거래가 완료될 것들이다. 따라서 선수금은 비화폐성부채로 분류한다.

선수수익(unearned revenue)은 기업이 일정기간 동안 계속적으로 용역을 제공하기로 약정하고 받은 수익 중 차기 이후에 속하는 금액을 말한다. 예를 들면, 임대료로 받은 것 중 차기 이후에 속하는 것, 미래에 제공할 용역대가로 받은 금액 등과 같은 것이 선수수익의 예이다. 이는 기말 수정분개에서 이연항목(deferred items)에 해당하는 것으로서, 현금을 수취할 때 선수수익(부채)계정에 대변기입하였다가 용역을 제공한 시점(혹은 회계기말)에 선수수익계정에 차변기입하고 수익계정에 대변기입한다.

예수금(returnable deposits)은 정상적인 영업활동 이외에서 발생한 일시적 예수액을 말한다. 보다 구체적으로 예수금은 고객 등으로부터 계약수행의 보증금으로 받거나 미래에 채무의 지급을 이행하겠다는 보증금 등으로 받은 금액으로서 거래가 완료되거나 소정의 의무를 수행하면 반환해야 할 것들이다. 세입자로부터 받은 전세금, 공사입찰담보금, 하자보수보증금 등을 예로 들 수 있다. 한편, 종업원이나 거래처에서 원천징수한 예수세금(withholding taxes payable)은 구분하여 별도로 표시해야 한다. 원천징수의 예로는 종업원의 소득세 원천징수, 부가가치세 원천징수, 건강보험료 원천징수 등이 있다. 이들은 상거래 이외에서 발생한 예수금의 성격을 가지므로 소득세예수금, 부가가치세예수금 등의 과목으로 기록하면 된다.

종업원으로부터 소득세와 거래처로부터 부가가치세를 원천징수한 경우에는 다음과 같이 분개를 한다.

(차)	급　　여	×××	(대) 현　　금	×××
			소득세예수금	×××
(차)	현　　금	×××	(대) 매　　출	×××
			부가가치세예수금	×××

예제 10-2 원천징수예수금

계림(주)는 9월 총급여액 ₩22,850 중에서 ₩1,850을 원천공제한 후 급여일인 9월 17일에 종업원에게 ₩21,000을 현금으로 지급하였다. 원천공제내역은 다음과 같다.

근로소득세	₩1,100	국민복지연금	₩460
건강보험료	120	사원공제회	170

계림(주)가 10월 1일에 9월 급여의 원천징수금을 관할세무서와 해당 기관에 지급하였다. 계림(주)의 9월 17일과 10월 1일 거래를 분개하라.

해답

9월 17일 (급여지급일)

(차) 급 여	22,850	(대) 현 금	21,000
		소득세예수금	1,100
		연금예수금	460
		보험료예수금	120
		공제회예수금	170

10월 1일 (원천징수금 납부일)

(차) 소득세예수금	1,100	(대) 현 금	1,850
연금예수금	460		
보험료예수금	120		
공제회예수금	170		

(5) 유동성장기부채

비유동부채 중 1년 내에 만기일이 도래하는 부분은 유동부채로 재분류해야 한다. 이와 같이 재분류된 부채를 유동성장기부채(current maturities of long-term debts)라고 한다.

기존의 차입약정에 의하여 보고기간말로부터 1년을 초과하여 차환(refinancing)되거나 상환이 연장될 것으로 기대되는 채무는 보고기간말로부터 1년 내에 상환기일이 도래하더라도 비유동부채로 분류한다. 다만, 채무자의 재량으로 채무의 차환 또는 상환연장을 결정할 수 없는 경우에는 차환 등의 가능성을 고려하지 않고 유동부채로 분류한다.

채무자가 장기차입계약의 약정사항을 위반하여 채권자가 즉시 상환을 요구할 수 있는 채무는 재무상태표일 후 재무제표가 사실상 확정된 날(이사회에서 의결된 날) 전에 채권자가 약정사항 위반의 결과로 상환을 요구하지 않기로 합의하더라도 유동부채로 분류한다.

4 대표적인 비유동부채

비유동부채는 원칙적으로 보고기간말을 기준으로 만기가 1년 이후에 도래하는 부채이다. 대표적인 비유동부채로는 장기차입부채와 퇴직급여부채, 장기제품보증충당부채 등이 있다.

장기차입부채의 대표적인 항목들로는 사채와 장기차입금 등이 있다. 사채는 많은 사채권자를 상대로 발행하기 때문에 공적차입금(public debts)에 해당하며, 사채권자로부터 직접 부채를 차입하기 때문에 주식발행과 함께 직접금융(direct financing)의 일종이다. 한편, 장기차입금은 소수의 금융기관이나 대여자로부터 자금을 차입하기 때문에 사적차입금(private debts)이며, 금융기관을 매개로 하여 예금자의 자금을 간접적으로 차입하기 때문에 간접금융(indirect financing)이라고 한다.

일반적으로 비유동부채는 어떤 형태로 조달되든지에 관계없이 채권자보호를 위하여 다양한 형태의 제약조건을 갖게 된다. 제약조건으로서는 부채발행금액의 제한, 이자율, 만기, 담보, 운전자본유지, 배당제한, 추가부채조달의 제한 등을 들 수 있다.

장기차입금은 기간의 차이만 있을 뿐 단기차입금과 유사하며, 회계처리도 동일하다. 따라서 별도의 설명은 생략하기로 한다. 사채는 대표적인 금융부채로서 제9장에서 이미 설명한 바 있다. 따라서 본장에서는 대표적인 충당부채이면서 어느 회사나 부담하고 금액의 차원에서 중요성이 큰 퇴직급여부채에 대해서 설명하기로 한다. 그러나 회계처리가 상당히 복잡하여 이를 〈보론 10A〉에서 다루고 있다.

제2절 충당부채와 우발부채

1 충당부채와 우발부채의 의의

우발상황(contingencies)이란 미래에 어떤 사건의 발생여부에 따라 앞으로 손실 또는 이익이 결정되어 현재로서는 손실 또는 이익의 발생여부가 불확실한 상태 또는 상황을 말한다. 이러한 우발상황에서 우발이익(gain contingency) 또는 우발손실(loss contingency)이 발생할 수 있는데, K-IFRS에서는 우발손실만 인식하되 이를 충당부채라고 부르고, 우발이익은 확정될 때까지 재무제표에 인식하지 않고 있다.

예를 들면, 회사가 손해배상청구소송의 피고로 재판을 받고 있는 경우에는 앞으로 재판 결과에 따라서 원고에게 손해배상 여부가 결정된다. 이러한 현재의 상황을 우발상황이라고 하고, 재판에 질 경우 앞으로 발생할 수 있는 손실을 우발손실이라고 한다. 우발손실을 인식하게 되면, 이에 대응하여 부채도 인식해야 한다. 따라서 우발상황으로 인하여 발생하는 부채는 미래에 특정 사건의 발생여하에 따라 부채의 존재여부와 금액 및 지급시기가 결정되는 추정부채이다.

충당부채(provisions)란 우발손실의 가능성이 있는 항목 중에서 재무제표에 인식되는 부채를 말한다. 충당부채의 예로는 제품보증, 하자보수보증, 채무보증, 환경관련 충당부채 등이 있다.

K-IFRS(제1037호)는 과거 사건의 결과로 존재하는 현재의무로 인한 우발손실에 대해서 경제적 자원의 유출가능성과 금액의 추정가능성에 따라서 재무제표 표시방법을 달리하도록 규정하고 있다(〈표 10-1〉을 참조).

▶ 표 10-1
우발손실로 인한 충당부채와 우발부채

		자원의 유출가능성		
		높 음	높지 않음	아주 낮음
신뢰성 있는 추정	가능	충당부채	우발부채	기재하지 않음
	불가능	우발부채	우발부채	기재하지 않음

과거 사건의 결과로 발생한 현재의무 중에서 우발손실은 자원의 유출가능성이 높고(probable : 발생가능성이 50% 이상인 경우) 금액의 신뢰성 있는 추정이 가능하면, 재무상태표에 충당부채로 인식한다. 그러나 자원의 유출가능성이 높지 않거나(more than remote) 높더라도 금액을 신뢰성 있게 추정할 수 없으면, 주석에 우발부채로 공시한다. 한편, 자원의 유출가능성이 아주 낮으면(remote), 재무제표의 본문이나 주석에 표시해서는 안 된다. 현재의무가 아니지만 잠재적 의무도 자원의 유출가능성이 매우 낮지 않은 경우를 제외하고 우발부채로 주석에 공시한다.

제3자와 연대하여 의무를 지는 경우에는 이행할 전체의무 중 제3자가 이행할 것으로 기대되는 부분을 우발부채로 처리한다. 금액을 신뢰성 있게 추정할 수 없는 극히 드문 경우를 제외하고는 당해 의무 중에서 경제적 자원의 유출가능성이 높은 부분에 대해서 충당부채를 인식한다.

우발이득과 우발자산은 어느 경우에나 재무제표의 본문에 인식해서는 안 되며, 단지 경제적 자원의 유입가능성이 높으면 우발자산을 주석으로 기재해야 한다. 그러나 수익의 실현이 거의 확실시되거나 자원이 유입될 것이 확정되면, 그러한 상황변화가 발생한 기간에 관련 자산과 수익을 인식한다.

2 충당부채의 측정

충당부채는 발생주의 회계의 개념에 근거하여 당기에 발생한 것으로 볼 수 있는 비용에 대응하는 추정부채이다. 충당부채로 인식하는 금액은 현재의무를 보고기간말에 이행하기 위하여 소요되는 지출에 대한 최선의 추정치(best estimates)이어야 한다. 충당부채에 대한 최선의 추정치를 구할 때에는 관련된 사건과 상황에 대한 불가피한 위험과 불확실성을 고려한다. 측정하고자 하는 충당부채가 다수의 항목과 관련되는 경우 당해 의무는 모든 가능한 결과에 확률을 가중평균하여 추정한다. 이렇게 구한 추정을 “기대치”라고 한다.

예제 10-3 충당부채의 측정

평화(주)는 납품한 공사에 대하여 공사완료 후 12개월 하자보수보증을 실시하고 있다. 만약 20×1년도에 납품한 공사에서 중요하지 않은 하자는 ₩12,000의 하자보수비용이 발생하고, 중요한 하자는 ₩50,000의 하자보수비용이 발생할 것으로 추정한다. 과거 경험에 비추어 당기에 납품된 공사의 80%에는 하자가 없을 것으로 예상되고, 15%는 중요하지 않은 하자가 발생될 것으로 예상되며, 5%는 중요한 하자가 발생할 것으로 예상된다.
평화(주)가 20×1년말에 하자보수충당부채로 기록해야 할 금액은 얼마인가?

해답

하자보수충당부채＝80%× ₩0＋15%× ₩12,000＋5%× ₩50,000＝ ₩4,300

화폐의 시간가치 효과가 중요한 경우에는 충당부채의무를 이행하기 위하여 예상되는 지출액의 현재가치로 평가한다. 충당부채를 현재가치로 평가하여 표시하는 경우에는 장부금액을 기간경과에 따라 증가시키고 해당 증가금액은 이자비용으로 인식한다.

충당부채를 결제하기 위하여 필요한 지출액의 일부 또는 전부를 보험회사와 같은 제3자가 변제할 것이 예상되는 경우 기업이 의무를 이행한다면 변제받을 것이 거의 확실시되는 때에 한하여 변제금액을 인식하고 별도의 자산으로 회계처리한다. 다만 자산으로 인식하는 금액은 관련 충당부채 금액을 초과할 수 없다.

보고기간말마다 충당부채의 잔액을 검토하고, 보고기간말 현재 최선의 추정치를 반영하여 증감 조정한다. 상황변동으로 인하여 의무이행을 위하여 경제적 자원의 유출가능성이 더 이상 높지 않으면, 관련 충당부채는 환입하여 당기손익에 반영한다.

3 충당부채의 인식 사례

몇 가지 충당부채의 구체적인 사례를 살펴보자. 이를 통하여 어떤 경우에 충당부채로 재무제표에 인식해야 하고, 어떤 경우에 우발부채로 주석에 공시하고, 어떤 경우에 공시가 불필요한지 등을 개관할 수 있다.

예제 10-4 충당부채와 우발부채의 사례

아래와 같은 독립적인 우발상황에 대하여 적절한 회계처리방법을 결정하라. 단, ① 과거의 의무발생사건의 결과로 현재의무가 존재하는가? ② 의무이행을 위한 자원의 유출가능성이 높은가? 그리고 ③ 의무이행에 소요되는 금액을 신뢰성 있게 추정할 수 있는가?를 중심으로 판단하라.

[사례 1] 제품품질 보증

매곡(주)는 판매시점부터 1년간 품질을 보증하는 조건으로 제품을 판매한다. 판매일로부터 1년 이내에 제품의 결함이 발생하는 경우, 수리 또는 교체해 주고 있다. 과거 경험에 의하면, 이러한 보증판매에 따라 약간의 보증청구가 있을 가능성이 높다.

해답

과거의 의무발생사건은 제품의 보증판매이며 이에 따른 현재의무가 있다. 그리고 보증청구의 가능성이 높으므로 경제적 자원의 유출가능성이 높다. 따라서 보고기간말에 과거의 경험에 의거 보증판매에 따른 제품보증비에 대한 최선의 추정치로 충당부채를 인식해야 한다.

[사례 2] 법적 소송

(주)서해는 식료품회사이다. 20×1년의 어느 날 손님 중의 1명이 음식물에 포함된 독극물 영향인지는 확실하지 않으나 사망했다. (주)서해는 고객이 제소한 손해배상청구소송의 피고로 재판을 받고 있다. 20×1년말로 종료되는 회계연도의 재무제표가 승인되는 시점까지 법률고문은 회사가 법적 의무를 질 가능성이 높지 않다고 조언하였다. 그러나 회사가 20×2년말에는 소송이 불리하게 진행됨에 따라 법률고문은 회사가 법적 의무를 부담할 가능성이 높아졌다고 조언하였다.

해답

20×1년말로 종료되는 회계연도에서는 재무제표가 승인되기까지 이용가능한 증거를 바탕으로 판단할 때 과거 사건의 결과로서 현재의무가 없다. 이에 따라서 충당부채는 인식하지 않는다. 그러나 그 내용은 주석에 기재하는 것이 바람직하다. 한편, 20×2년말로 종료되는 회계연도에서는 과거 사건의 결과로 현재의무가 존재하고, 의무이행을 위한 경제적 자원의 유출가능성이 높아졌기 때문에 의무를 이행하기 위한 금액에 대한 최선의 추정치를 충당부채로 인식해야 한다.

[사례 3] 채무보증

해창(주)는 20×1년 10월에 동악(주)의 차입보증을 했는데, 당시 동악(주)의 재무상태는 건전하였다. 그러나 20×2년중에 동악(주)의 재무상태가 악화되어 20×2. 6. 30 법원에 화의를 신청하였다.

해답

〈20×1. 12. 31〉

과거의 의무발생사건은 보증을 제공한 사건이며 법적 의무가 있다. 그러나 동악(주)의 재무상태가 건전하기 때문에 20×1. 12. 31에는 경제적 자원의 유출가능성이 높지 않다. 따라서 충당부채를 인식하지 않지만 채무보증에 대한 사항은 그 내용을 의무적으로 주석에 기재해야 한다.

〈20×2. 12. 31〉
채무보증의 결과 법적 의무가 있다. 동악(주)의 화의신청으로 20×2. 12. 31 현재 해창(주)가 법적 의무를 이행하기 위하여 경제적 자원이 유출될 가능성이 높아졌다. 따라서 해창(주)는 의무이행 금액에 대한 최선의 추정치를 충당부채로 인식해야 한다.

4 충당부채의 회계처리

충당부채는 다양한 형태를 취할 수 있다. 여기에서는 가장 대표적으로 발생하는 충당부채인 제품보증충당부채, 소비자선택권관련부채와 고객충성제도의 회계처리를 살펴보자.

(1) 제품보증충당부채

제품보증(product warranty) 또는 판매보증(sales warranty)은 판매자가 구매자에게 제품의 수량, 품질, 성능에 결함이 있을 경우 제품을 수리 또는 교환해 주겠다는 약정이다.

제품보증비는 판매시점 이후에 발생하는 것으로 금액, 시기 및 대상고객 등이 확정되지 않았지만 경제적 자원의 유출가능성이 높기 때문에 금액을 신뢰성 있게 추정할 수만 있다면, 이를 충당부채로 인식해야 한다. 제품보증은 회계처리 목적상 확신형과 용역형으로 구분한다(〈표 10-2〉를 참조).

① 확신형 : 관련 제품이 합의한 요구조건에 적합하므로 의도한 대로 작동할 것이라는 확신을 고객에게 줌
② 용역형 : 제품이 합의한 요구조건에 적합하다는 확신을 주는 것에 더하여 고객에게 하나의 용역을 제공

▶ **표 10-2**
충당부채설정법과 이연수익법

거래별	충당부채설정법 (보증비용인식법)		이연수익법 (보증수익인식법)	
제품보증의 성격	확신형 제품보증		용역형 제품보증	
① 제품판매	현　　금 　매　　출	××× ×××	현　　금 　매　　출 　이연제품보증수익*	××× ××× ×××
② 수정분개	제품보증비 　제품보증충당부채	××× ×××	－분개 없음－	
③ 보증비의 발생	제품보증충당부채 　현　　금	××× ×××	제품보증비 　현　　금 이연제품보증수익 　제품보증수익	××× ××× ××× ×××

* 이연(선수)수익으로서 부채로 보고된다.

예제 10-5 제품보증충당부채의 회계처리

현경(주)는 20×1년에 냉장고 100대를 ₩500씩에 판매하였다. 제품보증기간은 1년이며 과거 경험으로부터 냉장고 한 대당 ₩20의 보증비용이 발생한다. 이 판매와 관련하여 제품보증비는 20×1년과 20×2년에 각각 ₩800과 ₩1,200이 발생하였다.

1) 보증비용인식법에 따라 20×1년과 20×2년에 필요한 분개를 제시하라.
2) 대당 평균 보증비용이 ₩20인데 판매가격 ₩500에는 미래 제품보증활동과 관련된 대가로 대당 ₩30(평균 보증비에 50% 이익을 가산한 금액)이 포함되어 있다고 가정하고, 보증수익인식법에 따라 20×1년과 20×2년에 필요한 분개를 하라.

해답

1) 보증비용인식법에서의 회계처리

〈20×1년의 판매시점의 분개〉

(차) 현　　금	50,000	(대) 매　　출	50,000

〈20×1년 제품보증활동에 대한 분개〉

(차) 제품보증비	800	(대) 현　　금	800
(차) 제품보증비	1,200*	(대) 제품보증충당부채	1,200

* ₩20(제품보증비)×100－₩800＝₩1,200

〈20×2년 제품보증활동에 대한 분개〉

(차) 제품보증충당부채	1,200	(대) 현　　금	1,200

2) 보증수익인식법에서의 회계처리

〈20×1년의 판매시점의 분개〉

(차) 현　　금	50,000	(대) 매　　출	47,000
		이연제품보증수익	3,000

〈20×1년 제품보증활동에 대한 분개〉

(차) 제품보증비	800	(대) 현　　금	800
(차) 이연제품보증수익	1,200	(대) 제품보증수익	1,200*

* ₩800(제품보증비)×1.5＝₩1,200

〈20×2년 제품보증활동에 대한 분개〉

(차) 제품보증비	1,200	(대) 현　　금	1,200
(차) 이연제품보증수익	1,800	(대) 제품보증수익	1,800*

* ₩1,200×1.5＝₩1,800

(2) 할인쿠폰을 포함한 제품의 판매에 따른 이연수익

상품의 반복구매를 유도하기 위하여 상품을 판매하면서 할인쿠폰 또는 포인트를 제공하는 경우가 있다. 이러한 판매는 제품의 판매와 할인쿠폰 및 포인트의 행사로부터 이어질 미래 판매에 대한 이연수익의 두 가지 수행의무가 포함된 것으로 볼 수 있다. 따라서 판매가격을 두 개의 수행의무에 배분하여 판매된 부분에 대해서는 매출을 인식하고 이연수익은 부채로 인식한 후에 나중에 할인쿠폰의 행사시점에 매출을 인식하고 이연수익은 감액시켜야 한다.

예제 10-6 할인쿠폰을 포함한 제품의 판매

성창(주)는 다양한 신발을 판매하고 있다. 20×1년에 켤레당 ₩70,000에 신발을 판매하면서, 30일 이내에 회사의 다른 제품을 구매할 경우 1회에 한해서 30%를 할인해 주는 할인쿠폰을 주고 있다. 회사는 고객의 20%가 쿠폰을 행사할 것으로 예상하고 있으며, 회사 제품의 평균 판매가격은 ₩100,000이다. 단, ₩70,000의 판매가격은 쿠폰의 제공으로 정상판매가격보다 높은 편이며, 할인쿠폰의 가격을 제외한 금액을 신발 판매가격에 배분한다.

20×1년에 할인쿠폰을 포함하여 판매한 신발은 총 1,000켤레이며, 20×1년에 행사된 할인쿠폰은 150개이다. 성창(주)의 20×1년 할인쿠폰을 포함한 신발판매와 할인쿠폰의 행사에 따른 신발판매를 구분하여 분개하라.

해답

〈할인쿠폰을 포함한 판매에 대한 분개〉

(차)	현 금	70,000,000	(대) 매 출	64,000,000
			이연수익-할인쿠폰	6,000,000

* 이 판매는 상품판매와 할인권판매라는 두 개의 수행의무로 구성되어 있다. 이연수익에 배분할 금액은 ₩6,000,000(1,000켤레 × ₩100,000(평균 판매가격) × 30%(할인율) × 20%(쿠폰행사확률))이고, 나머지 금액을 당기 매출로 인식한다.

〈20×1년중에 할인쿠폰의 행사에 따른 매출에 대한 분개〉

(차)	이 연 수 익	4,500,000*	(대) 매 출	15,000,000
	현 금	10,500,000**		

* 150개/200개 × ₩6,000,000 = ₩4,500,000

** 150개 × ₩100,000 × 70% = ₩10,500,000

(3) 고객충성제도

항공사, 신용카드사 등이 제공하는 고객충성제도(customer loyalty system)는 고객이 기업의 서비스를 이용하면 그 정도에 비례하여 보너스 포인트를 제공하고, 포인트가 일정한 수준 이상으로 누적되면 동일한 종류의 서비스를 고객에게 무료로 제공하는 방법이다. 고객충성제도가 부수된 거래는 고객에게 제공한 용역(수행의무 1)과 장래 포인트에 따라 무료로 제공할 용역(수행의무 2)으로 구성되어 있다고 볼 수 있다. 따라서 고객충성제도가 별도의 수행의무로 판단되면 고객으로부터 받은 대가를 두 개의 수행의무에 배분해야 한다.

고객충성제도를 별도의 수행의무로 보아 대가의 수령시에 이를 이연시켜두었다가 포인트가 사용되어 용역이 제공되는 시점에 수익으로 인식하는 회계처리방법은 이연수익법에 해당하는 개념이다. 이 경우 고객들이 획득한 포인트가 모두 회수되지는 않기 때문에 기대회수율을 고려하여 이연수익을 추정한다.

예제 10-7 고객충성제도와 이연수익

알파항공(주)는 탑승고객에게 인센티브를 제공하기 위하여 마일리지를 부여하고 있다. 항공권 구입대가로 수취한 금액을 운송용역의 대가와 부여된 마일리지의 대가에 안분한다. 부여한 마일리지 대가의 공정가치를 이연수익으로 계상하고, 마일리지가 사용된 시점에 수익으로 인식한다.

20×1년에 고객에게 여객운송용역의 제공으로 받은 대가는 총 ₩40,000,000이며, 고객에게 부여한 마일리지는 총 1,000,000마일이다. 이 중 기대회수율은 40%이며, 회수될 것으로 예상되는 마일리지의 공정가치는 마일당 ₩10이다. 20×1년중에 고객이 사용한 마일리지는 30,000마일이다. 20×1년에 알파항공(주)가 고객운송으로 수취한 대가와 사용한 마일리지에 대한 적절한 회계처리를 하라.

해답

〈고객충성제도에 따른 고객운송대가의 배분〉

(차)	현 금	40,000,000	(대) 고객운송수익	36,000,000
			이 연 수 익	4,000,000*

* 1,000,000마일 × 40% × ₩10 = ₩4,000,000

〈사용한 마일리지에 대한 회계처리〉

(차)	이 연 수 익	300,000	(대) 고객운송수익	300,000

* 30,000마일 × ₩10 = ₩300,000

보론 10A 퇴직급여부채

1 퇴직급여제도의 성격과 분류

퇴직급여제도는 종업원들이 근무기간 동안에 제공한 용역에 대한 대가로 퇴직 후에 매기 일정한 퇴직연금을 받거나 일시퇴직금을 받을 수 있도록 고용주인 회사와 종업원 사이에 체결한 약속이다. 퇴직 후 종업원이 퇴직연금을 받을 수 있도록 제도화한다는 것은 퇴직연금을 받을 수 있도록 충분한 기금(자산)이 확보되어야 한다는 것을 의미하고, 또한 퇴직연금이 잘 운용될 수 있도록 조치를 취해야 한다는 것을 의미한다. 따라서 회사는 퇴직연금기금(pension fund)에 정기적으로 기여금을 출연하고, 퇴직연금기금을 잘 운용할 수 있는 신탁인을 선임하여 자산을 관리하는 것이 필수적이다. 퇴직연금기금은 회사와 독립된 별개의 실체로서 회사로부터 기여금을 받아서 연금기금(사외적립자산)을 관리하고, 퇴직종업원(연금수혜자)에게 퇴직연금을 지급하는 역할을 한다. 이와 같은 퇴직급여제도의 일반적인 작동방식을 요약하면 [그림 10A-1]과 같다.

■ 그림 10A-1
퇴직급여제도의 작동방식

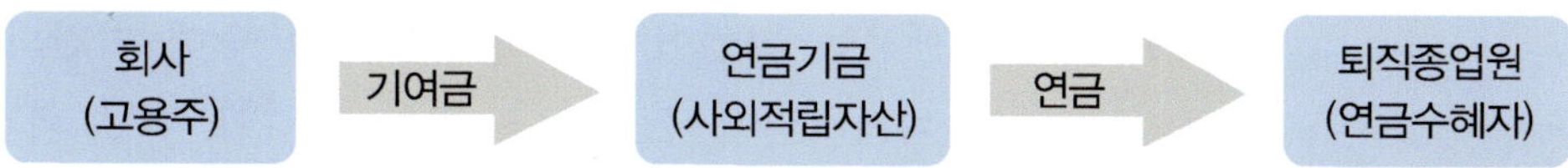

퇴직급여제도는 제도의 주요 규약에서 도출되는 경제적 실질에 따라 확정기여제도와 확정급여제도로 구분한다.

확정기여제도(defined contribution plan)는 기업이 별개의 실체인 퇴직기금에 고정기여금을 납부하는 퇴직급여제도이다. 확정기여제도에서는 근로자가 퇴직연금 운용방법에 대하여 책임을 진다. 이 제도에서는 퇴직기금이 종업원의 퇴직급여를 지급해야 하는 충분한 자산을 보유하지 못하더라도 기업이 추가로 기여금을 납부해야 하는 의무가 없다.

확정급여제도(defined benefit plan)는 확정기여제도 이외의 모든 퇴직급여제도를 말하는데, 이 제도하에서는 근로자가 받을 퇴직급여의 규모와 내용이 기업과 사전에 약정된다. 그리고 기업이 퇴직급여와 관련된 기금의 운용을 책임지기 때문에 기금의 운용실적에 따라 기업이 부담해야 하는 기여금은 변하게 된다. 기금의 운용실적이 양호하면 기업의 기여금이 줄어들지만 운용실적이 저조하면 기여금이 증가한다.

두 퇴직급여제도의 특성을 비교하여 요약하면 〈표 10A-1〉과 같다.

▶ 표 10A-1
확정기여제도와 확정급여제도

	퇴직급여제도	
	확정기여제도	확정급여제도
원 리	• 기업의 기여금이 사전에 정해짐 • 근로자가 기금의 운용을 책임짐	• 근로자의 퇴직연금이 사전에 정해짐 • 기업이 기금의 운용을 책임짐
기여금	• 사전 확정 • 근로자가 투자위험과 보험수리적 위험을 부담함	• 기금의 운용실적에 따라서 변동 • 기업이 투자위험과 보험수리적 위험을 부담함
근로자의 퇴직급여액	기금 운용실적에 따라 차이가 있음	기금 운용실적에 따라 차이가 없음

2 확정기여제도의 회계처리

확정기여제도에서는 기업이 부담하는 채무가 당해 기간의 기여금으로 결정되기 때문에 회계처리가 간단하다. 만약 기업이 해당 회계기간에 지급해야 할 기여금을 전부 또는 일부 납부하지 않았다면 재무상태표에 미지급한 금액을 부채(미지급비용)로 인식하고, 해당 회계기간에 납부해야 하는 기여금을 초과하여 납부한 경우에는 그 금액만큼을 자산(선급비용)으로 인식한다.

예제 10A-1 확정기여제도

강서(주)는 확정기여제도를 채택하고 있다. 20×1년 회계연도의 총급여는 ₩2,000,000인데, 총급여액의 5%를 매년 기금에 기여금으로 납부한다. 강서(주)는 기여금 납부의 편의상 매연도말에 1년분 기여금을 연금기관에 이체하고 있다.

20×1년 회계연도말인 12월 31일에 확정기여제도와 관련된 회계처리를 하라.

해답

(차) 퇴직급여원가	100,000	(대) 현 금	100,000

3 확정급여제도의 회계처리

(1) 확정급여제도의 회계처리 개요

재무상태표에 확정급여제도의 퇴직급여와 관련되어 표시되는 부채 또는 자산은 순확정급여부채(자산)(net defined benefit liabilities(assets))인데, 이는 〈표 10A-2〉처럼 확정급여채무와 사외적립자산을 상계해서 순액으로 측정한다.

▶ 표 10A-2
순확정급여부채(자산)

	확정급여채무의 현재가치
−	사외적립자산의 공정가치
=	순확정급여부채(자산)

(주) 자산이 채무보다 작으면 과소적립액(부채)이라 하고, 그 반대의 경우를 초과적립액(자산)이라 한다.

확정급여채무는 현재가치로 측정하고, 사외적립자산은 공정가치로 측정한다. 확정급여채무는 퇴직급여가 화폐성부채이기 때문에 현재가치로 측정하는데, 이는 공정가치와 동일한 개념이다. 따라서 퇴직급여채무와 사외적립자산은 모두 공정가치로 측정하는 것으로 이해하면 된다.

확정급여채무(defined benefit obligation)는 종업원이 퇴직한다면 지급해야 할 퇴직급여의무이다. 종업원은 퇴직시점에 연금이나 일시금을 선택할 수 있다. 그런데 종업원이 언제 퇴직할지, 퇴직할 때까지의 임금상승률이 얼마일지, 몇 세까지 생존할지, 그동안 시장이자율은 얼마나 될지 알 수 없기 때문에 여러 가지 보험수리적 가정을 하고 이를 추정해서 확정급여채무를 산출한다. 보험수리적 가정(actuarial assumptions)이란 인구통계학적 가정(이직률, 조기퇴직률, 사망률, 피부양자 등)과 재무적 가정(할인율, 임금상승률, 의료보험금청구원가 등)을 의미한다.

사외적립자산(plan assets) 또는 연금기금(pension fund)이란 기업이 종업원의 퇴직급여를 지급하기 위해서 적립해 놓은 자산이다. 퇴직한 종업원에게 기업이 퇴직일시금을 지급하거나 퇴직연금을 계속 지급하기 위해서는 이를 지급할 수 있는 밑천이 되는 수익성 자산(현금, 주식, 채권, 부동산 등)을 마련해야 한다. 따라서 이자, 배당금 또는 기타의 수익을 계속 창출할 수 있는 자산이 필요하다.

확정급여채무의 현재가치가 사외적립자산의 공정가치를 초과하는 경우를 과소적립액(underfunded)이라고 하고, 그 반대의 경우를 초과적립액(overfunded)이라고 한다. 따라서 과소적립액인 경우 재무상태표에 순확정급여부채가 보고되고, 초과적립액인 경우 순확정급여자산이 보고된다.

사외적립자산과 확정급여채무의 증감을 초래하는 요인을 요약하면 〈표 10A-3〉과 같다.

▶ 표 10A-3
순확정급여부채(자산)의 계산

	사외적립자산		확정급여채무
	기초 사외적립자산의 공정가치		기초 확정급여채무의 현재가치
+	사외적립자산에 대한 기여금	+	근무원가(당기, 과거)
−	퇴직급여지급액	−	퇴직급여지급액
+	이자수익	+	이자원가
	기말 사외적립자산의 장부금액		기말 확정급여채무의 장부금액
±	재측정요소	±	재측정요소(보험수리적손익)
	기말 사외적립자산의 공정가치		기말 확정급여채무의 현재가치

순확정급여부채(자산)

사외적립자산을 증가시키는 사외적립자산에 대한 기여금, 그리고 사외적립자산과 확정급여채무를 감소시키는 퇴직급여지급액을 제외하고 나머지가 매 회계기간에 종업원의 퇴직급여와 관련해서 계상해야 하는 퇴직급여원가(defined benefit costs)인데, 이는 〈표 10A-4〉에서 보듯이 세 가지 요소(근무원가, 순확정급여부채(자산)의 순이자원가 및 재측정요소)로 구성되어 있다.

세 가지 퇴직급여원가 중 근무원가와 순확정급여부채(자산)의 순이자는 당기손익(profit or loss)으로 회계처리하고, 재측정요소는 기타포괄손익(other comprehensive income)으로 회계처리하되 나중에 손익으로 재분류할 수 없다.

▶ 표 10A-4
퇴직급여원가

구성요소	구성요소 및 계산방식	회계처리
근무원가	당기근무원가, 과거근무원가, 정산손익	당기손익
순확정급여부채(자산)의 순이자원가	(확정급여채무－사외적립자산)×할인율	당기손익
재측정요소	확정급여채무의 보험수리적손익, 사외적립자산의 수익(이자 제외), 자산인식상한효과의 변동(이자 제외)	기타포괄손익

(2) 퇴직급여원가의 회계처리

1) 근무원가

당기근무원가(current service costs)란 당기에 종업원이 근무용역을 제공함에 따라서 증가하는 미래퇴직급여액 중에서 당해 연도에 귀속되는 금액으로서, 우량회사채의 시장수익률로 할인한 확정급여채무의 현재가치 증가액이다. 당기근무원가는 여러 가지 보험수리적 가정을 근거로 복잡한 계산과정을 거쳐서 결정되므로 주로 보험계리사들이 계산하고 회계담당자는 이렇게 결정된 금액을 기초로 회계처리한다.

당기근무원가는 예측단위적립법(projected unit credit)이라는 보험수리적 평가기법을 이용하여 측정한다. 예측(projected)은 현재 임금 대신 퇴직 전의 최종임금을 예측한다는 것을 의미한다. 이를 이해하기 위해서는 퇴직급여채무의 측정 대안을 검토할 필요가 있다. 퇴직급여채무의 측정에 영향을 미치는 요소 중 중요한 의미를 갖는 것이 두 가지가 있는데, 이들은 임금수준(현재임금, 미래임금)의 선택과 퇴직급여의 가득여부(가득, 미가득)에 따른 선택이다.

■ 그림 10A-2
퇴직급여채무의 측정접근법

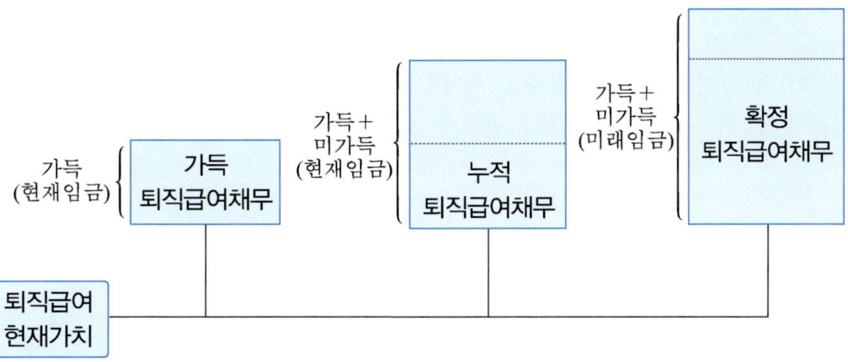

이 두 가지 요소의 결합에 따라 [그림 10A-2]에서 알 수 있듯이 세 가지 방식의 퇴직급여채무의 측정이 가능하다.

가득퇴직급여채무(vested benefit obligation)는 종업원의 추가적인 근무조건이 없이 이미 가득된 채무로서, 현재 임금수준을 이용하여 퇴직급여채무를 측정한 것이다. 누적퇴직급여채무(accumulated benefit obligation)는 가득된 퇴직급여와 함께 미가득된 퇴직급여채무를 누적시킨 채무로서, 이 역시 현재 임금수준을 이용하여 퇴직급여를 측정한 것이다. 따라서 가득퇴직급여채무에 비하여 미가득퇴직급여가 추가된 것을 말한다. 이에 비해 확정퇴직급여채무(defined benefit obligation)는 가득 및 미가득된 퇴직급여채무로서, 현재 임금수준이 아니라 미래 임금수준(퇴직 전 최종임금수준)을 예측하여 퇴직급여를 측정한 것이다. 따라서 누적퇴직급여채무에 비하여 미래임금과 현재임금의 차이에 대한 부분만큼 퇴직급여채무가 증가한다.

예측단위적립법에서는 종업원이 제공한 근무용역과 근무기간을 고려하여 근로자에 대한 퇴직급여지급의무가 매 근무기간마다 추가적으로 발생한다고 보고 당기근무원가를 산출한다. 당기근무원가가 계산되면 다음과 같이 회계처리한다.

〈당기근무원가 발생〉

(차) 퇴직급여원가	×××	(대) 확정급여채무	×××

예제 10A-2 당기근무원가와 이자원가

한솔(주)는 종업원의 퇴직시점에 일시불로 퇴직급여를 지급하고 있다. 일시불퇴직급여는 종업원의 퇴직 전 최종임금의 2%에 근무연수를 곱하여 산정된다. 종업원의 연간급여는 1차년도에 ₩10,000이며 향후 매년 5%(복리)씩 상승하고, 할인율은 8%라고 가정한다.
보험수리적 가정에 변화가 없다고 할 때 5차년도말에 퇴직하는 종업원과 관련된 각 연도말 확정급여채무를 계산하고, 처음 2년간 필요한 회계처리를 하라.

해답

(단위 : ₩)	1년	2년	3년	4년	5년
귀속급여					
과거 연도	–	243	486	729	972
당해 연도(퇴직 전 최종임금의 2%)	243#	243	243	243	243
당해 연도와 과거 연도	243	486	729	972	1,215
기초 확정급여채무1)	–	179	386	625	900
이자원가(할인율=8%)2)	–	14	31	50	72
당기근무원가3)	179*	193**	208	225	243
기말 확정급여채무4)	179	386	625	900	1,215

5차년도말(기말 현재 4년 후)의 최종임금 : ₩10,000×$(1.05)^4$=₩12,155
5차년도말 최종임금의 2% : ₩12,155×2%=₩243

* 1차년도말 당기근무원가의 현재가치 : ₩243×$(1+0.08)^{-4}$=₩179

** 2차년도말 당기근무원가의 현재가치 : ₩243×$(1+0.08)^{-3}$=₩193

주1) 기초확정급여채무는 과거 연도에 귀속되는 급여의 현재가치를 말한다.

2) 이자원가=기초확정급여채무×할인율

3) 당기근무원가는 당해 연도에 귀속되는 급여의 현재가치를 말한다.

4) 기말확정급여채무는 당해 연도와 과거 연도에 귀속되는 누적확정급여채무의 현재가치를 말한다. 확정급여채무는 퇴직급여를 지급받을 때까지 남은 기간의 현재가치에 근무연수를 곱한 금액이다. 예컨대 4차년도에는 ₩225(현재가치)×4년(근무연수)=₩900이고, 5차년도에는 ₩243(현재가치)×5년(근무연수)=₩1,215이 된다.

〈1차년도말 분개〉

(차) 퇴직급여원가	179*	(대) 확정급여채무	179

* 당기근무원가의 현재가치

〈2차년도말 분개〉

(차) 퇴직급여원가	14*	(대) 확정급여채무	14

* 기초확정급여채무의 이자원가(₩179×0.08=₩14)

(차) 퇴직급여원가	193*	(대) 순확정급여채무	193

* 당기근무원가의 현재가치

과거근무원가(past service costs)는 확정퇴직급여제도를 개정(도입, 철회 또는 변경)하거나 축소한 경우에 종업원의 과거기간 근무용역에 대한 확정급여채무의 현재가치가 증가(또는 감소)하는 것을 말한다. 축소(curtailment)란 확정퇴직급여제도에 포함된 종업원수의 유의한 감소를 의미한다. 당기근무원가는 항상 정(+)의 금액만 가지지만, 과거근무원가는 정(+)의 금액 또는 부(−)의 금액이 될 수 있다.

과거근무원가는 다음 중 이른 날에 비용으로 인식한다.

① 확정퇴직급여제도의 개정 또는 축소가 발생할 때, 또는
② 관련되는 구조조정원가(K-IFRS 제1037호)나 해고급여를 인식할 때

예제 10A-3 과거근무원가

한솔(주)는 종업원의 각 근무기간에 대하여 퇴직 전 최종임금의 2%에 해당하는 연금을 제공하는 연금제도를 갖고 있다. 한솔(주)는 20×5. 1. 1자로 제도를 개정하였고, 이 개정으로 20×1. 1. 1 이후 근무기간에 대하여 최종임금의 2.5%에 해당하는 연금을 지급한다. 제도개정으로 인해 한솔(주)의 확정퇴직급여채무의 현재가치가 ₩540 증가하였다. 한솔(주)의 퇴직급여변경에 따라 20×5년에 필요한 회계처리를 하라.

해답

20×5. 1. 1 (제도개정이 이루어진 날)

(차) 퇴직급여원가(과거근무원가)	540	(대) 확정급여채무	540

2) 순이자원가

순확정급여부채(자산)란 확정급여채무의 현재가치에서 사외적립자산의 공정가치를 차감한 순액을 말한다. 순이자원가(net interest cost)는 순확정급여부채(자산)에 할인율(우량회사채수익률)을 곱하여 구한다. 환언하면, 순이자원가는 확정급여채무에 대한 이자원가에서 사외적립자산에 대한 이자수익을 차감한 것을 말한다.

순이자원가는 확정급여채무를 증가시키며, 순이자수익은 사외적립자산을 증가시킨다. 따라서 이자원가는 다음과 같이 회계처리한다.[1)]

〈순이자원가가 발생한 경우〉

(차) 퇴직급여원가	×××	(대) 확정급여채무	×××

1) 확정급여채무나 사외적립자산 대신에 순확정급여부채(자산)계정을 사용해도 된다. 그 이유는 재무상태표에 순확정급여부채(자산)로 보고하기 때문이다.

〈순이자수익이 발생한 경우〉

(차) 사외적립자산	×××	(대) 퇴직급여원가	×××

3) 재측정요소

순확정급여부채(자산)의 재측정요소는 근무원가 및 순이자원가와 달리 기타포괄손익으로 회계처리하며, 이는 다음 항목으로 구성된다.

① 확정급여부채의 보험수리적손익
② 사외적립자산의 이자수익(기초 사외적립자산에 우량회사채수익률을 곱하여 측정)과 실제수익(이자수익, 배당수익, 평가손익 등)의 차이
③ 순확정급여부채(자산)의 순이자에 포함된 금액을 제외한 자산인식상한효과의 변동

보험수리적손익(actuarial gains or losses)은 보험수리적 가정의 변동(이직률, 조기퇴직률, 사망률, 임금상승률, 급여 또는 의료원가, 할인율 등)과 경험조정으로 인하여 확정급여채무 현재가치의 증감이 있을 때 발생한다. 경험조정이란 이전의 보험수리적 가정과 실제로 발생한 결과의 차이로 인한 조정을 말한다. 따라서 보험수리적 가정이 실제와 다르거나 추정치가 변경되는 경우 등에는 보험수리적손익이 발생한다. 보험수리적손익은 확정급여채무와 관련하여 발생하며, 사외적립자산의 경우는 보험수리적손익이 발생하지 않는다.

확정급여채무에서 발생하는 보험수리적손익(재측정요소)은 확정급여채무의 현재가치와 장부금액의 차이로 측정하고 다음과 같이 회계처리한다.

〈확정급여채무의 현재가치가 장부금액을 초과하는 경우〉

(차) 재측정요소(OCI)	×××	(대) 확정급여채무	×××

〈확정급여채무의 현재가치가 장부금액에 미달하는 경우〉

(차) 확정급여채무	×××	(대) 재측정요소(OCI)	×××

사외적립자산의 운영으로부터 각종 수익(이자수익, 배당수익, 평가손익 등)이 발생한다. 사외적립자산의 이자수익은 기초 사외적립자산에 할인율을 곱하여 측정하는데, 이 금액과 당기에 실제로 발생한 수익의 차액을 사외적립

자산의 재측정요소로 처리한다.

확정급여채무에서 발생한 보험수리적손익과 사외적립자산에서 발생한 재측정요소는 보유기간중에 이자요소를 제외한 공정가치(현재가치 포함)의 변동이라는 공통점을 갖고 있다. 이 두 가지는 기타포괄손익으로 하여 당기손익에 반영하지 않고, 나중에 당기손익으로 재분류도 할 수 없다.

사외적립자산에서 발생하는 재측정요소는 공정가치와 장부금액의 차이로 측정하고, 다음과 같이 회계처리한다.

〈사외적립자산의 공정가치가 장부금액을 초과하는 경우〉

(차) 사외적립자산 ××× (대) 재측정요소(OCI) ×××

〈사외적립자산의 공정가치가 장부금액에 미달하는 경우〉

(차) 재측정요소(OCI) ××× (대) 사외적립자산 ×××

사외적립자산의 공정가치가 확정급여채무의 현재가치를 초과하는 부분을 초과적립액이라고 한다. 초과적립액은 자산으로 인식한다. 회사는 사외적립자산 운영자(일반적으로 금융회사)와의 사전 계약에 따라서 사외적립자산이 확정급여채무보다 일정 금액이나 비율을 초과하면 과대적립되었다고 보고 사외적립자산 운영자로부터 환급을 받을 수도 있고, 다음 기간에 사외적립자산에 출연하는 기여금을 적게 납입할 수도 있다. 확정급여제도로부터 미래에 환급을 받거나 제도에 출연하는 기여금을 절감하는 경제적 효익의 현재가치를 자산인식상한(asset ceiling)이라고 한다.

K-IFRS에서는 확정급여자산이 과대계상되는 것을 방지하기 위하여 자산인식상한을 정하고, 보고되는 순확정급여자산이 자산인식상한을 초과하지 않도록 규정하고 있다. 즉, 확정급여제도에 초과적립액이 있는 경우 순확정급여자산은 초과적립액과 자산인식상한 중에서 작은 금액으로 측정한다.

순확정급여자산＝Min(초과적립액*, 자산인식상한**)

* 초과적립액＝사외적립자산－확정급여채무

** 자산인식상한＝'사외적립자산 운영자로부터 환급금
+사외적립자산 기여금 절감액'의 현재가치

직전 보고기간말에 자산인식상한효과가 없었을 경우에는 이번 기에 발생한 자산인식상한효과는 전액 재측정요소(기타포괄손익)로 인식한다. 그렇지만 직전 보고기간말에 자산인식상한효과가 있었을 때에는 자산인식상한효과의 총변동과 기초의 자산인식상한효과에 할인율을 곱하여 계산한 이자수익과의 차이를 재측정요소(OCI)로 처리한다.

> 인식할 재측정요소＝자산인식상한효과의 당기변동액
> －(기초의 자산인식상한효과×할인율)

예를 들면, 초과적립액이 ₩300 발생하였는데 자산인식상한으로 인하여 ₩100만을 자산으로 인식할 수 있다고 가정하자. 그러면 자산인식상한효과는 ₩200이 된다. 만일 직전 기말에 자산인식상한효과가 없었다면, 다음과 같이 회계처리한다.

(차) 재측정요소(OCI)	200	(대) 자산인식상한효과 (사외적립자산)	200

만일 직전 기말에 자산인식상한효과가 ₩50이었다면 다음과 같은 회계처리가 될 것이다.

(차) 재측정요소(OCI)	145	(대) 자산인식상한효과	150
이 자 수 익(PL)	5*	(사외적립자산)	

* 보고기간초의 자산인식상한효과 ₩50×할인율 10%＝₩5
이는 자산인식 과대효과로 과대계상된 이자수익을 수정하기 위한 것이다.

4) 기타 손익 항목

확정급여제도에 따른 퇴직급여의무를 기업이 더 이상 부담하지 않기로 한 거래가 발생하는 경우가 있다. 이러한 거래를 정산이라고 한다. 보험계약을 통하여 퇴직급여채무를 보험회사에 이전시킨 것을 예로 들 수 있다. 정산손익은 정산으로 감소한 확정급여채무의 현재가치와 정산대가의 차이로 측정한다.

(3) 관련 회계처리

보고기간말에 사외적립자산은 공정가치로 측정한다. 사외적립자산과 관련한 회계처리는 다음과 같다.

〈사외적립자산에 대한 기여금〉

(차) 사외적립자산	×××	(대) 현 금	×××

〈사외적립자산의 수익〉

(차) 사외적립자산	×××	(대) 퇴직급여원가(PL)	×××
		재측정요소(OCI)	×××

〈퇴직급여의 지급〉

(차) 확정급여채무	×××	(대) 사외적립자산	×××

익힘문제

CHAPTER 10

1. 부채를 정의하는 데 가장 중요한 세 가지 특징은 무엇인가?

2. 현재가치는 부채의 개념과 어떻게 관련되는가?

3. 매입채무와 미지급금은 어떻게 다른가?

4. 선수금과 선수수익을 구분하여 설명하라.

5. 유동성장기부채를 설명하라.

6. 확정부채, 충당부채 및 우발부채를 구분하라.

7. 충당부채를 간단히 설명하고 대표적인 사례들을 들어보라. 충당부채는 어떤 상황하에서 기록되어야 하는가?

8. 제품보증비의 인식에 있어서 충당부채설정법과 이연수익법을 비교설명하라.

9. 할인쿠폰 또는 포인트의 판매를 포함한 제품 매출의 회계처리에 대해 설명하라.

10. 고객충성제도를 운영하는 경우 고객충성제도에 참여하고 있는 고객으로부터 수취한 대가는 어떻게 회계처리해야 하는가?

보-1. 퇴직연금제도는 어떤 식으로 작동하는가?

보-2. 확정기여형연금제도와 확정급여형연금제도를 간단하게 비교설명하라.

보-3. 순확정급여부채는 어떻게 측정하는가?

보-4. 확정급여채무란 무엇이며 어떻게 측정하는가?

보-5. 사외적립자산은 무엇이며 어떻게 측정하는가?

보-6. 보험수리적손익과 재측정요소란 무엇이며 어떻게 회계처리하는가?

보-7. 퇴직급여원가의 구성요소는 어떤 것들이 있는가? 구성요소를 간단하게 설명하라.

보-8. 예측단위적립법이란 무엇인가?

연습문제

CHAPTER 10

1. 매입채무와 단기차입금

다음은 형미(주)의 20×1년 상품 외상매입거래의 일부이다.

9. 1 : 병언(주)로부터 ₩100,000어치의 상품을 외상으로 구입하였다. 형미(주)는 총액기준에 의한 실지재고조사법으로 매입을 기록한다.
10. 1 : 6개월 만기, 이자율 10%, 액면 ₩100,000인 어음을 발행하여 병언(주)에 대한 외상매입금을 지급하였다.
10. 1 : 만기 12개월, 무이자부, 액면 ₩250,000인 어음을 제시하고 정웅은행으로부터 ₩200,000을 할인 차입하였다.

요구사항

(1) 위 거래에 대하여 분개하라.
(2) 20×1. 12. 31에 위 거래와 관련하여 필요한 수정분개를 하라.
(3) 20×1. 12. 31자 재무상태표에 보고될 지급어음과 단기차입금에 대한 순부채액을 계산하라.

2. 약속어음의 발행에 의한 단기차입금

가다(주)는 20×1. 10. 1 액면가 ₩1,000,000, 5% 이자지급 조건, 1년 만기 지급어음을 발행하여 마라은행(주)에 10% 이자율로 할인하여 자금을 조달하였다.

요구사항

(1) 가다(주)가 20×1. 10. 1에 행할 분개를 하라.
(2) 가다(주)의 회계연도말인 20×1. 12. 31에 행할 분개를 하라.
(3) 가다(주)의 20×1. 12. 31 현재로 지급어음을 보고하는 부분재무상태표를 작성하라.

3. 유동부채

20×1. 12. 31 현재 영수(주)는 20×2년중에 만기가 되는 정광은행에서 차입한 지급어음 형태의 단기채무 ₩6,000이 있다. 20×2. 1. 28에 영수(주)는 외상매출금 평균액의 60%까지 차입할 수 있는 재차입계약을 정광은행과 체결했다. 외상매출금은 20×2년중에 5월의 최저 ₩4,000에서 10월의 최대 ₩5,000 사이가 될 것으로 기대된다. 만기가 된 단기채무의 이자비용은 15%이다. 그리고 새로운 계약에서는 20×8년에 만기가 되는 우량기업의 장기성지급어음 이자율에 1%를 가산한 이자를 지급하도록 되어 있다. 20×1. 12. 31자 재무상태표는 20×2. 2. 15에 공시된다.

요구사항

주석공시를 포함하여 단기채무(₩6,000)를 어떻게 표시해야 하는가를 나타내는 20×1. 12. 31자 영수(주)의 부분재무상태표를 작성하라.

4. 원천징수예수금

나라(주)는 4월 총급여액 ₩256,000 중에서 ₩32,900을 원천공제한 후 급여일인 4월 20일에 종업원에게 ₩223,100을 현금으로 지급하였다. 원천공제내역은 다음과 같다.

근로소득세	₩12,100	국민연금	₩4,800
건강보험료	10,200	사원공제회	5,800

나라(주)가 5월 1일에 4월 급여의 원천징수금을 관할세무서와 해당 기관에 지급하였다. 나라(주)의 4월 20일과 5월 1일 거래를 분개하라.

5. 충당부채의 인식

[사례 1] 법적 의무가 없는 대수선의 경우

어떤 자산은 일상적 유지 외에도 수년에 한 번씩 대대적인 수리나 주요부품을 교체하는데 상당히 큰 금액의 지출을 필요로 한다. 예를 들면, 용광로를 사용하는 기업이 법률적인 요구사항은 아니지만 기술적인 이유 때문에 매 5년마다 용광로의 내벽을 교체해야 하는 경우를 가정해 보자. 보고기간말(재무상태표일) 현재 그 내벽은 향후 3년 동안 사용가능한 것으로 판단된다.

[사례 2] 법적 의무가 있는 오염토지 복구의 경우

(주)북두는 화학제품제조업을 영위하면서 수년간 토지를 오염시켜 왔다. 토지오염에 대한 법적 규제가 없었다가 20×6. 12. 31 현재 그러한 오염토지에 대한 복구의무를 규정하는 새로운 법안이 제안되어 보고기간말 후 제정될 것이 확실하다.

[사례 3] 해저 석유채굴의 경우

(주)대한은 일정기간 해상에서 석유를 채굴할 수 있는 권리를 취득하는 계약을 체결하였다. 이 계약에 따라 생산종료시에는 유정굴착장치를 제거하고 해저를 원상복구해야 한다. 이러한 원상복구비의 90%는 유정굴착장치를 제거하고, 이의 건설로 인해 발생한 해저 손상부분을 복구하는 데 지출된다. 나머지 10%의 복구비는 석유의 채굴로 인해 발생하는 비용(예 : 오염제거비용)이다. 보고기간말 현재 유정굴착장치가 완공되었으나 석유는 채굴하지 않은 상태이다.

요구사항

세 가지 사례와 같은 독립적인 우발상황에 대하여 충당부채의 인식요건을 고려하여 적절한 회계처리방법을 제시하라.

6. 충당부채의 측정

포효(주)는 공사완료 후 12개월 이내에 납품한 공사에서 발생하는 하자에 대하여 하자보수보증을 실시하고 있다. 만약 20×1년도에 납품한 공사에서 중요하지 않은 하자가 발견된다면 ₩20,000의 하자보수비용이 발생하고, 중요한 하자가 발생하면 ₩100,000의 하자보수비용이 발생할 것으로 예상된다. 기업의 과거 경험에 비추어 납품된 공사의 70%에는 하자가 없을 것으로 예상되고, 25%는 중요하지 않은 하자가 발생할 것으로 예상되며, 5%는 중요한 하자가 발생할 것으로 예상된다. 포효(주)가 20×1년말에 하자보수충당부채로 기록해야 할 금액은 얼마인가?

7. 충당부채설정법 – 보증비용인식법

찬우(주)는 휴대용컴퓨터를 판매하면서 2년간 제품보증을 제공한다. 20×1년중 컴퓨터 300대를 대당 ₩3,500에 판매하였다(편의상 모든 컴퓨터가 기말에 판매되었다고 가정하라). 과거 경험에 의하면 2년간의 제품보증기간 동안 대당 부품비 ₩155과 인건비 ₩185이 발생한다. 20×2년도에 부품비 ₩21,400과 인건비 ₩24,900(미지급)의 제품보증비가 발생하였다.

요구사항

(1) 충당부채설정법(보증비용인식법)을 이용하여 20×1년과 20×2년에 필요한 분개를 하라.
(2) 20×2년말 현재 재무상태표에 이 거래와 관련하여 어떤 부채가 어느 정도 기록될 것인가?

8. 이연수익법 – 보증수익인식법

천길(주)는 전기히터를 판매하면서 2년간 제품보증을 제공한다. 천길(주)는 보증수익이 중요한 수익원천의 하나로 보고 보증수익을 제품판매와 분리하여 회계처리한다. 제품보증수익은 보증활동에서 발생한 원가에 마진을 10% 가산하고 있다. 20×1년중 전기히터 500대를 제품보증에 대한 대가를 포함하여 대당 ₩4,500에 판매하였다(편의상 모든 전기히터가 기말에 판매되었다고 가정하라). 과거 경험에 의하면 2년간의 제품보증기간 동안 대당 부품비 ₩150과 인건비 ₩200이 발생한다. 20×2년도에 부품비 ₩30,000과 인건비 ₩40,000(미지급)의 제품보증비가 발생하였다.

요구사항

(1) 이연수익법(보증수익인식법)을 이용하여 20×1년과 20×2년에 필요한 분개를 하라.
(2) 20×2년말 현재 재무상태표에 이 거래와 관련하여 어떤 부채가 어느 정도 기록될 것인가?

9. 할인쿠폰을 포함한 제품의 판매

성민(주)는 핸드백전문판매업체이다. 20×1년에 새로 출시한 핸드백을 ₩100,000에 판매하면서, 60일 이내에 회사의 다른 제품을 구매할 경우 1회에 한해서 30%를 할인해 주는 할인쿠폰을 주고 있다. 회사는 고객의 20%가 쿠폰을 행사할 것으로 예상하고 있으며, 회사제품의 평균 판매가격은 ₩120,000이다. 단, ₩100,000의 판매가격은 쿠폰의 제공으로 정상판매가격보다 높은 편이며, 할인쿠폰의 가격을 제외한 금액을 핸드백판매가격에 배분한다. 20×1년에 할인쿠폰을 포함하여 판매한 핸드백은 총 2,000개이며, 20×1년에 행사된 할인쿠폰은 250개이다. 성민(주)의 20×1년 할인쿠폰을 포함한 핸드백판매와 할인쿠폰의 행사에 따른 핸드백판매를 구분하여 분개하라.

10. 고객충성제도

동양항공(주)는 고객에게 인센티브를 제공하기 위하여 부여하는 마일리지에 대하여 최초의 거래대가로 수취한 대가의 공정가치를 용역의 대가와 부여된 마일리지의 대가에 안분하여 마일리지 부여로 인한 대가의 공정가치를 이연수익으로 계상하고, 마일리지가 사용되어 용역이 제공되는 시점에 수익으로 인식한다. 20×1년에 고객에게 여객운송용역의 제공으로 받은 대가는 총 ₩60,000,000이며, 고객이 획득한 마일리지는 총 1,500,000마일이다. 이 중 기대회수율은 30%이며, 회수될 것으로 예상되는 마일리지의 공정가치는 ₩12이다. 20×1년중에 마일리지를 신청하여 사용된 마일리지는 총 50,000마일이다. 20×1년에 동양항공(주)가 고객운송으로 수취한 대가 및 고객이 신청하여 사용된 마일리지에 대한 적절한 회계처리를 하라.

보-1. 확정기여제도

고서(주)는 확정기여제도를 채택하고 있다. 20×1년 회계연도의 총급여는 ₩3,500,000인데, 총급여액의 7%를 매년 기금 기여금으로 납부한다. 고서(주)는 기여금 납부의 편의상 매 연도말에 1년분 기여금을 연금기관에 이체하고 있다. 회계연도말인 20×1. 12. 31에 확정기여제도와 관련된 회계처리를 설명하라.

보-2. 확정기여제도의 퇴직급여

강동(주)는 퇴직급여제도로 확정기여제도를 택하고 있다. 20×1년 강동(주)가 퇴직급여기여금으로 납부해야 할 금액은 ₩600,000이다. 그런데 20×1. 1. 1 현재 강동(주)가 종업원의 퇴직금 지급을 위하여 실제 납부한 기여금은 ₩1,000,000인데, 이 기여금의 기대수익률은 10%이다. 20×1. 12. 31 재무상태표에 표시될 선급(또는 미지급) 퇴직급여원가는 얼마인가? 회계처리하라.

보-3. 당기근무원가와 이자원가

이든(주)는 종업원이 퇴직한 시점에 일시불퇴직급여를 지급하고 있다. 일시불퇴직급여는 종업원의 퇴직 전 최종임금의 2%에 근무연수를 곱하여 산정된다. 종업원의 연간급여는 1차년도에 ₩10,000이며 향후 매년 5%(복리)씩 상승하는 것으로 가정한다. 또 연간할인율은 10%라고 가정한다. 보험수리적 가정에 변화가 없다고 할 때 5차년도말에 퇴직하는 종업원과 관련하여 각 연도말 확정급여채무를 계산하고, 처음 2년간 필요한 회계처리를 하라.

보-4. 과거근무원가

성령(주)는 종업원의 각 근무기간에 대하여 퇴직 전 최종임금의 3%에 해당하는 연금을 제공하는 연금제도를 갖고 있다. 성령(주)는 20×3. 1. 1자로 제도를 개정하였고, 이 개정으로 20×1. 1. 1 이후 근무기간에 대하여 최종임금의 3.5%에 해당하는 연금을 지급한다. 제도개정으로 인해 성령(주)의 확정퇴직급여채무의 현재가치가 ₩500 증가하였다. 성령(주)의 퇴직급여변경에 따라 20×3년에 필요한 회계처리를 하라.

보-5. 퇴직급여원가

CNU(주)의 20×1년 퇴직급여 관련 자료가 다음과 같다.

근무원가	₩32,000
확정급여채무에 대한 이자원가	24,000
사외적립자산의 수익(이자수익 포함)	22,000
확정급여채무에서 발생한 보험수리적손실	3,000
사외적립자산에서 발생한 이자수익	18,000

요구사항

(1) 20×1년 CNU(주)의 퇴직급여원가를 구하라.
(2) 당기손익에 반영될 금액과 기타포괄손익으로 보고할 금액을 구분하라.

보-6. 확정퇴직급여제도의 퇴직급여원가와 분개

다음은 확정급여제도를 사용하고 있는 추자(주)의 20×1년 퇴직급여 관련 자료이다.

사외적립자산에서 발생한 수익	₩22,000
퇴직급여지급액	40,000
기여금 출연	95,000
당기근무원가	60,000
제도변경에 따른 과거근무원가(연초부터 적용)	30,000
확정급여채무의 현재가치(기초)	350,000
확정급여채무의 현재가치(기말)	440,000
사외적립자산의 공정가치(기초)	320,000
사외적립자산의 공정가치(기말)	397,000
기초 할인율	10%

요구사항

(1) 20×1년 퇴직급여원가를 계산하라.
(2) 20×1년 퇴직급여와 관련된 추자(주)의 필요한 분개를 하라.

보-7. 사외적립자산의 실제수익과 재측정요소

구남(주)의 20×1년 퇴직급여 관련 자료가 다음과 같다.

기초 사외적립자산의 공정가치	₩230,000
기말 사외적립자산의 공정가치	273,000
기중 기여금 출연액	25,000
퇴직급여지급액	35,000
기초 할인율	10%

요구사항

(1) 구남(주)의 20×1년 사외적립자산의 실제수익은 얼마인가?
(2) 구남(주)의 20×1년 사외적립자산에서 발생한 재측정요소는 얼마인가?

보-8. 퇴직급여원가 및 재무제표 보고

개나리(주)는 확정급여제도를 채택하고 있다. 개나리(주)의 20×1년 퇴직급여 관련 정보가 다음과 같다.

당기근무원가	₩55,000
제도변경으로 인한 과거근무원가(기초부터 적용)	130,000
기여금 출연	87,000
퇴직급여지급액	80,000
기초 확정급여채무의 현재가치	850,000
기초 사외적립자산의 공정가치	600,000
사외적립자산의 실제수익	54,000
기말 확정급여채무의 현재가치	1,133,000
기말 사외적립자산의 공정가치	?
기초 할인율	10%

요구사항

(1) 개나리(주)의 20×1년 퇴직급여원가는 얼마인가?

(2) 개나리(주)의 20×1년 손익계산서에 보고될 퇴직급여원가는 얼마인가?

(3) 개나리(주)의 20×1년 재무상태표에 보고할 퇴직급여 관련 항목은 무엇이고 그 금액은 얼마인가?

CHAPTER

11 자 본

재무상태표의 차변은 자산으로서 자금의 운용형태를 보여주며, 대변은 자금의 조달원천을 보여준다. 자금의 조달원천인 재무상태표의 대변은 다시 부채와 자본으로 구성되는데 부채는 제3자로부터의 차입으로 조달된 자금을 나타내고, 자본은 소유주들이 납입한 자금(납입자본)과 회사가 영업활동에서 창출한 이익 중 사내에 유보시킨 자금(이익잉여금)으로 구성된다.

자본은 자본금, 자본잉여금, 자본조정, 기타포괄손익누계액, 이익잉여금의 다섯 가지 범주로 구성된다. 이 중에서 자본금과 자본잉여금은 납입자본을 나타내고, 이익잉여금(기타포괄이익누계액 포함)은 창출된 이익 중 사내에 유보시킨 금액을 나타낸다.

제 1 절 자본과 주식

1 자본의 의의와 분류

기업의 소유자는 기업경영과 관련하여 발생하는 위험과 불확실성에 대하여 최종적인 책임을 지고 그 대가로 투자이익을 얻게 된다. 소유자가 기업에 대하여 갖는 몫인 자본(capital), 즉 소유주지분(owners' equity)은 자산에서 채권자지분인 부채를 차감한 금액인 순자산(net assets)이다. 따라서 자본을 잔여지분(residual equity)이라고도 부른다. 또한 오늘날 대부분의 기업이 주식회사 형태를 취하고 있기 때문에 자본을 주주지분(shareholders' equity)이라 부르기도 한다. 따라서 자본, 소유주지분, 순자산, 잔여지분 및 주주지분은 모두 동의어로 사용되고 있다.

자본은 기업의 개별자산에 대한 청구권을 의미하는 것이 아니라 순자산 전체에 대한 청구권을 의미한다. 또한 그 금액이 확정되어 있지 않으며, 회사의 손익에 따라 변화하게 된다. 즉 자본은 이익이 발생하면 증가하고 손실이 발생하면 감소한다.

자본은 법률적 관점과 경제적 관점으로 나누어 분류할 수 있다.[1] 법률적 관점에서 보면 자본은 법정자본금과 잉여금으로 구분된다. 법정자본금(legal capital)을 자본금(share capital)이라고 부르는데, 주당 액면금액에 발행주식수를 곱한 금액으로서 채권자보호를 위하여 회사가 유지해야 할 최소한의 재산을 의미한다. 잉여금은 자본 중 법정자본금을 초과하는 부분을 의미한다. 이와 같은 법률적 관점에 대하여 관심을 가져야 할 필요는 있지만 이것이 회계처리의 기준이 되지는 않는다.

경제적 관점에서 보면 자본은 납입자본(자본금과 자본잉여금), 자본조정, 그리고 기타포괄손익누계액과 이익잉여금으로 구분된다(〈표 11-1〉을 참조).

---

1) K-IFRS에서는 자본에 대한 구체적인 규정이 없다. 즉 각 국가의 상황에 맞게 회계처리하도록 허용하고 있다. 따라서 본장은 필요한 경우 우리나라 상법 등의 법규에 따른 설명을 제시하고자 한다.

▶ **표 11-1**
자본구조

계정구분	비 고	
Ⅰ. 자 본 금		납입자본
1. 보통주자본금	• 발행주식수×액면금액	
2. 우선주자본금	• 발행주식수×액면금액	
(주) 청약기일이 경과된 신주청약증거금 중 신주납입금으로 충당될 금액은 자본금 다음에 그 내용을 나타내는 과목(신주청약증거금)으로 표시한다.		
Ⅱ. 자본잉여금		
1. 주식발행초과금	• 발행금액*이 액면금액을 초과하는 금액	
2. 기타자본잉여금	• 감자차익, 자기주식처분이익 등	
* 신주발행을 위하여 직접 발생한 비용(신주발행수수료 등)을 차감한 후의 금액		
Ⅲ. 자본조정		
1. 자기주식	• 자기주식의 취득원가	
2. 기타자본조정	• 주식할인발행차금(이익잉여금처분으로 상각) • 미교부주식배당금(발행될 주식의 액면금액) • 감자차손, 자기주식처분손실 등	
Ⅳ. 기타포괄손익누계액		
−재분류가능		
1. FVOCI자산평가손익		
2. 해외사업환산손익		
3. 현금흐름위험회피손익		
−재분류불가능		
1. 재평가잉여금		
2. 확정급여제도 재측정요소 등		
Ⅴ. 이익잉여금		
(1) 적 립 금		
1) 법정적립금		
1. 이익준비금	• 상법에 의거 적립	
2) 각종 임의적립금	• 정관 또는 주주총회의 결의에 의거 임의적립	
(2) 미처분이익잉여금(미처리결손금)		

이익잉여금에는 실현된 손익이 반영되고, 기타포괄손익누계액에에는 미실현손익의 기말잔액이 나타난다. 기타포괄손익누계액에는 나중에 관련되는 항목이 제거될 때 당기손익으로 재분류되는 기타포괄손익(FVOCI자산평가손익, 해외사업환산손익, 위험회피가 효과적인 현금흐름위험회피손익 등)과 재분류가 안 되는 기타포괄손익(재평가잉여금, 확정급여제도에서의 재측정요소 등)으로 구분하여 보고한다.

자본조정(capital adjustments)은 당해 항목의 성격상 자본거래에 해당하나

최종 납입된 자본으로 볼 수 없거나 자본의 차감 성격의 항목으로 자본금이나 자본잉여금으로 분류할 수 없는 항목이다.

2 주식회사와 주식

회사의 형태에 따라 자본의 구성내용이 다르다. 본 교재에서는 주식회사 형태를 취하는 기업의 자본에 근거하여 설명하고자 한다.

(1) 주식회사의 본질

주식회사(corporation)는 주식발행을 통해 자금을 조달하여 설립된 회사형태이다. 주식회사는 다른 형태의 회사에 비하여 다음과 같은 장점을 지닌다.

① 자본조달이 용이하다. 주식은 적은 금액으로 구입 및 판매할 수 있는 단위로 나누어져 있으므로 자금을 조달하기 쉽다.
② 주주는 유한책임을 가지므로 최악의 경우에도 자기가 투자한 금액만큼만 손해를 보면 된다. 한편, 합명회사나 대부분의 합자회사 사원은 무한책임을 지기 때문에 회사에 출자한 금액뿐만 아니라 손실이 발생하면 개인재산으로도 이를 부담해야 한다.
③ 소유권의 양도 및 양수가 쉽다. 정관에 특별한 제한이 없는 한 주주들은 다른 주주의 승인이나 양해를 구할 필요 없이 주식을 사거나 팔 수 있다.
④ 주주의 변경에 관계없이 회사는 계속기업으로 존속하게 된다. 한편, 합자회사나 합명회사는 소유권의 변경이나 소유주의 사망시에 회사의 실체가 소멸할 위험이 크다.

이상과 같은 장점들 때문에 많은 기업이 비록 규모가 작더라도 다른 유형의 회사보다는 주식회사의 형태를 취하고 있다. 특별한 규정이 있는 경우를 제외하고는 소유주식수에 비례한 ① 의결권, ② 이익분배권, ③ 잔여재산분배권 및 ④ 신주발행에 대한 주식선매권(preemptive rights)을 갖는다.

(2) 주식의 종류

주식회사는 주식을 발행하여 자본을 조달한다. 액면금액에 발행주식수를 곱하면 자본금(법정자본금)이 된다. 액면금액 또는 자본금은 법적인 차원에서 채권자 보호를 위하여 회사가 유지해야 할 최소한의 재산을 의미한다. 그러나 회사 설립시를 제외하고는 주식의 실제가치가 액면금액과 같지 않기 때문에 액면금액은 경제적인 측면에서 별 의미를 갖지 않는다.

주식회사는 여러 가지 종류의 주식을 발행할 수 있다. 가장 보편적으로 발행되는 주식은 보통주와 우선주이다.

1) 보통주

보통주(ordinary shares)는 기본적인 소유권을 나타내는 주식이다. 회사가 한 종류의 주식만을 발행했다면, 이는 보통주를 의미한다. 보통주는 기업이 실패할 경우 최종위험을 부담하고, 성공할 경우 이득을 받는 잔여지분의 성격을 갖는다. 즉, 재무상태표의 대변항목들을 자산에 대한 청구권으로 본다면 부채를 먼저 변제하고, 그 다음 우선주에 대한 배분이 이루어지고 난 후 남은 잔여지분은 모두 보통주에 귀속되는 것으로 보아야 한다.

부채에 대한 원리금 지급은 회사의 수익성 등에 관계없이 정해진 기일 내에 이루어져야 하고, 우선주에 대한 배당도 일반적으로 보통주에 대한 배당에 앞서서 이루어지게 된다. 따라서 보통주에는 이익배당이나 청산배당 등이 보증되어 있지 않다. 그러나 보통주는 회사의 경영에 참여할 수 있는 권리가 있으며, 이익이 발생하면 부채에 대한 이자나 우선주에 대한 배당금 지급을 제외하고는 모두 보통주에 귀속된다.

2) 우선주

우선주(preference shares)란 특정 사항에 관해서는 보통주에 대하여 우선적인 권리가 부여된 주식이다. 우선주에는 계약에 의하여 정해진 범위 내에서 보통주에 앞서 우선적으로 이익배당을 받을 수 있는 권리가 주어진다. 대신에 경영참가권인 의결권이 배제되고 추가적인 이익배당에 참여할 권리도 배제되는 것이 일반적이다. 우선주라는 용어 때문에 우선주는 모든 면에서 우선권이 주어지는 것으로 오해되는 경우가 있다. 우선주는 이익배당에서 우선권을 부여받지만 이보다 더 중요한 권리인 의결권을 행사할 수 없는 것이 일반적이므로 대부분의 경우 우선주는 보통주보다 상대적인 가치가 낮은 것이 보통이다. 따라서 우선주로 자본을 조달하고자 할 때에는 여러 가지 권리를 추가적으로 부여하여 우선주 발매를 촉진시키고 있다. 우선주에 추가적으로 주어지는 권리에 따라 누적적 우선주, 참가적 우선주, 전환우선주, 상환우선주 등으로 나누어진다.

누적적 우선주(cumulative preference shares)는 특정 연도에 약정된 이익배당을 지급받지 못하거나 미달한 경우에는 차후연도에 보통주에 대한 이익배당을 지급하기 전에 지급받지 못한 이익배당액을 우선적으로 지급받을 수 있는 권리가 부여된 주식을 의미한다. 특별한 규정이 없는 한 우선주는 누적적 우선주로 간주한다. 왜냐하면 우선주가 비누적적인 경우 한 회계연도에 배당을 선언하지 않으면 당해 연도분 배당금은 영원히 받을 수 없게 되므로 배당에 대한 우선권 부여가 우선주의 가장 기본적인 권리로 인식되고 있는 일반적인 견해에 어긋나기 때문이다.

누적적 우선주에 대한 전기의 약정배당미달액을 연체배당금(dividends in arrears)이라고 하는데, 배당이 선언되지 않은 연체배당금은 부채로 기록하지 않는다. 왜냐하면 배당이 선언되어야만 미지급배당금이라는 부채가 발생하는 것으로 보기 때문이다.

참가적 우선주(participating preference shares)는 정해진 우선주 배당률의 배당을 초과하여 보통주와 함께 일정한 한도까지 이익배당에 참여할 권리가 부여된 우선주를 말한다. 참가적 우선주는 추가적 이익배당에 참가할 수 있는 정도에 따라 다시 완전참가적(fully participating) 우선주와 부분참가적(partially participating) 우선주로 구분된다. 예를 들면, 5% 우선주가 완전참가적 우선주라면 5%의 배당금을 우선주와 보통주에 지급하고도 배당액이 남은 경우 보통주와 동일한 비율로 추가적인 이익배당에 참여할 수 있다. 물론 이 경우 보통주에게는 5% 미만을 배당하더라도 우선주에게는 5%를 배당해야 한다. 한편, 5% 우선주가 10%까지 참가할 수 있는 부분참가적 우선주일 때 보통주에게 5%를 초과하는 금액을 지급할 수 있는 배당선언을 한 경우 기본 5% 이외에 10%까지는 보통주와 동일한 비율로 배당에 참여할 수 있다. 그러나 10% 이상으로는 참여할 수 없다.

우리나라에서 우선주는 의결권이 없는 대신 일반적으로 보통주에 지급되는 배당률(통상 액면가의 5~10% 정도)에 일정률(보통 1%)을 추가로 받을 수 있는 권리를 가지고 있다. 따라서 실제로는 모두 참가적 우선주이다.

전환우선주(convertible preference shares)는 우선주 보유자가 미리 약정한 비율로 우선주를 보통주로 전환할 수 있는 선택권을 가진 주식을 말한다. 전환우선주는 확실한 배당금을 보장받는 우선주의 특권과 함께 전환하는 것이 유리하다고 판단될 때 보통주로 전환할 수 있는 권리를 갖기 때문에 인기 있는 투자대상이 될 수 있다.

미래에 미리 약정한 가격으로 상환되는 우선주를 상환우선주(callable preference shares)라고 한다. 우선주의 발행자가 상환우선주를 발행하는 주된 이유는 자금조달이 곤란한 경우에 우선주를 발행하면 비교적 용이하게 자금을 조달할 수 있고, 이후에 여유자금이 생기면 이를 상환하여 배당압박을 피하는 등 자금을 효율적으로 운영하기 위해서이다.

예제 11-1 우선주 배당금

성은(주)는 20×1. 1. 1에 영업을 시작하였으며, 20×5. 12. 31 현재 자본금계정은 다음과 같다.

보통주 (주당액면 ₩5,000)	₩400,000
우선주 (8%, 비누적적, 비참가적 ; 주당액면 ₩5,000)	₩100,000
우선주 (4%, 누적적, 부분참가적(12%까지) ; 주당액면 ₩5,000)	₩200,000

성은(주)는 모든 주식을 영업개시와 동시에 발행하였으며, 그 이래 아직 배당을 실시한 적이 없다. 성은(주)가 20×6년초 ₩200,000의 배당을 선언하였다.

1) ₩200,000의 배당금을 어떻게 배분할 것인가?
2) 4% 누적적 우선주가 완전참가적이라면, 배당금을 어떻게 배분할 것인가?

해답

1) ₩200,000의 배당금 배분

주식의 종류	1차 배분	잔여배당금의 배분**	소 계
[4% 우선주] 누적적, 부분참가적	₩200,000×4%×5년= ₩40,000	₩200,000×(12%−4%)= ₩16,000	₩56,000
[8% 우선주] 비누적적, 비참가적	₩100,000×8%= 8,000	−없음−	8,000
보통주	₩400,000×4%*= 16,000	₩136,000−₩16,000= 120,000	136,000
합 계	₩64,000	₩136,000	₩200,000

* 우선주에 참가액을 배분하기 전에 보통주에도 참가적 우선주 배당률만큼 배분한다.
** 잔여배당금은 총배당금 ₩200,000에서 1차 배분 ₩64,000을 차감한 ₩136,000이다. 잔여배당금이 ₩48,000[=₩600,000(보통주자본금+4% 부분참가적 우선주자본금)×(12%−4%)] 이하인 경우에는 4% 우선주와 보통주 각각의 총액면금액에 비례하여 배분한다.

2) 4% 누적적 우선주가 완전참가적일 경우의 배당금 배분

① 1차 배분은 위의 계산과 동일.

② 잔여배당금의 배분 : (각각의 총액면금액에 따라 배분한다)

4% 우선주 : ₩136,000×[₩200,000/(₩400,000+₩200,000)]=₩45,333

보 통 주 : ₩136,000×[₩400,000/(₩400,000+₩200,000)]=₩90,667

따라서 4% 우선주 배당금(=₩40,000+₩45,333)	₩85,333
8% 우선주 배당금	8,000
보통주 배당금(=₩16,000+₩90,667)	106,667
합 계	₩200,000

3 주식의 발행

우리나라에서 채택하고 있는 수권자본(authorized shares)제도에서는 주주총회가 발행할 수 있는 주식의 총수를 결정하고, 그 범위 내에서 이사회의 결의에 의하여 주식을 발행한다.

(1) 주식의 현금발행

주식의 액면금액은 기업의 법정자본을 나타내는 수치일 뿐이지, 주식의 공정가치를 나타내거나 주주가 실제 납입하는 금액을 나타내는 것은 아니다. 따라서 액면주식이라고 해서 액면금액으로 주식을 발행하는 것은 아니고 액면금액을 초과하여 할증발행할 수도 있으며, 극히 예외적이지만 액면금액 미만으로 할인발행할 수도 있다.

주식을 할증발행하는 경우에는 액면금액에 해당하는 부분은 자본금으로 기록하고, 발행금액과 액면금액의 차이는 주식발행초과금(share premium)으로 기록한다.

주식을 할인발행하는 경우라도 액면금액에 해당하는 금액만큼을 자본금

으로 기록해야 하며, 액면금액과 발행금액의 차이는 주식할인발행차금(share discount)으로 기록한다. 주식할인발행차금은 발생할 당시에 장부상 주식발행초과금이 존재하는 경우 주식발행초과금의 범위 내에서 주식발행초과금과 상계처리한다. 마찬가지로 주식발행초과금이 발생할 당시 장부상 주식할인발행차금 미상각액이 존재하면 발생된 주식발행초과금의 범위 내에서 주식할인발행차금 미상각액과 상계처리한다. 주식할인발행차금잔액이 있을 경우에는 자본차감계정으로 보아 자본조정으로 분류하며, 주식발행연도부터 3년 이내의 기간에 매기 균등액을 상각한다. 상각은 이익잉여금의 처분항목으로 취급하며, 처분할 이익잉여금이 부족하거나 결손이 있는 경우에는 차기 이후 연도에 이월하여 상각할 수 있다.

주식발행초과금(또는 주식할인발행차금)은 자본금의 경우와는 달리 보통주에 대한 것과 우선주에 대한 것을 구분하여 표시하지 않는다.

예제 11-2 주식발행

성은(주)는 20×1. 1. 1에 액면가 ₩5,000인 보통주 100주를 주당 ₩5,800에 발행하였고, 20×1. 7. 1에 액면가 ₩5,000인 우선주를 주당 ₩3,600에 100주를 발행하였다. 20×1. 1. 1과 20×1. 7. 1의 주식발행시와 20×1. 12. 31에 주식할인발행차금 상각시점에 필요한 분개를 하라.

해답

1) 주식의 할증발행 (20×1. 1. 1)

(차) 현 금	580,000	(대) 보통주자본금	500,000
		주식발행초과금(자본잉여금)	80,000

2) 주식의 할인발행 (20×1. 7. 1)

(차) 현 금	360,000	(대) 우선주자본금	500,000
주식발행초과금(자본잉여금)	80,000		
주식할인발행차금	60,000		

3) 주식할인발행차금의 상각 (이익잉여금 처분일)

(차) 이익잉여금	20,000	(대) 주식할인발행차금	20,000*

* ₩60,000/3년 = ₩20,000(상각기간을 3년으로 가정함)

(주) 주식할인발행차금을 상각하기에 충분한 이익잉여금 잔액이 있다고 가정하였다.

주식발행과 관련하여 직접적으로 발생하는 비용으로서 법률비용, 회계사 수수료, 증권회사수수료, 주권인쇄비, 등록비, 사무처리비, 광고비 등이 있다. 이러한 신주발행비는 기업의 영업활동과 관계가 없으므로 비용으로 처리해서는 안 되고 주식발행으로부터 받은 현금수취액의 차감으로 보아야 한다. 위의 [예제 11-2]에서 20×1. 1. 1에 할증발행한 경우 신주발행비 ₩5,000을 지급하였다면, 다음과 같은 분개를 한다.

(차)	현　　금	575,000*	(대) 보통주자본금	500,000
			주식발행초과금 (자본잉여금)	75,000

* ₩580,000 − ₩5,000(신주발행비 지급액) = ₩575,000

(2) 비현금거래에 의한 주식발행

기업은 현금 이외의 자산이나 용역을 제공받은 대가로 주식을 발행하는 경우가 있는데 이를 현물출자라고 한다. 이 경우에는 발행된 주식과 수취한 자산이나 용역 등을 공정가치로 기록해야 한다.

취득한 자산의 공정가치와 발행한 주식의 시가가 모두 알려진 경우라면 교환된 자산과 주식의 가치는 차이가 없을 것이므로 어느 것이나 공정가치로 보아도 된다. 그렇지 않은 경우에는 취득한 자산(또는 용역)의 공정가치나 발행한 주식의 시가 중에서 보다 명확하게 결정할 수 있는 것을 공정가치로 본다. 증권시장에서 거래가 활발한 주식은 주식의 시가가 공정가치를 가장 잘 반영한다. 한편, 상호 교환한 두 가지의 가치가 전혀 알려지지 않은 경우에는 전문가에 의한 감정가액 등을 기준으로 평가해야 하며, 장부금액이나 액면금액 등을 이용해서는 안 된다.

예제 11-3 현물출자

성은(주)는 특허권과의 교환으로 액면금액 ₩5,000인 보통주 100주를 발행하였다. 다음 각 경우의 분개를 하라.

[사례 1] 특허권의 공정가치는 알 수 없으나 성은(주) 보통주의 시가는 주당 ₩9,000으로 알려졌다.

[사례 2] 성은(주)가 비상장회사여서 주식의 시가는 알 수 없으나 특허권의 공정가치가 ₩1,000,000으로 알려졌다.

[사례 3] 성은(주)의 주식의 시가와 특허권의 공정가치를 모두 알 수 없으나 전문가의 감정결과 특허권이 ₩950,000의 가치가 있는 것으로 평가되었다.

해답

	[사례 1]	[사례 2]	[사례 3]
특 허 권	900,000	1,000,000	950,000
자본금-보통주	500,000	500,000	500,000
주식발행초과금	400,000	500,000	450,000

(3) 무상증자에 의한 주식발행

형식적 증자의 대표적인 방법 중의 하나가 자본잉여금을 자본금으로 전입시키는 것인데, 이를 흔히 자본잉여금에 의한 무상증자라 부른다. 무상증자를 하면 자본금은 액면금액에 주식발행수를 곱한 금액만큼 증가하지만 자본잉여금이 그만큼 감소하므로 자본총액은 변동되지 않고, 자산도 증가하지 않는다.

예제 11-4 무상증자

성은(주)는 이사회의 결의에 따라 기말 현재를 기준일로 하여 보통주주에게 1주당 0.2주씩의 신주를 무상으로 발행하기로 하였다. 보통주의 총발행주식수는 80주이며, 액면금액은 주당 ₩5,000이다. 무상증자의 재원은 주식발행초과금에서 충당하기로 하였다. 성은(주)가 필요한 분개를 하라.

해답

(차) 주식발행초과금 80,000* (대) 보통주자본금 80,000*

* 80주×0.2×₩5,000=₩80,000

무상증자에는 위와 같이 자본잉여금의 전입으로 인한 것 이외에도 이익잉여금(이익준비금)을 자본금으로 전입하여 이루어질 수도 있다.

제 2 절 주식의 재취득, 소각 및 감자

회사는 발행했던 자기회사의 주식을 다시 취득하는 경우가 있다. 자기회사의 주식을 재취득하는 주된 이유는 ① 종업원에 대한 보상으로 배분하기 위한 경우, ② 유통주식수를 줄여 주당순이익을 높이기 위한 경우, ③ 외부인에 의한 회사의 인수를 저지하기 위한 경우, ④ 주식의 시장성을 제고시키기 위한 경우, ⑤ 기업의 인수·합병시에 이용하기 위한 경우, ⑥ 상환선택권이 있는 우선주를 상환하는 것이 유리한 경우 등을 들 수 있다.

자기회사 주식의 재취득은 이를 소각한 경우와 잠시 보유하다가 다시 재발행한 경우로 구분할 수 있다. 이때 재발행을 목적으로 취득하여 보유하고 있는 주식을 자기주식(treasury shares)이라 한다.

자기주식의 본질에 대해서는 두 가지 상반된 견해가 있다. 첫째는 자기주식의 자산성을 인정하는 견해이다. 이는 자기주식을 매각함으로써 자금을 조달할 수 있다는 면에서 자기주식이 다른 자산, 특히 유가증권과 유사하다고 보기 때문이다. 둘째는 자기주식의 자산성을 인정하지 않고, 수권자본 중에서 미발행주식과 동일하다고 보는 견해이다. 이는 회사가 자기자신의 일부를 소유하는 것이 타당하지 않다고 보기 때문이다. K-IFRS는 두 번째 견해를 따르고 있다. 이에 따르면 자기주식은 의결권, 주식선매권 및 배당에 대한 권리가 없다. 우리나라 상법에서도 두 번째 견해를 따르고 있다.

회사에 자유로운 자기주식거래를 허용한다면 자기회사에 관한 정보에 있어서 절대적인 우위를 확보하기 때문에 주가조작의 가능성, 부당이득의 실현, 일반투자자의 희생 등 부작용을 초래할 수 있으며, 자본충실의 원칙에도 반하게 된다. 우리나라 상법에서는 ① 주식의 소각, ② 회사의 합병 또는 다른 회사의 영업전부의 양수, ③ 주주의 주식매수청구권 행사 등의 경우에 예외적으로 자기주식의 취득을 인정하고 있다.

자기주식의 회계처리방법에는 원가법과 액면금액법의 두 가지가 있다. 원가법(cost method)에서는 자기주식거래가 연속된 두 단계로 구성되어 있으며, 첫째 단계는 자기주식의 취득이고, 둘째 단계는 자기주식의 재발행거래라고 본다. 원가법에서는 기업이 자기주식의 재발행을 전제로 취득한다고 본다.

액면금액법(par value method)에서는 취득과 재발행을 별개의 독립적인 거래로 본다. 따라서 자기주식의 취득은 주식의 소각(자기주식 소각을 전제로 취득함)으로 보고, 자기주식의 재발행은 신주를 발행한 것으로 본다.

우리나라 상법에서는 자기주식을 자본계정에 취득원가로 보고하도록 하고 있으므로 원가법을 따르고 있는 것으로 보아야 한다. 따라서 여기에서는 원가법에 의한 자기주식의 회계처리에 대해 살펴보기로 한다.

원가법에서는 자기주식을 취득할 때 지급한 금액을 취득원가로 하여 자기주식계정 차변에 기입하고, 재발행시에도 역시 취득원가로 자기주식계정 대변에 기입한다. 자기주식이 여러 차례의 취득거래로 이루어지고 취득원가가 다른 경우 개별법, 선입선출법, 평균법 등을 적용하여 원가를 결정한다. 주식의 최초발행금액이 자기주식의 취득과 재발행의 회계처리에 아무런 영향을 미치지 않으며, 보유중인 자기주식은 자본 전체의 차감계정으로 보고한다. 자기주식의 거래에 따라 발생하는 손익은 자본거래의 결과 발생한 것이므로 이를 손익에 반영시키지 않고 자본잉여금에 가산한다.

원가법에 의한 자기주식의 회계처리를 항목별로 정리하면 다음과 같고, 요약 회계처리는 〈표 11-2〉를 참조하기 바란다.

자기주식의 취득 : 취득할 때 지급한 금액을 취득원가로 하여 자기주식계정에 기록한다.

자기주식의 재발행 : 재발행금액이 취득원가를 초과하면, 그 초과액만큼을 자기주식자본잉여금으로 기록한다. 한편, 재발행금액이 취득원가보다 낮으면 자기주식자본잉여금을 감소시킨다. 그런데 자기주식자본잉여금의 잔액이 부족하면, 그 부족분을 자기주식처분손실로 하여 이익잉여금에서 차감한다.

자기주식의 소각 : 자기주식을 소각하는 경우 취득원가가 최초발행금액보다 적으면, 차액을 자기주식자본잉여금으로 기록한다. 그 이유는 차액을 주주로부터 받은 자본증여와 같다고 보기 때문이다. 한편, 취득원가가 최초발행금액보다 크면, 그 차액을 먼저 자기주식자본잉여금에서 차감한다. 부족분은 이익잉여금에서 차감하는데, 그 이유는 차액을 배당금으로 보기 때문이다.

▶ **표 11-2**
원가법에 의한 자기주식 회계처리 (요약)

<table>
<tr><td colspan="2">기본개념</td><td>• 재발행을 전제로 취득한다고 봄
• 자기주식 취득과 재발행을 연속된 2단계의 거래로 취급[단일거래관점]</td></tr>
<tr><td colspan="2">처분이익</td><td>재발행이나 소각시에 발생 (취득시에는 발생하지 않음)</td></tr>
<tr><td rowspan="4">회계처리</td><td>취 득</td><td>자 기 주 식(취득원가) ×××
현 금(취득원가) ×××</td></tr>
<tr><td>재발행</td><td>• [재발행금액>취득원가]인 경우
현 금(재발행금액) ×××
자 기 주 식(취득원가) ×××
자기주식자본잉여금 ×××
• [재발행금액<취득원가]인 경우
현 금(재발행금액) ×××
자기주식자본잉여금(잔액) ×××
이익잉여금*주) ×××
자 기 주 식(취득원가) ×××</td></tr>
<tr><td rowspan="2">소 각</td><td>• [취득원가<최초발행금액]인 경우
자 본 금(액면금액) ×××
주식발행초과금# ×××
자 기 주 식(취득원가) ×××
자기주식자본잉여금 ×××##
주식발행초과금잔액×(소각한 자기주식수/발행주식수)
주주로부터 받은 자본증여로 본다.</td></tr>
<tr><td>• [취득원가>최초발행금액]인 경우
자 본 금(액면금액) ×××
주식발행초과금# ×××
자기주식자본잉여금(잔액) ×××
이익잉여금*주) ×××
자 기 주 식(취득원가) ×××</td></tr>
<tr><td colspan="2">공 시</td><td>• 취득원가를 자본총계에서 차감
• 자 본 금 ×××
자본잉여금 ×××
자본조정 :
자 기 주 식(취득원가) (×××)
이익잉여금 ×××
자본총계 ×××

*주) 자기주식자본잉여금이 부족한 경우 : 이를 이익잉여금에서 직접 차감해야 하나 이익잉여금처분이 주총결의사항인 우리나라에서는 일단 자기주식처분손실(재발행의 경우)/감자차손(소각의 경우)으로 기록하여 자본조정으로 분류했다가 결손금처리순서에 따라 처리해야 한다.</td></tr>
</table>

예제 11-5 자기주식의 회계처리

성은(주)는 액면가 ₩5,000인 보통주 100주를 ₩7,500에 발행하여 설립하였다. 그 후로 아래와 같은 거래들이 순차적으로 발생하였다(①~④의 거래는 한 회계기간에 거래가 이루어졌다).

① 50주의 보통주를 주당 ₩7,800에 재취득하였다.
② 20주의 보통주를 주당 ₩6,500에 재취득하였다.
③ 30주의 자기주식을 주당 ₩8,500에 재발행하였다.
④ 10주의 자기주식을 주당 ₩4,800에 재발행하였다.
⑤ 30주의 자기주식을 소각하였다.

기초이익잉여금의 잔액이 ₩100,000이었으며, 당기순이익과 배당금은 영(0)이었다. 자기주식처분손실은 발생시점에 이익잉여금에서 차감되었다고 가정한다.
위 거래를 원가법으로 회계처리하라. 선입선출법을 사용하고, 자기주식에 관련된 자본잉여금의 기초 잔액은 영(0)이라고 가정한다. 또한 위 ④의 거래가 완료된 후에 회계기말이 되었다고 가정하고 부분재무상태표를 표시하라.

해답

〈재취득〉

	차변	금액	대변	금액
①	(차) 자기주식(50 @ ₩7,800)	390,000	(대) 현 금	390,000
②	(차) 자기주식(20 @ ₩6,500)	130,000	(대) 현 금	130,000

〈처분〉

	차변	금액	대변	금액
③	(차) 현금(30 @ ₩8,500)	255,000	(대) 자기주식(30 @ ₩7,800)	234,000
			자기주식자본잉여금	21,000
④	(차) 현금(10 @ ₩4,800)	48,000	(대) 자기주식(10 @ ₩7,800)	78,000
	자기주식자본잉여금	21,000		
	이익잉여금*	9,000		

* 우리나라에서는 자기주식처분손실로 하여 결손금처리순서에 따라 처분될 것이다.

〈소각〉

	차변	금액	대변	금액
⑤	(차) 보통주자본금	150,000	(대) 자기주식자본잉여금	17,000
	주식발행초과금	75,000	자 기 주 식	208,000*

* 10주 × ₩7,800 + 20주 × ₩6,500 = ₩208,000

부분재무상태표(거래 ①~④가 완료된 후)

〈자 본〉		
자본금(발행주식 100주)		₩500,000
자본잉여금 :		
주식발행초과금	₩250,000	
자기주식자본잉여금	0	250,000
자본조정 : 자기주식		(208,000)
이익잉여금		91,000
자본총계		₩633,000

보통주의 소각은 실질적 감자로서 주식소각의 대가로 주주에게 현금 등을 지급함으로써 기업순자산의 실질적 감소가 수반된다. 한편, 형식적 감자란 주주에게 주식소각의 대가를 지급하지 아니함으로써 회사의 순자산이 변동하지는 않으나 명목상으로만 자본금이 감소하는 경우를 말한다. 예를 들면, 이월결손금이 누적되어 있는 회사의 경우에 이익잉여금이 음(−)의 금액으로 나타나기 때문에 자본금을 감소시키고 그 금액으로 이월결손금에 대체시켜 이익잉여금을 영(0)으로 회계처리하는 경우에 형식적 감자가 발생한다. 형식적 감자의 방법으로서는 주식수는 그대로 두고 주당 액면금액을 일괄적으로 감액시킨다든지 또는 주식수를 일정비율로 감소시키는 방법이 있다.

예제 11-6 보통주의 소각 - 형식적 감자

부실(주)는 그동안 누적된 이월결손금 ₩7,000,000을 전보시키기 위하여 현재의 발행주식(액면금액 주당 ₩5,000)을 2주당 1주의 비율로 감소시키기로 의결하였다. 감자 전의 총발행주식수는 3,000주이며, 주당 발행금액은 ₩6,000이다. 이때에 필요한 분개를 하라.

해답

(차) 보통주자본금	7,500,000*	(대) 이월결손금	7,000,000
		자기주식자본잉여금	500,000

* 3,000주 × 1/2 × ₩5,000/주 = ₩7,500,000

제 3 절 자본잉여금, 자본조정과 기타포괄손익누계액

1 자본잉여금

자본잉여금은 증자활동이나 감자활동 및 기타 자본과 관련된 거래에서 발생하는 잉여금을 말한다. 이는 손익거래, 즉 영업활동에서 발생되는 이익잉여금과는 대비되는 개념이며, 자본잉여금거래는 손익계산서를 거치지 않고 직접 자본에 가감되는 것이 특징이다. 자본잉여금은 주식의 할증발행에 의한 주식발행초과금이 주된 원천이나 그 이외에도 여러 가지 원천에서 발생하며, 그 금액이 감소할 수도 있다.

자본잉여금은 주식발행초과금과 기타자본잉여금(자기주식처분이익, 감자차익 등)으로 구분된다. 각 항목에 대해서는 본장의 제1절과 제2절에 상세히 언급했으므로 이에 대한 설명은 생략한다.

자본잉여금의 자본금으로 전입은 무상증자로 앞의 제1절에서 언급하였고, 자본잉여금의 결손보전에 대한 회계처리도 앞의 제2절에서 설명하였다. 자본전입이나 결손금보전 이외에도 자본잉여금은 다음과 같은 이유로 이익잉여금이 부족한 경우에 감소할 수 있다.

① 자기주식을 취득원가 미만으로 처분하여 발생하는 자기주식처분손실을 자기주식처분이익(자본잉여금계정)에서 차감

② 감자대가가 감자로 인한 자본감소액(액면금액)보다 많은 경우에 발생하는 감자차손을 감자차익(자본잉여금계정)에서 차감

2 자본조정

납입자본 및 이익잉여금(기타포괄이익 포함)으로 구분하기 어려운 몇몇 항목을 자본조정으로 처리하는데, 여기에는 자기주식, 주식할인발행차금, 미교부주식

배당금, 감자차손, 자기주식처분손실 등이 있다. 자기주식, 감자차손과 자기주식처분손실의 회계처리에 대해서는 본장의 앞부분에서 설명한 바 있다. 미교부주식배당금은 본장의 제5절에서 설명될 것이다.

여기에서는 자본조정 중 상각 또는 처분되어야 하는 주식할인발행차금에 대해서만 설명하고자 한다. 주식을 액면가 이하로 발행함으로써 발생하는 주식할인발행차금은 주식발행초과금과 우선 상계하고 그 잔액에 대해서는 자본조정으로 분류하여 자본에서 차감하는 형식으로 기록하되, 이익잉여금의 처분을 통해서 주식발행연도부터 3년 이내의 기간에 걸쳐 매기 균등액을 상각한다.

예제 11-7 주식할인발행차금의 상각

성은(주)에 3년 전 주식할인발행차금 ₩300,000이 발생하였다. 주식할인발행차금을 과거 2년 동안 적절히 상각하여 왔다고 가정하고, 금년도에 이를 상각하기 위한 분개를 하라.

해답

(차) 이익잉여금	100,000	(대) 주식할인발행차금	100,000*

* ₩300,000/3년 = ₩100,000

자본을 감소하는 과정에서 발생한 감자차손과 자기주식처분손실은 결손금처리순서에 따라 이익잉여금과 자본잉여금으로 전액 당기에 처분하되, 부족한 경우에는 처분가능잉여금이 생길 때까지 일시적으로 자본조정으로 분류한다. 이후에 이의 보전에 이용될 수 있는 재원(이익잉여금이나 자본잉여금)이 발생하면 이를 이용하여 처분하면 된다.

3 기타포괄손익누계액

포괄손익(comprehensive income)은 주주와의 자본거래가 아닌 거래나 회계사건으로 인하여 일정 회계기간 동안 발생한 순자산의 변동액을 말한다. 이러한 순자산의 변동 중 당기순손익을 결정하는 항목은 재무상태표에 이익잉여금의 증감을 가져온다. 당기순손익에서는 제외되지만 포괄손익에는 포함되는 손익항목을 기타포괄손익이라고 하는데, 이는 재무상태표의 기타포괄손익누계액을 증감시킨다. 기타포괄손익은 재분류를 통하여 나중에 당기손익에 반영하는 항목과 재분류가 불가능한 항목으로 구분한다([그림 11-1]을 참조).

■ **그림 11-1**
손익구성항목과 자본의 증감

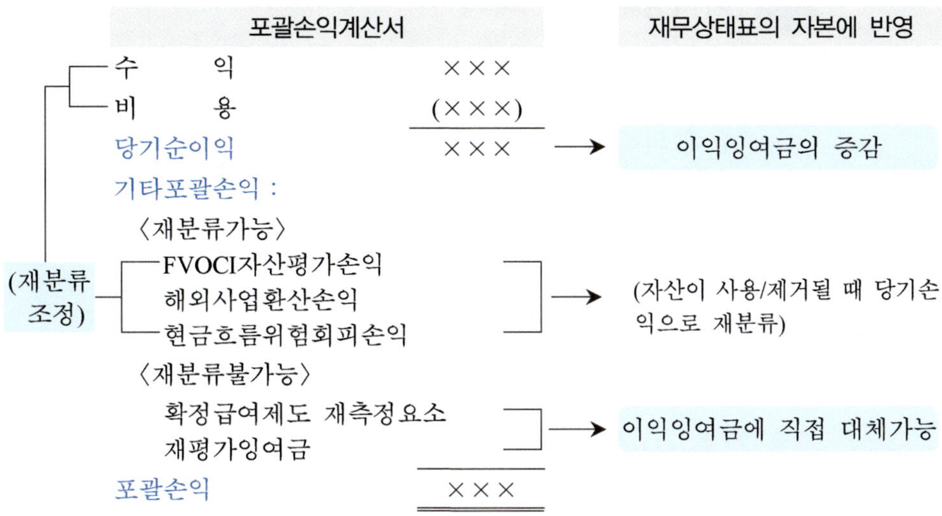

* 즉시 인식되지 않고 일부만 인식되면 당기손익에 반영된다.

재무상태표에는 자본조정 다음에 기타포괄손익의 재무상태표일 현재 누계액이 나타나고, 이의 변동내역은 별도의 항목으로 본장의 〈보론 11A〉에서 설명되는 자본변동표에 표시된다. 기타포괄손익에는 관련 자산이 사용 또는 제거될 때 당기손익으로 재분류하는 항목과 당기손익으로 재분류할 수 없지만 이익잉여금에 직접 대체할 수 있는 항목으로 구분한다. 당기손익으로 재분류되는 기타포괄손익은 FVOCI자산평가손익, 해외사업환산손익, 현금흐름위험회피손익 중 효과적인 부분 등이 있다. 당기손익으로 재분류할 수 없는 기타포괄손익은 재평가잉여금, 확정급여제도의 재측정요소 등이 있다.

제 4 절 이익잉여금

1 이익잉여금의 의의

이익잉여금은 유보이익(retained earnings)이라고도 부르는데, 기업의 이익창출활동에 의해 획득된 이익 중 배당으로 사외에 유출되거나 자본전입(자본으로 대체)되지 않고 사내에 유보된 부분을 말한다. 즉, 이익잉여금은 다음과 같이 표현된다.

$$\text{이익잉여금} = \sum_{t=0}^{T} [(\text{수익} - \text{비용}) - \text{배당(사외유출)} - \text{자본전입}]$$

여기에서 '$t=0$'은 회사설립 시점을, '$t=T$'는 이익잉여금 계산시점을 나타낸다.

이익잉여금은 손익계산서와 재무상태표의 연계관계에서 중추적인 역할을 한다. 손익계산서상의 당기손익은 마감분개를 통해 이익잉여금으로 대체된다. 당기의 모든 수익 및 비용은 발생시마다 재무상태표의 자본을 증감시키는 형태로 기록할 수도 있으나 이는 너무 번거롭고 혼란을 초래하게 된다. 따라서 손익계산서를 이용하여 수익과 비용을 집계한 뒤에 당기순손익만을 이익잉여금에 대체시키는 방법을 택하고 있다.

이익잉여금은 당기순이익으로 증가하고, 당기순손실과 배당이 있으면 감소한다. 그 외에도 이익잉여금에 영향을 미치는 요소들이 있는데, 이를 계정형식으로 요약하면 다음과 같다.

이익잉여금	
[감 소]	[증 가]
1. 당기순손실 2. 배당(사외유출) 3. 자본전입(자본으로 대체) 4. 기타*	1. 당기순이익

* 주식할인발행차금 상각, 자기주식처분손실 및 감자차손 처리 등

(주) 1) 전기손익 수정 또는 회계정책변경누적효과로 증감할 수 있다.
2) 자산의 사용 또는 처분으로 재평가잉여금이 소멸되면 이는 이익잉여금에 직접 반영된다.
3) 확정급여제도 재측정요소는 이익잉여금에 대체될 수 있다.

이익잉여금은 다음과 같이 크게 법정적립금, 임의적립금 그리고 미처분이익잉여금으로 구성된다.

이익잉여금
- 법정적립금(이익준비금)
- 임의적립금
- 미처분이익잉여금

적립(appropriation)[2]은 법적·계약적 요구에 따라 또는 미래의 특정한 용도로 이용하기 위해 이익잉여금 중의 일부가 배당 등으로 사외에 유출될 수 없다는 것을 알리는 신호행위이다. 즉, 적립이란 이익잉여금을 그 자체에서 재분류하는 것에 불과하며, 적립으로 인하여 이익잉여금이 없어진 것도 아니고 그만큼의 자금을 별도로 할당한 것도 아니다. 또한 적립된 이익잉여금을 반드시 적립된 목적으로 사용할 필요도 없다.

이익의 사내유보는 기업의 계속적인 성장과 건전한 재무상태의 유지를 위하여 필수적이다. 즉, 미래의 손실에 대한 대비나 사업확장을 위한 자금의 조달을 위해, 또는 적절한 재무구조를 유지하기 위해 기업은 이익을 사내에 유보시킨다. 특히 이익의 사내유보는 기업에 관련된 이해관계자들, 특히 주

2) 적립은 'appropriation'인데, 이를 번역하는 과정에서 '적립(또는 처분)'으로 되었다. 이 용어를 차라리 "특정 목적으로 배정(할당)하여 처분을 제한함"으로 번역하면 그 의미가 분명해진다. 즉, 적립은 'disposition(처분)'이나 자금의 적립(reserve)을 의미하지 않는다.

주와 채권자 간에 첨예한 이해대립을 유발할 수도 있다. 따라서 다양한 이해관계자들을 보호하기 위해 법으로 이익잉여금의 사내유보를 강제하거나 이해관계자들이 기업과의 계약을 통해 사내유보를 강제하는 경우도 있으며, 또는 기업이 자발적으로 이익의 사내유보를 결정하는 경우가 있다.[3]

2 이익잉여금의 처분

(1) 이익잉여금의 처분방법

이익잉여금의 처분은 다음의 순서로 수행된다.

① 감자차손과 자기주식처분손실의 상각 ② 적립금으로 대체 : 법정적립금과 임의적립금 ③ 배당 : 현금배당, 현물배당(사외유출), 주식배당(납입자본으로 대체)

배당(dividend)은 미처분이익잉여금을 감소시킨다. 배당에는 자산이 회사 외부로 유출되는 현금배당 및 현물배당 등이 있고, 단순히 미처분이익잉여금에서 납입자본으로 대체되는 주식배당이 있다.

미처분이익잉여금을 적립금으로 대체하는 것은 단순히 이익잉여금 구성항목간의 계정분류에만 영향을 주는 것으로서 자산이 회사 밖으로 유출되거나 이익잉여금이 감소되는 것은 아니다. 한편, 배당과 감자차손 등의 상각은 미처분이익잉여금이 영구적으로 감소되는 처분항목으로서 한번 처분되면 미처분이익잉여금 상태로의 환원이 불가능하다.

[그림 11-2]에서 보듯이 처분이 가능한 미처분이익잉여금이 증감하는 주요 원천은 당기순손익이다. 그러나 임의적립금의 이입으로 증가되기도 하고 이월결손금 발생과 같이 특수한 경우에는 법정적립금이나 자본잉여금의 이입으로 증가되기도 한다.

---

3) 사내유보가 특정 목적으로 별도로 관리될 때 적립금(법정 또는 임의)의 형태로 나타나지만 목적이 구체적이지 않은 일반 사내유보는 미처분이익잉여금으로 표시된다.

■ 그림 11-2
납입자본과 이익잉여금의 증감원인

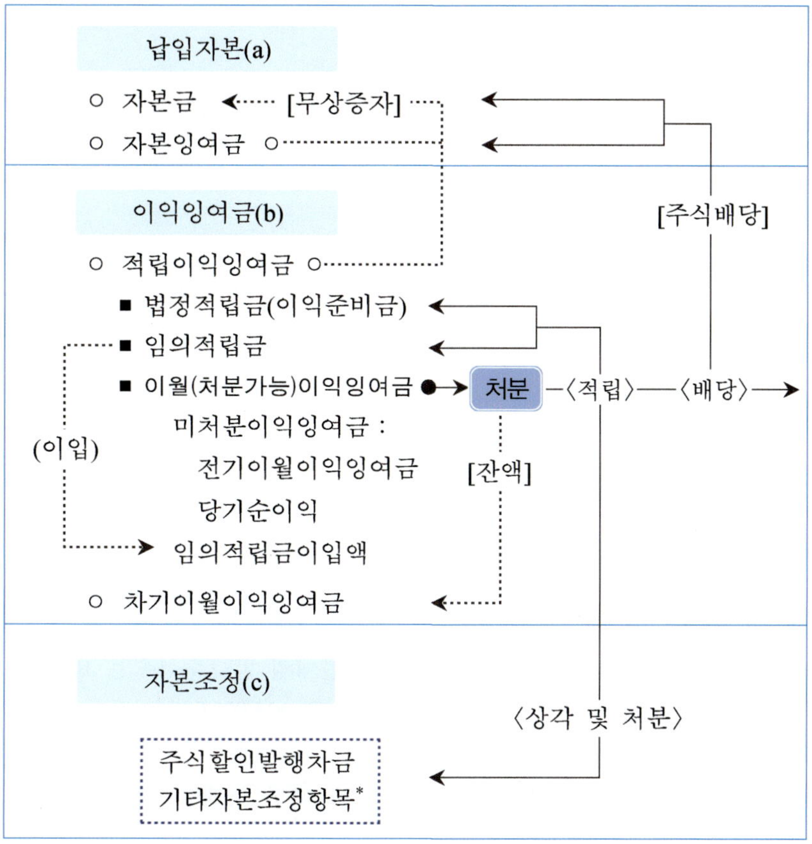

(a) 자본거래(증자 · 감자 · 주식증여 · 청산배당 등)로 증감
(b) 손익거래(수익 · 비용 등)로 증감
(c) 자본조정거래로 증감
* 자기주식처분손실과 감자차손의 잔액(각각 기존의 자기주식처분이익과 감자차익에서 차감한 잔액)은 결손금처리순서에 따라 이익잉여금과 자본잉여금을 이용하여 제거한다.

우리나라에서는 이익잉여금처분계산서를 기본재무제표의 하나로 작성해 왔다. 그러나 이익잉여금처분계산서는 자본 중 이월이익잉여금의 변동내역만 나타낼 뿐이다. 자본변동표가 작성되면서 자본의 변동내역에 대해 포괄적이고 체계적인 정보를 제공하기 때문에 이익잉여금처분계산서의 유용성이 격감되었다. K-IFRS에서는 이익잉여금처분계산서가 기본재무제표로 규정되지 않고 있다. 그러나 현행 상법(제447조)에서는 이익잉여금처분계산서(또는 결손금처리계산서)를 작성하여 주석으로 보고하도록 요구하고 있다.

(2) 적립이익잉여금

적립이익잉여금은 이익잉여금 중에서 특정 목적으로 적립되어 처분이 제한된 것으로서 법정적립금과 임의적립금이 있다.

1) 법정적립금

법정적립금은 법에 의하여 적립해야 하는 금액으로서 회사의 재무상태를 견고히 하기 위하여 제도적으로 도입된 것인데, 여기에는 이익준비금과 기타 법정적립금이 있다. 상법에서는 자본의 1/2에 달할 때까지 매 결산기에 현금배당의 1/10 이상의 금액을 이익준비금으로 적립하도록 규정하고 있다. 이익준비금은 결손보전과 자본전입 이외의 목적에는 사용할 수 없다.

예제 11-8 이익준비금의 자본전입(무상증자)

성은(주)는 20%의 무상증자를 실시하기로 하였다. 현재의 발행주식수는 10,000주이며, 주권의 액면금액은 ₩5,000이다. 무상증자는 먼저 주식발행초과금 ₩8,000,000을 우선적으로 이용하고, 잔액은 이익준비금에서 충당하기로 하였다.
이익준비금잔액은 충분하다고 가정하고 무상증자에 대한 분개를 하라.

해답

(차) 주식발행초과금	8,000,000	(대) 자 본 금	10,000,000*
이익준비금	2,000,000		

* 10,000주 × 20% × ₩5,000/주 = ₩10,000,000

2) 임의적립금

임의적립금은 제3자와의 계약 또는 회사경영자의 판단에 의하여 미처분이익잉여금 일부의 처분을 제한하고자 설정되는 적립금이다. 먼저 이익잉여금을 계약에 의하여 제한하는 예로서 감채적립금을 들 수 있다. 감채적립금은 계약에 의하여 강제될 수도 있으나 기업이 임의로 적립할 수도 있으므로 임의적립금으로 분류한다. 경영자의 판단에 의해 적립되는 임의적립금은 재해손실적립금, 사업확장적립금, 배당평균적립금, 세법상 적립하여 일정기간이 경과한 후 환입될 준비금 등이 있다.

예제 11-9 임의적립금

독립적인 다음 질문에 대해 답하라.

1) 화재로 인하여 성은(주)의 한 건물이 전소되었다. 이 건물의 취득원가는 ₩200,000이며, 감가상각누계액은 ₩80,000이었다. 이때 성은(주)의 재해손실적립금의 잔액은 ₩135,000이었고, 이 중에서 화재손실에 해당하는 금액을 이월이익잉여금으로 이입시키기로 결정하였다.
화재손실 및 재해손실적립금의 이입에 관련된 분개를 하라.

해답

① 화재손실의 기록 :

(차) 감가상각누계액-건물	80,000	(대) 건　　물	200,000
화 재 손 실	120,000		

② 재해손실적립금의 이입 :

(차) 재해손실적립금	120,000	(대) 미처분이익잉여금	120,000

2) 성은(주)의 20×5. 12. 31 현재 배당평균적립금 잔액은 ₩80,000이다. 성은(주)의 20×5년 영업실적이 저조하여 당기순이익이 ₩20,000에 불과했으나 주주총회에서는 배당평균적립금 중 일부인 ₩30,000을 환원시켜 ₩50,000의 배당을 지급하기로 선언하였다. 배당평균적립금의 환원 및 배당선언에 관련된 분개를 하라.

해답

① 배당평균적립금의 환원 :

(차) 배당평균적립금	30,000	(대) 미처분이익잉여금	30,000

② 배당선언의 기록 :

(차) 미처분이익잉여금(배당금)	50,000	(대) 미지급배당금	50,000

재해손실적립금은 일반위험에 대한 적립금이다. 화재손실은 일반위험 중의 한 가지 종류이기 때문에 화재손실이 발생하였다고 해서 꼭 재해손실적립금을 없앨 필요는 없다. 더구나 재해손실적립금과 화재손실을 상계시키는 것은 인정되지 않는다. 그러나 위 예제처럼 재해손실적립금을 이입시켜 이월이익잉여금을 다시 보충할 수는 있다.

제5절 배 당

배당이란 주주들의 납입자본을 토대로 영업활동을 수행하여 획득한 이익을 주주들에게 보상의 의미로 지급하는 것을 말한다. 따라서 정상적인 배당은 이익잉여금에서 지급되어야 하며 납입자본에서 지급되어서는 안 된다. 이익잉여금에서 지급되는 배당은 회사의 자본을 유지하면서 주주들에게 이익의 일부를 되돌려주는 것이므로 투자에 대한 보상(return on investment)이 된다.

1 배당정책

이익은 크게 두 가지 목적으로 사용할 수 있다. 첫째는 주주에게 배당으로 지급하는 것이고, 둘째는 사내에 유보시켜 영업활동에 사용하는 것이다. 대부분의 회사들은 일정한 수준의 배당률을 유지하여 이익의 일부는 배당으로 지급하고 나머지는 사내에 유보시킨다. 회사는 배당을 결정할 때 법률상으로 또는 계약상으로 배당이 가능한 상태인지, 또한 회사의 재무 및 자금 측면에서 배당을 할 수 있는 상태인지를 검토해야 한다. 주요 사내유보적립금들은 ① 법정적립금, ② 차입조건에 따른 적립금, ③ 사업확장적립금(내부금융 목적), ④ 배당평균적립금, ⑤ 손실충당적립금 등이 있다.

2 배당의 종류

(1) 현금배당

현금배당(cash dividends)은 가장 일반적인 형태의 배당이다. 배당실시에서 회계상 중요한 의미를 갖는 시점은 배당선언일, 배당기준일, 배당지급일이다.

배당선언일(date of declaration)은 주주총회에서 배당이 결의된 날로서, 이

날 이후에 배당지급의무가 발생하기 때문에 이 날짜에 배당관련 부채를 기록해야 한다. 즉, 미처분이익잉여금(또는 배당금)을 차변에 기입하고 미지급배당금을 대변에 기입한다.[4)]

배당기준일(date of record)은 배당을 받을 권리가 있는 주주를 확정짓는 날이다. 따라서 배당기준일에 주주명부에 기록된 주주에 한해서 배당금이 지급되며, 이후에 취득한 주식의 주주는 배당락(ex-dividend)이 된 상태이므로 배당을 받을 수 없다.

우리나라에서 배당의결은 주주총회 결의사항이다. 주주총회는 사업연도 종료 후 90일 이내에 열리지만 배당기준일은 통상 회계연도말이므로 배당기준일(회계연도말)이 배당선언일(주주총회일)보다 2~3개월 가까이 앞서게 된다.

배당지급일(date of payment)은 회사가 실제로 배당금을 지급하는 날로서 미지급배당금을 차변에 기입하고 현금을 대변에 기입한다.

우리나라 상법(제462조)에서는 기업이 매 결산기마다 1회 주주총회의 결의로써 배당하는 것을 원칙으로 하고 있다. 그러나 영업연도중 1회에 한하여 중간배당을 인정하고 있는데, 이는 이사회의 의결로써 실시하며 현금배당의 형태를 취해야 한다.

예제 11-10 현금배당

성은(주)는 20×4. 12. 31 현재 액면 ₩5,000인 보통주 1,000주가 발행되어 있다. 20×5. 3. 5 주주총회에서 주당 액면가의 12%에 해당하는 금액을 보통주에 대한 배당으로 지급하기로 결의했는데, 배당기준일은 회계연도말인 20×4. 12. 31이고, 배당지급일은 20×5. 4. 15로 확정되었다. 20×4. 12. 31(배당기준일), 20×5. 3. 5(배당결의일), 그리고 20×5. 4. 15(배당지급일)에 필요한 분개를 하라.

해답

1) 20×4. 12. 31 (배당기준일) : －분개 없음－

2) 20×5. 3. 5 (배당결의일＝배당선언일) :

(차) 미처분이익잉여금	600,000	(대) 미지급배당금	600,000

3) 20×5. 4. 15 (배당지급일) :

(차) 미지급배당금	600,000	(대) 현　금	600,000

---

4) 배당을 수취하는 기업에서는 받을 권리와 금액이 확정되는 시점에서 인식한다(K-IFRS 제1018호). 따라서 지급회사가 주주총회에서 배당을 결의하면 미수배당금으로 기록할 수 있다.

(2) 주식배당

대부분의 배당은 현금으로 이루어지지만 경우에 따라서는 현금 이외의 자산이나 주식으로 배당하는 경우도 있다. 현금배당 다음으로 가장 많은 배당형태가 주식배당(share dividends)이다.

주식배당은 주주들의 배당욕구를 충족시킬 뿐만 아니라 시가가 액면금액보다 높으면, 현금배당에 비교하여 주주들에게 유리할 수 있다. 기업의 입장에서도 주식배당은 자금의 사외유출을 막을 수 있는 장점이 있다.

주식배당은 자본의 구성항목인 납입자본과 이익잉여금 간의 재분류에 불과하다. 이익잉여금의 자본전입으로 발행주식수와 자본금을 증가시키지만 기존 주주의 지분비율이나 자산 및 부채에는 변화가 발생하지 않는다.

1) 주식배당의 회계처리

주식배당을 실시한 기업의 회계처리방법으로는 시가법과 액면금액법이 있다. 시가법(market value method)은 배당선언일에 배당되는 주식의 시가에 해당하는 금액을 이익잉여금에서 자본금과 자본잉여금(주식발행초과금)으로 대체시키는 방법이다. 액면금액법(par value method)은 주식배당으로 분배하는 주식의 액면금액에 해당하는 금액을 이익잉여금에서 자본금으로 대체시키는 방법이다.

시가법과 액면금액법은 대체되는 금액에서 차이가 있을 뿐이며, 실질적인 면에서 큰 차이는 없다. 주식배당의 경우 배당선언시점에는 주식배당액을 자본의 부가항목인 미교부주식배당금(자본조정)으로 기록했다가 주식발행시점에 관련 자본계정으로 대체하면 된다. 상법에서는 이익배당총액의 1/2 범위 내에서 주식배당을 할 수 있으며, 액면금액법으로 회계처리하도록 규정하고 있다.

예제 11-11 주식배당

성은(주)에는 20×5. 12. 31 현재 액면금액 ₩5,000, 시가 ₩9,000인 보통주 2,000주가 사외에서 유통되고 있다. 20×5. 12. 31을 기준일로 하여 14%의 배당을 선언했는데, 이 중 6%는 주식으로 배당하기로 하였다. 배당선언일과 배당지급(주식발행)일에 있어서의 필요한 분개를 하라. 단, 주식배당은 액면금액법과 시가법에 따라 회계처리하고, 이를 비교하는 형식으로 나타낸다.

해답

액면금액법 – 상법			시가법		
① 배당선언일 :					
미처분이익잉여금	1,400,000		미처분이익잉여금	1,880,000	
미지급배당금		800,000*	미지급배당금		800,000*
미교부주식배당금#		600,000**	미교부주식배당금#		1,080,000##
* 2,000주×8%×₩5,000=₩800,000					
** 2,000주×6%×₩5,000=₩600,000					
# 주주지분 중 자본조정으로 분류한다.			## 2,000주×6%×₩9,000=₩1,080,000		
② 배당지급과 주식발행일 :					
미지급배당금	800,000		미지급배당금	800,000	
현 금		800,000	현 금		800,000
미교부주식배당금	600,000		미교부주식배당금	1,080,000	
보통주자본금		600,000	보통주자본금		600,000
			주식발행초과금		480,000

2) 주식배당, 무상증자, 주식분할, 주식병합의 비교

주식배당은 이익잉여금을 재원으로 하는 배당으로서 발행주식수를 증가시킨다. 주식배당은 이익잉여금을 자본금(또는 납입자본)으로 전입시키는 것이므로 자본에는 영향을 미치지 않는 계정의 재분류에 지나지 않는다.

주식배당과 여러 가지 측면에서 유사한 성격을 갖는 것이 무상증자와 주식분할이다. 무상증자는 준비금의 자본전입을 의미한다. 무상증자는 발행주식수를 증가시키지만 주주의 부에는 영향을 미치지 않고 주주의 상대적인 지분비율도 변화하지 않는다는 측면에서 주식배당과 동일하다. 무상증자가 주식배당과 다른 점은 크게 재원과 발행주식수의 증가규모에 있다. 먼저 주식배당의 재원은 이익잉여금인 반면, 무상증자의 재원은 일반적으로 자본잉여금 및 이익준비금이다.

주식배당은 배당총액의 1/2을 초과할 수 없으며, 배당률이 공금리 수준을 초과하지 않는 수준에서 결정되므로 주식배당률은 10%를 초과하기가 힘들다. 그러나 무상증자의 경우는 일반적으로 증자율이 높은 편이다.

무상증자를 실시하는 기업체에서는 무상증자의 재원에 따라 발행주식수의 액면금액에 해당하는 금액을 아래와 같이 분개하면 된다.

(차) 주식발행초과금(또는 이익준비금) ××× (대) 자본금(액면금액) ×××

주식분할(share splits)도 주식수의 증가라는 면에서 주식배당이나 무상증자와 유사하다. 주식배당은 이익잉여금의 자본전입이고 무상증자는 자본잉여금 및 이익준비금의 자본전입으로서 모두 계정의 재분류에 해당하므로 이를 회계거래로 보고 분개해야 한다. 한편, 주식분할을 하면 발행주식수가 증가하고 액면금액은 낮아지지만 자본금계정의 금액은 변함이 없다. 따라서 주식분할은 어느 계정에도 영향을 미치지 않아 회계거래가 아니기 때문에 분개의 대상이 되지 않는다. 주식분할은 일반적으로 1 : 2 분할, 1 : 3 분할 등과 같이 100%단위로 주식수가 증가한다. 주식분할과 정반대로 여러 주식을 하나의 주식으로 통합하는 경우가 있는데, 이를 주식병합(reverse share splits)이라고 한다. 주식병합도 주식분할과 마찬가지로 회계거래가 아니므로 분개할 필요가 없다.

지금까지 살펴본 것들을 요약하면 〈표 11-3〉과 같다.

▶ 표 11-3
주식배당, 무상증자, 주식분할 및 주식병합의 비교

항 목	주식배당		무상증자	주식분할/주식병합
	시가법	액면금액법		
○ 발행주식수	증 가	증 가	증 가	증가/감소
○ 주당액면금액	불 변	불 변	불 변	감소/증가
○ 총 자 본	불 변	불 변	불 변	불변/불변
구성항목				
Ⅰ. 자 본 금	증 가	증 가	증 가	불변/불변
Ⅱ. 자본잉여금	증 가	불 변	감 소 (재원 : 자본잉여금)*	불변/불변
Ⅲ. 이익잉여금	감 소 (주식시가만큼)	감 소 (주식액면가만큼)	감 소 (재원 : 이익준비금)*	불변/불변

* 무상증자에서는 주식의 액면금액만큼이 자본금으로 대체된다.

(3) 현물배당

배당을 상품, 투자유가증권, 기타 현금 이외의 자산으로 실시하는 경우가 있는데, 이를 현물배당(dividends in kind) 또는 재산배당(property dividends)이라고 부른다. 분배의 용이성 때문에 현물배당은 배당을 실시하는 회사가 소유하고 있는 투자유가증권으로 이루어지는 경우가 많다.

K-IFRS에 따르면 현물배당이 선언되었을 때 소유주에게 배당으로 분배해야 하는 부채(미지급배당금)는 분배될 자산의 공정가치로 측정한다. 후속적으로 필요시 각 보고기간말과 결제일에 미지급배당의 장부금액을 검토하고 조정한다. 이 경우 미지급배당의 장부금액 변동은 분배금액에 대한 조정으로 자본(이익잉여금)에서 인식한다. 기업이 미지급배당을 결제할 때, 분배될 자산의 장부금액과 미지급배당의 장부금액의 차이를 당기손익으로 인식한다.

예제 11-12 현물배당

성은(주)는 20×2. 2. 27에 취득원가 ₩125,000의 금융자산을 20×1. 12. 31자 주주명부에 등재된 주주에게 현물배당으로 지급하기로 결의하였다. 배당지급일은 20×2. 3. 15이며, 회계연도말 현재 동 금융자산의 시가는 ₩200,000이었다.
시가법을 적용하여 성은(주)가 당해 현물배당과 관련하여 필요한 분개를 하라.

해답

1) 배당선언일 (20×2. 2. 27) :

(차) 이익잉여금	200,000	(대) 미지급배당금	200,000

2) 배당지급일 (20×2. 3. 15) :

(차) 미지급배당금	200,000	(대) 금 융 자 산	125,000
		금융자산처분이익	75,000

보론 11A 자본변동표

자본변동표(statement of changes in equity)는 한 회계기간 동안 발생한 자본(소유주지분)의 변동을 표시하는 재무보고서로서, 자본을 구성하고 있는 자본금, 자본잉여금, 자본조정, 기타포괄손익누계액, 이익잉여금(결손금)의 변동에 대한 포괄적인 정보를 제공한다(〈표 11A-1〉을 참조).

▶ 표 11A-1
자본변동표 양식

자본변동표

제×기 20××년 ×월 ×일부터 20××년 ×월 ×일까지
제×기 20××년 ×월 ×일부터 20××년 ×월 ×일까지

회사명 (단위 : 원)

구 분	납입자본	자본조정	기타포괄손익누계액[4]	이익잉여금	비지배지분	총자본
20××.×.×(보고금액)	×××	×××	×××	×××[1]	×××[1]	×××
회계정책의 변경				×××	×××	×××
전기오류수정				×××	×××	×××
재작성된 금액				×××[2]		×××
총포괄손익				×××	×××	×××
배 당				(×××)	(×××)	(×××)
유상증자(감자)	×××					×××
자기주식 취득		(×××)				(×××)
해외사업환산손익			(×××)			(×××)
20××.×.×(보고금액)	×××	×××	×××	×××[3]	×××[3]	×××

1) 수정전의 전기말 재무상태표에 보고된 기말잔액이 된다.
2) 수정된 전기말 재무상태표의 기말잔액이 된다.
3) 당기말 재무상태표에 보고된 이익잉여금 기말잔액이 된다.
4) 기타포괄손익누계액은 세부항목별(재평가잉여금, FVOCI자산평가이익 등)로 나타내야 한다.
(주) 전년도와 비교하는 형식으로 자본변동표를 공시해야 한다.

자본변동표는 재무제표간의 연계성을 제고시켜 정보이용자들이 재무제표간의 관계를 보다 명확하게 이해할 수 있게 된다. 이러한 자본변동표에는 재무상태표에 표시되어 있는 자본의 기초잔액과 기말잔액이 모두 제시됨으

로써 재무상태표와 연계되고, 자본의 변동내용은 포괄손익계산서와 현금흐름표에 나타난 정보와 연계된다.

자본변동표의 구성내용을 살펴보면, 먼저 납입자본의 변동은 유·무상증자(또는 감자)와 주식배당 등에 의하여 발생한다. 자본조정의 변동은 자기주식 등으로 발생한다. 기타포괄손익누계액의 변동은 재평가손익, FVOCI자산평가손익, 해외사업환산손익 등으로 발생하고, 이익잉여금의 변동은 중대한 전기오류수정손익, 배당, 당기손익 등으로 발생한다.

K-IFRS에서 제시하고 있는 자본변동표 작성원칙을 살펴보면 다음과 같다. 먼저 자본변동표 표시항목은 다음과 같다.

① 지배기업의 소유주와 비지배지분에게 각각 귀속되는 금액으로 구분하여 표시한 해당 기간의 총포괄손익
② 자본의 각 구성요소별로 K-IFRS 제1008호에 따라 인식된 소급적용이나 소급재작성의 영향
③ 자본의 각 구성요소별로 다음의 각 항목에 따른 변동액을 구분하여 표시한, 기초시점과 기말시점의 장부금액 조정내역
- 당기순손익
- 기타포괄손익의 각 항목
- 소유주와의 자본거래(소유주에 의한 출자와 소유주에 대한 배분)

자본의 구성요소는 납입자본, 자본조정, 기타포괄손익누계액과 이익잉여금 등을 포함한다. 자본변동표나 주석에 당해 기간 동안의 소유주에 대한 배분으로 인식된 배당금액과 주당배당금을 표시한다.

익힘문제

CHAPTER 11

1. 제약규정이 존재하지 않을 때 주식회사 주주의 기본적 권리는 무엇인가?

2. 누적적 우선주와 참가적 우선주의 의미를 설명하라.

3. 다음 항목들을 설명하라.

   수권자본, 발행주식, 유통주식, 자기주식

4. 주식의 발행대가로 현금 이외의 자산을 받았을 때 주식을 평가하는 방법을 기술하라.

5. 신주발행비의 회계처리 대안을 설명하라.

6. 원가법에 따른 자기주식의 회계처리방법에 대해 설명하라.

7. 자본잉여금의 종류와 그 발생원천에 대해서 기술하라.

8. 자본조정의 종류와 그 발생원천에 대하여 기술하라.

9. 이익잉여금을 정의하고, 이의 증감원천을 들어 보라.

10. 적립금이란 무엇인가? 또한 적립금을 설정하는 이유는 무엇인가?

11. 임의적립금이입액이란 무엇인가?

12. 이익잉여금처분의 세 가지 형태를 기술하라.

13. 일반적으로 회사는 법적으로는 배당해도 무방한 미처분이익잉여금을 모두 배당하지는 않는다. 그 이유는 무엇인가?

14. 현금배당, 주식배당, 현물배당 그리고 어음배당을 구분하여 설명하라.

15. 주식배당의 두 가지 회계처리방법을 설명하라.

16. 주식배당, 무상증자, 주식분할, 주식병합을 비교설명하라.

보-1. 자본변동표가 제공하는 정보를 제시하고, 그 작성방법을 간략히 기술하라.

연습문제

CHAPTER 11

1. 우선주 배당금

정은(주)는 20×1. 1. 1에 영업을 시작하였으며, 20×5. 12. 31 현재 자본금계정은 다음과 같다.

보통주 (주당액면 ₩5,000)	₩400,000
우선주 (4%, 누적적, 부분참가적(12%까지) ; 주당액면 ₩5,000)	₩200,000

정은(주)는 모든 주식을 영업개시와 동시에 발행하였으며, 그 이래 아직 배당을 실시한 적이 없다. 정은(주)가 20×6년초 ₩200,000의 배당을 선언하였다.

요구사항

(1) ₩200,000의 배당금을 어떻게 배분할 것인가?

(2) 4% 누적적 우선주가 완전참가적이라면, 배당금을 어떻게 배분할 것인가?

2. 주식발행

나주(주)는 20×1. 1. 1에 액면금액 ₩5,000인 보통주 100주를 주당 ₩7,000에 발행하고, 동시에 액면금액 ₩5,000인 우선주 100주를 주당 ₩5,000에 발행하였다.

요구사항

20×1. 1. 1 주식발행시에 필요한 분개를 하라.

3. 현물출자

봉하(주)는 토지의 교환으로 액면금액 ₩5,000인 보통주 1,000주를 발행하였다. 다음 각 경우의 분개를 하라.

[사례 1] 토지의 공정가치는 알 수 없으나 봉하(주) 보통주의 시가는 주당 ₩9,000으로 알려졌다.

[사례 2] 봉하(주)가 비상장회사여서 주식의 시가는 알 수 없으나 토지의 공정가치가 ₩12,000,000으로 알려졌다.

[사례 3] 봉하(주)의 주식의 시가와 토지의 공정가치를 모두 알 수 없으나 공인감정사의 감정결과 토지가 ₩13,000,000의 가치가 있는 것으로 평가되었다.

4. 무상증자

동래(주)는 이사회의 결의에 따라 기말 현재를 기준일로 하여 보통주주에게 1주당 0.2주씩의 신주를 무상으로 발행하기로 하였다. 보통주의 총발행주식수는 1,000주이며, 액면금액은 주당 ₩5,000이다. 무상증자의 재원은 주식발행초과금에서 충당하기로 하였다.

요구사항

동래(주)가 필요한 분개를 하라.

5. 자본전입

수라(주)는 이사회의 의결을 거쳐 무상증자를 실시하였다. 무상증자율은 15%이고 현재의 발행주식수는 50,000주이며, 주권의 액면금액은 ₩5,000이다. 무상증자의 원천은 주식발행초과금 ₩10,000,000을 우선적으로 이용하고, 잔액은 이익준비금에서 충당하기로 하였다.

요구사항

이익준비금잔액은 충분하다고 가정하고 무상증자에 대한 분개를 하라.

6. 자기주식의 회계처리

우영(주)는 보통주(액면 ₩5,000)의 주식을 주당 ₩15,000에 2,000주를 발행했었다. 20×1. 7. 5 우영(주)는 위 주식 중 100주를 주당 ₩20,000에 재취득하고 그 후 이 자기주식을 소각하였다.

요구사항

원가법을 적용하여 자기주식의 취득과 소각에 대한 분개를 하라.

7. 형식적 감자

형식(주)는 그동안 누적된 이월결손금 ₩7,000,000을 전보시키기 위하여 현재의 발행주식(액면금액 주당 ₩5,000)을 2주당 1주의 비율로 감소시키기로 의결하였다. 감자전의 총발행주식수는 3,000주이며, 주당 발행금액은 ₩6,000이다.

요구사항

이때에 필요한 분개를 하라.

8. 수증자기주식

20×1. 11. 15 성길(주)의 주주가 액면금액 ₩5,000인 성길(주)의 보통주 200주를 이 회사에 증여하였다. 당초에 주식은 주당 ₩6,400으로 발행되었는데, 증여시 주식시장에서는 주당 ₩5,900에 거래되고 있다. 성길(주)는 위 주식을 20×2. 3. 6에 재발행하였다. 이때의 시가는 주당 ₩6,200이었다.

요구사항

주식수증시점과 재발행시점에 필요한 분개를 하라. 단, 수증자기주식은 비망기록법으로 회계처리한다.

9. 임의적립금

다음의 독립적인 물음에 대해 답하라.

(1) 나비(주)의 20×1. 12. 31 현재 배당평균적립금 잔액은 ₩250,000이다. 나비(주)의 20×1년 당기순이익은 ₩20,000인데 주주총회에서는 배당평균적립금 중 일부인 ₩80,000을 환원시켜 ₩100,000의 배당을 지급하기로 선언하였다. 배당평균적립금의 환원 및 배당선언에 관련된 분개를 하라.

(2) 나비(주)는 지난 3년간 매년 ₩50,000을 사업확장적립금으로 적립해왔다. 나비(주)가 기계장치를 ₩160,000씩에 취득함으로써 사업확장을 마무리 지었다. 이에 따라 주주총회에서 사업확장적립금을 별도적립금으로 대체시키기로 결정하였다. 사업확장적립금으로의 전입, 기계장치의 취득, 별도적립금으로의 대체에 관련된 분개를 하라.

10. 배당선언 및 지급

(1) 20×1. 1. 4 강경(주)는 ₩120,000의 현금배당을 선언하였다. 이 중 ₩80,000은 이익처분에 의한 배당이고, 나머지는 투자액의 반환에 해당하는 것이다. 20×1. 2. 10에 강경(주)는 배당금을 전액 지급하였다. 배당선언일과 배당지급일의 분개를 하라.

(2) 청주(주)는 액면 ₩500의 보통주 200주를 발행하였다. 20×1. 1. 1에 주당 ₩20의 현금배당과 주당 10%의 주식배당을 선언하였다. 이날 현재 청주(주)의 이익잉여금잔액은 ₩20,000이고 주식발행초과금은 ₩5,500으로 나타나 있다. 배당선언일 현재 주식시장에서 거래되는 보통주의 공정시가는 주당 ₩760이며, 20×1. 5. 1에 현금배당과 주식배당이 동시에 지급되었다. 액면금액법과 시가법 각각을 적용하여 청주(주)의 배당선언일과 배당지급일의 분개를 하라.

11. 주식배당

카라(주)는 20×1. 12. 31 현재 액면금액 ₩5,000, 시가 ₩10,000인 보통주 10,000주가 사외에서 유통되고 있다. 20×1. 12. 31을 기준일로 하여 10%의 배당을 선언했는데, 이 중 5%는 주식으로 배당하기로 하였다. 배당선언일과 배당지급(주식발행)일에 있어서의 필요한 분개를 하라. 단, 주식배당은 액면금액법과 시가법에 따라 회계처리하고, 이를 비교하는 형식으로 표시하라.

12. 현물배당

진원(주)는 20×2. 2. 27에 취득원가 ₩100,000의 FVPL자산을 20×1. 12. 31자 주주명부에 등재된 주주에게 현물배당으로 지급하기로 결의하였다. 배당지급일은 20×2. 3. 15이며, 회계연도말 현재 동 FVPL자산의 시가는 ₩150,000이었다.

요구사항

진원(주)가 당해 현물배당과 관련하여 필요한 분개를 하라.

13. 주식할인발행차금 상각

성지(주)는 2년 전에 발생한 주식할인발행차금 ₩900,000이 있다. 과거 수년간 이익이 발생하지 않아 아직까지 이를 상각하지 못하고 있었는데 금년도에 충분한 금액의 당기순이익이 발생하였다. 이에 성지(주)는 금년부터 시작하여 3년에 걸쳐 주식할인발행차금을 상각하기로 하였다.

요구사항

이를 상각하기 위한 분개를 하라.

14. 자본관련 거래

다모아(주)의 마감 후 원장잔액은 다음과 같다.

투자자산으로 보유하고 있는 토지	₩76,000 (차변)
재고자산평가손실적립금	241,000 (대변)
우발손실적립금	200,000 (대변)
전기이월미처분이익잉여금	580,000 (대변)
집합손익	300,000 (대변)

원장마감 후 20×1년도 다모아(주)의 주총에서 다음 사항이 의결되었다.

① 법인세추징적립금 ₩50,000을 설정한다.

② 당기순이익의 30%를 우발손실적립금으로 적립한다.

③ 재고자산평가손실적립금이 더 이상 필요성이 없다고 판단되므로 제거한다.
④ 투자자산으로 매입한 토지의 공정가치를 측정한 결과 토지의 가치는 매입일 이래 20%가 하락했기에 동액만큼 토지의 장부금액에서 평가감한다.
⑤ 상기의 모든 거래가 반영된 후의 미처분이익잉여금잔액의 40%를 시설확장적립금으로 처분하기로 한다.
⑥ 액면 ₩5,000인 120주의 주식에 대해 10% 주식배당을 실시한다. 배당선언일 현재 주식의 시가는 주당 ₩6,000이었다. 단, 주식배당은 액면금액법으로 회계처리한다.

요구사항

(1) 상기의 주주총회 결의사항을 기록하기 위한 분개를 하라.
(2) 차기이월이익잉여금은 얼마인가?

CHAPTER

12 수익의 인식

회계에서 인식(recognition)이란 특정 거래 또는 경제적 사건을 화폐액으로 측정하고 이를 자산, 부채, 자본, 수익, 비용 등으로 구분하여 재무제표에 기록하는 것을 말한다. 따라서 수익의 인식이란 수익을 공식적으로 회계장부에 기록하여 재무제표에 포함시키는 것이다. 본장에서는 수익이 언제 발생하고, 발생한 수익을 언제 인식하게 되는지를 살펴본다.

제 1 절 수익의 개념과 수익인식 대안

1 수익의 개념

수익은 기업이 종사하는 업종에 따라 다양한 형태와 경로로 획득된다. 예를 들면, 도소매업은 상품의 판매를 통해 수익을 얻고, 제조업은 생산과정을 거친 제품을 판매하여 수익을 얻는다. 용역업에 종사하는 기업들은 다양한 형태의 수익을 얻는다. 예를 들면, 은행은 대출금에 대한 이자와 은행서비스의 수수료를 통해 수익을 얻고, 증권회사는 주식의 매매수수료를 수익으로 얻는다. 놀이공원은 입장료가 주요 수익이고, 버스나 택시는 승차요금이 바로 수익이다. 공인회계사들은 회계감사나 경영자문업무를 제공하고 받는 수임료가 수익이고, 학교는 등록금, 재단전입금 및 국고보조금이 주된 수익이 된다.

이렇게 다양한 수익은 어떻게 정의될까? 수익(revenue)은 '소유주에 의한 투자로 인한 증가분을 제외한 자본의 증가'를 수반하는 것으로서 한 회계기간의 기업실체의 경영활동으로 인한 경제적 효익의 총유입으로 정의된다. 수익은 재화의 판매 또는 용역의 제공 등의 대가로 발생하는 자산의 유입 또는 부채의 감소로 나타난다. 예를 들면 재화나 용역을 공급한 대가로서 현금 또는 매출채권 등의 자산이 증가하거나, 선수금 또는 선수수익 등의 부채가 감소한다. 이러한 수익은 경영활동의 종류와 당해 수익이 인식되는 방법에 따라 매출액, 수수료수익, 이자수익, 배당수익, 의료수익, 용역수익, 로열티수익 및 임대수익 등과 같이 다양하게 구분될 수 있다.

차익(gains)은 광의로는 수익의 정의를 충족하지만 주요 경영활동이 아닌 기업의 부수적인 거래, 사건 및 상황으로 발생된다. 예를 들면, 기타수익은 다른 기업이나 경제실체와의 부수적인 거래인 유가증권의 처분, 설비자산의 처분, 채무의 변제 등으로 발생하기도 하고, 두 기업실체 사이의 일방적 이전거래(non-reciprocal transfer)인 소송에서의 승소, 자산의 수증 등으로 발생하기도 한다. 또한 보유하고 있는 자산이나 부채의 가치가 변동하여 기타수익이 발생하기도 하는데, 예컨대 금융자산평가이익, 외화환산이익 등이 있다.[1)]

수익에는 기업이 자기의 몫으로 창출하는 것만을 포함하며, 제3자를 대신하여 받는 금액은 수익으로 보지 않는다. 예컨대 재화의 판매 및 용역의 제공시 구매자로부터 정부를 대행하여 수취하는 특별소비세, 부가가치세 등은 수익에 포함해서는 안 된다. 또한 수탁자가 위탁자를 대신하여 재화를 판매하여 수취한 금액은 위탁자의 수익이며, 수탁자는 수수료만을 자신의 수익으로 인식해야 한다. 마찬가지로 온라인쇼핑몰에서 수수료를 대가로 판매자의 제품을 판매하는 경우에도 온라인쇼핑몰은 수수료만을 수익으로 인식해야 하며, 제품판매수익 전체를 자신의 수익으로 인식해서는 안 된다.

수익은 ① 재화의 판매(매출수익), ② 용역의 제공(용역수익), 또는 ③ 기업자산의 타인 사용 허용(이자수익, 임대수익, 로열티수익 등) 등의 활동을 통하여 창출된다.

2 수익의 측정

측정이란 어떤 대상에 수치를 부여하는 과정이므로 수익의 측정이란 수익금액을 결정하는 것이다. 수익으로 측정할 금액은 재화의 판매, 용역의 제공이나 자산의 사용에 대하여 받았거나 또는 받을 대가로서 계약에 명시된 금액이다. 그러나 판매대가가 재화의 판매 또는 용역의 제공 이후 장기간에 걸쳐 유입되는 경우에는 그 공정가치가 미래에 받을 금액의 합계액(명목금액)보다 작을 수 있다. 예를 들면, 무이자로 신용판매하거나, 판매대가로 표면이자율이 시장이자율보다 낮은 어음을 받는 경우에는 판매대가의 공정가치가 명목금액보다 작아진다. 이때 수익은 명목금액이 아닌 공정가치(현재가치)로 측정하며, 현재가치와 명목금액의 차액은 현금회수기간에 걸쳐 이자수익으로 인식한다. 이런 거래는 재화 또는 용역의 판매와 신용의 제공이라는 두 거래가 합성된 거래로서 재화 또는 용역의 제공에 따른 수익은 판매시점 또는 제공시기에 걸쳐 인식하고 신용의 제공에 따른 이자수익은 신용제공 기간에 걸쳐 별도의 수익으로 인식해야 한다.

1) 개념체계에서는 수익과 차익을 포괄하는 개념으로서 income(소득)이라는 개념을 사용하고 있다.

3 수익의 가득과정과 수익인식 대안

발생주의에 따라 수익은 수행의무를 충족시켰을 때 인식한다. 즉, 계약에 따라 판매자가 수행의무를 충족하면 수익을 인식한다.

수익을 기업이 고객에게 제공한 재화 또는 용역의 가치라고 보면, 수익은 기업의 수익가득과정이 진행됨에 따라 고객에게 제공할 재화 또는 용역의 가치가 변화할 때마다 발생하게 된다. 수익의 가득과정(영업주기)을 제품에 적용하여 살펴보면 [그림 12-1]과 같다.

■ 그림 12-1
수익가득과정

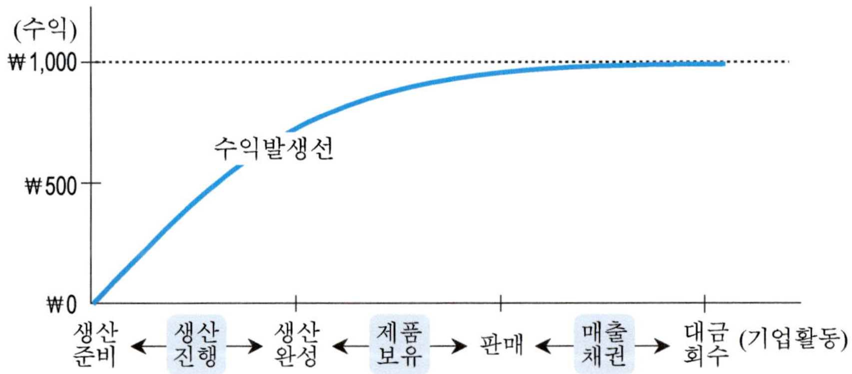

제품의 생산과 인도를 통한 수익의 가치는 생산준비 단계를 지나 생산 및 판매를 거쳐서 대금회수 단계에 이르기까지 계속 증가한다. 이에 대한 구체적인 예를 들어보자. 제조업의 경우 제품의 가치는 기업이 생산결정을 내리고 생산준비를 시작하면서 점차 증가한다. 먼저 기업은 원자재 및 기타 생산준비를 한다. 수익가득활동이 구체화되기 시작하면서 제품은 가치를 갖기 시작한다. 이후 기업은 원자재 및 기타 생산요소를 투입하여 제품을 제조하고, 완성된 제품은 창고에 보관했다가 고객에게 판매한다. 만약 판매가 신용판매라면 매출채권이 발생하고 이후에 현금회수과정을 거친다. 이러한 모든 과정을 거치면서 고객에게 판매될 제품은 그 가치가 점차 증가하고, 수익이 창출되는 것이다.

회계원칙에 의하면 모든 거래 및 사건은 발생주의에 따라 기록한다. 발생주의는 현금의 유입과 유출이 있는 기간이 아니라 거래나 사건이 발생하는 기간에 당해 거래나 사건이 기업의 재무상태에 미치는 영향을 기록하는 제도이다. 엄격하게 말하면 발생주의에서는 수익이 발생하는 각 단계에서 수익을 인식해야 할 것이다. 그러나 수익은 발생과정에서 점진적으로 증가하므로 재화나 용역의 가치증가에 따라 수익을 점진적으로 인식해야 한다면, 그 계산이 복잡할 뿐만 아니라 가치의 증가를 객관적으로 측정하기도 어렵다. 특히 생산물의 종류가 다양하고, 재무제표를 작성하는 시점에서 수익발생과정의 단계가 다르므로 수익을 발생 정도에 따라 인식한다는 것은 사실상 불가능하다. 그렇다면 수익은 언제 인식해야 하는가? 일반적으로 대안으로 사용되는 것이 [그림 12-2]에 나타나 있다.

■ 그림 12-2
수익가득과정과 수익인식기준

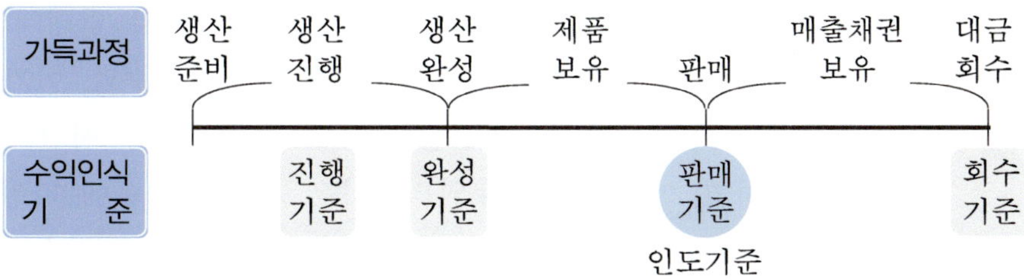

4 거래형태에 따른 수익

거래대상의 성격에 따라 먼저 생산하고 나중에 판매할 수도 있으며, 어떤 경우에는 먼저 계약이 이루어지고 나중에 생산 또는 의무이행 활동이 이루어질 수 있다. 일반적으로 재화(공산품, 농산품 등)는 먼저 제조 또는 생산을 하고 나중에 판매를 한다. 한편 용역 또는 공사계약 등의 경우에는 먼저 계약을 하고 나중에 의무이행활동을 수행한다.

선제조-후판매 형태를 취하는 재화는 재화의 인도(판매)가 이루어져야 판매자의 수행의무가 충족되었다고 본다. 따라서 이 경우에는 판매시점(인도시점)에 수익을 인식한다.

특수제조계약, 공사계약 등과 같은 선판매-후제조 형태를 취하는 재화의 경우에는 먼저 판매(계약)가 이루어졌기 때문에 생산(제조)이 이루어져야 판매자의 수행의무가 충족된 것으로 본다. 용역은 통상적으로 먼저 계약이 이루어지고 나중에 용역을 제공하기 때문에 선판매-후제공의 형태를 취한다는 점에서 특수제조계약 또는 공사계약과 같은 성격을 갖는다. 이와 같은 선판매–후제조 형태의 거래는 진행기준 또는 인도기준을 적용한다. 다만 진행기준을 이용하기 위해서는 적용요건(진행률의 합리적 추정; 원가의 신뢰성 있는 추정)이 충족되어야 한다.

한편 공사형태를 취하더라도 판매가 나중에 이루어지는 선공사–후판매 형태를 취하는 아파트 공사 등에는 판매기준을 적용하여 수익을 인식해야 한다. 이 경우에는 수익인식의 첫 단계인 고객과의 계약이 존재하지 않기 때문에 공사진행중에 수익을 인식할 근거가 없다.

임대계약, 대출계약, 로열티계약 등은 고객에게 자기회사의 자산의 사용을 허용함으로써 수익이 발생한다. 이런 경우에는 계약의 성격에 따라 의무이행이 완료된 때 수익을 인식한다. 일반적으로 임대계약 또는 대출계약 등은 시간의 경과에 따라 시간에 비례하여 임대수익, 이자수익 등을 인식한다. 로열티수익은 일정한 기간을 대상으로 하는 경우 시간의 경과에 따라 수익을 인식하고, 기타형태의 로열티계약은 계약의 내용에 따라 수익을 인식한다.

본래는 판매목적으로 보유하지 아니한 자산도 여러 가지 이유로 처분할 수 있다. 이 경우에는 처분시점에 처분대가와 장부금액의 차이로 처분손익을 인식한다.

[그림 12-3]은 다양한 종류의 거래형태에 따른 대체적인 수익의 종류와 인식시점 또는 시기를 요약하고 있다.

■ 그림 12-3
거래형태별 수익인식 문제

거래형태	재고자산 판매	용역제공	장기 공사 · 용역	자산사용의 허용	비재고자산 판매
수익종류	매출수익	용역수익	공사수익 용역수익	임대, 이자, 로열티수익	자산 처분손익
인식시기	판매시점	제공 시점 · 시기	진행기간 · 인도시점	시간경과	처분시점

제 2 절 K-IFRS 수익인식기준

1 수익인식기준

수익의 인식은 수익으로 인식할 금액과 수익의 인식시점 또는 시기를 결정하는 것이다. 따라서 수익인식기준은 이 두 가지 문제를 다루고 있다. 수익으로 인식할 금액은 "재화 또는 용역을 고객에게 제공함으로써 회사가 받거나 받을 권리를 가질 것으로 예상되는 금액"을 의미한다. 수익은 재화 또는 용역을 일시에 제공한 경우에는 한 시점에 인식하지만, 여러 기간에 걸쳐 재화 또는 용역을 제공한 경우에는 일정기간에 걸쳐 수익을 인식해야 한다.

수익인식기준은 자산부채법(asset-liability approach)을 따르고 있다. 자산부채법에서는 자산과 부채의 변화로 수익을 측정하고 인식한다. 즉, 회사는 고객과의 계약에서 발생하는 자산 또는 부채에 근거하여 수익을 인식한다. 고객과의 계약은 꼭 명시적인 문서형태를 취할 필요는 없지만 대부분 계약서 또는 영수증 등의 문서로 확인할 수 있다. 계약서는 거래의 내용을 파악할 수 있는 문서이며, 회사와 고객이 이행해야 할 의무를 명시하고 있다. 계약서를 통하여 계약의 존재여부, 수행의무, 거래가격 등의 내용을 파악할 수 있다. 한편, 하나의 계약에 여러 개의 수행의무가 포함될 수 있으며, 각각의 수행의무는 한 계약에 포함되어 있더라도 그 이행완료시점이 다를 수 있다. 따라서 수익의 인식은 〈표 12-1〉과 같은 5단계 과정을 거치도록 되어 있다.

▶ **표 12-1**
수익인식의 5단계

단 계	내 용
1	고객과의 계약을 식별
2	수행의무를 식별(하나의 계약에 복수의 수행의무 존재가능)
3	거래가격을 산정
4	거래가격을 계약 내 수행의무에 배분
5	수행의무가 충족되면 수익인식(개별 수행의무에 적용)-수익인식의 원칙

예제 12-1 수익인식의 5단계

상주의상은 원가가 ₩50,000인 청바지 한 개를 고객에게 ₩80,000에 판매하고 현금을 받았다. 상주의상은 계속기록법을 이용하여 재고자산을 기록한다.
수익인식기준의 5단계를 적용하여 청바지 판매에 대한 회계처리를 하라.

해답

- 고객과의 계약을 식별 : 판매영수증을 통하여 고객과의 계약이 확인됨
- 수행의무를 식별 : 청바지의 인도라는 하나의 수행의무가 있음
- 거래가격을 산정 : ₩80,000
- 거래가격을 수행의무에 배분 : 계약이 하나이므로 거래가격 전체를 하나의 수행의무에 배분
- 수행의무가 충족되면 수익인식 : 청바지가 고객에게 인도되었으므로 다음과 같이 판매시점에 수익인식

(차) 현 금	80,000	(대) 매출수익	80,000
(차) 매출원가	50,000	(대) 상 품	50,000

2 수익인식 단계

(1) 고객과의 계약의 식별

고객과의 계약이란 둘 또는 그 이상의 계약당사자 사이에 법적인 강행력을 가진 약속을 의미한다. 고객과의 계약에는 판매자가 계약의 이행으로부터 갖는 권리인 거래의 대가(수익으로 인식할 금액)와 수행의무가 명시된다. 따라서 판매자는 수행의무를 이행하였을 때 계약에 명시된 권리인 자산을 수취할 권리를 갖는다. 다른 기준서의 적용을 받는 계약은 고객과의 계약으로 보지 않으며, 같은 사업영역에 있는 기업 사이의 비화폐성 교환계약도 고객과의 계약에서 발생한 수익으로 보지 않는다.[2)]

2) 제1017호(리스), 제1104호(보험계약), 제1109호(금융상품), 제1110호(연결재무제표), 제1111호(공동약정), 제1027호(별도재무제표), 제1028호(관계기업과 공동기업에 대한 투자)의 적용을 받는 계약은 고객과의 계약에 따른 수익의 범주에서 제외한다. 또한, 예컨대 두 정유사가 서로 다른 특정 지역에 있는 고객의 수요를 적시에 충족하기 위해 유류를 교환하기로 합의한 계약은 같은 사업영역에 있는 기업 사이의 비화폐성 교환계약으로서 수익인식기준을 적용하는 계약으로 보지 않는다.

고객과의 계약은 아래 기준을 모두 충족해야만 한다.

① 계약당사자들이 계약(서면, 구두, 사업관행 등의 형태)을 승인하고 각자의 의무를 수행하기로 확약
② 이전할 재화·용역과 관련한 각 당사자의 권리를 식별가능
③ 이전할 재화·용역의 대가지급조건을 식별가능
④ 계약에 상업적 실질[3]이 있음
⑤ 권리를 갖게 될 대가의 회수가능성이 높음

(2) 수행의무의 식별

수행의무(performance obligation)란 판매자가 고객에게 재화 또는 용역을 제공하기로 한 약속을 말한다.

한 계약에 여러 개의 거래가 포함되어 있을 수도 있다. 예컨대 컴퓨터를 판매하면서 소프트웨어를 무상으로 업데이트해 주는 조건의 거래에는 컴퓨터 판매에 대한 수행의무와 소프트웨어 무상 업데이트에 대한 수행의무가 있을 수도 있고, 하나의 수행의무만 있을 수도 있다. 예컨대 소프트웨어 무상 업데이트가 컴퓨터 판매를 위하여 통상적으로 제공되는 판촉수단에 불과하다면 소프트웨어 무상 업데이트는 경제적 실질이 없는 것으로 보아 별도의 수행의무로 보지 않기 때문에 컴퓨터 판매만 수익으로 인식한다. 그러나 소프트웨어의 무상 업데이트가 별도의 경제적 실질을 갖는 용역의 제공이라면 두 개의 수행의무가 존재하는 것으로 보아야 하기 때문에 소프트웨어 무상 업데이트를 컴퓨터 판매와 분리하여 회계처리해야 한다.

하나의 계약에 몇 개의 수행의무가 있는가를 확인하기 위해서는 수행의무가 별도로 식별될 수 있는지를 파악해야 한다. 수행의무는 다음의 두 조건이 모두 충족되었을 때 별도로 존재하는 것으로 본다.

첫째, 제공하기로 한 재화 또는 용역이 뚜렷하다(distinct).

둘째, 제공하기로 한 재화 또는 용역이 계약 내의 다른 재화 또는 용역

3) 계약으로 기업의 미래현금흐름의 위험, 시기, 금액에 변동이 예상되는 경우 '상업적 실질'이 있다.

으로부터 구분가능(separately identifiable)하다.

첫째 조건은 계약과 관계없이 재화 또는 용역이 다른 재화 또는 용역에 비해 뚜렷하게 구분된다는 조건이기 때문에 비교적 명확하다고 볼 수 있다. 그러나 둘째 조건은 계약 내에서 구분한다는 점에서 첫째 조건과 차이가 있다. 예컨대 건축계약은 패키지계약으로 볼 수 있는데, 여기에는 건물이라는 재화의 인도와 하자보수라는 용역이 포함되어 있다. 하자보수가 품질을 보증한다는 차원에서 뚜렷하긴 하지만 건물과 구분되어 존재할 수 없어서 하자보수를 별도의 수행의무로 볼 수 없기 때문에 계약 내에서 별도로 구분하지 않고 건축계약에 포함된 것으로 보는 것이 일반적이다. 즉, 하자보수가 건축계약에 필수적으로 따르는 품질보증이기 때문에 이 경우에는 건물의 인도라는 수행의무가 하나만 있다고 보아야 한다. 마찬가지로 전자제품, 자동차 등의 판매에는 제품의 인도와 성능을 보장하는 단기(예컨대 1년) 품질보증 또는 확신형 보증(assurance-type warranty)이 함께 제공된다. 이때 단기 품질보증은 제품의 판매와 구분된다고 볼 수 없어서 별도의 수행의무로 볼 수 없다. 그러나 회사는 제품에 대한 장기보증(예컨대 5년)을 별도로 판매할 수 있다. 이 경우 장기보증(extended warranty)은 별도로 구분가능한 용역형 보증(service-type warranty)으로 처리한다. 또한 케이블TV 등과 같이 수신기와 사용권이 포함되는 패키지 거래에는 기계와 사용권이 독자적으로 구분가능하고, 별도의 개별 판매가격이 존재하며, 사용권은 일정한 기간단위로 갱신가능하다. 이런 경우에는 기계와 사용권을 별도의 수행의무로 보아야 한다.

예제 12-2 수행의무의 식별

명주테크(주)는 인터넷기반 게임을 할 수 있는 기계인 MJ-Box와 일정기간 동안 인터넷에서 게임을 할 수 있는 사용권을 고객들에게 1년 단위로 판매한다. MJ-Box와 1년간 게임사용권은 개별적으로 판매할 경우 각각 ₩24,000과 ₩6,000에 판매한다. 명주테크(주)는 최초의 고객에게는 기계와 1년간 게임사용권을 패키지로 ₩27,000씩에 판매하며, 1년 이상의 고객은 사용권만 매년 ₩6,000에 갱신할 수 있다.

패키지 거래에는 몇 개의 수행의무가 있는가?

해답

기계와 사용권은 독자적이고 별도로 구분가능하기 때문에 패키지 거래에는 ① MJ-Box의 판매와 ② 사용권의 판매라는 두 개의 수행의무가 존재한다.

(3) 거래가격의 결정

거래가격은 계약상에 명시된 금액으로서 재화 또는 용역 제공의 대가로 고객으로부터 받았거나 받을 권리를 가질 것으로 기대되는 금액이다. 거래가격은 계약에 확정금액으로 명시되는 것이 일반적이기 때문에 쉽게 확인할 수 있다. 그러나 때로는 조건에 따라 변동되는 부분이 포함될 수 있다. 예컨대, 일정한 목표를 달성하는 경우 추가로 보너스를 지급하는 조건의 계약은 확정금액(fixed price)과 변동대가(variable consideration)로 거래가격이 구성될 수 있다.[4) 이와 같이 변동대가가 포함되는 경우에는 기대가치법과 최고확률금액법[5) 중의 하나를 선택하여 거래가격을 결정한 후에 수익을 인식한다. 기대가치법(expected value approach)은 미래에 발생할 가능성이 있는 각 상황별 변동대가에 각 확률을 곱하여 구한 기대가치를 확정금액에 더하여 추가수익으로 인식하는 방법이다. 한편 최고확률금액법(most likely amount approach)은 가능한 대가의 범위에서 가능성이 가장 높은 단일의 금액을 확정금액에 더하여 추가수익으로 인식하는 방법이다. 변동대가가 포함된 경우 두 방법 중 하나를 선택하여 변동대가에 대해 수익을 인식하되 나중에 변동대가에 대한 수익이 확정되면 이를 수정하는 분개를 해야 한다.

한편, 변동대가를 인식할 때에는 인식한 누적수익금액이 환원(감액)될 가능성이 높으면 이를 인식해서는 안 된다는 제약이 있다. 즉, 변동대가에 따른 수익을 낙관적으로 인식해서는 안 된다는 보수주의 개념에 근거한 제약이 있다. 이미 인식한 누적수익금액이 감액될 가능성이 높아서 변동대가를 인식할 수 없는 것을 나타내는 일반적인 지표로서 ① 추정치의 증거 미약, ② 기업

4) 대가는 거래할인, 리베이트, 환불, 공제(credits), 장려금(incentives), 성과보너스, 위약금 등의 이유로 변할 수 있다.

5) K-IFRS에서는 기대가치와 최고확률금액을 각각 '기댓값'과 '가능성이 가장 높은 금액'이라는 용어로 사용하고 있다.

이 통제불가능한 요소들에 근거한 추정, ③ 과거 유사한 계약에서 변동대가에 대한 추정 변경의 존재, ④ 다양한 결과의 가능성, ⑤ 불확실성의 장기간 지속 등을 들 수 있다.

예제 12-3 변동대가

명주테크(주)는 20×1. 10. 1에 프로게임(주)와 계약을 맺고 프로게임(주)의 고객들이 인터넷게임을 할 수 있는 네트워크서비스를 제공하기로 하였다. 계약조건에 따르면 명주테크(주)의 네트워크 시설을 1년간 이용하는 확정대가로 프로게임(주)가 ₩300,000을 지급하되, 프로게임(주)의 고객들의 총사용시간이 50,000시간을 초과할 경우 ₩120,000을 계약종료시에 보너스로 지급하기로 하였다. 명주테크(주)는 고객들의 총사용시간이 50,000시간을 초과할 확률을 60%로 보고 있다. 명주테크(주)는 정액법을 적용하여 네크워크 제공에 따른 수익을 인식하고, 분기재무제표와 연차재무제표를 작성하며, 월별 재무제표는 작성하지 않는다.

〈요구사항〉

1) 기대가치법을 적용하여 20×1. 10. 1과 20×1. 12. 31에 수익을 인식하는 회계처리를 하라.
2) 최고확률금액법을 적용하여 20×1. 10. 1과 20×1. 12. 31에 수익을 인식하는 회계처리를 하라.
3) 20×2. 3. 31에 프로게임(주)의 고객들의 총사용시간이 50,000시간을 초과하였다. 기대가치법을 적용할 경우 20×2. 3. 31에 명주테크(주)가 필요한 회계처리를 하라.
4) 20×2. 3. 31에 프로게임(주)의 고객들의 총사용시간이 50,000시간을 초과할 가능성이 없는 것으로 판단하였다. 최고확률금액법을 적용할 경우 20×2. 3. 31에 명주테크(주)가 필요한 회계처리를 하라.

해답

1) 기대가치법

〈20×1. 10. 1의 분개〉

(차) 현 금	300,000	(대) 선 수 수 익	300,000

〈20×1. 12. 31의 분개〉

(차) 선 수 수 익	75,000*	(대) 용 역 수 익	93,000
보너스매출채권	18,000**		

* 20×1년 확정금액의 수익인식액 = ₩300,000 × 3/12 = ₩75,000
** 변동대가의 기대가치 = ₩120,000 × 0.6 + ₩0 × 0.4 = ₩72,000
20×1년 변동대가의 수익인식액 = ₩72,000 × 3/12 = ₩18,000

2) 최고확률금액법

〈20×1. 10. 1의 분개〉

(차) 현 금	300,000	(대) 선 수 수 익	300,000

〈20×1. 12. 31의 분개〉

(차) 선 수 수 익	75,000*	(대) 용 역 수 익	105,000
보너스매출채권	30,000**		

* 20×1년 확정금액의 수익인식액 = ₩300,000 × 3/12 = ₩75,000

** 변동대가의 가능성이 가장 높은 금액 = ₩120,000(60%가 최고확률이기 때문)
20×1년 변동대가의 수익인식액 = ₩120,000 × 3/12 = ₩30,000

3) 20×2. 3. 31 (기대가치법에서 변동대가 수익이 있는 것으로 확정된 경우)

(차) 선 수 수 익	75,000*	(대) 용 역 수 익	117,000
보너스매출채권	42,000**		

* 20×2년 첫 3개월간 확정금액의 수익인식액 = ₩300,000 × 3/12 = ₩75,000

** 6개월간 변동대가의 수익발생액 = ₩120,000 × 6/12 = ₩60,000
차감 : 이미 인식한 변동대가 인식액 = ₩72,000 × 3/12 = (18,000)
추가로 인식해야 할 변동대가 수익인식액 ₩42,000

4) 20×2. 3. 31 (최고확률금액법에서 변동대가 수익이 없는 것으로 확정된 경우)

(차) 선 수 수 익	75,000*	(대) 용 역 수 익	45,000
		보너스매출채권	30,000**

* 20×2년 첫 3개월간 확정금액의 수익인식액 = ₩300,000 × 3/12 = ₩75,000

** 이미 인식한 변동대가 인식액 ₩30,000(= ₩120,000 × 3/12)을 전액 환원

(4) 거래가격의 배분

1) 상대적 개별판매가격법

계약에 포함된 수행의무가 하나인 경우에는 거래가격을 하나의 수행의무에 배분하면 되므로 간단하다. 그러나 둘 이상의 수행의무가 계약에 포함된 경우에는 거래가격을 상대적 개별판매가격법(relative stand-alone selling price method)을 이용하여 각각의 수행의무에 배분해야 한다. 각 수행의무의 판매가격은 개별판매가격(stand-alone selling price)이라고 부르는데, 해당 재화 또는 용역을 별도로 판매하였을 때 받게 될 금액을 의미한다. 따라서 하나의 계약에 두 개 이상의 수행의무가 있을 경우에는 각각의 수행의무의 개별판매가격이 거래가격에서 차지하는 비중에 따라 거래가격을 각각의 수행의무에 배분한다.

예제 12-4 거래가격의 배분

명주테크(주)는 인터넷기반 게임을 할 수 있는 기계인 MJ-Box와 일정기간 동안 인터넷에서 게임을 할 수 있는 사용권을 고객들에게 1년 단위로 판매한다. MJ-Box와 1년간 게임사용권은 개별적으로 판매할 경우 각각 ₩24,000과 ₩6,000에 판매한다. 1년 이상의 고객은 사용권만 매년 ₩6,000에 갱신할 수 있다. 20×1. 10. 1에 명주테크(주)는 100명의 고객에게 기계와 1년간 게임사용권을 패키지로 ₩27,000씩에 판매하였다. 명주테크(주)는 패키지 거래에 MJ-Box 판매와 게임사용권의 판매라는 두 개의 수행의무가 있다고 본다.

명주테크(주)가 20×1. 10. 1에 판매한 거래가격 ₩2,700,000을 MJ-Box와 게임사용권에 배분하라.

해답

수행의무	개별판매가격	상대판매가격비율	거래가격	거래가격배분
MJ-Box	₩24,000	80%(₩24,000/₩30,000)		₩2,160,000
게임사용권	6,000	20%(₩6,000/₩30,000)		540,000
합 계	₩30,000	100%	₩2,700,000	₩2,700,000

2) 개별판매가격이 알려지지 않은 경우 거래가격의 배분

하나의 거래가격을 가진 계약에 두 개 이상의 수행의무가 포함되어 있는데 그중 일부의 개별판매가격이 알려지지 않을 수 있다. 이 경우에는 세 가지의 대안이 이용가능하다. 첫째, 유사한 재화 또는 용역의 시장가격을 이용하여 해당 재화 또는 용역의 판매가격을 추정하는 방법이 있다. 이 접근법을 시장평가조정접근법(adjusted market assessment approach)이라고 부른다. 둘째, 해당 재화 또는 용역은 물론 유사한 재화 또는 용역의 판매가격에 대한 정보가 없고 오직 원가정보만 있는 경우에 사용하는 방법이다. 이 방법은 재화 또는 용역의 원가에 정상적인 마진을 더하여 판매가격을 추정한다. 이 접근법을 예상원가이윤가산접근법(estimated cost plus margin approach)이라고 부른다. 셋째, 거래가격에서 판매가격이 알려진 수행의무의 판매가격을 차감한 나머지 금액을 판매가격이 알려지지 않은 수행의무에 배분하는 방법이다. 이 접근법을 잔여접근법(residual approach) 또는 차감법이라고 부른다. 잔여접근법이 가장 쉽고 객관적인 방법이지만 사용에 제약이 있다. 잔여접근법은 ① 해당 재화나 용역이 제공될 때 고객에 따라 판매가격의 폭이 아주 크거나, ② 과거에 판매경험이 없는 등의 경우에만 제한적으로 사용할 수 있다.

예제 12-5 개별판매가격의 추정

명주테크(주)는 인터넷기반 게임을 할 수 있는 기계인 MJ-Box와 일정기간 동안 인터넷에서 게임을 할 수 있는 사용권을 고객들에게 1년 단위로 판매한다. MJ-Box를 개별적으로 판매할 경우 ₩24,000에 판매한다. 그러나 게임사용권은 경험부족 및 유사한 제품의 판매가격에 대한 시장정보부족으로 아직 개별판매가격을 알지 못하며, 또한 원가정보도 없는 실정이다.

20×1. 10. 1에 명주테크(주)는 100명의 고객에게 기계와 1년간 게임사용권을 패키지로 ₩27,000씩에 판매하였다. 명주테크(주)는 패키지 거래에 MJ-Box 판매와 게임사용권의 판매라는 두 개의 수행의무가 있다고 본다.

〈요구사항〉

1) 게임사용권은 경험부족으로 개별판매가격을 알지 못하지만 경쟁사의 유사한 게임의 1년간 사용권은 개당 ₩8,000이다. 시장평가조정접근법으로 게임사용권의 개별판매가격을 추정하여 거래가격을 배분하라.
2) 게임사용권의 예상원가는 개당 ₩5,000이며, 명주테크(주)는 원가의 20%를 마진으로 설정하고 있다. 예상원가이윤가산접근법으로 게임사용권의 개별판매가격을 추정하여 거래가격을 배분하라.
3) 게임사용권은 경험부족 및 유사한 제품의 판매가격에 대한 시장정보 부족으로 아직 개별판매가격을 알지 못하며, 원가정보도 없는 실정이다. 잔여접근법을 이용하여 거래가격을 배분하라.

해답

1) 시장평가조정접근법

수행의무	개별판매가격	상대판매가격비율	거래가격	거래가격배분
MJ-Box	₩24,000	75%(₩24,000/₩32,000)		₩2,025,000
게임사용권	8,000*	25%(₩8,000/₩32,000)		675,000
합 계	₩32,000	100%	₩2,700,000	₩2,700,000

* 경쟁사의 유사한 게임사용권의 가격

2) 예상원가이윤가산접근법

수행의무	개별판매가격	상대판매가격비율	거래가격	거래가격배분
MJ-Box	₩24,000	80%(₩24,000/₩30,000)		₩2,160,000
게임사용권	6,000*	20%(₩6,000/₩30,000)		540,000
합 계	₩30,000	100%	₩2,700,000	₩2,700,000

* 예상원가이윤가산접근법에서의 추정가격＝₩5,000＋₩5,000×20%＝₩6,000

3) 잔여접근법

거래가격－MJ-Box의 개별판매가격＝게임사용권에 배분된 거래가격

₩2,700,000－₩2,400,000＝₩300,000

3) 금융요소가 중요한 경우의 거래가격의 배분

매출채권의 회수에 장기가 걸리는 계약은 금융요소인 현재가치차금이 중요한 비중을 차지할 수 있다. 예컨대 판매대금을 여러 차례에 걸쳐 회수하기로 한 할부판매(installment sales)는 판매거래와 금융거래가 결합된 복합거래로 볼 수 있다. 따라서 할부판매의 경우에는 판매시점에 수익을 인식하되, 총 판매대가를 재화에 대한 판매대가와 금융거래에 따른 이자수익으로 구분하여 회계처리한다. 즉, 상품인도일에 미래에 수취할 채권의 현재가치로 수익을 측정해야 한다. 현재가치차금(이자상당액)은 매출채권의 차감계정이며, 기간의 경과에 따라 유효이자율법을 이용하여 이자수익으로 인식한다.

예제 12-6 금융요소가 중요한 복합거래의 수익인식

윤상(주)는 20×1. 12. 31에 집진설비를 ₩4,000,000에 판매하였다. 집진설비의 원가는 ₩2,800,000이다. 판매시에 ₩1,000,000을 받고 잔액은 2년에 걸쳐 연도말에 ₩1,500,000씩을 받기로 하였다. 판매와 할부금액의 회수에 따른 회계처리를 하라. 단, 현재가치계산에는 6%의 할인율을 적용한다.

해답

일 자	판매거래와 금융거래가 결합된 복합거래의 수익인식			
20×1.12.31	(차) 현 금	1,000,000	(대) 매 출	3,750,100*
	장기매출채권	3,000,000	현재가치차금	249,900
	* ₩1,000,000 + ₩1,500,000 × 1.8334(연금현가, 6%, 2년) = ₩3,750,100			
	(차) 매 출 원 가	2,800,000	(대) 재 고 자 산	2,800,000
20×2.12.31	(차) 현 금	1,500,000	(대) 장기매출채권	1,500,000
	(차) 현재가치차금	165,006*	(대) 이 자 수 익	165,006
	* ₩2,750,100 × 0.06 = ₩165,006			
20×3.12.31	(차) 현 금	1,500,000	(대) 장기매출채권	1,500,000
	(차) 현재가치차금	84,894*	(대) 이 자 수 익	84,894
	* ₩249,900 − ₩165,006 = ₩84,894			

(5) 수행의무의 충족에 따른 수익의 인식

기업은 고객에게 약속한 재화·용역(자산)을 이전하여 수행의무를 이행하며, 자산은 고객이 그 자산을 통제하는 때에 이전된다. 고객이 자산을 통제하는

지를 판단할 때에는 ① 기업의 대가지급청구권(고객의 대가지급의무), ② 자산의 법적 소유권 이전, ③ 자산의 물리적 점유 이전, ④ 자산의 소유에 따른 위험과 보상의 이전, ⑤ 고객의 자산 인수 등의 지표를 참고한다.

수행의무는 한 시점(a point in time)에 충족될 수도 있고 일정기간(over a period)에 걸쳐 충족될 수도 있다. 수행의무가 한 시점에 충족되면 수행의무를 충족한 시점에 수익을 인식하고, 일정기간에 걸쳐 충족되면 일정기간에 걸쳐 수익을 인식한다.

수행의무를 일정기간에 걸쳐 인식하기 위해서는 다음 중 하나를 충족해야 하며, 그렇지 않으면 한 시점에 인식해야 한다.

① 기업이 업무를 수행하는 대로 고객이 효익을 동시에 얻고 소비(예 : 청소 용역, 케이블TV 용역, 임대수익, 이자수익, 접근권 라이선스수익 등)
② 기업이 만들거나 가치를 높이는 대로 그 자산을 고객이 통제(예 : 고객의 소유지에서 제작하는 자산)
③ 기업이 업무를 수행하여 만든 자산은 그 기업 자체에는 대체 용도가 없고, 지금까지 업무수행을 완료한 부분에 대해서는 집행가능한 대금지급청구권이 있음(예 : 주문제작 자산)

한 계약에 두 개 이상의 수행의무가 포함된 경우에는 각각의 수행의무가 충족되었을 때 해당 수익을 인식해야 한다. 따라서 한 계약에 포함된 복수의 수행의무가 있는 경우 수행의무 모두가 한꺼번에 인식되는 것이 아니라 각각의 수행의무의 충족여부에 따라 서로 다른 시점 또는 기간에 수익으로 인식될 수 있다.

예제 12-7 수행의무의 충족에 따른 수익의 인식

명주테크(주)는 인터넷기반 게임을 할 수 있는 기계인 MJ-Box와 일정기간 동안 인터넷에서 게임을 할 수 있는 사용권을 고객들에게 1년 단위로 판매한다. MJ-Box와 1년간 게임사용권은 개별적으로 판매할 경우 각각 ₩24,000과 ₩6,000에 판매한다. 1년 이상의 고객은 사용권만 매년 ₩6,000에 갱신할 수 있다. 20×1. 10. 1에 명주테크(주)는 100명의 고객에게 기계와 1년간 게임사용권을 패키지로 ₩27,000씩에 판매하였다. 명주테크(주)는 패키지 거래에 MJ-Box판매와 게임사용권의 판매라는 두 개의 수행의무가 있다고 본다.
명주테크(주)가 20×1. 10. 1의 판매와 회계기말인 20×1. 12. 31에 기록할 거래를 회계처리하라.

해답

1) 20×1. 10. 1의 판매에 대한 회계처리

(차)	현 금	2,700,000	(대) 매 출 수 익	2,160,000*
			선 수 수 익	540,000**

* MJ-Box에 배분된 거래가격 = 100개 × ₩21,600 = ₩2,160,000
** 게임사용권에 배분된 거래가격 = 100개 × ₩5,400 = ₩540,000
(MJ-Box는 인도시점에 수행의무가 충족되었기 때문에 10월 1일에 매출수익을 인식하고, 게임사용권은 향후 12개월에 걸쳐서 게임수익으로 인식)

2) 20×1. 12. 31 게임사용권의 기간수익인식

(차)	선 수 수 익	135,000	(대) 게 임 수 익	135,000*

* ₩540,000 × 3/12 = ₩135,000

3 기타 수익인식 문제

(1) 자산사용의 허용

자산을 타인에게 사용하게 함으로써 발생하는 이자수익, 임대수익, 로열티수익 등은 경제적 효익의 유입가능성이 높고, 수익금액을 합리적으로 측정가능한 경우에 인식한다. 이러한 거래는 계속적으로 인도(자산의 계속적인 사용 등)가 이루어지며, 수익은 시간의 경과에 따라 또는 자산의 사용에 따라 가득된다. 따라서 해당 거래의 특성을 반영하여 다음과 같이 인식한다.

- 이자수익은 유효이자율을 적용하여 발생기준에 따라 인식한다.
- 임대수익은 기간의 경과에 따라 수익을 인식한다.
- 로열티수익[6]은 관련된 계약의 경제적 실질을 반영하여 발생기준에 따라 인식한다.

6) 로열티수익이란 산업재산권이나 컴퓨터 소프트웨어 등과 같은 무형자산의 사용대가를 말한다.

라이선스는 기업의 지적재산에 대한 고객의 권리를 설정한다. 라이선스 계약에 따른 고객의 권리는 사용권과 접근권으로 구분하고, 사용권은 라이선스 부여시점에, 접근권은 라이선스 기간에 걸쳐 수익을 인식한다. 사용권(right to use)은 라이선스를 부여한 시점에 고객에게 통제권이 넘어가고 라이선스 기간 중 변하지 않는 지적재산을 있는 그대로 사용할 수 있는 권리를 의미한다. 접근권(right to access)은 라이선스 기간 전체에 걸쳐 기업의 업데이트 활동으로 변하는 지적재산에 고객이 접근할 수 있는 권리를 의미한다. 기업이 지적재산에 계속 관여하고 유의적 영향을 미치는 활동을 한다면 지적재산은 변하며, 라이선스 부여시점에 고객이 통제하지 못하기 때문에 기간에 걸쳐 수익을 인식한다.

예제 12-8 사용권과 접근권의 판매

세기음악(주)는 두 가지 형식의 음원판매를 한다. 첫째 방식은 CD 형식의 판매로서 CD당 ₩20,000에 판매하는 방식이고, 둘째 방식은 고객들로 하여금 회사의 웹사이트에 접속하여 2년 기간 동안 음악을 다운로드하여 사용하는 권리를 ₩120,000에 판매하는 방식이다. 이 두 가지 음원의 판매는 모두 현금 판매이다.

세기음악(주)는 20×1년 1월중에 CD 100개를 판매하였으며, 다운로드 방식 권리 10개를 판매하였다. 이 두 가지 판매에 대하여 세기음악(주)가 20×1년 1월중에 필요한 회계처리를 하라. 단, 편의상 다운로드 방식 권리는 모두 20×1. 1. 1에 판매되었다고 가정한다.

해답

CD 형식 판매는 사용권의 판매이며, 시점수익인식을 적용한다. 한편, 다운로드 형식 음원판매는 접근권의 판매이며, 기간수익인식을 적용한다. 따라서 다음과 같이 회계처리한다.

1) 20×1년 1월 CD 음원판매에 대한 회계처리

(차) 현　　금	2,000,000	(대) 음원판매수익	2,000,000

2) 20×1. 1. 1 다운로드 음원판매에 대한 회계처리

(차) 현　　금	1,200,000	(대) 선수수익-접속권	1,200,000

3) 20×1. 1. 31 다운로드 음원판매의 기간수익인식

(차) 선수수익-접속권	50,000	(대) 음원판매수익	50,000*

* ₩1,200,000 × 1/24 = ₩50,000

(2) 상품권의 판매

상품권을 판매하면 미래에 인도할 상품에 대해 현금을 선수하였다는 것을 의미한다. 따라서 아직 의무이행을 충족하지 않았기 때문에 수익을 인식해서는 안 되고 이를 이연(선수)수익이라는 부채로 기록해야 한다. 나중에 상품권을 고객이 사용하여 상품이 고객에게 인도되었을 때 수익을 인식하고 이연수익을 제거한다.

예제 12-9 상품권 판매

잰더(주)는 20×1. 12. 1에 상품권 ₩500,000어치를 발매하였으며, 20×1. 12. 24에 동 상품권과 현금 ₩100,000을 받고 상품을 판매하였다. 상품권발매일과 상품판매일에 필요한 회계처리를 하라.

해답

일 자	분 개			
20×1. 12. 1 (상품권발매)	(차) 현 금	500,000	(대) 이 연 수 익	500,000
20×1. 12. 24 (상품판매)	(차) 이 연 수 익 현 금	500,000 100,000	(대) 매 출 수 익	600,000

(3) 대리인에 의한 재화의 판매

판매자가 주인(principal) 자격이 아니라 대리인(agent) 자격으로 재화를 판매하는 경우에는 판매가액 총액을 수익으로 계상할 수 없으며, 판매수수료만을 수익으로 인식해야 한다. 다음과 같은 예가 이에 해당한다.

① 백화점과 같이 직영하지 않는 임대매장에서 발생하는 매출은 백화점의 매출이 아니므로 임차인으로부터 수취하는 임대료 또는 수수료만을 수익으로 인식해야 한다.

② 위수탁관계에 따라 위탁자를 대신하여 수탁인이 고객에게 재화를 판매한다거나 수출업무를 대행하는 종합상사는 판매를 위탁하는 회사를 대신하여 재화를 판매하는 것이므로 판매수수료만을 수익으로 계

상해야 한다.

③ 제품공급자로부터 받은 제품을 인터넷상에서 중개판매하거나 경매하고 수수료만을 수취하는 인터넷쇼핑몰 운영회사는 관련 수수료만을 수익으로 인식해야 한다.

실무적으로는 회사가 주인 자격 또는 대리인 자격으로 거래의 당사자로서 역할을 수행하고 있는지 판단하기 어려운 경우가 많다. 이는 거래와 관련된 여러 요인과 상황을 고려하여 판단해야 하는데, 다음에 예시된 지표(총액인식의 주요 지표)를 이용할 수 있다.

[총액인식의 주요 지표]

① 기업이 거래의 당사자로서 재화나 용역의 제공에 대한 주된 책임을 부담한다. 즉, 기업이 판매계약 이행에 대한 책임을 진다.
② 고객이 주문하기 전후나 인도 중에 또는 반환시점에 기업이 재고위험을 부담한다.
③ 기업이 직접적으로나 간접적으로 가격결정 권한을 갖는다.
④ 기업이 고객으로부터 수취할 금액에 대하여 고객의 신용위험을 부담한다.

위탁판매(consignment sales)란 위탁자(주인)가 자기의 상품을 수탁자(대리인)에게 위탁하여 판매하고 수탁자에게 일정액의 수수료를 지급하는 판매형태이다. 위탁판매에서는 위탁자가 수탁자에게 상품을 인도한 시점과 수탁자가 수탁상품을 소비자에게 판매한 시점이 다르다. 상품이 판매되기 전까지 재고자산의 소유권을 위탁자가 가지고 있고, 수탁자는 단지 판매활동을 대행할 뿐이다. 따라서 위탁자는 재고자산을 발송할 때에는 재고자산을 감소시키면서 동시에 이를 적송품으로 대체한다. 또한 위탁에 직접 관련된 부대비용, 예를 들면 위탁상품발송비 등도 적송품에 가산한다.

수익은 수탁자가 위탁품을 제3자에게 판매한 날에 인식하고, 동시에 적송품을 매출원가로 대체한다.

예제 12-10 위탁판매

양주(주)는 일부 지역에 대하여 세탁기를 위탁판매방식으로 판매하고 있다. 20×1. 7. 1에 세탁기 10대를 1대당 ₩500,000에 판매하도록 장흥(주)에 발송하였다. 발송비 ₩120,000은 현금으로 지급하였다. 수탁판매료는 1대당 ₩50,000이다. 장흥(주)는 20×1. 9. 30까지 8대의 세탁기를 판매하고, 양주(주)에 계속하여 판매현황을 보고하였다. 또한, 20×1. 10. 15에 수수료를 차감한 금액을 양주(주)에 송부하였다. 이 세탁기의 원가는 1대당 ₩350,000이다. 양주(주)와 장흥(주)가 위탁품과 관련하여 필요한 분개를 하라.

해답

일 자	양주(주)-위탁자			장흥(주)-수탁자		

20×1. 7. 1
(적송시)
	적 송 품
	  재 고 자 산
	  현 금
		3,620,000	
			3,500,000
			120,000
				- 분개 없음(비망기록) -		

20×1. 7. 1
~
9. 30(매출시)
	매 출 채 권
	위탁수수료
	  위 탁 매 출
	위탁매출원가
	  적 송 품
	* (₩3,500,000 + ₩120,000) × 8/10
		3,600,000
		400,000
		
		2,896,000
			
			4,000,000
			
			2,896,000*
				현 금
				  수 탁 매 출#
				  수수료수익
				# 수탁자가 기록한 수탁매출은 부채계정임.
					4,000,000	
						3,600,000
						400,000

20×1. 10. 15
(대금정산)
	현 금
	  매 출 채 권
		3,600,000	
			3,600,000
				수 탁 매 출
				  현 금
					3,600,000	
						3,600,000

한편, 인터넷쇼핑몰과 같이 수탁자가 판매자를 대신하여 고객에게 제품을 판매하면 판매회사가 직접 상품을 고객에게 배송하는 경우에는 적송품회계가 적용되지 않는다. 이때에는 판매자가 판매시점에 매출수익을 인식하고 배송비를 판매비로 회계처리한다.

예제 12-11 인터넷 대행 판매

양주(주)는 세탁기를 인터넷쇼핑몰을 이용하여 위탁판매하고 있다. 20×1. 7. 1에 인터넷쇼핑몰을 통하여 세탁기 8대를 1대당 ₩500,000에 판매하였다. 계약에 따라 판매대금의 회수는 양주(주)의 책임이며 판매금액의 10%를 판매수수료로 인터넷쇼핑몰에 지급하도록 되어 있다. 한편, 택배회사와 계약하여 판매일에 즉시 상품을 배송하는 조건으로 세탁기 1대당 배송비 ₩12,000을 지급한다. 이 세탁기의 원가는 1대당 ₩350,000이다. 양주(주)는 매월 말일에 인터넷쇼핑몰과 택배회사에 각각 판매수수료와 배송비를 지급한다.
양주(주)와 인터넷쇼핑몰이 제품의 판매와 관련하여 필요한 분개를 하라.

해답

일 자	양주(주)			인터넷쇼핑몰		
20×1. 7. 1 (매출시)	매 출 채 권	4,000,000		수수료채권	400,000	
	매 출 수 익		4,000,000	수수료수익		400,000
	매 출 원 가	2,800,000				
	재 고 자 산		2,800,000			
	판매수수료	400,000				
	수수료채무		400,000			
	배 송 비	96,000				
	배송비채무		96,000			
20×1. 7. 31 (대금정산)	수수료채무	400,000		현 금	400,000	
	배송비채무	96,000		수수료채권		400,000
	현 금		496,000			

(4) 프랜차이즈수익

프랜차이즈(franchise) 거래는 특정 상품이나 용역 등을 일정한 지리적 관할권 내에서 독점적으로 사용하여 영업을 하는 것을 조건으로 프랜차이즈 본사와 가맹점 간에 계약을 체결하여 영업을 하는 것을 말한다. 맥도날드, 피자헛, KFC, 롯데리아, 스타벅스, BBQ치킨 등이 대표적인 프랜차이즈 업체이다.

프랜차이즈 거래는 다양한 형태와 복잡성을 갖기 때문에 일률적으로 파악하기 어렵다. 따라서 프랜차이즈 본사가 가맹점에 제공하는 권리, 창업지원용역의 조건과 대가, 운영지원용역의 조건과 대가, 프랜차이즈 본사가 가맹점에 제공하는 용역의 종류(가맹점 위치선정, 유형자산의 획득, 광고, 직원교육, 품질관리, 회계처리 등) 등을 고려하여 수익을 인식해야 한다.

프랜차이즈 본사가 가맹점에 제공하는 용역의 대가로 받는 수익은 크게 창업지원수익과 운영지원수익으로 구분할 수 있다. 이들 용역을 제공하면서 받는 수익은 용역이 제공됨에 따라 수익으로 인식하는 것이 원칙이다. 따라서 창업지원수익은 계약시점에 일반적으로 이연수익으로 처리하며, 가맹점이 개점할 때 용역제공의무가 이행되었다고 보고 용역수익을 인식한다. 한편, 운영지원용역은 일정기간 단위로 제공되기 때문에 용역이 제공된 시간에 수익으로 인식한다.

예제 12-12 프랜차이즈 수익인식

20×1. 1. 1에 수나어린이집은 프랜차이즈를 제공하기로 하고 한 계약자와 프랜차이즈 창업지원수수료로 ₩50,000을 받기로 계약했다. 창업지원수수료 중 ₩10,000은 계약시점인 20×1. 1. 1에 회수하고 나머지 ₩40,000은 20×3. 12. 31에 만기가 되는 약속어음을 받았으며, 약속어음 이자율은 프랜차이즈계약 당시의 시장이자율과 동일한 5%를 매년말에 지급받기로 하였다. 창업지원용역의 내용은 계약자에게 장소물색, 종업원훈련 및 기타 창업관련지원용역을 제공하는 것이다. 계약자는 수나어린이집의 창업지원용역을 받아 20×1. 9. 1에 어린이집 사업을 개시하였다. 또한 창업지원계약과는 별도의 운영지원계약을 통하여 계약자에게 매년말에 ₩5,000의 대가를 받고 운영지원용역을 제공하기로 했다. 수나어린이집이 20×1년에 프랜차이즈거래와 관련하여 필요한 분개를 하라.

해답

1) 20×1. 1. 1 (계약시점의 회계처리)

(차) 현 금	10,000	(대) 이 연 수 익	50,000
장기성받을어음	40,000		

(주) 아직 창업지원용역의무를 이행하지 않아서 전액 이연수익(부채)으로 인식한다. 한편, 장기성받을어음은 표시이자율과 시장이자율이 동일하므로 액면금액을 장부금액으로 기록하며, 현재가치할인차금은 없다.

2) 20×1. 9. 1 (의무이행에 따른 창업지원수익의 인식)

(차) 이 연 수 익	50,000	(대) 창업지원수익	50,000

3) 20×1. 12. 31 (운영지원수익과 이자수익의 인식)

(차) 현 금	5,000	(대) 운영지원수익	5,000
(차) 현 금	2,000*	(대) 이 자 수 익	2,000

* ₩40,000 × 5% = ₩2,000

(5) 진행기준

선판매-후제조 판매의 경우에는 판매가 먼저 이루어지고 나중에 생산, 제조, 용역제공 등의 의무이행활동이 이루어진다. 이 경우에는 ① 진행률의 합리적인 추정이 가능하고, ② 거래와 관련된 원가를 신뢰성 있게 측정가능하면 의무이행활동이 이루어지는 기간에 걸쳐 진행기준을 적용하여 수익을 인식한다. 진행기준에 대해서는 〈보론 12A〉에서 상세히 다루고 있다.

(6) 판매시점 이후의 수익인식 문제

판매대가의 회수는 불확실성이 높은 경우를 제외하고 수익의 인식시점 또는 인식시기에 영향을 미치지 않는다. 예를 들면 장기할부매출은 장기간에 걸쳐서 할부금을 회수하므로 할부금 회수에 큰 불확실성이 존재할 수 있고, 이에 따라서 판매시점에서 대가의 회수가능성에 대해 확신이 높지 않을 수 있다. 판매대가의 회수에 대한 불확실성이 높은 경우에는 매출채권이 자산의 정의(미래 경제적 효익의 가능성이 높아야 함)를 충족할 수 없기 때문에 높은 불확실성의 문제가 해소되기 전까지는 수익의 인식을 정당화하기 어렵다.[7] 그러나 판매대가의 회수에 대해 통상적인 수준의 대손가능성이 있는 경우에는 매출채권에 대한 대손회계를 반영하면 되기 때문에 판매시점에 수익을 인식한다. 이런 이유로 K-IFRS에서는 판매시점 이후에 수익을 인식하는 것을 원칙적으로 인정하지 않고 있다.

(7) 구매자의 요청에 의한 재화의 인도지연

구매자의 요청에 의해 재화의 인도가 지연되고 있으나, 구매자에게 소유권이 이전되는 대금청구-인도지연 판매('bill and hold' sale)는 다음 조건이 모두 충족되면 구매자에게 소유권이 이전되는 시점에 수익을 인식한다.

① 재화가 인도될 가능성이 높다.
② 판매를 인식하는 시점에 판매자가 해당 재화를 보유하고 있고, 재화가 식별되며, 구매자에게 인도할 준비가 되어 있다.

---

7) 예를 들어, 구매자의 대금지불가능성을 예측하기 어렵거나 현금회수를 위해 상당한 양의 노력을 투입해야 하는 경우 수익인식을 이연한다. 또한 미래에 발생할 환불이나 반품을 합리적으로 예측할 수 없는 경우에도 수익의 인식을 이연한다. 이때 유의할 것은 고객으로부터의 현금회수가능성이 불확실한 경우에 대손율을 합리적으로 추정할 수 있는가의 여부는 대손율의 높고 낮음과는 직접적으로 관련이 없다. 대손율이 높더라도 대손율을 합리적으로 추정할 수 있으면 판매시점에 수익을 인식하고, 불확실성이 높아 대손율을 합리적으로 추정할 수 없으면 불확실성이 해소된 시점에 수익을 인식한다.

③ 재화의 인도 연기에 대하여 구매자의 구체적인 확인이 있다.
④ 통상적인 대금지급조건을 적용한다.

(8) 지분법이익

한 회사가 다른 회사에 대해 중대한 영향력을 발휘할 수 있는 정도(통상 20~50%의 범위[8])의 의결권 있는 주식(보통주)을 소유하는 경우 지분법을 적용하여 관계회사가 당기손익을 보고할 때 지분법적용투자수익을 수익으로 인식한다. 지분법회계는 지분투자에 따른 수익의 인식을 현금으로 배당받을 때까지 기다리지 않는다는 점에서 현금주의가 아니라 발생주의 개념에 근거하여 투자수익을 인식하는 방법이다. 지분법회계는 독특한 측정속성에 근거한다고 볼 수 있다. 지분법회계는 다음과 같이 한다.

- 최초투자시에는 투자원가로 투자주식을 기록한다.
- 관계회사가 당기손익을 보고하면 지분에 비례하여 지분법손익을 인식하고 투자주식을 증감시킨다.
- 관계회사로부터 배당을 받으면 투자주식을 감소시키는 회계처리를 한다.

K-IFRS에서는 손익계산서상에 지분법손익을 별도로 보고할 항목으로 지목하고 있다.

예제 12-13 지분법이익

서울(주)는 20×1. 1. 1에 강남(주)의 보통주 30%를 ₩300,000에 취득하였다. 강남(주)는 20×1. 12. 31에 ₩120,000의 당기순이익을 보고하였으며, 20×2. 3. 31에는 총 ₩50,000의 배당을 지급하였다. 서울(주)는 강남(주)의 투자에 대하여 지분법을 적용한다. 지분법투자와 관련하여 주어진 정보에 근거하여 서울(주)가 필요한 회계처리를 하라.

---

8) 50%를 초과하여 다른 회사의 의결권 있는 주식을 보유하면 투자회사는 피투자회사를 통제하기 때문에 피투자회사는 자회사(subsidiary)라고 부른다. 이 경우 투자회사는 자회사를 포함하여 연결재무제표를 작성하기 때문에 연결회계(consolidation accounting)를 적용한다. 한편, 20% 미만의 의결권 있는 주식을 보유하는 경우 반증이 없는 한 중대한 영향력을 행사할 수 없다고 보아 공정가치회계(fair value accounting)를 적용한다. 따라서 지분법회계(equity method accounting)는 반증이 없는 한 의결권 있는 주식의 20%에서 50% 사이를 보유할 때 중대한 영향력을 행사할 수 있다고 가정하여 적용하는 회계이다.

해답

1) 20×1. 1. 1 (지분법적용 투자자산의 취득)

(차) 투 자 자 산	300,000	(대) 현 금	300,000

2) 20×1. 12. 31 (지분법이익의 인식)

(차) 투 자 자 산	36,000	(대) 지분법이익	36,000*

* ₩120,000×30%=₩36,000

3) 20×2. 3. 31 (배당금수령의 인식)

(차) 현 금	15,000	(대) 투 자 자 산	15,000*

* ₩50,000×30%=₩15,000

제 3 절 비용과 손실의 인식

비용은 특정 회계기간중에 발생한 경제적 효익의 소비나 소멸을 인식하는 것이다. 비용인식의 일반원칙은 "경제적 효익이 유출·소비됨으로써 자산이 감소하거나 부채가 증가하고 그 금액을 신뢰성 있게 측정할 수 있을 때 인식한다"는 것이다. 이에 따라 비용은 기업실체가 경영활동을 영위하는 과정에서 경제적 효익이 소비되는 시점이나 경제적 효익이 소멸되었다고 판단되는 시점에서 인식된다.

원가와 비용은 동일어로 사용되기도 하나 엄격한 의미에서는 구분되는 개념이다. 원가는 재화나 용역을 취득한 대가로 지급한 가액이라고 할 수 있고, 이것이 소비 또는 사용되거나 그 가치가 상실된 경우에는 소멸원가(expired costs)로서 비용 또는 손실이 되지만, 소비 또는 사용되지 않은 상태로 남아 있게 되면 미소멸원가(unexpired costs)로서 자산이 된다. 즉, 비용은 수익창출과정에서 소멸된 원가이고, 원가란 재화나 용역을 구입하는 데 소요된 금액이다.

원가는 크게 두 가지로 구분할 수 있는데, 하나는 제품원가이고 다른 하나는 기간원가이다. 제품원가(product costs)란 제품 및 용역의 산출에 직접 소요된 원가로서 원재료원가, 인건비원가 및 제조간접원가로 구성된다. 이는 제품 또는 용역의 제조원가로 기록하여 그 제품이 판매되거나 용역이 제공된 기간에 매출원가로 인식되므로 이들이 발생한 기간에 비용으로 인식될 수도 있고(발생한 기간에 관련 제품이 판매된 경우) 자산으로 기록한 후에 차후 기간에 비용으로 인식될 수도 있다(발생한 이후의 기간에 관련 제품이 판매된 경우). 기간원가(period costs)는 원가와 수익 간에 직접적인 관련을 지을 수가 없기 때문에 발생한 기간에 비용으로 바로 인식하는 원가이다.

1 비용의 인식

회계상 비용을 인식함에 있어서 전통적으로 "비용은 관련 수익에 따라서 인식하라"는 원칙을 사용해 오고 있는데, 이것이 소위 수익·비용 대응의 원칙(matching principle)이다. 비용은 현금지출 기간에 따라 인식되는 것이 아니고 수익을 창출하는 데 기여했다고 인정되는 기간에 인식한다. 한 기간의 경제적 효익의 소비로 표현되는 비용은 기중에 창출된 수익과 직접 또는 간접 대응시켜 인식할 수 있다. 비용은 관련된 수익이 인식되는 회계기간에 인식되어야 수익에서 이와 관련된 비용이 차감되어 정확한 당기손익을 계산할 수 있다. 비용이 언제 수익의 창출에 기여했는지를 파악하기 어려운 경우가 간혹 있으나 대부분의 경우에는 이의 대응이 어렵지 않게 이루어질 수 있다.

(1) 직접대응

수익과 비용의 대응은 노력(비용)을 결과(수익)에 대응시키는 논리이므로 가능하다면 직접대응(direct matching)시키는 것이 합리적이다. 매출원가는 매출액과 직접 대응시키는데, 이로써 매출원가라는 비용이 매출액이라는 수익의 인식기간과 동일한 기간에 인식된다. 오늘날 일반적으로 사용되는 손익계산서는 매출액에 직접 대응되는 비용인 매출원가를 차감하여 매출총이익을 표시한다.

(2) 간접(기간)대응

어떤 지출이 수익창출에 기여할 것은 확실하나 특정한 수익과 관련짓기가 어렵거나 수익창출을 기대하기 어려울 것으로 판단되면 발생시점에 비용으로 인식한다. 이를 간접대응(indirect matching) 또는 기간대응(period matching)이라고 하며 임원급여, 광고비, 판매촉진비 등의 판매비와 관리비가 여기에 해당한다. 판매비와 관리비에 관련된 재화나 용역은 일반적으로 취득과 동시에 또는 취득 직후에 소비되므로 취득시점에 비용을 인식한다.

(3) 원가의 체계적 · 합리적 배분

때로는 체계적이고 합리적인 방법으로 원가를 배분하여 비용으로 인식하고 이를 수익에 대응시키는 방안을 강구해야 한다. 대표적인 예로 유형자산의 원가는 해당 자산이 효익을 제공하리라고 기대되는 기간에 걸쳐 체계적인 방법으로 배분되어야 한다. 유형자산에 대한 지출은 장기에 걸쳐 수익창출에 기여할 것이므로 궁극적으로 모두 비용이 될 것이나 우선 원가를 자산으로 기록한 후 이 자산이 수익을 창출하는 데 기여한 기간에 걸쳐 체계적인 방법으로 감가상각을 통하여 비용화시킨다. 직접대응과 기간대응은 상호 배타적인 개념이다. 그러나 원가의 체계적 배분의 결과로 배분된 금액이 제조설비의 감가상각비인 경우 제품원가로 포함되었다가 나중에 매출원가에 포함되지만, 판매 및 관리 부서에서 발생한 비품의 감가상각비는 판매비와 관리비에 반영된다. 따라서 감가상각비는 직접대응되는 비용이 될 수도 있고, 간접대응되는 비용이 될 수도 있다.

2 손실의 인식

상응하는 경제적 효익의 증가 없이 자산의 미래 경제적 효익이 감소 또는 소멸되었거나 부채가 발생한 것이 명백해진 경우에는 이를 손실로 인식한다. 예컨대 금융자산평가손실, 화재손실 등을 발생한 기간에 인식하는 것은 해당 자산의 경제적 효익이 감소되었거나 소멸된 경우이다. 이러한 항목은 수익창출에 기여하지 못하고 자산성을 상실하게 되어 발생시 손실로 인식하면 된다.

보론 12A 진행기준 수익인식

1 진행기준의 의의

고객과의 계약부터 완성까지 장기간이 소요되는 건설계약이나 용역계약의 수익과 비용을 진행기준에 의해서 인식한다. 건물, 교량, 도로, 터널, 조선, 발전설비, 장기성 용역계약 등과 같이 계약체결 후 해당 자산을 고객에게 이전하기까지 장기간이 소요되는 계약에 대해서는 조건이 충족되는 경우 진행기준을 적용해야 한다. 진행기준이란 계약의 완성 정도에 따라서 계약기간중에 수익과 비용을 인식하는 방법이다.

진행기준에 의한 수익인식은 다음과 같은 이유에서 특정 회계기간의 의무수행활동과 성과의 정도에 대한 유용한 정보를 제공한다고 본다.

① 거래가 발생하는 기간에 거래의 영향을 보고함으로써 발생주의 회계의 목적을 달성할 수 있다.
② 특정 회계기간에 발생한 기업활동의 결과를 나타낼 수 있으므로 목적적합한 회계정보를 제공할 수 있다.
③ 용역제공거래나 건설계약에서와 같이 수익금액과 고객이 이미 정해져 있다면, 의무이행활동이 진행됨에 따라 창출한 수익과 발생한 비용을 인식함으로써 기업활동의 성과를 잘 반영할 수 있다.

2 건설계약형 고객과의 계약

건설계약형 고객과의 계약은 교량, 건물, 댐, 파이프라인, 도로, 정제시설, 기계장치, 선박 또는 터널과 같은 자산을 건설하기 위하여 구체적으로 협의된 계약을 의미한다. 건설계약에 따라서 건설공사가 수행되는 가장 대표적인 것이 도급공사이다. 도급공사에서 건설사업자는 건설공사의 완성을 약정하고,

발주자가 그 결과에 대하여 대가의 지급을 약정한다.

3 계약수익과 계약원가의 인식

계약수익과 계약원가는 보고기간말 현재 계약활동의 진행률을 기준으로 각각 수익과 비용으로 인식한다. 건설계약의 수익과 비용을 진행기준에 따라서 인식할 수 있는 이유는 건설계약의 특성이 건설계약내용을 완료하고 이를 발주자에게 인도(판매)하기 이전에 수익인식요건을 만족시킬 수 있기 때문이다.

건설계약에서는 건설공사의 인도(판매)가 보장되기 때문에 건설활동의 진행으로 수행의무가 점진적으로 이행되어 수익의 가득요건이 충족된 것으로 볼 수 있다. 따라서 계약활동의 진척 정도에 따라서 수익을 인식하는 진행기준을 적용할 수가 있는 것이다.

진행기준을 적용하는 계약의 형태에 따라 이용되는 계정의 명칭은 〈표 12A-1〉과 같이 다르게 사용될 수 있다. 여기에서는 설명의 편의상 건설공사계약에 해당하는 용어들을 주로 사용하기로 한다.

▶ 표 12A-1
진행기준 관련 계정의 용어비교

관련계정	건설공사계약	용역의 제공
수　익	계약수익	용역수익
원　가	계약원가	용역원가
재 공 품	미성공사	미성용역
계약대금의 청구	진행청구액	진행청구액
계약대금 미수액	공사매출채권	공사매출채권

(1) 진행률의 결정

진행기준에서는 진행률에 비례하여 수익, 비용 및 이익을 측정한다. 진행률은 산출법과 투입법 중 합리적인 방법을 사용하도록 되어 있는데 통상 투입법의 일종인 원가법을 사용한다.[9] 단, 기업은 수행한 공사를 신뢰성 있게 측

9) 건설계약수익의 실현이 수행한 공사의 측량치나 물리적 완성비율과 밀접한 비례관계에 있으면, 이를 기준으

정하는 방법을 사용하여 진행률을 계산해야 한다.

원가법에 의한 당기까지의 누적진행률은 당기까지 누적된 계약원가 발생액을 가장 최근에 추정한 총계약원가로 나누어 계산한다.

$$\text{누적진행률} = \frac{\text{(당기까지 누적된) 실제계약원가 발생액}}{\text{(가장 최근에 추정한) 추정총계약원가}}$$

추정총계약원가는 재무보고일 현재 이미 발생한 계약원가와 향후 건설계약을 완료하기 위해 추가적으로 소요될 계약원가를 합한 금액을 말한다. 추정총계약원가를 정확히 계산하기 위해서는 건설계약 수행과정에서 얻을 수 있는 새로운 정보를 계속 반영해야 한다. 그리고 만약 추정총계약원가의 금액이 수정될 경우에는 해당 회계기간에 진행률을 다시 산정해야 한다.

(2) 당기계약수익과 당기계약원가의 산출

계약수익과 계약원가는 보고기간말 현재 계약활동의 진행률을 기준으로 각각 수익과 비용으로 인식한다. 당기 계약수익과 계약원가를 구하는 산식은 다음과 같다.

당기계약수익 = 총계약수익 × 누적진행률 − 전기말까지 인식한 계약수익
당기계약원가 = 추정총계약원가 × 누적진행률 − 전기말까지 인식한 계약원가

당기계약원가는 원가법을 이용하여 진행률을 구할 경우 보고기간 동안 실제 발생한 계약원가와 동일하다. 그러나 다른 방법으로 진행률을 구할 경우 당기계약원가와 보고기간 동안 실제 발생한 계약원가는 다를 수 있다.

로 진행률을 계산할 수도 있다. 즉, 원가법에 대한 예외도 인정하고 있다. 그러나 발주자에게서 수령한 기성금과 선수금은 수행한 공사의 정도를 반영하지 못하므로 진행률 계산의 기준으로 사용할 수 없다.

(3) 회계처리

건설계약의 진행과정에서 발생한 재료비원가, 노무비원가, 제조간접비원가 등의 계약원가는 미성공사(construction in progress)계정에 기록한다. 미성공사는 제조업의 회계처리에서 재공품(works-in-process)과 같은 성격을 갖는다. 미성공사는 건설계약이 완성되어 발주자에게 인도되기 전까지 발생한 누적원가를 포함한다. 그리고 최종적으로 건설계약이 완료되어 발주자에게 자산이 인도될 때 장부에서 제거한다.

계약대금을 청구할 때에는 차변에 공사매출채권을 인식하고, 대변에 진행청구액이라는 계정을 기록한다. 계약대금을 회수하면 공사매출채권을 감소시키는 회계처리를 한다.

회계기말에는 진행기준에 따라서 계약수익과 계약원가를 인식한다. 계약수익과 계약원가의 차이는 매출총손익과 같다. 즉, 계약수익이 계약원가보다 크면 그 차이 금액이 매출총이익이고, 계약수익이 계약원가보다 작으면 그 차이가 매출총손실이다. 그런데 건설계약의 회계처리에서는 이 차이를 미성공사로 기록하여, 앞서 회계기간중에 발생한 원가를 누적시킨 미성공사계정에 포함시킨다. 이는 사실상 아직 실현되지 않은 계약이익을 재고자산에 포함시켜 재고자산을 평가하는 것이다. 이에 따라 재고자산계정인 미성공사는 누적계약원가에 누적계약이익을 합한 가액으로 평가된다.

▶ 표 12A-2
진행기준에 의한 회계처리

내 용	분 개			
〈회계기간중의 처리〉				
계약원가의 기록	(차) 미 성 공 사	×××	(대) 재 료 비	×××
			노 무 비	×××
			경 비	×××
계약대금의 청구	(차) 공사매출채권	×××	(대) 진행청구액	×××
계약대금의 회수	(차) 현 금	×××	(대) 공사매출채권	×××
〈회계기말의 처리〉	진행률에 따라 계약수익과 계약원가를 인식한다.			
계약수익과 계약원가의 인식	(차) 계 약 원 가	×××	(대) 계 약 수 익	×××
	미 성 공 사*	×××		
	* 미성공사가 차변 잔액이면 계약이익(매출총이익)을 나타나고, 대변 잔액이면 계약손실을 나타낸다.			
계약완료시의 분개	(차) 진행청구액	×××	(대) 미 성 공 사	×××

예제 12A-1 진행기준의 회계처리

희망건설(주)는 20×1. 7. 1에 총계약금액이 ₩45,000인 교량건설공사를 수주하였다. 계약 당시 이 교량공사는 20×3년 10월에 완공될 예정이었으며, 계약원가는 ₩40,000으로 추정되었다. 그러나 실제로 발생한 총계약원가는 ₩40,500으로 증가하였으며, 이러한 공사비 증가는 20×2년에 추정되었다. 교량공사와 관련된 정보는 다음과 같다.

	20×1년	20×2년	20×3년
발생 누적계약원가	₩10,000	₩29,160	₩40,500
추정총계약원가	40,000	40,500	40,500
계약대금청구	9,000	24,000	12,000
계약대금회수	7,500	17,500	20,000

원가법을 이용하여 진행률을 산정하고 진행기준에 따라 회계처리를 하라.

해답

원가법을 이용한 매기별 진행률, 계약수익, 계약원가 및 회계처리는 다음과 같다.

항 목	20×1년	20×2년	20×3년
진행률	25% (=₩10,000÷₩40,000)	72% (=₩29,160÷₩40,500)	100% (=₩40,500÷₩40,500)
계약수익	₩11,250 (=₩45,000×25%)	₩21,150 (=₩45,000×72%−₩11,250)	₩12,600 (=₩45,000−(₩11,250+₩21,150))
계약원가	₩10,000 (=₩40,000×25%)	₩19,160 (=₩40,500×72%−₩10,000)	₩11,340 (=₩40,500−(₩10,000+₩19,160))

항 목	계정과목	20×1년 차변	20×1년 대변	20×2년 차변	20×2년 대변	20×3년 차변	20×3년 대변
① 계약원가의 기록 (누적시킴)	미 성 공 사	10,000		19,160		11,340	
	재료비, 노무비 등		10,000		19,160		11,340
② 계약대금청구의 기록	공사매출채권	9,000		24,000		12,000	
	진행청구액		9,000		24,000		12,000
③ 계약대금회수의 기록	현 금	7,500		17,500		20,000	
	공사매출채권		7,500		17,500		20,000
④ 계약수익과 계약원가의 인식	미 성 공 사	1,250		1,990		1,260	
	계 약 원 가	10,000		19,160		11,340	
	계 약 수 익		11,250		21,150		12,600
⑤ 건설계약의 완료	진행청구액	−		−		45,000	
	미 성 공 사		−		−		45,000

* ①~③은 기중의 회계처리를, ④는 기말에 진행률에 따라 수익과 비용을 계상하고 이익을 미성공사로 인식하는 회계처리를 나타낸다. ⑤는 공사가 완료된 시점의 회계처리이다.

(4) 완성기준

건설계약의 결과를 신뢰성 있게 측정하기 위해 필요한 요건을 충족시키지 못해 진행기준을 적용할 수 없는 경우에는 완성기준을 적용해야 한다. 완성기준은 계약이 완성되기 전까지는 계약수익과 이익을 인식하지 않고, 계약이 완성된 시점에 한꺼번에 수익과 이익을 인식하는 방법이다. 따라서 계약이 완성되기 전까지는 발생한 공사원가, 진행청구액과 그 회수액에 대해서는 진행기준과 동일한 회계처리를 한다. 그러나 계약이 완성되기 전에는 공사수익과 이익은 인식할 수 없다.

예제 12A-2 완성기준

희망건설(주)는 20×1. 7. 1에 계약액이 ₩45,000인 교량건설공사를 수주하였다. 계약 당시 이 교량공사는 20×3년 10월에 완공될 예정이었으나 재료비와 인건비 등의 극심한 불안정 때문에 계약원가가 어느 정도 소요되고 진행률이 어느 정도인지를 합리적으로 추정하기 어려운 상태에 있다. 실제 계약원가의 발생 및 계약대금의 회수에 대한 정보가 다음과 같다.

	20×1년	20×2년	20×3년
누적계약원가	₩10,000	₩29,160	₩40,500
계약대금청구	9,000	24,000	12,000
계약대금회수	7,500	17,500	20,000

위의 거래를 회계처리하라.

해답

계약원가 또는 진행률 등을 합리적으로 측정할 수 없으므로 완성기준을 적용하여 계약이 완성된 20×3년에 모든 계약수익과 계약손익을 일시에 인식한다.

1) 연도별 계약수익과 계약원가 산출

항 목	20×1년	20×2년	20×3년	계
계약수익	₩0	₩0	₩45,000	₩45,000
계약원가	(0)	(0)	(40,500)	(40,500)
계약손익	(₩0)	(₩0)	₩4,500	₩4,500

2) 회계처리

항 목	계정과목	20×1년		20×2년		20×3년	
계약원가의 기록	미 성 공 사	10,000		19,160		11,340	
	재료비 등		10,000		19,160		11,340
건설대금의 청구	공사매출채권	9,000		24,000		12,000	
	진행청구액		9,000		24,000		12,000
건설대금의 회수	현 금	7,500		17,500		20,000	
	공사매출채권		7,500		17,500		20,000
수익과 비용의 인식	미 성 공 사	—		—		4,500	
	계 약 원 가	—		—		40,500	
	계 약 수 익		—		—		45,000
진행청구액과 미성공사 상계	진행청구액	—		—		45,000	
	미 성 공 사		—		—		45,000

(5) 건설계약의 손실인식

건설계약을 실행하는 도중에 원재료의 가격이나 인건비 등의 상승으로 인하여 추정총계약원가가 총계약수익을 초과할 것으로 예상이 되면, 예상초과액을 전액 당기의 비용으로 인식하고 계약원가에 포함하여 보고한다. 계약은 체결했으나 공사를 아직 착수하지 않은 경우라도 손실이 예상되는 경우에는 즉시 비용으로 인식해야 한다.

전체 계약으로부터는 이익이 예상되나 추정총계약원가가 상승함으로써 계약수익이 낮아져서 당해 사업연도에 계약손실이 발생할 수가 있다. 이 경우에는 과거에 계약이익이 과대계상되었을 수도 있다. 이때에는 과거에 인식한 계약이익을 당기에 조정해야 하는데, 이는 회계추정의 변경으로 보아 과거 계약이익 과대계상액을 당해 사업연도에 인식할 계약수익과 계약원가에 반영하여 계약손실을 산출한다.

예제 12A-3 진행기준 – 공사진행중 일부 사업연도에 손실이 예상되는 경우

희망건설(주)는 20×1. 7. 1에 계약금액이 ₩45,000인 교량건설공사를 수주하였다. 계약당시 이 교량공사는 20×3년 10월에 완공될 예정이며 계약원가는 20×1년에는 ₩40,000으로 추정되었으나 20×2년 말 원자재 가격의 상승으로 ₩43,849으로 추정을 변경하였다.

	20×1년	20×2년	20×3년
누적계약원가	₩10,000	₩29,160	₩43,849
추정총계약원가	40,000	43,849	43,849
계약대금청구	9,000	24,000	12,000
계약대금회수	7,500	17,500	20,000

진행기준에 따라 회계처리를 하라.

해답

1) 연도별 계약수익과 계약원가 산출

누적진행률	20×1년 25%*	20×2년 66.5%***	20×3년 100%	합 계
계약수익	₩11,250**	₩18,675	₩15,075	₩45,000
계약원가	10,000	19,160	14,689	43,849
계약손익	₩1,250	(₩485)	₩386	₩1,151

* ₩10,000 ÷ ₩40,000 = 25%

** ₩45,000 × 0.25 = ₩11,250

*** 20×2년에는 계약원가 추정의 변경으로 누적진행률이 66.5%(= ₩29,160 ÷ ₩43,849)이다. 계약수익은 ₩18,675(= ₩45,000 × 66.5% − ₩11,250)이고, 계약원가의 발생액은 ₩19,160이므로 ₩485만큼의 계약손실이 발생한다.

2) 회계처리

항 목	계정과목	20×1년 (차)	20×1년 (대)	20×2년 (차)	20×2년 (대)	20×3년 (차)	20×3년 (대)
① 계약원가의 기록	미 성 공 사	10,000		19,160		14,689	
(발생시 누적시킴)	재료비, 노무비 등		10,000		19,160		14,689
② 계약대금 청구	공사매출채권	9,000		24,000		12,000	
	진행청구액		9,000		24,000		12,000
③ 계약대금 회수	현 금	7,500		17,500		20,000	
	공사매출채권		7,500		17,500		20,000
④ 계약수익과 계약비용의 인식	미 성 공 사	1,250		–		386	
	계 약 원 가	10,000		19,160		14,689	
	계 약 수 익		11,250		18,675		15,075
	미 성 공 사		–		485		–

(6) 계약자산과 계약부채의 재무상태표 표시

공사계약의 경우 존재하는 미성공사와 진행청구액이라는 두 가지 특수한 계정으로 인해 재무상태표상에 계약자산과 계약부채를 보고하는 방식 또한 특이하다. 미성공사와 진행청구액은 상호 차감계정이기 때문에 어느 금액이 더 많은지에 따라 두 계정잔액의 순액이 계약자산으로 보고될 수도 있고 계약부채로 보고될 수도 있다. 미성공사가 진행청구액을 초과하면 차액을 유동자산인 계약자산으로 보고하고, 반대로 진행청구액이 미성공사를 초과하면 그 차액을 유동부채인 계약부채로 보고한다. 따라서 공사계약의 경우에는 공사매출채권 외에 다음과 같이 미성공사와 진행청구액을 상계한 계약자산 또는 계약부채를 보고한다.

계약자산 (유동자산)		
미 성 공 사	×××	
진행청구액	(×××)	×××

계약부채 (유동부채)		
진행청구액	×××	
미 성 공 사	(×××)	×××

한편, 독립된 별도의 공사계약에서 발생한 계약자산 또는 계약부채는 서로 상계하여서는 안 된다.

예제 12A-4 공사계약의 계약자산 및 계약부채 보고

희망건설(주)는 20×1. 12. 31 현재 진행중인 공사계약이 두 개가 있다. 공사계약 A와 관련하여 미성공사와 진행청구액의 잔액이 각각 ₩20,000과 ₩14,000이 있고, 공사계약 B와 관련하여서는 미성공사와 진행청구액의 잔액이 각각 ₩3,000과 ₩5,000이 있다. 또한, 공사계약 A 및 공사계약 B와 관련하여서는 공사매출채권이 각각 ₩3,000과 ₩1,000이 있다.
희망건설(주)가 20×1. 12. 31 재무상태표에 보고해야 할 계약자산 및 계약부채를 보고하는 부분재무상태표를 작성하라.

해답

유동자산 :

공사매출채권	₩4,000
계약자산(미성공사 ₩20,000－진행청구액 ₩14,000)	₩6,000

유동부채 :

계약부채(진행청구액 ₩5,000－미성공사 ₩3,000) ₩2,000

공사계약 A와 B에서 발생한 계약자산 또는 계약부채는 서로 상계하여서는 안 된다. 따라서 공사계약 A는 미성공사가 공사청구액보다 ₩6,000이 많기 때문에 계약자산으로 보고하고, 공사계약 B는 공사청구액이 미성공사보다 ₩2,000이 많기 때문에 계약부채로 보고한다. 그리고 계약자산과 계약부채는 1년 또는 영업주기 중 긴 기간을 기준으로 유동·비유동을 구분하기 때문에 일반적으로 유동자산으로 보고한다. 그러나 공사매출채권은 이들 중 어느 계정과 상계 대상인 관계가 아니기 때문에 공사계약 A와 B의 매출채권을 합한 금액으로 하되 별도의 항목으로 보고한다.

재무제표 주석에는 ① 당기에 수익으로 인식한 계약수익금액, ② 당기에 인식한 계약수익의 결정방법, ③ 진행률의 결정방법을 공시한다. 그리고 보고기간말 현재 진행중인 계약과 관련해서 누적발생원가 및 누적손익, 선수금, 회수보류액도 공시해야 한다. 회수보류액(amount of retentions)은 계약에서 정하고 있는 지급전제조건이 모두 충족되거나 공사의 하자가 수정될 때까지 지급이 보류되고 있는 진행청구액을 말한다. 진행청구액은 발주자의 실제 지급 여부에 관계없이 계약상 수행한 공사에 대하여 청구한 금액이다. 선수금은 관련 공사가 수행되기 전에 발주자에게서 수령한 금액이다.

익힘문제

CHAPTER 12

1. 수익은 무엇을 의미하는가?

2. 차익은 수익과 어떻게 다르며 무엇을 의미하는가?

3. 수익으로 인식할 금액은 어떻게 측정하는가?

4. 수익가득과정과 수익인식 대안의 관계를 간략하게 설명하라.

5. 통상적인 판매형태에 따른 수인인식의 종류 및 인식시기를 설명하라.

6. 수익인식의 5단계를 간략하게 설명하라.

7. 고객과의 계약으로 보기 위해서는 어떤 기준을 충족해야 하는가?

8. 수행의무가 별도로 존재하는지를 판단하는 기준은 무엇인가?

9. 제품의 판매 또는 용역의 제공과 관련하여 기업이 고객에게 제공하는 보증의 유형에 대해 간단히 설명하고, 이들에 대한 회계처리의 차이점에 대해 설명하라.

10. 변동대가를 수익으로 인식하는 대안에 대해 간단하게 설명하라.

11. 한 계약에 두 개 이상의 수행의무가 존재하는 경우 거래가격을 배분하는 원칙에 대해 설명하라.

12. 한 계약에 두 개 이상의 수행의무가 존재하지만 그중 일부 수행의무에 대한 판매가격이 알려지지 않은 경우 거래가격을 수행의무에 배분하는 대안에 대해 설명하라.

13. 한 계약에 포함된 수행의무의 충족에 따른 수익은 모두 같이 인식하는가 아니면 개별적으로 충족 여부를 판단하여 인식하는가?

14. 고객이 자산을 통제하면 수행의무가 충족된 것으로 본다. 고객이 자산을 통제하는 지표들에는 어떤 것들이 있는가?

15. 수행의무는 한 시점에 충족될 수도 있고 일정기간에 걸쳐 충족될 수도 있다. 수행의무를 일정기간에 걸쳐 인식하기 위한 조건들은 무엇인가?

16. 일반적으로 수행의무는 언제 충족되었다고 보는가? 수행의무를 재화와 용역으로 구분하여 설명하라.

17. 금융요소가 중요한 복합거래의 수익은 언제 어떻게 인식하는가?

18. 진행기준은 어떤 경우에 적용하는가?

19. 타인에게 자산의 사용을 허용함으로써 발생하는 수익에는 어떤 것들이 있으며 이들을 통상적으로 어떻게 인식하는가?

20. 라이선스계약에 따른 고객의 권리는 사용권과 접근권으로 구분한다. 이들에 대해 비교설명하고, 수익인식 시기의 차이에 대해 설명하라.

21. 상품권을 발매하면 어떻게 회계처리해야 하며, 언제 수익으로 인식해야 하는가?

22. 대리인에 의한 재화의 판매시에 대리인이 기록하는 수익은 무엇인가?

23. 프랜차이즈계약에서 프랜차이즈 본사가 가맹점에 제공하는 용역들은 대체적으로 어떤 것이 있으며 언제 수익을 인식하는가?

24. 지분법이익이란 무엇인지 간단하게 설명하라.

25. 비용의 인식에서 직접대응과 간접대응에 대하여 설명하라.

보-1. 건설계약이란 무엇을 의미하는가? 구체적인 예를 들어 설명하라.

보-2. 진행률을 결정하는 방법에 대하여 설명하라.

보-3. 미성공사계정의 성격에 대해서 설명하라. 이를 재공품(재고자산)계정과 동일하다고 볼 수 있는가?

보-4. 건설계약의 결과를 신뢰성 있게 추정할 수 없는 경우의 수익인식기준은 무엇인가?

보-5. 계약손실이 예상되는 경우의 회계처리의 원칙을 설명하라.

보-6. 공사계약과 관련된 계약자산과 계약부채의 보고에 대해 약술하라.

연습문제

CHAPTER 12

1. 수익인식의 5단계

마고(주)는 20×1. 3. 1에 채송(주)에 ₩100,000의 제품을 20×1. 5. 1에 인도하기로 하고 채송(주)는 거래대가 전체를 20×1. 5. 31에 지급하기로 하는 계약을 체결하였다. 제품의 원가는 ₩70,000이며, 마고(주)는 계속기록법으로 재고자산을 기록하고 있다.

요구사항

마고(주)가 이 계약과 관련하여 필요한 회계처리를 하라.

2. 시즌이용권의 수익인식

알파인리조트(주)는 매년 12월 1일에 시즌이 개막되어 다음 해 3월에 시즌이 종료되는 시즌스키이용권을 ₩100,000에 판매한다. 알파인리조트(주)는 20×1～20×2시즌스키이용권 1,000매를 20×1. 12. 1에 온라인입금을 통하여 현금 판매하였다. 알파인리조트(주)는 스키시즌 동안 이용객이 비교적 균등하게 내방한다고 가정하고 정액법을 이용하여 스키수익을 인식한다.

요구사항

알파인리조트(주)가 20×1. 12. 1과 20×1. 12. 31에 시즌스키이용권의 판매와 관련하여 필요한 회계처리를 하라.

3. 기간인식수익과 선수수익

세라도예(주)는 6개월 단위로 수료되는 세라믹교실을 운영한다. 세라도예(주)는 20×1. 3. 1에 수강료가 ₩600,000인 세라믹교실 수강생 20명을 대상으로 6개월 과정을 시작하였다.

요구사항

(1) 세라도예(주)가 20×1. 3. 1에 필요한 분개를 하라.

(2) 20×1. 6. 30에 작성한 반기 재무제표에 보고할 수강료수익과 선수수익(부채)의 금액이 얼마인지를 계산하라.

4. 변동대가

홍규(주)는 20×1. 4. 1에 환규(주)의 갑작스런 물량 증가로 제품보관 창고를 2개월 내에 짓는 공사계약을 ₩5,000,000에 체결하였다. 계약상 지정된 사양대로 창고건설을 완공하되 2주를 단축하면 공사계약금의 30%의 보너스를 받고, 1주를 단축하면 10%의 보너스를 받는 조건이다. 홍규(주)는 완공기간의 2주 단축확률은 20%이고, 1주 단축확률은 30%이며, 계약기간까지 완공할 확률은 50%로 보고 있다.

요구사항

다음 각 방법을 사용할 경우의 예상거래가격은 얼마인가?

(1) 기대가치법

(2) 최고확률금액법

5. 거래가격의 배분

정수기 판매회사인 현성(주)는 정수기를 제품보증이 없이 판매하기도 하며, 제품보증과 함께 판매하기도 한다. 현성(주)는 20×1. 1. 1에 정수기와 제품보증계약을 패키지로 하여 패키지당 ₩100,000씩에 10개의 패키지를 현금 판매하였다. 정수기의 개별판매가격은 대당 ₩97,850이며, 2년간 제품보증의 개별판매가격은 ₩5,150이다. 20×1년에 제품보증수익 ₩25,000과 ₩19,000의 제품보증비가 발생했다.

요구사항

20×1년에 제품보증활동과 관련된 회계처리를 제시하라. 단, 현재가치계산은 무시한다.

6. 고객선택권과 거래가격의 배분

아지오(주)는 구두 제조 및 판매업체이다. 20×1년 12월중에 새 부츠 출시 기념 판촉행사의 일환으로 한 켤레당 ₩70,000인 부츠를 사는 고객에 한하여 6개월 이내에 행사할 수 있는 30% 할인쿠폰을 제공하였다. 이 할인쿠폰은 동 판촉행사 기간 중의 고객에게만 제공되었으며, 아지오(주)의 제품의 구매에 사용될 수 있다. 아지오(주) 제품의 통상 판매가격은 평균 ₩100,000이며, 고객의 20% 정도가 이 쿠폰을 6개월 이내에 사용할 것으로 추정하고 있다.

요구사항

(1) 이 계약에는 몇 개의 수행의무가 있는가?

(2) 아지오(주)가 20×1년 12월에 판촉행사를 통하여 새로 출시한 부츠를 총 1,000켤레 판매하였다. 20×1년 12월 부츠판매에 대하여 필요한 분개를 하라.

(3) 20×2년 1월중 행사된 할인쿠폰이 50개이고 이의 행사로 판매된 제품의 평균판매가격이 ₩100,000이었다. 할인쿠폰의 행사에 대한 분개를 하라.

7. 거래가격의 배분 – 잔여접근법

스윙테크(주)는 두 개의 독자적인 수행의무가 있는 상품을 패키지로 ₩600,000씩에 판매한다. 패키지는 굿샷골프채와 레슨이용권으로 구성되어 있다. 굿샷골프채는 세트당 ₩500,000에 판매하지만, 레슨이용권은 소비자가 회사가 운영하는 레슨장소에서 구입시점으로부터 1년 내에 12회의 레슨을 받을 수 있는 권리인데 아직 경험이 부족하여 개별판매가격을 정하지 못하고 있는 상태이다. 따라서 스윙테크(주)는 잔여접근법을 이용하여 패키지 상품을 두 개의 수행의무에 배분하기로 하였다. 스윙테크(주)는 20×1. 3. 1에 20개의 패키지를 판매하였다.

요구사항

스윙테크(주)의 20×1. 3. 1의 20개의 패키지판매에 대하여 잔여접근법을 이용하여 거래가격을 배분하고 필요한 회계처리를 하라.

8. 개별판매가격의 추정

도취어쿠스틱(주)는 사운드시스템을 판매하는데 사운드시스템의 개별판매가격은 ₩1,850,000이다. 한편, 새로운 기술자의 채용으로 전문설치서비스를 제공하기 시작했으며, 사운드시스템과 설치비를 패키지로 판매하는 경우 ₩2,000,000을 받기로 하였다. 전문설치서비스의 개별판매가격은 경험부족으로 아직 책정하지 못하였다. 전문기술자가 사운드시스템을 설치하는 데 인건비와 부품비로 ₩120,000이 소요되며, 도취어쿠스틱(주)의 정상적인 이윤은 40%이다. 한편, 도취어쿠스틱(주)의 경쟁사들은 유사한 시스템의 설치비로 ₩180,000을 받는다.

요구사항

다음 각 방법을 이용하여 사운드시스템설치비를 추정하라.

(1) 시장평가조정접근법

(2) 예상원가이윤가산접근법

(3) 잔여접근법

9. 변동대가의 수익인식

산수(주)는 20×1. 1. 1에 한 임차인과 상가를 1년 단위로 ₩120,000에 임대하되 1년간 상가매출액이 ₩10,000,000을 초과(60%의 확률)하는 경우 ₩30,000의 보너스를 받고 상가매출액이 ₩20,000,000을 초과(10%의 확률)하는 경우 ₩60,000의 보너스를 받기로 하는 계약을 체결하였다. 한편, 고정임대료 ₩120,000은 계약시에 선취하였다.

요구사항

산수(주)가 매월말에 재무제표를 작성한다고 가정하고 다음 각각의 경우에 필요한 회계처리를 하라.

(1) 고정임대료 선취에 대한 회계처리
(2) 변동대가에 대해 기대가치법을 적용하는 경우의 20×1. 1. 31의 회계처리
(3) 변동대가에 대해 최고확률금액법을 적용하는 경우 20×1. 1. 31의 회계처리
(4) 첫 6개월 동안은 변동대가를 받을 확률을 신뢰성 있게 추정할 수 없었으나 6개월 동안 상가매출액을 점검한 결과 상가매출액이 ₩10,000,000을 달성할 가능성이 가장 높다고 판단되었으며, 따라서 20×1. 6. 30에 최고확률금액법을 적용하여 보너스임대수익을 인식하기로 하였을 경우 20×1. 6. 30의 회계처리

10. 금융요소가 중요한 복합거래의 수익인식

대구산업(주)는 산업설비를 제조판매하는 회사인데 제품이 고가이기 때문에 장기할부판매를 실시하는 것이 일반적이다. 대구산업(주)는 20×1. 7. 1에 판매가격이 ₩7,000,000인 제품을 계약금 ₩1,000,000에 잔금은 5년간에 걸쳐 ₩1,200,000씩 매년 6월 30일에 받는 조건으로 판매하였다. 단, 잔금의 회수가능성은 높을 것으로 예상된다. 대구산업(주)가 현재가치계산에 사용하는 할인율은 10%이다.

요구사항

(1) 대구산업(주)의 판매시 회계처리를 제시하라.
(2) 대구산업(주)의 회계기말 회계처리를 제시하라. 단, 현재가치차금의 상각은 유효이자율법을 사용한다.

11. 사용권과 접근권의 판매

김&박은 세무회계법인으로서 고객들에게 세무보고 소프트웨어를 판매한다. 첫째 소프트웨어는 ₩150,000에 판매하는데 기초세무 지식의 획득에 대한 교육용 프로그램이다. 둘째 소프트웨어는 각종 세무법규, 판례 및 해설서로서 세무조정에 직접 사용될 수 있는 프로그램으로 법규의 변경 등이 있을 경우 업데이트를 해주며 회사의 웹사이트에 접속하여 이를 다운로드하여 5년간 사용하도록 되어 있으며, 판매가격은 ₩2,000,000이다.

요구사항

위 두 개의 소프트웨어의 판매에 대한 성격을 파악하고, 이의 회계처리에 대해 설명하라.

12. 상품권 판매

잰더(주)는 20×1. 10. 1에 상품권 ₩600,000어치를 발매하였으며, 20×1. 12. 22에 동 상품권을 회수하고 상품 ₩590,000을 판매하였다. 잔액은 현금으로 돌려주었다.

요구사항

상품권발매일과 상품판매일에 필요한 회계처리를 하라.

13. 위탁판매

완도(주)는 보길도(주)와 위탁판매계약을 체결하였다.

(1) 완도(주)의 기초상품재고액은 ₩2,000(200개, @₩10)이다.
(2) 완도(주)는 5월 4일에 상품 1,200개를 개당 ₩10에 현금매입하였다.
(3) 완도(주)는 9월 10일에 위탁판매하기 위하여 매입원가가 ₩10,000(1,000개, @₩10)인 상품을 적송하고 적송비용 ₩500은 현금으로 지급하였다.
(4) 완도(주)의 기말상품창고재고액은 ₩4,000(400개, @₩10)이다.
(5) 완도(주)는 12월 31일에 보길도(주)로부터 다음과 같은 판매보고서와 함께 현금을 받았다.

판매보고서

판 매 액(800개)		₩12,000
판 매 운 임	₩200	
판매수수료	1,800	(2,000)
송 금 액		₩10,000

요구사항

위탁자와 수탁자가 행할 회계처리를 제시하라. 단, 위탁자와 수탁자는 계속기록법을 이용하고 있다.

14. 인터넷 대행 판매

옥반양파(주)는 양파즙을 링인터넷몰을 이용하여 대행판매하고 있다. 20×1. 5. 1에 인터넷쇼핑몰을 통하여 양파즙 1,000박스를 박스당 ₩5,000씩에 판매하였다. 계약에 따라 판매대금의 회수는 옥반양파(주)의 책임이며 판매금액의 10%를 판매수수료로 링인터넷몰에 지급하도록 되어 있다. 한편, 택배회사와 계약하여 판매일에 즉시 상품을 배송하는 조건으로 박스당 배송비 ₩200을 지급한다. 양파즙의 원가는 박스당 ₩3,000이다. 옥반양파(주)는 매월 말일에 링인터넷몰과 택배회사에 각각 판매수수료와 배송비를 지급한다.

요구사항

옥반양파(주)와 링인터넷몰이 제품의 판매와 관련하여 필요한 분개를 하라.

15. 대리인의 수익인식

정우통계서비스(주)는 전문통계분석가와 통계분석서비스 수요를 연결시켜주는 웹사이트를 운영하고 있다. 전문통계분석가들은 웹사이트상에 자기의 전문분석분야, 주요 업적, 서비스료를 게시하고, 정우통계서비스(주)가 통계분석을 원하는 고객을 전문통계분석가에게 연결시켜서 계약이 성사되면 계약대가의 20%를 중개수수료로 받는다.

요구사항

20×1. 4. 1에 정우통계서비스(주)는 바이오메드사의 통계분석수요에 대한 계약을 한 전문 통계분석가에게 ₩4,500,000에 성사시켜주었다. 이 계약의 성사로부터 정우통계서비스(주)가 인식할 수익은 얼마인가?

16. 프랜차이즈 수익인식

소통잉글리쉬(주)는 20×1. 1. 1에 한 프랜차이즈 가맹업자와 창업지원프랜차이즈용역을 제공하는 조건으로 창업지원수수료 ₩100,000을 받기로 계약했다. 창업지원수수료 중 ₩20,000은 계약시점인 20×1. 1. 1에 회수하고 나머지 ₩80,000은 20×2. 12. 31에 만기가 되는 약속어음을 받았으며, 약속어음 이자율은 프랜차이즈 계약 당시의 시장이자율과 동일한 6%를 매년말에 지급받기로 하였다. 창업지원용역의 내용은 계약자에게 영어학원 장소물색, 종업원훈련 및 기타 창업관련지원용역을 제공하는 것이다. 계약자는 소통잉글리쉬(주)의 창업지원용역을 받아 20×1. 7. 1에 영어학원 사업을 개시하였다.
또한 창업지원계약과는 별도의 운영지원계약을 통하여 계약자에게 매년말에 ₩8,000의 대가를 받고 영어학원의 운영전반에 대한 운영지원용역을 제공하기로 했다.

요구사항

소통잉글리쉬(주)가 20×1년과 20×2년에 프랜차이즈거래와 관련하여 필요한 분개를 제시하라.

17. 지분법이익

마마(주)는 20×1. 1. 1에 베베(주)의 보통주 40%를 ₩400,000에 취득하였다. 베베(주)는 20×1. 12. 31에 ₩50,000의 당기순이익을 보고하였으며, 20×2. 2. 28에는 총 ₩40,000의 배당을 지급하였다. 마마(주)는 베베(주)의 투자에 대하여 지분법을 적용한다.

요구사항

지분법투자와 관련하여 주어진 정보에 근거하여 마마(주)가 필요한 회계처리를 하라.

보-1. 건설계약의 회계처리

건설회사인 성민(주)는 수익인식기준으로 진행기준을 사용하고 있다. 20×1년 성민(주)는 ₩162,000에 건설계약을 체결하였다. 동 공사는 20×3년말에 완공될 예정이며 추정총계약원가는 ₩137,700으로 ₩24,300의 계약이익이 예상된다. 동년 중 실제발생계약원가는 ₩51,000이었으며, 공사를 완료하는 데 향후 예상되는 추가계약원가는 ₩86,700으로 추정되었다. 20×1. 12. 31 ₩50,000이 중도금으로 청구되었고 ₩49,000을 회수하였다.
20×2년중 회사는 심한 폭우 때문에 공사진행에 상당한 차질이 발생했으며 이에 따라 이

공사로부터 총 ₩6,000의 손실이 예상된다. 20×3년중 예상되는 추가계약원가가 ₩13,440으로 추정된다고 가정한다. 20×2년 12월말 현재 ₩100,000의 중도금이 청구되었는데 이 중에서 ₩90,000이 회수되었다.

20×3년에는 예상대로 공사를 완성하기 위해 추가계약원가 ₩13,440이 지출되었다. 계약대금은 모두 청구하였고 전액 회수하였다.

요구사항

20×1년, 20×2년, 그리고 20×3년의 진행률과 계약손익을 계산하고 필요한 분개를 제시하라.

보-2. 진행기준과 완성기준

20×1. 1. 1에 강진테크(주)는 대덕병원(주)와 환자기록전산화 용역계약을 체결하였다. 총 계약금액은 ₩4,000,000이다. 용역계약이 완료된 20×3년말까지 용역제공활동과 관련된 자료는 다음과 같다.

	20×1년	20×2년	20×3년
누 적 원 가(기말)	₩800,000	₩1,980,000	₩3,500,000
추가소요원가	2,400,000	1,320,000	0
총예정원가	3,200,000	3,300,000	3,500,000
당기대금청구	750,000	1,773,000	1,477,000
당기대금회수	660,000	1,448,000	1,892,000

요구사항

(1) 진행기준을 적용하여 20×1년, 20×2년, 20×3년의 회계처리를 제시하라.

(2) 20×1과 20×2년에는 대덕병원(주)의 재무상태가 불안정하여 대금회수에 대한 불확실성이 높아서 진행기준을 적용할 수 없다고 본다. 따라서 강진테크(주)는 완성기준을 적용하여 위 용역거래에 대해 회계처리하기로 하였다. 20×1과 20×2년에 강진테크(주)가 필요한 회계처리를 하라.

보-3. 손실이 나는 경우의 진행기준과 완성기준

천지산업은 20×1년에 교량건설공사를 수주하고, 이에 대한 건설계약을 ₩4,000,000에 체결하였다. 총원가는 ₩3,200,000으로 추정되었고, 20×1년에 실제로 ₩800,000의 계약원가가 발생하였다. 그러나 20×2년에는 노임이 급격히 상승하여 총계약원가는 ₩4,050,000으로 다시 추정되었다. 20×2년과 20×3년에 실제로 발생한 계약원가는 각각 ₩2,278,000과 ₩972,000이었다. 계약대금은 20×1년에 ₩660,000, 20×2년에 ₩1,773,000 그리고 20×3년에 ₩1,567,000을 청구하였고, 20×1년에 ₩60,000, 20×2년에 ₩1,800,000 그리고 20×3년에 나머지 금액을 회수하였다.

요구사항

진행기준과 완성기준에 의거 매년도에 인식할 수익과 원가를 구하고 각 연도별로 회계처리하라.

보-4. 진행기준 공사수익과 계약자산 및 계약부채의 보고

아주건영(주)는 선인개발(주)의 20×1. 7. 1 사옥건설 공사계약을 체결하였으며, 공사는 20×2. 4. 30에 완공되었다. 아주건영(주)는 진행기준으로 공사수익을 인식한다. 동 공사계약과 관련된 자료는 다음과 같다.

계약금액 : ₩3,000,000

공사원가 :	20×1년 ₩1,200,000	20×2년 ₩600,000
공사진행률 :	20×1년 65%	20×2년 100%
진행청구액 :	20×1년 ₩1,800,000	20×2년 ₩1,200,000
공사매출채권회수액 :	20×1년 ₩1,500,000	20×2년 ₩1,500,000

요구사항

(1) 아주건영(주)가 회계기말인 20×1. 12. 31에 공사수익 인식을 위하여 필요한 분개를 하라.

(2) 아주건영(주)의 회계기말인 20×1. 12. 31에 보고할 공사매출채권, 계약자산 및 계약부채를 보고하는 부분재무상태표를 작성하라.

CHAPTER

13 현금흐름표

현금흐름표가 주요 재무제표의 하나로 작성되고 있다. 현금흐름표는 (포괄)손익계산서나 재무상태표 등과 같은 기타 재무제표로부터 쉽게 얻을 수 없는 현금의 유입과 유출에 관한 정보, 즉 현금흐름에 관한 정보를 제공해 준다. 현금흐름표에는 모든 거래와 사건으로 인한 현금흐름에의 영향이 영업활동현금, 투자활동현금, 재무활동현금으로 구분되어 표시된다. 또한 현금의 유입과 유출이 없는 거래라도 중요한 거래는 주석으로 보고된다.

제 1 절 현금흐름표의 의의

기업은 투자사업을 수행하는 데 필요한 현금을 어떻게 조달하고 있는가? 투자에 필요한 현금을 내부적으로 조달하고 있는가? 아니면, 대부분을 외부에 의존하고 있는가? 이런 종류의 의문은 기업의 재무 및 투자 활동에 관심을 가지고 있는 투자자, 채권자 그리고 경영자 모두에 의해 제기될 수 있다. 그러나 재무상태표, (포괄)손익계산서 그리고 자본변동표는 이러한 의문을 풀 수 있는 정보를 제공하는 데 있어서 많은 한계점을 지니고 있다.

재무상태표는 특정 시점의 기업재무상태를 나타내며, (포괄)손익계산서는 특정 기간 동안의 기업성과(당기순이익의 발생내역)를 나타내 준다. 자본변동표는 자본의 증감내역을 보다 상세히 나타내는 것을 주요 목적으로 한다([그림 13-1]을 참조).

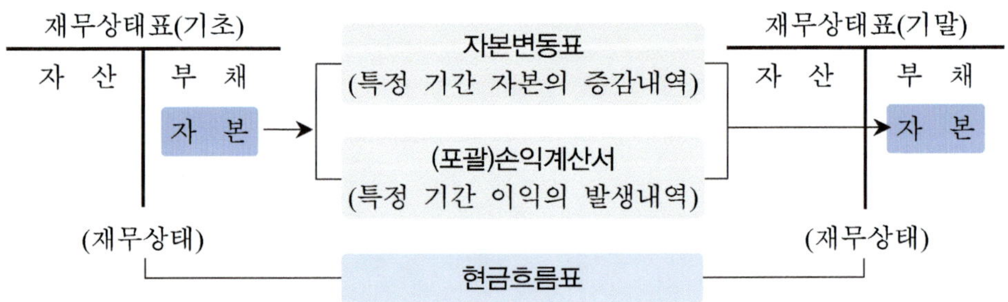

■ **그림 13-1**
재무제표간의 상관관계

재무상태표, (포괄)손익계산서, 그리고 자본변동표만으로는 현금의 유입과 유출, 즉 현금흐름에 관한 정보를 일목요연하게 나타내지 못한다. 이러한 한계점을 보완하여 현금흐름에 관한 정보를 보다 포괄적으로 설명하기 위해 기본재무제표의 하나로 현금흐름표(statement of cash flows)를 작성하고 있다. 기업의 재무상태 변동은 기업활동에 수반되는 현금의 흐름으로 설명할 수 있다. 따라서 기업활동별로 현금유입과 유출을 나타내는 현금흐름표를 통해 기업 재무상태의 변동원인을 파악할 수 있다.

재무정보이용자는 현금흐름표를 이용하여 기업경영의 건실한 면과 취약한 면을 보다 정확하게 파악할 수 있으며, 경영정책에 대해서도 보다 깊이 이해할 수 있다. 구체적으로 현금흐름표는 다음 목적에 유용하게 이용될 수 있다.

1) 미래현금흐름의 예측 및 평가

재무보고는 재무정보이용자들이 기업의 미래현금흐름의 금액, 시기 그리고 불확실성을 예측하는 데 유용한 정보를 제공해 준다. 발생주의에 근거하여 작성된 (포괄)손익계산서와 함께 현금흐름표 정보를 이용하면 미래현금흐름을 보다 잘 예측할 수 있다.

2) 배당지급능력 및 부채상환능력과 외부금융의 필요성을 평가

기업이 현재의 영업활동능력을 유지하고 미래에도 계속하여 성장하고, 주주들에게 적정한 배당을 할 수 있을지 여부는 현재와 미래에 충분한 현금이 창출되느냐에 달려 있다. 현금흐름표는 이에 대한 정보를 제공한다. 다시 말하면 현금흐름표는 기업의 유동성과 재무탄력성에 대한 정보를 제공한다.

유동성(liquidity)이란 자산이 현금으로 전환되거나 부채가 지급되기까지 소요되는 시간에 관한 것이다. 현금흐름표에 나타나는 현금창출능력에 대한 정보는 기업이 채무를 변제하고 배당과 일상적인 영업활동비용을 지급해 나갈 수 있을 것인지 여부, 즉 기업의 유동성을 평가하는 데 중요한 정보가 된다. 재무탄력성(financial flexibility)이란 기업이 예측하지 못했던 현금수요와 투자기회에 따라 현금흐름의 금액과 시기를 적절히 조절할 수 있는 능력을 말한다. 현금흐름, 특히 영업활동현금에 관한 정보는 기업의 재무탄력성, 즉 어려운 상황에서 적절한 조치를 취할 수 있는지 여부를 판단하는 데 중요한 정보가 된다.

3) 당기순이익에 대한 보완정보

당기순이익 수치는 기업의 성패에 대한 정보를 제공하기 때문에 매우 중요하다. 그러나 발생주의 이익을 측정하기 위해서는 여러 가지 가정, 추정 또는 가치평가가 개입되기 때문에 현금흐름에 대한 정보는 중요한 보완정보가 된다.

영업활동현금이 이익에 가깝게 나타날수록 이익에 대한 신뢰도가 높아지기 때문에 현금흐름표는 이익의 질(quality of earnings)을 평가하는 데에도 유용하게 이용될 수 있다. 또한 재무정보이용자들은 이익과 영업활동현금 간에 차이가 발생하는 원인을 알고자 한다.

4) 투자 및 재무 활동이 기업재무상태에 미친 영향을 평가

기업의 투자활동과 재무활동 현금을 검토함으로써 재무정보이용자들은 특정 기간 동안 기업의 자산과 부채가 어떻게 증감했는지를 보다 잘 이해할 수 있게 된다. 즉, 현금흐름표는 다음과 같은 재무 및 투자 활동에 관한 정보를 제공해 줄 수 있다.

- 당기순이익을 초과한 배당지급이 가능한 이유는 무엇이며, 당기순손실이 발생했음에도 불구하고 배당을 할 수 있는 근거는 무엇인가?
- 당기순손실에도 불구하고 어떻게 현금이 증가할 수 있었는가?
- 왜 자금을 차입해야 했는가?
- 생산시설을 확장하는 데 필요한 자금은 어떻게 조달되었는가?
- 부채의 상환자금은 어떻게 조달되었는가?
- 주식발행이나 사채발행으로 조달된 자금이 어떻게 사용되었는가?
- 현금의 증가는 어떠한 원천에서 비롯되었는가?

제 2 절 현금흐름표의 내용

1 현금의 범위 및 현금흐름의 구분

(1) 현금의 범위

현금흐름표의 작성에서 현금의 범위를 정하는 것은 매우 중요하다. 기업이 영업활동을 수행해 나감에 있어서 상당한 현금을 필요로 하지만 현금을 과다하게 보유하면 기회수익을 상실한다. 따라서 기업은 현금의 여유가 있을 때 이를 일시적으로 단기성 자산에 투자한다. 이러한 단기성 자산은 즉시 현금화될 수 있으며 또한 필요시에는 곧바로 현금화하겠다는 목적을 가지고 투자되기 때문에 현금과 거의 유사하다고 볼 수 있으므로 현금의 범위에 포함시키는 것이 타당하다.

현금흐름표의 작성기준이 되는 현금의 범위를 현금및현금성자산으로 정의하는데, 먼저 현금은 보유현금과 요구불예금을 말한다. 현금성자산(cash equivalents)은 유동성이 매우 높은 단기 투자자산으로서 확정된 금액의 현금으로 전환이 용이하고 가치변동의 위험이 경미한 자산을 말한다. 한편, 현금흐름표상의 현금및현금성자산의 구성요소를 기업의 현금관리 목적에 맞게 결정할 수 있다.

(2) 현금흐름의 구분

현금흐름표는 현금의 유입과 유출을 활동별로 구분하여 표시한다. 기업의 활동은 영업활동, 투자활동 및 재무활동으로 구분되는데, 각 활동에 관련되는 거래와 사건은 다음과 같다(〈표 13-1〉을 참조).

① 영업활동(operating activities) : 기업의 주요 수익창출활동을 말하며, 투자활동이나 재무활동에 속하지 않는 모든 거래와 사건이 포함된다. 이는 순이익의 결정에 영향을 미치는 거래와 사건을 말하는데, 주로 제품의 생산과 상품 및 용역의 구입·판매활동이 이에 해당한다.[1)]

② 투자활동(investing activities) : 현금성자산이 아닌 기타투자자산 및 장기성자산의 취득과 처분활동을 말한다. 여기에는 (a) 대여활동, (b) 유가증권(현금성자산은 제외), (c) 유형자산의 취득과 처분 등과 같이 일반적으로 비유동자산에 영향을 미치는 거래 등을 포함한다.

③ 재무활동(financing activities) : 기업의 납입자본과 차입금의 크기 및 구성에 변동을 가져오는 활동을 말한다. 여기에는 (a) 차입 및 사채발행, (b) 주식발행 등과 같이 일반적으로 차입부채 및 자본에 영향을 미치는 거래를 포함한다.

---

1) 손익계산서의 영업이익을 결정하는 거래나 사건만이 영업활동은 아니다. 현금흐름표에서는 보다 포괄적인 의미로 순이익 결정과 관련된 많은 거래와 사건을 영업활동으로 분류하고 있다.

▶ **표 13-1**
현금흐름의 구분

[영업활동현금]

현금유입 :	현금유출 :
1. 제품 등의 판매(매출채권 회수 포함)	1. 상품 등의 구입(매입채무 결제 포함)
2. 이자수익 및 배당금수익*	2. 용역공급자와 종업원에 대한 지출
	3. 이자비용,** 법인세비용*** 등

* 투자활동으로 구분가능
** 재무활동으로 구분가능
*** 투자활동 또는 재무활동에 기인한 법인세는 투자활동 또는 재무활동으로 구분

[투자활동현금]

현금유입 :	현금유출 :
1. 대여금의 회수*	1. 대여금의 대여*
2. 유가증권**의 처분	2. 유가증권**의 취득
3. 장기성자산의 처분	3. 장기성자산의 취득

* 금융회사의 경우는 영업활동으로 구분
** 현금성자산(현금으로 취급)과 단기매매금융자산(영업활동으로 구분)은 제외

[재무활동현금]

현금유입 :	현금유출 :
1. 현금의 차입 (어음·사채의 발행 등 포함)	1. 차입금의 상환
	2. 유상감자 및 자기주식의 취득
2. 주식의 발행	3. 배당금 지급*

* 영업활동으로 구분가능

일부 항목의 경우 선택적 구분이 가능하고, 업종에 따라서는 달리 구분되기도 한다. 예컨대, 일반기업의 경우 대여금의 대여 및 회수는 투자활동으로 구분하지만, 금융회사의 경우에는 영업활동으로 구분한다. 또, 이자지급, 이자수입 및 배당금수입은 당기손익에 영향을 미치는 항목이기에 영업활동으로 구분하기도 하지만, 재무자원을 획득하는 비용(이자지급)이나 투자자산에 대한 수익(이자수입과 배당수입)으로 보아 재무활동이나 투자활동으로 분류할 수도 있다. 법인세는 일반적으로 영업활동현금으로 분류하지만, 투자활동 또는 재무활동에 명백하게 관련되는 경우에는 투자활동 또는 재무활동으로 분류한다. 일반기업이 단기매매 목적으로 유가증권 및 대여금을 보유하고 있는 경우 재고자산과 성격이 유사하다고 보아 영업활동으로 분류한다.

2 영업활동현금

현금흐름표에서 첫 번째로 보고되는 것은 '영업활동현금'이다. 영업활동현금은 기업이 외부자금조달에 의존하지 않고 투자와 재무 활동에 사용할 수 있는 현금을 창출하는 정도를 나타내는 지표가 되므로 매우 중요하다. 영업활동현금은 간접법 또는 직접법으로 표시할 수 있다.

(1) 간접법

간접법(indirect approach)이란 당기손익에 조정항목을 가감하여 '영업활동현금'을 산출하는 방법을 말한다([그림 13-2]를 참조). 구체적으로 '영업활동현금=당기손익+발생액'으로 구한다. 이를 다시 세분하여 표현하면 '영업활동현금=법인세차감전순이익±비현금성비용·수익+이자비용±영업활동 관련 부채·자산

■ 그림 13-2
영업활동현금 : 간접법

법인세차감전 당기손익 (발생주의 영업성과)

(A) 현금의 유출이 없는 비용·수익

(+) 〈가 산〉	(−) 〈차 감〉
비현금성비용 ㅇ감가상각비 ㅇ유형자산처분손실 ㅇ손상차손 등 (+) 〈가 산〉 ㅇ이자비용(별도로 보고하기 때문)	비현금성수익 ㅇ유형자산처분이익 ㅇ손상차손환입 ㅇ지분법투자수익 등

(±) (B) 영업활동 관련 자산·부채의 변동

영업활동 관련 자산의 증감	영업활동 관련 부채의 증감
(+)(−) 재고자산의 감소(증가) 등	(+)(−) 매입채무의 증가(감소) 등

=영업에서 창출된 현금
−이자지급
−법인세지급

= 영업활동현금 (현금주의 영업성과)

의 변동−이자 및 법인세 지급'으로 표현할 수 있다.

발생액(accruals)은 발생주의 회계의 영업활동의 성과인 당기손익과 현금주의 회계의 영업활동의 성과인 영업활동현금의 차이를 나타낸다. 따라서 당기손익 계산에는 수익과 비용으로 반영되었지만 현금흐름에는 영향을 미치지 않는 항목을 의미한다.

비현금성비용 또는 수익항목 중 당기손익에 반영되었지만 현금흐름을 수반하지 않은 항목으로는 감가상각비, 무형자산상각비, 재고자산평가손실 및 감모손실, 손상차손(대손상각비 포함), 사채이자비용(이자수익) 중 사채할인발행차금(투자채권할증차금)상각분, 금융상품평가손실, 외화환산손실, 지분법투자손익 등이 있다.

예를 들어 장부금액이 ₩10,000인 토지를 ₩15,000에 판매하면 다음과 같은 분개를 한다.

(차) 현 금	15,000	(대) 토 지	10,000
		유형자산처분이익	5,000

이 거래로 인하여 현금 ₩15,000이 유입되고, 이 금액은 현금흐름표에서 '투자활동현금'에 보고된다. 한편 이 거래에서 발생한 유형자산처분이익 ₩5,000은 손익계산서상에 반영되어 당기순이익을 증가시켰다. 따라서 '영업활동현금'을 계산할 때 유형자산처분이익을 당기순이익에서 차감하지 않는다면, 이 금액이 이중으로 계산되어 현금유입이 과대계상된다.

현금흐름표의 표시양식에 따르면 이자지급액과 법인세지급액은 별도로 표시하도록 되어 있다. 따라서 간접법을 사용할 경우 법인세차감전손익에 (A) 비현금성항목과 (B) 영업활동 관련 자산·부채의 변동에 대한 조정액을 가감한 후에 '영업에서 창출된 현금'을 표시하고, 이자지급액과 법인세지급액은 별도의 항목으로 추가 차감하여 최종적으로 영업활동현금을 보고한다. 이러한 이유로 간접법에서는 법인세차감전손익(당기손익이 아님)으로 시작하며, 이자비용을 추가적으로 가산하여 이자와 법인세를 차감하기 전의 '영업에서 창출된 현금'을 보여주도록 설계되어 있다.

영업활동 관련 자산의 증감으로 그 증가에 대해서는 차감하고 감소에 대해서는 가산할 항목으로는 매출채권, 단기매매금융자산,[2] 재고자산, 선급비용, 선급금, 미수수익, 이연법인세자산 등이 있다. 마찬가지로 영업활동 관련 부채의 증감으로 그 증가에 대해서는 가산하고 감소에 대해서는 차감해야 할 항목으로는 매입채무, 미지급비용, 선수금, 미지급법인세 등이 있다.

예제 13-1 영업활동현금 – 간접법

다음의 자료를 이용하여 '영업활동현금'을 간접법으로 산출하라.

〈손익계산서 자료〉

과 목	금 액	비 고
매 출 액	₩800,000	
매 출 원 가	(500,000)	
판매관리비	(150,000)	• 감가상각비 ₩20,000과 대손상각비 ₩500 포함
이 자 비 용	(8,000)	• 사채할인발행차금상각 ₩2,000 포함
유형자산처분이익	100,000	
법인세비용	(3,000)	
당기순이익	₩239,000	

〈재무상태표 자료〉

과 목	기초잔액	기말잔액
매 출 채 권	₩80,000	₩90,000
대손충당금	(1,000)	(1,200)
재 고 자 산	60,000	55,000
매 입 채 무	70,000	60,000
미지급비용	3,000	1,500
미지급이자	2,000	3,200
미지급법인세	2,000	1,000

해답

법인세비용차감전손익		₩242,000
1) 가감 :		
감가상각비	₩20,000	
유형자산처분이익	(100,000)	
이자비용(사채할인발행차금상각 포함)	8,000	(72,000)

2) 단기매매금융자산은 재판매목적으로 보아 재고자산처럼 영업활동으로 간주한다.

2) 영업활동 관련 자산 · 부채의 변동 :		
매출채권 증가(순액)*	(₩9,800)	
재고자산 감소	5,000	
매입채무 감소	(10,000)	
미지급비용 감소	(1,500)	(16,300)
영업에서 창출된 현금		₩153,700
이자지급#		(4,800)
법인세의 납부##		(4,000)
영업활동현금		₩144,900

* 매출채권의 증감을 순액으로 기록했으므로 대손상각비를 별도로 반영하지 않는다.
\# 이자비용－사채할인발행차금상각액－미지급이자의 증가＝₩8,000－₩2,000－₩1,200＝₩4,800
\#\# 법인세비용＋미지급법인세의 감소＝₩3,000＋₩1,000＝₩4,000

(2) 직접법

직접법(direct approach)이란 '영업활동현금'을 표시할 때 현금을 수반하여 발생한 총현금유입과 총현금유출을 주요 항목별로 구분하여 표시하는 방법이다. 직접법으로 '영업활동현금'을 계산하는 방법은 두 가지가 있다(〈표 13-2〉를 참조).

① 현금을 수반하여 발생하는 수익 · 비용을 주요 항목별로 구분하여 직접 계산하는 방법으로 기업의 회계기록으로부터 직접 중요한 수익 · 비용 항목의 현금유입액과 현금유출액을 구하게 된다.

② 손익계산서상의 수익 · 비용 주요 항목에 '현금의 유출 · 유입이 없는 수익 · 비용'과 '당해 항목에 관련된 유동자산 및 유동부채의 증감'(앞 [그림 13-2]를 참조)을 조정하여 계산하는 방법이다. 이는 실제로 직접법에 간접법을 가미한 형태로 이해할 수 있다. 왜냐하면 여기에는 간접법의 특징인 발생주의에 따라 작성된 손익계산서의 항목과 현금주의에 따른 현금의 유 · 출입의 차이가 나타나기 때문이다.

▶ 표 13-2

영업활동현금 : 직접법

제1방법	제2방법
㉮ 고객으로부터의 유입된 현금	㉮ 고객으로부터의 유입된 현금
○ 현금매출	○ 매출
○ 매출채권 현금수령액	(−) 매출채권 증가((+)감소)
○ 선수금 현금수령액	(+) 선수금 증가((−)감소)
㉯ 공급자와 종업원에 대한 현금유출	㉯ 공급자와 종업원에 대한 현금유출
○ 현금매입	○ 매출원가(매입할인은 차감)
○ 매입채무 현금지급액	○ 판매비와관리비
○ 선급금 현금지급액	(+) 재고자산 증가((−)감소)
○ 판매비와관리비 현금지급액	(+) 선급금 증가((−)감소)
	(−) 매입채무 증가((+)감소)
	(−) 미지급비용 증가((+)감소)
	(−) 감가상각비, 대손상각비, 퇴직급여 등
㉰ 이자지급액	㉰ 이자지급액
○ 현금이자지급액	○ 이자비용
	(−) 미지급이자 증가((+)감소)
	(+ 또는 −) 할인발행차금상각
㉱ 법인세지급액*	㉱ 법인세지급액*
○ 법인세 현금지급액	○ 법인세비용
	(−) 미지급법인세 증가((+)감소)[3]

* 법인세가 투자 또는 재무 활동과 관련된 경우에는 투자 또는 재무 활동으로 구분한다.

3) 또한, 해당 항목이 있을 경우 (−) 이연법인세자산 증가((+)감소), (+) 이연법인세부채 증가((−)감소), (+) 법인세추납액((−)법인세환급액) 등의 조정을 한다.

예제 13-2 영업활동현금 - 직접법

[예제 13-1]의 자료를 이용하여 '영업활동현금'을 직접법으로 산출하라.

해답

고객으로부터의 유입된 현금 :		
매 출 액	₩800,000	
매출채권의 증가(순액)	(9,800)*	₩790,200
공급자와 종업원에 대한 현금유출 :		
매 출 원 가	₩500,000	
판매비와관리비	150,000	
감가상각비	(20,000)	
재고자산 감소	(5,000)	
매입채무 감소	10,000	
미지급비용 감소	1,500	(636,500)
영업에서 창출된 현금		₩153,700
이자지급 :		
이 자 비 용	₩8,000	
미지급이자 증가	(1,200)	
사채할인발행차금 상각	(2,000)	(4,800)
법인세의 납부 :		
법인세비용	₩3,000	
미지급법인세 감소	1,000	(4,000)
영업활동현금		₩144,900

* 매출채권의 증가(₩9,800)는 순액을 의미한다.

(3) 직접법과 간접법의 비교

'영업활동현금'을 직접법에 의해 계산하면 ① 실제 현금유입의 원천과 현금유출의 용도를 항목별로 구분하여 보고하기 때문에 현금흐름표의 본래 목적에 보다 일치하고, ② 항목별로 구분된 현금흐름의 유입과 유출은 재무정보이용자들이 과거의 현금흐름을 이해하고 미래의 현금흐름을 예측하는 데 보다 유용할 것이다. 그러나 직접법은 ① 기업의 회계시스템은 현금기준으로 유지되고 있지 않기 때문에 추가적인 비용이 소요되며, ② 발생주의 당기순이익에 익숙한 재무제표이용자들에게 혼란을 야기시킬 수 있는 한계점이 있다.

간접법은 ① 기존의 발생주의 회계에서 산출된 당기손익과 '영업활동현금'을 조정함으로써 이 둘간의 차이를 명확하게 부각시킬 수 있고, ② 기업간 회계측정상의 차이와 현금의 유입과 유출에 영향을 미치지 않는 항목이 당기순이익에 미치는 영향을 파악할 수 있다는 장점이 있다. 그러나 간접법에서는 감가상각비와 같은 일부 비용이 현금의 유입원천으로 나타나기 때문에 재무정보이용자들을 혼동시킬 수도 있음에 유의해야 한다.

'영업활동현금'을 보고할 때 직접법과 간접법을 모두 허용하고 있다. 한편, 일단 선택된 방법은 회계정보의 일관성을 유지하기 위하여 매기 계속해서 적용해야 한다. 실무에서는 간접법을 일방적으로 선호하고 있다. 그 이유는 간접법은 작성하기 쉽고, 직접법에 비교하여 회사의 정보가 비교적 외부로 적게 유출된다고 보기 때문이다.

3 투자활동현금과 재무활동현금의 보고

투자활동현금은 〈표 13-3〉에서 보듯이 ① 현금의 대여나 대여금의 회수, ② 투자자산, 유형자산 및 무형자산의 취득과 처분 등과 같이 주로 자산운용활동과 관련된 거래로부터 발생한다.

재무활동현금은 ① 차입 및 사채발행과 상환, ② 신주발행, ③ 배당금의 지급 등과 같이 주로 자금조달활동과 관련된 거래로부터 발생한다.

한편, 현금을 수반하지 않는 비현금성거래(non-cash transactions)는 현금흐름표에 투자 및 재무 활동으로 보고해서는 안 된다. 그러나 이러한 거래는 다른 재무제표에 그 내용에 대하여 적절히 공시해야 한다. 현금흐름표는 현금에 영향을 미치는 거래를 보고하는 보고서이기 때문에 비현금거래를 보고하지 않는 것이 현금흐름표의 보고목적과 일관성이 있다는 견해에 근거하고 있다.

현금흐름표에 보고하지 않는 비현금거래는 ① 자산취득시 직접 관련된 부채를 인수하거나 금융리스를 통하여 자산을 취득, ② 주식발행을 통한 기업의 취득, ③ 채무의 지분전환 등을 예로 들 수 있다.

▶ **표 13-3**
투자활동과 재무활동 현금

[투자활동현금]

1. 현금유입	2. 현금유출
㉮ 장단기투자자산의 감소	㉮ 장단기투자자산의 증가
• 단기금융상품* 처분	• 금융상품* 취득
• 예금 및 대여금 회수	• 예금 및 대여금 증가
• 투자유가증권 등 처분	• 투자유가증권 등 취득
㉯ 유형자산 · 무형자산의 처분	㉯ 유형자산 · 무형자산의 취득
㉰ 이자수취**	
㉱ 배당금수취**	

* 단기매매금융상품과 현금성자산은 제외. 단기매매금융상품 증감은 영업활동현금에 포함
** 이자수취와 배당금수취는 영업활동현금으로 보고가능

[재무활동현금]

1. 현금유입	2. 현금유출
㉮ 장단기차입금의 증가	㉮ 장단기차입금의 감소
• 단기차입금 차입	• 단기차입금 상환
• 사채발행	• 사채상환
• 장기차입금 차입	• 장기차입금 상환
㉯ 자본의 증가	㉯ 자본의 감소
• 주식발행	• 유상감자
• 자기주식의 재발행	• 자기주식의 취득
	• 배당금 지급

예제 13-3 투자활동 및 재무활동 현금

가람(주)의 20×1년 투자활동 및 재무활동 관련 현금의 유출입과 손익 정보가 다음과 같다.

항 목	금액(백만원)
토지처분이익	12
토지처분대가	20
투자회사채 취득원가 (액면금액 200백만원)	360
발행회사채 할인차금상각액	4
현금배당금 선언액	90
현금배당금 지급액	76
자기주식 매각대가	150

가람(주)의 20×1년 투자활동과 재무활동으로 인한 순현금유출입액은 각각 얼마인가?

해답

투자활동으로 인한 순현금유출액 = 20 − 360 = −340(백만원) (순유출)

재무활동으로 인한 순현금유입액 = −76 + 150 = 74(백만원) (순유입)

(주) 토지판매이익을 포함한 토지판매대가 전체를 투자활동으로 인한 현금유입으로 보고. 아직 미지급한 현금배당 선언액은 현금흐름에 영향을 미치지 않음.

제 3 절 현금흐름표의 작성

1 현금흐름표 작성을 위한 기초자료

현금흐름표의 작성을 위해서는 ① 비교재무상태표, ② 당기의 (포괄)손익계산서, ③ 기중 현금유입과 현금유출을 결정하는 데 유용한 추가적인 정보가 필요하다. 이와 같은 자료로부터 ① 현금증감액의 결정, ② 영업활동현금의 결정, ③ 투자활동현금과 재무활동현금의 결정의 세 가지 주요 단계를 거쳐서, 현금흐름표를 작성할 수 있다.

〈표 13-4〉에는 본장에서 현금흐름표 작성을 예시하는 데 이용하고자 하는 비교재무상태표, 손익계산서 및 기타의 추가자료가 나타나 있다.

▶ **표 13-4**

성진(주)의 비교재무상태표, 손익계산서 및 기타 추가자료

비교재무상태표

성진(주)

계정명	20×1. 12. 31	20×2. 12. 31	차액	
			차 변	대 변
현 금	₩8,000	₩15,600	₩7,600	
단기매매금융자산	2,000	2,500	500	
매출채권(순액)	12,000	7,300		₩4,700
선 급 비 용	1,000	1,200	200	
재 고 자 산	25,000	31,500	6,500	
토 지	40,000	34,000		6,000
건 물	60,000	95,000	35,000	
차감 : 감가상각누계액-건물	(20,000)	(23,000)		3,000
자산총계	₩128,000	₩164,100		
매 입 채 무	₩6,000	₩7,000		1,000
단기차입금	7,000	600	6,400	
미지급이자	1,000	400	600	
사 채	6,000	13,500		7,500
자 본 금	80,000	100,000		20,000
이익잉여금	28,000	42,600		14,600
부채와 자본총계	₩128,000	₩164,100	₩56,800	₩56,800

손익계산서

성진(주) 20×2. 1. 1 ~ 20×2. 12. 31

매 출		₩190,000
매 출 원 가		(120,000)
매출총이익		₩70,000
판매비와관리비 :		
급 여	₩22,000	
감가상각비-건물	3,000	
기 타	15,500	(40,500)
영 업 이 익		₩29,500
이 자 비 용		(2,000)
단기매매금융자산평가손실		(500)
토지처분이익		1,000
법인세비용차감전이익		₩28,000
법인세비용(30%)		(8,400)
당기순이익		₩19,600

(*) 기타 추가자료

1. 단기매매금융자산 ₩1,000을 취득했고, 나머지 차액은 시가와 원가의 차이로 발생하였다.
2. 장부금액 ₩6,000의 토지를 처분하고 현금 ₩7,000을 수취하였다.
3. 건물을 ₩35,000에 취득하고 그 대가로 현금 ₩15,000과 액면 ₩500인 주식 40주를 발행하였다. 건물에 대한 당기의 감가상각비는 ₩3,000이다.
4. ₩7,500의 사채를 발행하고 현금을 수취하였다.
5. 당기순이익은 ₩19,600이고, 현금배당으로 ₩5,000을 지급하였다.

2 간접법을 이용한 현금흐름표 작성

계정과목들은 모두 (포괄)손익계산서 또는 재무상태표에 보고된다. 현금흐름표는 이미 이 두 재무제표에 포함된 정보를 이용하고, 정산표와 분개의 개념을 활용하여 작성할 수 있다. 그러나 정산표와 분개는 현금흐름표의 작성수단에 불과하며 공식적인 장부도 아니고, 이를 사용하는 것도 임의적이다. 〈표 13-5〉에는 성진(주)의 현금흐름표 작성을 위한 정산표가 나타나 있다.

정산표는 크게 재무상태표계정 부분과 현금흐름영향 부분으로 구성되어 있다. 먼저 위 부분인 재무상태표계정 부분에서는 차변잔액을 가진 계정과 대변잔액을 가진 계정을 별도로 나타낸다. 예를 들면 감가상각누계액계정은 설비자산의 차감계정으로 나타내지 않고 대변잔액을 가진 계정들과 함께 나타낸다. 각 계정의 기초잔액과 기말잔액을 정해진 난에 기입하고 당해 연도 중에 계정잔액의 변화를 초래했던 거래를 가운데 두 난에서 조정항목으로 나타낸다.

정산표의 아랫부분인 현금흐름영향 부분은 현금흐름표의 양식과 같이 영업활동현금, 투자활동현금 그리고 재무활동현금을 나타낼 수 있도록 구분되어 있다. 정산표에서 비현금계정의 기초잔액과 기말잔액의 변동을 분석하여 현금의 증감원인을 분석한다.

현금유입은 조정항목란의 차변에 그리고 현금유출은 대변에 기입된다. 예컨대 사채발행은 재무활동현금유입으로 차변에 기입되고, 유가증권 구입은 투자활동현금유출로 대변에 기입된다.

여기에서 분석할 항목은 모두 비현금항목으로서 이들의 증감은 현금에 영향을 미친다는 가정에 근거하고 있다. 분석절차는 ① 이익잉여금계정 변동원인의 분석, ② '영업활동현금'의 계산, ③ 기타 비현금계정의 변동원인을 분석하는 순으로 진행한다. 분석하는 방법은 본래의 분개를 현금흐름에 미치는 영향을 보여주도록 변형하는 방식으로 성진(주)의 거래에 대한 분석은 다음과 같다.

▶ **표 13-5**
현금흐름표 작성을 위한 정산표

현금흐름표 작성을 위한 정산표

성진(주) 20×2. 1. 1~20×2. 12. 31

적 요	20×2. 1. 1 잔 액	조정항목 차 변	조정항목 대 변	20×2.12.31 잔 액
〈재무상태표계정〉				
현 금	₩8,000	(*) 7,600		₩15,600
단기매매금융자산	2,000	ⓕ 1,000	ⓓ 500	2,500
매 출 채 권	12,000		ⓖ 4,700	7,300
선 급 비 용	1,000	ⓗ 200		1,200
재 고 자 산	25,000	ⓘ 6,500		31,500
토 지	40,000		ⓔ 6,000	34,000
건 물	60,000	ⓛ 15,000		95,000
		ⓜ 20,000		
차변합계	₩148,000			₩187,100
감가상각누계액-건물	₩20,000		ⓒ 3,000	₩23,000
매 입 채 무	6,000		ⓙ 1,000	7,000
단기차입금	7,000	ⓝ 6,400		600
미지급이자	1,000	ⓚ 600		400
사 채	6,000		ⓞ 7,500	13,500
자 본 금	80,000		ⓜ 20,000	100,000
이익잉여금	28,000	ⓑ 5,000	ⓐ 19,600	42,600
대변합계	₩148,000	62,300	62,300	₩187,100
〈현금흐름영향〉		(현금유입)	(현금유출)	
Ⅰ. 영업활동현금 :				
법인세차감전손익		ⓐ 28,000		
가감 :				
감가상각비		ⓒ 3,000		
단기매매금융자산평가손실		ⓓ 500		
유형자산처분이익			ⓔ 1,000	
이 자 비 용		ⓚ 2,000		
영업활동 관련 자산・부채의 변동:				
단기매매금융자산 증가			ⓕ 1,000	
매출채권 감소		ⓖ 4,700		
선급비용 증가			ⓗ 200	
재고자산 증가			ⓘ 6,500	
매입채무 증가		ⓙ 1,000		
이 자 지 급			ⓚ 2,600	
법인세의 납부			ⓐ 8,400	
Ⅱ. 투자활동현금 :				
토 지 처 분		ⓔ 7,000		
건 물 구 입			ⓛ 15,000	
Ⅲ. 재무활동현금 :				
사 채 발 행		ⓞ 7,500		
현 금 배 당			ⓑ 5,000	
단기차입금 상환			ⓝ 6,400	
현금의 증가			(*) 7,600	
		₩53,700	₩53,700	

[20×2년 거래설명]

ⓐ 법인세차감전손익 ₩28,000(유형자산처분이익 ₩1,000을 포함)은 이익잉여금을 증가시키며, 임시로 '영업활동현금'으로 분류. 이는 ⓒ~ⓚ에 의해 수정될 것임

ⓑ ₩5,000의 배당금 지급

ⓒ 감가상각비 ₩3,000은 '영업활동현금'을 산출하기 위해 당기순이익에 가산

ⓓ 단기매매금융자산평가손실 ₩500은 '영업활동현금' 산출을 위해 당기손익에 가산

ⓔ 원가가 ₩6,000인 토지를 ₩7,000에 판매. 토지처분이익 ₩1,000은 '영업활동현금' 산출을 위해 당기손익에서 차감

ⓕ~ⓚ 영업활동 관련 자산・부채의 변동을 반영

ⓛ~ⓞ는 투자 및 재무 활동현금을 나타냄

ⓛ ₩35,000의 건물구입대금 중 ₩15,000은 현금 지급하고, ⓜ 나머지 ₩20,000에 대해서는 액면 ₩500의 주식 40주를 발행

ⓝ ₩6,400의 단기차입금 상환

ⓞ ₩7,500의 사채 발행

(1) 이익잉여금계정의 분석

ⓐ 법인세차감전순이익 ₩28,000이 발생하여 법인세 ₩8,400을 납부하고, 이익잉여금은 당기순이익 ₩19,600만큼 증가했다. 당기순이익은 수익이 비용을 초과한 것으로서 영업활동현금유입이 발생한 것으로 본다.

〈본래의 분개〉			〈현금영향 분석 분개〉		
법인세차감전순이익	28,000		영업활동현금 - 법인세차감전순이익	28,000	
이익잉여금		19,600	이익잉여금		19,600
현금 - 법인세		8,400	영업활동현금 - 법인세납부		8,400

ⓑ 현금배당 ₩5,000을 지급하였다. 배당금지급은 이익잉여금을 감소시키며, 재무활동현금이 감소한 것으로 본다.

〈본래의 분개〉			〈현금영향 분석 분개〉		
이익잉여금	5,000		이익잉여금	5,000	
현　　금		5,000	재무활동현금 - 배당지급		5,000

(2) 영업활동현금의 계산

ⓒ 당기의 감가상각비 ₩3,000을 계상하였다. 감가상각비는 현금의 유출이 없는 비용으로 '영업활동현금'을 계산하기 위해 당기손익에 가산되어야 한다.

〈본래의 분개〉			〈현금영향 분석 분개〉		
감가상각비	3,000		영업활동현금 - 감가상각비	3,000	
감가상각누계액		3,000	감가상각누계액		3,000

ⓓ 기말에 단기매매금융자산평가손실 ₩500을 계상하였다. 단기매매금융자산평가손실은 현금의 유출이 없는 비용으로 영업활동현금을 계산하기 위해 당기손익에 가산되어야 한다.

〈본래의 분개〉			〈현금영향 분석 분개〉		
단기매매금융자산평가손실	500		영업활동현금 - 평가손실	500	
단기매매금융자산		500	단기매매금융자산		500

ⓔ 토지처분으로 인한 현금유입은 전액 투자활동현금유입으로 계상하고, 당기순이익으로 계상된 토지처분이익 ₩1,000은 이중기입을 피하기 위하여 영업활동현금을 계산할 때 당기손익에서 차감해야 한다.

〈본래의 분개〉			〈현금영향 분석 분개〉		
현　　금	7,000		투자활동현금	7,000	
토　　지		6,000	토　　지		6,000
유형자산처분이익		1,000	영업활동현금 - 처분이익		1,000

ⓕ~ⓚ 영업활동과 관련이 있는 비현금계정의 분석 :

ⓕ	(차) 단기매매금융자산	1,000	(대) 영업활동현금	1,000
ⓖ	(차) 영업활동현금	4,700	(대) 매 출 채 권	4,700
ⓗ	(차) 선 급 비 용	200	(대) 영업활동현금	200

ⓘ (차) 재 고 자 산	6,500	(대) 영업활동현금	6,500
ⓙ (차) 영업활동현금	7,000	(대) 매 입 채 무	7,000
ⓚ (차) 이자비용-영업활동현금	2,000	(대) 이자지급-영업활동현금	2,600
미지급이자	600		

이들은 모두 자산의 증가(감소)는 영업활동현금의 감소(증가)로 조정하며, 부채의 증가(감소)는 영업활동현금의 증가(감소)로 조정한다.

현금흐름표에서는 단기매매금융자산을 재판매를 목적으로 보유하고 있는 영업활동 항목으로 보기 때문에 재고자산처럼 취급한다. 따라서 현금흐름표에서 순액으로 보고해도 무방하다. 즉, 위 ⓓ와 ⓕ를 합하여 당기의 순증감액에 대하여 다음과 같이 현금영향 분석 분개를 해도 된다.

(차) 단기매매금융자산 500 (대) 영업활동현금 500

(3) 기타 비현금계정의 분석

₩35,000의 건물을 구입하였다. 건물구입대금 중에서 현금으로 지급한 ₩15,000만큼 투자활동현금유출이 있었으나, 주식을 발행하여 지급한 ₩20,000에 대해서는 현금유출이 없다.

〈본래의 분개〉			〈현금영향 분석 분개〉		
ⓛ 건 물	15,000		건 물	15,000	
현 금		15,000	투자활동현금		15,000
ⓜ 건 물	20,000		건 물	20,000	
자 본 금		20,000	자 본 금		20,000

ⓝ 단기차입금 ₩6,400을 상환했다. 단기차입금상환은 재무활동현금유출이다.

〈본래의 분개〉			〈현금영향 분석 분개〉		
단기차입금	6,400		단기차입금	6,400	
현 금		6,400	재무활동현금		6,400

ⓞ 사채 ₩7,500을 발행했다. 사채발행은 재무활동현금유입이다.

〈본래의 분개〉			〈현금영향 분석 분개〉		
현 금	7,500		재무활동현금	7,500	
사 채		7,500	사 채		7,500

각 계정의 변동을 구성하는 항목들의 순증감분이 해당 계정의 순증가나 순감소와 일치하는지를 확인함으로써 모든 분석이 완료된다. 예를 들어, 이익잉여금계정은 당기손익으로 ₩19,600이 증가했으나 배당금지급으로 ₩5,000이 감소하여 순증가는 ₩14,600이라는 것을 확인할 수 있다.

현금흐름표 작성을 위하여 활용한 현금영향 분석 분개를 현금계정에 옮겨보면 당기에 세 가지 활동으로 인한 현금의 변동은 〈표 13-6〉과 같이 요약된다.

▶ **표 13-6**
현금흐름표 작성용 현금계정

현 금			
순증가 : ₩7,600			
Ⅰ. 영업활동 순현금흐름			
ⓐ 법인세차감전순이익	28,000		
가산 : ⓒ 감가상각비	3,000	차감 : ⓔ 토지처분이익	1,000
ⓓ 단기매매금융자산평가손실	500		
ⓚ 이자비용	2,000		
조정 : ⓖ 매출채권감소	4,700	ⓕ 단기매매금융자산증가	1,000
ⓙ 매입채무증가	1,000	ⓘ 재고자산증가	6,500
		ⓗ 선급비용증가	200
		ⓚ 이자지급	2,600
		ⓐ 법인세의 지급	8,400
Ⅱ. 투자활동 순현금흐름			
ⓓ 토지처분	7,000	ⓛ 건물구입	15,000
Ⅲ. 재무활동 순현금흐름			
ⓞ 사채발행	7,500	ⓑ 배당지급	5,000
		ⓝ 단기차입금상환	6,400

현금흐름표 작성용 현금계정에 요약된 정보를 이용하여 현금흐름표를 작성하면 〈표 13-7〉과 같다.

▶ 표 13-7
현금흐름표

현금흐름표

성진(주) 20×2년 1월 1일~20×2년 12월 31일

Ⅰ. 영업활동 순현금흐름			
1. 법인세차감전순이익		₩28,000	
2. 가감 :			
가. 감가상각비	₩3,000		
나. 단기매매금융자산평가손실	500		
다. 유형자산(토지)처분이익	(1,000)		
라. 이 자 비 용	2,000	4,500	
3. 영업활동 관련 자산·부채의 변동			
가. 단기매매금융자산 증가	(1,000)		
나. 매출채권 감소	4,700		
다. 선급비용 증가	(200)		
라. 재고자산 증가	(6,500)		
마. 매입채무 증가	1,000	(2,000)	
소계		30,500	
이 자 지 급		(2,600)	
법인세의 지급		(8,400)	₩19,500
Ⅱ. 투자활동 순현금흐름			
가. 토 지 처 분		7,000	
나. 건 물 구 입		(15,000)	(8,000)
Ⅲ. 재무활동 순현금흐름			
가. 사 채 발 행		7,500	
나. 단기차입금상환		(6,400)	
다. 배당금지급		(5,000)	(3,900)
Ⅳ. 현금의 증가(Ⅰ+Ⅱ+Ⅲ)			7,600
Ⅴ. 기초의 현금			8,000
Ⅵ. 기말의 현금			₩15,600

3 직접법을 이용한 영업활동현금

'영업활동현금'을 직접법으로 산출하면 다음과 같다.

(1) 고객으로부터의 유입된 현금 :		
매 출	₩190,000	
(+)매출채권 감소	4,700	₩194,700
(2) 공급자와 종업원에 대한 현금유출 :		
매 출 원 가	₩120,000	
판매비와관리비	40,500	
(−) 감가상각비	(3,000)	
(+) 단기매매금융자산 증가	1,000	
(+) 재고자산 증가	6,500	
(+) 선급비용 증가	200	
(−) 매입채무 증가	(1,000)	(164,200)
(3) 이자지급 :		
이 자 비 용	₩2,000	
(+) 미지급이자 감소	600	(2,600)
(4) 법인세지급 :		(8,400)
영업활동 순현금흐름		₩19,500

익힘문제

CHAPTER 13

1. 현금흐름표의 작성목적과 현금흐름표가 제공하는 정보에 대하여 설명하라.

2. 현금흐름표에서 현금의 범위에 현금성자산이 포함되고 있다. 현금성자산이란 무엇인가? 구체적인 예를 들어 설명하라. 또한 현금성자산을 현금의 범위에 포함시키는 이유를 설명하라.

3. 다음의 인용문은 어느 대기업의 연차보고서에서 발췌한 것이다. 이에 대해 논평하라.

   "감가상각, 무형자산의 상각 등은 영업활동현금이 당기순이익을 초과하는 원인이 되는 자금을 제공한다."

4. '영업활동현금'을 결정하는 과정에서 감가상각비가 당기순이익에 가산되는 이유는 무엇인가? '영업활동현금'을 계산할 때 당기순이익에 가산되는 기타 (포괄)손익계산서 항목의 예를 들라.

5. 현수(주)는 완전히 상각되지 않은 기계장치를 경기전망이 불투명하여 폐기하였다. 이 기계장치의 원가는 ₩950,000이고, 폐기시까지의 감가상각누계액은 ₩830,000이었다. 이러한 기계장치의 폐기는 이 기업의 현금흐름에 어떠한 영향을 미치는가?

6. 현아(주)는 발행했던 전환사채 중에서 올해에 ₩400,000이 보통주로 전환되었다. 현아(주)의 사장은 다음과 같이 언급하였다.

   "보통주를 발행하여 사채를 상환함으로써 ₩400,000의 현금을 절약하였다. 따라서 우리의 현금흐름표에는 사채의 상환을 현금의 유출항목으로 나타낼 필요가 없다." 이에 동의하는가? 그 이유를 설명하라.

7. 현금흐름표를 작성할 때 당기순이익의 산정기준을 발생주의기준에서 현금기준으로 변경하는 이유를 설명하라.

8. 병선(주)는 20×0년에 ₩350,000의 순이익을 보고했다. 감가상각비는 ₩5,200이었다. 매출채권은 ₩3,500이 증가했고, 매입채무는 ₩4,000이 증가했다. 간접법을 사용하여 '영업활동현금'을 계산하라.

9. 정민(주)의 발생주의기준 매출액은 ₩100,000으로 보고되었다. 매출채권이 ₩30,000 증가했고, ₩7,000을 대손상각한 후에 대손충당금이 ₩12,000 증가한 경우 현금매출액을 계산하라.

10. 현금흐름표 작성에서 직접법보다 간접법이 선호되는 근거를 설명하라.

11. 이자비용, 이자수익 및 배당금수익이 영업활동현금으로 구분되기도 하고, 투자활동현금 및 재무활동현금으로 구분되기도 하는 이유를 설명하라.

12. 법인세비용은 어떤 경우에 투자활동현금 및 재무활동현금으로 구분되는가?

연습문제

CHAPTER 13

1. 현금흐름의 구분

다음의 현금흐름에 영향을 미치는 항목들을 현금흐름 작성목적상 어느 활동으로 구분하는지 표시하라. 영업활동현금은 “영”, 투자활동현금은 “투”, 그리고 재무활동현금은 “재”로 표기하라.

	항 목	구 분		항 목	구 분
1	보통주의 발행		11	타사 발행 회사채의 취득	
2	토지의 판매		12	회사채에 대한 이자지급	
3	자기주식의 취득		13	현금배당의 지급	
4	상품의 판매		14	건물의 취득	
5	차입금의 차입		15	대여금의 회수	
6	상품의 매입		16	대여금의 대여	
7	차입금의 상환		17	법인세의 지급	
8	종업원의 임금		18	특허권의 판매	
9	비품의 처분(매각이익 발생)		19	선급임차료의 지급	
10	회사채의 발행		20	외상매입금의 지급	

2. 영업활동현금 - 간접법 (1)

둘리(주)의 손익계산서상에 당기순손실 ₩600,000이 보고되었다. 당기순손실을 계산하는데 다음과 같은 항목이 포함되었다.

항목	금액	항목	금액
토지처분이익	₩350,000	감가상각비	₩460,000
재해손실(건물)	630,000	특허권상각비	150,000
사 채 이 자 (사채할증발행차금 환입분)	90,000		

또한 영업활동과 관련이 있는 자산과 부채의 증감액은 다음과 같다.

매출채권의 감소	₩200,000	선급비용의 증가	₩100,000
재고자산의 증가	70,000	매입채무의 감소	150,000
미지급비용의 증가	50,000		

요구사항

둘리(주)의 현금흐름표에 표시될 '영업활동현금'을 간접법으로 계산하라.

3. 영업활동현금 – 간접법 (2)

한솔(주)는 20×1년 순이익이 ₩145,000이었다. 현금흐름표를 작성하던 중 '영업활동현금'에 영향을 줄 몇 가지 항목이 발견되었는데, 이는 아래와 같다.

(1) 20×1년에 자기주식을 주당 ₩2,500씩에 10주를 매입하였다. 이 자기주식이 주당 ₩2,000에 다시 매각되었다.
(2) 20×1년에 청아(주)의 보통주 10주를 주당 ₩2,000에 매각하였다. 20×0년도말 현재 이 주식의 장부금액은 주당 ₩1,500이었다. 청아(주)의 보통주는 20×0. 12. 31 재무상태표에 유동자산으로 나타나 있다.
(3) 20×1년 기계의 감가상각방법을 정액법에서 이중체감법으로 변경하였다. 이에 따라 당기의 감가상각비는 ₩13,500에서 ₩53,800으로 증가하였다.
(4) 20×1년에 대손추정을 순매출액의 2%로 변경하였다. 이에 따라 20×1년도에 대손충당금이 ₩10,000만큼 증가하였다.
(5) 20×1년초에 특허권의 취득대가로 액면가 ₩10,000, 보통주 10주를 시가로 발행하였다. 발행일 현재 주식의 시가는 주당 ₩2,300이었다. 특허권은 10년간 정액법으로 상각한다.
(6) 한솔(주)는 투자자산으로 청솔(주)의 보통주 40%를 소유하고 있다. 청솔(주)의 20×1년 당기순이익은 ₩26,000이었다. 한솔(주)는 투자자산을 지분법으로 회계처리하고 있다.
(7) 청솔(주)는 현금배당으로 ₩2,000을 지급하였다.
(8) 20×1년 한솔(주)는 10%의 주식배당을 선언하고, 보통주(액면가 주당 ₩1,000) 10주를 발행하였다. 발행일 현재 보통주의 시가는 주당 ₩2,000이었다.

요구사항

간접법으로 '영업활동현금'을 산출하라. 단, 영업활동 관련 자산・부채의 변동은 고려하지 않는다.

4. 영업활동현금 – 직접법

현선(주)의 20×1년과 20×2년 연말 현재 시산표가 다음과 같이 주어졌다.

〈차 변〉	20×1	20×2	〈대 변〉	20×1	20×2
현 금	₩3,200	₩3,500	대손충당금	₩110	₩130
매출채권	3,000	3,300	감가상각누계액	1,500	1,650
재고자산	4,700	3,100	매입채무	1,750	2,500
유형자산	9,500	10,000	미지급법인세	2,710	2,100
사채할인발행차금	500	450	이연법인세부채	460	530
매출원가	38,000	25,000	사 채	2,000	4,500
판매및관리비	32,330	27,850	자 본 금	4,000	5,000
이자비용	260	430	자본잉여금	750	910
법인세비용	6,120	2,040	이익잉여금	6,460	4,470
			매 출	77,870	53,880
	₩97,610	₩75,670		₩97,610	₩75,670

요구사항

20×2년도의 다음 항목을 계산하라.

(1) 고객으로부터의 유입된 현금

(2) 공급자와 종업원에 대한 현금유출

(3) 이자현금

(4) 법인세 납부

5. 투자활동현금

파라(주)의 20×1년 회계자료에서 투자활동과 현금의 유출입과 이와 관련된 손익 정보가 다음과 같다.

항 목	금액(백만원)
기계장치의 취득	36
자기주식의 취득원가	50
토지판매대가	90
토지판매이익	52
배당금수익	15
사무용비품의 취득	80

요구사항

파라(주)의 20×1년 현금흐름표에 보고될 투자활동 순현금유출입액은 얼마인가?

6. 재무활동현금

자나(주)의 20×1년 회계자료에서 투자활동 및 재무활동과 관련된 현금의 유출입과 이와 관련된 손익 정보가 다음과 같다.

항 목	금액(백만원)
전년도에 선언한 현금배당의 지급	48
주식배당으로 발행된 보통주의 배당선언 시점의 시가	220
만기 회사채의 상환	452
자기주식의 재발행 대가(원가 52백만원)	60

요구사항

자나(주)의 20×1년 현금흐름표에 보고될 재무활동 순현금유출입액은 얼마인가?

7. 간접법에 의한 현금흐름표 작성

선인(주)의 20×1. 12. 31과 20×2. 12. 31 현재 재무상태표는 다음과 같다.

비교재무상태표

선인(주) (단위 : 원)

	20×1. 12. 31	20×2. 12. 31
자 산 :		
현 금	₩10,000	₩16,000
매출채권(순액)	12,000	16,000
재고자산	22,000	31,000
선급비용	3,000	2,000
건 물	70,000	90,000
차감 : 감가상각누계액 – 건물	(20,000)	(26,000)
자산총계	₩97,000	₩129,000
부채와 자본 :		
매입채무	₩14,000	₩10,000
사 채	–	18,000
자본금	50,000	50,000
이익잉여금	33,000	51,000
부채와 자본총계	₩97,000	₩129,000

20×2년의 손익계산서에 나타난 당기순이익은 ₩23,000이었고, 20×2년의 현금배당으로 ₩5,000을 지급하였다. 건물은 현금으로 구입했으며, 20×2년초에 사채를 발행하였다.

요구사항

영업활동현금을 간접법으로 계산하여 현금흐름표를 작성하라.

8. 현금흐름표 - 직접법과 간접법

다음은 정민(주)의 20×1년과 20×2년 요약재무제표이다.

비교재무상태표

정민(주) 12. 31 현재

	20×1	20×2
현 금	₩1,550	₩2,300
매출채권	1,300	1,800
재고자산	1,900	1,600
건 물	1,700	1,850
감가상각누계액	(1,150)	(1,200)
투자자산	1,400	1,300
	₩6,700	₩7,650
매입채무	₩900	₩1,200
미지급비용	300	200
사 채	1,500	1,400
자 본 금	1,700	1,900
이익잉여금	2,300	2,950
	₩6,700	₩7,650

손익계산서

정민(주) 20×2년 1년간

매 출		₩6,900
매출원가		4,700
매출총이익		₩2,200
판매비와관리비 :		
판 매 비	₩450	
관 리 비	650	
감가상각비	50	1,150
당기순이익		₩1,050

〈추가정보〉

① 20×2년 동안 비유동거래에서는 손익이 발생하지 않았다.

② 20×2년 배당금 ₩400을 지급하였다.

요구사항

(1) 간접법으로 현금흐름표를 작성하라.

(2) 직접법으로 현금흐름표를 작성하라.

CHAPTER

14 재무제표분석

이제까지 본 교재는 회계시스템을 통하여 산출되고 있는 재무제표를 작성하는 방법에 대하여 역점을 두어 설명하였다. 그러나 재무제표를 제공하는 궁극적인 목적은 정보이용자들이 그들의 의사결정에 이를 유용하게 이용하도록 하는 데 있다. 정보이용자들이 재무제표를 의사결정에 보다 유용하게 이용하기 위해서는 완성된 재무제표에 함축되어 있는 정보를 적절히 분석하고 해석해야 한다.

이렇게 재무제표의 정보를 해석하고 분석하는 것을 재무제표분석이라고 하는데, 본장에서는 이에 대해서 설명하고자 한다. 특히 여기에서는 두 개 이상의 재무제표항목을 이용할 때 산출되는 재무비율에 근거한 재무제표분석에 초점을 맞추고 있다.

제 1 절 재무제표분석의 의의

재무제표분석(financial statement analysis)은 재무제표이용자가 의사결정을 하는 데 필요한 재무정보를 제공해 주는 회계시스템의 한 분야이다. 이는 기업의 과거 및 현재의 경영상황, 즉 기업성과 및 재무상태를 평가하고 기업의 미래 상황을 예측하여 기업의 이해관계자들이 기업과 관련된 다양한 의사결정을 하는 데 이용된다. 또한 재무제표분석은 의사결정에 필요한 정보를 분석하여 제공함으로써 의사결정에 소요되는 시간과 비용이 절약되도록 해준다. 재무제표분석은 회계시스템에서 산출되는 재무제표 이외에도 비계량적인 경제분석자료나 질적 자료 등도 이용한다([그림 14-1]을 참조).

■ **그림 14-1**
재무제표분석

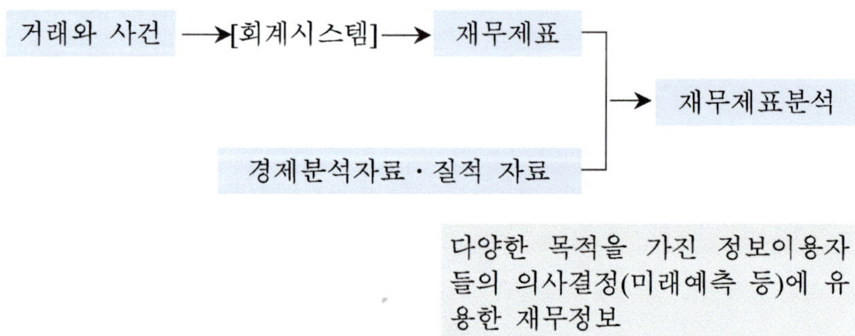

재무제표분석은 다음과 같은 기업환경의 변화에 따라 재무자료를 체계적으로 분석하기 위하여 발전해 왔다.

① 기업규모가 대형화되면서 금융기관을 통한 간접금융이 기업자금의 주요 조달방법이 되었다. 이에 따라 금융기관들은 기업의 경영성과 및 재무상태를 평가할 목적으로 재무제표를 체계적으로 분석하기 시작하였다 [신용분석].

② 주식회사 형태의 기업조직이 보편화되면서 소유와 경영의 분리가 진행되었다. 이에 따라 기업의 소유주인 투자자는 경영자의 경영활동을

평가할 수 있는 재무분석자료를 필요로 하게 되었다[투자분석].

③ 기업의 경영환경이 점차 복잡해지고 있다. 이에 따라 경영자는 보다 적절한 경영의사결정을 위하여 재무분석자료를 필요로 하게 되었다 [경영관리분석].

기업은 다양한 이해관계자집단간 계약의 집합체(nexus of contracts)이다. 주요 이해관계자집단으로는 주주, 채권자, 경영자, 정부기관, 거래처, 종업원 등이 있다. 이러한 이해관계자집단간의 이해관계가 첨예하게 대립될수록 계약의 준수 여부를 감시하고 평가할 수 있는 정보를 더욱 필요로 한다.

재무정보이용자 집단은 매우 다양하게 구성되어 있으며, 또한 그들 각자가 재무정보를 이용하는 목적도 다양하다. 따라서 재무제표분석은 다양한 재무정보이용자의 요구를 충족시킬 수 있도록 충분히 일반화될 수 있어야 한다.

이러한 필요성에 근거하여 최근의 재무제표분석에 관한 연구들은 재무정보이용자들의 의사결정에 직접 이용될 수 있는 재무제표분석기법을 개발하는 데 많은 노력을 기울이고 있다. 또한 오늘날의 재무제표분석은 단순히 재무제표뿐만 아니라 비재무적 자료까지도 이용하고 고도의 분석적 · 통계적 기법을 이용하여 의사결정과학으로 발돋움하려는 노력을 하고 있다. 우리나라에서도 그간 자본시장의 발전에 따라 재무제표분석의 필요성이 크게 강조되기 시작하였고, 이에 따라 재무제표분석을 포함한 경영분석을 전문으로 하는 기관들이 출현하기에 이르렀다.

본장에서는 기업 내부의 회계기록에 쉽게 접근할 수 없는 기업 외부의 재무정보이용자가 이용가능한 기본적 재무제표분석기법에 관하여 언급하고자 한다. 이러한 기법들에 의하여 산출된 정보는 각 의사결정자의 의사결정모형에 입력자료로서의 역할을 할 것으로 예상된다.

제 2 절 재무비율분석

재무제표에 나타나는 항목은 대부분 그 자체만으로는 중요한 의미를 지니지 못한다. 보다 중요한 것은 항목간의 상관관계, 그리고 현재의 상태를 과거와 비교했을 때 나타나는 변동의 방향 및 크기이다. 재무제표분석을 통하여 항목간의 중요한 관계를 설정하거나 각 항목의 변화나 추세를 부각시킬 수 있다. 이를 위하여 가장 보편적으로 이용되고 있는 분석기법이 재무비율분석이다.

재무비율(financial ratios)이란 재무제표에 나타난 두 개 이상 항목들간의 상관관계를 수학적으로 표현한 것을 말한다. 재무비율은 재무제표상의 두 개 이상의 항목을 이용하여 계산할 수 있지만, 유용한 비율이 되기 위해서는 재무정보이용자들이 기업의 수익성과 위험 등을 판단하는 데 필요한 경제적인 의미를 지녀야 한다.

재무비율을 이용함으로써 상호 관련된 많은 항목들을 경제적인 의미가 있는 몇몇 지표로 축소할 수 있고 보다 쉽게 이해할 수 있게 된다. 즉 재무비율은 기업의 이해관계자들에게 기업의 수익성과 위험 등을 종합적으로 판단할 수 있는 정보를 제공한다. 그러나 재무비율은 재무제표의 분석과 해석에 이용될 수 있는 보조도구일 뿐, 효율적인 재무제표분석을 위해 폭넓게 요구되고 있는 건전한 사고를 대체할 수는 없다.

1 재무정보의 원천

재무제표분석에 이용되는 대부분의 재무정보는 공시된 재무제표로부터 얻을 수 있지만, 주식가격이나 경제지표 등과 같은 정보도 빈번히 이용되고 있다. 일반투자자와 같은 기업 외부의 정보이용자들은 주로 기업이 외부로 공시하는 연차보고서나 중간보고서(반기 또는 분기)에 의존하고 있다. 여기에 추가적으로 한국상장회사협의회, 증권관계회사 및 신용평가기관과 같은 기타의 기관에서 제공하고 있는 정보를 이용할 수도 있다. 또한 분석대상기업이 상장

▶ **표 14-1**

미루(주)의 비교재무상태표와 비교손익계산서

비교재무상태표

미루(주) 20×1. 12. 31과 20×2. 12. 31 현재

		20×1년	20×2년
〈자 산〉	유동자산 :		
	현금및현금성자산	₩40,000	₩38,000
	유 가 증 권	20,000	30,000
	매 출 채 권	66,000	87,000
	재 고 자 산	90,000	120,000
	비유동자산 :		
	투 자 자 산	30,000	40,000
	토 지	350,000	410,000
	건 물	217,000	217,000
	(감가상각누계액)	(100,000)	(120,000)
	영 업 권	105,000	70,000
	자산총계	₩818,000	₩892,000
〈부 채〉	유동부채 :		
	매 입 채 무	₩40,000	₩80,600
	단기차입금	54,000	31,400
	비유동부채 :		
	사 채	220,000	200,000
	부채총계	₩314,000	₩312,000
〈자 본〉	보통주자본금(주당 ₩5,000)	₩200,000	₩250,000
	우선주자본금(주당 ₩10,000, 9%)	100,000	100,000
	이익잉여금	204,000	230,000
	자본총계	₩504,000	₩580,000
	부채와 자본총계	₩818,000	₩892,000

비교손익계산서

미루(주) 12월 31일로 종료되는 1년간

	20×1년	20×2년
매 출 액	₩750,000	₩900,000
매 출 원 가	(420,000)	(530,000)
매출총이익	₩330,000	₩370,000
판 매 비	(55,000)	(97,000)
관 리 비	(95,000)	(126,000)
감가상각비	(20,000)	(20,000)
영 업 이 익	₩160,000	₩127,000
이 자 비 용	(30,000)	(24,000)
법인세비용차감전이익	₩130,000	₩103,000
법인세비용	(40,000)	(28,000)
당기순이익	₩90,000	₩75,000

〈기타 참고사항〉

1. 20×1년과 20×2년 우선주와 보통주에 대한 배당금

	20×1년	20×2년
보통주배당	₩20,000	₩24,000
우선주배당	9,000	9,000

2. 20×2년 10월 1일에 보통주 10주가 추가로 발행되었다.
3. 모든 매출은 외상으로 이루어졌다.

법인이거나 등록법인일 경우에는 이들에 관한 추가적인 정보가 금융감독원에 제출되어 있기 때문에 기업 외부의 정보이용자들도 이를 이용할 수 있다. 은행과 같은 여신기관은 여신을 제공해 주는 조건으로 보다 상세한 정보를 기업에 직접 요구할 수도 있다.

재무자료의 중요한 변화를 쉽게 알아볼 수 있도록 2년 동안 또는 그 이상 기간 동안의 재무제표금액을 나란히 배열해 놓은 재무제표를 비교재무제표(comparative financial statements)라고 한다. 〈표 14-1〉에는 본장에서 살펴볼 재무비율분석의 기초가 되는 미루(주)의 비교재무상태표와 비교손익계산서가 나타나 있다.

2 재무비율의 종류

재무비율을 이용한 재무제표분석은 재무제표를 구성요소(예를 들면, 유동 및 고정 항목)별로 분류하고, 구성요소간의 상관관계 또는 다른 외적 기준과의 관계를 평가한다. 재무비율은 기업활동의 경제적 측면에 관련시켜 다음과 같이 분류된다.

① 단기지급능력을 나타내는 비율(유동성비율)
② 장기지급능력을 나타내는 비율(안정성비율)
③ 수익성을 나타내는 비율(수익성비율)
④ 효율성을 나타내는 비율(활동성비율)
⑤ 성장성을 나타내는 비율(성장성비율)
⑥ 생산성을 나타내는 비율(생산성비율)
⑦ 보통주 평가와 관련된 비율
⑧ 배당과 관련된 비율

여기에서 ①과 ②는 기업의 위험(risk)과 관련된 비율이고, ③에서 ⑥까지는 수익성(profitability)과 관련된 비율이고, ⑦은 위험과 수익성을 동시에 고려한 종합적인 비율이며, ⑧은 배당의 적정여부를 나타내는 비율이다.

(1) 단기지급능력을 나타내는 비율(유동성비율)

유동성비율(liquidity ratio)은 만기가 1년 이내에 도래하는 단기부채에 대하여 이러한 단기부채의 상환재원이 될 수 있는 유동자산, 즉 단기간에 현금화가 가능한 자산의 상대적인 규모로 측정한다. 따라서 이 비율은 단기채무에 대한 변제능력(solvency)을 나타내고 있으며, 단기채권자인 은행 등이 가장 관심을 갖는 재무비율이다.

1) 유동비율과 당좌비율

유동비율(current ratio)이란 유동자산을 유동부채로 나누어 측정하는 것으로서 유동성(liquidity)을 평가하는 데 가장 보편적으로 이용된다. 미루(주)의 20×2년도 유동비율은 다음과 같이 계산된다.

$$\text{유동비율} = \frac{\text{유동자산}}{\text{유동부채}} = \frac{₩275,000}{₩112,000} = 2.46(246\%)$$

일반적으로 유동비율이 2 : 1(200%) 이상이면 만족스럽다고 본다. 이 기준에 의하면 미루(주)의 유동비율은 매우 양호하다. 그러나 이러한 기준은 매우 임의적인 것으로서 많은 예외사항과 한계점을 가지고 있다. 유동비율을 해석할 때에는 다음과 같은 점에 유의해야 한다.

① 채권자는 유동비율이 높을수록 좋다고 해석한다. 그러나 경영자의 입장에서는 반드시 그러한 것은 아니다. 왜냐하면 유동비율이 높으면 매출채권이나 재고자산 등이 적정수준보다 많을 수 있으므로 자산이 효율적으로 이용되고 있지 못하다는 것을 의미할 수도 있기 때문이다.

② 연말에 측정된 유동비율은 연중 유동성을 나타내는 것이 아니다. 특히, 영업활동에 계절성이 있는 경우에는 더욱 그렇다. 또한, 채권자가 유동비율에 관심을 갖고 있다는 것을 염두에 두고 경영자는 유동비율을 높이기 위한 수단을 동원할 수 있다. 예를 들면, 외상구매를 연기한다든지 단기부채를 일시적으로 상환한다든지 하여 유동비율을

높일 수 있다.

③ 유동비율은 운전자본과 함께 평가하는 것이 바람직하다. 운전자본(working capital)은 유동자산에서 유동부채를 차감한 금액을 의미한다. 예를 들어 갑회사가 유동자산이 ₩200,000이고 유동부채가 ₩100,000이며, 을회사는 유동자산이 ₩2,000,000이고 유동부채가 ₩1,000,000이라 하자. 갑과 을 두 회사 모두 유동성은 양호하다. 그러나 두 회사가 모두 같은 금액인 ₩100,000의 현금을 추가적으로 차입했을 경우 갑회사의 유동비율은 200%에서 150%로 급격히 악화되지만, 을회사의 유동비율은 상대적으로 작은 변동을 보일 뿐이다. 한편, 단기차입금의 차입은 운전자본에는 영향을 미치지 않는다.

유동비율의 분자에 포함되어 있는 재고자산 및 선급비용 등은 유동성이 상대적으로 낮은 항목이다. 이러한 항목을 제외하고 유동성이 매우 높은 자산인 당좌자산(유동자산에서 재고자산을 차감한 금액)만을 고려하여 유동성을 평가하고자 하는 재무비율이 당좌비율(quick ratio 또는 산성비율(acid test ratio))이다. 이렇게 측정된 당좌비율은 유동성을 평가하는 데 있어서 유동비율보다 엄격한 기준이 된다. 미루(주)의 20×2년도 당좌비율은 다음과 같이 계산된다.

$$\text{당좌비율} = \frac{\text{당좌자산(현금・예금+유가증권+매출채권)}}{\text{유동부채}}$$

$$= \frac{(₩38,000 + ₩30,000 + ₩87,000)}{₩112,000} = 1.38(138\%)$$

일반적으로 당좌비율은 1 : 1(100%) 이상이면 양호한 것으로 여겨지고 있으나, 유동비율의 경우와 마찬가지로 이러한 기준은 매우 임의적이므로 많은 예외사항과 한계점을 갖고 있다.

2) 방어기간

방어기간(defensive interval)이란 당좌자산을 1일평균 현금비용지출액으로 나눈 것으로서 현금흐름을 강조하는 동태적인 유동성 척도이다. 미루(주)의

20×2년도 방어기간은 다음과 같이 계산된다.

$$\text{방어기간} = \frac{\text{당좌자산}}{(\text{매출원가} + \text{판매비} \cdot \text{관리비} + \text{이자비용}) / 365\text{일}}$$

$$= \frac{₩155{,}000}{(₩530{,}000 + ₩223{,}000 + ₩24{,}000)/365\text{일}} = 73\text{일}$$

위의 방어기간에 의하면 미루(주)는 앞으로 현금유입이 없더라도 영업활동을 73일간 계속할 수 있을 만큼의 당좌자산을 확보하고 있다.

유동비율이나 당좌비율과 같이 전통적인 유동성비율들은 특정 시점의 상태, 즉 정태적인 상태만을 나타내고 있다는 단점이 있다. 유동자산이나 당좌자산이 한 시점에서 충분하다고 하는 것은 유동성의 한 측면만을 나타낸다.

유동성의 동태적인 상태는 특정 기간 동안 현금의 유입과 유출이 대응되는 정도일 것이다. 이를 위하여 보편적으로 이용되는 분석방법은 한 기간 동안의 현금유입과 유출의 대응관계나 현재의 운전자금(유동자산에서 유동부채를 차감한 금액)의 규모를 분석하는 것이다. 이와 같은 재무분석방법은 현재의 유동자산과 다음 기간 동안에 유입될 현금총액이 다음 기간에 유출될 현금총액을 충분히 감당해 낼 수 있는지 여부를 평가하기 위한 것이다.

(2) 장기지급능력을 나타내는 비율(레버리지비율 또는 안정성비율)

장기지급능력을 나타내는 레버리지비율(leverage ratio)은 기업이 장기채무에 대한 원금과 이자를 원만하게 지급할 수 있는지를 평가하는 데 주요 목적이 있다. 앞에서 언급했던 단기유동성을 나타내는 비율들과는 달리 이 비율은 장기적인 재무 및 영업구조를 강조하고 있다.

채권자는 장기채권에 대한 위험부담정도를 평가하는 기준으로 레버리지비율을 사용한다. 이러한 의미에서 레버리지비율을 안정성비율(safety ratio)이라고도 한다. 한편 경영자는 이 비율들을 자본조달에 관한 의사결정기준으로도 사용할 수 있다. 부채에 대한 이자는 자본에 대한 배당금지급과는 달리 세금공제의 대상이 되므로 상대적으로 저렴한 자본조달수단이 될 수 있으나,

기업의 현금상태와는 관계없이 고정적으로 이자를 지급해야 하고 만기에 원금을 상환해야 하므로 부채의존도가 높아지면 그만큼 추가적인 위험이 따른다. 이러한 상충관계를 고려하여 경영자는 적정수준의 레버리지비율을 유지할 필요가 있다.

1) 부채비율과 이자보상비율

부채자본비율(debt-to-equity ratio : D/E ratio)의 분자는 부채(타인자본)이고, 그 분모는 자본(자기자본)으로 구성되어 있다. 부채비율로 지급능력을 측정하는 것은 부채비율이 클수록 채권자에 대한 위험이 증가한다는 기본개념에 근거하고 있다. 물론 이러한 접근방법만으로 채권자의 위험을 충분히 평가할 수 없다. 예를 들어, 물가가 상승하여 장부상에 자산이 과소평가되어 있다면 실제 지급능력은 부채비율이 나타내고 있는 것보다 훨씬 클 수가 있다. 또한, 많은 장기부채에는 담보 또는 보증이 제공되고 있어, 다른 종류의 채무에 비하여 높은 우선권이 부여되고 있다. 이러한 한계점에도 불구하고 부채비율은 채권자의 위험(lender's risk)을 평가하는 데 가장 보편적으로 이용되고 있다.

부채비율을 계산할 때 분모에 자본 대신 총자산(총자본)을 이용하기도 한다.[1] 이렇게 계산된 비율이 부채비율(debt ratio)이다. 미루(주)의 20×2년도 부채자본비율 및 부채비율은 다음과 같이 계산된다.

$$\text{부채자본비율} = \frac{\text{부채}}{\text{자본}} = \frac{₩312,000}{₩580,000} = 0.538(53.8\%)$$

$$\text{부채비율} = \frac{\text{부채}}{\text{총자산}} = \frac{₩312,000}{₩892,000} = 0.350(35.0\%)$$

자본구조를 나타내는 부채자본비율(또는 부채비율)은 보통주와 관련된 재무적 위험(financial risk)을 측정하는 데에도 이용될 수 있다.

재무적 위험은 보통주 소유주에게 귀속되는 이익의 변동폭으로 정의된다. 고정적으로 지출되는 이자비용이 크면 클수록 영업이익이 변할 때 보통주 소유주에게 귀속되는 잔여이익의 변동폭은 더욱 커진다. 이러한 관계를

1) 총자본(total capital)이란 자기자본에 타인자본인 부채를 가산한 금액으로서 총자산(total assets)과 동일하다.

재무레버리지(financial leverage)라고 한다. 예를 들어, 〈표 14-2〉를 보면 영업이익이 20×1년도에 ₩100,000이었는데 20×2년도에는 ₩90,000으로 10%가 감소하고 이자비용이 없다고 하면 순이익은 10%가 감소될 것이다. 그러나 고정적 이자비용 ₩50,000이 있는 경우에는 순이익은 20%가 감소된다. 일반적으로 총자본에서 부채가 차지하는 비중이 높을수록 순이익의 변동폭이 커지고 보통주와 관련된 재무적 위험도 커진다.

▶ 표 14-2
이자비용이 당기순이익의 변동폭에 미치는 영향

	이자비용이 없는 경우		이자비용이 있는 경우	
	20×1년	20×2년	20×1년	20×2년
영 업 이 익	₩100,000	₩90,000	₩100,000	₩90,000
이 자 비 용	–	–	50,000	50,000
당기순이익	₩100,000	₩90,000	₩50,000	₩40,000
		(10% 감소)		(20% 감소)

이자보상비율(interest coverage ratio 또는 times interest earned)은 이자와 법인세비용을 차감하기 전의 이익인 영업이익을 이자비용으로 나누어 측정한다. 이 비율은 채권자에게 지급해야 할 고정비용인 이자비용에 대한 안전도(safety margin)를 나타내는데, 이 비율이 높을수록 안전도가 높다고 본다. 미루(주)의 20×2년도 이자보상비율은 다음과 같이 계산된다.

$$\text{이자보상비율} = \frac{\text{영업이익}}{\text{이자비용}} = \frac{₩127,000}{₩24,000} = 5.3\text{배}$$

이 비율은 이자를 지급할 수 있는 능력을 검증하고자 하는 것이기 때문에 이 비율의 분자에 영업이익 대신 영업활동현금을 사용하기도 한다.

2) 고정장기적합률과 고정비율

부채비율이 자금조달의 안정성을 보고자 하는 것이라면, 고정장기적합률은 자금조달과 자금운용의 안정성을 동시에 고려한 재무비율이다. 미루(주)의 20×2년 고정장기적합률과 고정비율은 다음과 같이 계산된다.

$$\text{고정장기적합률} = \frac{\text{비유동자산}}{\text{자본} + \text{비유동부채}} = \frac{₩617,000}{₩580,000 + ₩200,000} = 0.791(79.1\%)$$

$$\text{고정비율} = \frac{\text{비유동자산}}{\text{자본}} = \frac{₩617,000}{₩580,000} = 1.064(106.4\%)$$

기업은 비유동자산을 장기간 보유하기 때문에 여기에 소요된 자금은 장기자금일 필요가 있는데, 고정장기적합률 또는 고정비율은 이를 측정하기 위하여 사용된다.

(3) 수익성을 나타내는 비율(수익성비율)

수익성비율(profitability ratio)이란 영업성과를 나타내는 재무비율로서, 이 비율의 분자는 기간이익(예를 들면, 순이익 또는 영업이익)이고 분모는 투자액(예를 들면, 총자산 또는 자본)이나 매출액으로 구성된다. 이 비율은 주식투자자나 채권자들에게 투자자본이 얼마나 효율적으로 이용되고 있는지에 관한 정보를 제공해 주는 것으로, 일반적으로 널리 이용되고 있는 수익성비율은 다음과 같다.

1) 총자산순이익률과 자본순이익률

총자산순이익률(net income on total assets 또는 총자본순이익률)은 경영자가 사용하고 있는 자산(또는 조달된 자본)이 얼마나 효율적으로 수익을 창출하고 있는지를 나타내는 재무비율이다. 이 비율의 분자는 한 기간의 흐름(flow)을 나타내고 있으나, 분모는 특정 시점에 있어서 자산의 잔액(stock)을 나타내고 있다. 따라서 분모인 총자산도 검증하고자 하는 기간의 평균치로 측정하는 것이 보다 적절하다. 미루(주)의 20×2년도 총자본순이익률은 다음과 같이 계산된다.

$$\text{총자산이익률} = \frac{\text{당기순이익}}{\text{평균총자산}} = \frac{₩75,000}{(₩818,000 + ₩892,000) / 2} = 0.087(8.7\%)$$

보유하고 있는 자산의 시가가 상승한 경우 총자산순이익률은 실제보다 과대하게 나타난다. 왜냐하면 이 비율의 분자인 당기순이익은 대체로 현행원가로 측정되고, 분모인 자산은 현행원가보다 낮은 취득원가로 측정되기 때문이다. 따라서 현행원가와 취득원가의 차이가 큰 자산을 보유하고 있는 기업의 총자산순이익률은 이와 같은 점에 유의하여 해석해야 한다.

순수한 영업효율성을 측정하기 위하여 이 비율의 분자로 당기순이익 대신에 영업이익을 이용하여 총자산영업이익률을 산출하는데, 이 경우에는 비율계산에서 재무비용이 제외되므로 자본구조에 관계없이 기업간의 비교가 가능해진다.

자본순이익률(net income on shareholders' equity)은 자본이 얼마나 이익을 창출하고 있는지를 나타내는 재무비율인데, 이 비율의 분자는 보고된 당기순이익으로, 분모는 평균자본으로 구성된다. 미루(주)의 20×2년도 자본순이익률은 다음과 같이 계산된다.

$$\text{자본순이익률} = \frac{\text{당기순이익}}{\text{평균자본}} = \frac{₩75,000}{(₩504,000 + ₩580,000)/2} = 0.138(13.8\%)$$

2) 매출액이익률

매출액이익률(return on sales)은 매출로부터 얼마만큼의 이익(margin)이 창출되느냐를 나타내는 재무비율이다. 이 비율의 분모로는 매출액을 이용하고, 분자로는 매출총이익, 영업이익, 순이익 등을 이용하고 있다. 어느 것을 분자로 이용하느냐에 따라 이 비율은 매출총이익률, 매출액영업이익률 또는 매출액순이익률로 불린다. 미루(주)의 20×2년도 매출액이익률은 다음과 같이 계산된다.

$$\text{매출총이익률} = \frac{\text{매출총이익}}{\text{매출액}} = \frac{₩370,000}{₩900,000} = 0.411(41.1\%)$$

$$\text{매출액영업이익률} = \frac{\text{영업이익}}{\text{매출액}} = \frac{₩127,000}{₩900,000} = 0.141(14.1\%)$$

$$\text{매출액순이익률} = \frac{\text{당기순이익}}{\text{매출액}} = \frac{₩75,000}{₩900,000} = 0.083(8.3\%)$$

3) 주당이익

주당이익(earnings per share : EPS)은 보통주 1주에 귀속되는 순이익을 나타내는 지표로서 실무에서 경영성과를 평가하는 데 가장 보편적으로 이용되고 있는 지표이다. 이 지표의 분자는 당기순이익에서 우선주 소유주에게 배분되는 배당금을 제외한 금액이고, 분모는 보통주의 가중평균유통보통주식수이다. 미루(주)의 20×2년도 주당이익은 다음과 같이 계산된다.

$$\text{주당이익} = \frac{\text{당기순이익} - \text{우선주배당금}}{\text{가중평균유통보통주식수}} = \frac{₩75,000 - (₩100,000 \times 9\%)}{40 \times 9/12 + 50 \times 3/12} = ₩1,553/\text{주}$$

주당이익을 해석할 때에는 이익유보라는 현상 때문에 각별한 주의를 요한다. 이익유보(earnings retention)란 기업이 이익의 일부를 적립함으로써 주식수의 증가 없이 자본이 증가하는 현상을 말한다. 이에 따라 이용되는 자본규모가 증가하여 수익성이 변하지 않았거나 심지어는 감소했는데도 불구하고 주당이익은 증가하는 현상을 보일 수 있다. 예를 들어, 첫해에 자본이 ₩10,000이고 총발행주식이 100주라고 하자. 이 기간중에 ₩2,000의 당기순이익이 발생했다면, 이 기간의 주당이익은 ₩20이고 자본순이익률은 20%이다. 당기순이익 중 ₩500을 배당금으로 지급하고 나머지 ₩1,500을 유보한다면 기업의 자본은 ₩11,500으로 증가하게 된다. 다음 해에 수익성이 악화되어 자본순이익률이 20%에서 18%로 감소했다고 하더라도 당기순이익은 ₩2,070(₩11,500×18%)이 된다. 따라서 이 기간의 주당이익은 ₩20.7(₩2,070/100주)이 되어 오히려 전년도보다 높게 나타난다.

(4) 효율성을 나타내는 비율(효율성비율 또는 활동성비율)

자산의 효율적인 운용 여부를 평가하고자 하는 재무비율이 자산효율성비율(asset efficiency ratio) 또는 자산회전율(asset turnover ratio)이다. 이 비율에는 총자산회전율이나 자본회전율과 같이 전체 자산에 관한 것이 있고, 재고자산회전율이나 매출채권회전율과 같이 특정 자산에 관한 것도 있다.

1) 총자산회전율과 자본회전율

총자산회전율(asset turnover ratio 또는 총자본회전율)은 매출액을 평균총자산으로 나누어 계산하며, 보유하고 있는 총자산이 수익을 창출하는 데 얼마나 효율적으로 이용되고 있는가를 평가할 수 있다. 미루(주)의 20×2년도 총자산회전율은 다음과 같이 계산된다.

$$총자산회전율 = \frac{매출액}{평균총자산} = \frac{₩900,000}{(₩818,000 + ₩892,000)/2} = 1.05회$$

총자산회전율이 높다면 한 단위의 자산에 의해서 보다 높은 매출액이 실현된 것이므로 자산이 효율적으로 이용되고 있다고 볼 수 있다.

총자산회전율과 마찬가지로 자본의 효율성을 평가하기 위하여 자본회전율(equity turnover ratio)을 이용한다. 이 비율은 매출액을 평균자본으로 나눈 것으로서, 미루(주)의 20×2년 자본회전율은 다음과 같이 계산된다.

$$자본회전율 = \frac{매출액}{평균자본} = \frac{₩900,000}{(₩504,000 + ₩580,000)/2} = 1.66회$$

2) 매출채권회전율과 매출채권 평균회수기간

매출채권회전율(account receivables turnover ratio)은 매출채권이 현금화되는 속도 또는 매출채권에 대한 투자효율성을 나타낸다. 이 비율은 순외상매출액(또는 매출액)을 평균매출채권으로 나눈 것으로서, 미루(주)의 20×2년도 매출채권회전율은 다음과 같이 계산된다.

$$매출채권회전율 = \frac{순외상매출액}{평균매출채권} = \frac{₩900,000}{(₩66,000 + ₩87,000)/2} = 11.8회$$

한편 365일(1년)을 매출채권회전율로 나누면 매출채권이 한 번 회전하는

데, 즉 매출채권을 회수하는 데 소요되는 기간을 나타낸다. 이것을 매출채권 평균회수기간(average collection period)이라고 하는데, 미루(주)의 20×2년도 매출채권 평균회수기간은 다음과 같이 계산된다.

$$\text{매출채권 평균회수기간} = \frac{365\text{일}}{\text{매출채권회전율}} = \frac{365\text{일}}{11.8} = 31\text{일}$$

매출채권 평균회수기간은 경영자와 재무분석가에게 여러모로 매우 중요하게 이용된다. 먼저 이 비율은 신용기간에 관한 정책과 비교함으로써 신용판매관리의 효율성을 평가할 수 있다. 예를 들어, 신용기간에 관한 정책에 의하면 평균신용기간은 20일이 되어야 하는데, 실제로 계산된 평균회수기간이 31일이라 하자. 이와 같은 차이의 발생은 ① 본래 의도했던 경영정책을 바꾸어서 신용기간을 연장하도록 했거나, ② 매출채권을 효율적으로 회수하지 못했다는 것을 나타낸다. 매출채권 평균회수기간은 기업이 보유하고 있는 매출채권의 단기유동성을 평가하는 데에도 이용할 수 있는데, 평균회수기간이 짧을수록 매출채권의 유동성은 높다고 본다.

3) 재고자산회전율과 재고자산 평균회전기간

재고자산회전율(inventory turnover ratio)은 매출원가를 평균재고자산으로 나누어서 계산한다. 이 비율의 분모인 재고자산이 일반적으로 취득원가로 평가되어 있기 때문에 분자도 매출액보다는 매출원가를 이용하는 것이 타당하다. 미루(주)의 20×2년도 재고자산회전율은 다음과 같이 계산된다.

$$\text{재고자산회전율} = \frac{\text{매출원가}}{\text{평균재고자산}} = \frac{₩530,000}{(₩90,000 + ₩120,000)\,/\,2} = 5.0\text{회}$$

재고자산회전율은 재고자산을 얼마나 효율적으로 관리하고 있는지를 나타내는 지표로 이용된다. 즉 이 비율이 높을수록 재고자산이 효율적으로 관리되고 있다는 것을 나타낸다. 왜냐하면 이 비율이 높으면 상대적으로 적은 재고자산을 가지고 일정액의 매출을 달성할 수 있음을 의미하기 때문이다. 한편, 최적의 재고자산을 유지해야 한다는 입장에서 본다면, 이는 너무 단편적인 논리일 것이다. 그 이유는 높은 재고자산회전율이 반드시 적정수준의 재고자산을 유지하고 있다는 것을 의미하는 것은 아니기 때문이다. 그러나 재고자산회전율이 급격히 하락하고 있거나 산업평균에 비하여 상당한 차이가 있을 때에는 재고자산관리에 비효율성이 발생하고 있을 가능성을 나타낸다. 예를 들어, 기대 이하로 판매가 부진하여 재고자산이 적체되어 있거나 재고자산이 진부화되면 재고자산회전율이 크게 둔화된다.

한편, 재고자산의 유동성을 평가하는 방법으로 1년, 즉 365일을 재고자산회전율로 나누어서 측정한 재고자산 회전기간(inventory turnover period)을 이용한다. 이는 재고자산이 현금화되는 데 소요되는 기간을 나타낸다. 미루(주)의 20×2년도 재고자산 평균회전기간은 다음과 같이 계산된다.

$$\text{재고자산 평균회전기간} = \frac{365\text{일}}{\text{재고자산회전율}} = \frac{365\text{일}}{5.0\text{회}} = 73\text{일}$$

(5) 성장성을 나타내는 비율(성장성비율)

주요 재무제표항목의 연도별 성장률로부터 많은 정보를 얻을 수 있다. 성장률(변동률)은 연도간의 변동액을 기준연도의 금액으로 나누어 계산한다. 예를 들어 미루(주)의 매출액은 다음과 같이 계산되므로 20×2년을 20×1년과 비교할 때 20%가 증가했음을 볼 수 있다.

$$\text{매출액증가율} = \frac{\text{당기매출액} - \text{전기매출액}}{\text{전기매출액}} = \frac{₩900{,}000 - ₩750{,}000}{₩750{,}000} = 0.2(20\%)$$

일반적으로 매출액이나 총자산의 증가율로써 기업의 성장성을 측정한다. 매출액은 물가변동률 이상으로 성장해야 경제적 활동이 실제로 성장했다고 볼 수 있다. 예를 들어, 금년도에 매출액이 10% 증가했으나 일반물가수준이

15% 상승했다고 하면, 매출액의 증가가 매출수량의 증가로 인한 것이 아니라 단지 물가상승에 기인한 것일 수도 있다. 오히려 금년에 작년보다 더 적은 수량을 판매했을 가능성도 있다.

분기별 또는 반기별로 매출액의 변동액이나 변동률을 측정할 때, 기준금액으로 통상 전년도 같은 기간의 금액을 이용한다. 이로써 영업활동의 계절성에 따라 발생하는 기간별 영업성과의 차이로 인해 분석결과가 왜곡되는 것을 방지할 수 있다.

기준연도의 금액이 음(−)이면 변동률을 계산할 수 없다. 또한 변동률은 그 기준금액이 비정상적으로 작을 경우에 판단을 오도할 가능성이 있음에도 유의해야 한다.

성장성이 높으면 수익성은 양호해지지만 기업의 성장과정에서 소요되는 자금수요로 인하여 유동성이 악화되는 경우가 많다. 따라서 재무제표를 분석할 때 이를 주의할 필요가 있다. 산업구조와 제품수명주기 또한 성장성에 큰 영향을 미치고 있다.

(6) 생산성을 나타내는 비율(생산성비율)

투입된 생산요소인 자본 및 노동에 대해 산출량인 생산 및 매출이 높을수록 생산성이 높다고 한다. 따라서 생산성분석은 능률과 성과를 측정하고 생산요소별로 공헌도를 측정하며 합리적인 성과배분을 도모하기 위하여 수행된다.

생산성분석은 부가가치 개념에 근거하고 있다. 부가가치(value added)란 각 생산 및 판매 단계에서 새로이 창출된 가치를 의미한다. 따라서 기업에 의한 부가가치는 매출액(산출가치)으로부터 외부에서 구입한 투입가치를 차감한 금액이 된다. 부가가치는 일반적으로 다음과 같이 두 가지 방법으로 계산한다.

[방법 1] 차감법
부가가치 = 산출가치 − 투입가치
= 매출액 − (재료비 + 부품구입비 + 전력 · 용수구입비 + 외주가공비 + 용역구입비 등)

[방법 2] 분배법
부가가치 = 순이익 + 인건비 + 임차료 + 금융비용 + 세금 · 공과금 + 감가상각비

부가가치는 노동과 자산을 생산활동에 투입하여 산출된 것이므로 생산성을 노동생산성과 자산생산성으로 구분할 수 있다.

○ 노동생산성 = 부가가치 / 종업원수
○ 자산생산성 = 부가가치 / 총자산

노동생산성은 종업원 1인당의 부가가치를 의미하고, 자산생산성은 기업에 투자된 총자산이 1단위당 얼마의 부가가치를 산출했는가를 나타낸다. 다음에서 보듯이 자산생산성이 높으면 노동생산성도 높아진다.

$$\text{노동생산성} = \frac{\text{부가가치}}{\text{종업원수}} = \frac{\text{부가가치}}{\text{총자산}} \times \frac{\text{총자산}}{\text{종업원수}}$$
$$= \text{자산생산성} \times \text{자본집약도}$$

부가가치를 산정하기 위해서는 부가가치 구성요소에 대한 정보가 필요하다. 그러나 미루(주)의 경우 부가가치를 산출하기에 충분한 정보가 제공되지 않았기 때문에 부가가치에 근거한 생산성비율을 산정하지 않았다.

(7) 보통주평가와 관련된 비율

증권시장에서 증권가격은 수익성과 위험 등의 모든 요인을 고려하여 포괄적으로 결정된다. 즉 증권가격은 회계자료와는 달리 과거의 경영성과뿐만 아니라 미래에 관한 전망까지도 포함하고 있기 때문에 기업의 실질가치를 가장 적절히 표시할 수 있다. 증권가격을 이용한 주요 재무분석지표로는 주가이익비율, 주가장부금액비율 그리고 토빈의 q가 있다.

1) 주가이익비율

주가이익비율(price-earnings ratio : PER)은 보통주 주당주가를 주당이익으로 나누어 계산한다. 이익과 주가 사이에 밀접한 관계가 있으리라는 것은 자산가치가 그 자산에 의하여 창출되는 미래 순이익의 현재가치에 의하여 결정된다는 자산가치결정이론에 근거한 것이다.

미루(주) 주식의 20×2년말 현재 주당주가가 ₩12,500이라 한다면, 20×2년 주가이익비율은 다음과 같이 계산된다.

$$\text{주가이익비율} = \frac{\text{주당주가}}{\text{주당이익}} = \frac{₩12,500}{₩1,553} = 8.05(805\%)$$

주가이익비율은 주식의 액면금액이나 유통주식수의 차이에 따라 달라지는 것이 아니므로 기업간 비교가능성이 높아 매우 보편적으로 이용되는 재무비율이다. 주가이익비율은 과거의 수익률과 현재의 주식가격을 대응시킨 것이다. 따라서 현재의 주가가 기업의 미래이익에 대한 투자자의 기대를 반영한 것이므로, 높은 이익성장률이 예상되는 기업의 주가이익비율은 낮은 성장률이 예상되는 기업보다 높을 것이다. 실제로 주가이익비율이 기업간에 많은 차이가 있음을 볼 수 있는데, 이는 미래수익의 성장률에 대한 투자자의 기대가 상이하다는 것을 나타낸다.

2) 주가장부금액비율

주당장부금액(book value per share)은 기업청산시 주식 1주당 수령할 수 있는 금액으로서, 각 종류의 주식에 배정되는 순자산을 해당 주식의 유통주식수로 나누어 계산한다. 이는 순자산을 평가하는 기준의 하나로 이용되는데, 미루(주)의 20×2년 보통주 주당장부금액은 다음과 같이 계산된다.

$$\text{보통주 주당장부금액} = \frac{\text{보통주에 배정되는 순자산}(=\text{자본총계}-\text{우선주자본금})}{\text{보통주 유통주식수}}$$
$$= \frac{₩580,000 - ₩100,000}{50\text{주}} = ₩9,600/\text{주}$$

이에 근거하여 주가장부금액비율(price-book value ratio : PBR, 주가순자산배율)을 산출할 수 있는데, 이는 보통주 주당주가를 보통주 주당장부금액으로 나누어서 측정한다. 기업의 미래수익 전망이 밝고 경영이 효율적일수록 주식의 장부금액과 시가의 차이가 커져서 주가장부금액비율이 커진다. 또한 물가상승으로 장부금액이 낮게 평가되어 있는 경우에도 이 비율이 커질 가능성이 있다. 미루(주)의 20×2년 주가장부금액비율은 다음과 같이 계산된다.

$$\text{주가장부금액비율} = \frac{\text{보통주 주당주가}}{\text{보통주 주당장부금액}} = \frac{₩12{,}500}{₩9{,}600} = 1.30(130\%)$$

우선주가 누적적이거나 참가적인 경우에는 이익잉여금의 일부를 우선주에도 배분해야 한다. 예를 들어, 미루(주)의 우선주가 누적적이고 12%까지 배당에 참가할 수 있는 주식이라고 하자. 미루(주)는 과거 2년간 배당을 지급하지 않았으며 20×2년에 12%의 배당을 했다고 하면, 20×2년 주당장부금액은 다음과 같이 계산된다.

	보통주	우선주
보통주자본금	₩250,000	–
우선주자본금	–	₩100,000
이익잉여금 :		
누적배당금(2년, 연 9%)	–	18,000
당기배당금(9%)	22,500	9,000
참가배당금(추가 3%)	7,500	3,000
잔 액	186,000	–
합 계	₩466,000	₩130,000
주 식 수	÷50주	÷10주
주당장부금액	₩9,320/주	₩13,000/주

주당장부금액은 재무상태표에 나타난 자산과 부채의 장부금액에 근거한 것으로 이것이 시가에 근접할 경우 의사결정에 보다 유용하게 이용될 수 있을 것이다.

3) 토빈의 q

토빈의 q(Tobin's q)는 총자본(부채와 자본의 합)의 시가를 총자산의 대체원가(replacement cost)로 나눈 비율이다. 주가장부금액비율과 유사하지만 분자에 부채가치를 가산한 점, 분모의 총자산을 역사적원가가 아닌 대체원가로 나타낸 점 등이 다르다. 일반적으로 경쟁력 우위를 확보한 기업의 경우에 토빈의 q 값이 높고, 경쟁력이 약화되면 토빈의 q 값이 낮게 나타난다.

토빈의 q는 근래에 붐을 이루고 있는 합병과 매수의 의사결정과 관련하여 주목을 받고 있는 비율인데, 토빈의 q 값이 1보다 낮으면 실물자산을 취득하는 것보다 기업합병 또는 매수의 방법이 경제성이 있음을 나타낸다.

(8) 배당과 관련된 비율

배당과 관련된 몇 가지의 재무비율들이 있다. 먼저 배당성향(payout ratio)은 총배당액을 당기순이익으로 나누어서 측정하는데, 이는 당기순이익 중에서 배당으로 지급된 비율을 나타낸다. 이 비율은 기업의 배당정책을 나타내 주며 미래수익의 불확실성에 대한 경영자의 인식을 반영하고 있다고 본다. 미래에 적정한 수익에 대한 확신이 없다면, 경영자는 당기에 배당을 적게 하여 이익을 유보해 두었다가 미래의 배당을 위해 사용하려 할 것이기 때문에 당기배당성향은 낮아지는 경향이 있다.

배당수익률(dividend yield)은 주당배당액을 주당주가로 나누어 측정하는데, 이는 투자자가 배당으로 얻은 수익률을 나타낸다. 투자자의 입장에서 배당을 평가할 때에는 액면금액에 대한 배당률이 아닌 주가에 대한 배당수익률을 이용해야 한다. 물론 투자자는 배당수익뿐만 아니라 시세차익으로 인한 수익도 기대할 수 있으므로 투자자의 투자수익은 두 가지를 모두 고려하여 평가해야 한다.

〈표 14-3〉에서는 본장에서 언급된 주요 재무비율의 계산방법 및 그들이 지니고 있는 의미를 요약하여 보여주고 있다.

▶ 표 14-3
주요 재무비율의 측정방법 및 의미

재무비율	측정방법	의 미
기업의 위험을 나타내는 비율		
1. 단기지급능력을 나타내는 비율(유동성비율) :		
① 유동비율	유동자산/유동부채	단기채무변제능력
당좌비율	당좌자산/유동부채	
② 방어기간	당좌자산/1일평균 현금비용지출액	동태적인 유동성
2. 장기지급능력을 나타내는 비율(레버리지비율 또는 안정성비율) :		
① 부채자본비율	부채/자본	부채와 자본의 상대적 크기
부채비율	부채/총자산	
② 이자보상비율	영업이익/이자비용	이자지급에 대한 안전도
③ 고정장기적합률	비유동자산/(자본＋비유동부채)	비유동자산에 투자된 자금조달 원천의 적합성
고정비율	비유동자산/자본	
기업의 수익성을 나타내는 비율		
1. 수익성을 나타내는 비율(수익성비율) :		
① 총자산순이익률	당기순이익/평균총자산	총자산 및 자본의 수익력
자본순이익률	당기순이익/평균자본	
② 매출액순이익률	당기순이익/매출액	매출액에 대한 마진(margin)
③ 주당이익	$\dfrac{\text{당기순이익}-\text{우선주배당금}}{\text{가중평균유통보통주식수}}$	보통주 1주에 귀속되는 이익
2. 효율성을 나타내는 비율(효율성비율 또는 활동성비율) :		
① 총자산회전율	매출액/평균총자산	자산 및 자본이 수익을 창출하는 데 있어서의 효율성
자본회전율	매출액/평균자본	
② 매출채권회전율	순외상매출액/평균매출채권	매출채권이 현금화되는 속도 및 기간, 그리고 매출채권에 대한 투자효율성
매출채권 평균회수기간	365일/매출채권회전율	
③ 재고자산회전율	매출원가/평균재고자산	재고자산이 현금화되는 속도 및 기간, 그리고 재고자산에 대한 투자효율성
재고자산 평균회전기간	365일/재고자산회전율	
3. 성장성을 나타내는 비율(성장성비율) :		
매출액증가율	(당기매출액−전기매출액)/전기매출액	기업의 성장률
총자산증가율	(당기총자산−전기총자산)/전기총자산	
4. 생산성을 나타내는 비율(생산성비율) :		
자산생산성	부가가치/총자산	자산 1단위 또는 종업원 1인당 부가가치 생산액
노동생산성	부가가치/종업원수	
기타비율		
1. 보통주평가와 관련된 비율[종합적인 비율] :		
① 주가이익비율	주당주가/주당이익	당기순이익에 대한 시가의 비율
② 주가장부금액비율	주당주가/주당장부금액	장부금액에 대한 시가의 비율
③ Tobin's q	총자본 시가/총자산 대체원가	총자산의 대체원가에 대한 시가의 비율
2. 배당과 관련된 비율 :		
배당성향	총배당액/당기순이익	당기순이익에서 배당지급비율
배당수익률	주당배당액/주당주가	배당으로 얻는 수익률

3 재무비율분석의 보완

재무비율을 이용한 재무제표분석을 통하여 재무제표항목간의 중요한 관계를 설정하거나 각 항목의 상관관계를 부각시킬 수 있다. 이러한 재무비율분석의 효율적인 수행을 보완하는 방법으로는 추세분석, 요소구성비율분석이 있다.

(1) 추세분석

기준연도 이후 몇 년 동안 재무제표항목의 변동크기와 그 방향을 파악하기 위하여 추세분석(trend analysis)을 이용할 수 있다. 추세분석은 다음과 같은 두 단계를 거쳐 수행한다.

① 기준연도의 해당 재무제표항목에 대하여 100%라는 가중치를 부여
② 기준연도 이후 해당 재무제표항목을 기준연도 항목에 대한 비율로 표시

〈표 14-4〉의 [제1부]에는 20×1년부터 20×6년까지 매출액과 순이익이 나타나 있다. 이에 근거하여 계산된 매출액과 당기순이익에 대한 추세비율이 〈표 14-4〉의 [제2부]에 계산되어 있다.

▶ **표 14-4**
추세비율의 예

[제 1 부] 연도별 금액						
	20×1	20×2	20×3	20×4	20×5	20×6
매 출 액	₩300,000	₩312,000	₩320,000	₩330,000	₩360,000	₩450,000
당기순이익	15,000	15,600	19,200	21,450	14,550	22,950
[제 2 부] 추세비율						
	20×1	20×2	20×3	20×4	20×5	20×6
매 출 액	100%	104%	107%	110%	120%	150%
당기순이익	100	104	128	143	97	153

〈표 14-4〉의 추세비율에 의하면 매출액이 초년도에는 서서히 증가하다가 20×5년과 20×6년에는 급격히 증가하고 있음을 볼 수 있다. 당기순이익은 20×5년도를 제외하고는 대체로 증가추세를 보이고 있다. 20×5년도에 매출액이 상당히 증가했음에도 불구하고 당기순이익은 감소했다. 이와 같은 현상은

매출액총이익률이 악화되었다든지 비정상적인 비용 때문에 발생했을 수가 있다. 그러나 이러한 문제점이 20×6년에는 극복되고 있음을 볼 수 있다. 추세분석에 따르면 〈표 14-4〉의 이 기업은 수익성이 양호하고 지속적으로 성장도 하고 있음을 보여준다.

(2) 요소구성비율분석

요소구성비율(component ratio)은 재무제표를 구성하고 있는 각 재무제표항목의 상대적인 크기를 나타낸다. 재무상태표의 각 항목을 총자산에 대한 비율로 표현하면 공통형재무상태표(common size balance sheet)를 작성할 수 있는데, 여기에서 각 자산의 상대적인 중요성뿐만 아니라 장·단기 채권이나 주식으로 조달된 자금의 상대적 중요성도 쉽게 파악할 수 있다. 또한 몇 연도의 재무상태표 구성비율을 비교하면 특정 항목의 상대적인 중요성의 변화도 파악할 수 있다.

요소구성비율은 특히 손익계산서 분석에 유용하다. 손익계산서의 각 항목을 매출액에 대한 비율로 나타내어 작성한 손익계산서를 공통형손익계산서(common size income statement)라고 한다.

▶ 표 14-5 공통형손익계산서

공통형손익계산서

미루(주) 12월 31일로 종료되는 1년간

	20×1년	20×2년
순 매 출 액	100.0%	100.0%
매 출 원 가	56.0	58.9
매출총이익	44.0%	41.1%
판매비와 관리비 :		
판 매 비	7.3	10.8
관 리 비	12.7	14.0
감가상각비	2.7	2.2
영 업 이 익	21.3%	14.1%
이 자 비 용	4.0	2.7
법인세비용차감전이익	17.3%	11.4%
법인세비용	5.3	3.1
당기순이익	12.0%	8.3%

〈표 14-5〉에 나타난 미루(주)의 공통형손익계산서를 보면 20×2년에는 이자비용뿐만 아니라 순이익도 큰 폭으로 감소하고 있다. 이는 매출원가 및 판매비와 관리비의 증가로 인한 것임을 알 수 있다.

구성비율의 변동은 구성항목의 변동, 손익계산서의 매출액과 같이 기준이 되는 금액의 변동 또는 두 가지 모두의 변동에 의하여 발생할 수 있다. 또한 큰 금액의 10%는 작은 금액의 20%보다도 클 수 있다는 점에도 유의해야 한다.

제 3 절 재무비율분석의 유의사항

재무비율을 이용한 재무제표분석을 보다 효율적으로 수행하기 위해서는 다음과 같은 몇 가지 유의해야 할 사항들이 있다.

① 재무비율들을 종합적으로 사용할 수 있는 방법을 고려해야 한다. 또한 재무비율은 상호간 밀접한 관계를 갖고 있음에 유의해야 한다.
② 계산된 한 기업의 재무비율을 비교할 수 있는 대상이 필요하다.
③ 재무비율의 계산근거가 되는 자산과 이익의 질을 고려해야 한다.
④ 재무비율에 의한 재무제표분석에는 많은 한계점이 있다.

1 재무비율의 종합평가

여러 가지 재무비율들은 독립적으로 존재하는 것이 아니고 상호간에 밀접한 관계가 있다. 대표적인 예로서 자본이익률은 다음과 같이 분해된다.

$$\text{자본이익률} = \frac{\text{당기순이익}}{\text{자본}}$$

$$= \frac{\text{당기순이익}}{\text{매출액}} \times \frac{\text{매출액}}{\text{총자산}} \times \frac{\text{총자산}}{\text{자본}}$$

$$= \frac{\text{당기순이익}}{\text{매출액}} \times \frac{\text{매출액}}{\text{총자산}} \times \left(1 + \frac{\text{부채}}{\text{자본}}\right)$$

$$= \text{매출액순이익률} \times \text{총자산회전율} \times (1+\text{부채비율})$$

따라서 자본이익률은 수익성을 나타내는 매출액순이익률, 활동성을 나타내는 총자산회전율, 그리고 자본구조를 나타내는 부채비율로 결정된다([그림 14-2]를 참조).

■ **그림 14-2**

주요 재무비율간의 상관관계

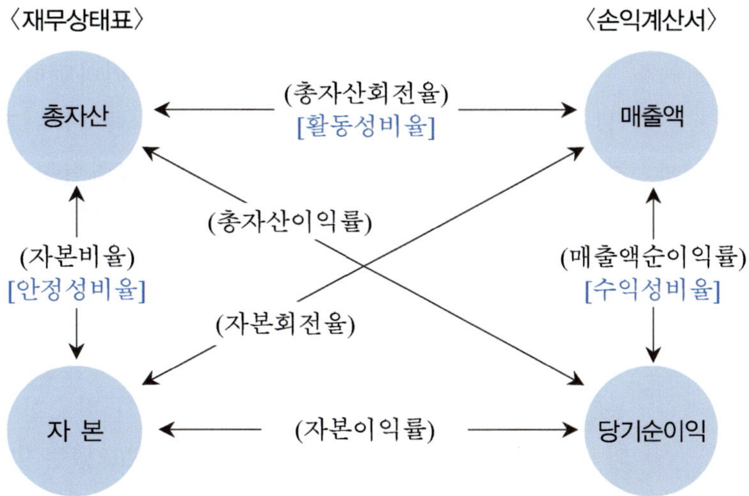

자본이익률의 변동원인을 분석할 때 이를 구성하는 요소들에 대한 세부적인 분석이 필요하다. 또한, 그 구성요소간에도 상호 관련성이 존재한다는 사실을 인식하고 있어야 한다. 예를 들어, 할인판매를 하면 상품매출에 대한 마진이 적어져서 매출액순이익률이 감소하지만 매출액이 증가하여 총자산회전율이 증가하게 된다. 따라서 할인판매가 자본이익률에 미치는 영향은 매출액순이익률과 총자산회전율에 어떻게 영향을 미치는가에 따라 결정될 것이다.

2 비교기준의 선정

앞에서 언급한 재무제표분석기법을 이용할 때 어떤 특정 기간이나 특정 기업의 지표로 그 기간이나 기업의 경영성과 및 재무상태를 평가하기 위해서는 비교기준이 필요하다. 보편적으로 이용되는 비교기준으로는 ① 이상적 표준비율, ② 당해 기업의 과거수치, ③ 동종산업에 속하는 다른 기업들의 평균수치(산업평균) 등이 있다.

(1) 이상적 표준비율

이상적 표준비율(ideal benchmark)이란 업종이나 기업규모에 관계없이 기업의 재무상태를 판단하는 데 이용할 수 있는 절대적인 비율을 말한다. 예를 들면, "유동비율은 200%를, 그리고 당좌비율은 100%를 넘어야 한다"는 전통적인 비교기준인데, 이러한 기준은 오랜 경험적 근거로 확립된 것이다.

한편, 이러한 이상적 표준비율은 보편타당하게 적용될 수 있는 기준이 아니기 때문에 이용상의 문제점이 있다. 즉 이 비교기준은 특정 기업이 소속된 산업이나 경제 전반에 관한 특성을 고려하지 않고 있으며, 재무제표분석을 수행하는 목적상의 차이도 무시하고 있다는 것이다.

(2) 당해 기업의 과거수치

특정 기간의 분석자료를 과거 일정 기간의 비슷한 자료와 비교함으로써 기업의 상태가 개선되고 있는지 혹은 악화되고 있는지를 판단할 수 있다. 연속되는 몇 개 기간의 자료를 비교하는 것을 수평적 분석(horizontal analysis) 또는 추세분석(trend analysis)이라고 하는데, 이는 오직 한 기간의 재무정보를 분석하는 수직적 분석(vertical analysis) 또는 정태분석(static analysis)과 구별된다.

수평적 분석은 기업의 상태가 개선되고 있는지 혹은 악화되고 있는지를 판단할 수 있을 뿐만 아니라, 미래에 대한 예측에도 도움이 된다. 수평적 분석의 한계점은 절대적인 평가를 할 수 없다는 것이다. 예를 들어, 순이익이 작년에는 매출액의 2%이었는데 금년에는 매출액의 3%라면 순이익률이 향상되고 있음을 시사한다. 그러나 만일 매출액순이익률이 적어도 7%가 되는 것이 정상이라고 한다면, 작년과 마찬가지로 금년도의 순이익도 양호하다고 볼 수 없을 것이다. 또한 변화의 방향은 언제든지 바뀔 수 있으므로 과거의 추세를 이용하여 미래를 예측하는 것에는 항상 불확실성이 내포되어 있다.

(3) 산업평균(동종산업에 속하는 다른 기업들의 평균수치)

수평적 분석의 한계점은 특정 기간이나 특정 기업의 분석자료에 대한 적절한 비교기준을 이용하여 극복할 수 있다. 이 비교기준으로는 동종산업에서 유사한 다른 기업의 수치, 동종산업 내의 몇 개 기업(또는 전체기업)의 평균 등이 이용되고 있다.

미루(주)의 금년도 매출액이 5% 감소했다면 영업상황이 양호하지 못하다는 것을 나타낸다. 그러나 동종산업에 속하는 다른 기업들의 매출액이 금년도에 평균 20% 감소했다는 사실을 알게 되면 미루(주)의 매출액 감소는 그래도 양호한 편이라고 판단할 수 있을 것이다. 다른 예로서 미루(주)의 순이익이 매출액의 5%라고 하자. 이러한 5%는 만일 미루(주)가 도매업종의 기업이라고 하면 상당히 높을지도 모르지만, 전자업종의 기업이라면 평균수준에도 미치지 못할 수도 있다.

산업분류상 동일업종에 속해 있더라도 기업규모나 활동면에서 평균기업들과 차이가 날 경우에는 산업평균비율보다는 경쟁상대가 되는 기업들의 재무비율과 비교하는 것이 도움이 될 수 있다. 왜냐하면 경쟁기업은 비슷한 경제환경 속에서 활동하며 영업내용이나 기업규모 등의 특성이 유사할 것이기 때문이다.

특정 기업을 산업평균이나 경쟁기업과 비교하여 얻은 결론은 비교되는 기업들이 상호 유사해야만 의미가 있다. 기업이 다각화된 경우 단순히 동종산업으로 분류되고 있다고 해서 모든 면에서 서로 비교될 수 있는 것은 아니다. 또한 두 기업이 이용하는 회계처리방법의 차이에 의해서도 재무비율의 비교가능성이 저해된다.

3 재무비율분석의 한계점

재무비율을 통한 재무제표분석기법을 실제로 유용하게 이용하려면 이들이 지니고 있는 한계점을 인식하고 있어야 한다. 재무비율분석의 주요 한계점으로는 다음과 같은 것이 있다.

① 재무비율분석은 재무제표의 자료에 근거한 것이므로 재무제표의 한계점을 그대로 갖는다. 예를 들면 취득원가에 의하여 자산평가를 하고 있기 때문에 자산이 적절히 평가되고 있지 못하며, 회계처리방법이 다양하여 기업간 회계자료의 비교가능성이 침해되고 있다. 또한 계수화가 불가능한 항목인 경영자의 능력, 조직의 효율성, 기술개발능력, 노사관계 등이 고려되지 못하고 있다.

② 한 기업의 재무비율을 기간별로 비교할 때에는 비교되는 두 기간간의 기업여건의 변화를 고려해야 한다. 예를 들면, 생산품목이나 판매대상지역이 크게 변화했다든지, 경제여건이나 판매가격 등에서 변화가 발생했을 때 이를 고려하지 않고 직접적으로 비교하는 것은 적절하지 못하다.

③ 특정 기업의 재무비율을 다른 유사한 기업(산업 내의 동종기업이나 경쟁기업)과 비교할 때 비교되는 기업간의 차이를 고려해야 한다. 예를 들면, 두 기업이 서로 상이한 회계처리방법을 이용하고 있다든지, 자본조달방법이나 영업방법 등에 현격한 차이가 있을 때 이를 고려하지 않고 직접적으로 비교하는 것은 적절하지 못하다. 특히 기업이 다각화되었을 때에는 적절한 비교대상을 선정하기가 쉽지 않다.

④ 많은 경우에 주관적인 판단이 요구된다. 예를 들면 단기채무상환능력이 매우 양호하게 나타난 이유가 주로 현금을 과다하게 보유하여 발생한 것이라면, 이에 대한 종합적인 결론을 내리기 위해서는 때로는 주관적인 판단을 필요로 한다.

이러한 한계점을 고려할 때 재무제표분석을 적절히 수행하기 위해서는 전문적인 통찰력이 필요하기 때문에 많은 경험을 통한 지식의 축적이 요구된다.

특히 재무제표분석 결과만으로 기업경영을 평가하는 지표로 사용해서는 안 된다. 재무제표분석은 단지 앞으로 상세히 검토해 보아야 할 분야를 부각시켜 주는 것일 뿐이다. 예를 들면, 재고자산회전율이 저하되었을 때 일반적으로는 바람직하지 못한 것이지만, 이와 같은 현상이 국제원자재 가격이 상승할 것으로 예상되어 원자재를 미리 비축함으로써 발생한 것이라면 오히려 좋은 현상일 수 있다. 따라서 재무제표에 근거한 재무비율로부터 적정한 결론을 도출하기 위해서는 이와 관련된 다른 요인들에 대한 추가적인 조사를 병행해야 한다.

익힘문제

CHAPTER 14

1. "재무제표정보의 중요성은 금액만으로 결정되는 것이 아니다." 이 말의 의미를 설명하라.

2. 당신의 친구가 영어를 전공하고 있는데 아직 경영학 과목을 수강한 적도 없고 실무경험도 없다. 그 친구는 某회사에 소액투자를 하고 있는데, 이 회사로부터 당해 연도의 재무제표를 제공받았다. 그는 당신에게 재무제표를 분석하고 평가하기 위해서 무엇을 알아야 하는지 문의해 왔다. 당신은 그에게 어떻게 답변할 것인가?

3. 재무제표를 분석하는 방법에는 재무비율분석과 요소구성비율분석이 있는데, 이들의 차이점을 언급하고 각각의 분석기법이 가지는 장점은 무엇인지 설명하라.

4. 재무담당이사는 재무비율을 함께 보고할 것을 요청했다. 제시될 비율의 유형이나 범주를 지적하고 각각의 중요성을 설명하라.

5. 유동비율의 의의는 무엇인가? 만약 이 비율이 너무 낮다면 이는 무엇을 의미하는가? 이 비율이 너무 높을 수도 있는가?

6. 재고자산회전율을 계산하는 데 분자에 매출원가를 이용하는 이유는 무엇인가? 재고자산회전율이 증가할 때 어떠한 위험이 증가한다고 보는가?

7. 다음은 각각 별개의 상황들이다. 물음에 답하라.

(1) 유동비율이 5 : 1이고 당좌비율은 1 : 1이다. 만약 재고자산과 선급비용이 ₩600,000이라면 유동부채의 금액은 얼마인가?

(2) 지난해 ₩200,000의 평균재고자산을 가지고 있고 재고자산회전율은 5회이다. 만약 올해 매출수량과 단위원가가 지난해와 같은 수준이고 올해의 재고자산회전율이 8회라면, 당해 연도 평균재고자산은 얼마인가?

(3) 회사는 ₩900,000의 유동자산(이 중 ₩400,000은 재고자산과 선급비용)과 ₩300,000의 유동부채가 있다. 유동비율과 당좌비율은 얼마인가? 만약 회사가 은행에서 120일만기 단기차입금 ₩150,000을 대부받았다면 유동비율과 당좌비율은 얼마인가?

(4) ₩600,000의 유동자산과 ₩240,000의 유동부채를 가지고 있다. 이 회사는 ₩180,000의 현금배당을 선언하였다. 배당선언 후 배당금지급 전의 유동비율과 배당금지급 후의 유동비율은 각각 얼마인가?

8. 다음 용어의 의미를 설명하라.

(1) 배당성향 (2) 주당순이익 (3) 배당수익률 (4) 주가이익비율

9. 과거 10년간 각 연도의 비교재무상태표와 비교손익계산서는 오해의 소지가 있다. 오해를 일으킬 수 있는 요인이나 상황을 설명하라. 이러한 오해를 예방하기 위해서 재무보고서에 포함되어 제공되어야 하는 추가정보와 보충자료에 대해서도 설명하라.

10. 처음으로 재무관리를 수강한 한 학생이 다음과 같이 말했다. "우리는 비율분석을 사용하지 않았다. 우리 교수님은 비율분석이 더 이상 선호되는 재무분석기법이 아니라고 하신다." 이에 대하여 논하라.

연습문제

CHAPTER 14

1. 이익유보

마인(주)의 재무담당이사는 회사가 해마다 동일한 순이익을 지속적으로 보고하고 있음에도 불구하고 자본순이익률이 감소하고 있는 것을 발견했다. 순이익의 대부분은 매년 총자산을 증가시키기 위해 기업에 유보되고 있으나 순이익은 거의 증가하지 않았다. 당신은 재무담당이사로부터 이에 대한 정확한 분석을 해줄 것을 요청받았다. 관련 재무제표로부터 다음과 같은 사실을 발견하였다.

	기말재고자산	매출원가
20×1년	₩456,000	₩3,120,000
20×2년	545,000	2,960,000
20×3년	601,000	3,000,000
20×4년	689,000	3,240,000

요구사항

(1) 이 정보만으로 얻을 수 있는 결론은 무엇인가?

(2) 추가적으로 필요한 조사는? 또한 어떤 방법으로 조사를 수행할지를 설명하라.

(3) 추가조사로 (1)의 결론이 확인되었다면 어떠한 사항을 개선하도록 조언하겠는가?

2. 운전자본추정

당신은 보영(주)와 컨설팅용역계약을 체결하였다. 계약에 운전자본 필요액을 추정해야만 한다. 20×1년의 예상매출액은 ₩1,200,000이고, 당해 연도의 예상비율은 다음과 같다. 단, 모든 매출은 외상으로 이루어졌다.

매출총이익률	: 55%	현 금	: 예상매출액의 4%
재고자산회전율	: 연 6회	선 급 비 용	: 예상매출액의 2%
매출채권회전율	: 연 10회	미지급비용	: 예상매출액의 3%

요구사항

20×1년 재무상태표에 예상되는 운전자본액을 표시하라(단, 20×1년말의 매입채무잔액은 ₩550,000이 될 것으로 예상되며, 기초와 기말의 매출채권 및 재고자산은 동일하다고 가정한다).

3. 재무비율계산

다음은 영민(주)와 관련된 정보이다.

재무상태표

영민(주)		20×1. 12. 31 현재		(단위 : 원)
현 금		₩45,000	매 입 채 무	₩82,000
매 출 채 권	₩110,000		미지급비용	5,000
대손충당금	(15,000)	95,000	부채총계	₩87,000
재 고 자 산		170,000		
선급보험료		8,000	자본금(액면 ₩5,000)	₩260,000
토 지		20,000	이익잉여금	141,000
기계장치(순액)		150,000	자본총계	₩401,000
자산총계		₩488,000	부채와 자본총계	₩488,000

손익계산서

영민(주)	20×1. 12. 31로 종료되는 1년간	(단위 : 원)
매 출		₩1,400,000
매 출 원 가 :		
재 고 자 산(20×1. 1. 1)	₩200,000	
당기매입액	790,000	
매출가능액	₩990,000	
재 고 자 산(20×1. 12. 31)	(170,000)	820,000
매출총이익		₩580,000
영 업 비 용		170,000
순 이 익		₩410,000

* 모든 매출은 외상으로 이루어졌고, 기초의 순매출채권은 기말과 동일하였다.

요구사항

(1) 영민(주)에 관한 아래의 비율 또는 정보를 산출하라.

① 유동비율 ② 재고자산회전율
③ 매출채권회전율 ④ 주당순이익
⑤ 매출액순이익률 ⑥ 자본순이익률

(2) 20×1. 12. 31 영민(주)의 유동비율이 다음 각각의 거래로 인하여 개선되는지, 악화되는지, 아니면 변화가 없는지 지적하라.
① 회수불능 매출채권 ₩2,200을 제각하다.
② 현금으로 주식을 구입하다.
③ 단기채무 ₩40,000을 지급하다.
④ 매출채권 ₩23,000을 회수하다.
⑤ 기계장치를 외상으로 매입하다.
⑥ 기존의 외상매입금 대신에 어음을 발행하다.

4. 재무비율을 이용한 재무항목의 추정

다음은 우리별(주)의 재무제표인데, 거의 모든 항목들의 금액이 누락되어 있다.

재무상태표

우리별(주) 20×1. 12. 31 현재 (단위 : 원)

차변	금액	대변	금액
현 금	₩ ?	유 동 부 채	₩ ?
매 출 채 권(순액)	?	사 채(10%)	?
재 고 자 산	?	자 본 금(보통주)	?
비 품(순액)	?	이익잉여금	34,000
자산총계	₩120,000	부채 및 자본총계	₩120,000

손익계산서

우리별(주) 20×1. 1. 1부터 20×1. 12. 31까지 (단위 : 원)

매 출 액	₩ ?
매 출 원 가	?
매출총이익	₩ ?
영 업 비 용	?
영 업 이 익	₩ ?
사채이자비용	?
법인세비용차감전이익	₩ ?
법인세비용(40%)	?
당기순이익	₩12,000

다음은 20×1년 한일(주)의 이용가능한 정보이다.

(1) 당좌비율은 1.2 : 1이다.

(2) 재고자산회전율은 3회이다(기초재고자산은 ₩30,000이었다).
(3) 매출채권 평균회전기간은 29.2일이며, 대손충당금잔액은 ₩1,000이다.
(4) 매출액순이익률은 8%이다.
(5) 매출총이익률은 30%이다.
(6) 총자산이익률은 20%이다(총자산의 기초잔액은 ₩100,000이었다).
(7) 부채비율은 30%이다.
(8) 이자비용은 연중 변동이 없었던 사채와 관련된 것이다.

요구사항

우리별(주)의 재무제표를 완성하라(힌트 : 손익계산서부터 완성한다).

5. 운전자본과 활동성비율

원미(주)의 경영자는 현재의 재무상태와 투자수익률에 관심을 갖고 있다. 원미(주)는 당신에게 다음과 같은 재무제표를 제공하고, 이 회사의 재무제표를 분석해 줄 것을 의뢰했다.

운전자본보고서

원미(주)	20×1. 12. 31	(단위 : 원)
유 동 부 채		₩224,500
유 동 자 산 :		
현 금	₩10,000	
매 출 채 권(순액)	75,600	
재 고 자 산	117,000	(202,600)
운 전 자 본		(₩21,900)

손익계산서

원미(주)	20×1. 1. 1~20×1. 12. 31	(단위 : 원)
매 출 액(70,925개)		₩638,325
매 출 원 가		395,800
매출총이익		₩242,525
판매비 및 관리비(감가상각비 ₩24,935 포함)		55,660
법인세비용차감전이익		₩186,865
법인세비용		82,000
당기순이익		₩104,865

* 추가자료 : 유형자산은 토지, 건물 등으로 구성되어 있으며, 20×1. 12. 31 현재 장부금액은 ₩241,000이다. 각 계정의 기말잔액은 연중 계속 비슷한 수준으로 유지되었다. 모든 매출은 외상으로 이루어진다.

요구사항

1년을 300일로 가정하고 다음을 계산하라.

(1) 매출채권회전율

(2) 재고자산회전율

(3) 운전자본부족액을 보전하기 위해 소요되는 영업일수

(4) 총자산이익률을 매출액순이익률과 총자산회전율로 구분표시

부록 가치계산표

〈표 A-1〉 단일금액 1원의 미래가치 $F_n = (1+r)^n$ 기간이자율(r)

기간수 (n)	1%	2%	3%	4%	5%	6%	7%	8%	9%	10%
1	1.0100	1.0200	1.0300	1.0400	1.0500	1.0600	1.0700	1.0800	1.0900	1.1000
2	1.0201	1.0404	1.0609	1.0816	1.1025	1.1236	1.1449	1.1664	1.1881	1.2100
3	1.0303	1.0612	1.0927	1.1249	1.1576	1.1910	1.2250	1.2597	1.2950	1.3310
4	1.0406	1.0824	1.1255	1.1699	1.2155	1.2625	1.3108	1.3605	1.4116	1.4641
5	1.0510	1.1041	1.1593	1.2167	1.2763	1.3382	1.4026	1.4693	1.5386	1.6105
6	1.0615	1.1262	1.1941	1.2653	1.3401	1.4185	1.5007	1.5869	1.6771	1.7716
7	1.0721	1.1487	1.2299	1.3159	1.4071	1.5036	1.6058	1.7138	1.8280	1.9487
8	1.0829	1.1717	1.2668	1.3686	1.4775	1.5938	1.7182	1.8509	1.9926	2.1436
9	1.0937	1.1951	1.3048	1.4233	1.5513	1.6895	1.8385	1.9990	2.1719	2.3579
10	1.1046	1.2190	1.3439	1.4802	1.6289	1.7908	1.9672	2.1589	2.3674	2.5937
11	1.1157	1.2434	1.3842	1.5395	1.7103	1.8983	2.1049	2.3316	2.5804	2.8531
12	1.1268	1.2682	1.4258	1.6010	1.7959	2.0122	2.2522	2.5182	2.8127	3.1384
13	1.1381	1.2936	1.4685	1.6651	1.8856	2.1329	2.4098	2.7196	3.0658	3.4523
14	1.1495	1.3195	1.5126	1.7317	1.9799	2.2609	2.5785	2.9372	3.3417	3.7975
15	1.1610	1.3459	1.5580	1.8009	2.0789	2.3966	2.7590	3.1722	3.6425	4.1772
16	1.1726	1.3728	1.6047	1.8730	2.1829	2.5404	2.9522	3.4259	3.9703	4.5950
17	1.1843	1.4002	1.6528	1.9479	2.2920	2.6928	3.1588	3.7000	4.3276	5.0545
18	1.1961	1.4282	1.7024	2.0258	2.4066	2.8543	3.3799	3.9960	4.7171	5.5599
19	1.2081	1.4568	1.7535	2.1068	2.5270	3.0256	3.6165	4.3157	5.1417	6.1159
20	1.2202	1.4859	1.8061	2.1911	2.6533	3.2071	3.8697	4.6610	5.6044	6.7275
21	1.2324	1.5157	1.8603	2.2788	2.7860	3.3996	4.1406	5.0338	6.1088	7.4002
22	1.2447	1.5460	1.9161	2.3699	2.9253	3.6035	4.4304	5.4365	6.6586	8.1403
23	1.2572	1.5769	1.9736	2.4647	3.0715	3.8197	4.7405	5.8715	7.2579	8.9543
24	1.2697	1.6084	2.0328	2.5633	3.2251	4.0489	5.0724	6.3412	7.9111	9.8497
25	1.2824	1.6406	2.0938	2.6658	3.3864	4.2919	5.4274	6.8485	8.6231	10.8347
26	1.2953	1.6734	2.1566	2.7725	3.5557	4.5494	5.8074	7.3964	9.3992	11.9182
27	1.3082	1.7069	2.2213	2.8834	3.7335	4.8223	6.2139	7.9881	10.2451	13.1100
28	1.3213	1.7410	2.2879	2.9987	3.9201	5.1117	6.6488	8.6271	11.1671	14.4210
29	1.3345	1.7758	2.3566	3.1187	4.1161	5.4184	7.1143	9.3173	12.1722	15.8631
30	1.3478	1.8114	2.4273	3.2434	4.3219	5.7435	7.6123	10.0627	13.2677	17.4494
35	1.4166	1.9999	2.8139	3.9461	5.5160	7.6861	10.6766	14.7853	20.4140	28.1024
40	1.4889	2.2080	3.2620	4.8010	7.0400	10.2857	14.9745	21.7245	31.4094	45.2593
45	1.5648	2.4379	3.7816	5.8412	8.9850	13.7646	21.0025	31.9204	48.3273	72.8905
50	1.6446	2.6916	4.3839	7.1067	11.4674	18.4202	29.4570	46.9016	74.3575	117.3909
60	1.8167	3.2810	5.8916	10.5196	18.6792	32.9877	57.9464	101.2571	176.0313	304.4816
70	2.0068	3.9996	7.9178	15.5716	30.4264	59.0759	113.9894	218.6064	416.7301	789.7470
80	2.2167	4.8754	10.6409	23.0498	49.5614	105.7960	224.2344	471.9548	986.5517	2048.4002

기간이자율(r)

기간수 (n)	11%	12%	13%	14%	15%	16%	17%	18%	19%	20%
1	1.1100	1.1200	1.1300	1.1400	1.1500	1.1600	1.1700	1.1800	1.1900	1.2000
2	1.2321	1.2544	1.2769	1.2996	1.3225	1.3456	1.3689	1.3924	1.4161	1.4400
3	1.3676	1.4049	1.4429	1.4815	1.5209	1.5609	1.6016	1.6430	1.6852	1.7280
4	1.5181	1.5735	1.6305	1.6890	1.7490	1.8106	1.8739	1.9388	2.0053	2.0736
5	1.6851	1.7623	1.8424	1.9254	2.0114	2.1003	2.1924	2.2878	2.3864	2.4883
6	1.8704	1.9738	2.0820	2.1950	2.3131	2.4364	2.5652	2.6996	2.8398	2.9860
7	2.0762	2.2107	2.3526	2.5023	2.6600	2.8262	3.0012	3.1855	3.3793	3.5832
8	2.3045	2.4760	2.6584	2.8526	3.0590	3.2784	3.5115	3.7589	4.0214	4.2998
9	2.5580	2.7731	3.0040	3.2519	3.5179	3.8030	4.1084	4.4355	4.7854	5.1598
10	2.8394	3.1058	3.3946	3.7072	4.0456	4.4114	4.8068	5.2338	5.6947	6.1917
11	3.1518	3.4785	3.8359	4.2262	4.6524	5.1173	5.6240	6.1759	6.7767	7.4301
12	3.4985	3.8960	4.3345	4.8179	5.3503	5.9360	6.5801	7.2876	8.0642	8.9161
13	3.8833	4.3635	4.8980	5.4924	6.1528	6.8858	7.6987	8.5994	9.5964	10.6993
14	4.3104	4.8871	5.5348	6.2613	7.0757	7.9875	9.0075	10.1472	11.4198	12.8392
15	4.7846	5.4736	6.2543	7.1379	8.1371	9.2655	10.5387	11.9737	13.5895	15.4070
16	5.3109	6.1304	7.0673	8.1372	9.3576	10.7480	12.3303	14.1290	16.1715	18.4884
17	5.8951	6.8660	7.9861	9.2765	10.7613	12.4677	14.4265	16.6722	19.2441	22.1861
18	6.5436	7.6900	9.0243	10.5752	12.3755	14.4625	16.8790	19.6733	22.9005	26.6233
19	7.2633	8.6128	10.1974	12.0557	14.2318	16.7765	19.7484	23.2144	27.2516	31.9480
20	8.0623	9.6463	11.5231	13.7435	16.3665	19.4608	23.1056	27.3930	32.4294	38.3376
21	8.9492	10.8038	13.0211	15.6676	18.8215	22.5745	27.0336	32.3238	38.5910	46.0051
22	9.9336	12.1003	14.7138	17.8610	21.6447	26.1864	31.6293	38.1421	45.9233	55.2061
23	11.0263	13.5523	16.6266	20.3616	24.8915	30.3762	37.0062	45.0076	54.6487	66.2474
24	12.2392	15.1786	18.7881	23.2122	28.6252	35.2364	43.2973	53.1090	65.0320	79.4968
25	13.5855	17.0001	21.2305	26.4619	32.9190	40.8742	50.6578	62.6686	77.3881	95.3962
26	15.0799	19.0401	23.9905	30.1666	37.8568	47.4141	59.2697	73.9490	92.0918	114.4755
27	16.7386	21.3249	27.1093	34.3899	43.5353	55.0004	69.3455	87.2598	109.5893	137.3706
28	18.5799	23.8839	30.6335	39.2045	50.0656	63.8004	81.1342	102.9666	130.4112	164.8447
29	20.6237	26.7499	34.6158	44.6931	57.5755	74.0085	94.9271	121.5005	155.1893	197.8136
30	22.8923	29.9599	39.1159	50.9502	66.2118	85.8499	111.0647	143.3706	184.6753	237.3763
35	38.5749	52.7996	72.0685	98.1002	133.1755	180.3141	243.5035	327.9973	440.7006	590.6682
40	65.0009	93.0510	132.7816	188.8835	267.8635	378.7212	533.8687	750.3783	1051.6675	1469.7716
45	109.5302	163.9876	244.6414	363.6791	538.7693	795.4438	1170.4794	1716.6839	2509.6506	3657.2620
50	184.5648	289.0022	450.7359	700.2330	1083.6574	1670.7038	2566.2153	3927.3569	5988.9139	9100.4382
60	524.0572	897.5969	1530.0535	2595.9187	4383.9987	7370.2014	12335.3565	20555.1400	34104.9709	56347.5144
70	1488.0191	2787.7998	5193.8696	9623.6450	17735.720	32513.165	59293.942	107582.22	194217.03	348888.96
80	4225.1128	8658.4831	17630.941	35676.982	71750.879	143429.72	285015.80	563067.66	1106004.5	2160228.5

〈표 A-2〉 단일금액 1원의 현재가치 $P_n = \frac{1}{(1+r)^n}$ 기간이자율(r)

기간수 (n)	1%	2%	3%	4%	5%	6%	7%	8%	9%	10%
1	0.9901	0.9804	0.9709	0.9615	0.9524	0.9434	0.9346	0.9259	0.9174	0.9091
2	0.9803	0.9612	0.9426	0.9246	0.9070	0.8900	0.8734	0.8573	0.8417	0.8264
3	0.9706	0.9423	0.9151	0.8890	0.8638	0.8396	0.8163	0.7938	0.7722	0.7513
4	0.9610	0.9238	0.8885	0.8548	0.8227	0.7921	0.7629	0.7350	0.7084	0.6830
5	0.9515	0.9057	0.8626	0.8219	0.7835	0.7473	0.7130	0.6806	0.6499	0.6209
6	0.9420	0.8880	0.8375	0.7903	0.7462	0.7050	0.6663	0.6302	0.5963	0.5645
7	0.9327	0.8706	0.8131	0.7599	0.7107	0.6651	0.6227	0.5835	0.5470	0.5132
8	0.9235	0.8535	0.7894	0.7307	0.6768	0.6274	0.5820	0.5403	0.5019	0.4665
9	0.9143	0.8368	0.7664	0.7026	0.6446	0.5919	0.5439	0.5002	0.4604	0.4241
10	0.9053	0.8203	0.7441	0.6756	0.6139	0.5584	0.5083	0.4632	0.4224	0.3855
11	0.8963	0.8043	0.7224	0.6496	0.5847	0.5268	0.4751	0.4289	0.3875	0.3505
12	0.8874	0.7885	0.7014	0.6246	0.5568	0.4970	0.4440	0.3971	0.3555	0.3186
13	0.8787	0.7730	0.6810	0.6006	0.5303	0.4688	0.4150	0.3677	0.3262	0.2897
14	0.8700	0.7579	0.6611	0.5775	0.5051	0.4423	0.3878	0.3405	0.2992	0.2633
15	0.8613	0.7430	0.6419	0.5553	0.4810	0.4173	0.3624	0.3152	0.2745	0.2394
16	0.8528	0.7284	0.6232	0.5339	0.4581	0.3936	0.3387	0.2919	0.2519	0.2176
17	0.8444	0.7142	0.6050	0.5134	0.4363	0.3714	0.3166	0.2703	0.2311	0.1978
18	0.8360	0.7002	0.5874	0.4936	0.4155	0.3503	0.2959	0.2502	0.2120	0.1799
19	0.8277	0.6864	0.5703	0.4746	0.3957	0.3305	0.2765	0.2317	0.1945	0.1635
20	0.8195	0.6730	0.5537	0.4564	0.3769	0.3118	0.2584	0.2145	0.1784	0.1486
21	0.8114	0.6598	0.5375	0.4388	0.3589	0.2942	0.2415	0.1987	0.1637	0.1351
22	0.8034	0.6468	0.5219	0.4220	0.3418	0.2775	0.2257	0.1839	0.1502	0.1228
23	0.7954	0.6342	0.5067	0.4057	0.3256	0.2618	0.2109	0.1703	0.1378	0.1117
24	0.7876	0.6217	0.4919	0.3901	0.3101	0.2470	0.1971	0.1577	0.1264	0.1015
25	0.7798	0.6095	0.4776	0.3751	0.2953	0.2330	0.1842	0.1460	0.1160	0.0923
26	0.7720	0.5976	0.4637	0.3607	0.2812	0.2198	0.1722	0.1352	0.1064	0.0839
27	0.7644	0.5859	0.4502	0.3468	0.2678	0.2074	0.1609	0.1252	0.0976	0.0763
28	0.7568	0.5744	0.4371	0.3335	0.2551	0.1956	0.1504	0.1159	0.0895	0.0693
29	0.7493	0.5631	0.4243	0.3207	0.2429	0.1846	0.1406	0.1073	0.0822	0.0630
30	0.7419	0.5521	0.4120	0.3083	0.2314	0.1741	0.1314	0.0994	0.0754	0.0573
35	0.7059	0.5000	0.3554	0.2534	0.1813	0.1301	0.0937	0.0676	0.0490	0.0356
40	0.6717	0.4529	0.3066	0.2083	0.1420	0.0972	0.0668	0.0460	0.0318	0.0221
45	0.6391	0.4102	0.2644	0.1712	0.1113	0.0727	0.0476	0.0313	0.0207	0.0137
50	0.6080	0.3715	0.2281	0.1407	0.0872	0.0543	0.0339	0.0213	0.0134	0.0085
60	0.5504	0.3048	0.1697	0.0951	0.0535	0.0303	0.0173	0.0099	0.0057	0.0033
70	0.4983	0.2500	0.1263	0.0642	0.0329	0.0169	0.0088	0.0046	0.0024	0.0013
80	0.4511	0.2051	0.0940	0.0434	0.0202	0.0095	0.0045	0.0021	0.0010	0.0005

기간이자율(r)

기간수 (n)	11%	12%	13%	14%	15%	16%	17%	18%	19%	20%
1	0.9009	0.8929	0.8850	0.8772	0.8696	0.8621	0.8547	0.8475	0.8403	0.8333
2	0.8116	0.7972	0.7831	0.7695	0.7561	0.7432	0.7305	0.7182	0.7062	0.6944
3	0.7312	0.7118	0.6931	0.6750	0.6575	0.6407	0.6244	0.6086	0.5934	0.5787
4	0.6587	0.6355	0.6133	0.5921	0.5718	0.5523	0.5337	0.5158	0.4987	0.4823
5	0.5935	0.5674	0.5428	0.5194	0.4972	0.4761	0.4561	0.4371	0.4190	0.4019
6	0.5346	0.5066	0.4803	0.4556	0.4323	0.4104	0.3898	0.3704	0.3521	0.3349
7	0.4817	0.4523	0.4251	0.3996	0.3759	0.3538	0.3332	0.3139	0.2959	0.2791
8	0.4339	0.4039	0.3762	0.3506	0.3269	0.3050	0.2848	0.2660	0.2487	0.2326
9	0.3909	0.3606	0.3329	0.3075	0.2843	0.2630	0.2434	0.2255	0.2090	0.1938
10	0.3522	0.3220	0.2946	0.2697	0.2472	0.2267	0.2080	0.1911	0.1756	0.1615
11	0.3173	0.2875	0.2607	0.2366	0.2149	0.1954	0.1778	0.1619	0.1476	0.1346
12	0.2858	0.2567	0.2307	0.2076	0.1869	0.1685	0.1520	0.1372	0.1240	0.1122
13	0.2575	0.2292	0.2042	0.1821	0.1625	0.1452	0.1299	0.1163	0.1042	0.0935
14	0.2320	0.2046	0.1807	0.1597	0.1413	0.1252	0.1110	0.0985	0.0876	0.0779
15	0.2090	0.1827	0.1599	0.1401	0.1229	0.1079	0.0949	0.0835	0.0736	0.0649
16	0.1883	0.1631	0.1415	0.1229	0.1069	0.0930	0.0811	0.0708	0.0618	0.0541
17	0.1696	0.1456	0.1252	0.1078	0.0929	0.0802	0.0693	0.0600	0.0520	0.0451
18	0.1528	0.1300	0.1108	0.0946	0.0808	0.0691	0.0592	0.0508	0.0437	0.0376
19	0.1377	0.1161	0.0981	0.0829	0.0703	0.0596	0.0506	0.0431	0.0367	0.0313
20	0.1240	0.1037	0.0868	0.0728	0.0611	0.0514	0.0433	0.0365	0.0308	0.0261
21	0.1117	0.0926	0.0768	0.0638	0.0531	0.0443	0.0370	0.0309	0.0259	0.0217
22	0.1007	0.0826	0.0680	0.0560	0.0462	0.0382	0.0316	0.0262	0.0218	0.0181
23	0.0907	0.0738	0.0601	0.0491	0.0402	0.0329	0.0270	0.0222	0.0183	0.0151
24	0.0817	0.0659	0.0532	0.0431	0.0349	0.0284	0.0231	0.0188	0.0154	0.0126
25	0.0736	0.0588	0.0471	0.0378	0.0304	0.0245	0.0197	0.0160	0.0129	0.0105
26	0.0663	0.0525	0.0417	0.0331	0.0264	0.0211	0.0169	0.0135	0.0109	0.0087
27	0.0597	0.0469	0.0369	0.0291	0.0230	0.0182	0.0144	0.0115	0.0091	0.0073
28	0.0538	0.0419	0.0326	0.0255	0.0200	0.0157	0.0123	0.0097	0.0077	0.0061
29	0.0485	0.0374	0.0289	0.0224	0.0174	0.0135	0.0105	0.0082	0.0064	0.0051
30	0.0437	0.0334	0.0256	0.0196	0.0151	0.0116	0.0090	0.0070	0.0054	0.0042
35	0.0259	0.0189	0.0139	0.0102	0.0075	0.0055	0.0041	0.0030	0.0023	0.0017
40	0.0154	0.0107	0.0075	0.0053	0.0037	0.0026	0.0019	0.0013	0.0010	0.0007
45	0.0091	0.0061	0.0041	0.0027	0.0019	0.0013	0.0009	0.0006	0.0004	0.0003
50	0.0054	0.0035	0.0022	0.0014	0.0009	0.0006	0.0004	0.0003	0.0002	0.0001
60	0.0019	0.0011	0.0007	0.0004	0.0002	0.0001	0.0001	0.0000	0.0000	0.0000
70	0.0007	0.0004	0.0002	0.0001	0.0001	0.0000	0.0000	0.0000	0.0000	0.0000
80	0.0002	0.0001	0.0001	0.0000	0.0000	0.0000	0.0000	0.0000	0.0000	0.0000

〈표 A-3〉 정상연금 1원의 미래가치 $FA_n = \sum_{t=1}^{n}(1+r)^{n-t} = \frac{(1+r)^n - 1}{r}$ 기간이자율(r)

기간수 (n)	1%	2%	3%	4%	5%	6%	7%	8%	9%	10%
1	1.0000	1.0000	1.0000	1.0000	1.0000	1.0000	1.0000	1.0000	1.0000	1.0000
2	2.0100	2.0200	2.0300	2.0400	2.0500	2.0600	2.0700	2.0800	2.0900	2.1000
3	3.0301	3.0604	3.0909	3.1216	3.1525	3.1836	3.2149	3.2464	3.2781	3.3100
4	4.0604	4.1216	4.1836	4.2465	4.3101	4.3746	4.4399	4.5061	4.5731	4.6410
5	5.1010	5.2040	5.3091	5.4163	5.5256	5.6371	5.7507	5.8666	5.9847	6.1051
6	6.1520	6.3081	6.4684	6.6330	6.8019	6.9753	7.1533	7.3359	7.5233	7.7156
7	7.2135	7.4343	7.6625	7.8983	8.1420	8.3938	8.6540	8.9228	9.2004	9.4872
8	8.2857	8.5830	8.8923	9.2142	9.5491	9.8975	10.2598	10.6366	11.0285	11.4359
9	9.3685	9.7546	10.1591	10.5828	11.0266	11.4913	11.9780	12.4876	13.0210	13.5795
10	10.4622	10.9497	11.4639	12.0061	12.5779	13.1808	13.8164	14.4866	15.1929	15.9374
11	11.5668	12.1687	12.8078	13.4864	14.2068	14.9716	15.7836	16.6455	17.5603	18.5312
12	12.6825	13.4121	14.1920	15.0258	15.9171	16.8699	17.8885	18.9771	20.1407	21.3843
13	13.8093	14.6803	15.6178	16.6268	17.7130	18.8821	20.1406	21.4953	22.9534	24.5227
14	14.9474	15.9739	17.0863	18.2919	19.5986	21.0151	22.5505	24.2149	26.0192	27.9750
15	16.0969	17.2934	18.5989	20.0236	21.5786	23.2760	25.1290	27.1521	29.3609	31.7725
16	17.2579	18.6393	20.1569	21.8245	23.6575	25.6725	27.8881	30.3243	33.0034	35.9497
17	18.4304	20.0121	21.7616	23.6975	25.8404	28.2129	30.8402	33.7502	36.9737	40.5447
18	19.6147	21.4123	23.4144	25.6454	28.1324	30.9057	33.9990	37.4502	41.3013	45.5992
19	20.8109	22.8406	25.1169	27.6712	30.5390	33.7600	37.3790	41.4463	46.0185	51.1591
20	22.0190	24.2974	26.8704	29.7781	33.0660	36.7856	40.9955	45.7620	51.1601	57.2750
21	23.2392	25.7833	28.6765	31.9692	35.7193	39.9927	44.8652	50.4229	56.7645	64.0025
22	24.4716	27.2990	30.5368	34.2480	38.5052	43.3923	49.0057	55.4568	62.8733	71.4027
23	25.7163	28.8450	32.4529	36.6179	41.4305	46.9958	53.4361	60.8933	69.5319	79.5430
24	26.9735	30.4219	34.4265	39.0826	44.5020	50.8156	58.1767	66.7648	76.7898	88.4973
25	28.2432	32.0303	36.4593	41.6459	47.7271	54.8645	63.2490	73.1059	84.7009	98.3471
26	29.5256	33.6709	38.5530	44.3117	51.1135	59.1564	68.6765	79.9544	93.3240	109.1818
27	30.8209	35.3443	40.7096	47.0842	54.6691	63.7058	74.4838	87.3508	102.7231	121.0999
28	32.1291	37.0512	42.9309	49.9676	58.4026	68.5281	80.6977	95.3388	112.9682	134.2099
29	33.4504	38.7922	45.2189	52.9663	62.3227	73.6398	87.3465	103.9659	124.1354	148.6309
30	34.7849	40.5681	47.5754	56.0849	66.4388	79.0582	94.4608	113.2832	136.3075	164.4940
35	41.6603	49.9945	60.4621	73.6522	90.3203	111.4348	138.2369	172.3168	215.7108	271.0244
40	48.8864	60.4020	75.4013	95.0255	120.7998	154.7620	199.6351	259.0565	337.8824	442.5926
45	56.4811	71.8927	92.7199	121.0294	159.7002	212.7435	285.7493	386.5056	525.8587	718.9048
50	64.4632	84.5794	112.7969	152.6671	209.3480	290.3359	406.5289	573.7702	815.0836	1163.9085
60	81.6697	114.0515	163.0534	237.9907	353.5837	533.1282	813.5204	1253.2133	1944.7921	3034.8164
70	100.6763	149.9779	230.5941	364.2905	588.5285	967.9322	1614.1342	2720.0801	4619.2232	7887.4696
80	121.6715	193.7720	321.3630	551.2450	971.2288	1746.5999	3189.0627	5886.9354	10950.574	20474.002

기간이자율(r)

기간수 (n)	11%	12%	13%	14%	15%	16%	17%	18%	19%	20%
1	1.0000	1.0000	1.0000	1.0000	1.0000	1.0000	1.0000	1.0000	1.0000	1.0000
2	2.1100	2.1200	2.1300	2.1400	2.1500	2.1600	2.1700	2.1800	2.1900	2.2000
3	3.3421	3.3744	3.4069	3.4396	3.4725	3.5056	3.5389	3.5724	3.6061	3.6400
4	4.7097	4.7793	4.8498	4.9211	4.9934	5.0665	5.1405	5.2154	5.2913	5.3680
5	6.2278	6.3528	6.4803	6.6101	6.7424	6.8771	7.0144	7.1542	7.2966	7.4416
6	7.9129	8.1152	8.3227	8.5355	8.7537	8.9775	9.2068	9.4420	9.6830	9.9299
7	9.7833	10.0890	10.4047	10.7305	11.0668	11.4139	11.7720	12.1415	12.5227	12.9159
8	11.8594	12.2997	12.7573	13.2328	13.7268	14.2401	14.7733	15.3270	15.9020	16.4991
9	14.1640	14.7757	15.4157	16.0853	16.7858	17.5185	18.2847	19.0859	19.9234	20.7989
10	16.7220	17.5487	18.4197	19.3373	20.3037	21.3215	22.3931	23.5213	24.7089	25.9587
11	19.5614	20.6546	21.8143	23.0445	24.3493	25.7329	27.1999	28.7551	30.4035	32.1504
12	22.7132	24.1331	25.6502	27.2707	29.0017	30.8502	32.8239	34.9311	37.1802	39.5805
13	26.2116	28.0291	29.9847	32.0887	34.3519	36.7862	39.4040	42.2187	45.2445	48.4966
14	30.0949	32.3926	34.8827	37.5811	40.5047	43.6720	47.1027	50.8180	54.8409	59.1959
15	34.4054	37.2797	40.4175	43.8424	47.5804	51.6595	56.1101	60.9653	66.2607	72.0351
16	39.1899	42.7533	46.6717	50.9804	55.7175	60.9250	66.6488	72.9390	79.8502	87.4421
17	44.5008	48.8837	53.7391	59.1176	65.0751	71.6730	78.9792	87.0680	96.0218	105.9306
18	50.3959	55.7497	61.7251	68.3941	75.8364	84.1407	93.4056	103.7403	115.2659	128.1167
19	56.9395	63.4397	70.7494	78.9692	88.2118	98.6032	110.2846	123.4135	138.1664	154.7400
20	64.2028	72.0524	80.9468	91.0249	102.4436	115.3797	130.0329	146.6280	165.4180	186.6880
21	72.2651	81.6987	92.4699	104.7684	118.8101	134.8405	153.1385	174.0210	197.8474	225.0256
22	81.2143	92.5026	105.4910	120.4360	137.6316	157.4150	180.1721	206.3448	236.4385	271.0307
23	91.1479	104.6029	120.2048	138.2970	159.2764	183.6014	211.8013	244.4868	282.3618	326.2369
24	102.1742	118.1552	136.8315	158.6586	184.1678	213.9776	248.8076	289.4945	337.0105	392.4842
25	114.4133	133.3339	155.6196	181.8708	212.7930	249.2140	292.1049	342.6035	402.0425	471.9811
26	127.9988	150.3339	176.8501	208.3327	245.7120	290.0883	342.7627	405.2721	479.4306	567.3773
27	143.0786	169.3740	200.8406	238.4993	283.5688	337.5024	402.0323	479.2211	571.5224	681.8528
28	159.8173	190.6989	227.9499	272.8892	327.1041	392.5028	471.3778	566.4809	681.1116	819.2233
29	178.3972	214.5828	258.5834	312.0937	377.1697	456.3032	552.5121	669.4475	811.5228	984.0680
30	199.0209	241.3327	293.1992	356.7868	434.7451	530.3117	647.4391	790.9480	966.7122	1181.8816
35	341.5896	431.6635	546.6808	693.5727	881.1702	1120.7130	1426.4910	1816.6516	2314.2137	2948.3411
40	581.8261	767.0914	1013.7042	1342.0251	1779.0903	2360.7572	3134.5218	4163.2130	5529.8290	7343.8578
45	986.6386	1358.2300	1874.1646	2590.5648	3585.1285	4965.2739	6879.2907	9531.5771	13203.424	18281.310
50	1668.7712	2400.0182	3459.5071	4994.5213	7217.7163	10435.649	15089.502	21813.094	31515.336	45497.191
60	4755.0658	7471.6411	11761.950	18535.133	29219.992	46057.509	72555.039	114189.67	179494.58	281732.57
70	13518.356	23223.332	39945.151	68733.179	118231.47	203201.03	348782.01	597673.46	1022189.6	1744439.8
80	38401.025	72145.696	135614.93	254828.44	478332.53	896429.47	1676557.7	3128148.1	5821071.3	10801137.

〈표 A-4〉 정상연금 1원의 현재가치 $PA_n = \sum_{t=1}^{n} \frac{1}{(1+r)^t} = \frac{1-(1+r)^{-n}}{r}$ 기간이자율(r)

기간수 (n)	1%	2%	3%	4%	5%	6%	7%	8%	9%	10%
1	0.9901	0.9804	0.9709	0.9615	0.9524	0.9434	0.9346	0.9259	0.9174	0.9091
2	1.9704	1.9416	1.9135	1.8861	1.8594	1.8334	1.8080	1.7833	1.7591	1.7355
3	2.9410	2.8839	2.8286	2.7751	2.7232	2.6730	2.6243	2.5771	2.5313	2.4868
4	3.9020	3.8077	3.7171	3.6299	3.5460	3.4651	3.3872	3.3121	3.2397	3.1699
5	4.8534	4.7135	4.5797	4.4518	4.3295	4.2124	4.1002	3.9927	3.8897	3.7908
6	5.7955	5.6014	5.4172	5.2421	5.0757	4.9173	4.7665	4.6229	4.4859	4.3553
7	6.7282	6.4720	6.2303	6.0021	5.7864	5.5824	5.3893	5.2064	5.0330	4.8684
8	7.6517	7.3255	7.0197	6.7327	6.4632	6.2098	5.9713	5.7466	5.5348	5.3349
9	8.5660	8.1622	7.7861	7.4353	7.1078	6.8017	6.5152	6.2469	5.9952	5.7590
10	9.4713	8.9826	8.5302	8.1109	7.7217	7.3601	7.0236	6.7101	6.4177	6.1446
11	10.3676	9.7868	9.2526	8.7605	8.3064	7.8869	7.4987	7.1390	6.8052	6.4951
12	11.2551	10.5753	9.9540	9.3851	8.8633	8.3838	7.9427	7.5361	7.1607	6.8137
13	12.1337	11.3484	10.6350	9.9856	9.3936	8.8527	8.3577	7.9038	7.4869	7.1034
14	13.0037	12.1062	11.2961	10.5631	9.8986	9.2950	8.7455	8.2442	7.7862	7.3667
15	13.8651	12.8493	11.9379	11.1184	10.3797	9.7122	9.1079	8.5595	8.0607	7.6061
16	14.7179	13.5777	12.5611	11.6523	10.8378	10.1059	9.4466	8.8514	8.3126	7.8237
17	15.5623	14.2919	13.1661	12.1657	11.2741	10.4773	9.7632	9.1216	8.5436	8.0216
18	16.3983	14.9920	13.7535	12.6593	11.6896	10.8276	10.0591	9.3719	8.7556	8.2014
19	17.2260	15.6785	14.3238	13.1339	12.0853	11.1581	10.3356	9.6036	8.9501	8.3649
20	18.0456	16.3514	14.8775	13.5903	12.4622	11.4699	10.5940	9.8181	9.1285	8.5136
21	18.8570	17.0112	15.4150	14.0292	12.8212	11.7641	10.8355	10.0168	9.2922	8.6487
22	19.6604	17.6580	15.9369	14.4511	13.1630	12.0416	11.0612	10.2007	9.4424	8.7715
23	20.4558	18.2922	16.4436	14.8568	13.4886	12.3034	11.2722	10.3711	9.5802	8.8832
24	21.2434	18.9139	16.9355	15.2470	13.7986	12.5504	11.4693	10.5288	9.7066	8.9847
25	22.0232	19.5235	17.4131	15.6221	14.0939	12.7834	11.6536	10.6748	9.8226	9.0770
26	22.7952	20.1210	17.8768	15.9828	14.3752	13.0032	11.8258	10.8100	9.9290	9.1609
27	23.5596	20.7069	18.3270	16.3296	14.6430	13.2105	11.9867	10.9352	10.0266	9.2372
28	24.3164	21.2813	18.7641	16.6631	14.8981	13.4062	12.1371	11.0511	10.1161	9.3066
29	25.0658	21.8444	19.1885	16.9837	15.1411	13.5907	12.2777	11.1584	10.1983	9.3696
30	25.8077	22.3965	19.6004	17.2920	15.3725	13.7648	12.4090	11.2578	10.2737	9.4269
35	29.4086	24.9986	21.4872	18.6646	16.3742	14.4982	12.9477	11.6546	10.5668	9.6442
40	32.8347	27.3555	23.1148	19.7928	17.1591	15.0463	13.3317	11.9246	10.7574	9.7791
45	36.0945	29.4902	24.5187	20.7200	17.7741	15.4558	13.6055	12.1084	10.8812	9.8628
50	39.1961	31.4236	25.7298	21.4822	18.2559	15.7619	13.8007	12.2335	10.9617	9.9148
60	44.9550	34.7609	27.6756	22.6235	18.9293	16.1614	14.0392	12.3766	11.0480	9.9672
70	50.1685	37.4986	29.1234	23.3945	19.3427	16.3845	14.1604	12.4428	11.0844	9.9873
80	54.8882	39.7445	30.2008	23.9154	19.5965	16.5091	14.2220	12.4735	11.0998	9.9951

기간이자율(r)

기간수 (n)	11%	12%	13%	14%	15%	16%	17%	18%	19%	20%
1	0.9009	0.8929	0.8850	0.8772	0.8696	0.8621	0.8547	0.8475	0.8403	0.8333
2	1.7125	1.6901	1.6681	1.6467	1.6257	1.6052	1.5852	1.5656	1.5465	1.5278
3	2.4437	2.4018	2.3612	2.3216	2.2832	2.2459	2.2096	2.1743	2.1399	2.1065
4	3.1024	3.0373	2.9745	2.9137	2.8550	2.7982	2.7432	2.6901	2.6386	2.5887
5	3.6959	3.6048	3.5172	3.4331	3.3522	3.2743	3.1993	3.1272	3.0576	2.9906
6	4.2305	4.1114	3.9975	3.8887	3.7845	3.6847	3.5892	3.4976	3.4098	3.3255
7	4.7122	4.5638	4.4226	4.2883	4.1604	4.0386	3.9224	3.8115	3.7057	3.6046
8	5.1461	4.9676	4.7988	4.6389	4.4873	4.3436	4.2072	4.0776	3.9544	3.8372
9	5.5370	5.3282	5.1317	4.9464	4.7716	4.6065	4.4506	4.3030	4.1633	4.0310
10	5.8892	5.6502	5.4262	5.2161	5.0188	4.8332	4.6586	4.4941	4.3389	4.1925
11	6.2065	5.9377	5.6869	5.4527	5.2337	5.0286	4.8364	4.6560	4.4865	4.3271
12	6.4924	6.1944	5.9176	5.6603	5.4206	5.1971	4.9884	4.7932	4.6105	4.4392
13	6.7499	6.4235	6.1218	5.8424	5.5831	5.3423	5.1183	4.9095	4.7147	4.5327
14	6.9819	6.6282	6.3025	6.0021	5.7245	5.4675	5.2293	5.0081	4.8023	4.6106
15	7.1909	6.8109	6.4624	6.1422	5.8474	5.5755	5.3242	5.0916	4.8759	4.6755
16	7.3792	6.9740	6.6039	6.2651	5.9542	5.6685	5.4053	5.1624	4.9377	4.7296
17	7.5488	7.1196	6.7291	6.3729	6.0472	5.7487	5.4746	5.2223	4.9897	4.7746
18	7.7016	7.2497	6.8399	6.4674	6.1280	5.8178	5.5339	5.2732	5.0333	4.8122
19	7.8393	7.3658	6.9380	6.5504	6.1982	5.8775	5.5845	5.3162	5.0700	4.8435
20	7.9633	7.4694	7.0248	6.6231	6.2593	5.9288	5.6278	5.3527	5.1009	4.8696
21	8.0751	7.5620	7.1016	6.6870	6.3125	5.9731	5.6648	5.3837	5.1268	4.8913
22	8.1757	7.6446	7.1695	6.7429	6.3587	6.0113	5.6964	5.4099	5.1486	4.9094
23	8.2664	7.7184	7.2297	6.7921	6.3988	6.0442	5.7234	5.4321	5.1668	4.9245
24	8.3481	7.7843	7.2829	6.8351	6.4338	6.0726	5.7465	5.4509	5.1822	4.9371
25	8.4217	7.8431	7.3300	6.8729	6.4641	6.0971	5.7662	5.4669	5.1951	4.9476
26	8.4881	7.8957	7.3717	6.9061	6.4906	6.1182	5.7831	5.4804	5.2060	4.9563
27	8.5478	7.9426	7.4086	6.9352	6.5135	6.1364	5.7975	5.4919	5.2151	4.9636
28	8.6016	7.9844	7.4412	6.9607	6.5335	6.1520	5.8099	5.5016	5.2228	4.9697
29	8.6501	8.0218	7.4701	6.9830	6.5509	6.1656	5.8204	5.5098	5.2292	4.9747
30	8.6938	8.0552	7.4957	7.0027	6.5660	6.1772	5.8294	5.5168	5.2347	4.9789
35	8.8552	8.1755	7.5856	7.0700	6.6166	6.2153	5.8582	5.5386	5.2512	4.9915
40	8.9511	8.2438	7.6344	7.1050	6.6418	6.2335	5.8713	5.5482	5.2582	4.9966
45	9.0079	8.2825	7.6609	7.1232	6.6543	6.2421	5.8773	5.5523	5.2611	4.9986
50	9.0417	8.3045	7.6752	7.1327	6.6605	6.2463	5.8801	5.5541	5.2623	4.9995
60	9.0736	8.3240	7.6873	7.1401	6.6651	6.2492	5.8819	5.5553	5.2630	4.9999
70	9.0848	8.3303	7.6908	7.1421	6.6663	6.2498	5.8823	5.5555	5.2631	5.0000
80	9.0888	8.3324	7.6919	7.1427	6.6666	6.2500	5.8823	5.5555	5.2632	5.0000

〈표 A-5〉 선불연금 1원의 미래가치

기간이자율(r)

기간수 (n)	1%	2%	3%	4%	5%	6%	7%	8%	9%	10%
1	1.0100	1.0200	1.0300	1.0400	1.0500	1.0600	1.0700	1.0800	1.0900	1.1000
2	2.0301	2.0604	2.0909	2.1216	2.1525	2.1836	2.2149	2.2464	2.2781	2.3100
3	3.0604	3.1216	3.1836	3.2465	3.3101	3.3746	3.4399	3.5061	3.5731	3.6410
4	4.1010	4.2040	4.3091	4.4163	4.5256	4.6371	4.7507	4.8666	4.9847	5.1051
5	5.1520	5.3081	5.4684	5.6330	5.8019	5.9753	6.1533	6.3359	6.5233	6.7156
6	6.2135	6.4343	6.6625	6.8983	7.1420	7.3938	7.6540	7.9228	8.2004	8.4872
7	7.2857	7.5830	7.8923	8.2142	8.5491	8.8975	9.2598	9.6366	10.0285	10.4359
8	8.3685	8.7546	9.1591	9.5828	10.0266	10.4913	10.9780	11.4876	12.0210	12.5795
9	9.4622	9.9497	10.4639	11.0061	11.5779	12.1808	12.8164	13.4866	14.1929	14.9374
10	10.5668	11.1687	11.8078	12.4864	13.2068	13.9716	14.7836	15.6455	16.5603	17.5312
11	11.6825	12.4121	13.1920	14.0258	14.9171	15.8699	16.8885	17.9771	19.1407	20.3843
12	12.8093	13.6803	14.6178	15.6268	16.7130	17.8821	19.1406	20.4953	21.9534	23.5227
13	13.9474	14.9739	16.0863	17.2919	18.5986	20.0151	21.5505	23.2149	25.0192	26.9750
14	15.0969	16.2934	17.5989	19.0236	20.5786	22.2760	24.1290	26.1521	28.3609	30.7725
15	16.2579	17.6393	19.1569	20.8245	22.6575	24.6725	26.8881	29.3243	32.0034	34.9497
16	17.4304	19.0121	20.7616	22.6975	24.8404	27.2129	29.8402	32.7502	35.9737	39.5447
17	18.6147	20.4123	22.4144	24.6454	27.1324	29.9057	32.9990	36.4502	40.3013	44.5992
18	19.8109	21.8406	24.1169	26.6712	29.5390	32.7600	36.3790	40.4463	45.0185	50.1591
19	21.0190	23.2974	25.8704	28.7781	32.0660	35.7856	39.9955	44.7620	50.1601	56.2750
20	22.2392	24.7833	27.6765	30.9692	34.7193	38.9927	43.8652	49.4229	55.7645	63.0025
21	23.4716	26.2990	29.5368	33.2480	37.5052	42.3923	48.0057	54.4568	61.8733	70.4027
22	24.7163	27.8450	31.4529	35.6179	40.4305	45.9958	52.4361	59.8933	68.5319	78.5430
23	25.9735	29.4219	33.4265	38.0826	43.5020	49.8156	57.1767	65.7648	75.7898	87.4973
24	27.2432	31.0303	35.4593	40.6459	46.7271	53.8645	62.2490	72.1059	83.7009	97.3471
25	28.5256	32.6709	37.5530	43.3117	50.1135	58.1564	67.6765	78.9544	92.3240	108.1818
26	29.8209	34.3443	39.7096	46.0842	53.6691	62.7058	73.4838	86.3508	101.7231	120.0999
27	31.1291	36.0512	41.9309	48.9676	57.4026	67.5281	79.6977	94.3388	111.9682	133.2099
28	32.4504	37.7922	44.2189	51.9663	61.3227	72.6398	86.3465	102.9659	123.1354	147.6309
29	33.7849	39.5681	46.5754	55.0849	65.4388	78.0582	93.4608	112.2832	135.3075	163.4940
30	35.1327	41.3794	49.0027	58.3283	69.7608	83.8017	101.0730	122.3459	148.5752	180.9434
35	42.0769	50.9944	62.2759	76.5983	94.8363	118.1209	147.9135	186.1021	235.1247	298.1268
40	49.3752	61.6100	77.6633	98.8265	126.8398	164.0477	213.6096	279.7810	368.2919	486.8518
45	57.0459	73.3306	95.5015	125.8706	167.6852	225.5081	305.7518	417.4261	573.1860	790.7953
50	65.1078	86.2710	116.1808	158.7738	219.8154	307.7561	434.9860	619.6718	888.4411	1280.2994
60	82.4864	116.3326	167.9450	247.5103	371.2629	565.1159	870.4668	1353.4704	2119.8234	3338.2980
70	101.6831	152.9775	237.5119	378.8621	617.9549	1026.0081	1727.1236	2937.6865	5034.9533	8676.2165
80	122.8882	197.6474	331.0039	573.2948	1019.7903	1851.3959	3412.2971	6357.8903	11936.126	22521.402

기간이자율(r)

기간수 (n)	11%	12%	13%	14%	15%	16%	17%	18%	19%	20%
1	1.1100	1.1200	1.1300	1.1400	1.1500	1.1600	1.1700	1.1800	1.1900	1.2000
2	2.3421	2.3744	2.4069	2.4396	2.4725	2.5056	2.5389	2.5724	2.6061	2.6400
3	3.7097	3.7793	3.8498	3.9211	3.9934	4.0665	4.1405	4.2154	4.2913	4.3680
4	5.2278	5.3528	5.4803	5.6101	5.7424	5.8771	6.0144	6.1542	6.2966	6.4416
5	6.9129	7.1152	7.3227	7.5355	7.7537	7.9775	8.2068	8.4420	8.6830	8.9299
6	8.7833	9.0890	9.4047	9.7305	10.0668	10.4139	10.7720	11.1415	11.5227	11.9159
7	10.8594	11.2997	11.7573	12.2328	12.7268	13.2401	13.7733	14.3270	14.9020	15.4991
8	13.1640	13.7757	14.4157	15.0853	15.7858	16.5185	17.2847	18.0859	18.9234	19.7989
9	15.7220	16.5487	17.4197	18.3373	19.3037	20.3215	21.3931	22.5213	23.7089	24.9587
10	18.5614	19.6546	20.8143	22.0445	23.3493	24.7329	26.1999	27.7551	29.4035	31.1504
11	21.7132	23.1331	24.6502	26.2707	28.0017	29.8502	31.8239	33.9311	36.1802	38.5805
12	25.2116	27.0291	28.9847	31.0887	33.3519	35.7862	38.4040	41.2187	44.2445	47.4966
13	29.0949	31.3926	33.8827	36.5811	39.5047	42.6720	46.1027	49.8180	53.8409	58.1959
14	33.4054	36.2797	39.4175	42.8424	46.5804	50.6595	55.1101	59.9653	65.2607	71.0351
15	38.1899	41.7533	45.6717	49.9804	54.7175	59.9250	65.6488	71.9390	78.8502	86.4421
16	43.5008	47.8837	52.7391	58.1176	64.0751	70.6730	77.9792	86.0680	95.0218	104.9306
17	49.3959	54.7497	60.7251	67.3941	74.8364	83.1407	92.4056	102.7403	114.2659	127.1167
18	55.9395	62.4397	69.7494	77.9692	87.2118	97.6032	109.2846	122.4135	137.1664	153.7400
19	63.2028	71.0524	79.9468	90.0249	101.4436	114.3797	129.0329	145.6280	164.4180	185.6880
20	71.2651	80.6987	91.4699	103.7684	117.8101	133.8405	152.1385	173.0210	196.8474	224.0256
21	80.2143	91.5026	104.4910	119.4360	136.6316	156.4150	179.1721	205.3448	235.4385	270.0307
22	90.1479	103.6029	119.2048	137.2970	158.2764	182.6014	210.8013	243.4868	281.3618	325.2369
23	101.1742	117.1552	135.8315	157.6586	183.1678	212.9776	247.8076	288.4945	336.0105	391.4842
24	113.4133	132.3339	154.6196	180.8708	211.7930	248.2140	291.1049	341.6035	401.0425	470.9811
25	126.9988	149.3339	175.8501	207.3327	244.7120	289.0883	341.7627	404.2721	478.4306	566.3773
26	142.0786	168.3740	199.8406	237.4993	282.5688	336.5024	401.0323	478.2211	570.5224	680.8528
27	158.8173	189.6989	226.9499	271.8892	326.1041	391.5028	470.3778	565.4809	680.1116	818.2233
28	177.3972	213.5828	257.5834	311.0937	376.1697	455.3032	551.5121	668.4475	810.5228	983.0680
29	198.0209	240.3327	292.1992	355.7868	433.7451	529.3117	646.4391	789.9480	965.7122	1180.8816
30	220.9132	270.2926	331.3151	406.7370	499.9569	615.1616	757.5038	933.3186	1150.3875	1418.2579
35	379.1644	483.4631	617.7493	790.6729	1013.3457	1300.0270	1668.9945	2143.6489	2753.9143	3538.0094
40	645.8269	859.1424	1145.4858	1529.9086	2045.9539	2738.4784	3667.3906	4912.5914	6580.4965	8812.6294
45	1095.1688	1521.2176	2117.8060	2953.2439	4122.8977	5759.7177	8048.7701	11247.261	15712.075	21937.572
50	1852.3360	2688.0204	3909.2430	5693.7543	8300.3737	12105.353	17654.717	25739.450	37503.250	54596.629
60	5278.1231	8368.2380	13291.0033	21130.052	33602.990	53426.710	84889.395	134743.82	213598.55	338079.09
70	15005.375	26010.138	45138.021	78355.823	135966.19	235713.20	408074.95	705254.68	1216405.6	2093327.7
80	42625.138	80803.176	153244.87	290504.42	550082.42	1039858.2	1961572.5	3691214.8	6927074.8	12961365.

〈표 A-6〉 선불연금 1원의 현재가치

기간이자율(r)

기간수 (n)	1%	2%	3%	4%	5%	6%	7%	8%	9%	10%
1	1.0000	1.0000	1.0000	1.0000	1.0000	1.0000	1.0000	1.0000	1.0000	1.0000
2	1.9901	1.9804	1.9709	1.9615	1.9524	1.9434	1.9346	1.9259	1.9174	1.9091
3	2.9704	2.9416	2.9135	2.8861	2.8594	2.8334	2.8080	2.7833	2.7591	2.7355
4	3.9410	3.8839	3.8286	3.7751	3.7232	3.6730	3.6243	3.5771	3.5313	3.4869
5	4.9020	4.8077	4.7171	4.6299	4.5460	4.4651	4.3872	4.3121	4.2397	4.1699
6	5.8534	5.7135	5.5797	5.4518	5.3295	5.2124	5.1002	4.9927	4.8897	4.7908
7	6.7955	6.6014	6.4172	6.2421	6.0757	5.9173	5.7665	5.6229	5.4859	5.3553
8	7.7282	7.4720	7.2303	7.0021	6.7864	6.5824	6.3893	6.2064	6.0330	5.8684
9	8.6517	8.3255	8.0197	7.7327	7.4632	7.2098	6.9713	6.7466	6.5348	6.3349
10	9.5660	9.1622	8.7861	8.4353	8.1078	7.8017	7.5152	7.2469	6.9952	6.7590
11	10.4713	9.9826	9.5302	9.1109	8.7217	8.3601	8.0236	7.7101	7.4177	7.1446
12	11.3676	10.7868	10.2526	9.7605	9.3064	8.8869	8.4987	8.1390	7.8052	7.4951
13	12.2551	11.5753	10.9540	10.3851	9.8633	9.3838	8.9427	8.5361	8.1607	7.8137
14	13.1337	12.3484	11.6350	10.9856	10.3936	9.8527	9.3577	8.9038	8.4869	8.1034
15	14.0037	13.1062	12.2961	11.5631	10.8986	10.2950	9.7455	9.2442	8.7862	8.3667
16	14.8651	13.8493	12.9379	12.1184	11.3797	10.7122	10.1079	9.5595	9.0607	8.6061
17	15.7179	14.5777	13.5611	12.6523	11.8378	11.1059	10.4466	9.8514	9.3126	8.8237
18	16.5623	15.2919	14.1661	13.1657	12.2741	11.4773	10.7632	10.1216	9.5436	9.0216
19	17.3983	15.9920	14.7535	13.6593	12.6896	11.8276	11.0591	10.3719	9.7556	9.2014
20	18.2260	16.6785	15.3238	14.1339	13.0853	12.1581	11.3356	10.6036	9.9501	9.3649
21	19.0456	17.3514	15.8775	14.5903	13.4622	12.4699	11.5940	10.8181	10.1285	9.5136
22	19.8570	18.0112	16.4150	15.0292	13.8212	12.7641	11.8355	11.0168	10.2922	9.6487
23	20.6604	18.6580	16.9369	15.4511	14.1630	13.0416	12.0612	11.2007	10.4424	9.7715
24	21.4558	19.2922	17.4436	15.8568	14.4886	13.3034	12.2722	11.3711	10.5802	9.8832
25	22.2434	19.9139	17.9355	16.2470	14.7986	13.5504	12.4693	11.5288	10.7066	9.9847
26	23.0232	20.5235	18.4131	16.6221	15.0939	13.7834	12.6536	11.6748	10.8226	10.0770
27	23.7952	21.1210	18.8768	16.9828	15.3752	14.0032	12.8258	11.8100	10.9290	10.1609
28	24.5596	21.7069	19.3270	17.3296	15.6430	14.2105	12.9867	11.9352	11.0266	10.2372
29	25.3164	22.2813	19.7641	17.6631	15.8981	14.4062	13.1371	12.0511	11.1161	10.3066
30	26.0658	22.8444	20.1885	17.9837	16.1411	14.5907	13.2777	12.1584	11.1983	10.3696
35	29.7027	25.4986	22.1318	19.4112	17.1929	15.3681	13.8540	12.5869	11.5178	10.6086
40	33.1630	27.9026	23.8082	20.5845	18.0170	15.9491	14.2649	12.8786	11.7255	10.7570
45	36.4555	30.0800	25.2543	21.5488	18.6628	16.3832	14.5579	13.0771	11.8605	10.8491
50	39.5881	32.0521	26.5017	22.3415	19.1687	16.7076	14.7668	13.2122	11.9482	10.9063
60	45.4046	35.4561	28.5058	23.5284	19.8758	17.1311	15.0219	13.3667	12.0423	10.9639
70	50.6702	38.2486	29.9971	24.3303	20.3098	17.3676	15.1516	13.4382	12.0820	10.9861
80	55.4371	40.5394	31.1068	24.8720	20.5763	17.4997	15.2175	13.4714	12.0988	10.9946

기간이자율(r)

기간수 (n)	11%	12%	13%	14%	15%	16%	17%	18%	19%	20%
1	1.0000	1.0000	1.0000	1.0000	1.0000	1.0000	1.0000	1.0000	1.0000	1.0000
2	1.9009	1.8929	1.8850	1.8772	1.8696	1.8621	1.8547	1.8475	1.8403	1.8333
3	2.7125	2.6901	2.6681	2.6467	2.6257	2.6052	2.5852	2.5656	2.5465	2.5278
4	3.4437	3.4018	3.3612	3.3216	3.2832	3.2459	3.2096	3.1743	3.1399	3.1065
5	4.1024	4.0373	3.9745	3.9137	3.8550	3.7982	3.7432	3.6901	3.6386	3.5887
6	4.6959	4.6048	4.5172	4.4331	4.3522	4.2743	4.1993	4.1272	4.0576	3.9906
7	5.2305	5.1114	4.9975	4.8887	4.7845	4.6847	4.5892	4.4976	4.4098	4.3255
8	5.7122	5.5638	5.4226	5.2883	5.1604	5.0386	4.9224	4.8115	4.7057	4.6046
9	6.1461	5.9676	5.7988	5.6389	5.4873	5.3436	5.2072	5.0776	4.9544	4.8372
10	6.5370	6.3282	6.1317	5.9464	5.7716	5.6065	5.4506	5.3030	5.1633	5.0310
11	6.8892	6.6502	6.4262	6.2161	6.0188	5.8332	5.6586	5.4941	5.3389	5.1925
12	7.2065	6.9377	6.6869	6.4527	6.2337	6.0286	5.8364	5.6560	5.4865	5.3271
13	7.4924	7.1944	6.9176	6.6603	6.4206	6.1971	5.9884	5.7932	5.6105	5.4392
14	7.7499	7.4235	7.1218	6.8424	6.5831	6.3423	6.1183	5.9095	5.7147	5.5327
15	7.9819	7.6282	7.3025	7.0021	6.7245	6.4675	6.2293	6.0081	5.8023	5.6106
16	8.1909	7.8109	7.4624	7.1422	6.8474	6.5755	6.3242	6.0916	5.8759	5.6755
17	8.3792	7.9740	7.6039	7.2651	6.9542	6.6685	6.4053	6.1624	5.9377	5.7296
18	8.5488	8.1196	7.7291	7.3729	7.0472	6.7487	6.4746	6.2223	5.9897	5.7746
19	8.7016	8.2497	7.8399	7.4674	7.1280	6.8178	6.5339	6.2732	6.0333	5.8122
20	8.8393	8.3658	7.9380	7.5504	7.1982	6.8775	6.5845	6.3162	6.0700	5.8435
21	8.9633	8.4694	8.0248	7.6231	7.2593	6.9288	6.6278	6.3527	6.1009	5.8696
22	9.0751	8.5620	8.1016	7.6870	7.3125	6.9731	6.6648	6.3837	6.1268	5.8913
23	9.1757	8.6446	8.1695	7.7429	7.3587	7.0113	6.6964	6.4099	6.1486	5.9094
24	9.2664	8.7184	8.2297	7.7921	7.3988	7.0442	6.7234	6.4321	6.1668	5.9245
25	9.3481	8.7843	8.2829	7.8351	7.4338	7.0726	6.7465	6.4509	6.1822	5.9371
26	9.4217	8.8431	8.3300	7.8729	7.4641	7.0971	6.7662	6.4669	6.1951	5.9476
27	9.4881	8.8957	8.3717	7.9061	7.4906	7.1182	6.7831	6.4804	6.2060	5.9563
28	9.5478	8.9426	8.4086	7.9352	7.5135	7.1364	6.7975	6.4919	6.2151	5.9636
29	9.6016	8.9844	8.4412	7.9607	7.5335	7.1520	6.8099	6.5016	6.2228	5.9697
30	9.6501	9.0218	8.4701	7.9830	7.5509	7.1656	6.8204	6.5098	6.2292	5.9747
35	9.8293	9.1566	8.5717	8.0599	7.6091	7.2098	6.8541	6.5356	6.2489	5.9898
40	9.9357	9.2330	8.6268	8.0997	7.6380	7.2309	6.8695	6.5468	6.2572	5.9959
45	9.9988	9.2764	8.6568	8.1205	7.6524	7.2409	6.8765	6.5517	6.2607	5.9984
50	10.0362	9.3010	8.6730	8.1312	7.6596	7.2457	6.8797	6.5539	6.2621	5.9993
60	10.0717	9.3229	8.6866	8.1397	7.6649	7.2490	6.8818	6.5552	6.2630	5.9999
70	10.0841	9.3300	8.6906	8.1420	7.6662	7.2498	6.8822	6.5555	6.2631	6.0000
80	10.0885	9.3323	8.6918	8.1426	7.6666	7.2499	6.8823	6.5555	6.2632	6.0000

찾아보기

[ㅇ]

[ㅊ]

저자약력

윤 순 석 University of Wisconsin -Madison(Ph.D)
현, Western Illinois University 교수

저서 및 주요 논문 K-IFRS 중급재무회계(신영사, 공저, 2023) | IFRS Principles of Accounting(신영사, 공저, 2023) | Does brain gain enhance firm value? Evidence from China(Asia Pacific Business Review, 2021) | The end of rent sharing corporate governance reforms in South Korea(Asia Pacific Business Review, 2021) | Does technology innovation in finance alleviate financing constraints and reduce debt-financing costs? Evidence from China(Asia Pacific Business Review, 2021) 등

송 인 만 University of Wisconsin -Madison(Ph.D) | AICPA(Wisconsin)
현, 성균관대학교 경영학부 명예교수

저서 및 주요 논문 K-IFRS 중급재무회계(신영사, 공저, 2022) | 원칙중심 회계기준 : 재무보고 개념체계의 이해(신영사, 공저, 2020) | 포괄손익계산서 보고양식과 회계이익의 정보유용성(회계저널, 2015) | Reputation Effects on Market Premium and Audit Fees(Korean Accounting Review, 2014) 등

김 효 진 전남대학교(경영학박사), York University(Post-Doc)
현, 전주대학교 회계세무학과 교수

저서 및 주요 논문 IFRS Principles of Accounting(신영사, 공저, 2023) | The end of rent sharing corporate governance reforms in South Korea(Asia Pacific Business Review, 2021) | A critical evaluation of the Jones models and the industry approach for the estimation of discretionary accruals(Asian Pacific Journal of Accounting and Economics, 2020) | Value-relevance of the regulatory Non-GAAP Adjustments in the Korean banking industry(Asian Pacific Journal of Accounting and Economics, 2018) | Financing preferences: evidence from the Korean market(Applied Economics, 2017) | 사회연결망분석(SNA)에 근거한 삼성물산-제일모직 합병 후 지배주주의 중요도 변화(경영학연구, 2020) 등

제11판 K-IFRS 재무회계

2009년 8월 29일 제 1 판 1쇄 발행
2020년 2월 25일 제11판 1쇄 발행
2026년 1월 30일 제11판 6쇄 발행

저　　자 윤순석 · 송인만 · 김효진
발 행 인 권　영　섭
발 행 처 (주)신　영　사

경기도 파주시 심학산로 12(출판문화단지)
등　　록 : 1988. 5. 2 / 제406-1988-000020호
전　　화 : 031-946-2894(代)
F A X : 031-946-0799
e-mail : sys28945@naver.com
홈페이지 : http://www.shinyoungsa.co.kr

김효진인 (주)신영사

정가 28,000원　　ISBN 978-89-5501-720-5